U0541879

经时济世
继往开来
贺教育部
重大攻关项目
成果出版

季羡林
时年九十有八

教育部哲学社會科学研究重大課題攻關項目

数字传播技术与传媒产业发展研究

DIGITAL COMMUNICATION TECHNOLOGY AND MEDIA INDUSTRY DEVELOPMENT RESEARCH

黄升民 等著

经济科学出版社
Economic Science Press

图书在版编目（CIP）数据

数字传播技术与传媒产业发展研究/黄升民等著. —北京：经济科学出版社，2012.5
（教育部哲学社会科学研究重大课题攻关项目）
ISBN 978-7-5141-1880-3

Ⅰ.①数… Ⅱ.①黄… Ⅲ.①数字技术-应用-传播学-研究②数字技术-应用-传播媒介-研究 Ⅳ.①G206-39

中国版本图书馆CIP数据核字（2012）第082889号

责任编辑：边 江
责任校对：杨晓莹
版式设计：代小卫
责任印制：邱 天

数字传播技术与传媒产业发展研究
黄升民 周 艳 赵子忠 等著
经济科学出版社出版、发行 新华书店经销
社址：北京市海淀区阜成路甲28号 邮编：100142
总编部电话：88191217 发行部电话：88191537
网址：www.esp.com.cn
电子邮件：esp@esp.com.cn
北京中科印刷有限公司印装
787×1092 16开 37印张 700000字
2012年6月第1版 2012年6月第1次印刷
ISBN 978-7-5141-1880-3 定价：74.00元
（图书出现印装问题，本社负责调换。电话：88191502）

课题组主要成员

第一执行组：组长　周　艳，副组长　王　薇
第二执行组：组长　赵子忠，副组长　张　豪

项目组成员（按姓氏笔画排序）：
段俊华、何京、黄河、冯利红、惠静、李遥、刘杰、刘珊、刘新、林汉、马澈、彭颖、朴俊丽、宋红梅、宋哲、孙铭欣、孙式良、孙雯雯、谭健强、王虹、王姝、王伟、王昕、王宇、吴传喜、肖季、徐晨光、张辰、张琳、张俊芳、赵敬

本书重要研究内容及其作者：
　　全书框架搭建　黄升民
　　基础理论框架　周　艳
　　内容产业相关研究　赵子忠
　　网络产业的博弈关系研究　王　伟
　　数字传媒产业对区域经济的影响　宋红梅
　　家庭信息平台相关研究　王　薇
　　个人信息平台相关研究　张　豪

编审委员会成员

总 序

哲学社会科学是人们认识世界、改造世界的重要工具，是推动历史发展和社会进步的重要力量。哲学社会科学的研究能力和成果，是综合国力的重要组成部分，哲学社会科学的发展水平，体现着一个国家和民族的思维能力、精神状态和文明素质。一个民族要屹立于世界民族之林，不能没有哲学社会科学的熏陶和滋养；一个国家要在国际综合国力竞争中赢得优势，不能没有包括哲学社会科学在内的“软实力”的强大和支撑。

近年来，党和国家高度重视哲学社会科学的繁荣发展。江泽民同志多次强调哲学社会科学在建设中国特色社会主义事业中的重要作用，提出哲学社会科学与自然科学“四个同样重要”、“五个高度重视”、“两个不可替代”等重要思想论断。党的十六大以来，以胡锦涛同志为总书记的党中央始终坚持把哲学社会科学放在十分重要的战略位置，就繁荣发展哲学社会科学做出了一系列重大部署，采取了一系列重大举措。2004 年，中共中央下发《关于进一步繁荣发展哲学社会科学的意见》，明确了新世纪繁荣发展哲学社会科学的指导方针、总体目标和主要任务。党的十七大报告明确指出：“繁荣发展哲学社会科学，推进学科体系、学术观点、科研方法创新，鼓励哲学社会科学界为党和人民事业发挥思想库作用，推动我国哲学社会科学优秀成果和优秀人才走向世界。”这是党中央在新的历史时期、新的历史阶段为全面建设小康社会，加快推进社会主义现代化建设，实现中华民族伟大复兴提出的重大战略目标和任务，为进一步繁荣发展哲学社会科学指明了方向，提供了根本保证和强大动力。

高校是我国哲学社会科学事业的主力军。改革开放以来，在党中央的坚强领导下，高校哲学社会科学抓住前所未有的发展机遇，紧紧围绕党和国家工作大局，坚持正确的政治方向，贯彻“双百”方针，以发展为主题，以改革为动力，以理论创新为主导，以方法创新为突破口，发扬理论联系实际学风，弘扬求真务实精神，立足创新、提高质量，高校哲学社会科学事业实现了跨越式发展，呈现空前繁荣的发展局面。广大高校哲学社会科学工作者以饱满的热情积极参与马克思主义理论研究和建设工程，大力推进具有中国特色、中国风格、中国气派的哲学社会科学学科体系和教材体系建设，为推进马克思主义中国化，推动理论创新，服务党和国家的政策决策，为弘扬优秀传统文化，培育民族精神，为培养社会主义合格建设者和可靠接班人，做出了不可磨灭的重要贡献。

自 2003 年始，教育部正式启动了哲学社会科学研究重大课题攻关项目计划。这是教育部促进高校哲学社会科学繁荣发展的一项重大举措，也是教育部实施“高校哲学社会科学繁荣计划”的一项重要内容。重大攻关项目采取招投标的组织方式，按照“公平竞争，择优立项，严格管理，铸造精品”的要求进行，每年评审立项约 40 个项目，每个项目资助 30 万 ~80 万元。项目研究实行首席专家负责制，鼓励跨学科、跨学校、跨地区的联合研究，鼓励吸收国内外专家共同参加课题组研究工作。几年来，重大攻关项目以解决国家经济建设和社会发展过程中具有前瞻性、战略性、全局性的重大理论和实际问题为主攻方向，以提升为党和政府咨询决策服务能力和推动哲学社会科学发展为战略目标，集合高校优秀研究团队和顶尖人才，团结协作，联合攻关，产出了一批标志性研究成果，壮大了科研人才队伍，有效提升了高校哲学社会科学整体实力。国务委员刘延东同志为此做出重要批示，指出重大攻关项目有效调动各方面的积极性，产生了一批重要成果，影响广泛，成效显著；要总结经验，再接再厉，紧密服务国家需求，更好地优化资源，突出重点，多出精品，多出人才，为经济社会发展做出新的贡献。这个重要批示，既充分肯定了重大攻关项目取得的优异成绩，又对重大攻关项目提出了明确的指导意见和殷切希望。

作为教育部社科研究项目的重中之重，我们始终秉持以管理创新服务学术创新的理念，坚持科学管理、民主管理、依法管理，切实增强服务意识，不断创新管理模式，健全管理制度，加强对重大攻关项目的选题遴选、评审立项、组织开题、中期检查到最终成果鉴定的全过程管理，逐渐探索并形成一套成熟的、符合学术研究规律的管理办法，努力将重大攻关项目打造成学术精品工程。我们将项目最终成果汇编成“教育部哲学社会科学研究重大课题攻关项目成果文库”统一组织出版。经济科学出版社倾全社之力，精心组织编辑力量，努力铸造出版精品。国学大师季羡林先生欣然题词：“经时济世　继往开来——贺教育部重大攻关项目成果出版”；欧阳中石先生题写了“教育部哲学社会科学研究重大课题攻关项目”的书名，充分体现了他们对繁荣发展高校哲学社会科学的深切勉励和由衷期望。

创新是哲学社会科学研究的灵魂，是推动高校哲学社会科学研究不断深化的不竭动力。我们正处在一个伟大的时代，建设有中国特色的哲学社会科学是历史的呼唤，时代的强音，是推进中国特色社会主义事业的迫切要求。我们要不断增强使命感和责任感，立足新实践，适应新要求，始终坚持以马克思主义为指导，深入贯彻落实科学发展观，以构建具有中国特色社会主义哲学社会科学为己任，振奋精神，开拓进取，以改革创新精神，大力推进高校哲学社会科学繁荣发展，为全面建设小康社会，构建社会主义和谐社会，促进社会主义文化大发展大繁荣贡献更大的力量。

教育部社会科学司

前　言

纵观媒体的发展历史，技术的推动力功不可没。没有印刷术的出现，就不会有之后报纸一两百年的辉煌；没有电波技术的推动，今天广播电影电视的盛况也就成了空中楼阁；同样的，发端于20世纪八九十年代的数字技术在传媒领域的应用，也正在把21世纪的媒体带入到一个新的历史阶段，那就是数字时代。

相比较于前两次的传媒大变革，数字技术给传媒行业所带来的绝不仅仅是一两个新媒体的产生，或者几种新业务的产生，它更是一次根本性的变革，是一次彻底的颠覆。数字时代，我们看到的内容，我们接触到的媒体，我们接触媒体的方式方法，甚至我们的生活形态、思维方式都在悄然发生变化。

数字技术改变了几百乃至几千年来媒体内容的生产、传输方式。以前，媒体的内容束缚在媒体形态之上，纸媒上需要的是图片和文字，电波媒体上的就是视频、音频，而数字技术彻底模糊了这个界限，各种各样的内容均可以在同一种媒体上呈现出来，而同一内容元素也可以应用在各种各样的媒体上，于是内容得以跟渠道分开独立存在，面对越来越多的媒体渠道，内容的大规模生产和应用成为可能，内容的产业化随之产生。

与此同时，内容的生活方式也从固定的传播者那里解放出来，不再只有职业的内容生产机构（如传统媒体中常见的报刊社、电台、电视台等）才能生产和发布内容，数字技术让每个人都有可能成为内容的制作和发布者。人人都是生产者，人人都是接受者，传统的受传关系被数字时代彻底改写。

渠道也在发生着变化。所有的信息都可以用“0”、“1”的形式表现之后，几百年来泾渭分明的媒体界限开始变得模糊不清，如电视杂志、电子报；原本不是媒体的也开始变成媒体，如电脑、手机。媒体渠道从来没有像今天这么丰富多样，媒体渠道稀缺的时代开始走向终结。

同时，原本职能单一的传输网络也在华丽变身，广电网不再仅仅传输广播电视信号，通信网也不再仅仅用来打电话，视音频、话音、数据等多种功能在任何一张网上都可以实现，业务也不再是哪一个渠道的独享专利，再想靠着渠道形成天然的资源垄断已经越来越不可能。

数字时代所带来的更大的变化体现在受众层面。一方面，各种各样的数字媒体正在改变着受众的信息接触行为，它把受众从时间、空间里解放出来，人们可以在任何时间、任何地点接触到信息，除了被动地接受，人们也开始进行主动地搜索。职业的内容生产机构所预设的内容编排结构、呈现方式被人们的主动选择所打破，人们开始按照自己的需求安排自己需要的媒体和内容。另一方面，由于媒体给受众所带来的变化，让受众的需求变得越来越细分，越来越碎片化，受众的需求开始变得不可捉摸，这对于需要根据受众需求来安排内容的媒体来说是一个非常痛苦的事情。如何才能抓住数字时代受众的心？如何才能找到跟自己最契合的那些受众？这将成为数字时代的媒体所不得不面对的难题。不过好消息是，数字也让受众的信息接触行为处处留下痕迹，通过建立家庭和个人信息平台，将有助于更准确地把握用户需求，控制终端消费。

数字传播技术所带来的这种颠覆性的影响将延伸到非常深远的领域，除了传播行业之外，还包括整个社会的信息传播方式、人与人的沟通方式、国家的信息化战略、国家经济发展等诸多方面。它让任何人、在任何时间、任何地点都可以接收信息，也可以发送信息，它所带来的全方位产业升级对国家和地区经济发展都是一次机遇，它将实现整个国家的信息化战略。

基于数字传播技术所带来的深刻变革，研究数字传播技术的发展及其对传媒行业的影响已经迫在眉睫。本研究就是在这样的背景下展开，历经四五年时间，形成了今天的研究成果。

本书首先从宏观层面上论述了数字传媒产业的影响力。在阐述了各种传播技术的基本特点、发展状况之后，又分析了数字传播技术对经济和信息化战略的影响。从中可以看到，数字技术已经给传媒产业带来了巨大的影响。

第二篇、第三篇和第四篇则分别从内容、渠道和终端受众三个层面对数字传媒产业进行了论证。

第二篇的主题集中于“数字化背景下内容产业的重新建构”。数字技术促进了内容的产业化，它让原本松散的内容逐渐形成规模化、产业化，基于新的技术、按照新的组织形式运转。在这个过程中，相关管理政策也需要作出调整，最终是整个内容产业的重新建构。在宏观的、理论的分析之后，研究的视角触及一个个具体的内容行业。电视、电影、广播、报刊、数字出版，这些典型的内容行业在既受数字技术的影响发生着变化，同时它们的变化也进一步加深内容的产业化进程。

第三篇分析的是“网络产业的力量博弈”。网络原本只是内容传输的通路，但是数字技术给这个通路赋予了更多的含义，每一个网络都开始承载多种业务，最终促使广电和通信这两个原本风马牛不相及的网络在同一个平台上展开竞争，开始了一种数字化背景下的力量博弈。广电网和通信网各有优劣，关键还要看谁更会扬长避短、更能符合用户需求、能找到合适的运营模式。在广电网和通信网力量博弈的过程中，出现了两对相互竞争的产业：其一是争夺家庭市场的数字电视和 IPTV；其二是争夺个人市场的移动多媒体广播（CMMB）和通信业的手机电视。对于这四大行业，本研究分别进行了论述。

第四篇是本研究的核心突破。数字传播技术发展的未来就在于如何控制终端消费市场，为此，本研究从建立家庭信息平台和个人信息平台两个角度出发进行了论证。可以看到，不论是在家庭市场还是个人市场，通过建立可管可控的用户信息平台，都是一个必须、必要、必然的发展趋势。

技术的变革还在延续，数字时代才刚刚开始，从这个角度来看，本领域的研究也不过才刚刚开始，还有更多的话题值得深入探讨，还有更多的产业实践值得追踪研究，还有更多的问题需要在实践和研究中得到解决。当然，也还会有更多新的问题产生，数字化技术永恒创新，刚刚完成一个解决方案，产业推动以及技术进步又把我们推向另一个浪峰。正如歌德在《浮士德》中所说的那样："人生朝露，技术千秋"。

内容摘要

一、研究框架和核心内容

作为教育部哲学社会科学研究重大课题攻关项目“数字传播技术与传媒产业发展研究”的最终成果，本书集中解决了本研究的核心问题，体现了本研究的核心成果。总体来看，包括以下几部分内容：

1. 数字传媒产业的影响力

本书的第一篇集中论述数字传播技术的影响力，包括数字传播技术概述、数字传媒产业对国民经济的影响、数字传媒产业在国家信息化战略中的地位和作用。该部分首先回答了什么是数字传播技术，数字传播技术由哪些内容构成，数字传播技术影响下的数字传媒产业指的是什么，包括哪些新技术平台和延伸出的新媒体形态，以及由此引发的新运营模式，然后从宏观角度回答了数字传播技术对国民经济、区域经济以及国家信息化的影响及其在其中所起的作用。

2. 内容产业的重构

本书的第二篇用五章的篇幅集中探讨了数字传播技术对内容产业的重新建构。在数字技术产生之前，各种内容行业彼此独立存在，力量分散，针对内容的管制也非常严苛，而数字技术将原先彼此独立的内容行业演变为各环节相互连通的“内容产业”，管理制度也将逐步开放。无论是电视台、广播电台、电影还是报刊业，在内容产业来临的时候，都会遭遇产业重新调整、自身重新定位的问题，这一部分将对这些问题进行分析说明。

3. 网络产业的力量博弈

第三篇的焦点问题是网络产业的力量博弈。数字传播技术使得广电网和通信网在业务、功能、盈利模式、服务能力等层面出现融合，原本毫不相干的两大产业——广电和通信——在数字技术的推动下走上了同一竞争平台，在家庭层面上产生了数字电视和IPTV的竞争，在个人层面上产生了移动多媒体广播（CMMB）和通信业手机电视的竞争。这些竞争的不断深入和激化，必将导致广电和通信两大产业的新一轮力量博弈。

4. 控制终端信息消费市场

第四篇是本书的核心。在深入探讨了数字传播技术对宏观政治经济、内容产业和网络产业的影响的基础上，我们认识到传媒产业最终的突破点在于终端用户，而数字传播技术的最大突破就在于能够把终端用户的需求牢牢掌握在手中，形成为家庭和个人用户提供随时随地的全方面信息服务的信息平台，即：家庭信息平台和个人信息平台。这两大信息平台的建立既是数字传播技术发展的必然，也是内容产业和网络产业竞争的最终落脚点。这一部分对这两大平台进行了深入论证。

二、创新突破

本研究的核心问题围绕数字传播技术及其对传媒产业的影响所展开，经过四五年的研究，我们在以下几方面取得了突破性创新：

第一，提出了“数字传媒产业的核心要素由网络、内容和用户信息需求构成”这一论断，并对网络、内容和用户三个层面进行了深入探讨。

什么是数字传媒产业？数字传媒产业的核心究竟是什么？这是我们的研究要解决的首要问题。通过研究我们发现，在数字化环境下，媒体产业的构成早已经不再仅仅是内容的生产、制作、发行，而是一个由多元竞争的传输网络、产业化系统化的内容和可控可用的用户信息需求共同构成的新型数字传媒产业。这个产业完全不同于传统的媒体产业，其产业链条中的生产、传输、经营、管理、用户需要以及相互之间的关系都发生了根本性的变化。我们的研究对网络、内容和用户三个层面的问题都进行了多角度的深入探讨，从而描绘出一个完整的数字传媒产业版图。

第二，提出构建家庭和个人两大信息平台的理论，并且指出，家庭信息平台和个人信息平台是数字传媒产业发展的必然趋势。

随着数字传播技术的深入发展，数字传媒产业的经营指向最终将突破媒体经营者自身的内容和网络，把重点转移到终端用户身上，最终的争夺战将在用户层面展开，对用户信息需求的掌控和满足将是未来数字传媒产业竞争的焦点问题。基于此，我们提出了信息平台的研究方向，而且根据固定和移动、个人和群体两个方向，最终把研究聚焦在家庭信息平台和个人信息平台上。

Abstract

Ⅰ. Research framework and key contents

As the fruitful result of "Digital Communication Technology and Media Industry Development Research", an important humanity and social science research project of Ministry of Education, the report answers the key questions and reflects core achievements of the research. Overall, the report includes the following parts:

1. Influence of digital media industry

The first chapter of the report discusses the influence of digital communication technology, including an overview of digital communication technology, influence of digital media industry on national economy, and significant role of digital media industry in state IT application strategy. This part firstly answers such questions as "what is digital communication technology", "what are the contents of digital communication technology", "what means digital media industry under the influence of digital communication technology, and the included new technology platforms and the extended new media formats", and the new operation mode, and also the influence and significance of digital communication technology on national economy, regional economy and nation-wide IT application, viewed from a macroscopic perspective.

2. Reshuffling of content industry

The second chapter of the report, with five sections, discusses re-construction of content industry by digital communication technology. Prior to birth of the digital technology, various content industries existed independently and were decentralized, and the supervision on contents was very strict. Digital technology transforms the independent content industries into "content industry" with interconnected links, and the management systems will gradually be opened. TV stations, broadcasting stations, movie and press industries will encounter problems such as industrial readjustment and re-positioning as the content industry takes shape, which will be analyzed in this part.

3. Competition of network industry

The third chapter focuses on competition of the network industry. Digital communication technology promotes melting of broadcasting and TV networks and communication networks in such aspects as businesses, functions, profit modes and service abilities. Two irrelevant industries, namely the broadcasting and TV industry and communication industry, are promoted to the same competition platform by the digital technology, giving rise to competition between digital TV and IPTV on the family market and between CMMB and mobile TV on the individual market. The competition gets intensified and will undoubtedly lead to a new round of game of power between broadcasting and TV industry and communication industry.

4. Control of terminal market of information consumption

The fourth chapter is the core of the report. On the basis of in-depth discussion of the influence of digital communication technology to macro politics and economy, content industry and network industry, we recognize that the final breakthrough point of the media industry lies in terminal users, and that the biggest breakthrough of digital communication technology is its ability to retain the demands of terminal customers, and form information platforms to provide comprehensive information services to families and individuals anywhere and anytime, i. e. family information platform and individual information platform. The establishment of the two major information platforms is a natural course of the development of digital communication technology and the final foothold of competition between the content industry and the network industry. This part has an in-depth probing into the two major platforms.

Ⅱ. Innovations and breakthroughs

Question Networks communication

1. We have put forward the conclusion that "core elements of the digital media industry include network, contents and user demands of information", and had in-depth studying into network, contents and users.

What is digital media industry and what is the core of the industry? These are the primary questions to be answered. Through research, we found that against the backdrop of digitalization, the media industry is no longer a matter of content production and distribution. Instead, the industry is completely new, consisting of transmission network, industrialized and systematized contents and controllable and usable user information demands with diversified competition. The industry is strikingly different from the traditional media industry, with production, transmission, operation, management and user demands in the industry chain and the inter-relationships changing fundamentally. Our research conducted multi-angle in-depth analysis into problems on the three layers including network, contents and users, thus tracing out a complete digital media industry layout.

2. We have put forward the theory to build family and individual information platforms and pointed out that the family information platform and individual information platform are the inexorable trend of digital media industry development.

With further development of the digital communication technology, operation direction of the digital media industry will finally outreach the contents and networks of the operators and will shift to terminal users, which is the final battlefield. Mastering and satisfying users' information demands will be the focal issue of digital media industry competition in future. Therefore, we have put forward the research direction of information platform and focused our research attention on family information platform and individual information platform on the basis of the two research directions, i. e. fixed and mobile as well as individual and group platforms.

目录

Contents

Contents

总 论

研究缘起、核心问题及重大突破

总　论

研究缘起、核心问题及重大突破

一、研究缘起和研究脉络梳理

（一）研究缘起

进入21世纪以来，数字技术在各个领域的应用越来越普遍，尤其是在传播领域，数字传播技术更是带来了传媒产业颠覆性的变革。

1. 外部环境

从媒介产业外部大环境来看，正是在数字技术的催生和演变之下，传媒产业挺立在了信息时代的前沿位置，数字传播技术让传媒产业站在了一个新的历史起点上。数字媒体产业在国家经济中更是处于核心位置，由此带动了制造业变革、传输业变革，并且不断蔓延到民众的信息消费业等方面，所发挥的作用越来越显著。

2. 内部环境

从媒介产业内部环境来看，世界各国的传媒产业都在数字技术的影响下发生着巨变，这种巨变主要表现在两个方面，其一是传统媒体的数字化进程不断提速，无论是电视、广播、电影等电波媒体，还是报纸、杂志等纸质媒体，都在数字技术的推动下进行着转型；另一方面，数字技术也催生了大量的新型媒体形态，数字电视、手机媒体、IPTV、移动多媒体广播等都迅速发展起来。

3. 期待理论和实践研究的突破

在这样一个外部和内部环境下，从数字传播技术变化和传媒产业实践两个角度迅猛发展互动的同时，相关的理论研究和实践研究显得尤为重要。

国际上在这个领域的研究起步早、发展快，而且领域范围广。我国近年在数字传播技术层面的研究和应用已经和国际处于同一水平线上，数字传媒产业的市场发展在某些领域更是处在国际前沿位置，数字传媒产业实践层面也期待理论研究的突破作为趋势性的指导，这就构成了我们本次研究的基本动力。

从现实的角度来看，中国媒体产业的数字技术实践已经远远超过现有的理论研究。中国数字技术在媒体的应用，是同国际媒体产业数字技术应用从同一起跑线出发的，然而，随着数字技术的成熟和普及，传媒产业进入十字路口，产业间的融合速度加快，社会的波及效果日益显著，传媒业的内部也进入一个重组分化阶段，亟待学术界的理论回应。但是，与迅猛发展的传媒产业相比较，该领域的理论创新相当不足，学术研究准备以及相关知识的梳理积累也显得粗疏散乱。

（二）研究脉络梳理

1. 国外研究脉络梳理

国外早期对传播技术和媒介发展研究的代表学者有阿尔文·托夫勒、奈斯比特、麦克卢汉等，他们的《第三次浪潮》、《数字麦克卢汉——信息化新纪元指南》、《大趋势》等著作，从社会学和传播学的角度，不仅从宏观角度探讨了数字技术的发展对于社会整体的影响，也从数字技术对于媒体产业发展这个具体视角给出了一些结构性的研究框架和趋势性的观点，为该领域研究提供了宝贵的宏观性和预测性视角。

进入20世纪90年代，针对传统媒体的转型、数字技术背景下新旧媒体融合以及由此引发的网络领域、内容领域以及社会文化领域的种种变化，美国、日本和欧洲的学者在数字技术与媒体产业的研究领域也取得了崭新的研究成果。

罗杰·菲得勒的《媒介形态变化——认识新媒介》，鲍得温的《大汇流——

整合媒介信息和传播》，戴维·希尔曼的《数字媒介：技术与应用》等著作，强调了数字技术发展对于媒介形态变化的影响，特别是媒介融合以及各类型媒体混合应用发展的状况，以及数字传播技术和新媒介形态发展对于传播模式和媒介运营的影响。提出了“新媒介”的概念，论证了数字新媒介在媒介结构、媒介产品、受众变化等方面一系列的转变。

与此同时出现的《宽带的数字电视》、《电子出版物——结构、影响、规制》、《商业化的信息》等著作，则是从具体的电子报纸、数字电视、数字电影等角度，分析了具体新技术的情况，以及该类新技术在电视、报纸、电影等领域推出的新的产品和服务项目。

日本在传播技术和媒介发展方面的研究也迅速起步，石坂悦男的《大众传媒产业的变化》和《媒介信息化现状》、邮政省邮政研究所的《付费广播市场的发展展望》、菅谷实的《美国传媒产业政策——电信和广播的融合》等学者和机构的研究著作，都集中探讨了数字技术发展及媒体产业结构与经营的变化，强调了在数字技术环境下，日本传媒产业政策同产业经营实践的互动关系，技术发展促使相关产业投资进入媒体产业的趋势等。

2. 国内研究脉络梳理

- *国家和政府层面*

由文化部、国家广电总局和新闻出版总署等机构完成的国家级政策纲要《中国文化产业发展规划纲要》、《“十一五”中国广播电影电视业发展规划》、《中国新闻出版业发展纲要》等，涉及了各自行业发展中对于数字技术应用的规划，表现出一种积极的态度，加大了资源投入的力度，确立了相应的发展衡量体系。由于中国现有媒体的特殊性，这些规划将会对于媒体产业数字化历程起到重要的作用。

- *学术研究层面*

从学术研究的角度出发，我国国内的学者也进行了大量相关的研究，熊澄宇的《信息社会 4.0》、《新媒体与创新思维》，苏志武的《科技与传播——现代传播文集》，闵大洪的《数字传媒概要》，尹鸿和李彬的《全球化与大众传媒》，陆小华的《整合传媒》，陆群等的《新媒体革命：技术、资本与人重构传媒业》等，这些研究结合中国媒体产业基本情况，阐述了数字技术对于中国媒体产业发展格局的影响。

中国传媒大学在黄升民、丁俊杰两位教授的带领下，一直致力于对数字技术与媒体产业的系列研究，自 1994 年开始，该团队在实践研究的基础上，先后推出《中国媒介产业化研究》、《数字电视产业经营与商业模式》、《国际化背景下的中国媒介产业透视》、《内容产业论》、《中国广电媒介集团化研究》、《数字化背景下的中国媒介产业经营》、《数字电视产业经营与商业模式》、《中国数字电视市场报告》、《我国数字电视产业政策的形成研究》、《中国数字新媒体发展战略研究》、《家庭信息平台》等著作以及相关的论文、研究报告，在国际和国内新媒体研究领域都有非常大的影响力。该系列研究立足于中国媒体基本现状，以产业化过程中的实践研究为基本视角，分析了数字技术的发展与产业结构的关系，特别是对于数字传播技术对于媒体产业盈利模式，产业分工和运营角色的研究，应用了大量的实证材料和经营案例，并对于新技术环境下中国媒体产业的核心问题进行了系统深入的论证分析。

二、本研究的核心问题与创新突破

本研究的核心问题将围绕数字传播技术及其对传媒产业的影响所展开。主要研究内容包括以下几个核心问题，并且取得了突破性创新。

（一）什么是数字传播技术?

1. 梳理数字传播技术基础理论，探讨数字传播技术的内涵

数字传媒产业构建在数字传播技术发展基础上，因此本研究从数字传播技术出发，系统梳理和阐述数字传播技术的基础理论，梳理和分析数字传播技术的发展与沿革脉络，在前人研究的基础上本研究给出了我们关于数字传播技术的界定：数字传播是指在信息极大数字化的大环境中，突破传统媒体局限，融合最新的有关互联网、无线通信、数字化广播、应用软件等技术而产生的一种全新的数字信息生产加工和传播方式。

2. 数字传播技术与传媒产业的影响

我们的研究结合中国实际国情，从广播电视平台、报刊媒体平台、通信网络平台和互联网平台这四个角度出发，较为详细地分析数字传播技术发生发展在这四个平台引发的技术创新，以及由此所释放出的传媒新形态和经营模式的变革。

在四个平台数字化的分析基础上，我们的研究还探讨了数字传播技术对于传

媒传播形态和组织形态的影响、数字传播技术推动传媒产业转型和商业模式重构、数字技术对受众和内容产业的影响、数字技术所带来的网络产业力量博弈、数字传媒管理制度等重大问题。

3. 数字传播技术的宏观影响力

在对数字传播技术及其内涵界定后，从广播电视，报刊媒体、通信网络和互联网平台数字化程度分析了数字传播技术对传媒产业影响的基础上，我们的研究还从宏观视角分析了数字传播技术所能发挥的作用。

宏观把握数字传播技术的作用，包括数字传播技术对国民经济和区域经济发展的贡献、数字传播技术国家信息化中所起的作用、数字媒体产业的在文化产业发展中的龙头地位、数字传播技术对大众媒体发展的影响和相互作用等层面，力争摆脱单一研究角度的不足。

（二）何谓数字新媒体？

1. 何谓数字新媒体

在对数字传播技术进行梳理后，本研究触及的第二个核心问题就是对数字传媒产业进行界定，对其内涵进行解析，这个关系到我们的研究要进入的领域以及设定的一些核心方向。因此在本研究中，我们一开始就一直在讨论一个关键的问题：何谓“数字新媒体”？

那么什么是数字新媒体呢？是互联网的 WEB1.0 还是 2.0？是数字电视还是 IP 电视？是手机报，手机电视，手机上网等手机媒体，还是车载或移动的多媒体广播？

如果从单纯的技术视点来界定数字新媒体，会把我们以及我们的研究引入歧途。其实，媒体不管新旧，从传播的角度来讲，都是人类在社会生产和生活实践中，发明和创造出来的用来沟通信息的工具，即实现社会传播功能才是媒体的根本所在。

旧媒体使用两分法把世界划分为生产者和消费者两大阵营，我们不是作者就是读者，不是广播者就是观看者，不是表演者就是欣赏者。这是一种一对多的传播。而新媒体与此相反，它打破了两大阵营泾渭分明的界限，在数字技术的支持下，实现了一种一对一、多对多的传播。它使每个人不仅有“听”的机会，而且有“说”的条件，在传播模式中都双重地扮演传者和受者两个角色。

2. 新传播形态和产业集合的重构

《连线》杂志曾经给“新媒体”做过一个定义：由所有人面向所有人进行的传播（Communications for all，by all）。数字传播技术实现了新媒体这个内涵的延展，在数字技术的支持下，传输网络不断融合和发展，传输内容海量喷发，传输终端多元化，人们对信息的消费需求不断延展。

从这个角度来说，所谓的数字新媒体就是在数字传播技术的支持下，人们为了达到所有人对所有人的沟通信息的目的，发明和创造出来的崭新的信息载体，不同形态数字新媒体的集合以及由此引发的关联产业的集合体就是数字新媒体产业。

最终，我们的研究对数字传媒及其产业给出这样的界定：

数字传媒及其产业是所有人对所有人的传播形态和产业集合，是传受平等的新传播方式的构建，是媒体旧格局的解构与重聚，是内容生产流程再造与管理创新，是传输网络的融合与博弈的产物，更是以个人和家庭的信息消费需求为动力的，新的信息生产、消费与交流的平台，而且在发展中受制于各种因素及其冲突演进下不断调整和修正的过程。

3. 一个离散和重聚的动态过程

正是把数字传播技术作为我们研究的出发点，把数字新媒体和数字传媒产业作为研究的基础，我们在给出其内涵界定后就发现，数字新媒体或数字传媒产业不是一个纸面的定义，也不是一个静态的过程，而是一个不断离散和重聚的过程，是对个性化的去中心化过程，也是对共性化再中心化过程。这个过程既是数字新媒体及其产业所不断发展而形成的背景，也是以后发展的趋向。

● 受众的离散和重聚

受众这个层面包含着“分与聚”的辩证统一，传统营销学派习惯使用“分”的视点来看待和解决问题，然而无限制和无休止的细分人群，数字新媒体似乎更是支持了这一观点，终端不断分化，受众群体不断分众形态，呈现出碎片化的形态，但是数字新媒体由于多重传输网络的融合与发展，也在碎片化后开始聚合受众，不断把已经或曾经细分的受众聚合起来，形成新的群体概念，这又是一个重聚的过程。

● 媒体的离散和重聚

从媒体形态的角度来看，数字化浪潮使得原本不具有媒体属性的通信工具获得媒体的功能与特征，“泛媒体化”趋势明显。而原本清晰的媒体界线日益模糊，“多媒体化”、“多元业务”成为媒体新旧融合的鲜明特征。

（三）数字新媒体产业运营的核心要素是什么?

1. 内容、网络和信息需求是数字传媒产业的核心要素

既然数字新媒体及其产业要实现所有人对所有人的传播，而且是一个不断离散和重聚的过程，那么我们的研究到底聚焦在哪些方面能够剖析清楚这样一个颠覆传统的传播模式，又是一个不断变化的过程呢?

我们本身是传播领域的广告学派，我们的研究从消费者开始，过渡到媒介的研究我们也始于受众，后来的产业化研究，我们又关注到媒体的广告经营、体制改革、内容编排等，新媒体的研究，我们从实践角度梳理了不同形态新媒体的市场运作和商业模式重构的过程，再到媒介内容和受众信息需求的整合处理。一路走来，一直思考和探索，在研究和实践中我们认识到：内容、网络和受众的信息需求是数字传媒产业的根本（图 1）。

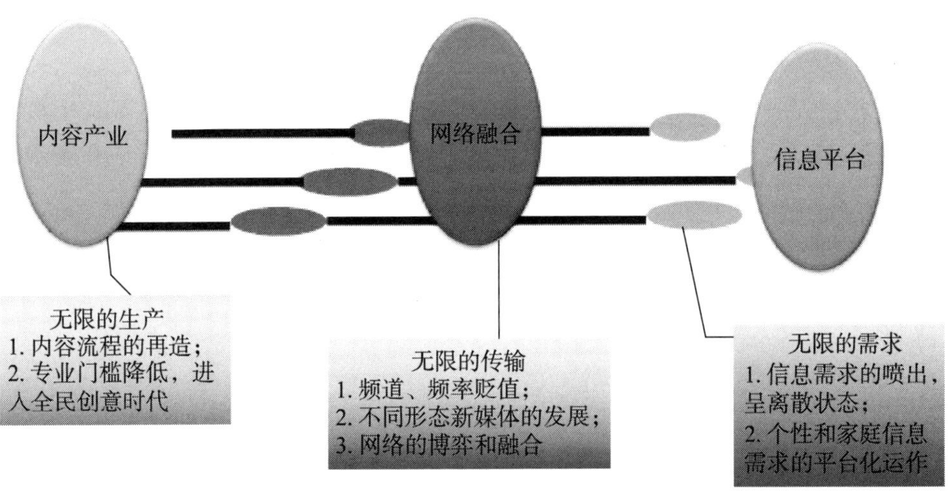

图 1　数字传媒产业三大核心要素

2. 内容：数字传媒产业的基础（图 2）

第一阶段研究：从内容生产入手

从 1996 年涉足媒体产业研究，我们就发现传统广播电视和报纸杂志媒体一直视广告为核心经营资源。虽然我们早在 2001 年就提出“内容为王”的理念，强调内容生产对传媒经营的重要性，但是在实践业界没有得到呼应，而且随着互联网、数字期刊、视频分享网站等新媒体纷纷转向以广告作为盈利模式的时候，

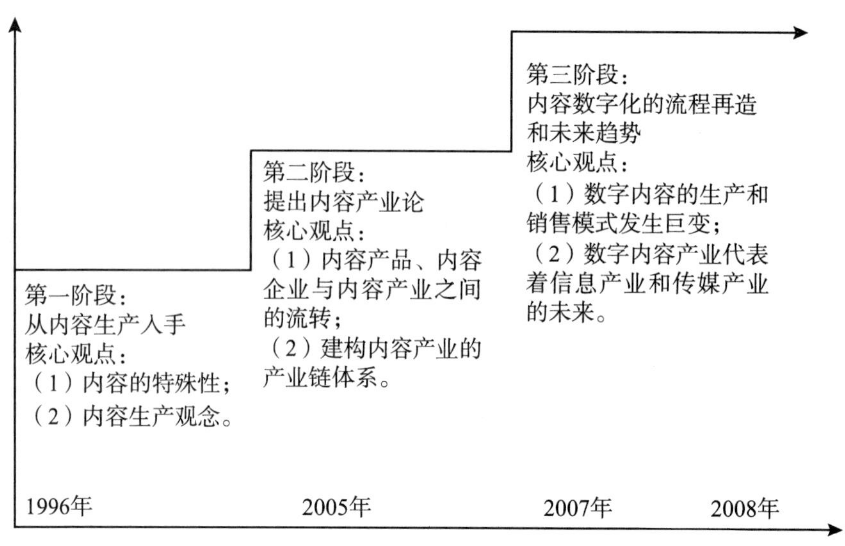

图2　数字内容产业研究发展脉络

我们的研究也曾经非常困惑，新媒体无法摆脱广告经营的困局吗？于是我们的研究又从内容这个根本问题出发寻找答案。

● 内容的特殊性问题

在分析传统媒体内容生产和传播应用的时候，我们的研究提出了几个核心观点：内容资源是媒体联系受众、经营广告的最基础要素，内容生产有着不同于一般产品生产的市场原则，不具备扩大再生产的特征，内容具有唯一性，如果雷同意味着失去市场。内容生产具有延展性，独特的内容资源一旦生产出来，就可以继续扩展为其他产业，生产商可以利用相同的内容通过不同的渠道盈利。

● 内容生产观念

既然内容能够作为核心资源，那么媒体就要强化内容生产，注重内容原创。要建立消费导向的内容生产观念，改变生产导向时代“皇帝女儿不愁嫁”的错误观念。而且还要在内容生产领域建立风险投资的观念，不能一味控制成本降低价格，而是要考虑到内容高投入、高风险、高利润的规律。

第二阶段研究：提出内容产业的重要理论

● 内容产品、内容企业与内容产业的三个层次转化的流程

从内容生产入手，我们的研究逐步深入，在传统媒体和数字传媒研究中不断思索，发现在重视内容和建立正确的内容生产观念后，构建一个能够满足社会需求的内容库才是将来的趋势。然后我们的研究具体剖析各种库，并且开始进行实践，以短小和娱乐性的内容素材库建设为实践基础，探求内容素材库的社会生产

是什么样的，梳理出了内容产品、内容企业与内容产业的三个层次转化的重要流程关系。

第一层次转化就是从单纯的“内容”，经过交换，实现内容商业价值的商业化，形成了内容产品；

第二层次转化就是从独立的、分散的内容产品，经过企业组织的组织化，形成生产和制作组织分工，建立内容企业；

第三层次转化，就是大量的同一属性的企业，经过规模化的转化，发育完成一个相对完整的产业组织，最终形成产业。

● 提出了内容产业的核心理论

在完成上述三个层次转变后，结合对各种产业的比较，我们的研究提出了“内容产业论”，把不可规模的变成规模的，形成核心定义。然后将实现途径、过程进行梳理，深刻地剖析了内容产业完整的产业链体系（图 3）。我们认为，在数字传播技术解决传输资源限制后，媒体将对内容有着巨大的需求，关于科技、教育、体育、娱乐、动漫等所有的文化产品都可以变成可触摸到的、可传输的巨大产业，这就是内容产业。这个途径是可以到达的、重新组织的。

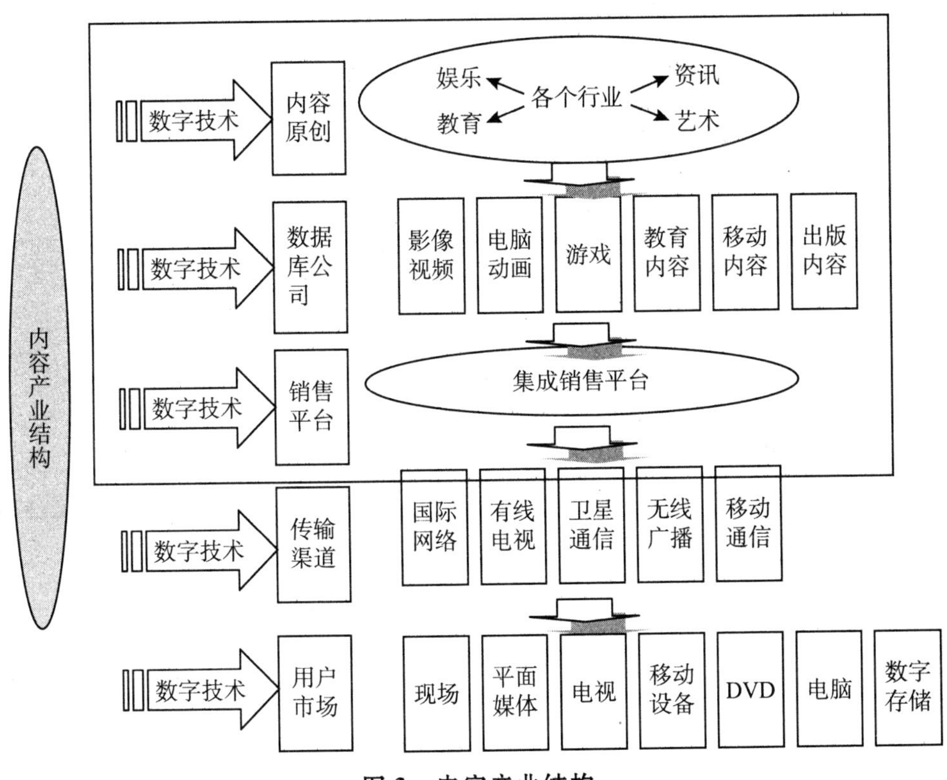

图 3　内容产业结构

第三阶段研究：内容数字化的流程再造和未来趋势

● 数字内容的生产和销售模式发生巨变

我们的研究没有停留在内容产业论这个地方，而且在研究中我们触及到媒介资产管理系统这个内容数字化的核心技术，并且我们的短视频内容库在联通的手机平台开始实际应用，于是从内容数字化的技术，到数字内容在数字新媒体的实践应用出发，我们的研究在提出内容产业的时候就敏锐地注意到，在数字技术的影响下，未来的内容社会化生产存在技术可能性，海量信息的搜集将在数字化技术的支持下发生深刻的巨变。

从内容的数字化入手，我们的研究发现在数字化浪潮的冲击下，内容的生产和销售模式都在发生着巨变。

一方面，内容的生产者不再仅仅局限于媒介组织和社会制作机构，越来越多的个人内容生产者使得内容产品的原创性更强且种类日渐丰富，这对消费者个性化需求的满足意义重大。

另一方面，数字时代“无所不能”的终端和“无处不在”的网络使消费者自由获取所需内容产品与服务成为可能，消费者愿意付费的定制式消费增加了内容产品的“使用效率”并直接带来收入，从而实现“规模经济”。

● 数字内容产业代表着信息产业和传媒产业的未来

在这些变化中，一个从传媒产业中衍生出来的新产业——数字内容产业——渐渐成型了。内容生产与管理的数字化，是建立和形成媒介资产管理系统作为节目内容平台的核心。媒资管理系统不仅实现了内容的数字化处理，也为媒体内容数字化后提供了收集、保存、查找、编辑、发布的平台。有了这样的一个平台，数字时代媒介内容的生产模式和销售模式都已经发生了改变，不仅能将传统传媒的内容实现数字化，重新组合应用，也为个体分散的内容生产者提供了集合、整合、分发的条件，从而与数字传媒产业所追求的传播模式达到了高度的匹配，奠定了内容作为数字传媒产业基础位置。

数字内容产业代表着信息产业和传媒产业的未来，我国目前虽然缺少对这一产业的统一规划和成体系的扶持，但无论是在理论研究层面还是在具体实践层面都已经有了一定的探索。

（四）传输渠道：广电和电信竞争博弈走向网络融合（图4）

第一阶段研究：传输渠道是传媒产业核心经营要素之一

● 肯定传输渠道作为整个传播流程中通路定位的重要价值

我们最早关注传媒产业研究的时候，一方面关注广告，另一方面关注内容，

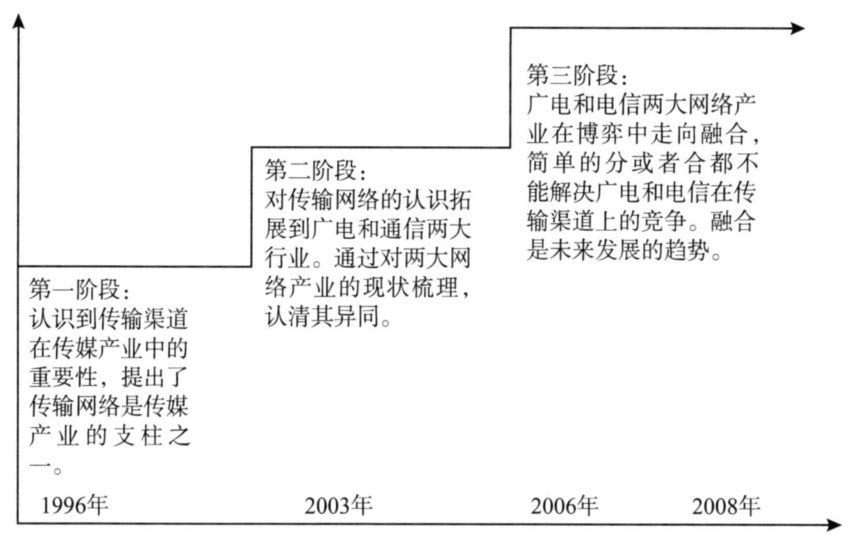

图4　传输渠道博弈到融合的研究发展脉络

随着研究的深入，我们发现传媒形态变化始于技术，尤其是传输技术的革命性变革所致，加之在传统营销学4P理论强调PLACE（渠道）的影响下，我们注意到传输渠道作为整个传播流程中通路定位的重要价值。

● *传输渠道是信息内容和受众终端发生联系的通路*

传输渠道中各种形态的网络是媒体传输信息的通路、渠道、途径。传输渠道的一端承载着媒体多重形态的内容信息，另一端衍生出了多元化的接收终端，是媒介内容信息和受众终端发生联系的重要通路。

传输渠道基础设施和技术的发展影响着媒体形态的演变，也影响了其经营手段、经营理念等的形成和变化。

第二阶段的研究：梳理广电和电信传输渠道的现状

● *广电和电信都涉足媒体产业*

既然肯定了传输渠道之于媒介产业发展的重要性，我们就开始从渠道入手梳理各种形态的传输渠道及其价值。因为我们这个阶段的研究已经进入传媒的数字化阶段，我们发现，通信行业也开始进军传媒产业领域。这一现象集中表现为手机作为媒体的地位和作用被普遍认知，手机电视、IPTV等日渐深入人心。因此我们的研究与时俱进，摆脱了传统关于媒体内涵的束缚，不仅包括广播、电视，还加入IPTV、手机电视等新形态的数字媒体形式，于是研究涉及广电和电信两个领域，关于传输网络的分析也扩展到广电和电信两个领域。

● *两者的传输渠道有区别也有交叉*

广电媒体的网络包括地面、有线和卫星三种传输通路。衍生出来的媒体类别是广播、电视、数字广播、数字电视、车载电视、CMMB 移动多媒体广播，尤其是在数字新媒体发展过程中，三种传输通路之间出现了交叉融合的情况。

电信媒体的网络主要是指通信网络和互联网，现在又延伸出无线通信网络。衍生出来的媒体类别包括手机媒体（手机报、手机电视、手机上网等），互联网媒体（门户、商务等）等，无线通信网络则更便捷地实现了在移动状态下和不受地点和线缆局限条件下的数字新媒体业务，互联网和通信网络在无线技术下交叉融合，衍生出更多更便捷的业务。

然而，不论是从网络物理层面来讲，还是从网络技术层面来讲，广电和电信的传输渠道都在区别的基础上存在明显的交叉。正是因为这个区别和交叉是现实发生的，而且事关主导权，也跟盈利模式紧密相连，加之广电和电信在中国现实国情下分而治之，各自为了部门利益，因此二者难免进行竞争。

第三阶段研究：广电和电信传输渠道在博弈中走向融合

- *简单的分或者是合都不能解决广电和电信在传输渠道上的竞争*

对广电和电信传输渠道研究的过程中，不能回避的一个问题就是两者的竞争形态，两个角色在互相争夺的过程中，要求利益重新分配，要求制度创新。

这样的竞争表现在产业上，一方面就是对 IPTV、手机电视、有线数字电视等新媒介形态主导权的控制，另一方面其实质就是对网络的争夺和占有。

按照国际惯例，为了理顺发展中的关系就是用分或者整合的方式来重新构建。我们的研究也试图用美国 FCC 或欧盟的做法，对传输渠道的多重形态的网络进行切割和整合，发现现阶段是行不通的。现实中，中国传媒产业各种矛盾是内包的，简单的分和合都难以解决实质问题，存在和引发的争议更大。

- *在博弈中走向融合是未来趋势*

正是因为不能用简单的切割和整合来处理问题，所以只能在承认现有制度框架的基础上作调整。表面来看是广电和电信在传输渠道的区别和交叉，是在数字传播技术环境下出现了更多的问题。这些表象的背后，是通信和广电两大行业的融合以及力量博弈。在对这一表象背后的真正动因进行了深入探讨和分析，我们提出了在数字传播技术下，广电和通信两大产业的新型竞争关系。

正是因为数字传媒产业在实践发展中远远超出了现有的制度体系，所以出现了问题，出现了广电和电信的竞争。在现行的体制下，我们所探讨的只是广电网和通信网两大网络体系的全系统竞争问题，这一新型竞争态势的形成和发展将会对整个中国传媒产业产生深远影响，是国家信息化最终实现的两大主战场。未来该怎么做需要探讨，不过我们认为，博弈在很长一段时间仍然会是融合趋势下的常态（图 5）。

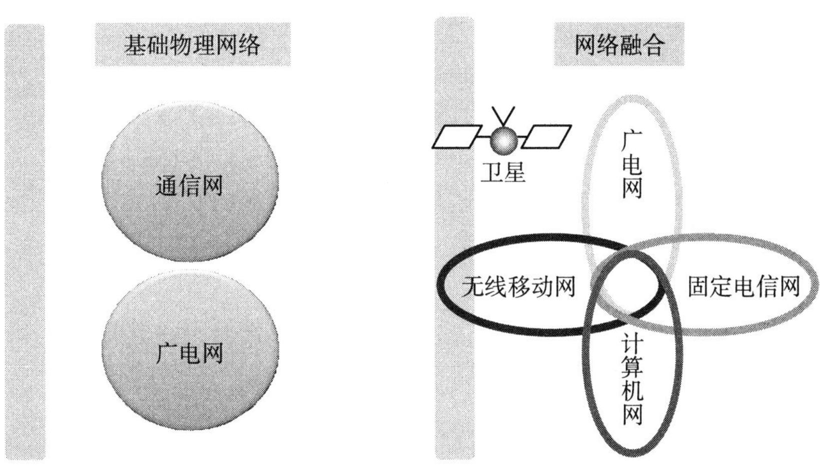

图5　网络产业融合示意图

（五）受众信息需求：构建家庭和个人信息平台是数字传媒产业发展的趋势（图6）

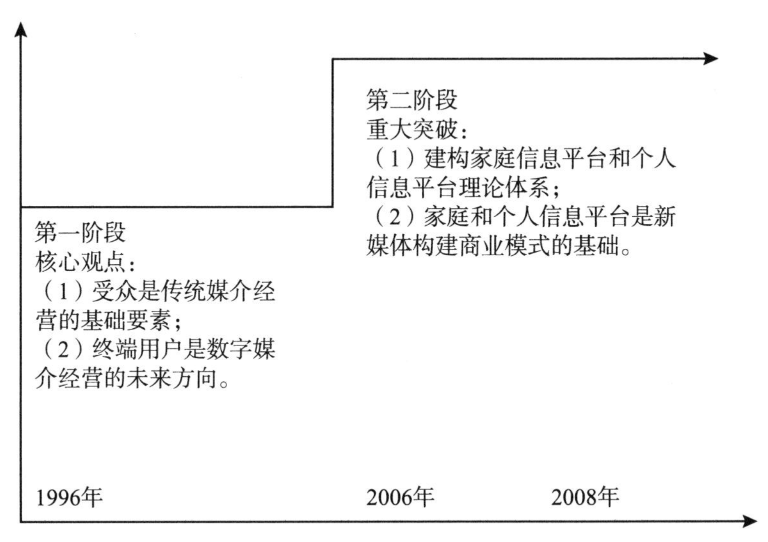

图6　信息平台研究发展脉络

1. 第一阶段的研究：面对受众多样性终端，满足其信息消费需求是传媒未来经营的方向

- 受众是媒介经营的基础要素

受众在传统传播理论中扮演信息接受者的角色，也是媒体生存的基础，媒体

的经营不仅是对其广告和内容的经营，更是对内容背后的受众群体价值的经营。媒介的广告经营表面上出售的是时间和空间资源，其实质出售的是这些广告资源背后的受众注意力资源，因此受众是媒介收入来源的一个重要终端。

● 终端用户是数字媒介经营的未来方向

以往对传媒领域的研究，基本上集中于两大层面：网络和内容，以上的两大突破也正是在这两个层面的突破。但是，随着研究的深入，我们逐渐发现，以上两大层面都仍然是基于媒体自身问题的探讨，都是从媒体和媒体的运营商角度出发来考虑问题，而在数字传播技术的发展和影响下，数字媒体产业的核心是实现所有人对所有人的传播，受众这个在传统一对多传播模式下被动的信息接受者，已经演变成数字时代，一对一、多对多传播模式下主动的信息搜集者和过滤者。

随着数字传播技术深入发展下去，数字传媒产业的经营指向最终将突破媒体经营者自身的内容和网络，把重点转移到终端用户身上，最终的争夺战将在用户层面展开，对用户信息需求的掌控和满足将是未来数字传媒产业竞争的焦点问题。基于此，我们提出了信息平台的研究方向，而且我们根据固定和移动、个人和群体两个方向，最终把研究聚焦在家庭信息平台和个人信息平台上。

2. 第二阶段的研究：家庭和个人信息平台是未来数字传媒产业构建商业模式的基础

● 信息在内容和传输领域的发展变化都在信息需求上找到对应解释

自从数字传播技术起步发展以来，就出现过不同形态的针对家庭和个人的控制平台的理论概念和商业实践，但是随着数字传播技术的演进和发展，随着信息在内容方面（数字内容爆炸式的生产模式以及个人参与数字内容生产和传播的新流程再造）以及在传输方面（传输领域的网络资源扩充和接收多终端趋势）的变化，最终都在信息需求领域找到对应的解释。

于是，我们的研究开始关注针对个人和家庭的信息需求的变化发展，以及信息需求和信息生产、传输的呼应关系。随着研究的深入，以及在有线数字电视家庭信息和移动多媒体广播个人信息海量数据信息处理的实践支持下，我们创新性提出信息平台的理论。

● 家庭和个人信息平台是新媒体构建商业模式的基础

家庭信息平台主要针对家庭市场，通过数字电视、IPTV 等手段，家庭中的电视机、电脑将成为集娱乐、信息、教育、消费等功能于一体的综合性信息终端，家庭中的所有消费和信息接触行为都将变得可控可管，而服务于此的将是一个开放的、平等的“平台”，不再是一个封闭的、由运营商主导的单一产业。

个人信息平台主要针对个人市场，通过手机这一终端平台，把个人在信息接触、消费等方面的需求集中起来，形成一个全新的产业系统，掌控个人信息行为。

家庭指向固定状态的数字新媒体，个人指向移动状态的数字新媒体，固定和移动状态，家庭和个人两个层次，由此构架了基于信息需求的平台，这个平台将超越有线网、广电，融合有线、无线，广电、电信，以及新媒体不同形态的各种终端，其影响力还将波及营销、传播、家庭和个人消费与需求，以及社会文化等多个领域，最终的目标是实现家庭和个人的信息化、传媒和相关产业的信息化，最终指向国家和政府信息化。

三、本书的研究视角和基本框架

鉴于当前对数字传播技术及数字传媒产业的研究现状，我们提出了本研究的相关研究框架以及要解决的核心问题。

（一）研究的体系

通过对传媒数字化三大核心问题的突破性研究，我们建构起了数字传播技术和传媒产业发展的研究体系，也为进一步的深入研究奠定了良好的理论基础。

1. 微观：数字传播技术

在我们所构建的研究体系中，数字传播技术是基础。正是由于数字技术在传播领域的应用，才导致了数字传媒产业诞生以及蓬勃发展，技术是推动此次传媒产业升级的根本性推动力之一。

2. 中观：数字传媒产业的三大支柱

在研究中我们发现，数字传媒产业发展过程中形成了三大支柱，分别是内容、网络和终端用户，因此我们的研究围绕这三个层面展开论述。通过这三个层面，数字传播技术将会彻底改造当前的媒体产业，因为这三个层面是整个媒体产业最核心的资源，也是传媒产业争夺的焦点（图7）。

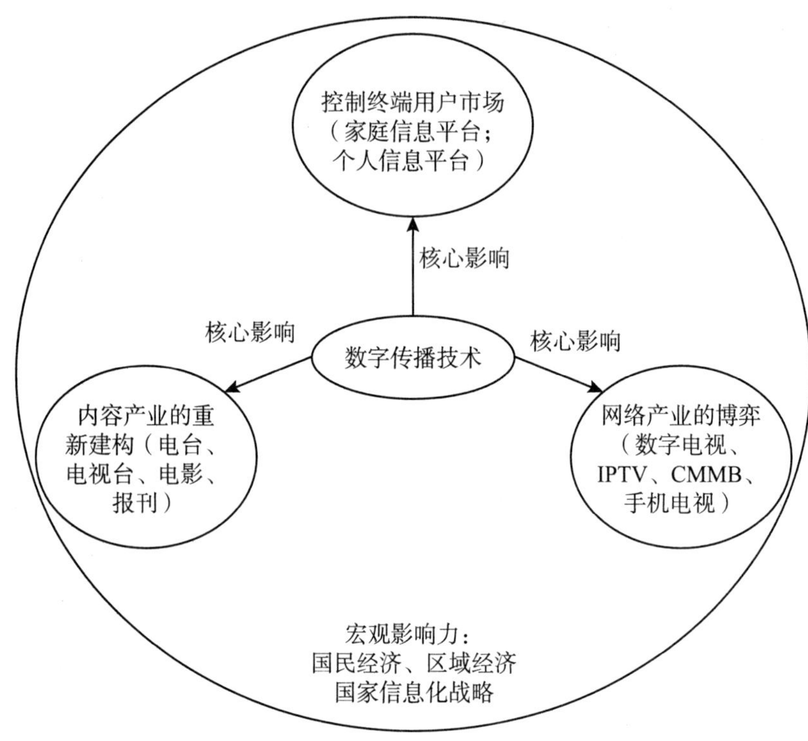

图 7　数字传播技术与传媒产业关系示意图

3. 宏观：在国民经济和国家信息化战略中的地位和作用

在着眼于数字传媒产业自身发展的同时，我们在研究中也认识到，数字传媒产业的兴起其意义已经远远超出了媒体行业自身，通过数字传媒产业发展所带动的其他诸多相关产业的升级换代和空间延展，必将大力提升国民经济和区域经济；同时数字传媒产业还是国家信息化战略实现的重要阵地，是实现国家信息化战略的重要组成部分。

（二）研究视角

1. 基础、行业和前沿的研究

从系统研究的角度考虑，本研究设计了三层结构，包括：（1）基础研究。一方面是从学术整理和学术分析角度，研究数字技术对于大众媒体形态的一般规律，另一方面是从宏观层面分析数字媒体产业对于国家战略的作用；（2）行业研究。从中观层面分析数字媒体产业成型的动因和趋势；（3）前沿研究。从当前该领域的热点问题入手，展示数字媒体产业发展走向和发展前景。

2. 实践视角的研究

从实践的角度考虑，本课题的研究需要解决中国数字技术与媒体产业发展的实际问题。基础研究中涉及舆论宣传和公共信息服务、中国信息化建设、中国文化产业发展，也是中国政府部门积极探索的实际问题。行业层面研究，涉及新闻出版系统、广电系统产业转型，涉及中国新媒体产业发展的动力和前景，涉及政府管理体制的改革与创新，这些问题正是这些行业急需解决的问题。

3. 前瞻视角的研究

从前瞻的角度考虑，本课题要进行数字传播技术和媒体产业发展的规律性探索。前沿研究，重在研究数字媒体产业中的主要领域，数字传媒产业普及推广的问题；数字媒体产业核心价值所在的内容产业问题；数字媒体产业受众市场发育规律；如何整合全国资源推进数字媒体产业建设问题。这些研究将是中国数字媒体产业下一发展阶段必须面对的问题。

4. 广电、电信、报刊和互联网四个平台视角的研究

本研究从承载数字传播技术的四个媒体平台——广电、电信、报刊和互联网——入手，从技术衍生出的新传播形态的数字化开始分析，以传输网络的竞争融合作为分析的焦点，最后落脚在不同平台的受众信息需求模式，形成了广阔的研究视角。

本研究没有把互联网及其衍生的新媒体形态作为重点进行分析，主要有以下两个考虑：

其一，互联网从20世纪90年代在我国发展起来后，现在基本形成了门户、搜索、商务、视频等多重业务形态，但是内容来源受制于传统媒体，其商业模式问题一直没有解决。现在开始转向广告，说明其是作为一个虚拟经济体寄生在其他媒体产业经济体之上的。

其二，我们是从产业链的角度来分析问题的，包括内容、网络和终端用户，而互联网不是这其中的任何一个，它渗透到这中间的每一个环节，自身形成一个完整的产业链条。

因此，我们的研究关注了IPTV、手机媒体无线业务等数字传媒产业中与互联网关系密切的部分，也对信息需求平台中互联网领域的探索进行了梳理和分

析。未来的研究应该对这个无处不在、与其他媒体产业附着在一起的自成体系的传播形态进行专门的构建。

（三）基本框架

作为本课题研究的最终成果，本书集中解决了本研究的核心问题，体现了本研究的核心成果，总体来看，包括以下几部分内容：

1. 数字传媒产业的影响力

集中论述数字传播技术的影响力，包括数字传播技术概述、数字传媒产业对国民经济的影响、数字传媒产业在国家信息化战略中的地位和作用。该部分首先回答了什么是数字传播技术，数字传播技术由哪些内容构成，数字传播技术影响下的数字传媒产业指的是什么，包括哪些新技术平台和延伸出的新媒体形态，以及由此引发的新运营模式，然后从宏观角度回答了数字传播技术对国民经济、区域经济以及国家信息化的影响及其在其中所起的作用。

2. 内容产业的重构

该部分集中探讨数字传播技术对内容产业的重新建构。在数字技术产生之前，各种内容行业彼此独立存在，力量分散，针对内容的管制也非常严苛。数字技术将原先彼此独立的内容行业演变为各环节相互连通的“内容产业”，管理制度也将逐步开放。无论是电视台、广播电台、电影还是报刊业，在内容产业来临的时候，都会遭遇产业重新调整、自身重新定位的问题，这一部分将对这些问题进行分析说明。

3. 网络产业的力量博弈

该部分的焦点问题是网络产业的力量博弈。数字传播技术使得广电网和通信网在业务、功能、盈利模式、服务能力等层面出现融合，原本毫不相干的两大产业——广电和通信——在数字技术的推动下走上了同一竞争平台，在家庭层面上产生了数字电视和 IPTV 的竞争，在个人层面上产生了移动多媒体广播（CMMB）和手机电视的竞争。这些竞争的不断深入和激化，必将导致广电和通信两大产业的新一轮力量博弈。

4. 控制终端信息消费市场

该部分是本书的核心。在深入探讨了数字传播技术对宏观政治经济、对内容产业、对网络产业的影响的基础上，我们认识到传媒产业最终的突破点在于终端用户，而数字传播技术的最大突破就在于能够把终端用户的需求牢牢掌握在手中，形成为家庭和个人用户提供随时随地的全方面信息服务的信息平台，即家庭信息平台和个人信息平台。这两大信息平台的建立既是数字传播技术发展的必然，也是内容产业和网络产业竞争的最终落脚点。这一部分将对这两大平台进行深入论证。

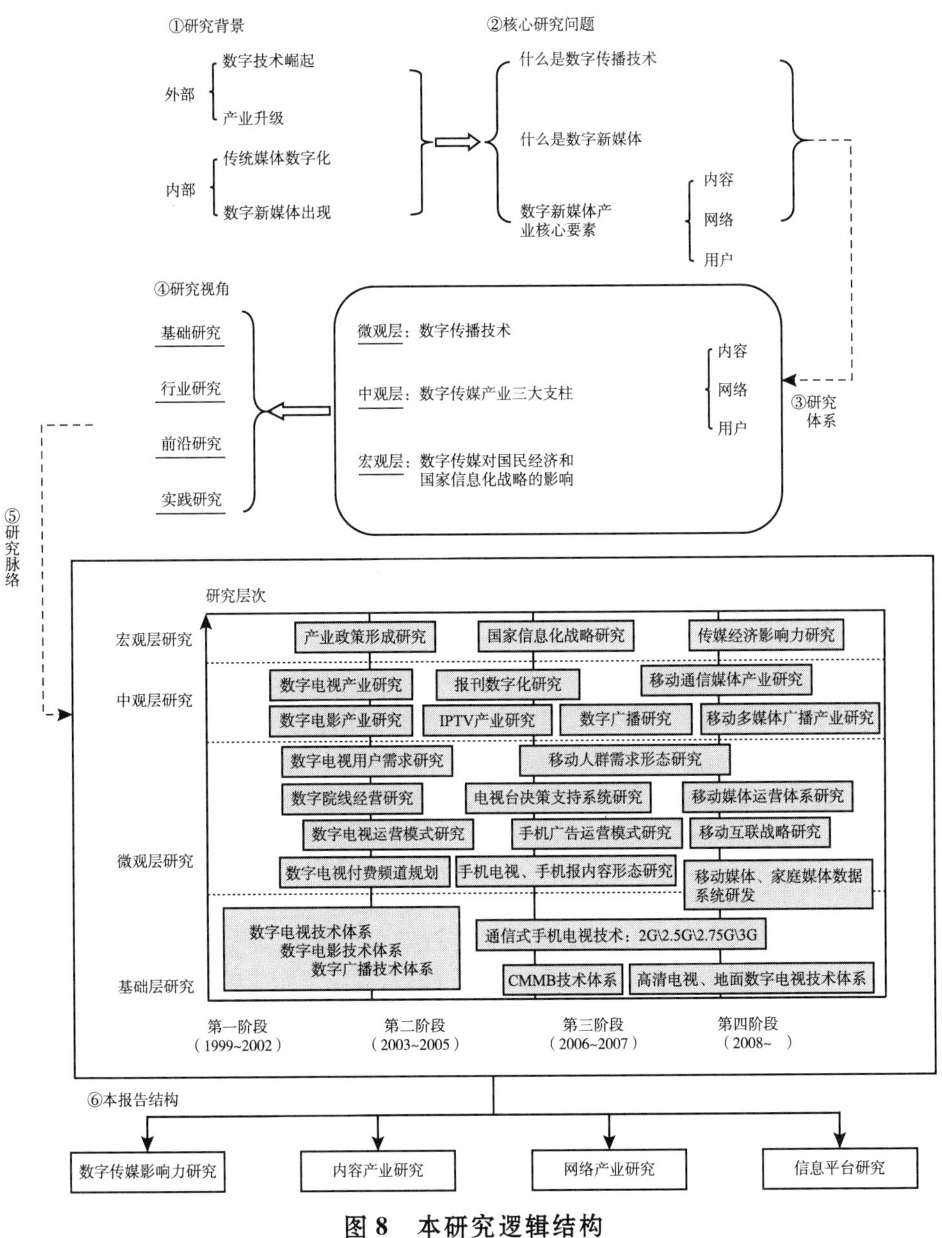

图8　本研究逻辑结构

四、本研究的成果

从2004年年底起，我们用4年的时间完成了本次重大研究，在这一过程中，我们基本上完成了研究计划中所涉及的课题，主要包括：数字技术对传媒产业的影响；数字传媒产业在国家层面的战略地位；数字传媒技术的热点应用、行业发展模式分析；受众对数字传媒技术的接触和消费等。并在研究的过程中，对相关问题进行了调整，取得了重大理论突破。

（一）著作

在研究过程中，形成了一系列相关著作，主要包括：

1.《内容产业论》，赵子忠著，中国传媒大学出版社2005年出版。本书第一次详细分析和论述了“内容产品”向“内容产业”转变的内在规律，提出了数字媒体内容产业的一个模式，从产品、企业和产业层面进行了探讨，提出了“创造力是媒体内容产业的核心价值”的观点。

2.《中国数字电视报告（2005）》，黄升民、王兰柱、周艳编著，中国传媒大学出版社2005年出版。本书从发展脉络、宏观格局、发展模式、进展特征、付费频道建设等多个角度，全面解析了当时中国数字电视产业的发展状况。

3.《有线数字电视试点现状报告》，黄升民、周艳、王薇编著，中国传媒大学出版社2005年出版。本书以个案的形式，对数字电视的先行者——有线数字电视行业——的发展现状进行了全面描述，几乎囊括了当时所有开展有线数字电视运营的机构。

4.《中国卫星电视产业经营20年》，黄升民等编著，中国传媒大学出版社2006年出版。本书主要阐述了中国卫星电视产业发展的历程、特征及卫星电视产业格局的构成与现状，并提出了目前我国卫星电视产业发展所面临的问题及发展思路。

5.《中国数字电视产业政策的形成研究》，周艳著，中国传媒大学出版社2007年出版。本书核心放在分析我国数字电视产业政策的形成上，从这个角度出发，以时间纵轴为线索，重点对数字电视产业发展不同阶段的产业政策进行解析，描述产业政策的目标和思路，分析产业政策的现状，解析产业政策结构。

6.《家庭信息平台：数字电视运营模式新突破》，黄升民、王薇著，中国传媒大学出版社 2008 年出版。本书首次明确提出了基于家庭信息需求与消费的“家庭信息平台”的概念，提出了“家庭信息平台将是数字电视发展的必然方向”的思路。

（二）论文

与此同时，我们也发表了大量的相关论文，主要包括：

1.《Cable Digital Television in China：Industrial Policy，Market Performance，and Development Trends》，作者：黄升民、周艳、王薇，发表于香港城市大学《The Journal of Comparative Asian Development》杂志 2007 年秋季卷。本文的核心是解析中国有线数字电视进程，主要从产业政策、市场表现、趋势展望及问题三个角度进行论述。

2.《数字传媒时代家庭与个人信息接触行为考察》，作者：黄升民、王薇、杨雪睿，论文收录于 2007 年《全球传播与发展国际学术论坛论文集》。本文通过对数字传媒时代家庭和个人信息接触行为的考察，提出了在用户碎片化的时代，重聚是透析信息行为的必由之路。

3.《解读中国广电数字化战略布局与发展前景》，作者：黄升民、周艳、王薇，论文收录于 2007 年《全球传媒发展与传媒政策论坛》论文集。本文全面分析了中国广电数字化的战略布局，对有线、卫星、地面、移动多媒体广播等广电行业的各种数字传媒领域的定位、格局、发展现状等进行了深入探讨。

除了以上专著和论文的出版，我们还有一些研究论文和研究报告，通过这些研究的不断深入，逐渐解决了本研究所设定的研究课题，形成了对数字传媒产业的独特认知和理论架构，为完成本研究的最终成果奠定了基础。

第一篇

数字传媒产业影响力研究

传媒行业自古以来就与传播技术的发展密切相关，印刷机的发明催生了报业的诞生，电波在传播领域的应用诞生了广播、电影、电视这些今天的主流媒体，而20世纪后半叶产生的数字技术则给传媒行业带来了一次深度变革，它一方面改变着广播电视、报刊等传媒媒体产业，同时还带来了互联网、数字电视、IPTV、移动多媒体广播、手机电视等新兴媒体形态，这将使得传媒产业现有的生产模式、运作流程、产业结构、经营理念，甚至其在国家发展中的地位和作用都发生了根本性的变化，它甚至还改变了我们的生活和思维方式。数字传播技术把传媒产业带到了一个前所未有的历史转折点上，是挑战，更是机遇。

在这样的环境下，是到了对数字传播技术进行系统化、理论化分析的时候了，因此我们的研究视角开始切入到数字传播技术以及数字传媒产业的发展中来。

首先，我们要思考的是：到底什么是数字传播技术？数字传播技术的发展经历了怎样的历程？到现在在哪些领域、产生了哪些成效？这是我们回答以后一系列问题的基础，也是本研究要解决的核心问题。

在回答了什么是数字传播技术之后，我们紧接着面临的问题就是：数字传播技术到底会在哪些层面产生影响？除了传媒行业自身之外，数字传播技术的影响力是不是会更加深远？经过研究我们发现，数字传播技术的影响不仅仅是在传媒领域，还会延展到整个国民经济和国家信息化战略的层面，这种深远而广阔的影响将决定数字传播技术绝非一时一地、一个产业的孤立事件，而是一个区域、一个国家的宏观战略部署的有机组成部分。基于这方面的研究，我们于2007年完成了研究报告《数字传播技术在国家信息化中的地位和作用》，该研究报告被国家广电总局科技司采用，为其制定数字传媒产业的相关政策提供了有力的参考依据，其中的核心思想将体现在本书的第二章中。

第二章核心问题是回答了数字传播技术对国民经济和区域经济发展的影响力，包括对GDP、文化产业、拉动就业、信息制造业升级换代等多个层面；接下来论述的是数字传媒产业在国家信息化战略中的地位和作用，其中可以看到国家对数字传媒产业的高度重视。通过这些论述，我们对数字传播技术的力量和影响力有了更深、更远、更高的认识。

第一章

数字传播技术扫描

在媒体发展史上，数字技术的时间还非常短暂，从 1946 年第一台数字计算机诞生开始计算的话，也不过短短五六十年的时间。进入 21 世纪，我们看到了许许多多新生的媒体形态，而旧有的媒体也在这场新技术革命的推动下发生了彻底改变，原本不同媒体之间泾渭分明的界线开始变得越来越模糊，受众也从接受信息一跃而成为使用信息的“用户”，数字传播技术正在改变全世界。

现在，数字传播技术的应用范围越来越广阔，形形色色的数字新媒体风起云涌，对数字传播技术和传媒产业的认识也越来越需要宽广的视野，本章所要解决的核心问题就是要厘清何谓数字传播技术以及数字传媒产业。

在这一章中，我们通过对数字传播技术发展历程的梳理，归纳总结了数字传播技术的不同类型、数字传播技术的发展动因以及趋势，并对广播电视平台、平面媒体、互联网平台、移动通信平台四大类型中的具体数字传媒产业进行了分析说明，由此形成了对数字传播技术的全面系统了解，为以后的分析奠定了基础。

第一节　数字传播技术概念

一、数字传播的概念

从 1946 年第一台数字计算机诞生以来，由数字技术迅猛发展而带来的崭新传播方式就深刻地改变着我们的生活。随着数字技术的发展，学界和业界从各个维度对数字传播、数字传媒、数字化等概念进行了阐述，虽然这些阐述各具特色，但直到今天，对于上述概念的统一认识尚未形成。下面首先让我们简要回顾这一发展历程。

1946 年，世界上第一台通用数字计算机的问世掀开了数字传播的序幕，作为人类科技史上具有深远意义的新起点，计算机技术的不断提高和广泛使用，大大提高了人类处理、存储信息的能力。而计算机网络的出现和近年来的全球普及，使人类信息交流的空间在很大程度上得到了拓展。

1995 年，美国麻省理工学院教授兼媒体实验室主任尼古拉·尼葛洛庞帝推出的著作《数字化生存》，将数字化传播提到了前所未有的高度。他认为与物质世界的基本粒子——“原子”相对应，信息时代新世界的基本粒子就是“比特”。他在书中指出，“比特，作为信息的 DNA 正迅速取代原子而成为人类社会的基本要素”，在这种新型信息传播方式的作用下，“计算不再和计算机有关，它将决定我们的生存”。①

今天看来，《数字化生存》出版的意义在于：“如果说每一个新时代的来临都必有新的宣言的话，那么呼唤并宣告信息时代（数字化传播时代）来临的宣言。则非本书莫属了”。②

随着新世纪世界范围内新媒体产业全面崛起以及不断发展，学界业界对数字传播的认识不断加深，新的概念界定也不断出现。

中国社会科学院新闻与传播研究所研究员闵大洪从传统媒体数字化的角度出发，将数字化（Digital）定义为：“信息领域的数字技术向人类生活各个领域全面推进的过程，包括通信领域、大众传播领域在内的传播技术手段以数字制作全面替代传统模拟制式的转变过程。”③

2005 年底，由国家“863”计划计算机软硬件技术主题专家组编撰了《2005 中国数字媒体技术发展白皮书》，该书将数字媒体定义为：“数字媒体是数字化的内容作品，以现代网络为主要传播载体，通过完善的服务体系，分发到终端和用户进行消费的全过程”。这一定义强调数字媒体的传播方式是通过网络，而将光盘等媒介内容排除在数字媒体的范畴之外。

中国人民大学教授新闻学院教授喻国明在对新媒体的研究中，对数字传播的特征进行了以下概括：

首先，由科学技术进步带来的数字化传播方式是新媒体最重要的特征。与以往的传播技术相比，数字传播具有双向互动的特点，信息接收的主动权越来越多

---

① ［美］尼古拉·尼葛洛庞帝著，胡永等译：《数字化生存》，海南出版社 1996 年版。

② 《1978～1998 二十年中国备忘》，《新周刊》总 53 期。

③ 闵大洪：《数字化时代与数字化传媒》，《新闻实践》，2001 年第 11 期。

地向受众方面转移；其次，数字传播技术改变了以往受众收听收看广播电视必须同步性的特点，而实现了异步性，即受众在任意选定的时间进行收听收看，如有兴趣有必要可以反复收听收看；再次，数字传播技术改变了以往媒体信息受控严格的局面，使信息的传播流通更为自由，尤其是互联网通过其各种强大的功能，形成了海量信息源；最后，数字传播技术改变了以往众多媒体地域性传播的特点，使传播的范围扩大至全球，它是推动全球化的强有力因素，它使任何人在任何地点任何时间都可以与其他任何人进行任何形态信息的沟通交流。[①]

清华大学新媒体传播研究中心主任熊澄宇教授从媒体发展的角度对数字传播技术的意义进行了阐述，提出了“信息社会 4.0”的概念。他强调，新媒体是一个相对的概念，“新”是相对于“旧”而言。从媒体发生和发展的过程当中，我们可以看到新媒体的内涵是伴随着媒体的发生和发展而不断变化的。今天我们所说的新媒体通常是指在计算机信息处理等数字传播技术基础之上出现的媒体形态。所以，数字传播技术是当前媒体发展历程中的一个阶段，媒体发展并不会终结在数字媒体这一个平台上。随着科学技术的发展，媒体形态也在不断变迁，数字媒体之后的新媒体形态总有一天将成为学术热点。在《信息社会 4.0——中国社会建构新对策》一书中，熊澄宇教授正式提出了中国信息社会发展的 4 个阶段，在信息社会 4.0 阶段，信息作为生产资料和商品在经济生活中处于重要地位，将成为效率最高的生产力，而技术则退一步成为获取、加工和传播信息的应用工具。[②] 熊教授的观点，强调了数字传播技术在当前的媒体变革中担负着重要作用，同时也从媒体发展的宏观视角，对数字传播技术的历史性和阶段性进行了客观分析。

在广泛研究了上述关于数字传播、数字媒体等概念和内涵后，结合本研究对相关领域的认识，我们对“数字传播”作出以下界定：

数字传播是指在信息极大数字化的大环境中，突破传统媒体局限，融合最新的有关互联网、无线通信、数字化广播、应用软件等技术而产生的一种全新的数字信息生产加工和传播方式。

二、数字传媒技术的类型

按照不同的标准，数字传媒技术可以有不同的分类，目前比较通用的是按照

---

① 喻国明：《解读新媒体的几个关键词》，人民网，2007 年 1 月。

② 熊澄宇：《新媒体与创新思维》，清华大学出版社 2001 年版；《信息社会 4.0——中国社会建构新对策》，湖南人民出版社 2002 年版。

网络平台进行归类，本书也以此为依据，将数字传媒技术分为：（1）广播电视数字化网络平台；（2）平面媒体数字化平台；（3）互联网平台；（4）无线通信网络平台四大类（图1－1）。其中，广电数字化网络平台中主要包括数字电视、高清电视、移动电视、移动多媒体广播、数字电影和数字广播六个部分。平面媒体数字化平台主要指报纸、杂志、图书等平面媒体的内容以光盘、有声读物等数字化载体进行展现的新型媒体形式。互联网平台主要包括博客播客、应用组播和P2P、网络电视和IPTV几部分；无线通信网络平台主要由3G/4G、WIMAX以及手机电视三方面组成。

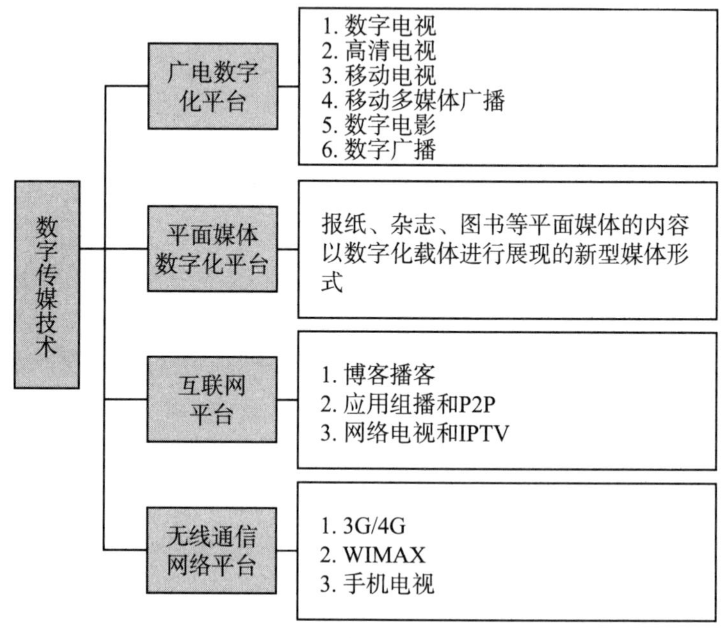

图1－1　数字传媒技术类型

三、数字传播技术发展动因

1. 知识网络经济勃兴，数字传播技术全面发展

从18、19世纪至今，世界经济经历了从产业经济到商品经济再到知识、网络经济的演化过程，如果深入分析这三个阶段的变化动因，可以发现，技术推动商务模式的变化是经济演化的根本原因，而每次经济形态的变迁，都进一步促进了技术发展的进程（图1－2）。

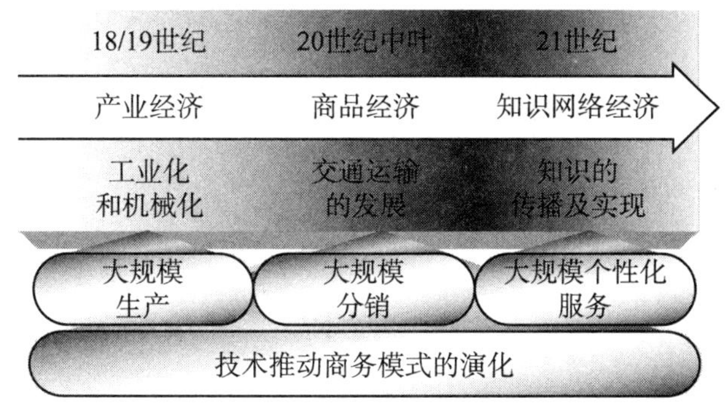

图 1-2　世界经济的演化

18、19 世纪，以工业化和机械化为代表的大规模生产开创了产业经济的时代，在此基础上，交通运输技术的勃兴又使得原本薄弱的销售环节迅速发展，大规模分销渠道的建立和物流业的繁荣，使 20 世纪中叶的世界经济步入了商品经济时代。

20 世纪 70 年代，以马克·尤里·布拉特为代表的数字经济学家敏锐地捕捉到了全球范围内信息技术的勃兴和数字化洪流的趋势，极具开创性地宣告了一个独立的新兴产业——信息产业——正在全面崛起，信息经济时代呼之欲出。

作为一种全新的经济形态，信息经济社会中，信息资源、信息活动及其所创造的效益居于整个国民经济运行及其效益的主导地位，而传统以物质为主导的经济形态逐渐瓦解。信息产业将在产业结构中居于主导地位，并成为拉动全社会经济增长的龙头产业；信息资源成为全社会各经济领域的战略资源；创新能力将成为各经济主体生存与发展的决定因素。

随着信息经济的不断演进，数字技术的不断发展带动了信息的高速传播，对知识的需求成为世界市场的主流，20 世纪末，以知识经济、网络经济为代表的信息经济衍生形态再次掀起了信息化进程的热潮，并且至今方兴未艾，在很大程度上影响并促进了数字传播技术的发展。

2. 政府的推动力量加速数字传播技术普及

由于数字传媒技术所催生的新型媒体的逐步普及，以及由此催生出的一系列相关产业的发展，是关乎国计民生的大事，与国家宏观经济走向以及民众精神文化生活水平息息相关，因此在很多相关领域，各国政府都采取了高调介入的姿态，采用行政手段来规划新媒体发展的方向，确保数字传播技术的应用和普及，其结果必然会进一步促进数字传播技术的发展。

首先，数字传播技术推动的是数字媒体的普及、网络的改造、终端的升级等一系列连锁变革，而其优势的凸显，又是一个长期的过程，因此，前期政府的政策支持和强制措施显得尤为重要。全球范围内，数字电视、数字广播以及高清电视等新媒体形态的发展，都得益于相关政策的支持。

以数字广播为例，欧洲一些国家于1987年成立了EURKA——147共同体组织，目的在于共同推广数字广播系统。在1988年的日内瓦世界咨询无线会议（World Administrative Radio Conference，WARC）上，由成员国主导进行了第一次DAB试验。经过上述推广，目前欧美各国和亚洲国家已开始发展数字广播系统，其中以英国最为顺利。同时，在日本，广播媒体数字化已经成为日本政府推动广播实现功能提升的重要课题。日本政府制定了结束模拟广播的时间表，以2010年为模拟广播的停止时限。在缓冲期内（1998~2009年），政府每三年全面地勘察每个地区数字广播的普及状况。

以数字电视在全球的普及为例，在数字电视的发展和逐渐普及过程中，以美国、欧盟等国家为代表的数字电视先行者，几乎都采取了政府主导、政策推动的发展方式，即首先由政府出台本国数字电视的模数转换时间表，明确数字信号的传输标准，从政策层面为数字电视的发展铺平道路；其次是对数字电视及其相关行业给予政策扶持，确保机顶盒的普及，促进产业链各环节均衡发展。

可以看出，政府在数字传播技术的发展中起到了鼓励和扶持的作用，一方面，鼓励使更多的企业和研究机构从事这一新兴领域；另一方面，以有力的政策，保证数字技术的推广和向生产力的转化，进一步激活市场，促进技术的更新换代，不断发展。

3. 技术向商业的转化刺激了数字传播技术的发展

随着数字传播技术的逐渐成熟，技术向生产力转化的进程始终未曾停息。基于移动信息技术的各种终端、数字电视机顶盒，以及高清电视等设备厂商纷纷看到了数字传播技术带来的商机，商家的逐利本性促使他们迫不及待地开拓新技术带来的利润蓝海。

数字传播技术商业价值的实现，刺激了技术的进一步升级和发展，同时，又将最新的市场需求和用户反馈回传给技术厂商，这种技术发展与商业运用的良性互动，对数字传播技术的发展方向有着重要的引导作用。

4. 传播业自身发展的需要为数字传播技术提供了发展空间

数字传播技术的普及带来了网络时代，数字化的洪流向传播业各个领域不断渗透。传统媒体的数字化进程加速，报纸、杂志、图书等平面媒体的内容需要借助光盘、有声读物等数字化载体进行重新呈现，以适应不断变化的传播环境。

传统媒体进行数字化升级的同时，由数字传播技术发展带动的互联网、移动通信等媒体平台的普及和应用，进一步推动了数字传播技术的发展。

5. 受众行为的变化对数字传播技术提出了更高需求

当今世界，民众生活水平的普遍提升，数字传播技术的逐渐普及，使得传统单向传播的方式发生了颠覆式的变革，被誉为“数字化之父”的尼古拉·尼葛洛庞帝曾将互联网定义为一种“所有人向所有人传播”的沟通方式。在这种崇尚自由、传受双方地位模糊的传播方式中，受众的传播自主性不断增强，个性得到最大程度的张扬，而这一切的实现，都需要数字传播技术的支持。

同时，数字化时代，受众对传播工具的要求日益提高，传播技术要适应受众的需求，就必须不断进行发展、升级。因此，受众行为的变化、传播方式的更新，对数字传播技术的发展有着重要而直接的促进作用。

四、数字传播技术发展趋势

1. 三网融合趋势日益显著

随着数字传播技术的不断发展，各种新媒体技术的发展成熟，传统媒体平台的彼此孤立、单一的格局将被打破，网络融合成为大势所趋。我国早在“十五”计划纲要中就明确提出了要“促进电信、电视、计算机三网融合”。

“三网融合”的概念实质是一种网络技术上的发展趋势，这种趋势的成型和发展，是以数字传播技术的不断发展为核心和基础的。目前而言，现阶段的三网融合概念并不意味着电信网、计算机网和有线电视网的物理合一，而主要是指高层业务应用的融合。

现阶段，“三网融合”表现为各平台技术趋于一致，网络层面可以实现互联互通，形成无缝覆盖。业务层面上相互渗透和交叉，应用层面上趋向使用统一的IP 协议等方面的变化。

随着数字传播技术的进一步发展，“三网融合”将迎来更大的发展空间，可以预见，因技术的量变带来的网络传输方式、媒介格局的质变终将来临。

2. 媒介的新旧融合加剧

数字传播技术的日新月异，促进了媒介新旧融合的全面开始。与“三网融合”不同的是，媒介融合更强调包括技术、网络、终端和业务等领域在内的全面融合。原先功能单一的终端、自成体系的网络、彼此分隔的业务格局将被无处不在的网络和无所不能的业务所取代（图 1－3）。清晰的媒体界线将日趋模糊，“泛媒体化”、“多媒体化”、“多元业务”与“多元投资”成为媒体新旧融合的鲜明特征。媒介融合的状态将对目前新旧媒体的博弈格局和传播的发展趋势产生重要影响。

技术、网络、终端、业务的全面融合

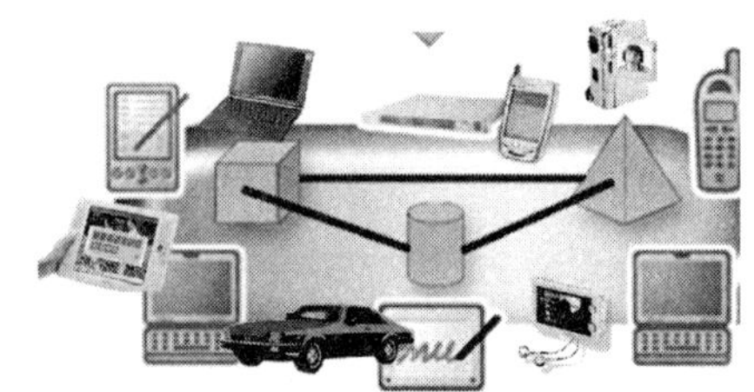

无处不在的网络

单一的终端、独立的网络、分隔的业务

无所不能的终端

图 1－3　数字传播技术下新旧媒介的融合

3. 新型管理制度亟待建立

数字传播技术的发展带来了信息的爆炸式增长，改变了传统的线性传播格局，在惊喜这一变革所产生的巨大意义的同时，必须清醒地看到，由于信息泛滥、监管缺失等因素造成的各种问题正在凸显，且随着数字传播技术的不断发展，有愈演愈烈之势。因此，探索有效的信息管理手段，建立一套完善的针对信息管理的制度已经成为当务之急。

4. 满足个性化需求

数字传播技术的勃兴，为受众张扬个性、表达自我提供了有效途径。首先，数字化传播中，每个人都身兼信息源和受众两种角色于一身，对信息的被动接受被主动寻找所取代。传播过程中，受众的参与度不断提高，主导性增强。其次，数字传播技术改变了传统传播的“包围轰炸”的方式，转为针对不同群体、不同爱好、有选择地准确推送相关信息。实现精准投放，从“轰炸”一片到“感动”一点，可以看出，小众的概念越来越受到重视，受众的个性化需求得到了满足。

5. 广播方式仍将长期存在

虽然数字传播技术启动了精准传播的时代，但应该明确的是，广播方式并不会因此而消失，仍将长期存在，并不断发展。

首先，数字传播技术所开创的传播方式并不仅仅是针对小众和个体的精准传播，而只是使这种强调精确性的传播方式成为了可能；其次，广播方式拥有很多自身的优势，符合受众的传播习惯，拥有相当广泛的固定受众群体；最后，精准传播更多的是对广播的补充，而不能从本质上替代广播。

第二节　广播电视平台数字传播技术分析

数字传播技术在广播电视平台上已经得到了非常广泛的应用，形成了包括数字电视、数字广播、数字电影、移动电视、高清电视、移动多媒体广播等多种形态的数字媒体，本节将对广播电视平台上的各种数字技术应用加以分析说明。

一、数字电视

（一）数字电视的概念

数字电视（DTV），是指从电视节目采集、录制、播出到发射、接收全部采用数字编码与数字传输技术的新一代电视，是在数字技术基础上把电视节目转换成为数字信息（0、1），以码流形式进行传播的电视形态，综合了数字压缩、多路复用、纠错掩错、调制解调等多种先进技术。[①] 美国有关机构将数字电视按照清晰度分为三个等级：包括普通清晰度电视（PDTV）标准清晰度电视（SDTV）和高清晰度电视（HDTV）。

数字电视的概念突出了两个信息：其一，数字电视强调全数字过程，涵盖电视节目制作、播出、传输、存储、接收等各个环节；其二，数字电视由于存在技术先进性的差别而有不同的发展层次（图1－4）。

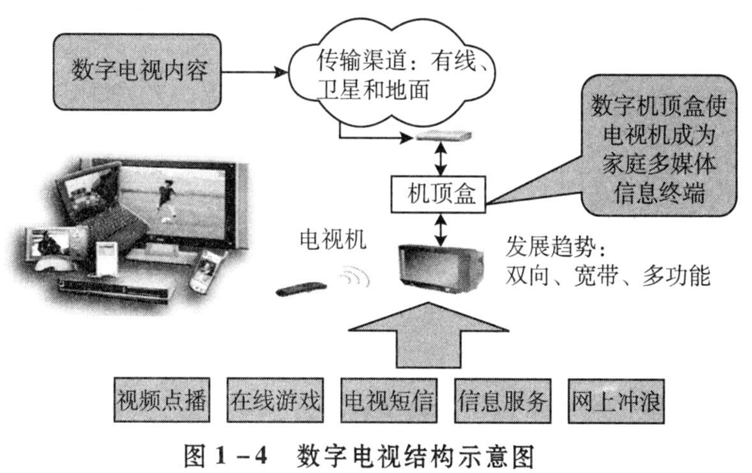

图1－4　数字电视结构示意图

① 黄升民、周艳、宋红梅：《数字电视产业经营与商业模式》，中国物价出版社2002年版。

数字电视技术逐步成熟于20世纪80、90年代，但是发展却异常迅速，国际著名市场研究机构 Informa Media Group 近几年的数据显示，2003年全球数字电视用户规模仅为9 700万户，其中亚太地区的用户规模为1 200万户，而到2010年全球数字电视用户规模将达到3.93亿户，其中亚太地区的用户规模为1.57亿户，用户规模在7年间扩大了近3亿。

（二）数字电视的传输形态

1. 地面无线、有线网络以及卫星共同构成了数字电视媒体的传输渠道

从技术角度说，电视节目就是电视信号，不管是数字信号还是原来的模拟信号要送到受众的电视接收机中，有三种实现方式，即通过卫星、有线网络、无线地面三种发射途径，都可以把电视信号送到受众的电视接收机。

地面无线、有线网络以及卫星共同构成了电视媒体的传输渠道。三种渠道虽然在传输方式上存在很大的差别，但在模拟时代它们都是传输电视音频、视频信息的工具，传输功能单一。数字技术对传输网络的影响是将它们从单一的节目传输通道变成综合的信息服务网络。在数字化的改造过程中，三者应用的数字技术各不相同，但最终却表现出了基本一致的方向：首先，增大现有的传输频谱带宽；其次，从单向传输向双向互动转变；最后，可以同时传递多种不同的信息形式，如电视节目、数据信息等。

2. 数字电视各种传输通路的技术特点

当然除了这些共同之处外，数字技术改造后的传输通路还将呈现不同特点。

（1）地面数字电视技术特点

地面广播在覆盖上是对卫星和有线的补充，尤其是为国家广播电视安全提供了有力保障。同时，对中国小城镇、农村和边远地区等缺乏技术支持的市场而言，接收装置安装的方便性和接收的随意性等特点都具有特别意义。目前看来，数字地面电视的技术特点主要有：

第一，实现了数字化后，频道数量增多；

第二，接收质量得以大大改善；

第三，可以实现付费电视业务；

第四，可以实现随时、随地方便接收；

第五，可以实现移动接收。

其中，值得一提的是，移动接收是数字地面电视独有的特点。对于地面数字电视而言，移动接收是能与卫星、有线电视竞争的增值业务的增长点。

（2）有线数字电视的技术特点

首先，数字有线电视信号接收质量高；其次，数字有线电视的技术特点，决定了这种形式便于实现双向互动；再次，可以实现有线通信；最后，便于为用户提供其他信息服务，拓宽了该技术网络的业务范围。

(3) 卫星数字电视的技术特点

其一，覆盖范围广。数字直播卫星电视可以将节目直接传送到用户家中，到达地面电视和有线电视都难以覆盖的地区。其二，频道数量多。由于数字电视在播出上采用数字压缩技术，扩大了卫星的频道拥有量。模拟技术下，一个卫星转发器只能传递一套模拟电视节目，数字压缩技术却可以使数字直播卫星的一个转发器传送5~8套节目。

二、高清晰度电视

高清电视HDTV（High Definition Television），采用数字信号传输方式，从电视节目的采集、制作到电视节目的传输以及用户终端的接收全部实现数字化，是数字电视DTV中最高标准的一种，它规定了对应设备视频必须至少具备720p或1080i扫描，屏幕纵横比为16∶9，音频输出为杜比数字格式5.1声道，同时能兼容接收其他较低格式的信号并进行数字化处理重放。

国际高清电视技术发展相对成熟

日本是数字电视研究与开发起步最早的国家，早在1964年就开始进行高清晰度电视技术HDTV的研究，由于拥有世界上最强大的制造技术，日本在这个领域里一度领先。欧美各国则相对较晚，在20世纪80年代开始技术研发，其中美国后来居上，令世界各国刮目相看。目前上述国家的高清技术体系已经比较成熟。

1. 高清技术标准

基于各国国情和数字电视发展战略，日本、美国和欧洲主要国家都明确了各自的高清电视标准，包括压缩编码、传输和终端显示。当然，正如数字标清电视标准一样，目前全球并没有形成统一的高清电视标准，即使在各国国内，出于商业利益的考虑以及受技术发展差异的影响，标准也很难统一（表1-1）。

表1-1　　主要国家和地区的高清技术标准

视音频压缩编码	视频压缩编码标准方面，美国、欧洲和日本都采用MPEG-2标准。音频方面，欧洲、日本采用了MPEG-2AAC标准；美国采纳了AC-3方案，MPEG-2为备用方案。 美国目前虽然主要以MPEG-2编码技术为主，同时也出现了新的编码技术，如微软与电信运营商合作采用VC-1编码技术，DirecTV采用H.264编码技术和DVB-S2传输技术。欧洲卫星高清公司ASTRA积极倡导H.264标准。

续表

视音频压缩编码	随着新的编码技术的出现，1994 年完成的 MPEG－2 随着技术的进步现在显得越来越落后，目前国际上部分运营商正在考虑用 H.264 来代替目前的 MPEG－2。但是目前在高清晰度电视领域 MPEG－2 还是占统治地位。
传输	日本 NHK 从 20 世纪 80 年代开始通过地面、有线及卫星进行全方位模拟高清广播；2000 年 12 月，开播卫星数字高清；2003 年 12 月开始 ISDB－T 地面数字高清电视广播。 美国 1998 年以高清为重点推广数字电视地面广播，称之为 ATSC（Advangced Television System Committee），2005 年 4 月，DirectTV 发射 Ka 波段直播卫星，开始传输卫星高清电视，采用 DVB－S2 为传输标准；目前，美国高清电视传输方式包括了有线、卫星和地面无线广播。 欧洲高清电视的发展相对落后，2004 年 1 月 1 日，Euro 1080 通过 19.2。Astra 卫星系统开播了第一个高清频道。
终端显示	日本 1985 年就建立了 1125 线、每秒 60 帧的模拟高清终端显格式。目前的日本数字高清电视为 1125 扫描线，每秒 60 帧，图像宽高比为 16:9。 欧洲卫星高清运营商 ASTRA 公司及其业界伙伴在开放式的 MPEG－2 或 H.264 标准基础上制定出高清电视广播的最基本技术标准：高清电视显示需要至少 720 线垂直分辨率，高清电视扫描格式采用 720p/50 和 1080i/25。 目前美国业界认可的显示标准为 1280×720p/60 和 1920×1080i/60。

2. 高清制作和显示技术

高清制作技术的进步非常迅速，体现在所有可以拍摄、记录、制作具有高清晰质量节目的高清产品，包括高清摄像机、高清照相机、高清电视等涉及制作高清内容各个环节的产品上。目前国际高清技术领域占据主流的是日系厂商，技术水平高，产品齐全，同时能够兼容各种高清格式。

目前，高清电视的标准格式有三种，分别为 720p、1080i 和 1080p，由美国电影电视工程师协会确定。

显示技术是高清电视的关键技术，它的成本占整个 HDTV 电视机成本一半以上。目前国际主流的 HDTV 技术，包括等离子（PDP）、液晶（LCD）、DLP、LCOS 技术等。国际高清显示技术发展的最大亮点是大屏高清，近年来以 PDP、LCD 为代表的平板电视分辨率越来越高，尺寸也越来越大（表 1－2、表 1－3）。

表 1－2　　LCD 主流显示标准

尺寸	主流分辨率	清晰度
≤32 英寸	720×576，1024×768，1280×720	水平和垂直清晰度较难达到 720 电视线
≥32 英寸	1366×768，1920×1080	超过 720 电视线，少数达到 1080 电视线

表 1－3　　PDP 尺寸及分辨率发展关键点

	1993 年	1996 年	1998 年	2003 年
尺寸	21 英寸（第一台彩色电视机）	42 英寸（日立富士通）	42 英寸（日立富士通）	76 英寸（LG）
分辨率	640×480	852×480	1024×1024，16:9	1920×1080
	2004 年	2005 年	2006 年	
尺寸	102 英寸（三星）	103 英寸（松下）	65 英寸（长虹），71 英寸（厦华）	
分辨率	1920×1080	1920×1080	1366×768	

3. 国内高清标准获得部分突破性进展

（1）视音频压缩编码——AVS 标准出台，有待商用

AVS 全称为数字音视频编解码技术标准，是我国第一个具有自主知识产权、达到国际先进水平的数字音视频编解码标准，是高清晰度数字电视、网络电视、视频通信等重大音视频应用所共同采用的基础性标准，是包含系统、视频、音频、媒体版权管理在内的完整标准体系。

AVS 标准面临的最大挑战就是商业化。就目前情况来看，AVS 视频标准和高清解码芯片的大规模产业化还有很长的路要走。因此考虑到 AVS 系列的商业化应用并不是很成熟，以及设备更换的成本问题，国内数字电视普遍青睐国际上比较成熟的 MPEG－2 标准，中央电视台和上海文广的高清电视也采用了 MPEG－2。如何快速将 AVS 推广应用是急需关注和进行的事情。

（2）高清显示标准正式出台

在国内高清显示标准出台以前，市场上对“高清”的定义非常混乱，所有的等离子电视和液晶电视都被称为“高清”。这一方面导致用户市场上对数字高清技术概念的认识较为模糊，对高清电视的消费缺乏足够信心，另一方面影响了学界和业界对高清市场的总体判断，也阻碍了高清厂商的发展脚步。

2006 年 4 月 3 日，信息产业部最终公布了数字电视接收设备的五大类 25 项电子行业标准①，包括基础标准、接口标准、机顶盒标准、机卡分离标准和显示类标准。其中“数字高清显示器”标准明确规定了等离子电视、液晶电视、液

① 该标准于 2007 年 1 月 1 日实施。平板电视和 CRT 电视产品等在申请之后，经过国家相关部门的认证，会授予相应的高清产品认证标识，这在其上市的产品包装上将得到体现。

晶背投电视、CRT背投电视等要想被认定为高清数字电视，至少必须满足清晰度达到720线以上，CRT数字电视被认定为高清电视清晰度必须达到620线以上。这个标准的出台结束了我国彩电市场没有高清标准的历史，大大推动了我国高清电视机市场和高清产业的成长。

4. 超高清电视进入试验阶段

（1）超高清电视的概念

超高清电视（SHV Super Hi-Vision），是未来一种大屏幕数字视频格式，其采用的扫描格式水平和垂直清晰度都是目前高清晰度电视的4倍，即7680×4320/60，是70毫米胶片电影清晰度的两倍。

许多人对超高清电视的实用性表示怀疑，认为家中不需要如此高的清晰度和如此大的屏幕，因此其推广使用的可能性不大。然而，超高清技术的逐渐成熟，为其走进家庭提供了可能性：虽然超高清拥有100英寸的大屏幕，但其观看距离只需0.75H，观看水平视角在100度左右。超高清电视视频采用MPEG－2 4∶2∶2 Profile标准，传输采用MPEG－2 TS（DVB－ASI）标准，压缩后的大小为640Mbps。

（2）超高清电视的国际发展现状

目前，国际上超高清电视已经处于试验阶段。

日本是世界最早试验超高清的国家，2006年，采用MPEG－2将SHV信号压缩到600Mbps左右通过长距离IP光纤网传送到NHK大阪广播台进行了音乐晚会的现场直播，试验的成功证明了超高清技术发展的可行性，具有重要意义。

据悉，英国将紧随其后，计划于第三十届奥运会时使用超高清技术进行现场转播。

三、移动多媒体广播

移动状态下的视频传输包括广电和通信两大系统。本节主要针对广电方式的移动多媒体广播进行阐述。

（一）移动电视的发展历程

全球范围内的移动电视商业推广起步于2005年，主要技术体系是基于WCDMA & GPRS以及CS/PS的多媒体数字信号编解码器。

2006年，移动电视技术全面发展，采用了HSDPA这一新型编解码技术，与以前技术相比，HSDPA具有更高的支持更高的比特率、更高的传输能力和更小的成本。

2007 年至今，伴随着基础技术的逐渐成熟，移动电视技术标准（DVB－H 和 MBMS）进入了技术试用阶段，移动电视在市场拓展中的定位开始清晰，其服务的私人性、互动性和受众的细分度等特点日渐成型。

（二）移动电视可选技术

目前，全球范围内，移动多媒体广播技术的变革发展迅速。但同时，由于各国国情不同，基础网络情况各异，移动电视的发展也面临着一定的阻力，尚未形成一个统一的技术标准，当前，业界基于广播的移动多媒体广播技术体系较多，主要有 10 种，分别是：

基于 DAB 框架体系的 T－DMB（韩国）、S－DMB 的 A 系统（韩国）、S－DMB 的 E 系统（日本东芝）、DAB－IP（英国和微软）、TMMB（中国北京新岸线等）、CDMB（中国广州在线等）；基于地面数字电视体系的 DVB－H（欧洲）、ISDB－T（日本）；基于专有体系的 DMB－TH（中国清华）、CMMB（S－TiMi 中国广科院，是中国移动多媒体广播行业标准）。

其中，主流的标准为：DVB－H、T－DMB、S－DMB、DABIP、T－MMB、CMMB（S－TiMi）CDMB、ISDB－T、MediaFLO。

上述这些移动多媒体广播技术体系，各有其特点和针对性，不存在完全意义上的孰优孰劣问题。其中，CMMB 已是广电系统的行业标准，工业和信息化部则在主推 T－MMB 标准。各技术标准的特点如下：

1. DVB－H（Digital Video Broadcasting Handheld）

DVB－H 是欧洲的数字电视标准组织（DVB）技术研讨小组于 2005 年 2 月批准的地面数字广播网络向移动设备提供多媒体业务的传输标准，具有功耗低、移动接收和抗干扰性能强的特点。

2. T/S－DMB（Digital Multimedia Broadcasting ）

DMB（全称数字多媒体广播）是韩国推出的数字多媒体广播系统，分为两个标准：地面波 DMB（T－DMB）和卫星 DMB（S－DMB）。其中，S－DMB 标准在韩国比较流行，目前已经实现商用。

T－DMB 系统是韩国在尤里卡 147DAB 系统基础上增加了新的音视频编码方案和附加信道保护而形成的。2005 年已成为欧洲 ETSI 标准，并作为标准草案提交 ITU，2006 年已进入商业运营阶段。

与 T－DMB 类似，S－DMB 系统也采用了国际电联（ITU）推荐的五种卫星数字音频广播标准之一的 System E 方式。由于采用卫星传输方式，S－DMB 可以覆盖较大的范围和地区，但对城市闹市区等卫星信号覆盖不好的地方需要增加补点发射机以实现全方位覆盖。

3. ISDB－T（Terrestrial Integrated Services Digital Broadcasting）

ISDB－T是日本于1996年自主研发的数字电视标准。该标准在欧洲DVD－T系统的基础上，增加了具有自主知识产权的技术，形成的地貌数字广播传输标准，2001年，ITU正式接受该标准为世界第三个数字电视传输国际标准。

ISDB－T最大特点在于可以较大限度地恢复电波扩散过程中的信号衰减，但还只是在小范围内进行了试验性推广。

4. CMMB（S－TiMi中国广科院，中国移动多媒体广播行业标准）

国家广播电影电视总局于2006年10月24日颁布了CMMB的首个行业标准GY/T 220.1，该标准的信源编码标准也计划采用国内的自主标准AVS和DRA，该标准体系的关键是信道标准，CMMB的信道标准适合30MHz～3 000MHz之间。CMMB之所以也被称为S－TiMi标准，是因为广电总局计划通过同轨的两颗S波段同步卫星进行全国的S波段大功率、大规模覆盖，以组建覆盖全国的移动多媒体广播的单频网，此标准体系也可以地面发射的方式组网（图1－5）。

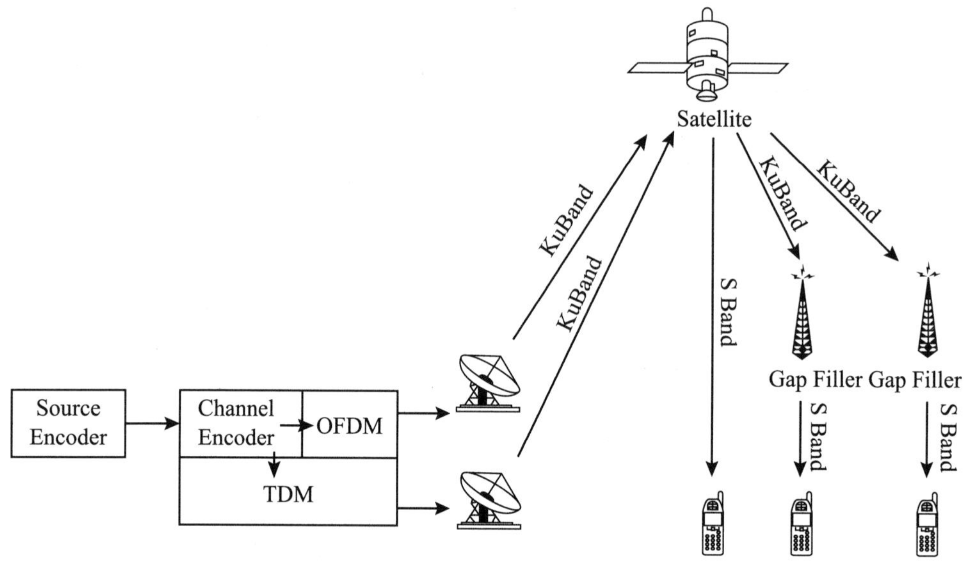

图1－5　CMMB结构框图

5. T－MMB技术系统简介①

T－MMB是基于成熟的DAB体系架构。DAB技术有十几年的成熟运营经验、完备的产业链和较宽的频率适用范围（30MHz～3 000MHz），其窄带频率特

① 胡朝晖、周晓民：《移动多媒体广播CMMB与T－MMB技术特点介绍》，《广播电视信息》，2007年7月。

性（1.536MHz）、OFDM 调制技术、信道卷积编码技术、QPSK 子载波调制技术、时间交织和频域交织、较宽的频率选择范围和多种组网模式，使其天生的具备了信号发射功率小于 DVB－H（在同样功率谱密度的前提下，因 DAB 的一个频率群块有效带宽仅为 1.536MHz，而对于 8MHz 的 DVB－H，其有效带宽为 7.61MHz）、抗干扰能力强、覆盖性能好、移动性好、接收终端有一定的省电性等优点。

但是，DAB 体系天生的劣势是：频点利用率低，每个频率群块有效带宽为 1.536MHz，子载波调制仅采用 QPSK 低阶调制方式。

T－MMB 技术路线是基于 DAB 体系架构开发的适合在手持、手机终端上提供视音频节目下行广播的技术标准。T－MMB 采用了 DAB 体系架构的物理层结构，包括：帧结构、OFDM 调制、保护间隔等体系。在继承了 DAB 体系优点的同时，在信道编码层采用接近仙农极限的 LDPC 编码来提高编码效率和纠错能力，增加抗干扰能力和移动性，在一定程度上提升了信道的有效传输带宽和频谱利用率。

（三）移动多媒体广播的技术特点

1. 优异的信道编码和调制性能

就信道编码和调制技术而言，移动多媒体广播一方面具有良好的抵抗信道劣化能力，以保证信号在移动中的稳定接收；另一方面，能够在允许的信道纠错能力的前提下，最大限度地减少信息冗余，提高无线信道的有效带宽，以节省宝贵的无线频点资源。

2. 优异的信源编码能力

移动多媒体广播所采取的高效信源编码，能够在给定的无线信道有效带宽的前提下，进一步提升信道带宽的利用率。业界通常采用 MPEG4、H.264、AVS 等的高效视音频压缩编码技术。

3. 良好的移动性

良好的移动性保证了用户能够在移动中接收信号的稳定性。为保证接收终端良好的移动性，移动多媒体广播信道层技术体系，具备了抵抗移动信道恶劣传输环境的能力。同时，为支持移动接收，快速的信道估计、信道同步技术，较窄的发射带宽等技术也是移动多媒体广播必不可少的。

4. 有效的用户管理和计费管理

移动电视业务的用户管理和计费管理要比有线数字电视、无线数字电视复杂得多，因为移动电视业务涉及广播、交互等多种类型，计费涉及包月、点播、互动、漫游等多种形态。因此，一个完善的用户管理和计费管理系统是移动多媒体广播业务顺利开展的基础。

四、数字电影

（一）数字电影的概念

数字电影（Digital Cinema）就是以数字技术和设备摄制、制作、存储，并通过磁盘、光盘、卫星、光纤等物理传媒传送，将数字信号还原成超过目前35mm电影标准、图像具有更高分辨率和更好音响效果的电影。

（二）数字电影与传统电影比较

数字电影从制作工艺、制作方式到发行及传播方式全面实现了数字化，与传统电影有着根本的不同，具有许多优越性（表1－4）。

表1－4　　数字电影与传统电影的比较

	传统电影	数字电影
载体	胶片	磁带、磁盘、光盘
工艺	复杂	简单
制作周期	长	短
画面清晰度	1.0K 左右	1.3～4K
复制	有衰减	完美克隆
画面效果	有划痕、晃动、斑点、褪色、接片干扰等	无抖动、平滑、色彩鲜明饱满
声音	模拟；单声道	数字；立体声 AC－3 等
发行方式	拷贝	数字文件、网络、卫星
寿命	1 个拷贝 400 场	无限次
上映时间	各地有差异	可全球同时上映
放映设备	机械放映机	数字电影投影机
放映频率	24 格/秒	24 帧/秒
放映模式	固定	随机、交互
环保	洗印有化学污染	无污染
版权保护	不容易	容易
制作成本	高	低

资料来源：庹向东、林素蓉、田颖：《数字电影技术及其在教育教学中的应用》，《中国电化教育》，2007年5月。

（三）数字电影的制作

1. 数字电影的素材来源

（1）胶转磁，即将电影摄影机用胶片拍摄的画面和优秀影片，采用胶转磁系统进行数字化。

（2）直接使用数字摄像机拍摄得到数字电影画面。

（3）电脑制作。随着数字技术的发展，产生了许多数字艺术创作工具，用它们可以生成虚拟的三维场景、道具、人物等，整个电影的制作过程不需要演员，不用摄像机拍摄，一切都在电脑上完成。

2. 数字特技制作

数字特技是利用计算机图像处理技术来实现的电影特技，它运用数字的影像合成、影像转换、影像修复、多重影像、动画制作、动作变形、色彩分离、色彩校正、特殊造型、形象创造、多层叠加、字幕效果、虚拟环境创设、技术合成以及计算机生成素材和胶片拍摄素材集成等，来完成一些很难实现和常规拍摄根本不能形成的镜头，创建出一个个神奇的画面。

3. 数字电影的传输

目前数字电影有三种传输方式，一是卫星传输，二是网络传输，三是物理方式（使用磁带、光盘、硬盘等）传输。数字电影传输的关键技术是高质量的图像数据压缩技术，国际上对数字电影没有统一的标准，好莱坞等7家主要电影制片公司联合成立的创导组织（DCI）在2005年7月公布了数字电影技术规范，明确要求采用JPEG－2000作为数字电影图像压缩格式。JPEG－2000最高支持232×232分辨率，颜色分量最高达256个，位深最高达32bit。满足了数字电影的大分辨率、多颜色分量和大位深的要求，保证了电影图像色彩的细腻度和真实度，确保了传输后的图像质量和效果。①

4. 数字电影的放映②

数字电影放映设备主要由服务器、数字电影投影机、数码还音系统三部分组成。服务器主要用于下载和存储电影数据，并进行解码，使之变为数字视频信号和数字音频信号。数字电影投影机则将解码的数字视频信号转变为图像信号投影在银幕上。目前使用的数字投影机，由于采用的技术不同，主要有以下两类：

（1）美国TI公司的DLPcinema数字电影投影机，采用DLP数字光显技术，清晰度达1.3～2K。

（2）日本SONY公司最新推出的“4K”数字电影投影机，采用硅晶体反射显示技术，清晰度可达4K（4096×2160的像素分辨率）。数码还音系统将数码音频信号解码后产生逼真的立体声或AC－3音响效果。

---

① 廖荣生、支铮：《一种基于JPEG2000的数字电影播放系统的设计与实现》，《视频技术应用与程序》，2005年10月，第80～82页。

② 王琦：《数字电影和JPEG2000图像压缩技术》，《影视技术》，2004年1月，第30～31页。

五、数字广播

（一）数字广播的概念

所谓的数字广播是指将数字化了的音频信号、视频信号以及各种数据信号，在数字状态下进行各种编码、调制、传递等处理之后，通过广播发送设备进行传播的一种广播技术，它有别于传统的 AM、FM 广播。它可以通过地面发射站、卫星或多媒体等手段，以发射数字信号来达到广播以及数据资讯传输的目的，是第三代广播技术。

随着广播技术的发展，数字广播除了传统意义上传输音频信号外，还可以传送包括音频、视频、数据、文字、图形等在内的多媒体信号。就世界范围看，数字广播已经进入了数字多媒体广播的时代，受众通过手机、电脑、便携式接收终端、车载接收终端等多种接收装置，就可以收看到丰富多彩的数字多媒体节目。

（二）数字广播的技术类型

数字广播的应用很多，目前主要有 DAB（Digital Audio Broadcasting）数字音频广播、DMB – T（Terrestrial-Digital Multimedia Broadcasting）无线数字多媒体广播、DRM（Digital Radio Mondiale）数字中短波广播、IBOM（In-Band-On-Channel）带内同频广播、ISDB – T（Integrated Services Digital Broadcasting）组合服务数字广播等应用形式（表 1 – 5）。

表 1 – 5　　数字广播技术类型简介

简称	全称	类型	技术特点	采用国家
DAB	Digital audio broadcasting	数字音频广播	1. 频宽约为 1.54MHz；2. 使用频率不同于 AM/FM 频率，为 Band Ⅲ（174 ~ 240MHz）及 Lband（1 452 ~ 1 492MHz）；3. 采用 MUSICAM 音频编码技术；4. CDFDM调变技术；5. 2004 年 DAB 升级为 DAB +，采用 AAC + 音频转码器、MPEC 声音格式、Reed – SoLomon 编码。	英国、德国、法国、西班牙、意大利、奥地利、比利时、爱尔兰、匈牙利、立陶宛、荷兰、瑞典、挪威、波兰、丹麦、瑞士、捷克、芬兰、土耳其、加拿大、澳大利亚、新加坡、中国、文莱、印度、马来西亚、南非等。

续表

简称	全称	类型	技术特点	采用国家
DMB－T	Terrestrial-Digital Multimedia Broadcasting	无线数字多媒体广播	1. 以 DAB 技术为基础；2. 采用 BSAC 或 HE－AAC V2 音频编码技术；3. 视频为 AVC 编码技术；4. 采用 BIFS 进行互动信息编码。	以韩国为主，但德国、法国、挪威、印度也开始先期试播。
DRM	Digital Radio Mondiale	数字中短波广播	1. 为 AM 调幅技术的数字广播，适合处理 30MHz 以下频率的数字广播；2. 采用 CDFDM 调变技术；3. 采用 MPEG 4 HE AAC V2 技术。	以法国为主，但欧盟 29 个国家中如匈牙利、德国等也有采用。
IBOC	In-Band-On-Channel	带内同频广播	1. 兼容 AM/FM 波段，可直接在原频率将信号数字化；2. 若原有频率继续采用模拟信号，新增频率采用数字与模拟混合信号，接收方如果对数字信号无法解码，信号便会改以模拟方式传送。	以美国为主，巴西、加拿大、德国等国先后采用，并开始 HD radio 试播。
ISDB-T	Integrated Services Digital Broadcasting	组合服务数字广播	1. 日本的数字广播电视标准；2. 采用 CDFDM（PSK/QAM）调变技术；3. 采用 MPEG－2 Audio（AAC）音频解码技术。	原本仅日本一家，但巴西在 2006 年也开始采用 ISDB－T 标准发展本国数字广播电视。

资料来源：欠东：《漫谈各国数字广播的发展》，《卫星电视与宽带多媒体》，2007 年第 23 期。

第三节　平面媒体数字传播技术分析

数字传播技术在不断带来新媒体类型的同时，也从未停止过与传统媒体的融合、渗透，除了上文论述过的广播电视数字化不断演进之外，以报纸杂志为代表的各种平面媒体的数字化也进行得如火如荼。

平面媒体数字化的核心是传统平面媒体的内容在各种数字化载体上重新呈现。具体而言，主要有电子书、电子杂志、手机出版和刚刚兴起的二维码技术。

一、电子书

电子书（eBook）出现于 1999 年，其英文全称是 Electronic Book。它是指将信息以数字形式，通过计算机网络进行传播，并借助于计算机或类似设备来阅读的电子图书。

电子书由三要素构成：①内容，它主要以特殊的格式制作而成，可在有线或无线网上传播，如国内通用的 eBook 格式 CEB 等；②阅读器，它包括桌面上的个人计算机、个人手持数字设备（PDA）、专门的电子设备，如方正科技生产的 eBook 手持阅读器 EBOOK312 等系列产品；③阅读软件，Apabi，Reader 等。目前，我国的电子书出版总量已经超过 21 万种，位居全球第一。

二、电子杂志

传统杂志简单的数字化和数字媒体的杂志化分别被称为第一代和第二代电子杂志，而目前流行的电子杂志称为第三代。

电子杂志的主要特点在于：

首先，多媒体成为电子杂志的主要卖点。电子杂志多媒体手段的运用较为成熟，除了音频、视频外，还大量运用 Flash 动画，多媒体的吸引力成为网民追逐这一时尚的重要原因。

其次，互动成为电子杂志的重要追求。一些网站推出了互动电子杂志生成器，方便网民制作自己的电子杂志。

再次，多种接收平台成为最终开发目标。虽然多数电子杂志都自称为“网络杂志”，目前也主要通过网络发行，但是，一些电子杂志的开发者并不只是把接收平台限定在网络上，随着未来新的电子接收终端的开发，电子杂志所依赖的阅读平台也一定更多元。

最后，生产与发行走向专业化与集中化。在国内，主要的电子杂志制作与发布平台包括 XPLUS、POCO、ZCOM、i ebook、VIKA 等。而许多传统媒体只是充当内容提供者的角色。制作与发布专业化的基本动因在于技术的复杂性，这种专业化对于电子杂志质量的提升是有益的。

三、手机出版

（一）手机出版的概念

手机出版指将已加工后的数字作品以无线通讯技术为手段，按照特定的付费方式向手机用户发布的一种出版形式。[①]

① 郝振省等：《手机出版的规模及预测》，《出版发行研究》，2007 年 1 月。

在这里，"加工后的数字作品"主要由手机的内容提供商（包括报社、出版社、唱片公司、网络运营商等）来提供。数字作品的内容包括新闻、小说、漫画、音乐、游戏、图片等。"按照特定的付费方式"包括包月收费、按条计费和按流量计费等多种模式。"发布"的意思主要是说它是一种大众传播行为，而不是一对一的互动。手机出版使手机从人际传播工具变成了大众传播媒介。因此，无论内容是来自出版社、报社、唱片公司，抑或互联网等，只要是经过手机的传输渠道传输，供手机用户阅读的，就可定义为手机出版。

（二）手机出版的类型

按照手机出版的形式分，手机出版主要有三种类型。一是短信型，即指移动用户通过短信定制、短信点播来获取信息的方式，主要包括普通短信型和彩信型。二是 WAP 型，即通过 WAP 平台把互联网上的信息和业务引入到移动电话等无线终端，把互联网上 HTML 语言转化成 WHL 语言显示在移动电话显示屏上。三是掌信型，指通过安装相关手机软件，移动终端连接在互联网上可以实现各种资讯的动态下载和随身浏览。

四、二维码技术

（一）二维码技术的概念

二维码（2 - dimensional bar code）是一种新的信息存储和传递技术，已在各个领域成功应用。在国外，手机二维码已经是非常成熟的技术。其中最为通用的是流行于日本的 QR 码和流行于韩国的 DM 码。手机二维码已成为日本民众日常生活不可缺少的一部分。在日本东京的便利店、地下铁、户外广告和杂志上，随处都可以看见黑白方格的二维码。用户只要用手机对二维码拍照，就可以在瞬间完成信息获取、电子交易，享受快捷的服务。①

（二）二维码技术对平面媒体数字化的促进作用

二维码技术的应用范围非常广泛，在平面媒体数字化领域，二维码可以大大拓展平面媒体的功能。

① 朱诠、刘玉柱：《二维码与平面媒体功能的拓展》，《传媒》，2007 年 8 月。

1. 手机识读二维码技术拓宽了平面媒体与读者互动的渠道

手机识读二维码技术是沟通传统媒体与数字媒体的一道桥梁。通过这一桥梁，将出版物与庞大的手机用户群集体连接，读者可以借此关注和阅读纸质的传统出版物，便利地上网冲浪。

2. 二维码技术的应用变平面媒体为多媒体平台

随着二维码数据引擎技术的应用，平面媒体的功能有了全方位扩展的可能。用手机识别二维码和手机上网技术是目前能够跟平面媒体最紧密结合的两项技术。

通过拍摄印刷在平面媒体相关的题目后面的二维码，读者可以进入相应的Wap网站，阅读、下载或者推送关于这条新闻的背景资料、新闻动态，甚至音频、视频文件。

3. 二维码技术是多媒体数据的导入引擎

通过二维码引擎的导入，手机实现了将平面媒体与广播、电视、互联网结合在一起的综合媒体形态，并且相关设备可以随身携带，方便实用，完全具备新一代媒体的特征。通过这一引擎，传统平面媒体拥有了基于手机终端数字化的新形式，利用手机，可以轻松实现信息的及时收藏、推送与转发，为读者提供全新的阅读方式和高效的信息检索途径，还提供了读者与平面媒体出版单位随时沟通的渠道，使出版单位可以采集社会各界的反馈信息，为实现选题优化创造条件。

这一技术的应用，使传统平面媒体从单纯的信息发布平台向多媒体信息互动服务平台转换，将有效地拓展手机用户和媒体资源的链接。

第四节　互联网平台数字传播技术分析

一、应用层组播和P2P

（一）应用层组播技术概述

组播是指同时把数据分组高效地发送给网络上多于一个的接收者。在互联网体系结构中，网络层为位于不同子网的主机提供分组转发功能。IP组播中的组播功能在网络层实现，组播分组的复制和转发都在网络的路由器上进行[①]。在该

① 鱼明：《应用层组播协议的分析与比较》，《榆林学院学报》，2007年第2期。

体系结构中，路由器采用分布式算法构造一棵数据转发树。当组播分组沿着转发树进行转发时，在树的分支节点处，由路由器进行分组复制。因为可以使全网范围的分组复制数量达到最少，IP 组播被认为是实现组播分组转发的最有效的方式。

（二）应用层组播协议的分类

应用层组播协议通常都按照两个拓扑结构组织组成，一个是控制拓扑，另一个是数据拓扑。控制拓扑中的组成员周期性地交互刷新消息以相互标识身份并从节点失效中恢复。而数据拓扑通常是控制拓扑的子集，它用于标识组播转发时使用的数据路径。

一般来说，数据拓扑是一棵树，而控制拓扑则具有更一般的结构。因此，在许多协议中，控制拓扑被称为网（Mesh），而数据拓扑被称为树。根据构造控制拓扑和数据拓扑的顺序，可以把应用层组播协议分为三类：基于 Mesh 网的策略、基于树的策略和基于隐含组播含组播转发拓扑结构的策略。

（三）P2P 技术简介

P2P 即 Peer to Peer，其技术主要指由硬件形成连接后的信息控制技术，其代表形式是软件。与传统的 C/S 模式相比，P2P 模式的流媒体服务技术解决了服务器自身资源的限制，通过合理利用服务器性能和服务器端的网络资源，并合理地使用用户计算机空间的资源提供部分服务，以及用户计算机的空闲能力和用户端的空闲带宽，突破了 C/S 模式下仅是服务器资源提供服务的状态，让服务器和所有用户共同提供资源，同时，P2P 模式在合理利用用户计算机资源的同时，也合理地使用客户端的带宽资源，带宽资源是随着用户数的增多而不断增大。

二、IPV6 技术概述

（一）IPV 6 的概念

IPv 6 是“Internet Protocol Version 6”的缩写，即互联网协议第 6 版，是继 IPv 4 以后的新版互联网协议，也可以说是下一代互联网的协议，它的提出最初是因为随着互联网的迅猛发展，IPv4 定义的有限地址空间将被耗尽，而地址空间的不足必将妨碍互联网的进一步发展。为了扩大地址空间，拟通过 IPv6 重新定义地址空间。

IPv4 采用 32 位地址长度，只有大约 43 亿个地址，估计在 2005 ~ 2010 年间将被分配完毕，而 IPv6 采用 128 位地址长度，几乎可以不受限制地提供地址。所以，互联网工程任务组（IETF Internet Engineering Task Force）从 1993 年开始开发 IPv6，1995 年正式确立 IPv6 基础协议，1996 年全球范围的 IPv6 试验床 6Bone 启动。

IPv6 作为新一代互联网协议，是针对目前普遍使用的 IPv4 协议的不足而提出的。与 IPv4 相比，IPv6 在地址空间、分组处理效率、移动性、安全性和对 QoS 的支持等方面都有明显的优势。目前 IPv6 标准已经成型，技术方面的问题基本解决，全球网络将在未来几年全面进入从 IPv4 到 IPv6 的过渡时期。在 IPv6 的普及化进程中，电信级的 IPv6 宽带接入是一个重要环节。

（二）IPV6 的技术优势

IPv6 是为了解决 IPv4 所存在的一些问题和不足而提出的，同时它还在许多方面提出了改进。与 IPv4 相比，IPv6 具有许多新的特点，概括起来，IPv6 的优势体现在以下七个方面。

1. 更大的地址空间

IPv6 的地址长度为 128 位，从 2 的 32 次方增加到 2 的 128 次方，形成了一个巨大的地址空间。在可预见的很长时期内，它能够为所有可以想象出的网络设备提供一个全球唯一的地址。事实上，128 位的地址空间足够为地球上每一粒沙子提供一个独立的 IP 地址。

2. 更高的处理速度

下一代互联网，高速强调的是端对端的绝对速度，IPv6 的数据包可远远超过 64K 字节，应用程序可以利用最大传输单元（Maximum Transmission Unit），同时改进了选路，从而加快了数据包处理速度，提高了转发效率和网络的整体吞吐量。

3. 更好的移动性能

移动 IPv6（Mobile Internet Protocolversion 6）能够通过简单的扩展，满足大规模移动用户的需求，能够为在互联网上运行的每个移动终端提供一个全球唯一的 IP 地址。这样，它能在全球范围内解决有关网络和访问技术之间的移动性问题。移动 IPv6 在新功能和新服务方面可提供更大的灵活性。

4. 更高的安全性能

IPv6 协议内置已经标准化的安全机制，支持对企业网的无缝远程访问。对于从事移动性工作的人来说，IPv6 是 IP 级企业网存在的保证。

5. 更智能的服务

从协议的角度看，IPv6 的优点体现在能提供不同水平的服务。这主要是由于 IPv6 报头中新增加了“业务级别（class）”和“流标记（flow label）”字段，在传输过程中，中间各节点可以利用它们识别和分开处理任何 IP 地址流。

此外，IPv6 还支持“实时在线”连接，防止服务中断并提高网络性能。

6. 实现自动配置功能

IPv6 提供即插即用机制，支持无状态和有状态两种地址自动配置方式。

7. 支持多播功能

IPv6 中增加了“范围”和“标志”，限定了路由范围和可以区分永久性与临时性地址，这有利于更好地实现多播功能。

三、IPTV

（一）DSL 技术的迅速发展，用户规模日益扩大

DSL（Digital Subscriber Line）即数字用户线，是指采用不同调制方式将信息在现有 PSTN 引入线上高速传输的技术，包括 ADSL、RADSL、HDSL、SDSL 和 VDSL 等，最高可达 52M bit/s 的下行速率和 6M bit/s 的上行速率①。

DSL 是目前世界上发展最快的高速宽带互联网接入技术，其全称是 Digital Subscriberloop（数字用户环路），包括 HDSL、SDSL、VDSL、ADSL 等，一般称之为 XDSL。它们主要的区别体现在信号传输速度和距离的不同以及上行速率和下行速率对称性的不同这两个方面。其中 ADSL 是目前世界上 XDSL 技术中应用最为广泛的一种。

DSL 的特点是以普通的铜质电话线为传输介质，实现范围广泛，并在保护原有投资的同时实现了较为理想的网络连接速度。

目前，中国 DSL 用户规模巨大，但 IPTV 的开通率依然较低（表 1－6）。

表 1－6　　2007 年 5 月 DSL 用户规模前 10 位的国家

排名	国家	DSL 用户数
1	中国	43 400 000
2	美国	27 510 000
3	德国	15 665 000
4	法国	14 636 000

① 高永耀：《IPv4/IPv6 过渡时期的 DSL 宽带接入》，CHINA NEW TELE COMMUNICATIONS（Technical Edition），2007 年 8 月。

续表

排名	国家	DSL 用户数
5	日本	14 251 000
6	英国	11 025 000
7	意大利	9 017 000
8	西班牙	5 755 000
9	韩国	5 125 000
10	巴西	4 777 000

资料来源：Point Topic（DSL Forum COO Robin Mersh）.

由表 1-6 可知，全球目前 DSL 用户总数接近 2 亿，其中，中国约占 20%，较 2007 年同期增长 11%。DSL 用户规模的增长为我国 IPTV 的发展和普及奠定了良好的基础，但就目前的情况而言，能开通 IPTV 的宽带用户依然只是少数。

（二）IPTV 的概念及主要特征

IPTV 也叫网络电视，是指基于 IP 协议的电视广播服务。该业务以电视机或个人计算机为显示终端，通过宽带网络向用户提供数字广播电视、视频服务、信息服务、互动社区、互动休闲娱乐、电子商务等宽带业务。

IPTV 的主要特点是交互性和实时性。它的系统结构主要包括流媒体服务、节目采编、存储及认证计费等子系统，主要存储及传送的内容是流媒体文件，基于 IP 网络传输，通常要在边缘设置内容分配服务节点，配置流媒体服务及存储设备，用户终端可以是 IP 机顶盒 + 电视机，也可以是 PC。

作为一个新兴产业，IPTV 不但超出了传统的电信运营范围，更超越了传统的广电运营范畴。IPTV 预示着一场由技术演变而来的产业革命的到来，昭示着一个无限广阔的电子互动娱乐市场的启动。

IPTV 一般能够储存 3~7 天内近百套电视台播出的电视节目。观众可以根据自己的需求选择收看，随时重播，这种双向的交流增强了观众的参与性。

观众开通 IPTV，除了需要当地运营商提供内容服务外，还要安装宽带、机顶盒及电视来接收节目信号。

（三）IPTV 技术标准出台

2007 年 10 月 29 日 ~11 月 2 日，ITU 宽带业务研究组于在 Cable Labs 总部召开的会议上通过了 Internet Protocol and advanced HDTV 提案。

会议中，ITU Study Group 9，即 Integrated Broadband Cable Networks and Television and Sound Transmission，通过了标准 Rec. J. 700，即“IPTV Service Requirements and Framework for Secondary Distribution”。其中，Secondary distribution 是 ITU 的术语，意为使用传输通道，如通过空中广播频道或使用光线或电缆网络，将视音频节目分配给大量用户。

（四）IPTV 标准的主要目标

通过以上分析可以看出，这一标准中 IPTV 框架的目标集中在能将以 IP 为基础的视频业务以如下形式推送给最终用户。

使用 IP 技术将增强视频和其他多媒体形式送到电视上

这一环境通常认为是对现存数字电视业务的增强。在不改动现有视频业务机制的同时，添加另外的增强服务，与现存广播为基础的电视业务一起可以提供综合的新体验。

（1）IP video features

如，传统的多视频分割画面（用于交互节目导视或画中画）需要多个调谐器，而 IP 方式就可以使用多视频流的方式高效做到不同方式的显示。

（2）以 Web 为基础的服务

通过标准的 Web 为基础的机制视频递送能与现存数字电视联合类实现交互。如，与节目相关的增强信息服务能通过 IP 网接入到 Web 服务器来完成。

（3）以 IP 为基础的增强型服务

将现有广播视频应用与新的 IP 为基础的交互多媒体业务相结合。这些新业务将集成在现存的数字电视体系中。

（4）在家中将视频通过 IP 上传到 IP 设备

由于 IPTV 技术的固有特点，运营方可以使带宽使用效率更高、较低的 CPE 价格和在将视频通过 IP 送到终端时表述的灵活性。

（5）将视频通过 IP 传至家外的 IP 设备

运营方开始向传统二级递送网络以外的设备提供服务，将逐渐实现移动平台与 IPTV 业务的融合。

四、博客/播客

（一）博客的概念

博客（Blog）是继 E-mail、BBS、ICQ、QQ 之后出现的第四种网络交流方式。Blog 的全名应该是 Weblog，中文意思是“网络日志”，后来缩写为 Blog，而博客（Blogger）就是写 Blog 的人。

博客的出现，使人类网络生存方式开始向个人化的精确的目录式方式过渡。博客是信息时代的知识管理者。博客们将工作、生活和学习融为一体，通过博客日志，将日常的思想精华及时记录并发布，萃取并联接自己认为最有价值、最相关、最有意思的信息与资源，使更多的知识工作者能够零距离、零壁垒地汲取这些知识和思想。

简言之，博客就是以网络作为载体，简易、迅速、便捷地发布自己的心得，及时、有效、轻松地与他人进行交流，集丰富多彩的个性化展示于一体的综合性平台。

（二）博客技术的意义

博客的出现，对传统的文字传播模式形成了很强的冲击，打破了传受双方角色固定的局面，每个人都既是传播者，又是接收者，通过博客技术，受众的主动参与热情不断提高，参与需求得到了满足。同时，面对互联网的海量资源，博客的出现从某种意义而言，是为受众开创了新型的学习方式，各种知识和信息通过博客进行了归类，便于受众检索、学习。

（三）播客的概念

播客来源于英文单词“Podcasting”。Podcasting 是一个新词语，由苹果电脑的“iPod”（苹果 MP3 播放器）和 broadcasting（广播）组合而成；它也是一种新兴的数字广播技术，是继 Blog（博客）和 Wiki（维客）之后的又一现代信息技术。

Podcasting 录制的是网络广播或类似的网络声讯节目，网友可将网上的广播节目下载到自己的 iPod、MP3 播放器或其他便携式数码声讯播放器中随身、随时收听。更有意义的是，你还可以自己制作声音节目，并将其上传到网上与广大网友分享。

播客与博客同出一门，是博客发展到一定阶段、具备一定影响之后的必然产物。博客只能发布文字和图片信息，播客则可发布融文字、图片、动画、声音和视频为一体的音视频文件。

就像博客颠覆了被动接受文字信息的方式一样，播客也颠覆了被动收听广播的方式，使听众成为主动参与者。有观点认为，播客可能会像博客一样，带来大众传媒的又一场革命。

第五节 移动通信平台数字传播技术分析

一、Wi-Fi 技术

（一）Wi-Fi 的概念

Wi-Fi，即 Wireless Fidelity，属于在办公室和家庭中使用的短距离局域网无线通信技术，使用 2.4GHz、5.8GHz 频段（无许可频段）。目前 Wi-Fi 有三个标准，IEEE 802.11a/b/g，速度最高达 11Mbps/54Mbps。

（二）Wi-Fi 的技术优势

首先，Wi-Fi 无须布线，可实现短距离局域网的无线通信；

其次，Wi-Fi 具有健康安全的特点，其辐射不超过 100 毫瓦，而手机的发射功率约 200 毫瓦至 1 瓦间，手持式对讲机高达 5 瓦；

最后，Wi-Fi 组网简单，802.11b/g 实际工作距离可以达到 100 米以上。

（三）Wi-Fi 技术的缺点

1. Wi-Fi 的安全性较低，第一代标准存在较大的安全漏洞，容易受到恶意用户的拒绝服务攻击（DoS）而完全不可用。但后续新标准在加密机制和强度上大大提高。

2. Wi-Fi 的移动性较差，用户主要在热点内活动，热点间的漫游困难；

3. Wi-Fi 的干扰严重，在 2.4G 上只有 3 个可用信道，而在这个频段上不同运营商的 AP、蓝牙、家用电器（微波炉、无绳电话）都有可能互相干扰。

二、WiMAX

（一）WiMAX 的概念

WiMAX 全称为 World Interoperability for Microwave Access，即全球微波接入互操作性，是一项基于 IEEE 802.16 标准的宽带无线接入城域网技术（Broadband

Wireless Access Metropolitan Area Network)，该标准仅仅制定了物理层（PHY）和媒质接入层（MAC）的规范，是针对微波频段提出的一种新的空中接口标准。

WiMAX 的基本目标是在城域网接入环境下，确保不同厂商的无线设备互联互通，主要用于为家庭、企业以及移动通信网络提供“最后一公里”的高速宽带接入，以及将来的个人移动通信业务。

（二）WiMAX 的技术优势

WiMAX 固定站数据传输速率高达 75Mbit/s，覆盖范围 50km；移动站覆盖范围为 5～15km。为了保证多媒体业务质量，WiMAX 在无线链路层采用了自适应技术，包括自动重传请求（ARQ）和混合自动重传请求（HARQ）机制、自动功率控制技术及自适应调制编码技术，来提高传输的可靠性，降低信道间干扰，提高传输速率。

（三）WiMAX 的发展难点

首先，WiMAX 目前还存在频段的全球统一性问题，如果不尽早就这一问题达成一致，将制约其进一步发展和普及。

其次，WiMAX 与 3G 等其他网络融合目前存在技术难度和政策壁垒，究竟应该如何平衡与其他网络的关系，在竞争中共生共赢，是决定 WiMAX 能否有生命力的关键。

再次，目前 WiMAX 技术系统只能在最高时速 60km/h 以下的情况工作，其移动性还有待进一步完善。

最后，虽然英特尔已经发布了支持 WiMAX 的芯片技术。但目前支持 WiMAX 的终端数量远少于支持 Wi-Fi 的终端数量，长此以往，对 WiMAX 的普及和推广十分不利。

（四）我国的 WiMAX 试验基本成功，技术有待进一步完善

2006 年，中国在 6 个城市进行了固定无线接入系统的无线性能和业务能力测试，测试内容包括覆盖、吞吐量、带宽管理能力、业务支持能力等，试验结果基本符合预期，主要存在以下问题：

其一，部分产品的吞吐量对环境敏感，非视距传输能力有待提高。

其二，部分产品在重载、高阶调制等条件下丢包率增大，带宽管理能力有待提高。

其三，产品以室外单元 + 室内单元为主要形态，产品形态有待丰富。

三、手机电视

移动状态下的视频传输包括广电和通信两大系统。本节主要针对通信方式的移动电视（即手机电视）进行阐述。

（一）手机电视的技术需求

随着移动数据业务的普及、手机性能的提高以及网络传输能力的增强，利用手机终端收看电视节目已成为可能，即所谓的手机电视业务。事实上，由于手机终端的便携性和可移动性使得手机电视业务比普通电视更具影响力和市场潜力。面对庞大的移动用户群和广播电视用户群，各国的网络运营业者和设备制造厂家都对此业务投入了极大的关注，希望使其成为移动多媒体业务新的增长点。

（二）手机电视的实现技术

手机电视是一种新兴的多媒体业务，它的实现是多种技术结合的结果，主要包括以下 3 个方面的技术：下行传输技术、上行交互技术和业务层实现技术。手机电视业务的上行交互通常是通过移动网络来实现，主要为业务的实现提供上行传输通道，保证双向交互能力；而业务层实现技术则负责实现手机电视业务的认证、计费、业务发现和获取、业务定制、内容保护及其他灵活的应用，从而保证手机电视的可运营和可管理；下行传输技术则是该业务实现的关键，业界对这部分技术的关注程度更高。基于目前国际上的主流研究，可以将下行传输大致分为三种实现方式。

1. 基于移动网络技术的实现方式

通过移动网络传送电视节目最初是采用移动流媒体的方式来实现的。目前，中国移动和中国联通都已分别基于其 GPRS 网络和 CDMA 1x 网络，利用移动流媒体技术推出了手机电视的服务。这种通过传统移动流媒体方式实现的手机电视业务虽然在一定程度上很好地满足了人们的需求，但还有很多方面不尽如人意，如移动网络带宽受限、播放效果不很稳定、并发用户数有限、收费较高等。

正是由于传统移动流媒体实现方式存在诸多的限制，国际上开始研究如何在移动网络上实现多媒体（包括视频、音频、数据等）的广播，MBMS（多媒体广播电视业务）和 BCMCS（广播多播业务）等技术应运而生。

2. 基于地面数字广播网技术的实现方式

此类实现方式所使用的技术源自地面数字广播电视传输技术，使用的频率一般为广播电视频段。此类技术是现在国际上关注较多的一类技术，也是方案最多的一类技术。典型的技术包括欧洲的 DVB－H、美国高通的 MEDIAFLO、韩国的 T－DMB、日本的 ISDB－T 等。

另外，国内新岸线公司也在欧洲 DAB 技术的基础上研究出地面移动多媒体广播技术 T－MMB。基于数字广播网技术的实现方式由于所采用的技术多是由地面数字广播电视技术发展而来，因此在音视频的下行传输方面相对比较完善，目前在韩国已有商用的案例，很多国家和地区正在试商用和进行试验。但由于传统的广播电视网络通常都没有上行链路，因此此种实现方式在实现上行传输时一般都考虑依靠移动通信网络的协助来完成。

3. 基于卫星传输技术的实现方式

这一类实现方式的本质就是通过卫星提供下行传输实现广播方式的手机电视业务，而用户通过在手机终端上集成直接接收卫星信号的模块，就可以实现多媒体数据的接收。典型的技术包括欧洲的 DVB－H 和日韩的 S－DMB 等。基于卫星传输技术的实现方式目前在韩国已有商用的案例，此类技术与所要覆盖的范围密切相关。当覆盖范围比较小，用户比较集中时，使用卫星开展手机电视业务效率较高，也比较经济。但当覆盖范围较大时则成本较高。另外，安全问题也是卫星实现方式需要考虑的一个重要问题。

从以上的分析可以看出，手机电视不同的实现技术各有其显著特点，它们之间不是相互替代的关系，通过合理的设计完全可以利用各自的特点扬长避短、互补共存，从而向用户提供功能完善的手机电视业务。

（三）手机电视的标准制定

实现技术的多种多样反映出国际上对手机电视业务的关注程度和该业务广阔的市场前景。但由于存在众多的实现技术问题且我国尚没有统一的技术制式，造成目前国内各地进行的试验制式多样，局面比较混乱，很难取得突破。技术制式的不统一一方面使得用户无法实现漫游，影响业务的推广；另一方面，相关产业特别是终端制造业更是无所适从，严重阻碍了手机电视业务产业链的良性发展。因此，目前我国发展手机电视的首要任务就是要确定适合我国国情的技术制式。

与上文提到的所有新兴数字媒体的业务一样，对手机电视标准的争夺，核心是占领这一新兴产业高地。数字传播技术的魅力在于为实现同一传播目标提供了多种可能，政府支持、业界逐利、用户使用等多元化需求的可选择空间不断延展，因此，相关部门、业界公司等机构纷纷开始发力，从自己的角度出发，提出最优标准，争夺传媒话语权，多元力量、彼此交织，将在数字传播技术编织的体系中演绎更为激烈的产业竞争图景。

本章小结

发轫于20世纪后半叶的数字技术进入传播领域之后，迅速在多个领域蔓延开来，它的迅猛发展得益于多种因素，如政府的推动、技术的商业化趋势、传播业自身的产业升级、受众需求的提升等，这种种力量作用于传媒业，促成了这一轮传媒产业数字化高潮，传统的广播电视、平面媒体纷纷开始了数字化转换的过程，新型的互联网、移动通信平台也开始向媒体转变，传媒产业变得越来越复杂多样。

在这一部分中，我们首先对数字传播技术进行了概念界定，归纳总结了数字传播技术的类型，并分析了其发展的原因及趋势。然后，分别对四大类的数字传播技术分别进行了详细说明。

首先，我们分析了数字传播技术在广播电视领域的应用，主要包括数字电视、数字广播、数字电影、移动电视、高清电视、移动多媒体广播等多种形态的数字媒体；其次是在平面媒体上的应用，包括电子书、电子杂志、手机出版和刚刚兴起的二维码技术等；第四节主要描述了各种互联网平台上的数字传播技术，如应用层组播和P2P、IPv6、IPTV、博客、播客等；第五节集中关注了移动通信平台，描述了Wi-Fi、WiMax、手机电视等最新技术。通过这些详细的描述，向我们展示了数字传播技术的全面图景。

如此众多的数字传播技术的新应用，必然会对既有的传播产业格局带来深刻影响，产业的融合与竞争将在新的高度和平台上展开，对基于此的新型管理制度的需求也随之而来，传播产业的彻底变革已经悄然发生。

与此同时，这种深远的影响力将突破传播媒体领域向全社会蔓延，数字传播技术对国民经济、对国家信息化战略等都将产生深远影响，这也就是我们在下面的内容中需要论述的问题。

第二章

数字传媒产业对国民经济的影响

纵观人类几千年的历史，从来没有一个时代像今天这样，传媒与国民经济的联系如此紧密，在信息化浪潮中的21世纪，传媒产业成为了国民经济中的重要一环，因此，数字技术在传媒领域的拓展必然会映射到国民经济上。

从国家层面来看，数字传播技术催生出一批新的产业，对国家宏观经济总产值、文化产业、制造业等方面均产生了深远影响，无论是经济总量的增长，还是信息制造业的全面升级和文化产业的迅速兴起，都表明数字传播技术已经绝不仅仅是技术问题，甚至也绝不仅仅是某一个行业、一个部门的问题，而是关系到整个国民经济的宏观大问题。

从区域层面来看，数字传播技术对于推动区域经济发展、区域媒体变革、服务区域政府等均起到了重要作用，成为推动区域产业升级的带动力量，促进着区域经济协调发展，而区域经济、区域文化的协调发展又进一步促进了整个国民经济的蓬勃发展。

因此说，数字传播技术已经成为关系国计民生的大问题，应该从国家发展战略的角度给以足够的重视。在国家的信息化战略中，数字传媒产业逐渐凸显出其重要的地位和作用。国家信息化发展战略的核心是要利用信息资源发展信息经济，国家信息化的经济表现主要体现在两个方面：一是信息产业化，即信息产业的发展并成为主导性的经济产业；二是产业信息化，即信息技术、信息产品在传统产业的广泛渗透从而改变传统产业的活动方式。

基于这种认识，我们进一步分析了数字传媒产业是如何影响国家信息化战略的，主要从网络、内容和社会服务三个层面展开，包括：（1）数字传媒基础网络在综合信息基础设施中的地位和作用；（2）数字传媒在信息产业中的地位和作用；（3）数字传媒推进信息技术服务于社会建设。

至此，我们从宏观层面上对数字传播技术就有了一个比较全面的认识，它不仅仅是一个技术问题，也不是某一个行业、一个部门的问题，更是一个关系到整个国家发展战略的重要问题，会影响到社会中的每一个人，需要整个国家以及全社会的力量来共同推进。

第一节　数字传媒产业对宏观经济与区域经济的影响

随着数字化进程的推进，各类传统大众媒体的数字化步伐日益加快，基于数字技术的新传媒及新技术手段层出不穷，涌现出了众多新媒体，例如数字图书馆、数字电视、数字广播、数字电影、数字报刊、手机电视、移动多媒体、IPTV 等，不一而足。这些领域逐渐形成一个新的产业，统称为数字传媒产业。

数字传媒产业产生之后，它不仅彻底改造既有的传媒行业，催生新的数字媒体，而且这种影响力还会迅速从传媒行业扩散开去，影响到国民经济的发展。这种影响会发生在包括内容产业、信息制造业、网络产业、就业等在内的多种层面。本章的核心问题就是探讨数字传媒行业对国民经济的影响，包括对宏观经济和区域经济的影响两方面。

一、数字传媒产业促进宏观经济效益大幅提高

据相关部门的数据显示，目前全球数字传媒产业年增长率达 33%，是最具经济活力的增长点。到 2010 年，全球传媒中近三分之二将实现数字化；到 2020 年，80% 的传媒都将实现数字化。数字技术日新月异，数字传媒产业不断升温，带动了经济的蓬勃发展。数字传媒的发展，催生出一批新的产业，对国家宏观经济总产值、对文化产业、制造业的发展及人才就业状况等方面都产生了巨大影响。

1. 我国宏观经济概况

相关数据显示，2006 年全年国内生产总值达 209 407 亿元，比上年增长了 10.7%。其中，第一产业增加值 24 700 亿元，增长 5.0%；第二产业增加值 102 004 亿元，增长 12.5%；第三产业增加值 82 703 亿元，增长 10.3%。第一、

第二、第三产业增加值占国内生产总值的比重分别为11.8%、48.7%和39.5%。在世界GDP排名中，我国位列第四，且与第三位德国的差距在日益缩减。

据国家统计局的数据显示，2007年全年我国的GDP为246 619亿元，比上年增长了11.4%。国际货币基金组织2007年年初公布的2006年按汇率法计算的世界GDP统计结果如表2-1所示。

表2-1　　2006年世界各国GDP排名（前十位）

排名	国家	总GDP（百万美元）	国家	人均GDP（美元）
1	美国	14 979 169	卢森堡	49 056
2	日本	5 083 367	挪威	44 465
3	德国	2 812 558	瑞士	42 246
4	中国	2 587 999	美国	42 076
5	英国	2 292 149	丹麦	41 015
6	法国	2 108 307	爱尔兰	40 335
7	意大利	1 728 474	冰岛	39 133
8	西班牙	1 069 499	瑞典	38 451
9	加拿大	1 057 291	英国	36 977
10	巴西	778 521	日本	36 486
112	中国（不含港澳台地区）			1 352

资料来源：《中国信息报》。

2. 数字传媒产业的规模及趋势

（1）数字传媒产业的规模

2005年2月，新闻出版总署和国家统计局联合发布第30号令《新闻出版统计管理办法》，对传媒产业作出了新的界定。把传媒产业分成十大类，包括：新闻业、报纸产业、期刊产业、出版业、电视产业、广播产业、电影产业、新媒体产业、广告业、传媒服务业（图2-1）。

由清华大学新闻与传播学院公布的《2007年中国传媒产业发展报告》显示，2006年中国传媒产业总产值为4 236.56亿元，该数值比2005年增长了32%，增速比上一年增加了24个百分点。在种类繁多的“传媒业大家庭”中，包括手机电视、手机广播、手机短信、手机游戏、移动电视等在内的移动媒体产值占比仅次于图书出版发行，成为增长最快的新媒体产业（图2-2）。

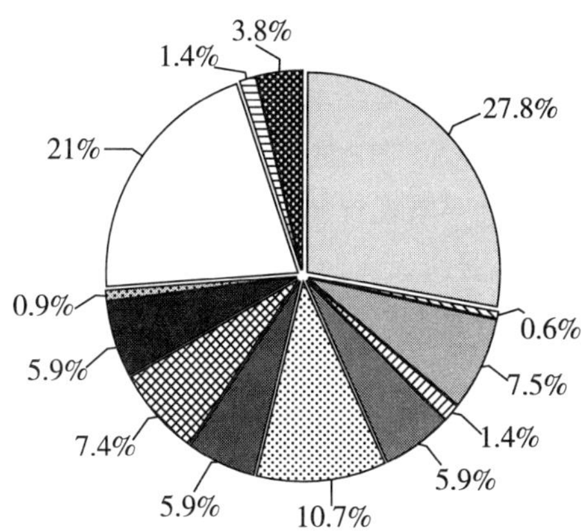

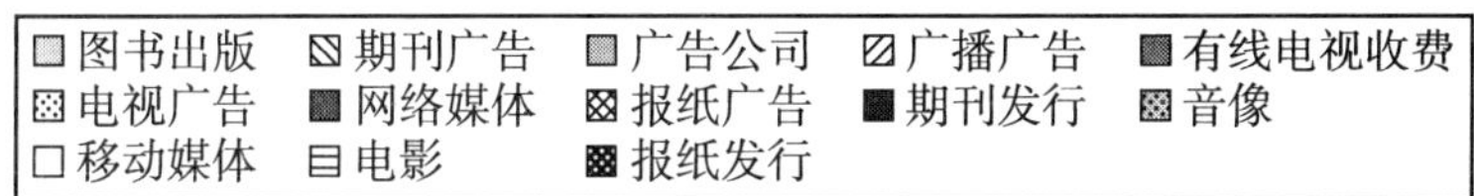

图 2－1　2006 年传媒产业细分市场结构

资料来源：清华大学媒介经营与管理研究中心。

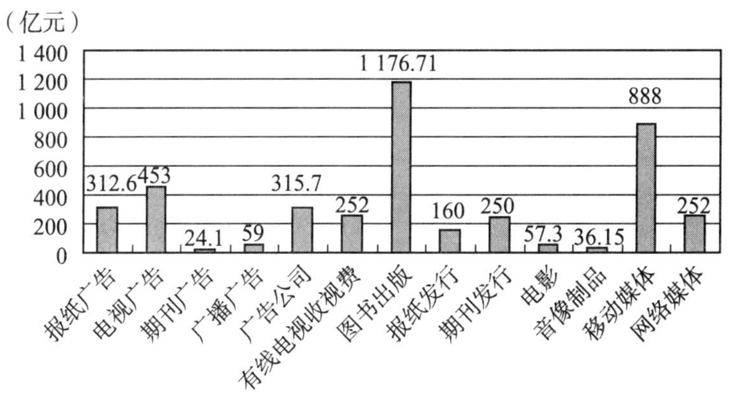

图 2－2　2006 年中国传媒产业细分市场规模

资料来源：清华大学媒介经营与管理研究中心。

由图 2－2 可知，图书出版为传媒产业贡献了排名第一位的市场份额。其他出版发行领域，期刊位列第二位，处在报纸之前。在广告行业，电视广告依旧保持了龙头老大的地位，而报纸广告由于与互联网的联姻，展示出了强劲的发展势头。期刊广告发展趋向平缓。值得关注的是，移动媒体的产值仅仅落后于图书出版，位列第二。根据数据来源说明可知，“移动媒体”收入的计算中，包括手机电视、手机广播、手机短信、手机游戏、移动电视等。显示出了新媒体产业强大的生命力和广阔的增值空间。

● 数字电视

截至2008年10月，全国有线数字电视用户超过了4 000万，地面无线广播电视数字化正式启动①，直播卫星“中星9号”发射成功并投入运营，卫星数字电视迎来崭新时代，我国的数字电视行业已经全面铺开，进入到快速推进阶段。

● 移动媒体

手机电视领域，在政策、商业模式、内容、终端、3G、2008奥运等影响和推动下，2008年中国手机电视已经拥有超过150万用户，服务市场规模预计达到60.5亿元人民币，TD商用试验启动，市场前景广阔。

在移动多媒体广播领域，由于其宽带、经济和覆盖面广的优势，已成为国际上的发展趋势，一些国家的移动多媒体广播已经开始进入大规模应用阶段。中国移动多媒体广播（CMMB）已被列为“十一五”国家科技支撑计划重点项目，科技部首期将提供8 000万元资金给予支持，而项目的总体经费预算达4亿元。目前，包括6个奥运城市及广州、深圳等地的试验网已基本成型，而全国37个主要城市的移动多媒体广播网络建设速度也在逐步加快，有望在2008年春节前统一完成。

● 互联网络

在数字音乐领域，2006年无线数字音乐市场规模将近100亿元；我国数字音乐市场处于发展的初期，市场规模增长迅速。随着数字音乐市场发展的规范以及新技术对市场的促进（如3G的应用），艾瑞市场咨询预计2008年中国数字音乐市场规模有望突破80亿元。中国数字音乐产业市场的发展显现出明显的不均衡，在线音乐市场规模远远小于移动音乐市场规模。

在数字出版领域，根据新闻出版总署的估算，2007年我国网络出版收入超过200亿元②，整个网络出版业产业链正在不断地完善，进入产业化发展的阶段。

(2) 数字传媒产业的发展趋势

自20世纪中期数字技术引入到传媒行业中以来，数字传媒产业呈现出了惊人的增长速度，整体规模已经接近GDP的1%。在中国，传媒是健康向上的朝阳产业，是与市场经济共生的产业，数字传媒产业成为未来经济发展的强劲推动力。

---

① 数据来自国家广电总局局长张海涛在2008年11月第十七届北京国际广播电影电视设备展览会上所作报告。

② 数据来自国家版权局音像电子和网络出版管理司副司长寇晓伟在2008年5月17日举行的第四届中国（深圳）国际文化产业博览交易会的发言。新华网，http://news.xinhuanet.com/newscenter/2008-05/18/content_8197001.htm。

以 2006 年的产业产值 1 239.48 亿元[①]为基数，假设以每年 15% 的速度递增，到 2010 年我国数字传媒产业产值将达到 2 167.86 亿元（图 2－3）。

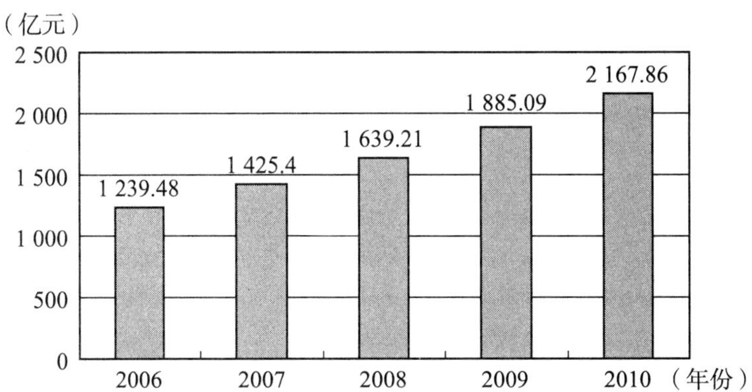

图 2－3　假设 1：以每年 15% 的速度递增，中国数字传媒市场增长情况（2006～2010 年）

以 2006 年的营业额 1 239.48 亿元为基数，假设以每年 20% 的速度递增，到 2010 年我国数字传媒产业产值将达到 2 570.19 亿元（图 2－4）。

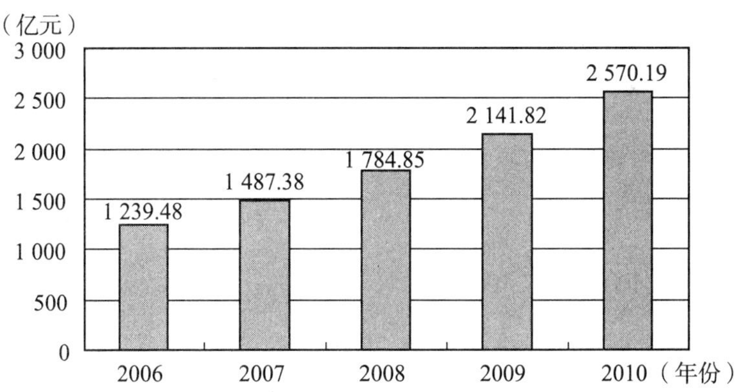

图 2－4　假设 2：以每年 20% 的速度递增，中国数字传媒市场增长情况（2006～2010 年）

不论是保守推算还是乐观预测，中国数字传媒产业在 2010 年突破 2 000 亿元都是极有可能的。

我国数字传媒产业起步虽然比国外晚了将近十年，但发展后劲十足，数字传

① 《中国证券报》，2007 年 6 月 22 日。

媒产业规模有望成为国民经济第一支柱产业。

二、数字传媒产业推动相关产业发展

（一）文化产业

1. 数字内容产业成为文化产业的重要组成部分

我国当代文化产业已进入一个全面展开的新阶段。这一新阶段的重要标志之一就是以数字技术为载体的内容文化产业迅速崛起。数字内容产业以创意为动力，将各种“文化资源”与最新数字技术相结合，融合重铸，建立了新的生产和消费方式，产生了新的产业群落，培育出新的消费人群，并以高端技术带动传统文化产业实现数字化更新换代，创造出了惊人的经济社会价值。近年来，数字内容产业在文化产业中的比重逐年增加，已经发展成为文化产业的重要组成部分，并引领着当代文化产业发展的新趋势。具体表现在：

第一，数字内容产业是信息技术与文化内容的交融汇合。

新的媒介革命形式下，原有文化艺术领域内部发生了行业内的大调整、大改组，新的艺术传播媒介如卫星电视、数字电视及网络游戏等高速发展。近年来，随着传播媒介的高速发展，宽带网络、无线接入应用、数字多媒体广播的兴起，文化产业中以制造和经营内容为主的“内容产业”，如电影、电视、报业等不再仅仅局限在原先的界域之内，而是横跨通信、网络、娱乐、媒体及传统文化艺术的各个行业，进行了“除界域”的融合重铸过程，而以数字电影、数字电视、数字报纸等新型文化方式表现出来。

第二，数字内容产业是文化产业的新业态。

数字内容产业一方面是在过去总体的文化产业基础上发展起来的产业概念，另一方面又是不同于过去文化产业的新的产业形态，是对新业态的概括、总结和发展。像英国提出的13类数字创意产业部类，就包括了一部分新生的产业类别，如动漫、游戏、数字艺术，甚至软件设计、手机增值等文化产品，也包括虽然仍然沿用过去分类的电影、电视、服装设计等部类，但内涵已大大变化，变成了数字电影、数字电视、数字设计，甚至信息设计。

第三，数字内容产业的三大产业是文化产业的主流产业。

数字内容产业的三大产业：数字游戏、数字动漫、数字音乐近年来在我国增长强劲，已表现出势不可挡的发展势头。特别是2005年以来，移动运营商的积极参与和推动，加快了这三大内容产业的发展速度，成为创意文化产业的主流产业。围绕这三大数字内容，主要城市的产业园区建设工作相继展开，游戏产业、动画产业的大部分公司在北京、上海、成都三地发展迅猛，已经形成数字内容产业带；而在广东、湖南等省市也迅速推进了产业园区的建设步伐，我国数字内容产业建设出现一片欣欣向荣的景象，各省市数字内容产业基地建设增势强劲，成为当地文化产业的龙头。

2. 数字传播技术为文化产业带来更多盈利模式

一个产业能够健康成长并规模化发展，很大程度上取决于盈利模式的成功。数字传播技术的发展为传统的传媒业带来了更多的盈利模式。

• 收视收听费

传统的广播电视系统主要依靠广告来盈利，而数字电视及网络电视的付费模式使电视广播媒体机构看到了在第一次销售（节目收视费收听费）上即可实现盈利的可能。优质节目的大量生产制作，将有助于改变我国长期以来电视媒体依靠广告作为最主要（甚至是唯一）收入来源的状况。

• 点播费

主要是数字电视 VOD 业务和网络音乐、网络电影等点播业务。数字电视点播又分为准视频点播和预订式点播。目前，许多大型电视及网络运营商都在努力满足消费者对电影、音乐、娱乐的需求，然而目前的情况是点播费用大多偏高，大多数受众难以接受。

• 订阅费

主要是手机及网络媒体报刊订阅业务。这种模式最为常见，视订阅的内容付费。网络空间的廉价和阅读的方便性，使网上信息的传达更容易，承载的信息海量化。订阅的及时性和信息保存的便捷性使得订阅成本保持在较低的水平，优惠的价格体系对传统订阅业务形成了强力的冲击。

• 电子商务交易费

目前，交易费正迅速地发展成为电子商务重要的组成部分。在部分商务领域，它已达到与产品付费几乎同等的水平。费用主要产生在三部分：商品、渠道及流通。用户可以通过数字媒体购买电子游戏、音乐会门票、音乐专辑、书刊、服饰等商品，也可以预订酒店房间、餐厅位置、医院挂号以及缴纳学费、水电费等各种费用。这既可以大大提高购物的效率，又能以较低的价格满足消费者。

• 网络游戏使用费

网络游戏的产业链正日趋完善，2007 年，中国网络游戏市场实际销售收入达 105.7 亿元，同比增长 61.5%①。网络游戏费用主要产生在几个方面：一是上

---

① 《2007 年度中国游戏产业调查报告》，中国出版工作者协会游戏工作委员会和 IDC（国际数据公司）联合发布，2008 年 1 月 16 日。

网费；二是游戏下载费；三是游戏币、点卡等费用；四是游戏周边产品费。

● 手机内容定制费

在手机媒体上用户消费内容产生的费用。包含手机电视收视费、手机广播收听费、资讯信息定制费、上网流量费等。

● 广告费

由于数字媒体具备移动性、受众面广等特点，数字媒体的广告价值普遍较高，因此广告仍是其最主要的盈利模式。针对不同类型的数字媒体，对广告的传播内容和方式进行差异化区分，可取得良好的广告收益。

（二）制造业

数字传媒产业基础设备设施促使制造业规模迅速扩大

数字传播技术的新发展推动了制造业规模的迅速扩大，其中影响最大的是电子及通信产品制造业。

● 传播终端设备需求激增

数字传播技术的发展使得传播终端媒体形式呈现多样化，数字电视、机顶盒、手机、电脑及宽带接入设备等设备需求市场迅速扩大。

随着数字电视在全国各城市进行整体平移，数字电视消费需求不断增加。相关数据机构预测，至2010年，数字电视终端接收设备市场规模将达到32 572万台，年复合增长率将达到94.3%。

随着全球数字电视消费浪潮的持续升温和数字电视受众的日益普及，数字机顶盒市场将持续稳定增长。根据有关研究机构的预测，到2008年，各种数字机顶盒（卫星、有线、地面广播、IP）市场需求量合计仍有约1.33亿台的市场。预计2008年会增长至1 485.8万台。机顶盒制造业将迎来一个全速发展的时期。

手机领域，中国的年总体产量就达2.3亿部，为世界手机生产规模的1/3，其中出口1.46亿部。而2007年初，这一市场规模则有了新的变化。相关报告[①]显示，截至2007年2月，中国市场上经过核准的手机生产企业有79家，产能达到每年5亿部，中国也由此成为全球最大的手机生产基地。

电脑及宽带接入设备领域，根据信息产业部2007年8月公布的数字，全国1~7月共生产7 131.4万台电脑，其中，笔记本产量比重不断提高，达到4 480.9万台，占电脑总生产量比重为62.8%。

● 前端和网络设备市场商机巨大

在我国，随着中国电信运营商逐渐向综合服务提供商转变，网络设备制造企

① 《2007年上半年中国手机市场上市新品监测调查分析报告》。

业也在积极拓展新业务，应对这一转型。建一套网络系统，需要大量设备。例如核心交换机、部门交换机、工作组交换机和相关的各类软硬系统。网络互联设备包括：中继器、集线器、网桥、路由器、网关；网络连接设备包括：网卡、调制解调器 MODEM 等。新的数据显示，2007 年上半年中国网络设备市场总销售额为 124.35 亿元，比上年同期增长了 7%，其中光纤接入等新兴市场增幅最为明显，增速超过 10%，其次是路由器市场，增幅达到 7%，交换机、DSLAM、WLAN 都增速平缓，在 4% 左右。网络设备市场在下半年继续保持了上升势头，总体市场规模达到 146.81 亿元，其中 DSLAM 达到 32.45 亿元，路由器达到 55 亿元，交换机达到 47.75 亿元，WLAN 设备市场达到 12.25 亿元。

- 元器件制造业

前端设备的大量生产离不开原材料的制造规模的扩大。例如芯片、电源、集成电路、晶体管、传感器、微波元器件等。

2006 年的数据显示，我国电子元器件规模以上生产企业达 3 900 多家，销售收入超过 6 100 亿元。其中销售收入达 1 亿元以上的企业超过 1 000 家。目前，我国电子元件的产量已占全球的 39% 以上。其中，电声器件的产量占全球 50%，微特电机的产量占全球 60%。近 20 多年来，我国电子元件生产发展的年增速保持在 20% 左右。

（三）技术服务业

近年来，我国技术服务产业不断探寻发展模式，开辟出一条“高端、高效、高辐射”的产业发展道路，成为转变产业发展方式的引擎。技术服务业包括计算机服务、软件制造业、信息传输等领域。

国家科学技术部统计处的数据显示，2006 年全年技术服务业发展势头良好。据对 17 443 家技术服务业企业的统计，年末从业人员 82.4 万人，全年实现营业总收入 4 346.8 亿元，增加值 1 515.2 亿元，技术性收入 1 918.8 亿元，净利润 334.6 亿元，实现上缴税额 210.4 亿元，出口创汇 31.0 亿美元。技术服务业盈利的渠道主要有两种，即标准专利费和软件制作费。

1. 标准专利费

在新媒体风起云涌的现代传媒市场，标准的制定成为行业规范和产业顺利发展的关键因素。

2005 年，在主管通信标准制定工作的中国通信标准化协会召集的 IPTV 标准第一次审查会议上，包括 MEPG4、MEPG2、AVS、H.264 等业界瞩目的标准在内，所有标准都通过了一审。目前，关于几大标准的讨论仍在激烈进行，然而，毋庸置疑的是无论哪种标准都不可避免地会产生专利费的问题。这意味着巨大的经济效益。

以当前发展如火如荼的数字电视为例，在央视数字电视开播两个月后，央视数字电视产业链上的标准采用问题浮出水面。我国拥有自主知识产权的数字音视频编解码技术标准 AVS（Audio Video coding Standard）因尚在建设之中，与央视数字电视失之交臂，而国外的 MPEG－2 标准被采用。采用 MPEG－2 标准每年须缴纳 100 亿元的专利费。

2. 软件制作费

硬件系统的运转需要软件系统的支撑。软件制作业正处于快速增值的轨道上。涉及的领域有互联网、数字电视、手机增值服务等方面。

互联网的发展让传统的软件制造商看到了无限商机。网络是降低运营成本，并丰富产品的盈利模式。例如，向音乐、电影、期刊、视频等多个领域的拓展。

数字电视系统是一个以硬件技术为基础，以软件技术为主导的科技含量更高、更复杂的系统。其软件制造包括播放软件、接受软件、存储软件等。具体有 CA、SMS、增值业务系统、BOSS、客服系统等。

手机增值服务相关软件依据具体业务种类的不同有多种形式。如图片、铃声、视频下载软件、游戏软件、讯息播放软件、交流软件等。

以上两种盈利方式均会产生两次产值：一是第一次交易产值；二是升级服务产值。随着科技的不断进步，升级服务产值的空间无限广阔。

三、区域经济为数字传媒产业提供发展动力和平台

区域经济的发展对于数字传媒产业有积极的影响和促进作用，区域经济升级带来的需求为数字传媒产业的发展提供重要的助力；区域经济之间的协作为数字传媒产业提供了更大的发展空间；数字传媒产业特别是数字电视的发展需要从区域经济中汲取更多的资源。

（一）区域经济为数字传媒产业发展提供动力

区域经济的发展，对媒体提出了更高的要求，媒体从过去单纯的“节目制造者”和“广告贩卖者”转变为社会经济生活的重要参与者，作为整个社会重要的公共平台，能做的还有很多，作为信息库，为企业和政府的决策者提供必要的参考信息；作为企业发展的合作伙伴，以第三方的视角为企业提供战略资讯；作为社会各个阶层公用的信息渠道，为各行各业提供必要的信息服务等。目前，信息化已成为一种趋势，很多城市已经把建设信息城市作为未来城市发展的重要战略规划，数字传媒产业顺应了这一需求。

（二）区域经济为数字传媒产业提供更大平台

数字传媒产业的发展要从地方获得助力，区域间的协作为其带来更大的发展空间，种种区域化动向对于数字传媒产业来说，都是发展的重要机遇。

作为数字传媒产业的重要一环，数字电视呈现出依托地缘优势发展的趋向，证明了区域经济对于数字传媒产业的重要意义。2001 年 4 月，苏州有线网络有限公司正式开始商业运营，推出付费频道的概念，也推出了机顶盒销售的市场模式，是僵持阶段之后数字电视重新启动的开端。同年 8 月，第一家由国家广电总局批准，获得运营执照的河北电视台 VOD 点播频道正式开始运营，此事引发社会各界关注，搅动数字电视市场。此后，很多地方广电与中央级广电也开始积极的动作。2001 年 5 月，山东数字电视正式开始运营，10 月，中央电视台试播数字电视节目；2002 年 1 月，无锡数字电视正式运营，2 月，广州、南京、湖南开始数字电视运营，4 月 1 日，广东省有线电视网络数字电视平台正式启动。经过几年的试验和冲突，到了 2003 年，数字电视业务终于取得了重大突破，我国的数字电视终于由自发的发展状态进入了行业部门主导的阶段。

另一方面，在数字电视推广的过程中，需要投入大量的人力、物力、财力，且商业经营模式有待探索，资本回收过程缓慢，力量相对单薄的地方广电如果仅仅凭借自身力量，根本无法完成如此浩大的工程；而广电行业管理长期处于分散状态，广电管理部门也不可能负担这笔费用。

争取各地市委、市政府的支持和重视，成为有线电视数字化整体转换的关键。事实也证明，凡是数字技术铺开较快、实施情况较好的地区，如青岛、杭州等，都是当地政府在数字电视推广过程中看到了地方的利益点，抑或数字电视运营商在当地的信息化工程中找到了自己的位置，从而从地方政府、地方信息化中找到了重要的推动力；而那些地方政府对数字电视意兴阑珊的地区，数字电视的推广就显得困难重重。

四、数字传媒产业推动区域经济发展

区域经济是国民经济体系的重要组成部分，是宏观经济环境的细胞，数字传媒产业对于区域经济的影响主要体现在四个方面：一是促进区域内媒体产业的发展，使得媒体的发展空间大大扩展；二是提高了区域内的营销效能，为区域内经济发展注入更多的活力；三是数字传媒产业促进了区域内相关产业的升级，带动整体经济发展的提升；四是数字传媒产业对于促进区域协调发展起着积极的作用。

（一）数字传媒产业促进区域媒体的发展

区域媒体[①]正在崛起，并且成为区域经济的重要组成部分。近年来，几类大众媒介行业中，都出现了一些中央媒体、大型媒体增长缓慢，地方媒体、小型媒体快速增长的状况。近年来，随着媒体经营的日渐成熟，一批地方媒体已经跳出原有地域局限，制定出更为宏大的发展战略，为自己规划出更为广大的发展空间，将自己定位为“区域媒体”，强调媒介组织之间的合作与联合，强调自己在该政治经济领域范畴内的政治、经济、文化功能，以湖南卫视为例，经过几年的发展，已经成为具有全国性影响力的媒体。

1. 数字技术扩充了区域媒体的经营模式

数字电视业务包括基础业务、扩展业务和增值业务。其中基础业务的收入包括初装费、节目收视费、节目传输维护费、广告费、增加传输频道费等。媒体加强对受众的市场细分后可以为特定人群开发新服务：包括专业频道、视频点播（VOD）等。这些业务改变了观众从单纯的被动接收节目变为具有一定的选择性的主动消费，因此收费标准也比基本业务收费要高得多，是数字电视的利润增长点。增值业务属于多功能业务，包括互联网接入、IP电话、电视会议、带宽出租、电视商务等。这些新业务使有线网的服务内容由电视拓宽到语音与数据通信、金融、教育等领域，像青岛、杭州就利用数字电视网进行电视购物。增值业务大大拓展了有线网络的业务发展空间，这部分是目前积极开发拓展的新业务，具有相当大的利润空间。

2. 数字技术提升了区域媒体的传播和营销效能

数字技术在广电得以推广铺开之后，区域媒体频道资源极大丰富，除提供传统的视听功能之外，还能提供如视频点播、信息查询等崭新的用户参与度高的新内容。以此为平台，区域媒体的功能得以丰富，其在区域经济中的效能也得以提升。数字技术使得频道数量增加，专业化频道数量也得到极大提升。各地方媒体根据各地不同的收视习惯和收视偏好制作针对性强的节目，开办独具特色的频道，使得受众的选择范围扩大，专业频道的设立有助于锁定特定的受众，使得广告商能更好地瞄准目标人群，将广告费用投放得更有效率。数字电视使互动广告和定向广告成为可能：广告投放将需要用户参与进行，没有用户点击的广告将被撤下；还可以进行投放人群精准定位，比如某一小区内、某种收入层次的家庭内等，广告效果的监测将变得更为便捷。

---

① 本书界定，除中央级媒体以外，各省级及地市级、县乡级媒体都可以被称为区域媒体。

（二）数字传媒产业是区域产业升级的带动力量

目前，地方经济也都面临一个转型和升级的问题，在这一过程中，数字传媒产业作为地方新兴产业的重要组成部分、活跃部分，发挥着重要的作用。

1. 数字传媒产业创造了新的经济增长点

在信息化和知识经济条件下，世界经济结构呈现出从“工业型经济”向“服务型经济”转化的趋势，文化产业开始逐渐受到社会广泛重视。“十五”期间，文化部把文化产业放在整个文化建设的全局加以谋划，置于整个国民经济结构调整和产业结构升级换代的战略高度加以研究，努力为繁荣文化艺术增添新的活力，为国民经济发展培育新的增长点。

传媒产业是文化产业的核心组成部分之一，是文化产业的重要载体。由于中国文化产业发展并不发达，且一直呈“条”状分割，融合程度较差，且文化产业内部的子产业发展非常不均衡，比较而言，传媒产业是其中市场化程度较高、发展较为充分的子产业，尤其在很多地方，文化产业较为萧条，传媒产业在很大程度上充当文化产业旗手的作用，是最为重要的文化力量，这也就意味着这些地方在文化产业发展的过程中，必然依托传媒产业的力量，进行地区文化产业的重构与升级。

2. 数字传媒产业促进产业结构调整

转移第一、第二产业，重点发展第三产业是目前中国很多区域经济发展的主要趋势，这为身处第三产业的数字传媒产业提供了一个展现实力的舞台：一方面，数字传媒产业可以借此机会优化结构、加快发展；另一方面，数字传媒产业的快速发展也将加强整个第三产业的实力，从而以产业优化的方式推动区域经济的转型。也就是说，经济区域化加强并彰显了数字传媒产业对区域经济的影响力，数字传媒产业也将成为带动区域经济产业结构调整的一支重要力量。

作为高智能投入的产业，数字传媒产业是第三产业的重要部分，它的快速发展，必然带动其他相关产业连带发展，并且以其智力投入增加其他产业的附加值，完成传统产业的升级改造。

（三）数字传媒产业促进区域协调发展

由于经济发展水平等方面的差距，我国东、中、西部之间在信息获取渠道、数量等方面都存在着巨大的差距，这种差距制约了落后地区的发展，使得区域之间的发展更为不平衡。而数字传媒产业对于缩小区域“信息沟”，实现区域之间协调发展起着积极的作用。

数字技术有助于缩小区域之间的信息差距，促进区域协调发展。数字技术为缩小区域之间的信息差距提供了新的可能性，一方面，对于无线覆盖不到的偏远“盲村”，国家已明确采用卫星直播方式来解决通广播电视的问题。国家发改委在“十一五”期间安排资金34亿元，对中部地区国家扶贫开发工作重点县、贫困人口集中分布地区、革命老区、少数民族地区和西部地区的“盲村”建设给予补助。到2010年，全面完成71.6万个20户以上自然村“盲村”的建设任务，实现20户以上已通电自然村通广播电视的目标。2007年，“盲村”的村村通工作任务是进行卫星直播传输技术和接收机的技术试验，建立卫星直播村村通节目平台。使得这些地区的观众可以和城镇居民收看相同的电视节目，获得同样的服务。另一方面，传统电视节目针对农村受众节目较少，不能满足农村观众的信息需求，数字技术的推广使得原有频道资源增多，为频道专业化打下了基础，使得电视台可以增加对农频道，为农村观众提供更有针对性的信息，这些频道在经营方面应以公益性为主，对农村观众采取优惠或免费的资费形式，是未来频道专业化的又一个可能方向。

第二节　数字传媒产业在国家信息化战略中的地位和作用

信息化是当今全球发展的趋势。加快推进信息化，改造升级相关产业，促进国家经济的发展，是世界各国普遍关注的重点问题。数字传媒产业，集中体现了高技术在产业中的实现，是信息技术中的数字化技术和网络技术在传媒产业中的深层次渗透和应用。

数字传媒产业在国家信息化发展战略中占据着不可缺少的重要地位，数字传媒的基础网络建设一直是国家综合信息基础设施建设中的重要部分；数字传媒每年为信息产业贡献数千亿元规模的产值，在推进社会信息化、推进政府信息服务能力、推进社会主义先进文化传播、提高国民信息技术应用能力等方面作出了不可忽视的贡献。数字传媒推动国家信息化经济建设，服务于信息化社会建设，在国家信息化战略中发挥着积极作用。

本部分将通过对国家信息化战略的解读，分析数字传媒产业在国家信息化战略中的地位和作用，以此加深对数字传媒产业的认识。

一、传媒产业与国家信息化战略

（一）国家信息化战略解读

信息化[①]是指充分利用信息技术，开发利用信息资源，促进信息交流和知识共享，提高经济增长质量，推动经济社会发展转型的历史进程。

我国的国家信息化发展战略从20世纪80年代开始展开，经历“八五”到“十五”的建设，进入“十一五”规划阶段。2006年，中共中央办公厅、国务院办公厅联合发布了《2006～2020年国家信息化发展战略》，是规制未来十五年信息化建设趋势和走向的一个纲领性文件，集中体现了我国国家信息化发展的战略要求。

国家的信息化发展战略的核心是要利用信息资源发展信息经济，如何利用信息资源就成为关键。国家信息化的经济表现主要体现在两个方面：一是信息产业化，即信息产业的发展并成为主导性的经济产业；二是产业信息化，即信息技术、信息产品在传统产业的广泛渗透从而改变传统产业的活动方式。

（二）传媒产业与国家信息化的关系

传媒产业是深受国家信息化影响的产业，同时也是能集中体现国家信息化的产业集群。具体来看：

第一，传媒产业本身正在经历产业信息化的过程。数字技术与网络技术作为信息技术的重要部分，正深刻地融入到传媒产业中来，催生出数字广播影视产业、数字出版等新媒体产业。

第二，数字传媒产业中的大部分领域，是信息产业的主要内容。新的信息产业定义将出版业、电影和录音业、广播电视和通信行业、信息服务和数据处理服务行业归入其中，这些行业或是传媒产业的分支，或是与传媒产业有着密切关系的相关服务行业。

总地来说，一方面，传媒产业广泛涵盖了信息制作、信息传输、信息接收的各个环节，尤其是数字化后的传媒产业中的出版、广电、互联网、移动通信领域与信息产业高度重合，密不可分；另一方面，传媒产业具有高度的融合性，是技术与艺术的统一，能够将内容产业与相关技术产业结合起来，对推动产业融合，

① 引自中共中央办公厅、国务院办公厅发布的《2006～2020年国家信息化发展战略》。

推动产业间信息化发展有着重要作用。

二、数字传媒产业对国家信息化战略中的地位和作用

（一）数字传媒基础网络是综合信息基础设施中重要组成部分

广播电视网、电信网、计算机网、移动通信网是数字传媒产业的基础网络。每张网络的建设发展历程，都是我国信息化发展的重要一笔。截至2007年，我国的综合信息基础设施建设取得了巨大成绩。我国电话用户数达到9.13亿，互联网用户数达到2.1亿，广播和电视的人口综合覆盖率分别达到95.4%和96.6%，数字传媒的基础信息网络已成为支撑经济社会发展的重要基础设施。

我国广播电视传输网络已有近50年的发展历史。新中国成立初已开始发展广播网络。20世纪80年代初，开始发展有线电视。20世纪90年代，广播电视网络建设进入高速发展阶段，全国有线网的三级网络结构基本形成。截至2007年，我国建设的有线电视网络的里程超过了300万公里，覆盖用户15 325万户。广播电视及其传输网络，已成为国家信息化的重要组成部分。

我国的电信网络建设可以追溯到1986年。从武汉—黄石、南昌—九江光缆建设开始，中国电信开始了以光纤传输为主的骨干通信网的建设。到1995年年底完成了"'八五'建设规划"的建设任务，共敷设长途一、二级光缆约11万公里。经过"八五"、"九五"的建设，我国建成了"八纵八横"[①]格状形光缆骨干网和互联网四大骨干网[②]，并国际互联网连通，开始向社会提供服务。到目前为止，中国电信拥有的全部光缆总长度约为110万皮长公里，覆盖中国的绝大部分行政村以上的地区。

为进一步加强综合信息基础设施建设，《国民经济和社会发展信息化"十一五"规划》提出了数字传媒产业下一步战略发展的两个关键问题——"三网融合"[③]问题与"下一代信息传输网络建设"问题。国家"'十一五'规划"明确

---

① "八纵"即：牡丹江—上海—广州、齐齐哈尔—北京—三亚、呼和浩特—太原—北海、哈尔滨—天津—上海、北京—九江—广州、呼和浩特—西安—昆明、兰州—西宁—拉萨、兰州—贵阳—南宁；"八横"即：天津—呼和浩特—兰州、青岛—石家庄—银川、上海—南京—西安、连云港—乌鲁木齐—伊宁、上海—武汉—重庆、杭州—长沙—成都、广州—南宁—昆明、上海—广州—昆明。

② 我国互联网四大骨干网包括：中国公用计算机互联网（CHINANET）、中国教育与科研网（CERNET）、中国科学技术网（CSTNET）、中国金桥信息网（CHINAGBN）。

③ 三网融合，指在物理层面上分别独立的广播电视网、通信网和计算机网，在业务、技术标准、应用层上的融合趋势。

指出，要“加强宽带通信网、数字电视网和下一代互联网等信息基础设施建设，推进‘三网融合’”。

三网融合和下一代网络的建设，将大大提升我国已有的信息基础网络的资产价值，形成规模更大、标准趋向统一、业务趋向丰富的国家信息网络。

（二）数字传媒是信息产业的重要组成部分

从信息产业的定义来看，信息产业特指将信息转变为商品的行业，它不但包括软件、数据库、各种无线通信服务和在线信息服务，还包括了传统的报纸、书刊、电影和音像产品的出版，而计算机和通信设备等的生产将不再包括在内，被划为制造业下的一个分支。根据此定义，包含数字广播电视、数字出版、数字影音、移动多媒体在内的数字传媒产业，已经成为了信息产业的重要组成部分。

在广播电视领域，广播电视进行数字化以后，将会催生出数千亿的数字广播、电视相关产品。与此同时，数字广播、数字电视将带来传统广播电视不可比拟的增值业务增长空间，一些比较成熟的网络，一年的增值业务大概在几个亿左右。

总地看来，我国数字传媒产业作为信息产业的一部分，为信息产业贡献了几千亿的产值。根据《2007 年中国传媒产业发展报告》，2006 年中国传媒产业总产值达到了 4 236 亿元，比 2005 年增长了 32.1%，传媒产业已占到我国 GDP 的 2.1% ~2.2%。

（三）数字传媒推进信息技术服务于社会建设

1. 数字传媒推进社会信息化

社会信息化①包括教育信息化、科技信息化、卫生医疗信息化、社会保障信息化以及社区信息化和家庭信息化。其中，家庭和个人的信息化和信息服务，是数字传媒产业中发展得比较成熟的部分。随着数字传播技术的发展，基于有线数字电视和移动媒体的家庭信息平台和个人信息平台得以建立，促进了家庭和个人的信息化。

从家庭层面来看，家庭的信息化是社会信息化的重要命题。家庭是社会的最小组成单位，每一个家庭都实现了信息化，整个社会也就完成了信息化。随着电话、电视、信息家电等信息技术设备在家庭的普及，家庭信息化在全面推进。消费电子厂商、家庭宽带网络运营商以及数字电视运营商均从各自的技术路线和商业模式提出了建设家庭信息系统的目标。其中，以有线数字电视为终端的家庭信

---

① 杨学山：《国家信息化发展战略确定四项目标六大战略》，《中国计算机报》，2006 年 5 月 15 日。

息平台，是发展的比较成熟的一个平台。家庭信息平台不局限于电视节目，还提供多元化的综合信息服务。从目前的发展现状来看，主要可以提供电视类、资讯服务类、商务沟通类、娱乐学习类、数据服务类多种服务。

从个人用户层面来看，智能手持终端、各种通信网络、各种个人应用软件都为个人用户开展个性化的信息活动，适用个性化的信息服务提供了技术条件。这些信息技术，就是一个完整的信息平台技术系统。目前的个人信息平台有互联网络型、移动通信型、广播类型、独立终端型、系统嵌入型。其中以移动通信型的信息平台发展最为成熟，移动通信服务商经过十几年建构的成熟体系，为6亿左右的个人用户提供丰富的信息服务的经验，这些信息表现形式为手机短信、彩信彩铃、手机电视、手机报、二维码、手机出版等，信息内容包括新闻、资讯、娱乐、体育、健康、文化等各个方面。

2. 数字传媒提高政府信息服务能力

我国的各种媒体，尤其是广播电视，自开办以来就是党和政府的“喉舌”，人民的舆论阵地。数字化后的各种传媒形式，利用新技术带来的新平台、新业务形式，提供多个平台与窗口，通过“电子政务”的形式，协助政府提升公众服务能力。电子政务包括：政府部门内部的信息网络建设与资源交流；政府信息放到网络上，实行政务公开；政府部门与社会公众进行网络交流，即开展网络便民服务。目前数字传媒在不同的平台上体现出了不同的政务内容。

(1) 互联网：政府上网工程

从1999年起，我国政府部门开始普遍实行政府上网工程。目前，第一阶段“形象展示”的目标已基本实现——绝大部分政府部门都已建立互联网站，超过70%的地市级政府在网上设立了办事窗口。全国绝大多数乡级以下政府都设有站点，并通过网站，向社会发布信息，有的还提供在线服务。目前政府网站一般提供以下服务：

信息发布与公示。通过政府网站发布信息，使公众通过互联网，快捷方便、及时准确地了解到政府机构所制定和颁发的与公众相关的政策、法规以及一些重要的信息。

电子服务。包括信息查询和通过网络实现政府部门的各项便民服务程序。例如，电子公文、政府采购、各种网上办事等。

(2) 有线数字电视：数据广播中的政务窗口

有线数字电视数据广播，以图文形式为主向家庭用户提供资讯服务。目前全国绝大多数有线网络运营商都开展了此项业务，业务内容主要包括政务信息、生活服务信息和图文新闻。

其中，政务信息大都采用了“阳光政务”的名称，与生活服务信息并列。

政务信息一般是由当地政府信息发布部门统一传送，每天更新部分内容。常见的政务信息包括：政务信息、政府机构、办事指南、政务热线、政务公告、政策解读等。有线数字电视上的政务平台，保证了大多数老百姓能接收到政务信息，同时比网络平台更具安全性。

（3）移动多媒体广播：政务信息

由国家广电总局主导的中国移动多媒体广播（CMMB）将于2008年开播“政务信息”频道，目前已经在北京等6大城市试验成功，但还没有政务信息的实际内容。

3. 数字传媒提高国民信息技术应用能力

利用数字传媒技术发展教育产业，对我国提高国民信息技术的应用能力具有重大的意义。数字教育是以数字工具（通过有线或者无线网络）取得数字教材，进行线上或不在线的学习活动。数字教育可以在政府的政策引导下，推动全民数字学习，缩减数字落差和信息鸿沟。在我国，数字教育主要体现在数字校园网建设、远程教育、农村信息化培训等方面。

校园网针对校园师生及员工，主要实现校园通信、校园管理、网络课程、多媒体教学等作用，是实施学校教育现代化的重要基础设施。师生群体是我国国民信息技术应用能力的重点培育群体。尤其是其中的高校人群，是我国国民当中对信息技术应用能力有着基础把握，并能迅速提高的一个人群。从目前我国的互联网网民年龄结构来看，25岁以下网民总规模已经达到8 294万人，占我国网民人口总数的51.2%，其中学生占绝大部分。我国现在几乎所有高等学校都成功建设起了校园网络，并在多媒体教学手段上体现出了重大进步。

远程教育的目的是使更多人远距离、方便、有效地获得知识，其适用的对象是多种多样的。中国教育台目前正着手建立的“学习超市”，还提出了3D虚拟学习社区和开放式的课件平台等概念，建成后将会成为我国数字教育的下一个发展方向。

农村信息化培训针对非城市人口，利用网络手段为边远、贫困地区的群众提供灵活、方便、低成本的教育培训服务，提高其信息技术应用能力。农村信息化培训，有利于逐步消除落后地区与发达地区之间业已存在的数字鸿沟，把发达地区的优质教育资源引到偏远农村，弥补教育资源的短缺和师资不足。

本章小结

纵观人类几千年的历史，从来没有一个时代像今天这样，传媒与国民经济的联系如此紧密，在信息化浪潮中的21世纪里，传媒产业成为了国民经济中的重要一环，因此，数字技术在传媒领域的拓展必然会映射到国民经济和国家信息化战略上。

从国家层面来看，数字传播技术催生出一批新的产业，对国家宏观经济总产值、对文化产业、对制造业及人才就业状况等方面均产生了深远影响，无论是经济总量的增长，还是大量就业机会的产生，无论是信息制造业的全面升级，还是文化产业的迅速兴起，都表明数字传播技术已经绝不仅仅是技术问题，甚至也绝不仅仅是某一个行业、一个部门的问题，而是关系到整个国民经济的宏观大问题。

从区域层面来看，数字传播技术对于推动区域经济发展、区域媒体变革、服务区域政府等均起到了重要作用，成为推动区域产业升级的带动力量，促进着区域经济协调发展，而区域经济、区域文化的协调发展有进一步促进了整个国民经济的蓬勃发展。

因此说，数字传播技术已经成为关系国计民生的大问题，应该从国家发展战略的角度给以足够的重视。我们首先对国家信息化战略进行了解读，指出国家信息化发展战略的核心是要利用信息资源发展信息经济，国家信息化的经济表现主要体现在两个方面：一是信息产业化，即信息产业的发展并成为主导性的经济产业；二是产业信息化，即信息技术、信息产品在传统产业的广泛渗透从而改变传统产业的活动方式。

基于这种认识，我们进一步分析了数字传媒产业是如何影响国家信息化战略的，主要从网络、内容和社会服务三个层面展开，包括：(1) 数字传媒基础网络在综合信息基础设施中的地位和作用；(2) 数字传媒在信息产业中的地位和作用；(3) 数字传媒推进信息技术服务于社会建设。

至此，我们从宏观层面上对数字传播技术就有了一个比较全面的认识，它不仅仅是一个技术问题，也不是某一个行业、一个部门的问题，更是一个关系到整个国家发展战略的重要问题，会影响到社会中的每一个人，需要整个国家以及全社会的力量来共同推进。

第二篇

数字化背景下内容产业的重新建构

内容生产是传媒行业的上游核心环节，数字技术的发展对整个内容产业的运营形态、模式、流通模式与消费需求等都产生了革命性的影响。数字技术推动了数字内容产业的成型与升级，内容产业的发展从上至下传导影响，进而改变了整个传媒产业、文化产业的结构、机制与版图。

数字技术的迅猛发展和深远影响，推动我们开始关注一个问题，就是内容产业研究，这一命题的提出主要基于这样的思考。

首先，传统的内容研究都是基于传统的技术前提开展的，如电视节目研究是基于传统模拟电视的技术路线而展开，纸媒内容研究是基于印刷技术路线而展开。但是数字技术推倒了既有的内容生产、传播的技术路线，进而出现了融合的数字技术体系，内容从信源环节就开始统一为数字化的信息，在传播环节以比特流的形态实现了跨媒介的流转。电视节目、报纸新闻、广播节目、杂志画册从相对独立的内容形态还原为视频、文本、音频和图片四种基本的信息形态，传统媒体各自为阵的内容研究需要从数字化的角度打通，以一种还原和整合的新视角重新审视和建构。

数字技术的广泛应用，在内容的生产、传播、接收和内容消费等诸环节都实现了技术体制的初步统一，传统分立的媒介技术体系走向融合，推动了分立的内容消费市场走向融合，并创造出新的内容需求空间。在数字技术的推动下，传统分立的内容产业由分聚合，由小聚大，整个内容消费市场的经营范围和经营规模极大扩展。这种变化相应地推动了整个内容产业的重构，必然也要求产业政策作出相应的调整。

在新的形势下，传统的内容产业研究视野过于狭窄，既有的产业研究框架不能消化新的产业版图，不能解读新的产业成长机制，不能回应新兴内容产业发展的方向和面临的困惑。这就需要建立新的内容产业研究框架，回应新兴内容产业的成型与发展的崭新课题。

2003 年，我们正式提出了内容产业的研究方向，理论与应用两条研究脉络共同展开，建构起相对完整的研究框架。纲领性的理论成果是《内容产业论》（赵子忠，2004）的完成，这部著作对内容产业的定义、研究框架、焦点问题进行了系统的探讨，为整个内容产业的研究提供了结构与方向。总结我们的研究，有这样几个关注的焦点指向：一是从用户需求的角度出发，研究数字技术推动下的内容产品形态的特质与类型，也就是进行内容产品的形态研究；二是这样的内容产品，它是依托什么样的技术体系、人才队伍、生产/管理流程才得以产生的，这是生产体系的研究；三是海量而多元的数字内容产品是如何依托数字媒介这样的新型的流通网络，依托什么样的盈利模式实现流通分配和价值实现的，这是内容产业中市场营销和流通领域的研究；四是整个内容产业的成型和发展，无论是内容形态、生产体系、流通体系、商业规则的创建和稳固推进，政府部门是如何形成合理的政策，予以推动和保障产业的顺利进行的，这属于内容产业的产业政策研究范畴。围绕上诉四个角度，我们的研究分别进行了深度的跟进和研讨，在更深入的层面上，我们对内容产业有了更深入的研究和认识，并形成了一些新的发现和研究成果。

内容产业是一个大课题，领域很广且处于持续演进过程中，我们对它的研究一直在开展，并且不断推向深入，已经开展和正在进行的相关研究工作主要有：

2000 年，开始追踪研究我国有线数字电视的发展。2002 年，启动我国电影产业的产业化研究和数字电影的专项研究。2003 年，全面参与中国数字电视内容产品的规划与研究，主要成果是对中国首批数十个付费频道进行了规划，同期对数字电视运营模式展开系列研究，对国内青岛、佛山、杭州几个典型的数字电视运营模式进行了持续的调研，形成了《中国有线数字电视试点现状报告》等一批业界很有影响的研究著作。2005 年紧跟业界动向，深化了对数字电视产业政策的研究以及业务平台的综合研究，出版了《中国数字电视产业政策的形成研究》（周艳，2005），并首度提出了数字电视的发展趋势是“家庭信息平台”的研究判断。

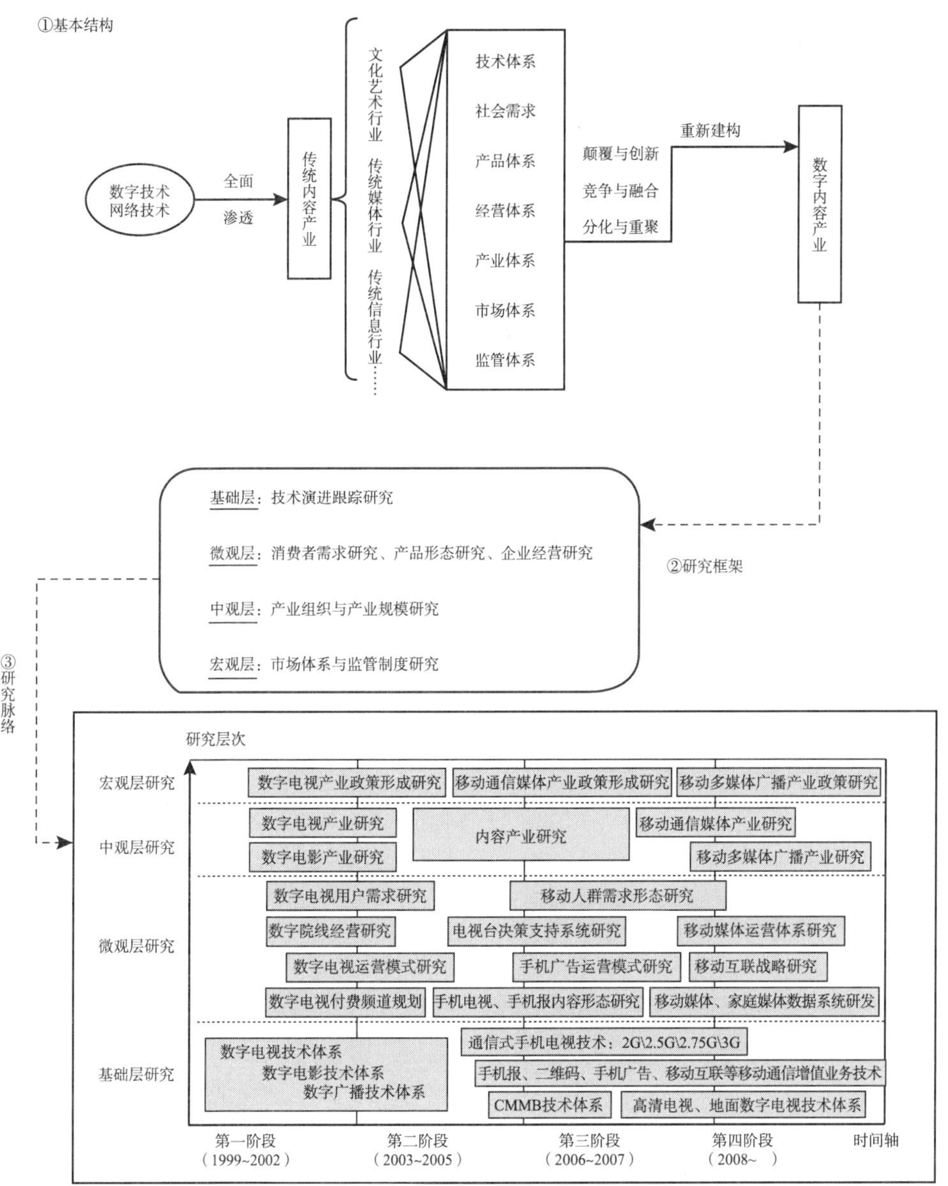

第二篇研究内容逻辑示意图

2005 年，启动了中央电视台决策支持系统的研究规划工作，重点研究了传统内容生产机构的数字化生产和数字化管理的新动向。

2005 年，我们关注到在移动通信领域，增值业务作为数字内容产业的一个新领域获得快速发展，于是我们在第一时间介入到手机电视的内容形态研究之中。2006 年，我们率先进入到手机广告、移动营销的研究领域。2007 年，研究领域不断扩大，对手机报、移动互联网、移动多媒体广播等新兴业务进行了专项调研，在全面解读移动通信领域“媒体化”进程和广电行业“个人化、移动化”战略布局的研究过程中，首度提出了“个人信息平台”的研究命题。

近几年的技术发展和市场发展，初步印证了我们的一些判断。我们更加坚定地认识到，中国已经进入到内容产业成型与发展的全面启动阶段，在进行宏观版图解释的同时，政府、产业界都开始关注和着手从事产业构建和产业管理的全面实践，现实的发展也推动了我们研究的持续跟进和进一步深入。

本篇，我们将结合我们的系列研究，将我们的研究发现进行详细的阐述，基本体例为：第四章介绍数字技术的发展对传统内容产业的影响，对数字内容产业的内涵进行界定，指明数字内容产业研究的主要领域与焦点问题。第五章到第八章重点介绍我们对电视台、广播、电影、报刊这几大类传统的媒体内容产品的生产、运营机构在数字化转型大背景下，如何调整定位与观念、改造技术与流程，从而进军数字内容产业的一系列探索与思考。

第三章

数字内容产业宏观研究

在目前的传媒研究领域，有两个研究的热点，即“信息产业”与“文化产业”。更进一步讲，在这两个热点领域的基础上又衍生出了数字内容产业，可以说，这个产业更正值得我们好好地研究，尤其是在媒体领域从事工作和研究的人士。

数字化媒体设计到两个领域，一个是传统媒体的数字化，比如传统的广播电视、报纸杂志等，另一类则是直接建立在数字化基础之上的媒体形式或业务，比如说互联网和手机电视等。我们认为，传统的内容产业走向现代的、数字化的“内容产业”，是中国当前需要研究的核心问题。经济领域经常讨论的“后发优势”本来是一个非常重要的问题，中国当前发展的数字电视、数字电影、互联网络游戏、电子报纸、电子出版，技术上具有与世界同步的能力。但是，问题在于，中国传统的媒介体制，仅仅走过了一个商业化的过程，我们的产业化过程还受到国家内容制度的约束，理论层面还在讨论“意识形态”的作用和影响，还在讨论“精英文化”和大众文化的关系。同时这也是一个非常复杂的问题，产业化的过程都需要整个社会系统的支撑，任何决策过于冒进或者落后，都会带来巨大的负面影响，特别是文化的影响甚至是几代人的代价。

那么到底什么是“数字内容产业”？数字内容产业有什么样的特征？内容产业的形成需要那些技术的支持？数字内容产业的产业链是如何构成的，以及政府监管部门对数字内容产业实施怎样的监管措施？带着这些问题，我们开展了“数字内容产业”的相关研究，也得出了几个主要的结论：第一，所谓的“内容产业”，指的就是依托内容产品的数据库，自由利用各种数字化渠道的软件和硬件，通过多种数字化终端，向消费者提供多层次的、多类型的内容产品企业群；第二，内容产业建立在数字化技术的基础之上，数据库存储技术和服务器/客户机网络传输结构等数字关键技术构成了内容产业的核心技术；第三，内容产业包括内容的原创组织、数据库公司、销售平台、传输网络和用户市场等几个关键环节，它们共同构成了内容产业的完整链条；第四，在数字技术的推动下，内容产品的生产依次实现了商品化、组织化和规模化，从而实现了内容生产的范围经济和效率经济；第五，数字内容产业的成型也使得原有内容产业产业各个环节的逐步融合，从市场的融合到业务的融合，特别是网络的融合和终端的融合，就为内容产业提供了销售渠道和销售终端的平台，而网络和终端的发展为内容打开了技术途径；第六，内容产业的发展也要求制度方面的创新，并加大对知识产权的保护力度，通过借鉴国外内容产业发展的经验，并进而制定出适合我国数字内容产业发展的政策和指导方针，这样才能在更好地促进我国内容产业的发展，从而逐步缩小与发达国家的差距。

第一节　内容产品和内容产业的概念

内容产业作为一个新产业概念的提出，必然有其特定的历史背景和经济环境。具体而言，这个历史背景就是信息社会的到来，经济环境就是信息经济的环境。

一、内容产业研究的源起

“内容产业”作为一个信息社会中产生的概念，最早的提出来自欧洲的研究，欧洲人认为，数字技术革命导致了传媒汇流和产业弥合，出现了传媒手段过剩，内容稀缺的局面。由于传媒汇流导致了传媒过剩，信息社会已经进入了第二个阶段：内容产业时代。2001 年，美国以新经济成分为龙头的股市持续低迷，大批的宽带供应商出现了危机，这就是互联网泡沫。宽带网络基础上数字化凸显了内容产业的重要性，没有内容或者缺少内容的网络将陷入资金和需求的双重危机①。

① 上海交大国家文化产业创新与发展研究基地：《中国文化产业评论（第一卷）》，《当代文化产业与加入 WTO 对中国文化产业的影响》，上海人民出版社，2003 年版。

“内容产业”概念的由来，最早的论述，来自于我们称之为“未来学家”的社会学者，“内容产业”的描述就存在于他们描绘的信息社会中。美国社会学家卡尔文·托夫勒大力宣传“后工业经济”，提出以信息为代表的第三次浪潮将席卷全球。托夫勒认为：“人类正面临着向前大跃进的年代。它面临着极其深刻的社会动乱和不断地创新和改组。尽管我们还没有清楚地认识它，但我们正在从头建设一个卓越的文明。这就是第三次浪潮的含义。”① 他把第三次浪潮定义为“信息革命”。美国经济学家和未来学家奈斯比特在1982年所著《大趋势》中，将美国社会的发展趋势归纳成十个发展方向，其中一点就是从工业社会向信息社会的转变。

国内外的一些社会学者提出，现代社会将进一步成为信息社会。现代科学技术发展为大规模信息处理、存储、传输成为可能，现代技术解决了信息高速度储存、传播、组合的技术问题。信息生成、传播、储存的硬件环境和软件环境，成为社会基础设施，信息高速公路成为社会信息流动平台。20世纪还是一个由收音机、电视机、卫星、电话、为主流的电子社会。新世纪的社会则是由多媒体技术、高速的CPU、大容量光盘储存器、晶片组器件，光纤通讯、宽带综合业务数字网，仿真模拟技术组成的数字社会。

内容产业本身作为一个经济概念，其理论脉络自信息经济的研究中衍生而来，自20世纪60年代开始，西方学术界就开始广泛研究信息经济问题，从基础理论和实际应用两方面展开了探索的路程。抽象的研究信息系统评价的基础理论，并以信息系统对管理决策的作用和消息作为评价，构成了信息经济的基础研究；有关信息的成本和价值，信息对价格、工资和各生产要素影响研究，则具有明显的实用性特点。

二、内容产业定义

“内容”的概念主要意义在于容纳之物，在各种媒介产业中，内容就是各种媒介传递的信息，传统的内容包括表演、文字、文章和节目等。快速发展的计算机和互联网络，形成了强大的信息处理工具，因此“内容”一词在计算机专业术语中，含有针对技术平台上承载的信息概念，但是这种信息确切定义一直没有，因此，内容成为各种类型信息的概括。

随着数字技术的发展，内容产品融合并逐渐规模化，内容逐渐摆脱了媒介的附属关系，成为一个独立的产业。“内容产业”作为一个新的产业概念，产业形

① ［美］阿尔温·托夫勒著：《第三次浪潮》，文化·生活·新知三联书店1983年版，第52页。

态刚刚发育，明确界定内容产业的定义，则是一个关键的问题。

综合概括国内外专家学者对“内容产业”的各种定义，可以归纳为两类意见：

第一类意见偏重于技术层面的理解。相关的定义包括“数码内容产业”、“多媒体产业”，这些术语的内涵侧重于技术创新。这是因为内容产业本身就是在信息技术和数字技术发展潮流中诞生的，所以内容产业的概念和内涵中就积极和明确的体现了信息技术的痕迹。同时，由于新技术还处于一个发展的阶段，技术的创新还是本阶段的一个重要标志，信息产业的组织成型多是围绕着信息技术产业发展的，所以，作为信息产业发展的下一个阶段产业形态的内容产业，就不可避免地带有信息技术产业的概念特征。

第二类意见偏重于传统产业的发展。相关的概念包括“数字媒体产业”、“新媒体产业”、“信息服务业”，这些概念和内涵主要是倾向于对于传统产业的改造或发展。原有的内容产业，即大众传媒产业，一直作为信息和知识内容的主要产业群，主要是出版和广播，随着信息技术的不断渗透，也积极地反思和调整，发挥其原有资源的优势。

在数字技术的背景下，内容产品的生产和交易得以大规模的发展，内容生产企业大规模增加，内容提供商成为新产业的核心，就形成了一个新产业，新产业的价值原动力和核心产品就是内容，以“内容”定义新产业主要是体现了新媒体产业的核心属性。同时，必须明确的一点就是，内容产业是依托数字技术和网络技术，建立在宽带通信系统、整合通信系统上的新信息业务模式，其业务模式不同于工业的产品生产和传输方式，也不同于原有的大众传媒的业务模式。

通过对于以上的分析，本研究报告就对“内容产业”作了如下的定义：

内容产业就是依托内容产品的数据库，自由利用各种数字化渠道的软件和硬件，通过多种数字化终端，向消费者提供多层次的、多类型的内容产品企业群。

第二节　内容产业的结构

我们讨论了内容产业定义，如果要想对内容产业概念的内涵进一步明确，我们需要对于内容产业结构进行分析。按照产业上游、产业中游和产业下游的分类方式，可以对内容产业进行分析，得出一个结构。

内容生产的产业化，一个关键因素就是内容脱离了媒介，形成了大规模的内容创作和制作，各种各样的内容产品提供给消费者，推动了大规模的交换。

内容产业的产业结构应该是一个商业化的结构，产业结构应该包括控制系统、创作系统、生产系统、销售系统、经济支持系统、技术支持系统和信息支持系统，各个支持系统形成了内容产业的结构（图3－1）。

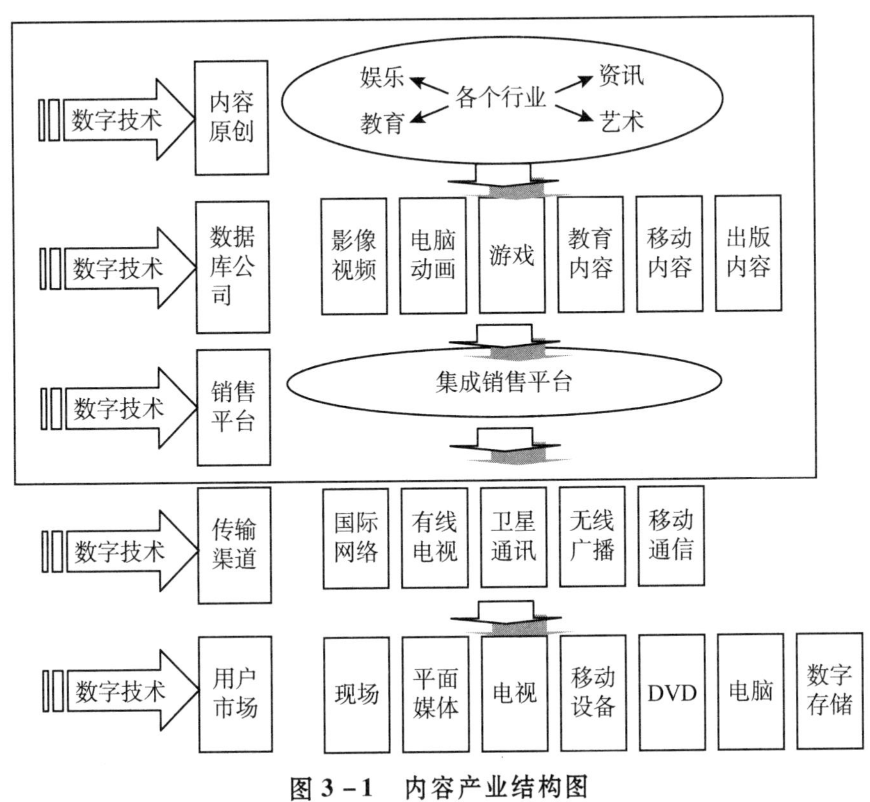

图3－1　内容产业结构图

一、内容产业的内容生产与分工

内容的生产需要经历几个层面的工作，包括素材与原创、具体组织系统与创作过程、内容的集成和具体的生产形式等。这些层面的工作一般都在数字化技术和工具的帮助下得以实现。

（一）素材与原创

内容产业的源头就是素材与原创，原创的内容是分类的，包括文字、图片、图像、声音等内容，这些内容是内容产品，我们现在所熟悉的音乐、影片、图片、文学就是这些原创的产品形式。我们可以看到各种素材的分类情况。

现有的原创体系包括记者、编辑、音乐家、美术家、导演、演员、各种艺术家，现在大量的写作、艺术设计、视频编辑、声音创作，包括绘画，都已经成为计算机化的产品。而独立的原创依旧风度翩翩地保持在整个产业系统之外，这就是研发。群体的智慧灌输入不同分散的计算机，通过网络连接在一起。

（二）创作及其组织系统

从美国商业化运作来看，内容生产的商业模式是比较成熟的。美国的电影创作，基本上依托于好莱坞的八大电影制片厂和数千名独立制片人——电影工作室，同时形成了外围巨大的演员经纪人、化妆、服装、特技、电脑设计等外围的内容分工。

内容产业的第二层面，就是将素材以及原创的数字化，建立强大的内容产品数据库。在这个方面，大量的传统媒体和新兴的网络公司，都进行着积极的尝试，特别是数字化的内容产品创作与制作项目成为关键。依托于原有的素材和原创，从事数码内容产品的开发和集成，我们通常将这样的组织结构称之为平台。

（三）内容的集成

内容产业的第三个环节就是数字化的内容，一个重要的手段就是集成，将相关内容形成多种的内容产品。

数字化后的素材和内容可以进行多种方式的加工。同时，内容产品本身就是众多的信息集成。内容集成和编辑成为另外一个重要的问题，统一的数字模式形成了跨媒体的平台，在这个大的“操作台”上，各种软件开发商提供了大量可以用来编辑、调整内容的工具，包括文字的、图片的、视频的、音频的、多媒体的，电脑创作使内容制作和集成成本大幅度下降。

（四）生产系统

大规模的产品生产是内容产业的关键，印刷系统、拷贝机构、电子发射设备、数据中心等，均构成了内容产业生产的关键。

生产系统依托计算机与网络系统，在数字化的背景下实现大规模的定制，并根据市场的具体情况来确定产品的数量和类型。

二、内容产业的产业支持系统

作为一个新型的产业，数字内容产业离不开各种支持系统，在某些方面，特定的支持系统甚至起到关键的决定性作用。概括而言，内容产业的支持系统包括控制系统、销售系统、技术支持系统、经济支持系统和数据搜集系统等，这些系统也是内容产业必不可少的组成部分。

（一）控制系统

从中国情况来看，内容一直作为公共领域的定位，内容生产部门一直是事业结构，相关的控制系统主要是政府。中国的控制系统表现为两个特点：第一个特点，就是不同的内容系统归属于不同的政府部门，中国各相关行业的控制系统是相对独立的，广电集团股东是国家广电总局，出版系统主要是新闻出版总署，电信系统主要控制权在信息产业部。第二个特点，内容生产部门控制系统是与行政系统同步，表现为金字塔的结构，即中央级的内容生产归属于中央政府，地方级的内容生产控制归属于地方政府，就形成了中央和地方的多层控制。

（二）销售系统

销售主要依靠传统的报纸杂志、影片的发行、广播电视节目发行、电视频道、电影院、音像商店、书店。通常的大众传媒的销售系统是非常稳定的，以中国为例，大约有 2 000 家报社、8 000 家杂志，通过邮局系统和报摊渠道发送；1 万小时的电视剧节目通过人员或者邮寄方式，录像带或者 VCD 进行销售；100 部电影通过发行公司发售，几百万册图书通过书店进行销售。

（三）技术支持系统

内容产业的技术支持系统包括设备制造公司、工程技术咨询公司、系统集成公司、软件开发公司等大量技术提供商。

（四）经济支持系统

内容产业要实现商业模式，离不开大量的经济支持公司，这些经济公司围绕着内容产业提供内容产品，提供各种中介的交换，完成各类经济代理工作。这些支持公司包括广告公司、原创代理机构、授权代理机构、评价机构等。

（五）数据收集系统

内容产业本身作为数据库，还需要市场调研，各种统计数据、资料收集，是为了构件内容产业的地图。尽管内容产业本身依托于强大的网络和数据库，本身拥有大量的消费者需求数据库，但是，相关的产业统计和产业内容专题的调研是内容产业构成的一个重要部分。传统的媒介依托的数据收集系统包括 AC 尼尔森、索福瑞、盖洛普等著名的调查公司，专门收集各种大众传媒的传播效果等方面的市场调查。

三、内容产业群

内容产业，是指以内容生产和销售为主要特征的企业群。从媒介独立出来的内容产品汇集成为内容产业，需要效率更高的内容传输渠道，需要覆盖更多消费者人群的电子信息终端产品，也需要大量信息技术支持。因此，内容产业要完全发挥作用，更需要一个产业群的支持，在这个产业群中，内容是产生价值的重要核心，所以我们定义为“内容产业群”。

第三节　内容产业的商业化、组织化、规模化

内容产业要达到规模化的产业，就需要三个层次的转化过程，第一层次转化就是从单纯的“内容”，经过交换，实现内容商业价值的商业化，形成了内容产品；第二层次转化就是从独立的、分散的内容产品，经过企业组织的组织化，形成生产和制作组织分工，建立内容企业；第三层次转化，就是大量的同一属性的企业，经过规模化的转化，发育完成一个相对完整的产业组织，最终形成产业（图 3－2）。

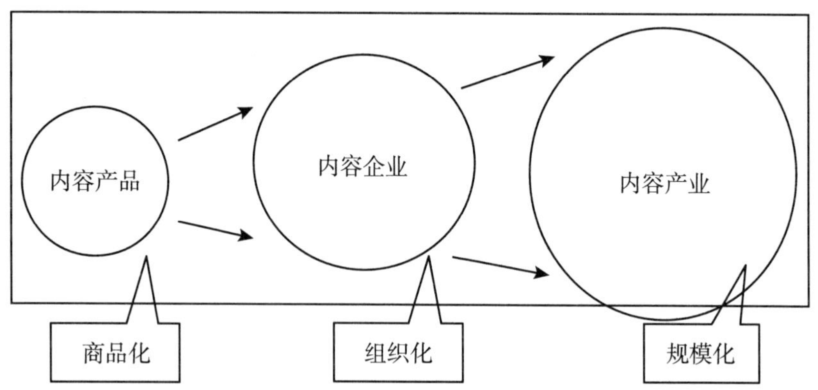

图 3－2　内容产业的商业化、组织化、规模化

数字技术推动了内容产业的成型，我们需要思考的问题是：内容产业成型的过程如何呢？数字技术如何影响了内容产业的各个环节？内容产业规模化是如何

形成等？

一、内容产业的商业化——内容产品

内容要实现商业价值，同样也需要交易的过程，而要实现交易行为，就需要内容具备一定的特点，而内容产品就是为了能够实现交易的产品。但是，内容产品的商业化同其他工业产品的交易活动存在差别，这是因为内容产品是具有原创性质的、以知识产权为基础的一种创作活动，正是这种原创的具有精神文化特征的产品性质，构成了内容产品自身独特的特征，也形成了内容产业独立于其他产业的核心特征。

（一）不能商业化的内容

媒体内容可以作为一种产品，是不是都能商业化呢？答案肯定是否定的。概括而言，不能商业化的内容产品包括公共信息内容、非稀缺性的内容信息、垃圾和冗余信息、原创者自己生产消费的信息等，显然，这些方面的信息是不能作为商品进行交易的，它们要么属于公共信息（比如政府信息），要么就是信息的价值没有价值，所以不能用来交换，也就不能构成内容商品。因此，上述方面的信息就独立于内容产业之外。

（二）艺术性与商业性——商业化的困惑

内容产品这种个性化的特点，形成了学界一直讨论的一个问题："艺术性"和"商业性"的统一和矛盾。这个矛盾就是个性化和大众化的矛盾。从内容产品的原创来看，创作力通常是个性化的，对于很多的艺术创作来讲，艺术家经常讨论创作的个性化色彩，这是因为一种独特的社会经验背景成为内容原创的核心，这种社会生活的背景决定了内容的表达方式。但是，要把内容原创进行商品化，就需要进行大众化和他人化，也就是把一种感知表达为让更多人能够理解，能够感受的，这不可避免需要向大众的普遍水平靠拢，影响到创作力的个性。

如果内容原创满足了消费者，这时候出现的一个论题就是"艺术性"和"商业性"的统一。通常在商业模式下，最大的商业化的赢家通常是具有很高艺术水准的作品。近几年，一些具有较高观赏性的商业电影取得了巨大的成功，如《指环王》、《尖峰时刻》等，不管是从影片的思想深刻、表现手段完美等角度，观众都给予了高度的评价。实际上，从商业角度来看，大量的"个性化"创造有很高的比例会失败，但是正是在大量探索的基础上，小部分的"个性化"内容产品才能够成功地走向消费者，实现交换。

我们反思内容的商业化过程，一个重要的结论就是把不可以商业化的内容必须由公共组织来承担。另外一个问题，能够商业化的内容，将会形成产品。但是，单个的产品形态，如何能够有效地规模化呢？这就是我们下面将要谈到的问题。

二、内容生产的组织化——内容企业

内容产品要进行交易，需要提升它的稀缺性，但是从内容原创的生产，到内容产业的交易，都需要分工，更需要资源体系的支持，这就需要内容生产组织的支持。

（一）传统内容生产的组织分析

传统的内容原创形态也存在一定的组织过程，但是由于媒介特殊的形态，内容原创组织一直作为附属的部门存在的，而且都是为媒介的特殊形态服务的。在内容原创的组织化过程中，组织核心的原创人员是策划人员，内容产品核心的定位和逻辑结构成为内容最为关键的价值所在。

传统的媒介形态主要表现在三个层次上。首先，场地成为一种主要的媒介形态，比如音乐会、电影院、舞台演出、教室教育等，所有的内容要素是专门服务于这些现场的；其次，就是印刷媒介，主要体现在报纸杂志和书籍，相应地出现了出版社和报刊社这样两种不同的组织形态；最后一种就是电子媒介，也是媒介发展史上功能最强大的媒介形态。不同的电子媒介的组织形式也是不尽相同的，比如电视和广播节目的主要组织形式是节目组。

（二）传统内容原创生产组织的特点

传统的内容原创的生产组织，就是传统媒介的稀缺性。传统的内容生产主要是以内容产品的形态存在的，是作为某个行业领域的上游存在的，单单只是原创的产品是不能形成产业的。

传统内容原创生产组织有以下几个比较明显的特点：首先，传统的内容原创是零散的，个体的行为成为原创的根本要素，比如说记者的采访等；其次，传统的内容原创是个性化的，通常的艺术创作经常被标榜为个性化，多是作为一个艺术家的个人灵感和创意，通常要求是自由的、独立的、人性化；再次，传统的内容原创是依附大众媒介的，由于内容生产依附于原有的媒介形态，所以内容原创的生产就成为了原有媒介产业生产链条上的一个环节，相关的内容原创不能够独立出来，而是成为媒介的一个部门，这个部门是为媒介传播能力服务的；最后，传统的内容原创只有同传统的媒介组织进行交换，原先的内容原创由于是个人的，又是依附于媒介形态的，它的交易方式多是单次的，多是以产品形态存在的，缺乏足够的规模，同时又受制于媒介的稀缺性，就只能作为媒介的分工环节存在，这样的交换是小规模的。

其实，内容产业的形成就是原创内容的一个产业组织化过程，内容从原先依附于媒介的一个上游环节，形成了独立的产业，产业形态最关键的标志就是规模和分工。

（三）内容产业的内容原创组织形态

内容产业中最大的特点就是内容原创的组织化，也就是说原创作品从原先个人的、独立的创作活动，逐渐纳入到了产业组织形态；从原先零散的、孤立的创作活动，逐渐形成了网络化的生产形态。这样的组织形态不再是金字塔式的组织结构，而是网络式的。数字内容所依托的宽带网络，在大幅度提高信息处理能力的同时，更进一步推动了内容原创组织网络结构。将来的一个数字内容产品生产过程中，一个产品生产商会建立远程联系，通过网络向内容提供者征集内容素材；同时一个内容原创者也可能同时向几家甚至更多家提供素材。

三、内容产业规模化动力——范围经济和效率经济

通常我们研究一个产业，主要体现在规模、理论和实践对于产业的定义，谈到产业通常都是一系列具有同类性质的企业构成，其中一个重要的因素就是这些具有同类性质的企业已经形成了一定的规模。那么，内容产业化的过程同哪些问题有着直接的关系呢？以下几个方面可能就是我们要仔细考虑的地方。

（一）内容产业的规模化分析

首先，我们需要明确两个关键性的概念，即“规模经济”和“范围经济”。传统的规模经济和范围经济的定义很多，我们用美国学者小阿尔弗雷德·钱德勒的定义研究成果，他对产业规模经济和范围经济进行了经典性的研究，他对规模经济的定义是：当生产或者经销单一产品的单一经营单位所增加的规模减少了生产或者经销的单位成本时而导致的经济。范围经济，指联合生产或者联合经销的经济，指利用单一经营单位的生产或者销售过程来生产或者销售多余一种产品而

产生的经济。[①] 规模经济和范围经济提出了产业规模化的两个方向：一个是增加单一产品的生产或销售的数量；另一个就是多元化的生产或销售。只要这两种方向是有利可图的。

1. 内容生产的规模化基础

要实现内容生产的规模经济和范围经济，首先需要解决的就是生产问题，上面我们分析到，传统的内容生产存在向产业发展的障碍，那么新兴的内容产业是如何解决上述障碍的呢？

内容生产的规模化发展得益于数字技术的广泛应用，它促使传统的内容生产形态发生了一系列的变化，也是促使内容生产实现规模化的基础条件。这些因素包括以下几个方面。

首先，内容生产效率的提高提供了大规模生产的可能。数字技术和计算机技术的发展，内容生产的能力有了革命性的发展，计算机处理能力，联机网络的处理能力，到各类内容处理软件的功能，都处于一种变革快速的发展状态。

其次，内容的融合导致了内容与媒体的分离，内容产业一个重要的突破就是业务与技术的剥离，这也是数字化的结果，因为数字系统不同于电子系统，信息和载体的关系发生了变化，也就是内容和媒体实现了分离。内容的传播形式可以根据消费者的需求，可以是单纯的表达声音、表达画面，更可以是多媒体的，即包含了声音、文字、动画等方面的内容。内容和媒介之间相互脱离，导致了内容生产的更加集中，内容生产经营者越来越作为一个整体力量，同媒介进行交易，这种集中就推进了内容产业的发展。

最后，渠道规模扩大带动内容规模的扩大。信息技术的发展，计算机与宽带网络平台的建立，产生了强大的计算机网络与大量的终端设备，为内容的传输和接收提供了巨大的发展空间，同时形成了内容传输渠道规模空前的发展。传输渠道规模得到空前的发展，造成了内容的稀缺，就为内容产业化提供了强大的拉动力，就需要出现同传输渠道相匹配的内容生产规模。同时数字传输网络和接收终端的发展，大大提高了内容的传输效率和接收效率，同时也有利于内容形成更大的收益，降低了内容传输的更低成本，这就为内容形成规模提供了基础。

2. 规模化的经济模式

内容经济不同于一般的商品经济，内容作为一种产品，几乎不存在边际成本的问题，所以内容产品的经济模式是：通过各种内容元素的组合形成大规模的内容产品，自由通过各种渠道实现大规模的内容销售。

---

① 小阿尔弗雷德·D·钱德勒著：《企业规模经济与范围经济——工业资本主义的原动力》，中国社会科学出版社 1999 年版。

内容产品规模化的模式包括时间产品、窗口理论和大规模定制等。

首先是内容产品的时间性，它属于内容产品的经济方式，取决于内容如何有效地通过各种不同的媒介形态，从最为稀缺的高价产品开始，逐步扩大规模，降低价格，最后向低价、大规模的销售渠道转换，最终实现内容产品大规模的销售。电影作为一种内容产品，它的发行时间序列就很有代表性，如图 3－3 所示。

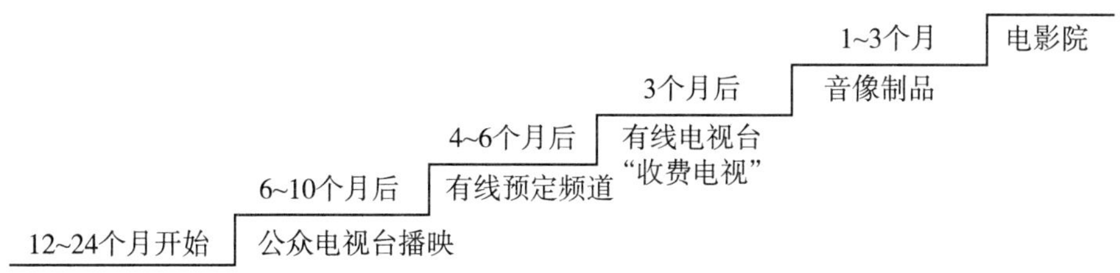

图 3－3　电影发行时间序列

其次是内容产品的窗口理论。内容产品的众多衍生产品市场，主要来源于内容产品中各种内容元素。内容产品的特点就是包含着大量的内容元素，因此内容产品在策划之初就会考虑如何将内容产品中包含的各种元素商业化：形象、道具、服装、用品等具有特定形象和造型的元素的使用权，通过内容的授权同相关的产业发生了联系，依靠一个产品强大的品牌优势，就可以通过多个窗口实现销售，也就是内容产品依托多个其他的产业进行销售，而一个内容产品的收益则来自于多个窗口的共同收益。美国好莱坞影视大片在全球的发行、动漫产业的运作经验可以给我们提供参考价值。

最后是大规模定制的模式。传统工业生产的核心特征是"标准化基础上的规模经济"，而后工业生产则是"个性化服务基础上的规模经济"。当数字技术的发展，数据库和传输网络技术的发展，能够延伸和改造了足够范围的内容产业的领域，从而使实现了专门为单个客户生产小批量的个性化产品的成本下降到足够低的成本的时候，大规模的定制成为内容产业的经济范式。

3. 规模化的成本分析

内容产品实现了规模化的生产，那么它的成本是如何降低的呢？显而易见，内容产品规模化促使成本的降低，可以从以下三个方面来解释。

第一，借助数字化的工具，原创的内容产品可以变幻出多种形态的产品，音频、视频、报纸杂志等，在这样的生产模式下，具有原创特点的内容产品成为一种投入越来越高的产品。

第二，在数字化工具的帮助下，大规模复制的成本基本上可以忽略不计，只要有市场需求，这种复制能力可以无线发挥。

第三，是交易成本上的进步。计算机和网络的发展，基于比特的内容流量能够有效地解决文字、声音和图像的融合问题，互联网络和计算机能够实现大规模的数据处理和数据传输，新技术革命带来的信息大量处理、存储、传输为内容大规模发展提供了低成本的可能，这样，内容面对消费者大规模交易就产生了较低的交易成本，这种交易成本的降低推动了内容产业能够销售更大规模的内容产品。

（二）效率经济

内容产品具备了大规模发展的需求，但是，内容产品一直不同于传统的工业产品，是一种“文化的”、“精神的”消费品，这种特殊的消费品产业，其规模化有什么特点呢？

1. 内容产品作为公共产品的特殊性

内容产业的规模效应不同于原先的工业生产方式，传统的工业生产注重产品的生产数量，而内容产品本身具有“公共产品”的属性，生产数量不再是决定内容产品的关键问题，内容产品单个产品的质量成为核心要素。一个内容产品越具有高品牌含金量，对于消费者的应用满足度，就会形成内容产品的不同的使用效率，会产生不同的规模效应。

2. 效率是规模的基础

内容产业的特殊经济特征是从数量经济转向效率经济，从产品层面来看，内容产品的主要特点是不再依托产量，而是在于消费者使用的数量。这就阐述了一个重要的命题：内容产业规模效应依托于内容产品的效率。比如说中国移动通信的短消息服务，中国当前的短信息服务发展迅速，对于短信内容的创作成为关键。因此，对于短信内容的创作，一个非常重要的指标就是一条短消息能够被转发的次数，转发的次数越多，移动通信的收费就越多。

第四节　内容产业成型的核心技术和核心模式

传统的内容生产商都是分散的，而且被分解成了各类独立的形式，分属于出版、电子等不同类型行业，跨媒介相互转换的成本是非常高昂的，造成了内容不能够实现跨平台、跨媒体的使用。

数字技术的发展，推动了整个社会的进步，同样也深刻而强烈地影响着内容生产商，传统内容生产商意识到数字技术是一个巨大的商业工具，他们如何利用好数字技术是公司未来发展的关键。

传统内容生产向新兴内容产业转变，是一个规模化的发展过程，技术作为先进生产力，是推动内容产业形成的根本动力。那么，我们需要探讨的问题是：数字技术中对于内容产业成型最为关键的技术是什么呢？也就是最核心的生产力是什么呢？

一、内容产业成型的核心技术

内容产业是在信息技术的推动下发展起来的，根本是要解决两个问题：第一个问题，就是内容信息的大规模存储、大规模处理、大规模生产的问题；第二个问题，就是内容产品的大规模流通问题。能够解决这两个问题的技术就是内容产业的核心技术要素，对于信息技术的梳理，我们发现，数据库技术是解决第一个信息加工、处理、存储的信息技术，而最有代表性的服务器/客户机网络结构是目前解决内容产品大规模流通的信息技术。

（一）数据库技术

数据库技术主要是为了方便人们的信息使用，通过各类的逻辑关系建立的数据系统。利用数据库技术，人们可以按照标准，进行数据的输入、编辑、修改、检索、查询、存储，这种应用方便灵活，大大提高了人们使用信息的效率。

内容产业核心要素就是数据库系统，这个数据库系统由三个层面构成（图3－4）：

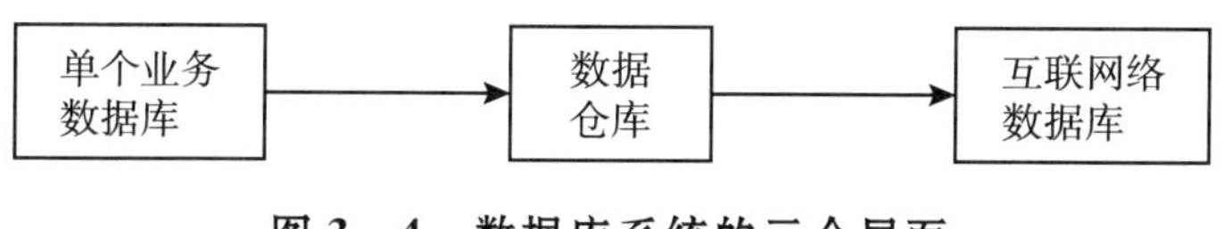

图3－4　数据库系统的三个层面

（二）数据库的网络结构

内容产业从信息交换的层次来看，最低是物理层，而要交换信息，还需要网络化，需要把千家万户和内容提供者和业务提供者联结起来，这在信息交换的层次中是传输层、链路层、会晤层和网络管理层。在这些物理层面的描述之上，网络的结构是最为关键的环节。

在数据库的网络系统中，有很多网络的结构，其中应用最为广泛，对于内容产业影响力最大的网络结构就是客户机/服务器系统。任何一种客户机/服务器系统，主要分为三个内容：信息表达、逻辑处理和数据管理。其中信息表达为信息的显示、打印，逻辑处理即软件的规则，数据管理涉及数据库中信息检索和存储问题。

二、内容产业的核心模式

了解了内容产业核心推动技术，是数据库技术，那么数据库技术是如何推动内容产业成型的呢?

可以看出，数据库技术和网络结构将会推动内容产业原有生产关系的变化，最为显著的变化发生在产业的核心环节，就是内容的创造环节，接着会造成内容生产组织形态的变化，进一步影响到整个产业形态的建立（图 3－5）。

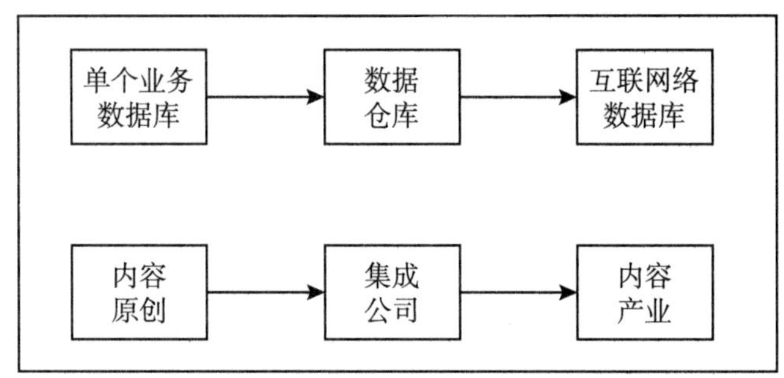

图 3－5　内容产业的核心模式

（一）内容产业的内容原创组织形态

“0”和“1”的计算机数字化技术，推动了内容的融合，对于内容原创来讲也面临着一个全新的问题，那就是原创的数字化和数字化的原创。

在传统媒介内容中，资讯领域、教育领域、娱乐产品领域、艺术领域等，都有大量的文字、图片、声音和图像资料，这些资料都是按照传统的印刷或者电子媒介的方式存在的，要更好地利用这些资料，就需要加大进行数字转化，将大量的传统媒介产品转变成数字内容产品，即所谓“原创的数字化”。目前，世界主要的内容生产商，包括时代华纳、新闻集团、维亚康姆集团等，其下属的各个内容生产部门都在积极地推进内容数字化的过程，加大对于传统媒介原创的数字化转变。

数字化的原创，指的是借助数字化的工具去进行创造性的活动，即内容原创的创作者从原先的笔和纸，从原先的摄像机和录像带，从原先的摄影机和胶片，转向了电脑和鼠标。数字化带来了创作工具的演变，电脑和应用软件的使用，有效地提高了信息处理、编辑、存储和使用的方便性。此外，数字化还推动了创作思路的变化，各种创作软件不仅提供了模拟原有创作工具的功能，还提供了一些全新的功能，这些功能将内容原创者的想象力推到了一个崭新的境界，原有内容原创的创造能力得到了提高。

总之，数字化作为内容产业的源头，它推动了内容的融合、产生了功能强大的多媒体产品，也提高了原创者处理信息的能力，更为重要的，它使得内容脱离了媒介，可以自行组织生产并通过多种媒体通道进行分发。

（二）内容原创的组织创新

组织创新的问题，是指为了适应新技术的发展而改变原先的组织结构，这里涉及企业内外组织生产、设计、研究开发、销售等流程结构以及协作关系的创新和变革。传统的内容生产组织是一直存在，并且随着技术的发展，其组织形态也不断变化。

传统的内容产品生产的组织方式通常是项目制，生产的组织流程是项目方式，组织结构设计是为了完成项目。内容产品生产最基础的组织方式，通常也采用项目管理的方式。在数字化技术的作用下，项目管理采用了数据库技术，就会形成一个独立的项目数据库。构成产品的各种原创素材建立了个体的数据库，所有内容元素被分类组合到数据库中，形成了数字化内容元素，各种独立的内容原创按照数据库的结构进行了创造和存储。

正是数据库结构要求，推动了内容原创分工更加细化，同时也提高了内容产品生产过程中的组织协调效率。传统电影生产的过程和数字电影生产过程的差异向我们展示了内容原创组织创新所带来的好处。

数字化的内容产业更加强化了传统内容原创的组织形态特点。数字化内容原创组织是基于互联网络的，更加突出了网络化的组织形态结构。这样，内容产业的原创组织将会更加细分化，这种细分建立在更为细致的专业分工基础上。同时，内容原创基于“0”和“1”数字技术带来的融合，就能够低成本、便捷地实现存储和传输，内容原创的组织可以更加网络化。内容原创依托数字技术，凭借分散的计算机处理设备和分布式的数据库系统，原创的组织形态会更加分散，分散的内容原创个体依托网络平台，推动了内容原创的规模的不断增加。

（三）数据库技术对于内容生产商的影响

报纸、广播、出版社是带有典型特征的内容集成商，通过对内容产品的分类组合，按照一定的逻辑关系排列起来，形成销售。但是，由于印刷媒介和电子媒介的特点，报纸就形成了版面集成方式，广播就形成了频道流媒体的集成方式，集成的方式就形成了这种类型公司的特点。

1. 数据库技术的应用

从目前发展的情况来看，主要的内容生产与集成商都纷纷建立数据库，数据库不仅成了内容生产与集成商的核心资源，更是推动了内容生产商与集成商组织形态和工作流程的变化，也形成了内容生产与集成商内容管理的相关变化。

以新闻资讯的媒介公司为例，建立多媒体数据库将会改变现有的通讯社、报纸、广播采编部门的组织形态和业务流程。

2. 发展的趋势

依托多媒体数据库，内容生产商，可以依托现有的多媒体平台，向各种内容信息接收终端包括媒体和非媒体的终端，提供个性化的动态多媒体内容产品。在这个理想的发展模式中，有几个趋势是需要注意的：

第一个趋势，就是个性化产品，个性化的服务就是适应用户的需求，需要进行大规模的内容定制，不断调整内容产品的形式和内容。

第二个趋势，与不同的终端进行交易。各种终端会形成各种渠道，包括电脑、手机、电视，多种的媒介终端就会形成不同的服务内容、服务手段和服务方式，内容生产商会同各类的服务方式融合，建立起更为复杂的交易体系。

第三个趋势，就是互动内容。这种动态信息，是根据客户需求的信息，包括按照各种时间要求的和业务要求的动态，这种方式，需要强大的内容提供的能力。

第四个趋势，就是多媒体内容。多媒体的信息不仅要求需要文字，同样也需要图片的、视频的、音响的多种媒体信息，这种多媒体的信息产品，将是各种消费者需要的标准产品。而内容产品提供商，主要是应用层面的内容提供商，将以生产和提供多媒体产品为主要的生产内容。

3. 互联网络数据库结构造就内容产业

从当前的数据库分布情况来看，单个的、孤立的数据库缺乏商业应用价值，脱离于产业经营形态以外。更多的应用数据库都已经连接到网络上，形成了网络连接的数据库群，这种分布式的数据库模式正是内容产业存在的技术基础。分布式的数据库，通过宽带网络连接在一起，这样就将内容原创单个数据库，基础的分类素材数据库，应用层面的数据库，以及消费者消费用途的数据库连接在一起，构成了内容产业整个企业组织形态，其中内容数据库应用公司将会成为内容产业中处于核心地位的企业（图 3－6）。

从内容产业的分层来看，有三个层面的结构：

第一层面：基础层面，就是内容产业的原创层面，独立的原创依托先进的计算机处理设备和个人的数据库系统，就能够独立地开发出各种个性化、具有特色的原创元素。

第二层面：生产层面，生产平台会根据各种市场需求或者自身的逻辑创造，提供各种类型的内容产品、生产平台。

第三层面：应用层面，内容产业中会形成集成平台运营商，这些运营商依托各种应用数据库，根据消费者市场的需求，按照应用的分类，向消费者提供大量的内容产品，这些数据库本身具有自适应的特点，可以实现消费者需求内容产品的大规模定制。

从产业层面上来看，互联网络数据库技术推动了内容生产规模的发展，主要表现在以下几个方面：

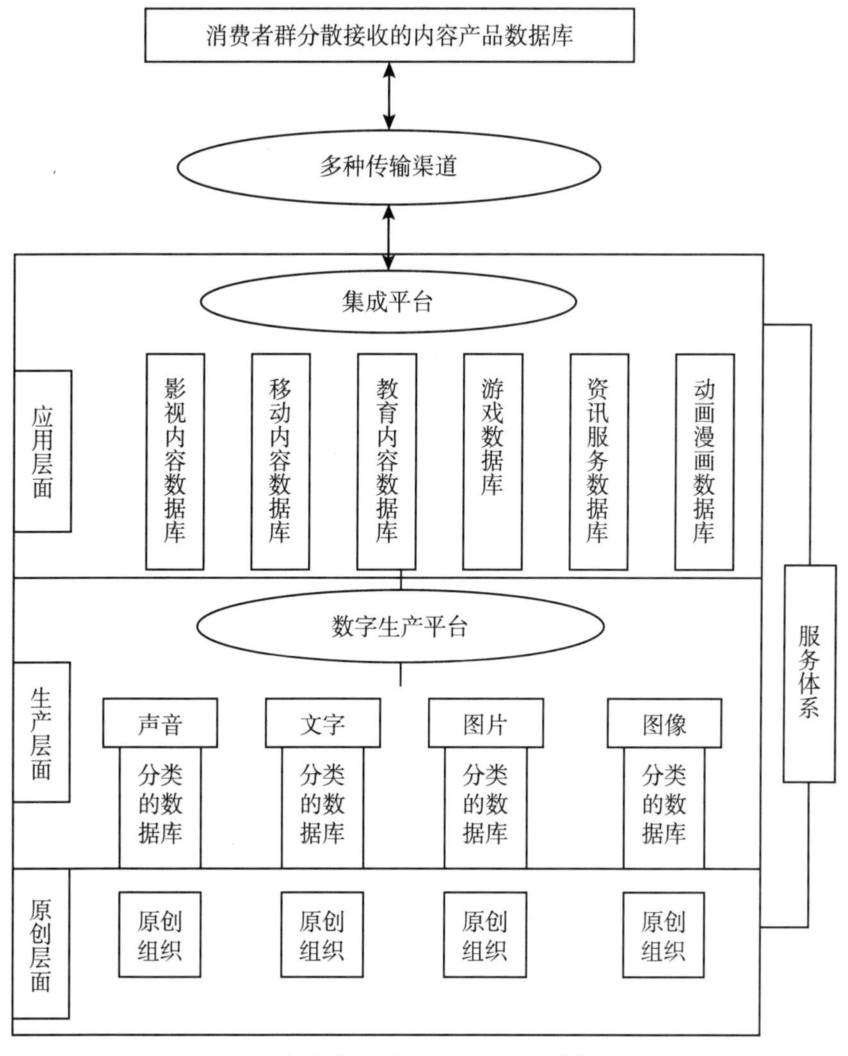

图 3-6　内容产业核心模式——数据库模式

首先，消费者内容消费规模的扩大。内容产业依托于数据库技术，可以实现“镜像”的复制消费方式，内容产业的数据库经营商接收到消费者定制后，可以将内容复制到消费者自身的数据库上。这种模式中，“内容产业”的产品库就如同一个大的“印刷机”，而消费者的数据库就如同“纸张”，通过互联网络的信息高速公路，在消费者的定制下，实现了“印刷”过程。

其次，应用数据库公司成为内容产业的核心企业。对于上游的原创环节和生产环节来讲，应用数据库公司将作为最大的需求市场，它们反映了消费者的需求，同时也是内容产品得以实现商业价值的关键。对于下游而言，不同的渠道对于内容产品的需求是不同的。应用数据库公司将会提供消费者需要的内容产品，是针对相应的目标市场而产生，内容产品的价值将在这类公司中体现。

再次，原创的规模得以扩大。内容原创的数字化和数据库化，使内容原创摆脱了原先的印刷媒介和电子媒介的束缚，自由地以数字的形态存在，可以自由地同各类媒介需求进行交易，这种交易范围的扩大，有效地提高了内容原创的发展。

最后，互联网络数据库造成了内容产业内部的两级交易市场。第一级的交易是内容原创和生产平台之间的交易，推动了内容原创的大规模销售。第二级交易，是内容产品生产商同应用数据库平台的交易。

三、从技术—经济范式看内容产业的经济形态

内容产业体现了技术对于经济的影响，新的数字技术带动了新的经济范式，形成了所谓的“新经济”潮流，内容产业就是新经济潮流的产业代表。

而随着数据库技术的发展，对于内容生产产生了重要的影响，在其他相关的信息技术的共同推动下，内容产业出现了众多新的经济形态，这些新经济形态包括：多种类型的内容生产和交易组织的出现（网站公司和数字电影制作公司的出现）；崭新的劳动技能需求（数字化的原创技能、数字化的管理技能和数字化服务的技能等成为新的技能需求）；出现充分利用新关键要素的新产品结构（比如建立在数据库技术和新型网络结构基础之上的网站）；出现新的投资模式和投资市场（大量的投资涌向了网站公司、网络设备，无形资产的投资成为越来越重要的方式）；形成新的基础设施投资高潮，大规模的基础投资成为内容产业启动的先导；大企业通过迅速扩张或经营多元化集中于生产或使用关键要素密集的新部门；形成新的商品消费与服务模式（消费者从原先的单一媒体消费，转向了多媒体的消费；从原先成本较高的定制消费，转向了大规模的定制；从单向的接收产品和服务，转向双向的互动消费）。

第五节 内容产业成型的政策考察

内容产业的发展，取决于两个因素，一个因素就是技术创新，另一个因素就是制度变革。新制度经济学研究理论涉及范围很广。但是，对于一个新兴的产业来讲，相关的产业组织制度所涉及的层面主要包括：政府管理制度，产业组织制度和企业制度等。那么。我们政府对新兴的内容产业到底应该实施何种产业政策呢？本节内容将对相关的问题进行阐述。

一、管制与放松

内容产品具有影响社会差别、群体认知和社会价值的重大影响力，这种影响力给社会带来了全面的影响，巨大的外部性造成了政府对于内容产业这样的特殊产业一直给予极大的关注。

（一）政府的产业管制

从文化产业和大众传媒产业来看，政府管制一直是一个非常重要的话题，美国、英国、日本等国家对于内容产品也采取了严格的管制措施。

1. 管制的三个方面

政府管制包含了几个方面，其结构是复杂的。日本学者植草益提出政府管制的三个方面①：第一就是经济性管制，政府通过被认可和许可的各种手段，对企业的进入、退出、价格、服务的质量以及投资、财务、会计等方面的活动所进行的管制；第二就是间接管制，主要是为了形成并维护市场竞争秩序为基础，有效的发挥市场机制职能，建立完善的市场制度为目的，不直接介入经济主体的决策而仅仅制约那些影响市场机制发挥作用的因素的政策；第三就是社会性管制，“是以保障劳动者和消费者的安全、健康、卫生以及保护环境和防止灾害为目的，对物品和服务的质量以及伴随着提供它们而产生的各种活动制定一定的标准，并禁止、限制特定行为的管制。”

2. 内容产品管制的两种类型

对于传统内容产品和内容提供企业，不同国家的产业管理政策重点是有所差

① 植草益：《微观规制经济学》，中国发展出版社 1992 年版，第 22 页。

别的，有两种类型具有代表性。

美国政府产业政策重点在于经济性管制和间接性管制为主的方式。其内容提供商均是商业化组织，大量的内容企业通过产业活动来实现内容的生产和销售。

产业政策主要着眼点在于：其主要的出发点是保障稀缺性资源配置的效率，防止产生垄断，确保消费者权益受到保障。其管制通常依据相应的法规，颁发和修改企业经营许可证，对服务价格和服务质量进行管制，协调和裁决企业间的矛盾，监督和制裁企业的不正当竞争行为，维护公平竞争；接受并处理消费者投诉。

社会性管制方面，美国相关的内容产品管理政策中，也有一定社会性的管制措施，例如美国对于“未成年人群”保护措施是比较严格的，对于电视节目中的节目内容、广告内容不适合儿童收看的都提出了严格限制。但是，大量的内容产品是由美国法律制度所约束的，产业政策并没有严格的限制。

欧洲的产业政策偏重于社会性管制。其内容提供商多是公共组织，由国家提供经济支持，大量的内容产品是满足所有公众的需求。

产业政策的着眼点在于：内容产品具有大量的社会文化影响力，为保护民族文化和社会消费者的“文化安全”，需要政府加大控制。欧洲认为内容属性是一种“公共领域”，需要对社会公众文化、教育负责。因此，欧洲国家大多将内容产品和内容生产组织定义为“公共事业”，采用了国家直接管理和经营或者公众管理和经营的方式。

这种定位推动了内容生产由国家垄断进行经营，特别是稀缺性非常强的电波媒介，这个特点就更为明显。例如英国的 BBC、法国电视台，都是公营性质的电视台。这种类型的管制中缺乏或者不存在经济性管制和间接管制。

（二）内容产业的经济地位

内容产业更为深层次的变化，是随着信息经济的发展而来的。按照信息经济的理论，在信息社会中，信息将成为社会重要的资源，信息产业将会在服务业之后成为第四产业，也就意味着信息将会更大量的商品化。目前，全球对于内容产业经济地位的给予了高度的关注，是因为内容作为重要的信息资源，将会发展成为支柱型的产业，内容产业将成为推动国民经济发展的重要产业。

内容产业作为新经济发展重的主导产业出现，其原先存在形式表现为原有的信息传播产业，包括传统的广播、出版和电影，而数字技术的进入，增强了信息传播能力，培养了新媒体产业。

内容产业具备强大的回顾效应，随着内容产业的成型和发展，媒介渠道的数量剧增，媒介的稀缺性降低，对于内容产品就形成了巨大的需求，这样就极大地提升了内容原创的发展；内容产业的发展对于区域经济有着深刻的影响；同时内容产业既是提升传输渠道产业的动力和价值所在，也是推动信息技术产业等相关产业发展的关键所在。

（三）产业管制的放松

各国政府都将内容产业视为重要的经济增长点，这就成为内容产业发展重要动力。原有相关内容生产产业的管制严格，是受到技术条件限制的。原有的媒介存在技术性强、规模经济和范围经济显著，沉淀成本大，与消费者利益息息相关，成为自然垄断性部门。政府对于原有内容产品和内容生产企业的管制是建立在外部性和稀缺性基础上的，但是数字技术的发展，新媒介形态出现，改变了传媒产业原有的自然垄断特点。放松管制是一个必然的趋势，这需要我们认真思考的问题是对于内容产业管制，在多大范围和多大程度的进行。

（四）重建管制

放松对于“文化产业”和“传媒产业”管制，在国际上已经成为了一个重要的趋势。管制的放松进一步引起了大量的争论，争论热点涉及“文化的社会责任”问题，也就是如何防范不良的文化影响对于公众的不利影响；如何规范过度的商业化对于文化影响力的破坏。

但是，从目前来看，对于高度宽带网络条件下的内容产品管制、对于正在发育的内容产业管制还处于一个刚刚起步的阶段，新的管制模式还远远没有成型，同样这种管制过松对于内容产业成型带来了负面的影响。

内容产品来源范围会更多，不同的行业会提供不同的内容产品，过去的管制方法主要是通过对稀缺媒介的控制来实现的，但是，数字技术使媒介从稀缺走向丰富，原有通过媒介控制的方法正在逐渐失去基础，需要对于各种来源的内容进行管制。

因此，通过立法的方式，而不仅仅是通过产业政策的方式来解决，将会成为内容产品外部性控制的解决手段。

二、产业政策对知识产权的保护

很多国家已经认识到了内容产业在信息经济中的地位，加大了内容产业扶持和保护力度，但是，目前产业政策对于新兴内容产业管理还处于一个探索的阶段，那么一个前瞻性的思考是，产业政策的主要指向何在呢？

要分析内容产业政策的走向，需要把握内容产业自身的变化特征。根据报告前四节的论述，提出了对内容产业发展的预测。对于内容产业来讲，交易体系中有两种最为关键的因素：

一种就是版权，版权就是对创造力的表现形式进行确认。版权是内容产品交易过程中的所有权问题，也是内容生产者核心资产。

另一种就是品牌，就是消费者市场对于这种创造力的认可程度。品牌能够为内容产品带来较高的附加价值或者更大规模的市场份额。

（一）产业政策保护的核心：知识产权

传统的文化产业或者“娱乐产业”中，产业的基础就是知识产权，这些产业围绕版权[①]交易建立的产业体系。这是因为内容产业中产生核心价值的环节在于创造力，版权的保护正是体现了社会对于创作力的认可。版权保护体系，在发达国家已经非常成熟和完善。政府对于内容产业的保护，一方面要推动内容产业的繁荣；另一方面还要考虑将“公共信息”信息自由权利的保障。

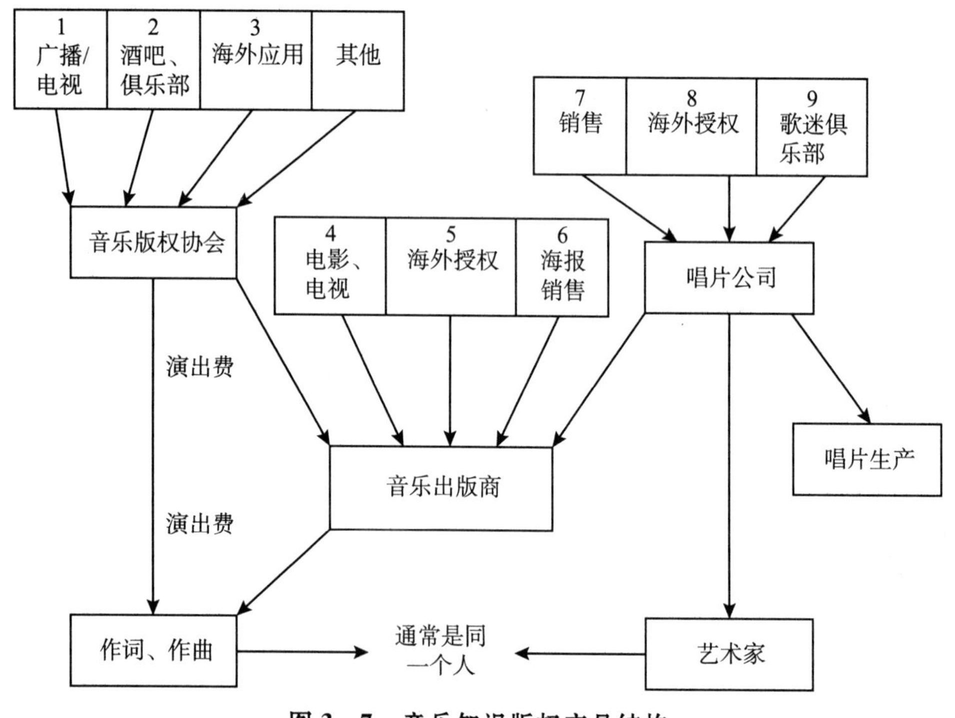

图 3-7 音乐知识版权交易结构

① Copyright 一词本身是版权，在中国属于著作权范畴。

（二）内容产业政策消除壁垒，推动融合

版权保护是建立内容产业交易制度的关键和基础，但是，要推动版权交易大规模进行，就需要降低交易成本，提高交易效率，就需要对于产权的交易制度进行调整。单纯从产业政策来看，政府产业政策的目标是取消或降低进入和退出壁垒，强化市场功能，以利于竞争，促进产业的整体发展。

传统的内容生产商是附属于媒介产业的一个环节，纵向一体化的产业交易成为主要的交易模式，内容产品的版权主要是保护内容在不同媒介的表达方式。由于各种媒介不同特性，各种媒介的版权形式也就不同，交易形式也不相同。同时，内容产业的发展将是以传输渠道发展为前提，新出现的宽带综合信息网络将会成为内容产业主要的传输渠道，依托于宽带综合信息网络的内容业务将会成为核心业务，渠道的发展方向将是横向的多元化趋势。

所以，对于内容产业推动的横向和纵向体系的融合，需要建立有力的准入制度，保证节目和渠道相互对等的开放。

内容产品实现盈利，除了各种媒体提供的交易“窗口”之外，还存在区域性交易“窗口”的壁垒，这些壁垒包括区域性的市场集中度（地方保护主义）、区域地方差异造成的水土不服以及国际贸易壁垒的存在。因此，政府的产业政策，需要根据数字化技术发展的趋势，重新调整内容生产的准入制度，形成更为广泛和平等的竞争。

（三）产业促进政策

内容产业保护的核心是版权保护，保证版权能够大范围的销售，是推动内容产业发展的基础。由于内容产业作为一个新兴的产业，产业政策会倾向于扶持和推动新兴产业的发展。这里所说的产业促进政策，主要是通过国家宏观调控的方式，利用各种经济杠杆去推动内容产业的发展。

三、政府的扶持导向

政府对于内容产业的促进，在于产业政策中对于内容产业的地位的评价，内容产业定位的水平决定了产业政策对于该产业的倾斜力度。各国政府纷纷把“内容产业”或者是相关产业逐步摆在一个战略地位，这种认识是产业促进的起点，也是产业推动力度的衡量标准。

（一）政府的战略选择

从产业角度来看，决定一个产业在经济战略中的地位有这样几项选择标准：

第一，该产业是新兴产业、支柱产业还是衰退产业，这种判断决定了政府不同的产业政策。

第二，该产业市场规模如何？该产业在国民经济的比重如何？对于国民经济的增长速度贡献如何？

第三，该产业对于其他产业拉动作用、旁侧效应、回顾效应如何？

前文已经提到，美国经济学家罗斯托的研究表明：主导产业在其高速增长阶段具有回顾、旁侧和前向效应这三种效应。内容产业在这三种效应上，表现出了强烈的影响力。对于生产要素提供部门，从内容原创、内容素材，到数据库业务，都产生了强烈的推动作用；内容产业对于所在地区区域经济产生了深刻且长久的影响；同时对于信息技术、传输技术和接收技术，都产生了诱导效应，仅仅是为了解决内容产业的技术问题，就会引起大量新技术的出现。

（二）法律和政策体系的确认

政府将内容产业视为国家战略，就会对与内容产业相关的领域给予支持和关注，大量的配套政策，会积极推动内容产业的发展。

将内容产业作为国家战略，首先就是法律体系或者产业政策体系的确认。很多国家都改革或创新了原有政策体系，从各个角度推动了内容产业各个领域的发展，包括对于管制放松的政策，数字内容知识产权的保护政策，保护内容交易的政策，推动数据库产业进步的政策，这些政策从国家意志的角度，不断促进和归案内容产业。

本章小结

内容产业论是我们近几年在数字化发展研究领域的主要成果之一，也是新媒体研究的重要成果之一，它构成了我们后续一系列研究的基石，是我们研究电视、报刊、电影和数字电视等行业的理论基础。在接下来的几个章节中，我们将会关注电视台的数字化发展、广播的数字化、电影的数字化和报刊的数字化等，研究数字化对传统媒体的具体影响，探讨传统媒体在数字化浪潮中的正确之路应该是什么，也希望我们的研究成果能给业界、学界的同仁们以一定的参考意义。

需要说明的是，数字内容所设计到范围是极其广泛的，而不仅仅是传统的媒体形式。在本章的开篇中，我们曾经说道数字化技术尤其对两个领域的影响是深远的，其中一个就是传统的电视、广播、电影、报纸杂志，同时，另一个不容忽视的重要领域就是直接建立在数字化基础之上的媒体形式或业务，比如说互联网、手机（手机电视）等，可以说，数字化技术在这些行业的全面应用，已经使得整个产业的规模不断发展壮大，基于受众需求的业务形式和内同产品也是不断地被开发出来。

在下面的篇章中，我们将更多的笔墨放在了传统媒体的数字化上，研究数字化对这些传统媒体的影响，探讨传统媒体应该如何面对数字化的调挑战。究其原因，一方面是因为我们在传统媒体领域的研究已经有了多年的历史，本身也积累了丰富的经验；另一方面，正如我们在本章开始提到的那样，传统的内容产业和内容产业在走向现代的、数字化的“内容产业”，是中国当前需要研究的核心问题，经济领域经常讨论的“后发优势”本来是一个非常重要的问题，中国当前发展的数字电视、数字电影、互联网络游戏、电子报纸、电子出版，技术上具有与世界同步的能力，但由于受到观念、体制等方面的影响或限制，在实际的业务操作上难免畏首畏尾，因此也急需要相关行业的理论指导和引导，因此我们在传统媒体和传统的内容产业到底该采取何种措施去应对数字化浪潮方面进行了较多的研究和探索。

第四章

电视行业内容产业发展研究

在媒介的发展史上，电视的出现具有划时代的意义，它融合了视频、音频、图片、文字等各种形态的内容表现因素，具有极其强大的表现力和现场力。在我国，电视媒体已经发展成为用户规模最大、覆盖范围最广、影响力最大、广告收入最多的媒体形式，电视机构的节目制作、内容生产已经完全实现产业化、专业化的运作，每年由各类电视台所生产的内容数量也是所有媒体之中最多的。据广电总局官方网站的统计数据显示，2007 年度全国生产完成并获得"国产电视剧发行许可证"的剧目共计 529 部 14 670 集，2007 年全国电视机构的节目制作时间为 255 万小时、总的播出时间为 1 455 万小时（表 4－1）；在受众层面，电视媒体也是传统媒体中用户数量最多的，电视在国内的人口综合覆盖率已经超过 94.7%；同时，根据央视—索福瑞媒介研究（CSM）2004 年基础调查结果，全国 4 岁及以上电视观众达 11.88 亿人，占 4 岁及以上人口总数的 95.6%，目前中国百姓每天有近 3 个小时的时间花在看电视上；在广告收入上，2007 年电视台的收入为 601 亿元，占据了国内广告市场的绝对比例[①]。总之，电视台在我国的媒体产业中具有不可替代的作用，电视台生产的节目内容也是其他类型媒体内容的主要来源，因此，在传统内容产业的链条中，电视台无疑是一个强势的媒体形式。

① 央视—索福瑞媒介统计数据，2008 年 1 月发布。

表4-1　　2007年全国电视剧生产情况统计

	现实题材	历史题材	总计
部数	388 部	141 部	529 部
数量所占比例	73.35%	26.65%	100%
集数	10 394 集	4 276 集	14 670 集
集数所占比例	70.85%	29.15%	100%

资料来源：国家广电总局官方网站。

但是，我们也不得不承认一个事实，那就是向来强势的电视台遭受到了数字化浪潮的冲击，尤其是互联网、户外数字移动新媒体等媒体形式的出现，已经带走传统电视台很大一部分观众，也分割走了整个广告市场的一块蛋糕，越来越多的广告主开始尝试把广告投向了新媒体。同时我们也看到，广电内部也加快了数字化建设的步伐，逐步开始从模拟信号时代向数字信号时代的迁移和扩张。无疑，这是整个行业的焦点课题，也是数字内容产业成型发展过程中一个非常重要的板块，从某种程度上而言，电视台数字化的速度、水平直接影响到中国数字内容产业的成型进度和发展水平。

电视台内容产业的数字化是一个极其庞大和复杂的工程，它涉及硬件、软件等方方面面的变动，但首要的还是我们观念上改变。在本章的结构上，本章内容首先关注电视台内容产业发展的两个基本点，即电视台内部管理的数字化和媒资管理的数字化。在前面的章节中，我们已经有了对电视台内部数字化改造的相关论述，因此这里我们重点关注电视台内容资源建设的重中之重——媒资系统管理的数字化，即构建开放开发集成、资源共享、高质高效、版权保护的数字内容资源管理系统。

第二是付费频道的建设。数字付费频道是我国电视行业内容产业发展的一个重要组成部分，代表着电视行业未来的发展方向和发展趋势。但是，因为中国特有的产业环境，我国数字电视付费频道在操作和运营中有着自己的特点。由于有线网络运营商直接接触数字电视用户，对数字电视付费频道业务的发展起到举足轻重的作用，因此在本章中会以有线网络运营商为立足点进行简单阐述。

第三是高清频道的建设。高清电视的发展是技术进步和产业运营相结合的过程。世界主要经济技术强国都已经认识到发展高清的战略意义以及高清市场的巨大潜力，他们积极推动高清电视产业发展，希望在未来的市场竞争中占据有利位置。另一方面，高清电视也是传统电视台内容产业发展的一个主要方向，用户对高质量的视听享受的追求是永无止境的。本节则针对高清电视的发展情况从电视台内容产业的角度来进行相关内容的阐述。

本章的最后讨论了数字化对于电视台的影响以及电视台的应对对策。可以说，数字电视的出现不仅在数量上分流了传统电视台的广告受众，同时，其收视方式也影响了电视用户对传统电视以及传统电视广告的态度和收视行为。因此，数字电视对传统电视以及传统电视插播广告造成了不可忽略的影响。

本章内容主要从以上几点对电视行业的内容产业的发展进行了简单的分析和研究，当然，电视行业内容产业的发展还包括很多方面，比如基础网络的数字化建设、管理的数字化，以及作为电视台内容资源重要出口的手机电视等一些新媒体行业。在这里，我们选取了电视产业几个发展程度比较成熟的点来进行简单阐述，希望可以使我们对电视行业内容产业的发展状况有个初步的了解。

第一节　电视台媒资管理系统建设情况分析

随着广播电影电视行业的发展，各媒体制作机构都积累了大量的节目资料。如果这些大量的节目资料束之高阁没有得到再次的开发利用，对电视台资源来说是个极大的浪费，而媒资管理系统正在通过对大量资源的数字化存储，构建了一个开放开发、资源共享、高质高效、版权保护的数字内容资源管理系统平台。

一、国内电视台内容资源管理的现状及存在的问题

近年来，国内媒体制作机构虽在经营管理、技术设备、办公条件等方面都得到了较大的发展，但对节目资源的整合利用仍有较大不足。这突出表现在以下四个方面。

（一）音像节目资料的封闭管理

电视台、频道自行封闭管理音像节目资料，严重妨碍了各主体间节目资源的相互交流，资源无法实现共享，不利于信息资料的传播和运用，不能形成音像资料的整合优势。

（二）分散性管理

电视台、频道的节目资料分散管理，造成了人力、财力、节目资料的浪费。

通常，电视台、中心甚至频道都设有自己的资料库和相应管理人员，资料、设备重复购置现象较多，浪费极大。全国音像资料系统曾通过对有关部门的调查测算，以一个省4个台一年内购买节目总经费3 000万元来计算，如果重复购买率达10%，浪费资金就达300万元①。

（三）长期性建设的规划不足

电视台都普遍存在“重播出、轻管理，重使用、轻保存，重眼前、轻长远”的现状。目前，各台库房容量均显不足，库房设施不健全，大都缺乏去湿、恒温等先进保管设备；并且，资料库房的管理大都停留在原始的仓储阶段，很多省级台的资料室甚至连电脑都没有派上用场。这种状况与电视台使用先进数字设备进行拍摄、编辑产生的越来越多的数字内容存在矛盾。

（四）缺乏对重要资料价值的重视

电视台缺乏对音像节目资源信息、档案、史料价值的足够认识。比如，有的电视台为了重复使用磁带，竟会把一些耗费大量资金所拍摄的珍贵素材和历史资料清洗掉。又如，对年代久远的音像节目资料，许多电视台也没有进行音频、视频的修复工作，致使这些资料因音质、画质过差而无法继续发挥作用。

音像资料事业是广播电视事业的基础，它是随着广播电视的发展而诞生的。但这些年来，它没有得到与广播电视事业一样的重视，其现状已开始影响和妨碍广电事业的整体发展。我们必须引入内容管理的概念，并据此调整机制、建设系统。而电视台内容管理是在引进内容管理理论核心思想——“信息内容的流动、分享和重复利用”的基础上，通过建立全新的电视台内容管理系统，对电视台日益增多且形式复杂的内容（素材、节目、文档等）进行从采集、制作、编辑、存储到加工、播出、查询、调用等流程的全面科学管理。其主要目的是：通过利用一定的信息技术和数据技术，在电视台内部建立一条新的渠道，连通分散的内容资源，提高内容流动交换和利用的效率，达到电视台内容价值最大化。

二、媒体资产管理系统的提出及运行思路

大量电视节目资料是极为珍贵的资产，更好地保存、管理和利用这笔资产有

① 万晓娟、徐开元：《广电整合别忽略了音像资源》，《新闻前哨》，2002年第6期。

益于电视台今后开展多种业务。以往由于技术等原因，电视节目资料利用率极低，而随着数字技术的发展，一种解决电视台内容管理较为成熟的技术方案——媒体资产管理系统开始出现。媒体资产的管理是将分散管理改为集中管理，将人工管理升级为网络管理，其思路基本遵循以下三个方面：

（一）统一集中管理音像资源，使其成为巨大的节目信息库

电视台各相关部门可以随时在线查找，或在线借用节目带，节目制作来源得到扩充。而负责集中管理资源的机构本身也可以利用其丰富的内容资源，开展对节目资料的二次、三次创作，通过构思推陈出新，编辑新的内容产品。

（二）规范化管理

集中管理音像资料，将资料的收集、整理、开发、利用、统计、销毁工作纳入更规范化的管理轨道，并通过这种集约管理、专业分工的模式，从根本上改变节目播出后音像资料管理不善的落后状况。

（三）节约成本

减少各电视台重复购买播出节目的费用和对音像资料修复保护设备的重复投入，降低成本，提高效率。

社会已步入信息化阶段，音像资料等内容资源是信息社会不可或缺的组成部分。随着信息高速公路的建设和开通，市场对内容的需求量将大幅度增加，内容管理工作在未来不仅能成为电视台发展的重要保障，更有可能成为繁荣内容产业的基础。当然，在发展的过程中，我们可能会遇到一些难题，比如版权管理、利益分配等，要找到相应的解决方案，只有在实践中不断地探索。

三、电视台媒体资产管理系统的管理流程

一般而言，整个媒体资产管理系统的工作流程大体上可分成两块：一是节目素材的入库流程；二是节目素材的应用流程。这样，一套完整的媒体资产管理系统将分成六个部分，包括音像资料的采集上载系统，音视频数据转码系统，节目编目管理系统，存储管理系统，内容管理系统（主要是非线后台编辑）和音像资料下载输出系统。但是根据媒体的规模、媒介资料的具体格式和种类，媒体资产管理系统的具体组成也会存在或多或少的差异（图 4－1）。

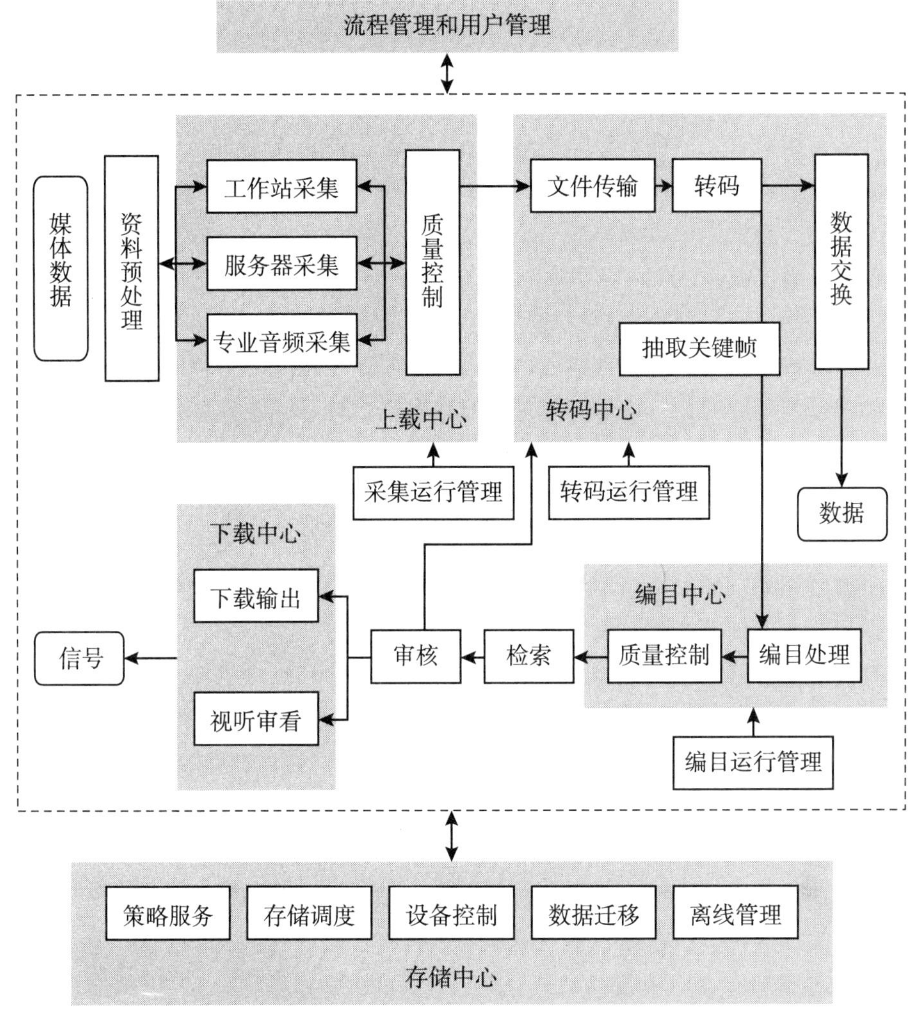

图 4－1　电视台媒体资产管理系统流程

1. 节目上载输入系统（上载中心）

在媒体资产管理中，节目的采集过程也称为节目的上载。上载的节目资源一般分为三种：一是电视媒体所保留或外购的以磁带形式保存的节目资源；二是由数字电视频道提供的已数字化的节目资源；三是经非线性编辑系统重新制作完成后需要保存的节目资源。节目的上载过程就是通过采集服务器，生成规格数字化高码流文件，并将其高码流档存储在对应的缓冲区。

2. 视音频数据转码系统（转码中心）

视音频的数据转码技术是整个媒体资产管理网络化的关键技术之一。目前，在 MPEG－2 一体化制播网的基础上，数字化、网络化媒体资源管理系统正由制播环节向信息发布、互动电视、视频点播和节目资源共享等多个方面。媒体组织在推行资产管理时，要考虑目前媒体转变的需要，这就需要以媒体资产管理体系转码服务器作为系统的重要技术平台。

目前，媒体资产管理系统的转码服务器主要采取数据流技术，数据流（Stream）是一种新的数据格式，又称为“码流”，是指从某特定的源节点向某特定的目的节点发送数据包的序列。通常，我们将源节点定义为流服务器，将目的节点定义为流式播放器（客户端）。数据流技术是随多媒体技术的出现应运而生的，它广泛应用于视音频数据的处理和传输。数据流的工作原理与传统文件方式不同，流数据从服务器端传输后由客户端接收，当接收到首帧画面后就可以立即在客户端显示或回放，即能够实现多媒体数据的传输、处理、播放同步。数据流技术的出现彻底解决了传统的档处理和传输方式的缺陷。

3. 节目的编目管理系统（编目中心）

媒体资产管理系统不是一般意义上的资源共享系统，它的功能除了帮助用户得到所需内容外，还有内容调度、设备调度、同一内容多用途拓展等。也就是说，媒体资产管理系统建立起了一个使内容（无论什么类型的）能被各种应用系统有效利用的基本平台，为了使得媒体资产拥有者可以在这样一个战略平台上将现有的应用紧密地结合起来，同时也为开展新的应用提供易于实现的途径，就有必要对各种内容进行统一的编目管理。通常，媒体资产管理系统都有一套自己的编目管理体系，编目子系统包括一次编目、二次编目等，此系统参考国家编目规范实现四层结构（包括：节目层，片断层，场景层，镜头层）完整编目。编目子系统还可根据需要进行层次设定；并提供低码流视频浏览，删减关键帧图片，码流文件绑定，以及编目信息著录和审查编目的功能。

4. 存储管理系统（存储中心）

网络化的核心之一是节目存储。传统的磁带存储在占用空间、单位成本、保存年限、技术质量、维护成本以及检索利用等诸多方面都不理想，选用先进的数位存储介质不可避免。具体来说，电视台须建立在线、近线和离线视音频数据库，目前通行的选择是由硬盘数组作为在线库，自动化数据流磁带库作为近线库，磁带密集架（手工存放数据流磁带和传统磁带）作为离线库，使节目分层次进行存储。从存储的对象来讲，对于高频率使用的素材和10天内将使用的素材，存放在在线库（大容量RAID磁盘阵列），在线数据能够直接调用；对于6个月内可能调用的节目，存放在近线库（机械手抓取），近线库的数据不能直接调用，必须提前迁移到在线库才能使用；对于一定时期不用的节目，可以放置于离线库，离线库的节目需要时通过手工放入近线库。在线库、近线库、离线库由计算机统一管理，它们相互之间经常进行数据迁移。

5. 内容管理系统（非线性编辑后台）

数字化生产线主要由非线性制作网络构成，任务是完成节目的制作及生产。节目资源存储系统主要任务是存放各种素材、半成品节目和成品节目等资源。检索浏览中心主要由各种数据库组成，任务是完成节目资源的查询、浏览和节目资源的调用。一个平台上的每一个用户，通过自己的网络进行查询，能够搜索到任意存储系统中的所需要的素材，并传输到自己的后期制作系统中来，从而实现节目资源的共享。在素材的编目过程中，已经用编目软件对视频内容根据镜头的转变，色幅的落差自动抓取关键帧，并关联素材时码，生成镜头层，以及根据节目要求标记出场景层、片段层。编辑人员只要根据自己要作的内容将对应的高码档下载到自己的非线编辑系统制作加工，即可分板块共享节目素材资源，并最终完成节目制作。

6. 音像资料下载输出系统（下载中心）

下载输出工作站是媒体资产的节目输出单元，提供视、音频的数模转换功能。这一系统包括检索查询、下载审批、节目下载回放几个流程。

媒体数据查询是对编目结果及数据存储的调用。系统支持多种复合式检索方式，可以按照各种主题词、关键词等要素进行查询，从而大大提高检索效率和检索结果的精确度。媒体数据的获取首先要通过功能强大的检索平台进行多种方式的检索，一旦确定了需要下载的内容，存储管理器就会自动完成数据的迁移。下载子系统具有灵活的扩展性，同时支持多种方式的输出。检索查询单元是素材节目的使用入口，与用户关系最为紧密。检索的目的是获取节目的文字、图片和视频三类信息。文字、图片、MPEG－4 低码流视频在 Web 端可以立刻预览，MPEG－4 高码流节目的输出需要从带库或磁盘阵列缓冲池下载。针对不同应用方向，系统提供了多种用户查询手段，包括操作简单、接口清楚的基于全字段检索技术的简单检索，以及针对用户个性化选择提供的自定义检索和提供专业检索人员所使用的专业检索。具有下载权限的用户可以直接在 Web 端提交下载节目单，并为下载节目指定下载目录进行存储。下载审批流程则可根据需求自动完成。

四、国内媒体资产管理系统的发展特点

媒体资产管理系统是以计算机技术、网络技术、媒体内容存储技术等为核心的管理新体系，在国内的几年应用和发展，呈现出以下几个特点：

（一）从单一的内容存储系统到全台的综合管理系统

媒体资产管理系统引入我国后的两三年间，虽然有些媒体机构相继开发了各自的媒体资产管理系统，但大多数媒体和电视台都处于观望状态。在这一阶段，国内的一些媒体管理者认为媒体资产管理系统无非就是将卡带式的影音资料存储方式改变成数字存储方式，没有认识到媒体资产管理在整个电视台的节目采编制播体系中的强大管理功能。直到 2003 年下半年，随着中央电视台音像资料馆媒体资产管理系统和辽宁电视台数字节目平台媒体资产管理系统的建立，这种局面才开始扭转。

2004 年之后，媒体资产管理系统应用案例越来越多，媒体资产管理系统发挥的功能越来越大。一些媒体管理者逐渐接受厂商的建议，将媒体资产管理系统从存储管理层面引入到从采、编、制到播的全台管理中，媒体资产管理的强大功能开始慢慢显现。

（二）从媒体内容管理系统到媒体资产管理系统

前文中我们不断提到“内容”和“资产”。媒体资产管理系统在国内发展之初也经历了一场是“内容管理”还是“资产管理”的讨论。显而易见，电视台媒体资产管理系统的管理对象就是各种媒介内容资源，这些资源可以是一个电视台自己的内容资源，也可以是其他媒体的内容资源。单从技术角度来看，媒体资产管理系统完全可以实现多个电视台媒介内容的互用和统一管理，因此媒体内容管理系统的名称完全符合系统的主要特征。然而在实践中，媒体资产管理系统更多是应用在每一个单独的媒体机构，如果不考虑版权等问题，随意上载下传任意一家媒体的内容资源，势必会造成这家媒体的损失，这样，内容资源又被看做媒体的无形资产；相应地，国内越来越多的学者和业内人士强调应改称这一系统为媒体资产管理系统，目的是在体现系统功能的同时，将内容资源提升到一个更高的高度加以重视。

（三）多样的应用领域和灵活的应用方式

从上文对媒体资产管理系统的工作体系的介绍，我们可以发现媒体资产管理系统最大的特点就是方便快捷，管理更为科学化、系统化。实际上，除了这些优势外，它还可以应用到不同的媒体单位，并且根据用户的实际情况灵活地定制。这也就是说，在基本的技术基础上，它能够根据不同用户的不同需求进行适当的调整和更改。

（四）基于用户特点和需求的定制

媒体资产管理系统在最初推广的时候主要是以抢救珍贵节目资料、实现媒体资产再利用为切入点，有效地保存节目资源是最重要的，对系统功能的全面性要求不高。但是对于电视台来说，仅从抢救珍贵资料这个角度来推广媒体资产管理系统有一定的局限性。随着制作网和播出网的普及，人们又提出了面向制作、播出的应用型媒体资产管理系统。目前，随着各种来源的节目素材不断增长，节目制作网生产的成品就变得尤为重要。对于电视台而言，建立媒体资产管理系统就是为了更好地管理这些珍贵的有形资产，实现视音频资料的数字化存储，实现与制作网、播出网的整体连接；实现制、播、存的全面数字化、网络化；实现素材和节目的有效共享，从而实现包含媒体资产管理系统在内的新的一体化的节目制作流程。通过对现有素材节目资产的重复再利用，将会大大提高节目的生产效率，并拓展出新的经济增长点。

（五）基于用户资金规模定制

目前业内对于媒体资产管理系统有大媒体资产管理，小媒体资产管理的说法，它们之间既有区别又有联系，在一定条件下还会相互转换。一般来说业内把面向全台的能够实现“采、编、播、管、存”一体化的，且一期投资规模在200万元以上的媒体资产管理系统称之为大媒体资产管理。如果是面向某个部门或某个系统如制作网、播出网的应用且投资规模小于200万元的称之为小媒体资产管理。若是仅用于数据存储和备份没有二次编目和自动化数据存储迁移功能，那么该系统可以定义为节目存储系统。

2003年8月，辽宁电视台数字电视节目平台媒体资产管理系统解决方案使媒体资产管理系统与数字卫星收录、数字节目编辑及DVB数字电视播出系统有效整合，整个节目平台系统成为真正意义上的数字节目管理平台。

五、电视台媒体资产管理系统的认识误区

媒体资产管理系统虽然在近一段时间有了很大发展，但是相当一部分系统开发商和电视台一些具体技术人员对媒体资产管理系统还存在一些模糊认识，其主要表现如下：

（一）单纯从技术和设备角度考察媒体资产管理系统

数字化、网络化是近几年广电行业的潮流。不过，就电视台的实际情况看，具体实现的数字化基本上是设备的数字化；因此不少技术人员习惯于用某种设备的数字化程度来比较技术指标。而事实上，媒体资产管理系统并非单纯的设备改造，而是通过建立这一系统将电视历史节目资料，正在生产过程中的节目资料，所有外购节目资料，其他媒体资料以及散落在编导和制作人员手中的节目素材等各种媒体资源进行有效整合，并通过数字频道、网络电视、演播室、直播节目、互动节目、流媒体播放、节目交易等形式实现媒体资产的再利用。

（二）对媒体资产管理系统的建设规模认识不清

不少电视台经营者认为媒体资产管理系统非常庞大。特别是中央电视台音像资料馆项目实施后，媒体资产管理系统被笼统地定位成投资规格在 1 000 万元或几千万元以上的系统。其实这是走入了一个误区，媒体资产管理系统的规格是可以根据电视台具体的情况和需求来具体设计的。对于多数省、市级电视台来讲，由于自身的媒体资源和资金不可能达到与中央电视台相同的水平，所以每个台都要根据自已台的实际情况来考虑媒体资产管理系统的规模。

另外，制作网、新闻网中的数据存储或二级存储和媒体资产管理系统具有完全不同的特征，不可混为一谈。在这些系统中的节目资料没有生成经过总编室审核入库的完成片，而只实现了节目的初步整合，是媒体资产管理系统的一部分而非全部。因此就媒体资产管理建设规模而言，既不能一味走大而全的路线，也不能以简单的二级存储系统来替代媒体资产管理系统。

（三）对媒体资产管理系统的主要功能理解不透

在国内不少已经先建成了播出网和制作网的电视台及媒体机构运营者的意识中，媒体资产管理系统就是存储系统。基于这种认识，他们往往把存储与制作网、播出网的数据交换当作首要的技术问题。实际上，对于媒体资产管理系统来说，制作网仅仅是媒体资产管理系统数据来源的一部分，其他如卫星接收，各种模拟磁带数据采集，广电网络传输及其他多种媒体都有可能构成媒体资产管理系统的数据来源。就应用来说，媒体资产管理系统也不可能仅仅局限于 SDI 或 DVB 播出，网络电视，流媒体播放乃至台内综合业务管理都需要考虑。

（四）对媒体资产管理系统带来的经济价值缺乏研究

对不少国内的媒体单位来说媒体资产管理系统似乎不能带来经济效益，所以媒体资产管理系统的建设往往被放在其他数字化项目之后来考虑。实际上，采用媒体资产管理系统提供的数据流磁带存储节目资料，每存储 1 万小时的节目能比其他存储技术节省资金近 100 万元；而且，由于实现了海量节目存储，每年还可减少编导手中大量的素材带滞留，节省的金额在 10 万元以上；同时，建立媒体资源库还可以节省节目拍摄和制作经费；随着数字内容产业的发展，借助媒体资产管理系统为数字新媒体提供适合的内容产品，将使内容渠道拓宽，内容资源的价值会得到充分的挖掘。

第二节　付费频道产业发展研究

作为电视数字化的渠道数字化层面，付费频道的无疑是电视台内容产业建设是一个重要的方向。在本节将围绕付费频道来探讨中国电视内容数字化的发展现状。

一、付费频道内涵

我国付费频道是指以数字方式播出、传输，使用户有偿收看的专业化广播电视频道。通过有线传输是现阶段数字电视付费频道业务的主要传输手段。除此之外，通过无限传输的付费频道业务也开始发展。本章主要针对有线数字付费频道业务运营进行研究和阐述。

由于中国特有的产业环境，我国数字电视付费频道在操作和运营中有着自己的特点。由于有线网络运营商直接接触数字电视用户，对数字电视付费频道业务的发展起到举足轻重的作用，因此本节将以有线网络运营商为立足点进行阐述。

二、付费频道市场现状

（一）付费频道数量

现在付费频道的数量正在逐渐增多，从 2003 年开办至 2007 年年底，我国已经批准的付费频道为155套（表4－2）。

表4－2　四大集成运营商的集成频道一览（数据截止到2007年11月）

集成运营商	集成频道
中数传媒	电视指南、央视精品、怀旧剧场、风云音乐、第一剧场、风云剧场、世界地理、风云足球、高尔夫网球、靓妆、汽摩、留学世界、天元围棋、游戏竞技、孕育指南、家庭影院、吉祥购物、青年学苑、CCTV－娱乐、CCTV－戏曲、收藏天下、时代家居、车迷频道、亲亲宝贝、四海钓鱼、考试在线、动漫秀场、卫生健康、东方财经、游戏风云、全纪实
上海文广	都市剧场、欢笑剧场、劲爆体育、极速汽车、高清频道、全纪实、金色频道、法治天地、生活时尚、魅力音乐、游戏风云、动漫秀场、七彩戏剧、东方财经、幸福彩、卫生健康、美食天府、玩具益智、武术世界
鼎视传媒	考试在线、亲亲宝贝、快乐宠物、车迷频道、四海钓鱼、动感音乐、环球旅游、新娱乐、家庭健康、收藏天下、职业指南、时代家居、时代出行、时代风尚、时代美食、碟市、证券资讯、电子体育、智趣、家庭理财、家家购物
华诚影视	CHC家庭影院、CHC动作电影、CHC高清电影、新动漫、中华美食、欧洲足球

（二）付费频道内容构成

根据频道的内容，对选取的125个付费频道进行分类，结果显示，频道类别相当广泛。从生活服务类到儿童类，从体育类到影视类，从旅游类到彩票类，各频道类别已进行了深度细分，频道内容已经遍及用户生活的各个方面，频道专业化程度高，内容非常丰富（表4－3）。

表4－3　付费频道内容分类

类别	频　道
生活服务类	家庭健康　卫生健康　中国气象　时代家居　时代美食　家庭理财　养生频道　职业指南　法律服务　职场风云　宠物汇　美食天府　中华美食　置业　家庭消费　家庭教育　消费指南　房产天地
儿童类	风云卡通　少儿英语　亲亲宝贝　动漫秀场　幼儿教育　新动漫　金色儿童　玩具益智　欢乐童年

续表

类别	频 道
体育类	风云足球 高尔夫网球 四海钓鱼 全球体育资讯 劲爆体育 运动健身 天元围棋 高尔夫 欧洲足球
娱乐休闲类	央视精品 风云音乐 新娱乐 魅力音乐 快乐频道 真人秀 立体娱乐 动感音乐
影视类	第一剧场 怀旧剧场 偶像剧场 武侠剧场 风云剧场 高清影视 CHC 家庭影院 CHC 高清电影 CHC 动作电影 七彩戏剧 都市剧场 欢笑剧场 碟市 京视剧场 齐鲁剧场
科教类	世界地理 国防军事 看世界 环球奇观 发现之旅 早期教育 书画频道 孕育指南 育婴宝典 说文解字
购物类	家家购物 居家购物 开心购物 每日电视购物 吉祥购物 爱家购物
财经类	风云理财 证券资讯 东方财经 财富天下
时尚类	女性时尚 生活时尚 时代风尚 靓妆 魅力时装
纪实类	风云纪录 老故事 全纪实 法治天地
学习类	青年学苑 考试在线 留学世界 英语学习 英语辅导 读书频道 教育在线
旅游类	环球旅游 时代出行 邮轮旅游 旅行者
游戏类	游戏风云 游戏竞技 电子体育 网络棋牌 智趣
彩票类	体彩频道 幸福彩 彩民在线 公众彩票
其他类	电视指南 动感高清 东方物流 车迷 极速汽车 金色频道 新视觉 老年福 冰雪 视觉生活 汽摩 收藏天下 梨园 弈坛春秋 吴越戏苑 数码时代

1. 主要频道以传统电视节目和生活类节目为主

考察上述众多频道可以看出，部分类别频道的比例较高。综合来看，高比例频道主要以传统电视节目和生活类节目为主。

以传统电视节目为内容的频道多是由传统电视节目嫁接而成，如影视类、体育类等，往往将公共频道上的节目直接移植过来。由于广电机构为频道开办主体，它们往往占有丰富的公共频道节目资源，比较容易转到付费频道上来。这种开办频道的方式一方面丰富了付费频道的节目内容，另一方面也容易使付费频道陷入了同质化的泥沼。

2. 生活类节目为主要内容的频道

其他主要的频道类别多以日常生活相关的节目为主要内容，如生活服务类、购物类、时尚类等。这些付费频道立足于用户的普通生活，比较容易被用户接受和订购，能在无形中缩短频道市场培育期，较容易占据市场（图4－2）。

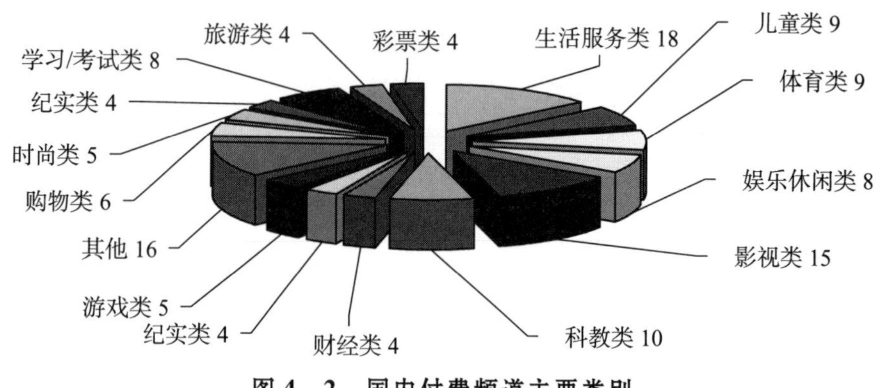

图4－2　国内付费频道主要类别

三、付费频道的运营与合作模式

（一）付费频道产业链与商务运营模式

以中数传媒为例，虽然它一直遭到开办机构和网络运营商的质疑和抵制，但无疑，它首次提出和初步构建了付费频道的商务运营模式，即频道供应商（开办机构）将频道上传至频道集成运营机构（中数传媒），频道的下传、代理营销等业务全部交由集成运营机构负责，集成运营机构则把手中掌握的成规模的付费频道以打包或者单频道的形式下传至各地网络运营商，网络运营商再到达用户，频道定价和分账模式则由三方协商确定。在图4－3中我们可以发现，频道开办机构只是作为整个产业链中的一个环节，负责提供节目信号；集成运营机构将节目内容进行集成，再转给传输运营机构，然后经过用户接入运营机构销售给用户。

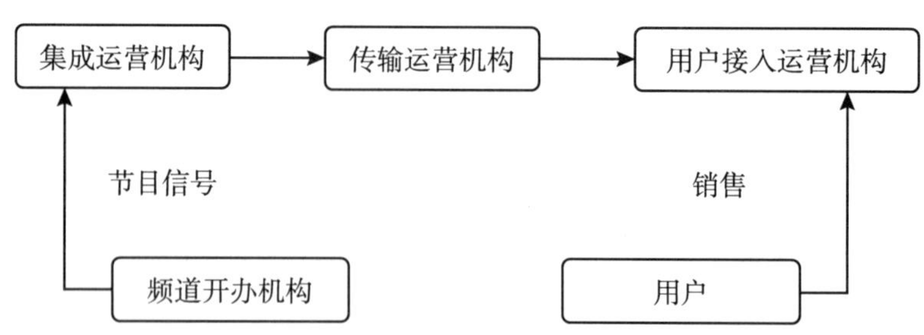

图4－3　付费频道产业链和商务运营模式

这样的运营模式，对于频道供应商而言，节省了营销推广成本，加快了频道覆盖速度，同时得以和其他频道结成战略联盟，对于网络运营商而言，填补了数字电视释放的带宽资源，增加了对用户使用数字电视服务的吸引力。可以说，这种运营模式有利于付费频道产业的集约化经营，符合国外付费频道产业的发展趋势。

（二）和电信运营商合作的模式

1. 作为内容提供者的合作

（1）内容提供者

目前电视台与电信运营商之间的合作主要体现在手机电视这一新的媒体业务模式之中。在这个合作中电视台主要扮演着内容提供商的角色，为手机媒体提供部分电视节目内容。目前中央电视台和上海文广都有这样的合作尝试以及业务。从目前的手机视频的操作来看，电视台所能够提供的内容主要是直播服务，使得手机电视用户通过手机可以收看电视台的直播节目，技术的发展使得手机对电视流的转播已经基本达到流畅和同步的状态。此外，电视台所提供的电视剧片花、新闻剪辑、体育报道、娱乐节目等内容也为视频提供素材储备。

（2）内容提供方式

第一，直播。电视台可以凭借自身的资源优势向手机电视提供多套直播节目，比如目前 CCTV 向其手机电视提供的直播节目包括 CCTV－1、CCTV－2、CCTV－4、CCTV－7、CCTV－10、CCTV－12、CCTV－新闻、CCTV－音乐频道。观众能够同步欣赏 CCTV 众多拥有独家版权的节目。凤凰资讯、东南、山东、江苏、广东等各地卫视也在为上海东方龙手机电视业务提供视频内容。

第二，轮播。轮播即电视台向手机电视提供自身最为精华的一些节目，手机电视轮播这些频道聚焦收视热点，不间断地反复播放这些频道的节目。比如现在 CCTV 影视节目精选、CCTV 体育节目精选、《同一首歌》精华版、《百家讲坛》精华版都是 CCTV 向其手机电视所提供的轮播节目。

第三，其他。有时候，电视台可以将自身节目从频道中抽出，单独提供给手机电视，从而加入到手机电视的点播、下载和定制服务中。这种方式相对整频道节目的提供来说更加灵活多变，也更加适应了手机电视用户的需求。作为内容提供者，电视台在节目整合与制作方面拥有很大的优势，可以积极利用到与手机电视的合作之中。

2. 合作运营模式

（1）按盈利结构来分

包括购买和分账两种。第一，出售版权。所谓版权出售，就是由电视台向视频网站或者电信运营商出售电视节目的版权，同时收取一定的版权费用。第二，内容分账。这种分账方式主要是运营商不直接购买整个版权，而是由电视台与运营商通过内容盈利情况进行一定比例的分账，各家采取的比例程度不同，这种方式是目前较为广泛采用的。

(2) 按合作内容来分

包括内容素材合作、频道合作。第一，内容素材合作：内容素材合作，电视台只提供素材给运营商，由运营商对内容进行重新整合打包。具体实施中，这种方法还可以延伸为通过内容置换获取正版节目，即电视台、电台与视频网站和电信运营商展开合作。电视台和电台为视频网站和电信运营商提供源源不断的节目资源，不断完善视频网站与电信运营商的影音娱乐视频内容库的建设。第二，频道合作：这种合作方式是电视台与视频网站或者电信运营商合作来获取节目内容，这是手机的又一个合作模式。目前，已经提供手机视频频道的主要有央视频道、CRI 频道、东方手机电视频道等。

四、付费频道用户分析

（一）用户接受度分析

1. 开展广泛，接受者较多

在各地所开展的数字电视业务中，付费频道是一项非常普遍开展的业务。比如，南京的数字电视中共有 35 套付费频道节目，杭州为 44 套，青岛则为用户提供了近 100 套的付费频道。在之前的多次相关调查也显示，付费频道几乎是每个地方的数字电视运营商都会向用户提供的一种较为基础的互动业务。

2. 用户需求度较大

另外，数据显示，用户对于数字电视各项业务的需求度中付费频道的需求度也是非常高的，其需求度达到 32.61%。在所调查的 10 项业务中，付费频道的被需求度排名第三，仅次于生活服务信息（35.49%）和股票交易服务（33.54%）。[①]

3. 用户付费意愿较低

但是，由于中国电视观众的收视习惯问题，导致观众对于付费频道的付费

---

① 《中国数字电视用户满意度暨增值业务需求研究报告》，中国传媒大学与北京格兰瑞智咨询有限公司共同推出，2007 年 10 月。该研究对我国 6 个行政区域中的 10 个城市的数字电视用户进行了调研，共有 3 122 个样本量。

意愿比较低。根据数据显示，10 个城市中，愿意为付费频道付费的数字电视用户总计只有 8.94%，排名第四，与排名第一的远程教育的差距接近 5%。可见，付费频道的收入问题是一个比较大的障碍，还需要对中国的观众进行一定的市场培育，养成收看付费频道的习惯，加强内容建设和服务意识，从而吸引用户。

（二）用户满意程度分析

1. 对节目信号稳定性满意度最高，对价格满意度最低

在中国传媒大学 2007 年十个城市的相关调查中，用户对“节目信号稳定性”的满意度相对较高，达到 75%，可以看出，节目信号稳定性是付费频道的一大优势，也是用户较为关注的一个方面。

另外用户对收费合理性/价格这一指标的满意度最低，仅有 45.4% 的用户选择满意。网络运营商应当重视这一现象，对付费频道的收费、打包做进一步的调整，以获得更多的用户。

可以看出，网络运营商应在保持节目信号稳定性的基础上，对付费频道的价格等其他指标进行合理优化，进一步提高用户的满意度。

2. 对付费频道节目内容满意度较低

本次调查可以看出，用户对非频道的节目内容满意度较低。对节目丰富性和有益性的选择中，选择不满意的用户分别占 29.90% 和 27.70%，对频道数量的不满意程度更高，达到 30.70%（表 4-4）。

表 4-4　　用户对付费数字电视节目各分项指标的满意度

项　目	非常不满意	不满意	基本满意	比较满意	非常满意
收费合理性/价格	12.4%	42.2%	30.2%	12.1%	3.1%
频道数量	5.7%	25.0%	43.2%	20.1%	6.0%
节目丰富性	6.3%	23.6%	41.7%	20.1%	8.3%
节目有益性	5.9%	21.8%	43.6%	21.4%	7.3%
节目信号稳定性	5.3%	19.7%	43.7%	21.9%	9.4%

节目内容是培养用户使用付费频道的习惯的关键，只有加强节目内容，才能够吸引用户，并最终使付费频道业务成为盈利增长点。网络运营商在付费频道节目内容管理中，应及时将用户的反馈信息与频道商共享，共同实现节目内容的优化。

第三节　高清频道产业发展研究

高清电视的发展是技术进步和产业运营相结合的过程。世界主要经济技术强国都已经认识到发展高清的战略意义以及高清市场的巨大潜力，他们积极推动高清电视产业发展，争取竞争优势。在全球高清技术潮流的推动下，我国高清电视经过多年的探索，相关科研机构在技术上也获得了重大突破，一些产业经营单位也已经进行了业务尝试，高清产业已经开始启动。

一、高清频道内涵

（一）高清频道的定义

对高清晰度电视的定义有广义和狭义之分。狭义即对高清晰电视技术要素的要求，而广义的高清晰电视的概念还包括市场或者说产业链的要素。这里所指的高清晰度电视即广义的高清晰度电视概念。

（二）高清频道的特点

1. 图像更加生动逼真

高清频道的图像质量和声音质量都比现行的电视广播高出一个档次，能让观众看到清晰鲜艳、生动逼真的画面和听到优美动听的环绕立体声音响，增强电视的真实感，使观众有身临其境的感受，获得高度的精神享受。CCIR 国际无线电咨询委员会报告中曾这样提出：高清晰度电视应使一个视力正常的观众在距离显示图像高度约 3 倍距离处看到的图像质量达到和观看原始景物相同的感受。

2. 成本较高

由于高清频道对于技术和设备的要求都很高，所以制作高清频道的成本很高，我国的用户还没有达到这样的消费能力。目前我国已经拥有三套付费高清频道和一套免费的高清频道，国家正在利用奥运会的契机作更进一步的开发和宣传。

二、我国高清电视产业的发展动因及趋势

（一）高清电视是第三代电视的发展趋势

从第一代黑白电视到第二代彩色模拟电视，未来第三代电视将是数字高清晰度电视。目前数字机顶盒的使用只是第二代电视向第三代电视的转换过程中的一个过渡产品，数字电视一体机的出现和大规模生产将是必然的趋势。

根据信息产业部的统计，2005 年我国国内平板电视销售规模已经达到 190 万台，在大城市的销售额已经开始超过 CRT 彩电，2006 年，国内的平板电视需求市场将继续保持高速增长态势，整体容量有望达到 396 万台，等离子电视 104 万台。2007 年前三季度实现平板电视销售 542 万台，其中液晶电视达到 492 万台，等离子电视销售 50 万台，前三个季度平板电视需求量变化保持平稳状态，总销量同比 2006 年增长 40%。

与黑白电视机向彩色电视机转变相比，高清晰电视时代的来临更具划时代意义；在引导消费者转变观念的过程中，新型平板电视及下一代 DVD 播放机将扮演重要角色。

（二）高清电视将带动电视产业进入一个新的利润增长阶段

20 世纪 60 年代中期，彩色电视机在美国的价格虽然下降达 50% 之多，但依然引不起观众的兴趣，而 1965 年美国三大电视网的开播使得观众对彩色电视的需求陡然上升。这说明了广播环境的改变推动电视产业的发展。中国也不例外。

可以说，未来高清电视的成熟将带动电视终端及相关产业进入一个新的利润增长阶段。

（三）我国广电总局政策的支持与推动

2005 年广电总局开始要求具备条件的电视台开始就高清电视发展进行探索，其中包括高清节目的制作、储存以及高清人才的培养，中央电视台和中影集团要为开办高清电视频道做好准备。上海、青岛、杭州探索高清电视的接入问题，并组织立体声节目制作和普及。

（四）数字高清电视时代数字电视产业的发展方向

1. 数字高清晰度电视商业播出是数字电视产业快速发展的标志

国家广电总局副总工杜百川认为："下一代系统是数字系统，而下一代业务则是高清业务。就下一代电视系统而言，高清业务将是基于数字系统的高级业务。"国家广电总局科技司副司长王联也表示，数字化是我们广播电视自诞生以来的最大的一次技术变革，数字电视为高清电视的发展提供了基础，而以数字电视为基础的高清电视也将拓展广电行业的服务内容。

从广电高层的话语不难看出，数字高清晰度电视商业播出是数字电视产业真正启动的标志。

2. 高清电视是数字电视付费内容发展的一个重要方向

数字电视时代"内容为王"，目前我国已经有 100 多个付费频道，加上各省级卫视和地面频道，内容的绝对数量已经足够，但是用户还是觉得缺乏必须定购的理由，觉得并非"物超所值"。究其原因，关键是精品的、有落差的内容太少。

针对这一问题，业界和专家早已给出答案，数字电视内容发展无非两个方向：一个是原创，一个是高清晰度。因此，高清晰度对于推动我国数字电视的发展是非常重要的。

三、高清电视产业运营

（一）高清电视产业链

高清电视产业链应当建立在市场基础上，即三个平台和三个环节，从高清系统要素来讲，必然包括高清节目的摄制、高清节目的传输和高清终端设备的配置，而从高清产业链的市场要素来讲，则应包括高清节目交易和盈利模式设计、高清网络覆盖规模、高清终端设备市场规模（图 4－4）。

内容对高清电视产业的推动要大于清晰度等硬件因素。

在数字电视系统技术相对成熟的条件下，内容和服务将成为启动数字电视市场的重要因素。只有广播机构播出了大量丰富的高清电视节目和服务，高清电视机才能得到普及，高清电视机的普及又将对高清节目平台的建设提出更高的要求。

因此，只有把握高清电视市场体系的核心环节，如电视台高清前端设备，高

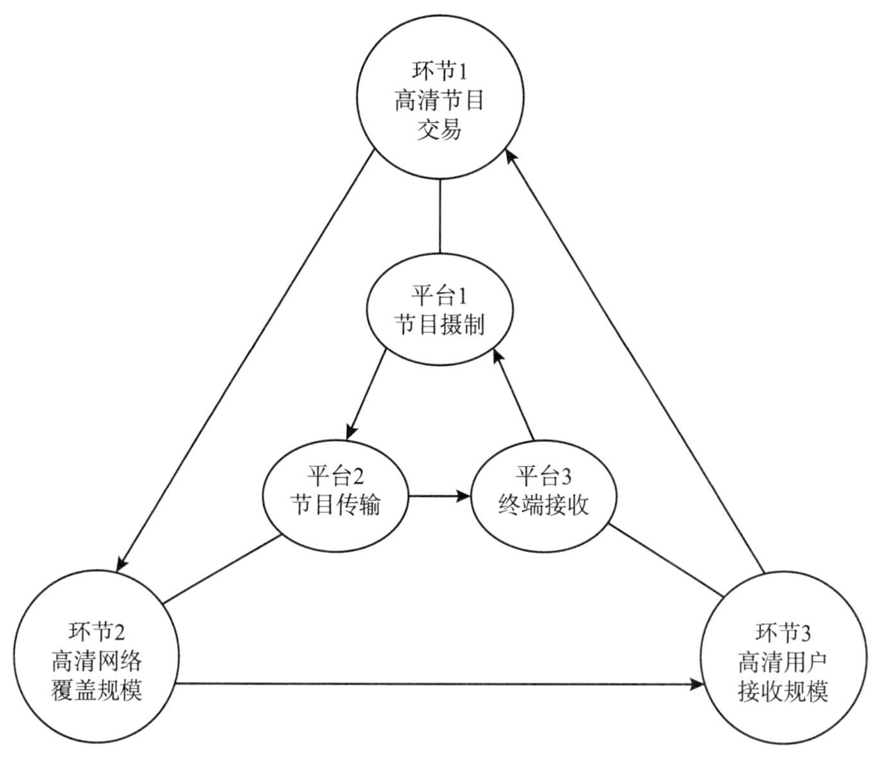

图 4-4　高清电视产业链

清节目制作和用户接收终端（高清电视机），并以相当规模推动高清电视市场主要的同步形成，才有可能达及商业化运作的目的。

（二）高清内容产业

数字电视“内容为王”，作为数字电视产业真正启动标志的高清电视自然也是如此。因此，内容无疑是高清电视产业链中最为重要的一环，它的成败直接影响到终端接收机的产业规模和运营机构的收益。

与美、日等数字电视发展较为成熟的国家不同，我国的高清电视内容产业迟迟未发展起来。目前，全国仅有深圳电视台高清频道、中视传媒《央视高清》、上海文广《新视觉》、电影频道节目中心《CHC 高清电影》四个高清频道，其中，深圳电视台高清频道至今未投入市场化运营，《CHC 高清电影频道》也处于试播阶段。

与高清频道的寥寥无几相对照，2006 年国内的平板电视需求市场整体容量有望达到 396 万台，上海拥有高清电视机的家庭户数已超过 20 万。另外，索尼、汤姆逊等技术方案解决商在高清摄录机、转播车等演播室设备以及网络和终端解决方案等方面已臻成熟。因此，高清内容的缺位就成为高清产业迟迟不能成熟的最大瓶颈。

这里，结合业界和专家对高清内容发展方面的观点，我们对高清内容分类、内容来源和内容版权保护三方面提出一些建议。

1. 内容分类

（1）情景剧和影视剧的高清化

情景剧和影视剧的成本低，节目源丰富，目标对象非常明确，从这些方面考虑，做高清影视频道更适合市场化的运营模式。目前，央视高清频道、上海文广新视觉高清频道和电影频道中心的高清影视频道都是以影视剧或相关内容为主的，也反映了业界对高清影视频道启动高清内容市场的期待。

（2）体育等大型直播赛事的高清化

体育、综艺、模特等大型现场直播赛事的高清化是高清频道的第二大类型。以日本的高清电视发展为例，其高清发展充分借助了大型运动会在日本召开所带来的契机，如1998年的长野冬奥会、2002年的韩日世界杯，借助大型体育赛事的巨大吸引力，NHK的高清电视发展势如破竹。

体育等大型直播赛事适合高清化的原因在于，高清电视的杜比5.1环绕立体声、符合人体视野的屏幕比例、高清晰度的显示质量，能使观看者身临其境地体验到体育赛事的视觉震撼和强烈现场感的刺激。

（3）综合频道的高清化效果更好

当然，也有人很看好综合频道的高清化，认为综合频道的高清化才是高清电视启动的标志，持此观点的人认为：高清电视也应承担起一定的公众资讯信息服务的功能。也就是说，综合频道的内容应以公众信息为主，且能够在公共频道免费播出。也就意味着政府应对高清电视的内容有所倾斜和投入。

以日本为例，为了保证NHK和日本商业广播机构在高清节目上的投入，日本政府从1998财政年度开始，对数字化广播机构拨款公共费用来实行税收激励，并为广播公司提供免息、低息贷款或者债务担保。

（4）高清动画

目前全球只有韩国做高清动画，高清动画由于成本较高，因此要充分考虑到市场的接受度、文化的差异度和动画的生命周期，在目前全球高清市场仍处于起步阶段的情况下，高清动画的风险比之高清影视、高清体育等内容风险较高。

（5）启示：从受众角度出发设计高清内容

无论是高清影视剧、高清体育赛事直播、高清综合频道或是其他什么，在对内容进行策划之前，必须充分考虑到消费者的需求和市场的接受度。即便高清电视的主要利益点是其不同于普通CRT电视的视觉震撼和收视体验，用户对高清内容和服务的关注仍然大于对清晰度的关注。

2. 内容来源

目前，已经投入运营的两个高清频道，央视高清频道和上文广的新视觉高清频道，无论是宣称的节目储备量达到几千小时，都存在缺乏自制节目和炒冷饭的现象，这和目前付费频道面临的尴尬境况如出一辙，原因是由于高清频道目前没有用户群，无法带来广告收入，电视台自然不会将优秀节目放在高清频道首先播出。这也造成高清频道和免费频道的精彩度根本不是一个等量级，自然无法吸引用户兴趣。因此，高清频道要做的是尽快充实内容，拉开和免费频道甚至付费频道的差距，真正做到"物超所值"。

3. 内容版权保护

由于高清制作成本投入巨大，因此目前国际上对高清电视节目内容版权的要求非常高。从美国和日本高清电视发展比较普及的国家的经验来看，从节目制作、播出和传输过程一直延伸到机顶盒到电视机的输出接口，都要求有数字版权管理（DRM）技术。

数字电视内容版权是整个数字电视产业链形成的关键，就技术而言，内容保护技术主要是 DIM 技术，但现在还处于应用性试验阶段，从研发到应用还有很长的距离。因此，单靠技术来控制还远远不够，应该通过技术 + 自律 + 法律来共同实现，即版权保护技术 + 政府法律规范 + 产业自律。

目前，央视高清采取全程加密的方式来实现版权保护。央视的节目管理采取两级授权的方式，即备受争议的双 CA。高清机顶盒到电视机之间的数字视频接口采取 HDMI 接口，里面嵌入 HDCP。符合国际高清发展趋势。另外，中央电视台还于 2004 年 11 月 22 日发起成立了"中国广播影视数字版权管理论坛"（"ChinaDRM Forum"），对有关节目制作过程的版权保护技术进行研究。

2005 年底，经过一年的工作，论坛完成了我国第一个《中国广播影视数字版权管理需求白皮书》。

2006 年，论坛工作将转向我国数字版权管理标准的研究和测试平台的建设，目前标准研究包括内容制作、内容分发、家庭网络和家庭网络接收四个方面。

（三）高清电视运营

高清电视的运营分为高清公共频道的运营和商业频道的运营，高清公共频道由于是免费播出，将继续采用播出广告的方式实现盈利，目前我国已经开播的三个高清频道，都是在付费平台上的商业频道，其商业运营还刚刚开始，故以下除了现状外，更多的可能是一种商业模式的设计。

1. 定位

(1) 定位高端还是大众

从目标消费群的角度来看，高清频道目前存在定位高端还是大众两种观点，业界的普遍态度认为，在目前高清电视尚未普及的情况下，高清业务只能定位高端、小众，通过提高节目品质，拉开和现有频道的内容差距来吸引用户。

(2) 定位公共还是付费

定位公共频道还是付费频道的问题其实延续了上一个问题，即高清如果定位公共频道，则必然由政府主导，属于政府行为的一部分，关注政府形象宣传，提供大众所需资讯，如果定位付费频道，则要市场化操作，以市场需求作为频道内容策划的依据。

2. 盈利模式

这里的盈利模式主要是指高清付费频道，目前我国已投入商业运营的高清频道主要通过有线数字电视网络进行传输，因此其盈利模式设计基本等同于已有的付费频道。

(1) 免费高清

免费高清公共频道的规划是必须的，高清频道作为政府为公众进行公众服务的功能是必不可少的。而且，在高清频道推广的初期，过高的成本带来的高付费势必会增加其推广的困难度，在用户接受上也会存在一定的障碍。所以，目前我国免费高清频道的出现也是一个必然现象。

(2) 高收费高清频道

当然，高清频道的商业运营方式也是存在的，现在我国共有三套付费高清频道。和付费频道一样，高清付费频道的收入也应主要包括三个层次，收视费收入、节目交易收入和频道衍生经营收入。

第一，收视费收入。收视费收入是最基本的收入层次，在这一层次，频道作为内容集成商或内容供应商参与数字平台的运营，即将整频道输出与各级网络平台分账，或者把特色节目分散提供给各数字平台，以节目点播收费。这也将是高清频道的主要收入来源。

第二，节目交易收入。目前国内的电视台可以拍摄一些具有中国文化、历史、民族特色的搞清电视节目，通过国际间的高清节目交易获得收入，既可以弥补高清演播室设备成本投入，也增加了高清团队的建设和拍摄经验。

第三，频道衍生经营收入。这部分收入是高清付费频道运营较为成熟阶段的操作，也将是频道的重要收入来源。Disney 可以把节目完全赠送，因为节目外的衍生产品经营才是其主要收入来源。在模拟频道中也会有衍生经营，但一般集中在内容相关产业，如音像制品和书籍的出版发行。在付费频道的收入来源中，这部分将继续保留，但衍生广度和深度都将进一步扩展。

（3）广告费代替收视费方式

在免费和想用户收取高额收视费两种运营方式之外，还出现了一种比较新的经营方式。即利用广告收入来代替收视费，从而在向用户推广的过程中减轻阻碍力度，进一步普及与推广。同时进行广告经营，向广告商收取广告费，从而获得一定的经营收入。

3. 市场营销

目前，中数传媒《央视高清》频道和上海文广《新视觉》高清频道已经开始了市场运营，而且两者采取了截然不同的融资和运营方式。

（1）央视、地方网络公司、高清电视机生产商三维立体营销网络

央视高清频道采取了与地方网络公司、高清电视机生产商结盟的方式，即“频道＋地网公司＋厂商”的三位立体数字电视合作模式，通过售后服务的优势互补（搞清节目售后＋高清电视售后），以及产品资源的优势互补（高清电视节目＋高清电视机），来共同促进央视高清频道在全国的推广。

央视向高清电视机厂商收取高达 5 000 万元/年的高清认证费，同时还向用户收取 1 440 元/年的收视费用。但中数传媒坚持认为，在高清产业启动之初，借产业链之东风吹高清频道启动之船也不失为一种权宜之计。

（2）上海文广联合德州仪器的零门槛营销

上海文广在推广其《新视觉》高清频道时选择了一条与央视截然不同的模式。上海文广选择了和全球知名芯片厂商德州仪器合作，并利用了德州仪器与上广电、创维、长虹、TCL 等彩电厂商的战略联盟，从而将其合作范围扩大。

另外，对于央视将 120 元/月的收视费，以及初期的市场推广费用以高清认证的方式转嫁给企业的做法，上海文广也持异议，因此坚持将收视费让利给地方网络公司，来共同的扩大用户覆盖。

但是，这是在上海文广进行高清频道推广的最初所采用的一种方式和营销手段，目前已经不再使用。

第四节　数字化对电视台内容产业的影响及对策

一、数字化给电视台带来的机遇

可以说，数字电视的出现不仅在数量上分流了传统电视台的广告受众，同

时，其收视方式也影响了电视用户对传统电视以及传统电视广告的态度和收视行为。因此，数字电视对传统电视以及传统电视插播广告造成了不可忽略的影响。

（一）电视台发挥所长，以节目质量取胜

作为电视台，在电视数字化时期，可以发挥自己的所长，以高质量节目在竞争中取得胜利。

1. 提供高质量的电视节目

数字电视目前可以提供的多种服务，但是在调查统计中，看电视这项传统业务依旧排在用户最常使用的选项首位。可见，看电视还是目前数字电视用户使用数字电视的首要目的，因此作为电视台，有必要为电视用户提供高质量的电视节目，满足用户的基本需求。

2. 加强内容制作能力

我国无论是模拟电视，还是数字电视，都在遭遇“内容瓶颈”的问题。而且比起模拟电视，数字电视所提供的频道数量成倍增长，频道激增和电视内容同质化、粗糙化等成为数字电视时期的矛盾。内容短缺的矛盾成为制约数字电视发展的一大障碍，因此电视台也应该以此为契机，提高自身内容制作能力，保持内容上竞争的优势，同时也可以成为数字电视产业链上的强势角色。

3. 发挥优势

作为电视台，其最大的优势即为一个专业的电视节目制作者。不论是数字电视运营商，还是其他内容生产公司，在电视节目制作方面都会逊色于电视台。因此电视台完全有可能在电视节目制作方面发挥自己的优势，凭借优秀的内容与精良的制作能力来获取更多的观众。

（二）以数字电视为契机，拓宽内容经营思路以增加盈利模式

数字电视需要大量优秀的电视节目作为自己内容上的优势来宣传并吸纳用户，解决频道数量和内容匮乏方面的矛盾。因此具有专业电视节目制作能力的电视台则成为其合作的主要对象。鉴于此，电视台应该拓宽经营思路，不要将盈利局限于广告收入，而是将节目制作能力提高，生产出符合大众电视消费要求的节目内容，同时将节目产品多元化。

1. 开办专业付费频道

数字电视带来的付费频道，可以作为电视台推广自身节目，获得利润的新的盈利途径之一。对于付费频道来说，节目质量本身是频道是否有受众的关键因素，因此具有专业制作水准的电视台可以生产高质量、针对性强、富有专业性的节目作为自己的商品，与数字电视运营商进行交易，获得节目交易费或者收视

费。同时如果高质量节目吸引受众观看，形成一定规模的收视率或点击率，也就形成了新的广告受众群体，对于电视台来说，依旧可以在此基础上进行广告经营。电视台转变自身经营思路，将电视节目作为产品出售。“模拟技术把电视节目和广告同时传输到观众眼前，观众可免费获取节目内容，收入来源是广告。数字技术则把节目内容变为商品出售给传输终端的用户，盈利模式也将扩展为广告收入 + 频道收费 + 服务收费等多元模式。”

2. 开办高清频道

高清是数字电视中的高端服务，提供高清内容也是电视台的独特优势所在，目前我国已经正式开办了三套高清频道。高清的制作成本较高，短期内其开办机构还将集中在类似中央电视台、上海文广之类的大型内容提供商，一般电视台还没有实力，但是可关注发展动向，进行相应的技术准备，一旦高清市场发展成熟，可以快速介入。

3. 提供点播节目源

电视台还可以积极开展以数字电视技术为基础的各类新业务，如交互业务、提供点播节目源等。目前，已经有很多地方的数字电视网络商开办了点播节目，其内容主要来自电视台，而点播节目是数字电视中被普遍看好的业务类型，电视台可以以内容提供商的身份，通过与网络运营商分账，从中分得一份收益。

二、数字化给电视台带来的挑战及对策

（一）收视市场

1. 挑战：收视市场的稀释

数字电视作为新的传播平台，使电视台的内容制作能力变得尤为重要，同时，数字电视频道数量的激增，也在一定程度上分流了频道中传统插播广告的受众市场。

调查中发现，用户在单个频道上停留的时间越来越短：42.2%的人表示在使用数字电视之后，会更加频繁地更换数字电视频道。而且有42.7%的用户明确表示减少了广告的收看时间，传统插播广告面临受众减少的危机。由此可见，无论是模拟电视平台还是数字电视平台，电视频道的增多，以及用户对内容的主动选择性，都使得电视频道的观众分流，从而减少了电视广告的受众市场份额。对于电视台来说，如果不提高内容制作质量，仍然依靠传统的插播电视广告，数字电视带来的收视率和收视份额市场的竞争将更加激烈。

2. 对策：市场细分与内容强化

面对不断被稀释的市场，首先要做的就是在这样的市场中抓住属于自身的机遇。无论是付费频道还是高清频道都在向更加专业和细分的方向发展，利用对市场的细分来抓住忠诚度较高的窄众，从而获得一定的市场份额。另外，对于内容建设的强化也是面对市场稀释这一挑战所必须采取的对策。要在内容上将自身的特色与优势凸显出来，从而与其他竞争对手做出区隔，这样才能获得稳固的市场地位。

（二）广告经营

1. 压力巨大

数字电视另一个显著特征就是用户可以根据自己的意愿点播节目，这一特征使得用户可以选择收看没有广告或很少广告的专业频道。因此即使是在数字电视环境下，电视频道中所播出的与模拟电视相同的插播广告，也同样面临受众减少的危机。这也是数字电视所要面临的一个重大挑战。

2. 将广告变得“主动”

针对“使用数字电视后，更能接受点击才出现的广告”这一说法，有46.2%的用户表示同意。说明与传统插播广告相比，点击广告将会更受欢迎，它能为用户收看广告提供更大的自主权。

另外，调查结果还表明，主动查找信息形式的广告将成为未来数字电视广告的一种趋势。从调查数据中了解到，有22.7%的用户主动查找以信息形式出现的广告，因为这种形式的广告往往更加具有针对性，非强制性以及实用性。可想而知，无论是何种广告形式，只有具有了一定的实用性，为用户提供与其生活息息相关的内容，才能够为用户所接受。同时这个结论也表明，改变单一的广告形式也是电视台改变自身广告经营现状的一个重要手段。

（三）管理体制的调整

1. 管理体制的数字化要求

由于制播技术数字化和媒资管理系统在电视台中的逐渐运用使得电视台的原有的管理制度难以适应现有的数字化和网络化发展。这样往往就会造成硬件方面已经实现数字化而软件管理上却无法跟上数字化脚步的问题。严重时，落后的管理体制和管理方式会制约整个电视台的进一步发展和积极性。因此，电视台的管理体制必须进行调整。

2. 积极进行调整

在调整中首先要解决的就是人的问题，由于数字技术与网络技术的不断运用，新型的技术人才需求日益突出，原有人才的知识储备和管理技能都已经不再适应新的形势，因此人员调整在所难免，裁员或者人员培训带来的成本与花费会造成一定的困难。另外，数字化时代电视台的经营模式也需要做相应的调整，整个经营管理方面的制度也要更加适应新的形势和需求发展。新媒体的经营与管理体制显然是与传统电视台的频道管理广告经营不同，如何调整并适应这一方向也是数字化给电视台带来的挑战之一。

本章小结

在数字内容产业论的指导下，我们首先对传统媒体的数字化进行了一系列的研究，是因为传统媒体在面对数字化挑战的时候更需要理论上的指导和帮助。这其中，电视首当其冲成为我们关注的行业，一方面是电视媒体在我国的巨大影响力，另一方面则是电视媒体在我国内容产业中的重要地位。我们首先关注了电视台内部的数字化建设，即台内数字化技术系统建设分析，这一块我们从总体上研究了制播技术的数字化和电视台内部的信息系统建设；本章的第二节，我们重点研究了电视台核心资源——内容资源——的数字化建设，即媒资管理系统建设的相关情况。在接下来的几节中，我们分别关注了同电视台或其内容资源相近的几个行业，即付费频道、高清电视和手机电视等，这些领域都是拥有内容资源优势的传统电视台实现业务扩展、增加收入的重要行业。无疑，这些行业的出现和日益发展壮大是传统的内容产业在数字化浪潮冲击之下的必然选择。本章的最后，我们又从更为宏观的层面研究了数字化对电视台的影响，包括数字化给电视台带来的机遇和挑战以及电视在应对数字化方面所应该采取的制度创新。

当然，数字化对电视台的影响可能远远不止这些，它包括更多的内容和更多的层面的变革，比如传统的电视节目内容在互联网上的发布（根据我们对国内几家大型互联网视频网站相关负责人的访谈得知，他们网站80%以上的流量是由广电部门的内容资源创作的）。但是，有一点是肯定的，那就是传统的电视台在数字化浪潮的大背景下，必须要有所改变，要努力实现电视台运作体系和内容生产体系的数字化，不断寻找内容资源新的出口，积极寻找新的盈利模式，只有这样，我们的电视台才能在未来的竞争中占据主动位置。

第五章

广播行业内容产业发展研究

数字广播是继调幅、调频广播之后的第三代广播。广播的数字化，不仅有数字广播的发展，而且有数字化的录音、编辑、自动播出网络系统，它从根本上解决了广播电台以模拟方式录、编、播之中存在的许多问题。

欧洲和美国发展的数字音频广播起先是针对 CD 质量高音质声音广播业务的，后来扩展到数据和多媒体业务。至今，欧美已经有比较完善的数字广播的体系，以及涵盖范围非常广阔的内容产品。

我国的数字音频广播工作从 1994 年就已经开始，当时建立了广东和京津两个试验网，也是亚洲的首次试验；数字中短波国际标准组织“世界数字无线电（DRM）”1998 年 3 月在中国广州白天鹅宾馆成立，目前该标准已被 ITU 接受为国际标准；2007 年中央人民广播电台和国际台也做了卫星广播的试验。经过十几年的准备和实践，目前已经到了加快我国数字音频广播的关键时刻。

广播的数字化，使得模拟声音的传统市场正在受到数字媒体和网络媒体的广泛冲击，几乎所有的广播电台都开办了网上广播，就这个意义来说，电波传播所造成的传播障碍已不复存在。网上文字和声音信息的获取已是声音广播的最大竞争对手。MP3 音乐已经进入手机、PDA、掌上电脑等新设备。各种新的数字媒体接收设备还在不断翻新，层出不穷。在这种情况下，如果广播电视仍然只把眼睛盯着收音机和电视机就要犯历史性错误。广播产业必须面对数字多媒体业务的挑战。

在本章的内容中，我们重点研究了广播内容数字化的几个关键问题，包括广播数字化的基本内涵、广播数字化的几种技术形态、我国数字广播的发展现状和一些成功的经验，最后就是数字化对我国广播业的整体影响、数字化所带来的机遇与挑战。综合来看，通过对数字广播的梳理，我们可以得出以下的几个结论或观点。首先，本章研究的广播数字化指的是以数字技术为前提的任何广播形式，既包括新兴的数字音频广播，数字多媒体广播，又包括对于传统广播进行数字化的技术升级；广播数字化和网络化的几种基本形态包括数字音频广播（DAB）、多媒体数字广播（DMB）、数字调幅广播（DRM）和数字卫星声音广播（DSB）等几种形态；同时也可以看到，我国广播数字化也已经加快了发展的步伐，一些地方的数字广播业务已经获得较大发展，在具体的运营过程中，通过建立电台网站、丰富内容资源、借助网络实现互动、强化用户与电台的黏合度以及实现广播的视频化播出，这些都是发展数字广播的几个不错的做法。总之，广播的数字化对我国广播行业来说既是机遇又是挑战，面对新的发展形势，除了政策层面的支持外，我国广播业必须积极变革以应对数字化的挑战，只有这样才能在未来的市场竞争中占据优势位置。

第一节　广播数字化的基本内涵

一、广播数字化的基本内涵及主要技术形态

本书所谈到的广播数字化，并不是狭义上的数字化广播，即传统意义上理解的数字音频广播（DAB），或者数字多媒体广播（DMB），而是以数字技术为前提的任何广播形式，既包括新兴的数字音频广播，数字多媒体广播，又包括对于传统广播进行数字化的技术升级。同时，网络广播也是广播数字化中极其重要的一部分。网络广播同样是以数字技术为前提发展的，同时网络广播是数字广播的延伸和拓展。因此，本书谈到的广播数字化是广义上的广播的数字化。

（一）广播数字化的概念及其内涵

数字广播是模拟广播的替代。数字广播和模拟广播有着本质的不同。模拟信号是由连续的电信号来表示声音和图像的变化，模拟处理的本质是波形复制，尽量使信号在处理前和处理后完全一样。但是处理和传输的过程中不可避免地出现失真和干扰，使得声音与图像质量不断下降。而数字广播则不同，它是将数字化了的音频信号，在数字状态下进行各种编码、调制、传递等处理。由于数字信号

在进行各种处理过程中，只有“1”和“0”两种状态，传递媒介自身的特征，包括噪声、非线形失真等，均不能改变数字信号的品质。

广播的数字化，不只是音频或视频的数字化，而是也包括原有传输通道的数字化。一旦传输通道数字化，该传输通道能传输的就不会有文字、声音和图像的区别，而只有该传输通道传输数字信息的容量大小。

数字化以后，广播不仅仅提供节目，广播还可以提供多媒体的综合服务。因为数字化以后，使广播变成了一个多媒体的服务平台，在这个平台上，除了广播节目以外，还可以与社会的各界、整个现代服务业联合搭建一个城市现代服务业的信息服务平台。比如电台和政府部门建设电子政务平台、和文化部门建设文化信息各种共享的平台、和学校建立教育的平台、和社会各界建立生活服务信息的平台，还可以和新闻网站建立一些新闻服务平台。在数字化以后，广播从单一的提供节目，到可以提供节目、信息、各种游戏、娱乐、商务服务。

数字广播是继调幅、调频广播之后的第三代广播。它是基于数字技术，播出质量可以达到CD音质，同时可以具有很强移动接受能力的广播。数字化是广播电视诞生以来，最大的一次技术变革，对于广播电视的来说，可以说既是机遇又是挑战。

（二）广播数字化的几种技术形态

目前国际上发展较为成熟的数字广播为——数字音频广播（DAB）、数字多媒体广播（DMB）、数字卫星声音广播（DSB）、数字调幅音频广播（DRM），以下对这几种数字广播的技术形态进行简单介绍。

1. 数字音频广播（DAB）

DAB是英文Digital Audio Broad-casting的简称，数字音频广播是指音频节目在制作、传输、发射和接收过程中以数字信号为基础的技术。数字音频广播采用先进的音频数字编码、数据压缩、纠错编码以及数字调制技术，对广播信号进行系列数字化的广播。听众利用DAB接收机收到更接近原始发送信息质量的节目内容。而且它还可以在传送音频信号的同时传送其他附加信息，例如歌曲的歌词、天气预报、交通信息等。

目前国际上有三种DAB系统：

（1）欧洲的尤里卡147-DAB制式：1988年9月，欧共体在世界无线电行政大会上首次进行了尤里卡147-DAB的试验，质量可以与CD音质相同。尤里卡147-DAB制式已于1995年标准化，它是一种典型的DAB系统，除了欧洲外，在世界其他一些国家和地区都得到一定的发展。如：在加拿大、新加坡、澳大利亚等地区DAB都得到应用。

（2）美国的带内同频（IBOC）DAB制式：其优点是，在现有AM和FM发射设备的基础上，增加少量设备和少量投资，就可实现数字音频信号与原有的模拟广播信号用同一频道发射。这样一方面保留了原有的模拟系统，另一方面，不需要为DAB业务准备新的频率规划，达到了频率复用的目的，节省了频率资源。美国的DAB系统接收机简单，价格便宜。

（3）日本的单套节目DAB方案：日本的DAB是在地面数字电视DTV的基础上发展起来的。该方案最大的意义在于，可根据广播信息的容量灵活确定系统带宽，占用频带较窄，节省频带资源。

我国利用尤里卡147－DAB标准，于1996年年底在广东佛山、中山和广州建起了中国（亚太地区）第一个Eureka－147 DAB先导网正式试播。北京、天津、廊坊地区的DAB单频网（SFN）也已于2000年6月28日开通进行试播。现正进入市场培育阶段。

DAB与现行的广播相比，具有音质好、接收质量高、抗干扰性强、发射功率小、覆盖面积大、频谱利用率高等特点。

2. 多媒体数字广播（DMB）

数字多媒体广播（DMB）是从数字声音广播DAB的基础上发展而来的，与DAB广播不同的是，DMB广播不再是单纯声音广播，而是一种能同时传送多套声音节目、数据业务和活动图像节目的广播。它充分利用了DAB数字音频广播技术优势，在功能上将传输单一的音频信号扩展为可传输数据文字、图形、电视等多种载体信息的信号。目前，我国广东已于1999年完成了从DAB向DMB技术过渡，随后，在珠江三角洲成功进行了DMB试播。2003年8月，佛山电台、粤广公司的工程人员成功地在佛山的公交汽车上安装了首台数字多媒体广播（DMB）接收机，使乘客可以在车上享受到高质量的广播和实时视频新闻。

随着现在生活节奏加快的步伐，移动人群将成为主流。可以预见，除了在公汽、地铁、火车、候车室、购物广场、大中专院校等一些公共场所安装DMB接收机外，人们用来进行信息联络的手机也不仅能接收广播，而且还能接收电视和图文信息，成为一个小型便携视听媒介。眼下，制约多媒体数字广播发展的主要因素是接收机的价格及推广。

3. 数字调幅广播（DRM）

调幅广播始于20世纪20年代，其工作频段为150KHz～30MHz，因此，调幅广播又称为30MHz以下的广播方式。据统计，现在全世界范围内大约有数千座长、中、短波广播发射台，20亿部调幅收音机，6亿部短波收音机。2003年6月16日世界DRM组织在日内瓦宣布了DRM的标准。由于数字处理技术应用于调幅广播具有许多优点，越来越多的广播电台、广播网络运营商、广播产品制造商，启动了自己的DRM实施计划。目前，全球已有50多个广播电台每天、每周或定期播出DRM制式的节目，DRM的使用正在全球快速增长。2003年11月，我国广东省广播电视技术中心与美国哈里斯公司共同进行DRM数字中波广播首次实验，并获得成功。

4. 数字卫星声音广播（DSB）

卫星数字音频广播指用卫星来传送DAB数字声音广播。20世纪末，经国际电信联盟认可的世广卫星集团（World Space）推出的卫星数字音频广播系统已登场亮相。这套系统由亚洲之星、非洲之星和美洲之星三颗地球同步卫星、广播上行站、数字接收机及地面控制运营网组成。它向全球直接播放数字音频广播，覆盖面已经超过120个国家。它不仅在音频广播领域独具魅力，而且给多媒体广播带来广播、娱乐及信息传播领域的一场革命。

二、广播网络化的基本内涵及主要技术形态

（一）广播网络化的概念及内涵

网络广播（Net Radio，Net Broadcast，Internet Broadcast），即通过网络进行广播或者进行和广播相关的活动。网络广播通过在因特网站点上建立广播服务器，在服务器上运行节目播送软件，将节目广播出去，访问者在自己的计算机上运行节目接收软件，访问该站点，收听、收看、阅读广播信息。广播的形式，不仅有音频，也有视频和文字。

广播网络化的形式是多种多样的，包括简单地开辟广播台的门户网站、公布广播节目安排、广播台动态，以及主持人介绍等，也包括建立网络社区、BBS等，与听众形成互动；同时也包括网络电台，提供用户在线收听或下载服务，以及刚刚兴起的“播客”这样的新形式。

在如今一个网络化、信息化的时代，众多的广电传媒也纷纷在互联网上建立起自己的Web站点，将自身拥有的音频、视频等信息资源优势与网络媒体优势结合起来，以新技术和新手段扩大传播范围，这在今天形成了传统广播电视媒体与网络媒体共同发展的一个亮点。

（二）广播网络化的主要技术形态

1. 网络电台

所谓网络电台（Net Radio，Internet Broadcast），即通过网络进行广播。通过

在互联网站点上建立广播服务器，在服务器上运行节目播送软件，将节目播放出去，访问者在自己的计算机上运行节目接收软件，访问该站点，收听、收看、阅读广播信息。网络广播（Internet Broadasting），也可以称之为网上广播或在线广播，主要是指以因特网为传播介质提供音频服务的广播，既是网络传播多媒体形态的重要体现，也是广播电视媒体网上发展的重要体现。

网上广播主要有随时点播和实时直播两种形式，提供用户在线收听（有的也提供完整或片段的下载）。随时点播的形式，听众可以在任意时间收听网络电台已经制作好的节目；实时直播，使得用户更容易参加到节目中来，其传播过程更具有交互性。

与传统广播相比，网络广播具有如下特点：（1）“异步性”。用户不必遵循广播现行的传播方式“同步”收听节目，可以在自己合适的时间进行收听收看。（2）“窄播”化。比现行广播专业化频道的内容更加细分化和专门化，完全针对特定的用户群。（3）“互动”性。用户在很大程度上拥有了信息的选择权以及用户与传播者之间可以进行更密切更快捷的沟通。

网络电台的发展不是要替代传统的电台，两者之间应该是一个相互丰富的过程。网络电台吸收了各种媒体的优点，将电台和网络的优势加以融合创新，既是技术进步的成果，也是广播业的变革。

2. 播客

播客，就是Podcast或Podcasting，这个词来源于美国Apple公司设计和销售的便携式数字音乐播放器“iPod”与“广播”（broadcast）的合成词，指的是一种在互联网上发布文件并允许用户订阅并自动接收新文件的方法，或用此方法制作的音频节目。

Podcasting录制的是网络广播或类似的网络声讯节目，网友可将网上的广播节目下载到自己的iPod、MP3播放器或其他便携式数码声讯播放器中随身收听，不必端坐电脑前，也不必实时收听，享受随时随地的自由。更有意义的是，用户还可以自己制作声音节目，并将其上传到网上与广大网友分享。播客2004年下半年开始在互联网上流行，并且迅速发展。

播客是数字化和网络化的产物。20世纪90年代至今，受众对于媒介内容的需求结构发生了巨大变化，从过去的以一般性公共信息为主、个性化信息为辅，逐渐转化为个性化信息为主、一般性公共信息为辅。表现为对于专业化媒介或频道的接触率上升，对综合频道的接触率下降。受众在传播过程中日益向参与性、监督性需求转变，即通过媒介传播个人思想与观点的意识越来越强；要求媒介对受众开放，积极参与节目策划、制作和播出环节。而播客则极其符合这一趋势。

播客具有巨大的文化包容性，通过网络可以跨地域传播，形成一个多文化并存的庞大系统。其中大量内容是健康、积极的，但是也存在需要限制与引导的不良因子，这对我国网络传播的发展规划提出了新的课题。

第二节　中国数字广播及网络广播的发展状况

一、国家关于广播数字化发展的政策和发展思路

从20世纪90年代初的规划，到我国广电总局开始规划建立DAB实验室，再到今天，我国广播的数字化历程已经跨过了10多个年头，这10多年来，更多的是技术和政策的积累（表5-1），接下来的几年里，将是我国广播数字化之后的全面绽放时期。尤其是2008年北京奥运会，移动多媒体广播将投入使用。根据计划，我国将在2008年北京奥运会前开展业务，届时就能用手机、MP4等便携设备收看高质量的电视节目了，到时候，不仅能看电视，而且还能听广播，查看各种信息，甚至可以预定交通导航等服务。

表5-1　　广播数字化大事记

时间	事　件
1995年	国家广电总局开始根据当时中国和欧盟关于数字音频广播项目的合作规划，建立的DAB实验室和无线发射先导网
1996年	在国家广电总局的领导下，先后建立了“广东DAB先导网”和“京津塘DAB先导网”
1997年	广东粤广开始DAB移动多媒体数字广播试验
1999年	广东开始研发利用DAB技术传输多媒体信息
2000年10月11日	广东数字音频广播网络系统通过了科技部、广电总局和地方广电部门领导及专家责成的验收
2004年6月8日	国家广电总局发布《关于加强地面数字电视试验管理的通知》
2005年	上海东方明珠在上海地区启动DAB试验
2006年4月26日	国家广电总局发布《关于规范移动数字多媒体广播技术试验的通知》
2006年5月18日	国家广电总局正式颁布了《30MHz—3000MHz地面数字音频广播系统技术规范》行业标准。该标准适用于在30MHz—3000MHz频段内，向移动、便携和固定接收机传送高质量数字音频节目和数据业务

续表

时间	事　件
2006 年	南方传媒旗下的广东电视移动传播有限公司开始 DAB 手机试验
2006 年 8 月 18 日	具有自主知识产权的中国数字电视地面传输标准《数字电视地面广播传输系统帧结构、信道编码和调制标准》出台，并于 2007 年 8 月 1 日正式实施
2006 年 9 月 6 日	北京悦龙 DAB 广播正式推出商用
2007 年 9 月 3 日	大连数字音频广播、国际移动电视、网络电视开播，大连是继北京、上海和广州之后全国第 4 个开办数字音频广播业务的城市

目前，广播数字化现阶段在我国的现状是，音频工作站、数字播出调音台，以及数字传输设备使用比较普遍。中央和省级广播电台超过 50% 的电台的数字化率超过 50%。广东、河南、山西等省市基于网络的广播中心系统已成功使用。上海、安徽等省市数字内容管理平台已经开始建立。

广播的数字化和网络化的发展，一直受到我国政府的重视。我国政府已将数字广播列入国家重点科技产业工程之一，多次分别进行了 Ureka－147 系统数字广播、数字卫星广播系统（DSB）和数字中短波（DRM）的试验。并且，在 2003 年国家广电总局确定的“广播发展年”和“网络发展年”的基础上进一步开辟新的发展领域。大力推进广播影视数字和产业发展，实现社会效益和经济效益的双丰收。

经国家广电总局批准，全国大约有 180 家互联网站和单位获得了信息网络传播视听节目许可证，中央三台、上海文广集团获得了利用移动通信网开办手机电视业务的许可证。我国广播电台、电视台加强了与电信部门的合作，大力推进网络广播、网络电视、IP 电视、手机电视等新业务的发展，拓展和延伸广播电视的服务领域。目前我国许多电台、电视台创办了互联网站，利用互联网扩大广播电视的影响，中央三台的互联网站已经成为知名的网络媒体品牌。

《国家“十一五”时期文化发展纲要》中，也明确指出了国家对于数字化和网络化的重视，《纲要》中指出：“大力推进以数字技术和互联网技术为核心的文化生产和传播的新兴行业，加快传统发行业向现代发行业的转换，积极发展电子书，手机报刊、网络出版物等新业态，发展手机网站，手机报刊，AP 电视，数字电视，网络广播，电视，电影等新兴的传播载体。”

随着新媒体的飞速发展，对新媒体的监管也成为一个重要的研究课题。国家广电总局 2006 年 12 月 27 日下发了《关于依法查处非法“网络电视台有关情况”的通报》，这说明，我国政府对于新媒体的强化监管正在进行中。

二、中国广播数字化的市场发展现状

数字化是一场世界范围内的新兴技术革命，也是广播自诞生以来所面临的最大一场技术变革，这场变革的影响意义之深远，在于它已远远超出了技术本身的范畴，它不仅正在改变媒体的传播方式，并且将给整个广播产业带来一场根本性的变革。这场变革以技术升级为起点，终将带来传输手段、接收终端、盈利模式和运营主体的深层次、全方位革命，从而将使广播的资源、内容、服务和产业发生从量变到质变的升华，数字化、网络化是广播产业发展的必由之路，也是不可阻挡的全球发展趋势，它对于推进国家信息化、促进民族工业发展具有重要意义。

目前，我国广播产业的数字化转换，正是处在摸着石头过河的阶段。当然其中也不乏创新者摸索出的成功的经验和案例。

（一）对接与融合：广播具体的内容和经营的尝试

现在是一个媒体融合的时代，任何一个媒体都难单枪匹马地去获得用户，媒体的融合就显得越发的重要。广播媒体和网络媒体的结合，最早是简单地建立网站，到后来的开辟论坛，以及主持人“播客”，广播和互联网媒体的融合越来越深入，关系越来越密切。这些都是广播媒体在网络化前提下所做的有益的尝试。

1. 建设电台网站

建立电台网站，这是广播电台和网络合作的最原始，也是最简单的形式。在建立电台网站之初，电台网站的内容比较简单。主要电台的节目的预告以及电台节目的简单介绍，电台内部的新闻，以及少量的电台主持人的介绍。这虽然起到了一个内容扩充的作用，但是对于网络的运用仍然属于浅层次的，随着网络技术的发展和电台本身对于网络技术的运用，网络电台的功能也越来越丰富，甚至电台网站成为一些电台的新的盈利领域。

2001 年 8 月，北京人民广播电台独立运作的对外宣传网站——北京广播网成立的时候，网站的定位、功能特点都是非常单一的，其目的就是解决广播稍纵即逝的锁点，拓展新的传播空间，初期日访问量只有一两万人。短短四年的时间，北京广播网的功能定位也发生了巨大的变化。在电台整体宣传业务中，逐渐从补充、辅助、后台服务慢慢走到宣传的前沿。成为电台广播的重要的网络版。目前北京广播网拥有 18 个频道，200 多个二级页面，日点击量超过 300 万人次，遇有重大活动时访问量可达 500 万人次。同时，北京广播网在营运创收上实现了零的突破，并且在两年的时间里，增长了 4 倍。

2. 丰富节目资源，凝聚受众资源

“内容为王”是媒介永远持续不断的话题，节目资源是广播媒体一直需要考虑的问题。其实，听众本身就是广播电台无比珍贵的资源。与其坐在办公室里面空想节目策划，设计主题，不如直接到听众去，看看他们喜欢谈论什么，最近流行什么，这样做出来的节目，既被广大受众所喜爱，可以增加受众对节目品牌的忠诚度。建立论坛，是比较常用的手段。建立一个关于某个节目，或者某个主持人的论坛，网友们发帖点歌，留言，或者提出自己的想法和建议，不断地丰富广播节目的内容和受众资源，甚至有些比较著名的主持人，形成一群“粉丝”，他们会自发地建立论坛等，扩大节目的知名度。

除了和网友简单的文字上的互动，一些广播电台运用网络媒体的优势，发展到和网友音频和视频上的互动。网友自己制作或者录制节目，广播台通过一个个的主题，将节目再播放出去，达到很好的效果。

佛山电台的《Net 仔 Net 女 K 时代》以电台的网站为平台，网友在家里录制歌曲并上传到互联网，每季度由网友票选排榜，排名榜单前 30 位的歌曲都会在电台播出，电台还为获胜者举办盛大的颁奖典礼，这种新鲜、灵活的节目样态，突破了传统的电台节目，以超强的参与度和时尚感吸引着年轻人，而且互联网介入的方式打破了地域局限，目前这个节目的参与者遍布珠三角。《Net 仔 Net 女 K 时代》，开创传统媒体与新媒体结合的新模式，并在剧院、体育馆等场所举办季度、年度颁奖等大型地面活动，吸引了大批网友、听众追捧，在广东地区掀起一股网络唱 K 的风潮。

2006 年，北京文艺广播以“新娱乐推广年”为旗帜，大力翻新节目样式，研发了一批以网文、手机短信等为基础的内容新颖、样态活泼的新型娱乐节目，同时积极规划社会活动，在长达一年的时间里，使得“新娱乐”的观念在京城不胫而走并深入人心，也以一种清新活跃并极具创造力的姿态彰显了文艺广播领衔潮流，引领时尚的媒体形象。

3. 运用网络加强互动

在广播节目的创新中，内容和形式是同等重要的，它们相互影响相互制约。一定的传播内容决定相应的形式，一定的形式又对内容有反作用。“互动”就是一种相互发生作用的现场感和现场进行方式的表达感。在没有热线直播、没有热线电话参与、没有短信、没有论坛 BBS 之前，广播节目的互动是很难实现的，尤其是实时的互动。随着互联网的出现，使得媒体借助于这样的对话平台实现了播出即时性的互动。广播电台借助网络互动的形式主要有，网络直播帖，以及视频在线。

网络平台的出现，使得听众更能畅所欲言，也更加便于主持人的接收。网络直播帖应网络广播而生。“所谓直播帖，就是在广播节目开播时，以 BBS 的形式所开通的供传播者和受众针对节目内容进行即时互动传播的帖子，节目结束时直播帖随之关闭”。网络直播帖具备了短信在即时互动传播方面所具有的全部特点，而且，它同时具有了自己鲜明的特征。首先，网络直播帖应网络广播而生，克服了广播传播在地域上的限制。其次，它突破了手机短信字数的限制以及费用上的问题，而且，可以同时上传图片、音频甚至视频等，传播方式更加多样化。最后，直播帖的内容不仅传播者可以阅读，所有参与的受众都可以阅读，使交流更加热烈和充分。

视频在线最早应用于电视主持中，但随着竞争的激烈以及互联网的普及，这种方式也逐渐被应用到了广播界中，但目前还不是非常普遍。但是从网络在线视频的发展，不难推断出视频在线对于广播来说的无限前景。

究竟每个月网民有多少时间会被“黏在”网络视频直播上？一亿三千一百七十万小时，这是在刚刚结束的艾瑞 2007 年新经济年会上给出的“标志性”答案，而刚刚在艾瑞 2007 年新经济年会上获得最具发展潜力企业的 PPLive 一家即占有过半份额，达到 58.73%，实际总有效使用时间为 7 686.02 万小时。有业内人士分析，用户黏性决定直播类网络电视的兴衰，但是从目前来看，用户还未形成真正的忠诚度，这也使所谓的“黏性”强度有所打折。

一亿三千一百七十万小时，超过 1 亿的网络视频直播用户，这虽然还无法与国人每月被“黏”在电视前的时间和人数进行横比，但是已经足够吸引无数“风投”的目光，良好的用户基础所带来的口碑传播，将继续巩固庞大的网络直播用户群体。

同样的例子还有银河网络电台。2005 年 7 月 28 日，以中央人民广播电台和中国广播网为母体的银河网络电台正式开播。银河网络的主要用户目标就是时尚年轻的一代。银河网络电台力求人才的多元化和专业化，着力打造了一批年轻而充满活力的专业网络主持人。借助中广社区和互动聊天软件，最大限度地实现了主持人与网友，网友与网友之间的文字、语音、视频立体互动。

4. 强化用户和广播电台的黏合度

（1）主持人播客

“播客”的出现，为广播提供了一种获得内容的新途径，智慧来自民间，是“播客”时代源源不断的动力。对于传统广播来说，将播客的元素融入到节目当中来，或者直接就做“播客”，培养和组织一批衷心于自己的“播客”，“取之于民，用之于民”，这才是“播客”的最高境界。应该说播客的出现，给传统广播带来了新的机遇，整合播客资源，进行良性的互动。

播客对广播的影响非常深刻，许多传统广播媒体已经意识到播客的力量，正在拿来“为我所用”。

2006年5月20日，继上海东方广播都市调频、北京人民广播电台文艺广播相继开办了播客节目后，湖南人民广播电台交通频率与中国同学录网站联合打造的《播客天下》也开始播出，成为目前国内第三家开办播客节目的广播电台。播客对于传统电台的影响，还不只是播客节目的诞生，在线广播引入播客平台也是一种全新的尝试。表5－2是开创较早的几家广播台的播客节目。

表5－2　　开创较早的几家广播台的播客节目

电台名称	栏目名称	播出时间	开播时间	节目时长
北京文艺广播娱乐调频	《播客风暴》	周三至周日凌晨1点	2006年1月	30分钟
上海东广都市725	《波哥播客秀》	每天22：00～23：00	2005年8月	60分钟
金鹰之声95.5（长沙）	《播客来了》	周一到周五 22：30～23：00	2006年5月	30分钟
湖南交通频道91.8	《播客天下》	周六到周日 11：00～11：30	2006年5月	30分钟
杭州西湖之声105.4	《今夜爱播客》	周六到周日 22：00～23：00	2006年1月	60分钟

2006年3月，中央人民广播电台旗下网络电台银河台网站宣布，全新改版正式上线，其中重点加入了“播客”元素。5月底，中国国际广播电台国际在线的播客平台的测试版也正式推出。“播客”元素的应用，越来越受到了广播电台的重视，在有了前面三家勇于为先的电台后，陆续出现了更多的电台采用“播客”这种形式，来更加强化和用户的黏合度。

目前发展较好的北京广播网的听吧频道和由中国国际广播电台、北京人民广播电台等四家单位联合发起的在线音频联盟的音频门口网站——听世界网站，据统计，在开办当天，注册用户已经突破百万大关。

（2）内容网络社区化

在人们的固有观念里，广播的受众多为中老年，尤其是退休老人，拿着一个收音机，进行晨练。广播和互联网的融合，使得广播电台看到了未来发展的新空间，即可以朝着网络音频社区方向发展。通过网络社区，网络化广播可以网络一批自己的忠实用户，他们既是节目的听众，又是节目内容的来源。用户的社区化，更容易的细分用户，内容更容易贴近用户需求。

中央人民广播电台银河网络电台在成立初期就将内容社区化。银河网络电台服务目标人群定位在12岁到35岁的网络青少年。为了形成自己独有的网络社区文化，吸引更多的12岁到35岁的网络青少年，银行网络在注重节目内容的娱乐性。因此，银河网络电台的节目制作完全区别于传统广播电台的模式，风格、理念、内容、形态都立足于网络特点，力求符合网络传播规律。节目内容以音乐、娱乐、资讯、情感及网友自办为主。为突出网络传播的贴近性，尤其是符合青少年受众的文化生活习惯，银河网络电台推出一系列健康时尚的娱乐节目。比如，七彩铃音谷、时尚吃透透、音乐地带、后天使乐园等。这些节目富于个性、轻松活泼，具有很强的娱乐性和亲和力，节目定位也是针对主要的目标人群，如，“哈拉校园：品尝柠檬和青果，见证我们青春的萌动”；“后天使乐园：给我烙印，当爱天使降临人间”；“杜雷丝星秀场：思想是用来‘迸’的，观点是可以‘秀’的”；“漫动作：浪客剑心的眼神一瞥，小宇宙在动漫的天空燃烧”；“CNR欢乐8：假日革命，自助你的快乐”等。

5. 视频化：现在很多广播没有视频频道，将网络作为视音频出口

广播一直被认为是传播声音的媒体，运用数字技术或者是网络技术，广播不再是只传播声音信息，视频、数据等信息都将可以实现，这无疑给广播在竞争领域增加了砝码。

广播将在技术推动下，可以不仅仅局限在音频领域，一方面可以进入视频领域，进入手机平台和网络平台，借助音频的内容基础，进行视频方向的拓展，网络和手机可以说是广播视频出口的最为恰当的载体。并且也不需要遵循原有的产业界限，可以比较轻而易举地进入。

2004年12月24日，中国广播界第一个网络电视“北京网视”开始试播。2005年1月1日，北京网视进入北京人民广播电台直播间，实现中国歌曲排名排行榜等精品栏目网上视频直播；2月28日，北京网视与北京网通正式合作小灵通下载业务；3月15日，北京网视财经频道正式推出，并开始即时音频直播。6月1日，北京网视娱乐频道在BNN流媒体平台上运行。目前，在北京网视的娱乐频道，网民可以浏览到包括影视剧、名人坊、MTV等在内的20多个栏目。传统媒体和新的传播手段的结合，显示出了市场影响力。

（二）广播电台可以作为音频供应商乃至内容供应商

数字广播时代是一个社会分工发展的时代，数字时代重要的变化就是会催生内容生产商，并且内容生产商完全可以独立出来经营。声音是广播的起点，也是广播媒体的根本所在。因此依据产业规律，对于声音领域进行开拓，是未来广播媒体的一个重要空间所在。

对于电台而言，更为恰当的依据自己在传统产业中集聚的能量，进行内容集成，构建视音频内容中心，并构建或者找到传输中心进行合作，通过内容平台将内容销售出去，传输到形形色色的终端中去，进行点对点，或者小众的“窄播”的音频服务。在此，值得注意的是海量内容所带来的管理缺口，是传统电台所无法应对的。建立和形成媒体资产管理系统，也就成为构建内容中心的一个核心，通过它，可以为媒体资产提供收集、保存、查找、编辑、发布的平台。参考台湾传播学者刘嘉亮、李宗霖的论文《数位广播概论》的观点，本书把数字广播产业链分成核心层和支持层两个层面。

本书将数字广播产业中处于媒体范畴的角色称之为核心层，将与数字广播产业有关的制造业和技术提供业者称之为支持层。而核心层中，极为重要的一个元素就是内容提供商。在数字广播时代，内容的需求量大大增加。广播电台，作为传统的媒体，完全可以依据自己在传统产业中集聚的能量，以及多年来积累的素材和人力资源，进行内容集成，构建视音频内容中心，并构建或者找到传输中心进行合作，通过内容平台将内容销售出去，传输到形形色色的终端中去。“内容为王”是永远不变的定律，即使在未来，内容也是会成为真正的产业经营的源泉，传统媒介命运转折，是否抓住“内容提供商”这个角色的转化，也是其中的关键。

北京电台尤其是北京交通台，是广播节目社会化生产的积极扶持和推动者。1998 年，交通台在节目制作上采取“节目招标”制度，在走节目制作社会化道路的基础上，把自己的名牌主持人推出去，各自成立公司（一般为以主持人名字命名的“制作室”），成为独立节目制作人。通过把具备电台节目制作经验，同时又有能力直接面向市场的主持人推向市场，推动节目市场的形成。制作中心成立后，主持人制作室就归属与中心管理。在 2000 年和 2001 年，交通台还尝试性地举办了两届“全国交通台节目交流交易展示会”，以期将优质节目推向市场。可以预见，节目市场一旦形成，随着内容制作公司的增多，电台的节目的选择余地更大，电台节目质量上升。那么水涨船高，节目必然带动广告价值的提升。

（三）介入其他新媒体运营

技术产生的平台融合将显现威力，广播将在技术推动下，进入视频领域，进入手机平台和网络平台，一直以来，广播电台从事着传统意义上的广播工作。近几年来，网络媒体、手机电视的跨越式的发展，给传统媒体提供了领域拓展的绝好时机。

借助音频的内容基础，进行视频方向的拓展。网络和手机由于其不需要遵循原有的产业界限较易进入，成为最为恰当的载体。目前，诸多电台都已纷纷构建网站，并在网站开展一定的视频的内容，可以看做是发端，而诸多电台都已经主动构建播客平台，也是增强自己内容魅力的一种手段。一些有竞争实力和优势的广播电台，不再将目光局限在广播领域，它们利用自身的媒介资源，内容合成和人力资源等优势，进入到其他媒体的运营中。网络和手机媒体，作为新兴的第四和第五媒体，更是展露出无限的商机，广播媒体适时的转换角色，成为手机电视的内容提供商、SP 供应商，深度挖掘多种经营模式。

黑龙江广播电台成立通讯公司，主要是接手现在由社会 SP 公司经营的各个频率的短信业务，会正式启用的一个短信平台、新的发送号码，完全消除那些与社会公司合作中出现的会员流失、查询类信息流失等问题。公司成立后，主要的人员、财务由总台管理，不过自主权还是很大的，公司策划运作的活动上报总台后基本都可以获准实行。

中国国际广播电台（CRI）与中国联通在京签署协议，中国国际广播电台手机广播电视正式开播。此次推出的 CRI 手机广播电视业务集成了中国国际广播电台的广播、电视、互联网以及多语种信息资源优势，通过中国联通 CDMA1X 无线数据网络，采用流媒体技术，为手机用户提供丰富的音视频节目的点播和下载服务。国内和境外的手机用户都可以通过这个平台随时随地地了解新闻资讯、学习和娱乐。现在 CRI 有近 2 000 人的制作团队，有近 1 000 名的专业的各种语言人才，无线广播现在每天累计已经达到了 1 100 小时，CRI 将依据自己的优势，通过手机这个新的技术、终端，给受众提供新的资讯、独特的资讯。此次开通的手机广播电视仅针对中国联通 CDMA 网络用户，其他用户暂时还无法使用。据悉，中国国际广播电台与中国移动在手机广播电视业务方面的合作也在商洽之中。

第三节　数字化对广播内容产业的影响及其对策

一、数字化与网络化潮流汹涌而来

20 世纪 40 年代，香农的采样定理为数字化技术奠定了基础，计算机、多媒体、软件技术和网络技术作为数字化的产物将人类带入信息社会。媒介是社会中最为敏锐的触角之一，每一次技术的革命性发展，最先引发的总是媒介的变革。

新技术促使新媒体的出现，给传统媒体带来巨大的冲击和严峻的挑战，然而，纵观媒介发展史，新媒体并不是传统媒体的掘墓人，传统媒体没有因为新媒体的出现而消亡，相反，新媒体引发了传统媒体整个行业的结构性调整和创新性发展，技术升级逐渐模糊了新媒体与传统媒体之间存在的樊篱，带来经营功能的延展，激发潜藏的经营效益，使传统媒介冲破单凭经营调整所不能跨越的发展瓶颈，从而获得更大的生存空间。

（一）给传统广播业带来的机遇

如前所述，新技术的元素一旦注入传统媒体中，便会使其焕发新的生命力，为其发展带来机遇，广播是遵循着这一规律的传统媒体之一。20 世纪 60 年代中期至 70 年代，收听效果优良的调频广播使由于电视出现而步入低谷的广播业得以复兴，而今，数字广播和网络广播在数字化和网络化的汹涌潮流下应运而生，带动行业发生着深刻的变革。

1. 物理性能更为优良

数字广播是继调幅、调频技术后的第三代广播技术，它将数字化了的音频信号，在数字状态下进行各种编码、调制、传递等处理。不同于传统模拟信号采用的波形传播方式，数字信号在整个过程中只有“1”和“0”两种状态，这使得数字广播的物理性能更为优良，从节目制作到传送、发射、接收全过程均达到CD 级音质，并能对因各种干扰出现的误码进行自我纠错，音质不会因信号衰减或受到干扰而折损。

此外，数字广播突破了传统广播媒介对覆盖范围的限制。现有 FM 的发射台覆盖半径一般都在几十到 100 公里之间，想要扩大覆盖面，只能通过建更多的发射台。然而，两个发射台距离太近会造成信号相互干扰，太远又会导致覆盖盲区。数字广播借助先进的数字讯号处理技术，使广播电台在不同地区以单一频段提供相同的节目内容，且保持讯号的质量。因此，只要电台架设足够的发射中继站，就可以无限地扩大电台的覆盖面积。与网络联姻的网络广播更是借助互联网实现了跨越时空的覆盖，不仅突破了地域性的局限，还促使听众结构发生变化，覆盖到传统广播难以接触到的年轻人，极大地扩大了传播范围（表 5 -3）。

表 5 -3　　数字音频广播（DAB）与模拟音频广播的主要区别

	DAB 广播	模拟音频广播
传送内容	声音、文字、图片、短片等多媒体内容	声音
移动性	可高速移动接收	高速移动接收时易受到干扰而产生噪声

续表

	DAB 广播	模拟音频广播
信号与音质	不受多路径传播的干扰，可确保音质	音质受地形、其他信号干扰而产生噪声
频道负载	通过较佳的压缩技术，一个频道可以同时传送多套接近 CD 音质的节目	一个频道只能传送一套标准音质的音频节目
频谱	可采用单频网	需采用复频网

2. 服务功能更为广泛

（1）服务内容增多

传统模拟广播技术只能为用户提供单纯的语音节目，而数字广播电台可以提供多媒体节目和数据服务。数字广播电台除固有的音频内容传输外，还实现了视频内容的传输，以及电子报纸、电子地图、气象图表、财经即时资讯系统、交通信息、软件等数据的传送。数字广播系统借助视频，在传送节目本身讯号的同时传送电台及节目名称，消费者只需从菜单内挑选出想收听的电台名称，或直接从节目类别菜单内挑选自己喜爱的节目类别，就能方便地享受到内容定制等个性格化内容服务。另外，由于数字广播是宽频系统，只要接收机解码芯片速度够快，用户可以同时接收多个节目，与单凭声音传播相异，数字广播使用户能够享受“边听边看”的多重体验。网络广播也使广播脱离了只能单纯传递声音的阶段，将传递图像、文字等视频信息纳入服务范围，弥补了传统广播的不足。

（2）接收终端增多

广播数字化和网络化促成接收工具的革命，电脑、PDA、MP3、MP4 等便携式数字化接收终端均跻身数字广播的接收工具之列。此外，由于数字技术强大的抗干扰及纠错能力，数字广播可以保证在高速移动状态下的接收质量，不仅有车一族能在驾驶途中收听高品质的广播节目，以手机为代表的移动媒体也成为广播新的载体。这些接收工具的共同之处是节目接收更加便捷，个人化色彩浓郁，操作更为人性化，且部分具有移动性。

（3）互动性增强

数字广播和网络广播相较传统广播来说具有更强的互动性，这一点在网络广播中表现最为突出。

网络广播融合了 Web2.0 的高互动性特质，通过网络，网友和网友、网友和主持人之间可通过聊天室、BBS、E-mail 新闻组、论坛、个人主页、留言簿等进行方便、及时的沟通。广大网友既是节目收听者，同时也是节目的制作者，不同喜好的用户还可以参加不同的社区。网络广播为网友更深入地参与到广播节目制作中另辟蹊径，提供了更大的发挥空间，突破了广播样态，以更强的参与性、更灵活的形式为广播节目增色。而数字广播的个性化内容定制服务及接收工具的变革，也为增强了用户的参与性与互动性提供了重要基础。

数字广播和网络广播还使广播节目突破了线性局限和地域局限。由于数字化的内容便于存储，不像传统广播那样稍纵即逝，节目的“生命”能够简便地得以延续，突破了线性局限，为用户的收听提供了方便，网络广播中的“点播”服务就是这一突破的集中体现。

数字技术对于高品质音质的保证与对移动接收的支持，以及网络的空间延展性均促使用户只要具备接收终端，就能随时随地获取广播信息，用户的选择性大大提高。

3. 广播媒体的经营空间更为广阔

广播数字化与网络化不仅仅代表着技术创新，更具有价值的是为经营带来了更多的变革可能。未来的广播经营已经不仅仅局限于“节目生产 + 广告经营”的旧有模式，广播已经突破既有平台局限，进入数字电视平台、手机平台、数字广播平台以及网络广播平台，众多的平台为广播的发展提供了更多的可能性与发展空间。

首先，广播媒体可以在更广泛的音频生产领域、内容生产领域有所作为，目前，数字音频的发展空间还很大，听书、音频产品、音频服务，乃至视频的拓展均有待进一步开发，将内容提供给各种平台；其次，面向用户，可以提供个性化定制服务，而传统的广告经营，依然可以操作，这意味着内容销售、数据服务将成为广播媒体新的利润增长点；最后，数字广播与网络广播的发展，意味着广播媒体跨平台、跨地域经营的可能性也就大大增加，对于广播媒体突破地域局限、经营空间局限而言，是一种解决之道。

数字广播和网络广播的开放性很强，市场化程度更高，可以进行更为广泛的资本运作，这促使产业格局发生巨大的变化，引入更多的行业外资源与力量，推动行业快速发展。众多广播媒体及若干产业外来者，将分别根据自己的实力和优势，进行角色的选择，在产业链条中充当起内容生产商、平台运营商、服务供应商等角色，促使产业链重组，新的产业格局也将随之而来。

（二）数字化给传统广播业带来的挑战

数字技术在带给传统广播无限机会的同时，也给传统广播带来了巨大的挑战。

1. 对于经营思路与战略眼光的挑战

这种挑战需要一种新的战略思维和系统化战略，予以应对。

过去，内容生产存在种种专业壁垒，这其中有人为因素，也有技术因素。进入新媒体时代，全民创意已经不是一个远景，而是日渐清晰的现实。这不仅仅意味着内容总量的增多，稀释了原有“内容稀缺”、“内容垄断”的状况，以“草根”为标志的新内容的崛起，必然对传统内容及内容生产形成新的挑战。在此背景下，一个创意或者一项作品造成万人空巷，乃至打动全球的现象，都将难以再现。不同嗜好、不同背景、不同文化的新族群将重新聚合，如同一个变幻的魔方。其次，传输无限。以前的传输渠道极其稀缺，数字变革之后，媒体融合与渠道多样成为最为直接的结果，接近零成本的传输，而且速度越来越快。传输的无限意味着多种手段和多种信息消费模式的可能，而且也会激发原有的产业经营重点的转移；另一方面，以往的信息传播，考虑最多的就是饱和式的“轰炸”：大量覆盖导致大规模接触，在受众越来越分散的趋势下，这样的覆盖将成为问题，灵活机动的“狙击”、“吸引”和“黏着”将成为新的传播战略。最后，需求无限。精神产品和物质产品的需求最大的不同就是前者存在无限的空间，而物质需求往往受制于物理条件。消费者潜藏心中的精神需求将在新技术形态被解放出来，成为文化市场生生不息的澎湃动力。而消费者“碎片化”的消费态度和消费行为也将成为主导产业链条重构的基础。

新媒体的大量出现以及发展，给传统的广播产业带来了巨大的冲击。传统的广播行业体系将逐渐瓦解，并且将按照“生产、传输、消费”的产业链条进行构建与聚合。原有的广播组织和广播机构都需要迅速应变，按照产业链条寻找自己的发展阵地。①

2. 巨大投入与市场风险

数字化代替模拟广播是一场技术的革命，对于整个广播行业来说，是一次巨大的变革。在这场技术的变革中，广播的节目、设备、流程、系统以及标准等，都要进行彻底的调整以及更换。广播设备的引入，需要投入大量的资本构建新的平台。对于广播业来说这样的技术大“换血”，资金将是一大瓶颈。

新技术的实现，必然带来新的经营模式的改变，传统广播业较为熟悉的以广告为主宰的经营模式，在新的平台中将面临一系列的改变，传统广播业需要开阔视野，进行新的经营模式的尝试，总结出适合自己的经验。但是尝试的道路上没有成型的经营模式可以借鉴，尤其是新的经营模式将会和传统的经营模式存在巨大的差别，这无疑加重了尝试道路上的风险。

3. 对于合作要求更高

数字化和网络化的实现，使得媒介间出现了融合的大趋势。电视、报纸、广播、网络、手机等，三位一体，四位一体甚至五位一体，在今天这样的时代已经

---

① 黄升民、宋红梅：《回望与前瞻：广播媒体产业化发展轨迹解析》，《现代传播》，2006 年 6 月。

不是什么新鲜事。这就需要广播媒体要用战略合作的眼光进行自身的发展规划。这种合作，对于传统广播业来说，也是一次巨大的挑战，合作的模式，合作的范围，都将在实践中慢慢地摸索。

此外，数字广播与网络广播在运行过程中，与行业内部其他角色的合作也将极大增多，比如与技术运营商，数字技术的推广以及数字多媒体广播终端接收器的市场接受状况，都影响数字广播的发展，而在平台构建等方面，更是需要技术运营商的配合与支持，而在内容运行过程中，数字内容的个性化、互动性，需要数字广播运营商与技技术运营商、平台运营商、服务供应商进行更为深入的研究与合作，才能生产出符合消费者需求，能够产生市场效益的产品。

4. 竞争更为激烈

对于传统广播而言，竞争主要来自于同行业媒体，其他行业媒体虽然也有竞争，但是由于载体的不同、内容形态的差异，以及分布空间的差异，使得广播媒体与其他媒体之间的竞争，并没有那么激烈。

数字技术和网络技术则大大降低了不同媒体之间的差异性，媒体的融合已经是一种潮流趋势，那么对于广播媒体而言，进入的将是一个涵盖极为广泛的媒体领域，进行竞争与合作，生存与发展的难度将大大增加。

而行业的开放性的增强，对于传统媒体来说无疑是巨大的冲击，将面临着系统内外更大的竞争压力。系统外大量资本和大量角色进入，将打破了传统广播产业的壁垒，对于传统广播业而言，发展的紧迫性也就极强，必须迅速占领发展高地，否则将陷入被动。

二、数字化潮流下广播产业的变革与应对

如果说30年前尼古拉·尼葛洛庞帝指出整个世界已经因为日益依赖于信息技术而变得数字化，人类已经进入“数字化生存”时代的时候，人们惊呼他的想法有些前卫和夸张，那么，30年后的今天，人们要惊呼的就是尼古拉·尼葛洛庞帝的超强的预见性了。信息化、数字化已经开始影响了整个传媒业的发展，这种影响不仅仅是技术层面的，还包括对于媒介产业的深刻影响。

各个媒介间的分隔不再是那么分明，数字化后的广播，不仅可以播放音频，也可以播放视频，使得广播和电视的界限越来越模糊，数字化的广播，不仅可以点对点的接收，还可以放在网络世界中，实现无限的生产和无限的传播。历史上每次技术的革新，必然带来一次“新陈代谢”。蒸汽时代的来临，使得象征皇室贵族的马车慢慢地脱离人们的视线，电力时代的降临，使得蒸汽时代的产物早已远离现代人的生活。但是，和以上的这些不同，媒介技术的革新，虽然也带来了

更新的变革和翻天覆地的变化，但是，新媒体取代旧媒体的说法恐怕为时过早。电视的出现，把广播从主流媒体挤到边缘媒体的位置，广播业受到了一次重大冲击。就在广播走向衰落的时候，汽车业的发展，给走进秋天的广播也带来了新的希望，加之广播节目制作的专业化，广播业迎来了第二个春天。当网络媒体汹涌而来的时候，这种新生的“第四媒体”吸引了更多人的关注，大家讨论着报纸、广播是否即将成为夕阳产业。但是经过几年的发展，报纸找到了自己的出路，广播不但没有“越来越弱”，反而在实现着“由弱变强”的雄心壮志。广播业除了自身的发展，采用新技术外，更多的应该看到的是媒介的融合，寻找在新环境和新的竞争中的生存之路。电视的视频、广播的音频以及网络的巨大的信息，都可以融合到一个媒体中，一个媒体可以进行多项传媒功能的传递，并且传输的内容更丰富，传递的平台更方便、更快捷。

媒体融合时代的到来，广播业正好可以利用这个大好时机，进军新媒体，获得更广阔的传输平台，比如网络广播、手机广播、数字广播。这样，广播就可以将自己的内容在不同的渠道播放，从而获得更大的效益。广播应该让技术为自己服务，而不是在技术面前手足无措。广播业完全有可能通过开辟新媒体渠道实现再次的涅槃，在媒介融合时代再现辉煌。

广播业的再次辉煌，并不是什么豪言壮语，是因为现在这个时代，对于广播来说，既是“最差的时代”，同样也是“最好的时代”，人们经常说的一句话就是“机遇和挑战并存”。所谓机遇，是因为广播在现在这个数字化和网络化的潮流中，有着自己独特的竞争优势和不可替代性。

广播的最大优势在于便捷性、贴近性、低成本和互动性。便捷性包括两个方面，一是终端接收器体积小，利于随身携带；二是接听方便，处在移动中的人群也可以接听，甚至可以一边工作一边收听，比如司机可以边开车边听广播，这也是汽车中的广播备受人们喜爱的原因。贴近性是指广播节目贴近百姓生活，而且许多节目可以和听众互动。广播还有低成本优势。无论是制作成本、发行成本还是受众的接收成本，广播都要低于电视和网络很多。在媒介融合的环境下，广播不仅可以发挥自身的优势，还可以借助于网络进行资源的整合，形成规模经营。这样，既可以降低成本，又可以提高服务质量。虽然 IPTV 和手机电视业一路高歌向媒介市场进军，但是除了北京和上海以及沿海开放城市以外，又有多少人能负担得起手机上网和看电视等 3G 服务的高昂费用呢。但是，正在试验阶段的 DMB 技术得以成型后，同样可以实现移动视频等和 3G 服务相同的业务，但是使用这个服务的成本应该要远远低于 3G 的收费，一场关于手机电视、移动视频的竞争正在拉开序幕。

技术永远是辅助的工具，工具决定论的观点注定是悲观的，广播业完全可以使技术为之所用。数字化潮流下，广播应做好自己的应对工作。

（一）利用新技术，走入融合，抢占数字市场先机

当今的世界是数字的世界，传播也已经进入到数字传播时代。网络传播、数字电视、电子报刊、各种传统媒体都在向数字化市场进军。广播业也不能故步自封，应该积极利用新技术，抢占数字化先机。目前世界上许多国家都制定了数字广播的时间表，数字广播标准体系已经非常完善。我国的数字广播也在有条不紊地进行当中。但是，其中存在着一个问题，就是数字广播的终端接收器的价格相对传统的收音机而言比较昂贵，对于普通的用户来说还需要一个适应和了解的过程。因此，广播业还需要与其他相关企业合作，尤其是国内的企业合作，开发特定的接收工具，共创双赢的局面。

除了数字广播外，广播的发展空间将更为广阔，广播业也可以向网络市场、手机市场进军，形成网络广播、手机广播。对于新技术的利用，不能只是停留在表面，需要继续挖掘深度合作，在融合的前提下，尽快地进入数字市场，去分取自己的那“一块蛋糕”。

2006 年 8 月 28 日，北京人民广播电台与联想集团联合推出移动多媒体广播。2006 年 9 月 6 日开始在广播上播出电视节目。用 DAB 方式移动多媒体广播，真正实现在移动中接收电视，并预计在 2008 年 1 月 1 日或 2008 年 4 月开通奥运频道，即文体频道。之后是都市频道和为生活服务的城市信息。届时就构成了清晰的广播传送，免费的视频接受，多样的生活资讯。这种优势是手机电视和网络电视所无法比拟的。

总之，在数字化时代，广播业应该充分利于现代化的传媒工具，结合自身特点，开拓多种传播渠道，抢占数字化市场的先机。

（二）深层挖掘，延长产业链

对于广播业而言，目前最为有利的一个领域是进行相关产品开发，如上面提到的和数字广播接收终端厂商的合作，甚至是联合开发，以及广播后续的图书、音像制品、商品授权和资讯服务等。商品授权是指将优秀的广播文化延伸到消费品领域，利用节目自身的有利资源。这样就既能带来额外利润，又可以加强品牌建设，从而赢得更多受众，吸引更多广告主，创造更多价值。

（三）开办付费频道，降低经营风险

开通收费频道，满足受众专业化、个性化、对象化的需求，使得广播经济增

长的收入空间不光依靠广告，广播电台还可以依靠收视费的收入，依靠信息费的收入，我们还可以提供各种商务服务，获取服务费的收入，这样使广播电视从单一收入的盈利模式转变为多种收入的盈利模式。同时，改变盈利模式单一化的局面，可以提供给用户数据业务，根据用户定制的业务，收取服务费和信息费。这样就摆脱了目前绝大多数广播电台基本上完全依靠广告收入的局面，使广播业发展降低风险。

但是，数字化并非一句空话，也不是喊喊口号，更多的是需要广播人自己将数字化落到实处。首先是观念的创新，然后是内容节目的变革，经营模式转型，经营理念突破等，广播业数字化发展的路仍然很漫长。

第四节　数字化对于中国广播内容产业的意义及存在问题

一、数字化对于中国广播的意义

广播媒体一直被认为是弱势媒体，尤其是在互联网到来和突飞猛进的发展后，很多人惊呼“狼来了”，认为广播面临着前所未有的挑战。诚然，互联网的出现，对于广播业来说，确实带来了很大的冲击，但是在冲击的同时，还带来了无限的机遇和更多的媒体合作。

广播电视数字化不仅仅是技术变革，它已经超出了技术的范畴和行业的领域，对广播电视、信息产业乃至整个社会都将带来一场深刻的变革。

（一）有利于广播媒体突破经营困惑

在广播数字化之前，广播的经营已经面临着一些压力和问题。比如，广播的收入比较单一，绝大多数的广播电台收入的95%以上都是来自广告，广告收入的变动性很大，国家广电总局对于医疗广告的一次监管，就足以使很多的广播电台广告收入“缩水”。而广播数字化后，广播电台的收入将会变得多元化，广播电台除了依靠传统广告的收入外，还可以收取收视费，提供数据服务等，甚至可以参与到数字音频广播等终端设备的经营中去。收入的多元化，无疑降低了广播行业的经营风险，其抗风险能力提高。

再如，广播是一个地域性很强的媒体。这个特点在促使它在本地市场占据绝对优势之外，在一定发展阶段之后，也意味着发展空间的局限。整个广播经营的市场空间和其他媒体相比变得狭小。广播的跨地域难度比较大，尤其是在技术层面，现有频率资源下很难加入新的广播频率，同时，跨地域发展需要强大的资金支持，这对于广播业来说，都变得非常困难。但是，数字化后，这些困难都会变得简单。网络电台使地域的概念越来越模糊，实现广播的网络化。只要你拥有一台可以上网的电脑，就可以在世界各个角落收看/收听到你喜欢的任何节目。“地球村”的概念在数字广播下再一次被坚定地证实。

同时，广播的数字化，媒体之间可以互通有无，采取互联互通、信息共享、资源共享，实现海量的节目生产能力，实现节目的低成本运作，巩固提高存量，开发拓展增量，使广播电台逐渐成为开放的节目内容平台，不仅为传统的收音机等终端提供节目内容，还可以开展网络电视、移动电视、手机电视等新业务，为计算机、手机等新兴的终端提供节目内容，最大限度地发挥广播电台的节目优势。

广播的数字化应该按照数字化、网络化、媒体资产管理并重、并举、并行的方针，使广播电台从为单一用户、单一终端提供服务，向为各类用户、各类终端提供服务转变。

（二）带动广播媒体融入数字化潮流

广播被认为弱势媒体的其中一个论点就是广播效果低效说。这种说法的主要依据来自广播媒体自身的特征。比较而言，电视媒体图文并茂、声色俱全，而广播只有单一的声音，传播效果也就被认定非常有限。而且近年来的若干媒介接触调查都显示，人们的信息来源不是报纸就是电视，广播总是排列在后。

但是，随着数字广播的推进，广播效果低效说将变成历史。

技术产生的平台融合将显现威力，广播将在技术推动下，进入这个平台。一方面广播可以进入视频领域，进入手机平台和网络平台，借助音频的内容基础，进行视频方向的拓展，网络和手机最为最恰当的载体，在于其不需要遵循原有的产业界限，从而较易进入。目前诸多电台都已纷纷构建网站，并在网站开展一定的视频的内容，而诸多电台都已经主动构建播客平台，也是增强自己内容魅力的一种手段。广播媒体的广播手段已经开始变得不仅仅是声音一种介质，文字、图片、视频等，数字广播可以利用一切值得利用的介质来为自己服务。数字广播将带动广播媒体进入数字化潮流。数字化潮流将是今后媒体发展的新趋势。从下面的数据就可以推测，数字化的趋势可见一斑。信息产业部副部长蒋耀平在中国电信集团公司 2008 年工作会议上透露：“目前我国宽带用户数已达 1.22 亿户，其中六成以上通过宽带上网。这使我国宽带用户已超过美国，居于世界首位。”

如此巨大的市场，广播业应在数字化的带动下，及时进入数字化潮流，去占领自己的一席之地。这对于广播业的发展来说，无疑是一个难得的机会。

（三）缓解产业矛盾、创新产业格局

数字给广播产业带来了一个上好的“换血”机会。广播产业内部矛盾较多，并且都较为复杂和顽固，广播业内部机制改革难以推动。广播集团化改革中忽视的一些问题，以及出现的一些新问题，在一定程度上呈现胶着状态。这些都是广播业发展难以解决的问题。在技术的推动下，数字化给广播带来的不仅仅是技术上的革新，还带来了思维的转变与战略的转变，这有利于广播业内部的固有矛盾的解决。按照数字化要求所建构的产业格局，对于矛盾的各方都会起到矛盾释放的作用。同时，新的产业格局的建立，除了解除和缓解广播业内部矛盾外，还可以使广播业更加适应现有的社会格局和媒体产业现状，更有利于广播业的进一步发展。

二、广播的数字化仍需跨越几重障碍

（一）政策的不明朗

我国目前的数字广播产业相关法规不完善，现在有关广播、电视行业的法规已经不能满足数字广播产业发展的需要，政府必须制定出相应的法规，鼓励产业发展、规划产业发展方向。尤其是关于广播数字化的具体规定，政府目前还没有明文规定。这对于广播的数字化来说，无疑是一大障碍。

（二）盈利模式尚未成熟

数字广播产业既然是一个广播、电视、网络、手机“四位一体”的新兴产业，其性质将会是空前复杂的，因此可以预知：任何一种单一的经营模式的运营，都将不足以胜任数字广播的正常运作。

以前的盈利模式，是建立在大量生产大量销售的基础之上的，8∶2 的帕累托定律成为选定“高端市场”、“重度用户”的一个核心的策略依据，所谓营销就是抓好那些大用户——属于 20% 而占有 80% 资源的客户，而那些属于 80% 只占有 20% 资源的客户虽然总数很多，因为效益不佳而被忽略不计。新媒体的出现改变了这个现状，当网络技术把星星点点的小客户需求串联起来成为巨大的有利可图的市场时，一种崭新的“长尾营销”理论开始登场。原来被忽略不计的众

多而分散的80%的“长尾”成为重要的经营资源。

同时，广播数字化后，产业环境发生了翻天覆地的变化，广播业的角色也开始转换和附加，广播产业将不能只是单纯地依靠广告经营这种单一的模式，这种模式对于广播电台自身来说，依赖性过强，容易产生风险。为了避免风险，适应产业环境和自身变化，广播业应该不断探索新的盈利模式。这种探索不是一蹴而就的，中间也许会遇到挫折，甚至是失败，对于数字化的广播产业来说，这是必须上的一课。同样，经过摸爬滚打探索出来的成功经验逐渐成熟，又有助于整个广播产业的良性发展。

（三）电台本身重视不够

数字广播的试点目前只有北京、上海、广州、大连四个城市，对于其他省份和城市的电台，尤其是二、三级城市的电台，还没有对广播的数字化给予足够的重视。他们一般的观点容易认为，自身目前的经营状态足以维持广播电台的生存，尤其是一些经营状态比较好的电台，在这种情况下，很容易故步自封，成为井底之蛙，没有长远的眼光，只守着眼前的“这杯羹”，而不是用发展的眼光看待自身的发展。这对于整个广播产业的数字化来说，还需要一定的心理建设，引起广播电台的足够重视，推进广播数字化的整体进程。

（四）新媒体竞争压力已经显现

广播的数字化和网络化，给广播开辟了更多的发展渠道和经营模式，但是存在机遇的同时，同样存在着无处不在的挑战。

数字化和网络化扩大了广播的传播范围，打破了过去行政的区划。广播一直以地域性见长，本地广播在当地通常占据绝大部分的市场份额，具有绝对优势，但是随着数字化与网络化的推进，这种优势将被打破，各地区广播在维护本地受众的同时，都将进军全国市场。这是一个非常大的变化，对于广播业来说需要一个适应的过程。

媒体的融合，使得媒体间的竞争领域的范围越来越模糊，原本只有相同媒体的竞争，变成了所有媒体间的竞争。开放的广播产业，将如打开闸门一般，迎接各色媒体的挑战。数字广播的挑战不止来自于广电本部门，电信业的3G业务和数字多媒体广播的业务有着一些重合和相同，势必也会带来广电部门和电信部门的竞争，也许一场真正的市场争夺战将会在这两者间悄然打响。

本章小结

作为传统媒体的一个典型代表，广播媒体也必然要面对数字化的挑战。当然，本章内容所研究的广播数字化指的并不仅仅是传统广播电台的数字化，它是一个范围更为宽广的平台，包括各种以数字化为基础的广播形式。

本章内容首先阐述了广播数字化的定义和内涵，然后介绍和分析了欧美国家和几个亚洲国家的数字广播的发展状况，这样可以为我国发展数字广播提供一定的参考。

本章的第三节，我们介绍了中国数字广播和网络广播的发展状况，其中，我们就广播电台如何发展数字广播业务提出了一些意见和建议，这些观点都是我们在大量的事实、案例的基础之上总结提炼的精华，电台在开展数字广播的过程中可以根据自身的情况有选择地学习这些成功的做法，很多时候就可以少走弯路。

本章的第四节和第五节，从更为宏观的角度研究数字化对广播产业的影响以及数字化背景下中国广播产业的机遇与挑战。从中可以总结得出，数字化浪潮对中国的广播产业而言，既是机遇又是挑战。那么，我国广播产业如何克服现有的困难并进而抓住这个迫在眉睫的机遇从而积极投身于数字化业务的发展之中，这恐怕没有一种固定的套路，它需要电台经营者们借鉴国内外数字化广播发展的成功经验，结合自身的资源和网络优势，走出属于自己的数字化道路。

第六章

电影行业内容产业发展研究

数字电影建立在数字技术和数字设备的基础之上，它诞生于20世纪80年代，是高科技的产物。如今，随着计算机技术的飞速发展，许多传统电影制作完不成的镜头都需要借助电脑技术去完成，或者运用了电脑技术会使影片更趋完美，于是传统电影引入了数字技术。从国际电影的发展情况来看，经过初期阶段的摸索，目前数字电影技术已经很成熟，创作人员已从过去单纯地运用数字特技逐步转化为将其与传统摄制、传统特技融为一体的表现手法。另外，数字电影的市场规模和受众人数已经步入大幅度的增长阶段，可以预见的是，随着数字制作技术的日趋成熟和数字电影产业链各参与角色功能的日益完备，数字电影在未来几年将会有更快的发展速度。

那么，到底什么是电影的数字化？数字电影的制作流程是怎么样的？世界数字电影发展的现状是什么样的，以及对我们有哪些借鉴意义？我国的数字电影发展的状况如何？数字电影的运作模式又是怎么一回事？通过对这些问题的深入思考和持续关注，我们也得到了一些新的认识。

通过我们的研究梳理，本章内容所研究的“电影数字化”包含了电影制作工艺、制作方式、发行及播映方式上的全面数字化，电影的数字化使用网络化的平行作业，通过不同的工艺流程并使得电影的表现形式更臻完美；政策是电影数字化发展的重要保证，电影相关管理部门通过设立“2131”工程、发布相关的管理制度和加大研究和试验的力度等多种形式来鼓励我国电影数字化的发展，成为推动我国数字电影的重要力量；从微观的产业链角度而言，数字化技术对电影产业链上各个环节都产生了一定的影响，甚至是根本性的影响，尤其是在电影的制作、发行和放映三个关键环节；在国际市场，随着数字技术的逐步普及，数字电影也获得了长足的发展。在我国，数字化制作已成为影片质量的重要保证，数字放映的多层次市场应用格局已经初现端倪，新的市场空间正应运而生；当然，我国电影的数字化发展也面临一些问题，比如资金的缺乏、人才的相对匮乏、技术标准的不统一和产业链的不完整等，但是，可以肯定的是，这些问题都是可以克服的，毕竟电影的数字化发展代表了电影业未来的发展趋势，数字电影的市场空间也是无比广阔的。

第一节　电影数字化的基本内涵

数字电影是世界电影的未来发展趋势。随着时代的进步，由于多种娱乐方式的激烈竞争，电影再次面临挑战，电影产业呼唤技术变革，在投入巨额资金进行了不断的尝试之后，数字技术的出现与完善终于使电影产业重新崛起，“数字化文艺复兴运动”正在全球蓬勃兴起。从完整意义上来讲，数字电影包含了电影制作工艺、制作方式、发行及播映方式上的全面数字化。电脑特技在影片中的大量应用只是数字化在电影制作工艺上的体现。与传统电影相比，数字电影最大的区别是不再以胶片为载体、以拷贝为发行方式，而换之以数字文件形式发行或通过网络、卫星直接传送到影院、家庭等终端用户。数字化播映是由其核心设备——高亮度、高清晰度、高反差的电子放映机依托宽带数字存储、传输技术实现的。在数字化技术下，数字电影、数字电视、数字影院的出现颠覆了原有的电影产业格局，改变了电影产业内各主体的生存角色，电影产业将呈现出崭新的格局。

一、电影数字化制作内涵

数字技术将对整个电影制片过程产生巨大冲击，巨大的技术飞跃将为电影制作人员提供一整套新的创作手段，在电影制作的所有方面都将会用到计算机及其相关制作软件。

（一）网络化平行作业

前期工作中，电影编剧撰写分镜头剧本，制片人编制预算都可以使用电脑中的标准模板，而且可以通过网络来传送到不同部门，对于演员的挑选可以先通过网上资料进行初选，对外景以及道具的选择也可以从数字影像数据库中来查找。

更重要的是，影片制作过程中可以前期拍摄和后期制作同时进行，例如一部影片可以由几个摄制组同时在不同的地方拍摄，现场编辑，并通过网络将画面和声音文件传输给导演，并与特技工作间随时联系，同一个镜头可以由多个工作站同时进行加工处理。比如：乔治·卢卡斯需要参与多个主题的后期制作过程，他在录音大楼中可以通过长途通讯与外地来回传送镜头，制作人员可以把拍好的片段经处理后再传送到多个地点。而斯皮尔伯格在波兰拍摄《辛德勒的名单》时通过卫星传输服务审看《侏罗纪公园》后期制作中的特技视觉效果完成情况。而且如果要采用数字发行方式的话，则制作过程可以一直延续到发行的前一天。

（二）不同的工艺流程

数字技术改变了电影制作流程（图 6-1）。数字电影的电影制片将来很可能是多元化的，既可以采用胶片，也可以采用电脑制作或高清晰度摄像机拍摄。

（三）表现形式更臻完美

1. 声音

数字立体声大大提高了电影的声音表现力，从而也使电影总体艺术创作水平更进一步。电影数字立体声技术于 1992 年出现，它使电影声音在信噪比、动态范围、分离度、频带宽度等方面都得到显著提高。数字立体声技术，再加上可靠的还音系统和便于制作大量拷贝等优点，给电影艺术创作提供了新的更加丰富的艺术创作手段。目前电影数字立体声主要有英国杜比公司的 SR·D、美国数字影院系统公司的 DTS 和日本索尼公司的 SDDS 等三种制式，它们都有各自的优势，分别占有相当的市场份额。未来电影数字立体声制式三足鼎立之势仍将是市场主流，电影三种制式的数字声，今后会共存一段较长的时期，而我国现在还是以 SR·D 和 DTS 系统为主。

2. 画面

数字技术为扩展电影的想象力和感染力提供了广阔的技术和艺术潜力。在好莱坞历史上票房收入前十名的影片几乎都与数字技术的使用和数字虚拟空间的设计密切联系，高居榜首的就是全球票房收入超过十八亿美元的《泰坦尼克号》，其中的五百多个电脑特技为这个世纪末的灾难故事提供了一个辉煌的舞台。《指环王》、《哈里·波特》、《侏罗纪公园》、《星球大战前传》、《狮子王》、《阿甘正传》、《迷失的世界》等，这些为中国观众所熟悉的影片，都大量采用了特技手段和电脑技术，奇观成为这些影片共同的商业卖点和艺术亮点。

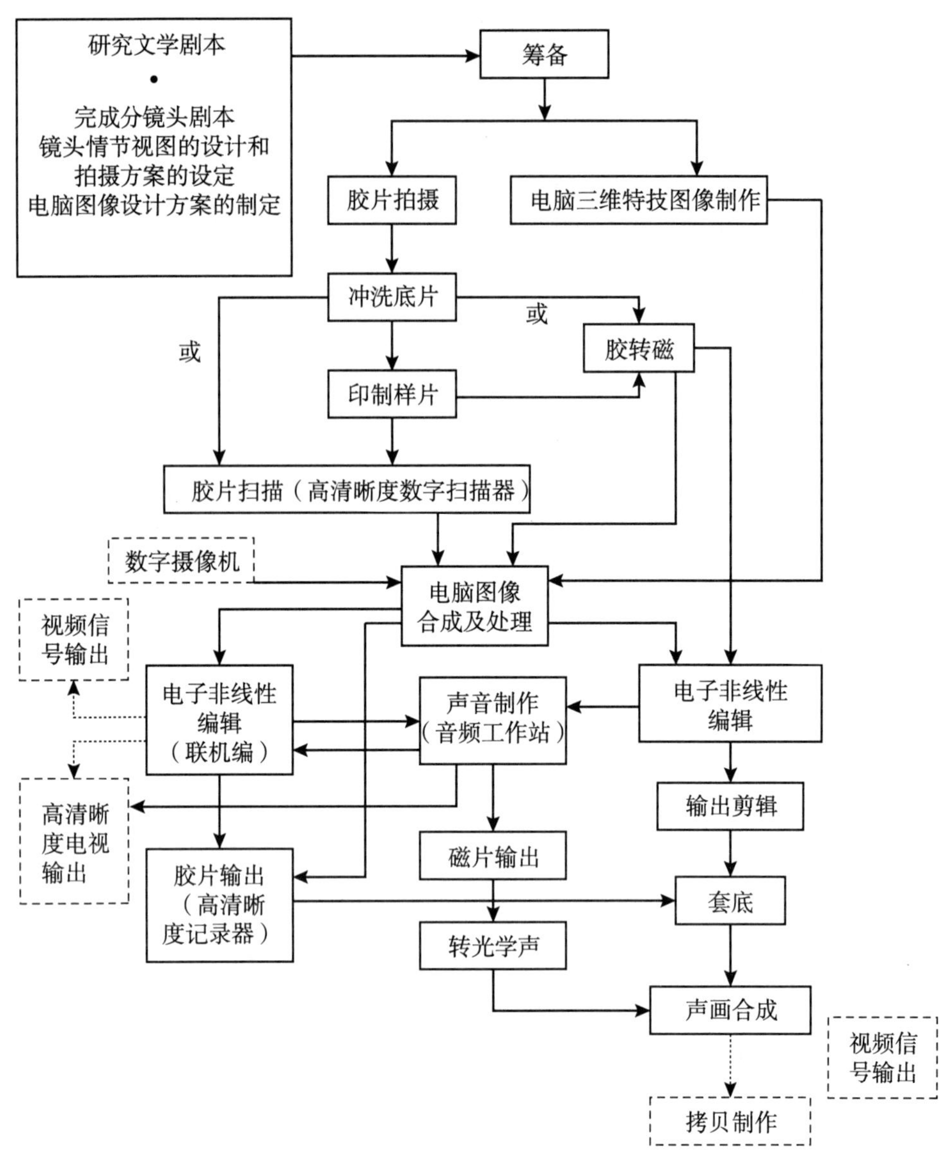

图 6－1　数字电影制作工艺流程

以好莱坞为代表的影片在数字技术的帮助下，一方面把原有题材发挥得淋漓尽致，将传统影片中的追逐、爆炸、拼杀等破坏性场面表现到人们感官所能接受的极限；另一方面又将题材向更广阔的领域拓展，充分展现龙卷风、海啸、地震、火山爆发等自然奇观，并自由创造出充满梦幻色彩的奇异世界，或是宇宙中不知名的星球，或是传说中记载的古国，还可能是恐龙横行的蛮荒世界。这些充满想象力的画面将观众带入了一个又一个现实中难以体验的未知领域，使人们真正感受到了电影的无穷魅力。

二、数字电影的发行与放映

在发行与放映方面，数字电影与传统电影的区别在于其不再以胶片为载体，而是以拷贝发行，或网络、卫星直接传送，具有简便、快捷、高亮度、高清晰度、高反差的优点，画面清晰，高保真，视听效果优良。数字化播映由高亮度、高清晰度、高反差的电子放映机依托宽带数字存储、传统技术实现。

（一）数字发行与放映

1. 数字发行

数字影院采用数字数据存储和传送，在传送过程中没有质量损失。数字影院省掉了拷贝洗印环节，可以避免确定胶片拷贝制作量的决策风险，大大节省发行费用，同时也有利于环境保护。制作好的数字电影可以通过数字软盘进行发行或通过国际卫星发送到世界各地的影院放映，省去了费时费力的拷贝复制和运输过程。

2. 数字放映

数字影院采用数字放映技术，没有胶片的划伤、污损等问题，也没有胶片放映时的抖动和频闪。胶片在长时间的灯光照射后会退色，而数字放映则不存在这种问题。数字电影最大程度解决了电影放映过程的损失问题，数字技术避免传统电影从原始拍摄的素材到拷贝，到经过多次翻制及电影放映多次后出现的画面、声带划伤，即使反复放映也丝毫不影响音画质量。

电影数字化是自电影诞生以来最大的一次创新和变革，数字电影已经成为世界电影发展的趋势和方向。数字电影具有发行成本低、节目质量不变、放映图像无抖动、无闪烁、无划伤、易操作、无污染等显著特点，受到广大观众的青睐和欢迎。我国已经初步建立了一条初具规模的数字电影院线，除青海、西藏外，分布在全国各大、中城市，并且在技术标准制定、数字影院设备技术论证、数字影院技术应用、数字节目传输、发行、加密，以及数字影院的增值服务等方面取得了明显的成就，并正快速地向产业化、规模化、现代化方向发展，中国数字影院的发展和进步已经引起世界电影界的关注，并为推动世界数字影院的进步和发展作出自己的贡献。

（二）数字影院建设整体情况

1. 数字影院发展现状

根据广电总局的统计资料显示，中国到 2007 年 11 月 10 日共安装了 215 块 2K 数字银幕，其中，中影数字院线 32 块、星美 10 块、大地 30 块、中影首钢 143 块。2007 年 5 月以后，中影集团与首钢集团合资成立了中影首钢环球数码数字影院的建设项目，此项目目前已经安装了 143 块 2K 数字银幕，预计在 2007 年 12 月底将再安装 200 块，2008 年 3 月再安装 350 块，届时我国 2K 数字放映银幕将达到 770 块，位居全球第二①。

2. 我国数字影院所采用的关键技术

在数字影院图像显示技术方面主要有 DLP 显示技术和 Lcos 显示技术。DLP（Digital Light Processing）数字光处理技术是影像放映和显示的革命性的方法，是从模拟影像放映到数字影像放映转换的关键技术。是目前我国数字影院使用的图像显示技术。它基于 DMD（Digital Miromirror Device）数字微镜技术，由美国德州仪器公司（T1）于 20 世纪 90 年代末开发成功。先后推出 M10、M15、M25 应用于数字电影放映的"黑"芯片，分别适用于银幕宽 10 ~ 25M 的影院放映。Lcos（Liquid Crystal On Silicon）技术，即反射式液晶显示技术。由于 Lcos 像素之间的间隙较小，芯片的开口率高，因此光效和图像对比度明显提高。Lcos 技术的优势是高分辨率、高对比度，主要缺陷是色彩还原和亮度问题，Lcos 数字放映机最大输出光通量也只能达到 10 000 流明，仅能满足 15 米左右宽度的数字影院使用。

在图像压缩编码技术方面目前数字电影主要采用两种压缩方式；一种是以 DCT（Discrete Cosine Transform）离散余弦变换为基础的压缩编码方式，如 MPEG－2、MPEG－4 标准。另一种是以小波变换（Wavelet）为基础的压缩编码方式，如 JPEG－2000。我国目前采用的是 MPEG－2 压缩编码方式，其码率约为 80Mbps，压缩比约为（20 ~ 30）∶1。JPEG－2000 被 DCI 推荐为数字电影图像压缩标准，未来中国数字影院技术在图像压缩编码方式上，将逐步向 JPEG－2000 靠拢，并兼容目前 MPEG－2 方式。

在数字影院音频技术方面数字电影文件中的音频数据有两种：一种是压缩的音频数据；另一种是不压缩音频数据。对于压缩的音频数据，重放时经解压缩、解码（通常采用 AC－3 编码压缩方式）D/A 数模转换后形成 6 声道模拟信号，经放大后还原立体声。对于不压缩 PCM 数字音频数据，重放时经 D/A 转换后形成 6 声道模拟信号。我国数字电影音频采用不压缩 PCM 方式，这不仅可以提高

① 资料来源：国家广电总局官方网站。

声音的重放质量，而且免去了解码过程，减少了设备。

在数字影院安全播出技术方面，目前我国数字影院密钥管理采用IC卡方式，IC卡中包括数字影院的IP地址、放映数字影片内容、允许放映场次、授权密码等信息。影院获得密钥后（插人工C卡），数字电影服务器即可对数字电影文件进行解密、解压缩，形成视频数据流，经解密、解压缩的视频流还必须进行再次加密处理，这就是安全播出加密管理。

（三）数字影院未来发展方向

截至2007年11月10日，全球数字影院发展规模排名第一的是美国，共有4 006块银幕，占全球总数的76%；排名第二的是英国，共有260块银幕，占全球总数的5%；排名第三的是中国，共有215块银幕，占全球总数的4%；排名第四的是韩国，共有182块银幕，占全球总数的3.4%；排名第五的是德国，共有137块银幕，占全球总数的2.6%；排名第六的是日本，共有68块银幕，占全球总数的1.3%；排名第七的是比利时，共有49块银幕，占全球总数的0.9%；其他31个国家和地区共有359块银幕，占全球总数的6.8%。

目前，我国政府出台各种优惠政策，鼓励国内外资本参与中国数字影院的建设，未来“十一五”期间，预计我国城市数字影院将发展到500~1 000家，农村、社区运动移动数字放映将会大幅度发展到上千家以上，将建立农村数字电影放映新体系，实施胶片和数字并存的发展策略，从目前的16毫米胶片电影放映过渡到以数字为主的放映形式；采取流动与固定相结合的应用布局，逐步实现由室外流动放映向室内固定式放映转化，倡导国有与民营并存的经营格局，鼓励社会力量共同参与，发展农村数字电影放映新体系。

在数字电影的传输和发行上，我国目前正采用DVD、磁带以及硬盘发行方式，其中以前两种方式为主。实践证明各有其优缺点：DVD方式，在发行母版刻录以及装载节目方面，存在时间长、要求高等问题，但其价格低廉，发行成本也低。未来，数字电影的发行将研究采用硬盘发行方式，这种方式虽然一次性发行成本较高，但可以反复使用，其录制和下载所需时间也大幅度减少，其独特的优势显而易见。

第二节　数字化对电影产业的影响分析

电影产业包含紧密互动的三大环节：制片—发行—放映，形成电影产业从

"上游"、"中游"到"下游"的完整链条。在这个链条中，相应地包含四个密切相关的产业角色：从事剧本开发以及剧组外包业务的电影发展公司；从事电影投资、制作、推广和发行的流程管理的制片和发行公司；为电影项目提供资金支持的外部投资方（包括专门的电影投资基金）；从事电影放映的电影院线。

数字化技术在逐渐改变着传统的电影制作、电影发行、电影放映三大环节。从完整意义上来讲，电影的数字化包括了电影制作工艺、制作方式、发行及播映方式上的全面数字化。与传统电影相比，数字电影最大的区别是不再以胶片为载体、以拷贝为发行方式，而换之以数字文件形式发行或通过网络、卫星直接传送到影院、家庭等终端用户。在数字化技术下，数字电影的出现改变了原有的电影产业链条以及产业各主体的生存角色。

一、数字化对电影产业三大环节的影响

（一）制作环节

数字化技术作为电影制片的一种方法，在电影制片的许多方面都已得到应用。数字技术已经可以作为图像传播的手段了，只不过是由于电影所要处理的活动图像的数据量十分庞大，存在着一定技术难度，而这些难度已经被证明是可以克服的了。

目前已经出现的数字图像处理应用技术有两种：一种是美国德克萨斯仪器公司（TI）开发的数字光学处理器（DLP－Cinema）技术；另一种是 JVC 等公司开发的数字图像光学序列（D－ILA）技术。其中，DLP 技术的核心是数字微镜装置 DMD，即在一个画格大小的装置上覆盖了 130 万个活动悬镜，每个活动悬镜比人的头发直径的六分之一还小。悬镜每秒以 10 度角倾斜数百次，通过反射或折射光来表示开或关，进而形成图像。DLP 技术已经成功地投入了生产和应用，也被好莱坞的电影界所接受，完全达到了 35mm 胶片的放映效果。2005 年，全球已有超过 2 000 万电影观众欣赏过德克萨斯仪器的 DLP－Cinema 放映技术，该技术提供了如导演所期望的最清晰、最锐利、最亮丽且精度最高的影像。而 D－ILA 技术发展则相对缓慢些。

德克萨斯仪器公司研发、并广为全球电影院使用的 DLP－Cinema 技术，在 2005 年度巨片《星际大战第三部曲：西斯大帝的复仇》的拍摄、后期制作和放映过程中，扮演了关键性的角色。

在全片的制作过程中，DLP－Cinema 数字投影机可说是知名导演乔治·卢卡斯（George Lucas）与制片瑞克·麦考伦（Rick McCallum）的得力助手，他们除

了运用该投影机观看每日的拍摄片段，并借其先进技术完成后期制作过程中的色彩校正，同时利用DLP数字技术所提供的丰富色彩、高对比度及无可比拟的鲜明画质，精准地捕捉在黑暗画面中的每一分细节。数字电影投影技术是电影制作过程中的重要关键，因为该技术充分缩短了制作的时间，并且持续地将完美画面传达到观众的眼前。

现阶段，妨碍数字电影发展的原因之一是数字放映机造价过高，一台DLP数字放映机的价格是35mm放映机价格的3～5倍。随着技术的完善和批量生产，DLP数字放映机的价格会有所下降，同时新的更廉价的技术也会出现。

在我国国内市场上，电影高新技术的引进从20世纪90年代开始，1996年以后，中国电影界加快了发展高新技术的步伐，上影集团和中影集团（电影科研所）、电影学院先后建立了具有相当规模的数字电影制作系统；同时，以音频工作站和数字非线性编辑为代表的后期制作新工艺开始在全国电影制片厂普遍推广，大部分电影企业现在都已经引入了剪辑和录音合成领域的计算机设备。

在实际创作中，国产影片中应用数字特技的数量、规模以及技术水平等方面与国外相比还有一定差距，但是国内目前在影片的数字特技制作方面进步很快。例如，1999年张建亚在《紧急迫降》的二十多分钟的特技镜头中，使用了五分钟的电脑三维影像和大量的模型与数字处理相结合的影像，主要是应用电脑对实拍影像作后期处理。而2002年仍是由张建亚执导的影片《极地营救》，在应用数字特技方面又有了新的突破，运用多项先进技术，如三维人体扫描、动态捕捉、大型粒子特效等手段，力求在国内数字特技制作领域中创造多项“第一”：第一部数字特技及合成镜头达60%的故事片；第一次用数字高科技将泥石流、沙尘暴、雪崩、空难等灾难性场面表现极致化；第一部采用2 000线高清晰数字摄影机拍摄的影片等。

（二）发行环节

数字电影最大的好处就是可以大大节省电影发行的费用和时间。由于数字电影的发行不需像传统电影那样洗印大量的拷贝，意味着在发行中，拷贝洗印、运输、存储等巨额费用可以减少到90%以上。传统电影拷贝在全国各地的调度、排映的复杂性，因此传统胶片电影的发行期一般在1年左右，发行时间跨度非常长。传统的胶片放映一部影片需要有六大片盒，不但运输重约30～40斤，且占用空间大，运输极不方便，放映500～600次即报废；数字化的拷贝为光盘，一个光盘100余元，较洗一个35毫米拷贝7 000余元节省70倍，且易于邮递。若用压缩硬盘，一个放映压缩硬盘1 000余元，可存储15个节目，删除后可多次使用。

（三）放映环节

2005 年，广电总局投入 2 亿元人民币用于数字影院示范院线的建设，其中 1.5 亿元用于影院建设投资，约 4 000 万元用于数字节目的分发和传输。在数字电影的制作方面，中影华龙电影数字节目制作有限公司就是总局投入几千万成立的国家数字电影示范实验项目。

根据 DCI 文件规范，数字放映的分辨率分为 2K 和 4K 两种。2K 数字放映的目标是达到并超过现有 35mm 胶片放映的质量，就目前的发行拷贝来看，2K 的数字版已基本达到这个质量了，4K 数字放映的图像质量则全面超越了当前 35mm 胶片放映的水平，其水平分辨率是 2K 的 2 倍，像素数量是 2K 的 4 倍，能够使观众欣赏到更具感染力和震撼力的画面。

SONY 4K 分辨率对显示器件的技术水平是极大的挑战，索尼采用 SXRD（硅晶体反射显示）器件研发了世界上第一台商业用 4K 数字放映机，使 4K 数字放映梦想成真。4K SXRD 的技术水平达到了反射式液晶显示器件的新高度，其开口率为 93%，反射率为 72%，显示器件面板尺寸 1.55 英寸，采用 4K SXRD 显示器件的投影机亮度分别达到了 5 000、10 000 和 18 000 流明，对比度超过 2 000∶1。目前，全球所有商用 4K 数字放映机都是索尼提供的。

数字电影院已经在较多国家和地区建立，中国的电影放映全数字化系统研究业已启动。全数字化放映系统就是采用数字化放映电子图像，关键技术支持是高亮度、高清晰度数字放映机；技术经济适用的传输介质；数字化制片手段。中国数字电影制片产业化示范工程已经起步；而数字光线处理技术（DLP）在国际上已经是成熟技术，我国可以先走关键元件引进的道路。

总体来说，相对于要与光学技术结合的放映机，数字电影节目的拍摄、存储、传输和播放等相关设备要相对简单得多，索尼（SONY）公司的 24p CineAlta 数字摄影机已成功应用到《星球大战第二部——克隆人的反击》的拍摄中；在放映机房内与放映机一起工作的还有一个储存和管理节目控制的服务器，实际上是一种小型电脑工作站。采用 MPEG 和小波压缩技术的服务器也由多家公司开发和应用到影院实地放映中，从而在整个电影制作、发行、放映领域形成了成熟而完整的技术与产品序列。

（四）其他应用环节

除了影片制作与放映领域，数字技术为资料影片的修复、利用也开辟了新的途径。运用数字处理技术修复资料影片，是数字技术运用的有效实践，它可以将资料影片上由于任何原因造成的影像信息的变动，以计算机影像技术进行增优、修改、修补或生成等不同处理，使之恢复、接近原有完好或完整时的影像质量，最后还原到胶片上，它能完成通常的感光化学和光机技术等纯理化手段难以做到或根本做不到的影片修复工作。

在这一领域，中影科研所目前已经重点开发完成了“线性划伤处理”、“色彩还原”、“黑白影片反差调整”、“尺寸还原”、“影像柔化处理”、“抖动处理”、“缺损影像生成”等功能模块。这是近几年来中国电影技术工作的重大进展，不仅为有待修复的资料影片提供了可以修复的条件，恢复资料影片的面貌，而且还可以为电影创作直接提供可借鉴的影像资料。

未来的电影产业将建立在数字平台之上，而完整的电影数字平台至少也需要包括两大部分：一是物理平台，主要是指基础设施建设、技术设备提供等，它为数字电影的制作、发行与放映提供了可靠的技术保障，我国目前正在积极建设的数字影院就是其中的一部分；二是内容平台，主要是指建立相当规模的数字电影资料库，将新老影片转换成数字格式，以供数字影院、高清电视，以及多媒体终端播映等，目前我国已经开始进行这方面的工作。而架构在数字平台之上的中国电影产业将在未来形成新的竞争格局。在新的版图中，不仅将增加包括数字设备提供商、数字系统集成商在内的许多新角色，与此同时，产业内部的原有角色也都要对自身进行重新定位，一方面制作、发行、放映各个环节将加快自身的数字化进程，在技术方面搭上数字化快车；另一方面数字化大大拓展了电影的放映渠道，未来对“内容”的获取与利用将成为人们争夺的焦点。

综上所述，电影传统的制片、发行、放映的“超稳定”的产业链将被彻底地打破，新的产业运营模式将诞生，对原有的产业结构必须做巨大的调整。新的电影业在保持着其内容之王地位的同时，也将成为整个娱乐、传播业的一个积极的组成部分，将成为信息产业的一个部分。

二、数字化对电影产业各角色的影响

（一）对原料与设备供应商的影响

数字技术首先影响的是电影产业的上游，即原料及设备供应商。

目前传统的生产商都在积极转型，柯达等公司都在全力进军数码影像市场，积极研发数字影像相关技术。以柯达公司为例，“柯达电影世界”是全亚洲第一家按照美国“柯达电影放映质量认证体系”标准来设立的电影院，也是国家广电总局评定的首批全国五星级影院之一。“柯达电影世界”总面积 3 500 平方米，由四个电影厅组成，共 930 个座位。拥有全国唯一的全进口放映设备和最先进的数码放映系统，数码立体声音响，8.5 米层高的影厅，为超宽屏幕创造了条件；影院采用八声道环绕立体声设计，左中右主扬声器都采用了 JBL 第三代三分频音箱，立体声解码器采用的是 Dolby 最新产品 CP650，声音设计接近完美。因此在柯达电影世界，从一声喘息到飞机的轰鸣，全都可以历历在耳，最大限度地提高了电影视听效果。

另一方面，数字技术为电影产业上游带来了新的竞争者，以数码影像市场为例，除了传统厂家之外，IT 企业、家电企业也纷纷加入竞争行列，例如英特尔、IBM、微软、AT&T 等公司都在向数字影像市场进军，它们制造的各种新型数字产品将会对包括电影制作在内的众多领域产生深远影响。

（二）对制片企业与洗印企业的影响

对于制片企业来说，“数字时代的生产方式将使电影制作摆脱大工厂生产方式，电脑将取代繁杂的人员劳动，精简摄制过程，一部情节发生在国外的影片也许可以大部分在本国拍摄，最后由电脑将人物和国外的背景予以合成，而在外景地拍摄的素材通过网络传送到制片厂。”（美国，托马斯·A·奥汉年，迈克尔·E·菲利浦斯，《数字化电影制片》）数字技术使电影制作正朝着两极发展：一方面大制片厂的影片往大的方向发展，而且都试图在场面上超过对手，主要的制片厂和制片人为了让他们的影片值得人们花钱去影院观看，把他们所能用到的最先进的技术都用上了。而另一方面一些小制作或预算相对较低的影片也获得了新的机会，这是因为技术的发展为人们提供更优质廉价的制作手段。但是这两种类型都有发展空间，不论是资金雄厚的大制片厂还是小的独立制片人都会盈利。

而随着数字技术的介入越来越深，胶片不再是电影的唯一载体，数字影像的比重将逐步加大，电影洗印行业未来也将面临重大调整。美国有人提出计划，希望电影制作在 2015 年能够全部转为数字制作，不再使用胶片。

（三）对系统集成商的影响

在传统的电影或其他类似行业中，都有一个重要的角色——设备系统集成商。波音、柯达公司建立数字院线的过程中，都培养了自己的系统集成商。

无论是传统电影还是数字电影的技术设备都是一个系统，设备的匹配，系统的完整都是非常重要的。在建立 100 家数字电影院线时，设备生产厂家与作为最终用户的集团公司之间缺少一个系统集成商，用以保证系统配置的完整性、合理性和先进性，以及系统运行的可靠性，完成系统从不同设备生产厂家的采购、系统安装调试以及大量的售后服务工作，规避系统应用中产生的技术和财务风险。

系统集成商的作用绝对不是单单节约了采购成本，系统集成商应该是拥有较完善的市场信息，与设备供应商有着良好关系，具有丰富的（国际）市场采购经验，拥有丰富系统操作经验，有能力（在短时间内）顺利完成大量的安装调试工作和长期的售后服务工作的企业实体，系统集成商为用户提供的是一个“整体解决方案”，而不是从不同的厂家拼凑出可行的系统。

数字电影的技术标准还在建立过程中，设备肯定存在着不停的升级换代，系统集成商的一个显著作用就是过滤器和蓄水池，转移和规避存在的技术和财务风险，减小用户在采购、运行、系统升级和售后服务中的压力。

（四）对影院的影响

如果未来真正实现数字发行与放映，即以光盘等有形载体或以数据文件形式，通过光纤宽带网络技术、卫星通信技术等方式来发行及放映影片，那将会对电影产业各环节都产生重要影响，特别是对于影院来讲，其经营模式将发生巨大改变，主要体现在以下几方面：

1. 商业模式多元化

数字影院存在不同的发展趋势，未来将可能出现几种不同的商业模式：一种是类似目前瑞典正在推广的“数字屋”模式，它属于 E - Cinema，即指除了胶片和磁带之外的各类放映方式，如大屏幕投影等，这种模式的技术要求相对较低，属于低端放映技术，对经营场所的限制也相对较少，一般规模较小，甚至可以在酒吧等场所内部开设，其商业模式相对灵活；而另一类则是 D - Cinema，专指通过数字放映机再现的数码影像，属于高端放映技术，代表最高数字影像质量，适用于影片的首轮放映。它对影院的技术要求非常高，与前一种影院相比，它走的是专业影院的路线，设备先进，具有相当规模，类似于今天的豪华都市影剧院。

2. 业务范围得到拓展

利用卫星、高速网络技术传播的数字影院可以具有实时服务能力，这就为影院开展增值业务提供了可能性。数字影院的业务范围将不再仅仅局限于单纯放映电影，而诸如现场直播、音乐会、体育赛事，以及其他重大事件的现场直播、互动式游戏节目、远程教育和大型会议等等都将成为影院的业务，影院根据实际情况可以在各个时间段自由安排不同的服务。例如 2000 年 8 月，AMC Entertainment（剧院发行业的带头人）和 TVN Entertainment（美国最大的数码内容管理和发行公司）率先在剧院使用数码卫星播放娱乐节目 The Rolling Rock Town Fair，将音乐会实况用卫星进行传输。

3. 多样化的放映形式

交互式电影的出现使影片既可以按正常顺序放映，还可以由观众选择播映，并进行任意编辑组合，多样化的放映形式将满足各类不同观众的需求。例如，迪斯尼曾经将一部交互式儿童电影通过光纤传输给 AMC 的一家影院试映，这种放映方式给观众带来了全新的感受。

影院是电影的第一市场，但是，并不是唯一的市场，甚至有时也不是最大的市场。但是，影院是电影市场的逻辑起点。现代化多厅影院不断增长，数字影院及院线建设不断加快，这些将为中国电影数字化进程的加快奠定最坚实的硬件基础。

作为数字院线的一个代表，中影集团数字电影院线有限公司于 2003 年 12 月成立，由中国电影集团公司和华龙电影数字制作有限公司共同出资组建。宗旨是落实国家数字电影规划的实施，提高数字电影市场经营运作和协调能力，吸引外来资本共同开发中国数字电影市场。其职能主要是负责数字影院的建设与发展规划的实施；负责国内外数字电影节目的发行和放映。

中影集团每年发行国内外数字电影逾 30 部，票房收入过亿。从影片的放映成绩来看，数字电影显示出了极大的优越性，呈现出观映人数多、人均票价高、票房收入高等诸多优势。

为确保数字设备的正常运转和数字节目的排映，中影集团与全国各数字影院签署了《数字放映设备使用合同》、《数字版影片分账发行合同》，有效保证了数字电影的正常运营。

中影集团将用 3～5 年的时间建成 300～500 家数字影院。在较短的时间内建立数字电影发行放映实时监控和 IC 卡管理系统，实现卫星传输节目。届时，中影集团数字院线将成为电影发行放映市场中的一支重要力量，将有更多、更好的国产和进口影片采用数字放映的形式推向市场。

第三节　数字电影市场现状

数字化文化技术在全球范围的普及应用，数字电影在中国乃至全球都有了长足的发展，数字电影技术、设备等软硬件设施的研发与应用为数字电影市场的成长奠定了坚实的基础。

一、全球数字电影市场现状

2006 年 11 月全球 2K 商业数字影院有 1 868 块银幕，2007 年 11 月 10 日全球 2K 商业数字影院已达到 5 276 块银幕，增长了 182%（图 6－2）。

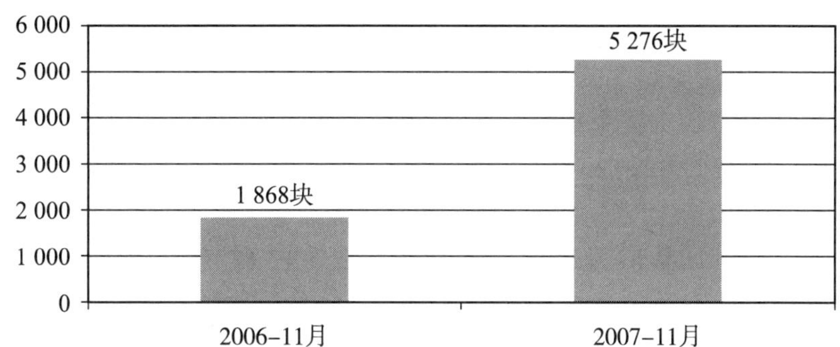

图 6－2　2006～2007 年全球数字影院增长对比

资料来源：国家广播电影电视总局电影数字节目管理中心。

二、主要国家数字电影发展现状（图 6－3）

（一）美国

美国的数字影院发展速度最快。2006 年 11 月美国数字影院为 1 347 块银幕，2007 年 11 月 10 日为 4 006 块银幕，同比增加 197%。美国数字影院的快速发展在全球发挥了引领作用，而 Christie/AIX 公司的数字影院发展项目和“虚拟拷贝费（VPF）”商业模式的成功运行对美国数字影院的发展起到了决定性的作用。Christie/AIX 公司于 2005 年 6 月成立，计划在北美推广、集成和管理 4 000 套数字银幕系统，此计划得到了好莱坞 6 大制片厂以及主要独立发行商的支持，并共同合作探讨“虚拟拷贝费（VPF）”商业运营模式。到 2007 年 11 月，Christie/AIX 公司在北美 14 条院线将完成 4 000 套数字影院系统的安装计划，并且在“虚拟拷贝费（VPF）”商业运营模式的探索方面也获得了成功。

伴随这一对全球数字影院发展影响巨大的项目即将告一段落，Christie/AIX 公司又制定了下一阶段的发展计划——到 2010 年年底再安装 10 000 块数字银幕。除了 Christie/AIX 公司的项目和发展计划以外，美国还有几项重大数字影院发展计划正在策划之中：2007 年 6 月 Technicolor 公司宣布计划从 2008 年开始，3 年内在北美安装 5 000 块数字银幕；以 AMC 娱乐公司为首的 3 家院线于 2007 年 2 月合资成立了数字影院执行伙伴——DCIP（Digital Cinema Implementation Partners），计划于 2008 年年初开始用 3～4 年时间完成对该团体所拥有的 14 000 块银幕数字化转换；2007 年 8 月，NATO 旗下的北美地区的中小型独立影院成立了一个独立发展数字影院的实体——影院采购团体（CBG－NATO－Cinema Buying Group－NATO），也计划于 2008 年年初开始推广数字银幕，目前确定要数字化的银幕数量是5 000块以上。目前，美国影院数字化的转换已经达到13.8%，以上这些未来的计划如果能够实施，2008年，美国的数字银幕数量将超过传统银幕数量，5年以内美国将全部实现影院数字化的转换。

美国数字影院的快速发展，给观众提供了更高的放映质量，使一些过去流失的观众又回归到影院中来，使得美国电影票房和观影人数都有较大幅度的增长：2006年美国的电影票房高达94.9亿美元，比2005年的89.9亿美元增长了5.5%；美国影院观众人数在2006年达到14.5亿人次（人均4.8次/年），比2005年增长了3.3%。无疑数字影院为促进观众继续回归影院、为电影票房的持续增长还将发挥更重要的作用。

（二）英国

英国是欧洲发展数字影院最早和最快的国家，起决定性作用的发展项目是英国电影委员会的数字银幕网项目（DSN－Digital Screen Network）。该项目于2003年启动，计划在全英国210家影院中安装240块数字银幕，目前该计划已经全部完成。该项目到2006年12月前安装的140套设备全部采用QuBit的服务器，但在使用中大多数影院用户提出QuBit的服务器在适应DCI技术要求和兼容性方面存在不足，因此按合同约定，在2007年2月开始由承包运营商英国艺术联盟负责将QuBit服务器全部替换成Doremi服务器。

英国数字影院经过4年多的探索实践和发展，虽然在提高票房、增加观影人数等方面都取得了很大成就，但目前仍然存在以下主要问题：运营商和发行商之间获得的利益不公平；数字节目的安全性还不能按制片商的要求得以全部保障；尚未探索出成熟的数字影院商业模式和投资解决方案；可供选择的数字版影片不足。为了解决以上部分问题，2007年6月英国数字银幕网项目的运营商——英国艺术联盟宣布与美国20世纪福克斯公司、环球公司签署了欧洲第一个商业数字影院虚拟拷贝费（VPF）协议，以推动英国和欧洲影院数字化项目的发展，并计划未来的几年中在欧洲12个国家发展7 000块数字银幕。到目前为止，虚拟拷贝费（VPF）模式在美国以外的国家还没有成功运行的先例，英国艺术联盟与美国两片厂的协议能否探索出一个在美国以外的、较为成熟的数字影院商业模式和投资解决方案值得大家关注。

（三）比利时

比利时KINEPOLIS院线是在欧洲影响较大的、第一个进行院线整体数字化转换的电影院线。该转换项目于2006年7月宣布开始实施，计划在2007年12月前将比利时KINEPOLI院线130块银幕全部完成数字化转变。但由于与美国好莱坞的“虚拟拷贝费”的谈判一直没有实质性进展，商业模式无法支持此项计划的推进，此项目没能如期进行，目前仅完成了49块银幕的转变。

隶属于比利时EVS集团的XDC公司成立于2004年10月，是欧盟最大的数字影院推广、集成和服务公司，到2007年10月在欧盟10个国家（比利时、荷兰、卢森堡、德国、瑞士、奥地利、西班牙、意大利、法国和瑞典）转换的数字银幕已经超过300块，目前正在利用该集团新推出的、按照DCI技术规范研制的服务器（Solo G3）对原安装的系统进行升级（2006年以前都是MPEG2格式的服务器）。该公司推广数字影院一般采取3种商业模式——全部租赁：一般为7年，需付设备租赁费和服务费；部分租赁：租服务器，影院自己买投影机；全部由影院买，XDC提供服务。

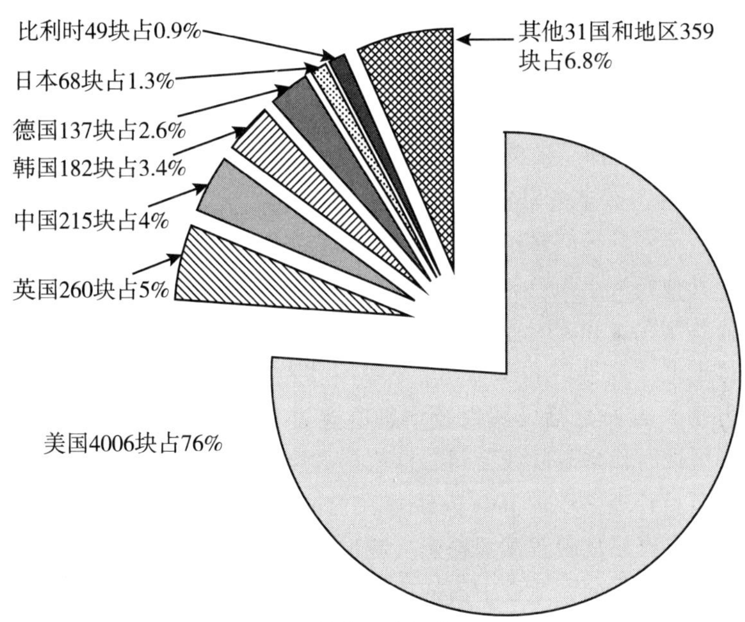

图6-3 全球数字影院分布及数量

资料来源：国家广播电影电视总局电影数字节目管理中心。

（四）韩国

韩国是亚洲数字影院发展较快的国家，到2007年11月10日，韩国共安装2K数字影院银幕182块。韩国数字影院的发展主要集中在CGV、LOTTE和MEGABOX三条院线，为了在市场竞争中取得有利位置3家院线纷纷进行数字影院的转换，他们之间的竞争也带动了其他院线加入转换的行列。韩国数字影院的转换主要是院线自己投资，政府所属的韩国电影振兴委员会在政策等方面给予了扶持。目前，韩国为适应不同影院的实际情况，正在探索建立小型数字影院（银幕尺寸：2.5m×6m、3.5m×8.5m、5m×12m）系统配置方案。

（五）日本

日本是早期数字影院发展较快的亚洲国家，但最近两年发展一直比较缓慢，目前（2007 年 11 月 10 日）有 2K DLP 数字银幕共 62 块；LCOS 4K 银幕 6 块。这些影院大部分属最早进行数字影院转换的 Tjoy 院线，由于购置的设备较早、价格较高，向 2K 放映机和 JPEG2000 服务器升级费用较贵等因素，造成资金回收方面不理想，影响了发展数字影院的积极性。而其他公司和院线受此影响仍然在观望和等待国际标准、检测方法的出台。

三、中国数字电影市场现状

2005 年 7 月 19 日，国家广电总局公布《数字电影发行放映管理办法（试行）》，不仅明确了数字电影发行放映的概念、模式和范畴，还首次明确允许并鼓励境内外企业和其他经济组织以多种形式投资数字电影院（厅），允许并鼓励境内企业和其他经济组织（不含外资）组建数字电影院线公司。《办法》还明确了成立专业数字院线和非专业数字院线的具体要求。这意味着中国数字电影的发展实际上将走上“高端”和“低端”齐头并进的两条道路。

在《办法》发布之后，国内数字影院建设有了快速发展。包括中影集团、今典集团下属的时代华夏院线公司、世纪东方旗下的世纪东方数字院线、广电总局电影数字节目管理中心的 dMs 院线等在内的六七家公司都已经宣布介入低端市场。中国数字电影放映正试图构建从城市到县乡的高、低端全面覆盖，技术标准统一、应用层次不同，适合中国特色的多元化应用格局。

除了《数字电影发行放映管理办法（试行）》，国家广电总局还出台了《国产影片数字化发行经费补贴试行办法》，对数字电影发行放映提供优惠和鼓励政策；广电总局还投资建设了规模化的电影数字制作基地，启动“电影档案影片数字化修护工程”，成立数字电影节目管理中心，建立了数字电影集成服务管理平台和数字电影节目库，研制了农村数字电影放映设备和流动放映系统。

在电影行业主管部门的大力倡导和组织、推动下，以及广大技术工作者的共同努力下，中国电影正在以发展数字电影为契机，加快向产业化迈进。2005 年，数字电影取得突破性进展，影院数量和银幕数量高速增长：2005 年全国院线新增影院 55 家，新增加银幕 272 块，院线影院总数达到 1 243 家，银幕 2 668 块，相比于三年前的 872 家、1 581 块分别增长了 42.5% 和 68.8%。影院及银幕数的增加为中国电影市场的扩大奠定了基础。中国数字电影的拍摄、放映数量和票房产出皆创出新高，数字电影发行、运营网络和技术支持服务体系也已初步建成，数字影院建设正加速展开。中国生产数字电影 52 部，中影数字院线公司已经建成 166 个专业数字影院（厅），全国已拥有 211 套数字影院放映设备。①

截止到 2007 年 11 月 10 日，我国共安装了 215 块 2K 数字银幕，其中，中影数字院线 32 块、星美 10 块、大地 30 块、中影首钢 143 块（图 6－4）。

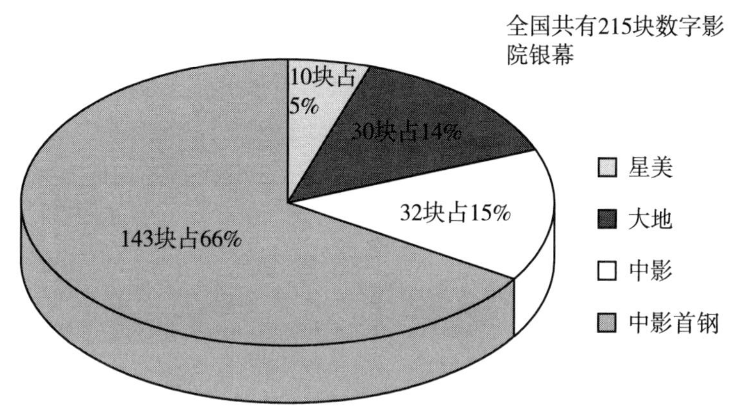

图 6－4　我国数字影院分布图

资料来源：国家广播电影电视总局电影数字节目管理中心 2007 年 11 月数据。

2007 年 5 月以后中影集团与首钢集团合资成立的中影首钢环球数码数字影院的建设项目，此项目目前已经安装了 143 块 2K 数字银幕，预计在 2007 年 12 月底将再安装 200 块，2008 年 3 月再安装 350 块，届时我国 2K 数字放映银幕将达到 770 块，位居全球第二。

我国数字电影在加紧向产业化迈进的过程中，也形成了中国独有的特点：②

（一）数字放映多层次市场应用格局已初显端倪

随着中影数字院线公司 166 个专业数字影厅的建立，以及数字电影发行、运营网络和技术支持服务体系的建成与完善，受优惠政策影响和市场空间吸引，社会资金和海外资本开始大规模参与中国的数字影院建设。中国电影集团公司与美国第一空间公司已正式成立合资公司，致力于专业数字影院建设与经营。广州大地数字院线公司亦已启动建立 100 个高档专业数字影厅的计划。截至 2006 年下

① 尹鸿、詹庆生：《2005 年中国电影产业备忘》。

② 张丕民：《2006 年度全国电影科技工作总结摘要》。

旬，全国已拥有超过 200 套专业数字影院放映设备。中国数字影院（厅）的数量在全球仅次于美国，位居世界第二。另据统计，2005 年中影数字院线公司发行中外数字版影片 37 部，当年票房收入突破 111 亿元，2006 年已发行中外数字版影片 36 部，票房收入近亿元。其中，国产影片票房占到总数的 7811%，成为国产影片发行放映的重要渠道之一。城镇社区和广大农村的电影发行放映是电影产业中极其重要的组成部分。2005 年 6 月，国家广电总局组织研发的 dMs 系统在浙江台州进行了技术试验和运营模式的探索。之后，2006 年有 2 000 余套流动放映设备分批投入试点省、市运行。与此同时，已有 8 套适应于社区、农村的流动放映应用系统先后通过总局质检机构测试，都在积极探索市场运营模式，为更好地激活市场、多出效益提供更多渠道。专业影院与流动放映，以适合中国国情的数字放映技术体系共同构成了技术标准统一、应用层次不同的多元化电影市场应用新格局。

（二）数字化制作已成为影片质量的重要保障

数字技术在电影行业的广泛应用，成为再次推动电影发展的动力之一。数字中间片技术作为目前国际上日益成熟的一种新的电影数字化后期制作工艺，得到国内外电影业界人士的密切关注。这种技术使传统胶片电影的后期制作工艺产生革命性的改变，为电影制作提供了更为丰富的创作手段，使电影的技术质量和艺术水平都提升到了一个新的高度。继 2005 年《太行山上》首次全片采用数字中间片工艺之后，2006 年的《第 601 个电话》、《云水谣》等影片都全片采用了数字中间片工艺，探索和积累了经验，为下一阶段的推广应用，进一步提高我国电影制作质量奠定了基础。

（三）利用数字方式拍摄电影异军突起

2005 年全国数字电影的创作生产迅猛发展，焕发出蒸蒸日上的产业活力，直接利用数字设备拍摄的数字电影达到了 52 部，约占全年总产量的 20%。为使数字电影真正发挥优势、形成规模，在电影市场中发挥更大作用，从 2006 年起，国家广电总局开始把采用高清设备拍摄的电视电影纳入数字电影的统一管理范畴。2006 年截止到 8 月，已有 100 多部数字电影通过影片审查。随着数量的增长，数字电影的质量也显著提高，一批青年创作人员踊跃涉足数字电影生产领域，积极探索并初步掌握了数字电影特有的技术规律和艺术规律。一个可喜的现象是，近几年中国的数字电影开始在国际舞台频频亮相，继《银饰》在 2005 年获日本数字电影节技术奖之后，2006 年，《租期》再获该电影节大奖，《院长爸爸》、《塔克拉玛干》等片在 2006 年的大学生电影节上获得好评。影片《江城夏日》在戛纳电影节亦有收获。影片《疯狂的石头》更是以300万元的投入，取得票房超过2 200万的喜人佳绩。数字电影以新的成本概念和新的影像效果，赢得了市场，吸引了观众，并激发了有识之士的投资热情，成为电影创作中不可忽视、极具潜力的新生力量。

（四）新的市场应用空间应运而生

借助于数字技术，电影多媒体市场逐渐得到深度发掘，除传统城市影院、电视、家庭音像之外，新型的社区、农村影院、特种电影放映，以及利用互联网、移动终端等形式的商业细分应用模式也开始不断出现，形成以电影节目为龙头，借助形式多样的技术手段，通过各种增值服务构成的完整产业链，极大地拓展了电影的市场空间。

第四节 数字电影运营模式分析

运营模式一直是影响数字影院发展的两大重要因素之一，自从数字影院推出以后各国都在进行不断的研究和探索，美国首先推出“虚拟拷贝费”运营模式，并经过两年多的实践证明在美国是可行的，而且基本达到了各方预期的回报和期望值。但是，这种运营模式在美国以外很难推广，主要是其他各国与美国的情况有较大差别，体现在片源供应不像美国那样集中和单一，各国不可能像美国那样主要发行好莱坞影片；另一方面是影片的发行方式和数字影院的发展规模不同。这两方面原因使得“虚拟拷贝费”模式在其他国家很难推行或无法推行。因此，相关国家也在发展数字影院的同时根据本国和本地区的实际情况探索适合、可行的运营模式，目前包括美国的模式在内，有以下几种运营的模式：①

（1）虚拟拷贝费模式；

（2）租赁模式；

（3）院线自购设备与发行商商定分成比例模式；

（4）发行商或第三方提供设备，与放映商商定分成比例模式。

这些不同的商业模式是否适合各自数字影院的发展，还需要经过一段验证和完善，但不论哪种模式只要能兼顾各方的利益，能调动各方积极参与数字影院的发展，就是最佳模式。

---

① 李枢平：《数字影院发展的突破性计划》，《影视技术》，2005年第8期。

中国的数字电影院线已经开始着手建立，毫无疑问，这一数字院线将带动和促进我国电影数字化的发展。随着电影数字化的发展，电影的原有产业结构将发生大的调整，产业资源将进行重新整合与重新配置，数字电影的运营模式也将发生改变。

一、建立、健全技术管理和保障体系

随着新技术的不断应用，数字方式下的电影节目制作、发行和放映，需要在一个统一的技术标准和技术服务平台上实施，数字电影高科技的特点决定了要建立相应的有别于传统行业的特殊的经营组织，形成特殊的技术管理和保障体系。为此，国家广电总局成立了电影数字节目管理中心这一事业单位，并投入大量资金用于电影节目资源整合和系统平台的建立，为国内的电影数字化节目管理、分发和多元化经营提供高质量的技术服务平台。

数字节目管理中是数字电影发行放映的核心，是由技术人员和技术设备构成的，以技术手段进行处理、发送、管理为内容的数字电影发行放映的基础技术平台。其基本职能包括：对所有数字节目进行加密和解密；对所有数字节目的放映进行传输（方式包括 DVD、宽带网、卫星，目前主要是 DVD）和通过网络直接对每一家影院放映的每一部数字电影进行管理，其中加密、解密的职能尤为重要。

通过对数字电影内容加密和版权管理，强化行政管理手段，规范电影市场，实现市场利益的合理分配，推动电影产业化发展。截止到 2006 年下旬，该中心已初步完成电影数字节目库的基本建设，已完成近 400 百部电影节目的数字化转换工作，以及 370 余部故事片的流动放映母版制作。

二、建设完整的产业链

电影产业链一般由制片、发行、放映三个部分组成，数字电影的运营模式也要求建立完整的产业链。完整的产业链能够降低全行业资源整合的难度，有利于数字电影的运营。

（一）节目（内容）供应

节目（内容）问题一直是阻碍数字电影，包括高清电视（HDTV）发展的一个瓶颈。在国内电影节目供应不足的情况更为明显，因此发展数字电影必须着力解决这一问题。

首先，要加强数字节目的制作，在数字电影的制作方面，国家广电总局投资建立的中影华龙电影数字节目制作有限公司就是应该成为国内的数字节目最大的制作基地，成为国内主要数字节目，尤其是数字电影节目的最大的供应商。目前，国内还不可能出现乔治·卢卡斯那样的完全数字化拍摄的影片，因此主要工作就是将优秀的国产影片数字化（扫描），同时，鼓励和加强电脑制作的动画影片生产。值得注意的是，国产电影数字化一定要在技术上和市场影响上保证影片的质量和效果，数字电影要发展首先要得到观众的认可，赢得观众和市场。

其次，加强进口影片数字版的引进。进口影片目前仍然在国内电影票房中占有较大比例，近几年美国的主要影片都制作了数字版，因而数字电影院线一定要与相关部门协作（甚至单项统一管理），将进口分账影片（可以包括一些复映片）引进来。与中影影片进出口部门等相关部门的协作是解决节目供应的重要一环，同时也是集团公司发展数字电影团队作战的一个优势所在。

（二）数字电影的发行

在数字电影领域，借助拷贝光盘进行发行的优势已经不言而喻。数字电影管理中心的建立将改变原来的电影发行模式，形成适合数字电影的全新发行模式与保证体系。当技术平台建立，院线初具规模，影片供应基本保证之后，数字电影将通过网络来完成发行工作。因此，数字电影的发行模式可以分三步组成，第一步由邮递光盘放映；第二步将影片上星，由卫星转发到城市影院、社区、其他院线，农村采取非实时放映；第三步采取实时性播放，即一部影片上星后，城市、农村均可实时下载播放，电影市场将可遍及城市、乡村，从节目制作到节目压缩、上星及地面接收网、星网结合都成为一套现代化的科技运营手段（图6－5）。这对于传统拷贝拍摄、发行放映都将是一个质的飞跃。

（三）院线管理

数字院线的管理要做到经营管理权的统一。现阶段院线组建和管理过程中，首要的是处理好影院的选择和签约关系，要选择那些在当地有影响的、设施、设备先进的好的影院，同时也要从现实利益上和长期战略上与各个院线和影院统一思想，统一认识。

数字院线发行电影的主要媒介在相当长的一段时间内都将是DVD－ROM，而作为数字化的内容，宽带网络、卫星都可为数字电影提供更优质的、及时甚至更便宜的传输手段。未来数字电影运营的理想蓝图是电影通过卫星发射，每个城市（或中心地区）由一个卫星接收设备进行接收到当地的节目管理中心，再通过

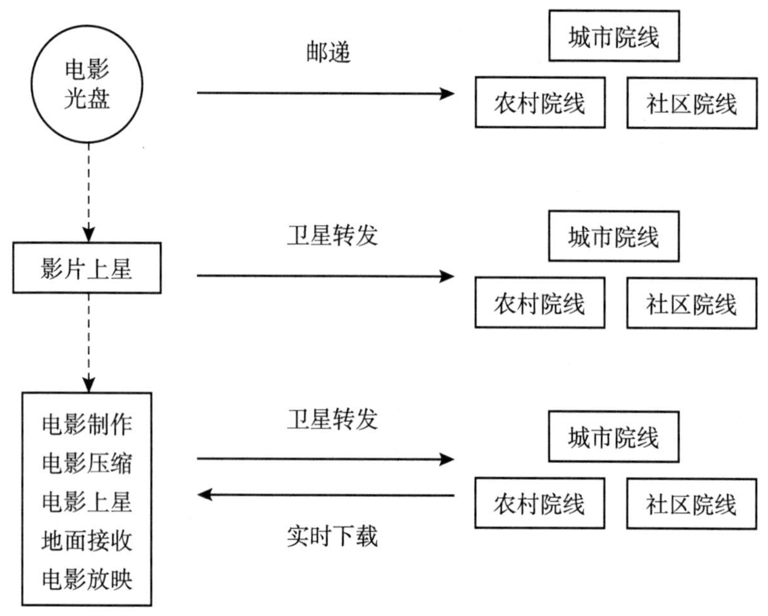

图 6-5　数字电影发行模式

网络光缆传输给每一家数字影院的每一个放映厅，在院线总部的计算机工作站对全国的数字院线进行实时管理。这一运营模式的优势体现在经营中就是管理效率的质的飞跃及效益的大幅度提高。波音公司一头扎进数字电影领域就是可以充分而廉价地应用其卫星传输网络，好莱坞对电信公司的忌惮也是由此而来。因而，与卫星通信运营商、电信运营商、网络运营商的合作尽管为时尚早，但却是不可避免的。

此外，数字电影作为一个新生事物，其发展还取决于观众的认可与欢迎，因此，可以从数字技术这一角度，利用数字标识为数字影院颁发统一的标志牌，定期为影院制作统一的映前数字短片，进行大范围的统一宣传活动。

三、拓展数字电影产业价值链

在完善数字电影产业价值链的基础上，加强与电影相关领域的合作与渗透，拓展数字电影产业价值链，实现更多环节的盈利点。例如，借助数字技术，可以进行多业务运营及横跨电视、网络、音像出版等多媒体以及主题公园、玩具、食品、服装等多领域的经营，这是数字电影与传统电影相比最大的优势，也是拓展数字电影产业价值链的主要方式。

一方面，数字院线建立之后的相当一段时间都将面临着节目短缺的问题，迅速地发展出其他业务，例如，举办音乐会实况转播或录播、开展远程教育、举办大型会议等。这样不但可以弥补这一不足，而且可以迅速建立起行之有效的盈利模式，从而在一定程度上保证加快回收投资，促进数字电影的健康和持续发展。

另一方面，从经济学角度看，电影生产出来以后，每增加一个消费者的边际成本微乎其微；成功的电影可以低成本地扩展到电视剧、动漫游戏、小说的生产中，并衍生玩具、服装等产品。因而，电影经济既是规模经济，也是范围经济。将电影这种范围经济效益发挥到最大的一个例子就是好莱坞，好莱坞电影企业收入的20%来自电影票房，80%来自电视播放版权及VCD等音像版权以及后电影开发（也有一种说法是好莱坞电影“三三制”，即票房、版权、后电影开发收入各占1/3）。①

借鉴好莱坞电影的盈利模式，我们可以将电影产业的价值分为三个层面：票房价值、跨媒体价值和多领域价值。票房价值层面主要是影片的国内和海外票房收入；跨媒体价值层面主要包括电视播放版权、音像制品（VCD、DVD、录像带、磁带等）以及动漫、游戏、报纸、短信等；多领域价值层面主要指除电影领域之外的纪念品、玩具、食品、服装、主题公园、度假村等其他领域产生的价值。而其中居于核心地位的是电影票房价值，也是跨媒体价值和多领域价值的基础，跨媒体价值和多领域价值则成为电影产业链延伸与拓展的主要盈利点。按照好莱坞的说法，电影的票房价值是“火车头”。电影跨媒体价值和多领域价值能否产生，产生的价值量有多大，主要取决于电影票房价值的大小，只有电影获得了巨大的票房，才能带动其后电影开发产品的热销。

电影产业以电影票房为核心价值，通过整合其他媒体资源（电视、音像、动漫、报纸、电讯等）、文化旅游资源（主题公园、度假村等）以及其他市场资源（如玩具、食品、服装等），来充分满足消费者的消费需求，从而实现资源配置的最优化和价值的最大化，这就完成了电影产业价值链的拓展与延伸。因此，电影产业价值链能否良好运作，从而实现电影产业价值的最大化，关键在于能否生产出具有巨大票房潜力和流行价值的影片。

作为“内容之王”的电影插上了数字化的翅膀后，已经可以飞得更高更远了。数字化的电影可以更容易地转变为电视、DVD、录像、网络节目，依据电影制作的数字游戏也变得更为方便。实际上，数字电影为“后电影产品”的开发提供了巨大的源泉与动力。数字电影带动了相关产业链的发展，振作了整个电影市场，并激活了广告、招商等多种功能。随着数字影院数量的增加和片数的更新，其社会效益和经济效益会越来越大。

① 姚志文：《对中国电影产业发展的几点建议》，《浙江传媒学院学报》，2006年6月。

从全球和具有代表性国家数字影院的运营发展可以看出，数字影院总体发展迅速，商业发展的规模已超前于技术发展；但就全球而言发展不均衡，大部分国家仍然在进行尝试性的试验，或是等待数字影院技术和运营模式的进一步成熟。因此，当前数字影院的发展仍处于过渡阶段的末期，距离成熟性的大规模发展仍需一定的时间。

本章小结

从20世纪初算起，电影已经走过了一百多年的历程，它把商业、技术和艺术结合得如此成功，以至于发展到现在的电影行业已经形成了规模庞大、分工复杂的体系。回顾上一个百年，我们可以清楚地看到：对电影的变化具有重要推进作用的，是建立在现代科学技术发展基础上的电影技术的进步，尤其是作为电影基础的胶片摄影已经开始出现小小的革命曙光，这就是已经开始在电影制作中逐渐占据主流位置的数字技术。

当然，电影的数字化远远不是从胶片制作到数字技术制作那般简单，本章所研究的电影数字化指的是包含了电影制作工艺、制作方式、发行及播映方式上的全面数字化，它是传统的电影产业在数字化浪潮冲击之下的必然选择。本章从一开始就对电影的数字化进行了概念上的界定，指出数字电影相对于传统电影生产的一些优势，比如它在画面、声音上的表现力，数字电影在放映和发行上的成本优势等。我国在数字电影方面也取得了一些成就，包括数字技术的广泛应用和硬件设施的逐步增多。基于上述可喜的变化，我们预测数字电影的市场前景是非常广阔的。

本章第二节，我们研究了数字化对电影产业各角色的影响，尤其是对几个关键环节的影响——制作、放映与发行环节，数字技术的应用不仅大大提高了工作的效率，而且在很大程度上降低了电影的生产和发行成本。另外，数字技术也对电影产业的其他环节造成了影响，包括器材提供商、集成商和影院经营者等。

本章的第四节是数字电影在国内外的发展情况总结。国外数字电影发展情况比较好的地方值得我们学习，给我们提供一定的参考价值。当然，那些统计数据表明，我国数字电影产业也已经并且正在取得更大的发展成就。

本章内容的最后一节，我们关注的是数字电影的运营模式。数字电影是在原有电影产业链基础上的新型产业链，参与其中的各方如何调整自身的定位从而取得使得数字电影产业更好更快的发展，这方面的内容可以为我们思考的问题提供一些参考。

第七章

报刊业内容产业发展研究

报刊行业在数字化背景下的重新建构涉及方方面面的变化，包括网络硬件、平台、业务形态、内容形式等。但同时，报刊本身又是拥有内容资源和品牌优势的，这是我们传统报刊的核心竞争力；另外，各种数字技术和数字平台是可以为我所用的，数字化工具可以提高内容生产的效率，而各种各样的数字新媒体也可以成为报刊内容的出口，报刊内容因而实现了价值最大化。本着这些原则，我们开始报刊数字化方面的研究。

在本章中我们将讨论关于报刊行业的数字化发展。首先，我国的整个环境发展为报刊的数字化发展提供了较好的契机，国家政策给予了大力的支持；技术上的发展也客观要求了报刊行业和报刊社的数字化；市场上传统报刊要面对互联网等新媒体的威胁必须走上数字化的道路从而与之抗衡；受众的不断分化，以及对于互联网等新媒体接受程度的逐渐加深也是报刊数字化的重要动因。

目前，报刊的数字化已经形成了较为完整的产业链模式。而数字化报刊运营包括三部分：第一种是传统报刊的数字化运营；第二种则是数字化报刊高度网络化运营的模式；第三种是与通信技术结合的数字化报刊运营模式。在本章的最后，我们将探讨数字化对整个报刊行业发展带来的影响，同时也对报刊数字化的发展趋势作了一定的预测。

第一节　中国报刊数字化的背景分析

报刊的数字化发展建立在特定的背景之下，这些因素来源于政策层面、技术层面、市场层面、用户层面等。本章内容将会从这几个层面对报刊的数字化发展的背景进行简单的归纳介绍，从中可以发现我国报刊行业在数字化浪潮冲击下发展数字内容产业的动因，并对报刊行业内容产业的重新建构形成深层次的认识。

一、政策环境

（一）深化文化体制改革促使报刊数字化

近几年来，党和国家不断深化文化体制改革，成为了报刊数字化最重要的政策背景。为贯彻《中共中央、国务院关于深化文化体制改革的若干意见》和全国文化体制改革工作会议精神，推动全国出版发行体制改革向纵深发展，新闻出版总署于 2006 年 8 月出台了《新闻出版总署关于深化出版发行体制改革工作实施方案》，推动出版发行体制改革由试点转向全面铺开。

根据方案精神，党报、党刊、时政类报刊及少数承担政治性、公益性出版任务的出版单位实行事业体制，由国家重点扶持发展；一般的出版单位和文化、艺术、生活、科普类报刊社将被逐步转制为企业。转制为企业的出版社、报刊社、出版物进出口公司要坚持国有独资或国有绝对控股，实行特许经营或许可证管理。

另外，《实施方案》还公布了试点单位两种具体转制做法。对于报业集团来说，可以普遍采取将报刊社的发行、广告、印务、传输、置业、物业等经营性资产剥离后组建有限责任公司的改制模式，而发行集团则采取整体转制模式。同时，《实施方案》还鼓励转制企业实施股权多元化、积极进行股份制改造以进入资本市场壮大发展。

尽管报刊作为主流媒体的地位始终很重要，但报刊的广告利润被互联网等新兴媒体的分流已是不争事实，因此，在深化文化体制改革的大潮下，越来越多的报刊社已经清楚地认识到必须顺应高新技术的发展趋势，超越固有的媒体形态和运营模式，进行数字化转型。

而事实上，中国报刊业正面临着一场战略性转型和结构性再造的挑战。根据 2005 年《中国报业发展报告》预测，未来三五年内，报纸出版单位将树立“数字报业”战略，加快向数字内容提供商转型，发挥新闻和原创内容的优势，占据竞争制高点。

2006 年 8 月 5 日，新闻出版总署报刊司正式启动“数字报业试验室计划”，“数字报业”的理念开始在业界形成，一些报业集团和报社率先对报刊数字化进行了积极的探索和大胆的尝试。

（二）新闻出版业“十一五”发展计划促使报刊数字化

数字传播技术的迅猛发展，数字新媒体的强烈冲击，让报刊业在感受到实实在在威胁的同时，也意识到只有“数字化”才是应对危局、走出困境的必由之路。

新闻出版总署发布的《全国报纸出版业“十一五”发展纲要（2006～2010）》明确指出，传统报（刊）业的“数字化转型”成为我国报（刊）业进一步发展的战略方向。而报刊业的数字化转型的核心在于报刊业经营模式的转变，报刊社的角色将由新闻信息提供者转向综合信息服务平台的经营者。

在数字时代，新闻出版业、广播电视业、娱乐业、信息产业、家电制造业等各类相关行业的行业壁垒将逐渐消除，众多关联产业共同整合在内容产业的旗帜之下。于是，传统报刊业正面临着一场战略性转型和结构性再造的挑战。报刊业集团将不再是报纸期刊品种的单一组合，而是向着多媒体方向的组合和转型，会通过网络、无线通讯等方式向音频、视频等多个领域延展。

（三）报刊数字化开始受到相关部门的监管

报刊业的数字化、手机报、电子杂志等报刊数字化产物的出现给人们带来便利和快捷的同时，也给政府主管部门带来新的监管课题。

虽然对于手机报、电子杂志等的经营至今还没有全国性的管理办法出台，但是相关的主管部门已经着手制定有效的管理政策对其进行监管。对报刊数字化的监管，使报刊数字化的一些新型产物有规可依，使之由技术达标为主的粗犷性发展转向数字化产业本身的纵深发展。

以手机报为例，电信主管部门认为，因为手机报向用户收费，应将其定为短信、彩信或WAP业务运营，属电信经营行为，理应取得电信增值业务许可证，而目前的运营现状却是，已有的手机报大都没有到电信管理部门申请办理。报刊业相关部门则认为，对手机报进行舆论和政策引导非常必要，监管应首先考虑手机报内容带来的社会责任等方面的问题。因此，手机报运营权利和资质的审批权应归政府新闻出版部门审批，以确保手机报内容的健康和报业的合理经济获利。

业界也存在一种相对平衡和融合的对报刊数字化的监管观点，认为报刊业开展的包括无线增值服务业务和互联网信息服务业务在内的报刊数字化信息服务业务应当首先得到电信管理部门的前置审批的经营许可，而当报刊业开展数字化运营业务时的内容监管等问题则由政府新闻出版和宣传部门负责，技术支持、平台建设以及定价等则由电信部门进行监管。

总的来说，报刊数字化正在开始逐步受到相关部门的注意和监管，相关的政策规定正在逐步出台，这对于报刊数字化市场的规整，起到了基础性的作用。

二、技术环境

（一）数字化报刊经营管理的技术特点

一直以来，在报刊经营管理诸如广告和发行等一系列运作中，手工的操作方式存在着各种各样的缺憾。但是，只有及时、准确地掌握经营部门的运营状况，进而作出正确的商业决断，及时调整经营战略，才能在竞争中保持优势，并获得持续增长的收入。而报刊的数字化运作，则为报刊经营管理提供了更好的技术保证。[①]

1. 数字化经营使客户订单流程更便捷

在报刊经营中，广告、发行的订单资料是基础的数据资料。传统的手工操作流程中，前台人员收集的订单资料，会受不同因素的干扰，无法及时地传递到后台制作流程中；不同区域、不同业务人员的订单内容难以准确统计分析；还有后台制作过程中出现突发事件，没能及时传递到前台，与前台接收的订单发生冲突等。而数字化管理，实现了前、后台所有相关人员共享订单信息，顺理成章地解决了上述的矛盾，大大提高了工作效率。

2. 数字化经营使客户资料更完整

对于任何媒体而言，在广告和发行的过程中，客户资源无疑是最重要的，对于数字化的报刊业来说，也是如此。但面对大量的客户资料，其统计、保存、检索及再利用，所涉及的工作量的繁琐与庞大，在手工操作的条件下是难以应付的。选择数字化管理后，报刊经营总遇到的这些问题都能迎刃而解，使得客户资料的处理相当方便。

3. 数字化经营使广告价格调整更科学

媒体广告的价格制定问题，是经营者和客户最为关切的，也是极为敏感的问题，需要在报刊社、客户、代理公司之间寻找合适的平衡点，才能够科学地招徕客户，使媒体得以快速地获得盈利。如何巧妙地掌握这种微妙的平衡关系，使之规范化、科学化，是每个报刊业者和客户所追求和需要的目标。

要解决这个问题，需要及时、准确地掌握自身和竞争者的诸如公开报价、折

---

① 部分论点引用自李彦魁著，《试论报业数字化》，中国社会科学院研究生院硕士论文，2002 年 9 月 1 日。

扣、每日收入和支出等各项相关数据，并进行精确的分析，作出科学合理的商业决断。而传统手工劳动很难及时、准确地提供和处理这些数据，在报刊进行数字化管理后，数字化工具不仅可以及时、准确地提供这些数据，还可以自动的分析基础数据，为决策者提供更为周密和科学的分析结果。

4. 数字化经营使财务信息处理简单化

报刊经营的广告客户的诸如交款方式、进款进度、欠款记录、代理商的财务状况等账务情况在手工操作的条件下很难及时、准确地掌握和管理，而报刊发行过程中的各环节的费用计算和统计也存在着同样问题。在这些环节中，利用数字化工具进行统计整理后，各项指标和数据就会相当清晰，使经营者处理起来相当方便。

可以看出，报刊业在采用数字化技术后，不仅可以从根本上解决上述问题，而且可以使报刊社的经营活动更为现代化、科学化、规范化，使经营过程简单快捷，经营策略更有的放矢。同时，数据的准确性、及时性、完整性和安全性都是人工手工操作所无法比拟的，报刊经营活动的科技含量大大提升，带来的是数字化报刊业的进一步发展。

（二）报刊内容与媒介数字化的技术特点

1. 报刊内容与媒介数字化使报刊能整合其各项资源

对于传统报刊来说，其客观的内容性、深刻的观点使报刊相较于网络等电子化媒体而言成为更受人们信任的媒体，从而具有一定的影响力并能更有效地引导社会舆论。从现阶段看来，报业与互联网等新兴媒体相比较，仍然在很多方面具有明显的优势。报刊数字化后，可以发挥传统报刊的长处，并汲取数字化媒体的优势，才能立于不败之地。

就目前来看，传统报刊的生存空间随着时间的发展和新媒体技术的不断改进有可能进一步缩小，报刊业应该在发扬自身的传统优势和资源的基础上，加快其数字化进程。由于报刊业的信息传播更权威、深刻、公正，报刊业应在明确保证此核心竞争力的情况下，充分合理利用数字化的媒介形式和表现形式，以使传统报刊得到其数字化的延展，更好更广泛地到达受众，为受众服务。

在整个报刊数字化的过程中，报刊应实现传统内容在数字化媒体环境和技术手段下的成功转型和过渡。因此，与数字化媒体进行有效整合的方式应该成为报纸发展探索的重要领域。

事实上，整合既包含报业将权威、已有资源等方面的优势通过数字化的技术手段向数字化媒体延伸并到达更广泛的受众，也意味着需要借鉴数字化媒体在盈利模式和经营管理体制方面的优势，实现整合意义上的转型，而不是单一的技术转型与内容更替。数字报刊是全方位的行业变革而非简单的报刊内容数字化。

2. 报刊内容与媒介数字化使报刊能降低生产成本

传统报刊的核心竞争力是对客观真实的新闻和有价值的内容资讯的提供和深入分析的能力，这种报业核心竞争力应该在数字化引领的不同传播介质中依然存在，并可以是自由发挥和选择的。纸质媒体是目前传统报刊的传播介质，在历史上和现今的传播中发挥了最重要的作用。但数字化大潮到来之时，网络、手机等媒体的出现，使纸媒不再是报刊业传播新闻内容和资讯的唯一可供选择的介质。

而事实上，传统媒介从纸媒体到数字化媒体的延伸能够保持其本来的核心竞争力，并能够实现其利用内容和发行积累的优势，积极整合互联网、手机等新兴媒体，实现自身的数字化，从而实现内容一次生产、多次利用而降低成本，从而使报刊业最终实现整体的持续增长。

目前，国内部分报业集团已经在整合新兴媒体，实现内容一次生产、多次利用方面进行了有益的尝试。2007 年 4 月，《广州日报移动数字报纸》通过微波传输试验发行，为读者提供方便和及时的信息。所谓无线微波传输发行，即通过数字广播方式实现自动发送《广州日报移动数字报纸》的“空中邮局直递系统”，把内容主动发送给用户。这将使《广州日报》成为全球第一份通过广播微波发射方式“发行”的报纸，是业界一个里程碑式的跨越，从而真正使《广州日报》在广州任何一个空间里“无处不在”，用户只要拥有阅读器，就可以实现随时享受报纸阅读以及因此而带来的其他信息。《广州日报移动数字报纸》自 2006 年 12 月正式启动以来，已经有 7 000 多名全国读者每天通过用阅读器从互联网上下载，读到当天的《广州日报》，完全不受时间地域的限制。①

三、市场环境

（一）互联网等新媒体的威胁

1. 互联网对报刊内容产业的冲击

中国的媒体业刚刚迈出市场化的步伐，却迎头遇上了互联网大潮。一方面是互联网继续突飞猛进；另一方面是报业遭遇历史性的“寒冬”。

有资料显示，目前在中国，30 岁以下人士已不怎么看报，有些年轻人上网娱乐费占到年收入的 1/15。未来中国的互联网用户数量每 3 年左右即可翻番，2007 年可达 2 亿人，2010 年将超过 4 亿人。“网络原住民”（25 岁以下人群）的

① 庄传伟：《报业数字化转型的立体策略》，载《新闻战线》，2007 年第 6 期。

队伍在壮大，上网者的年龄范围也在扩大。报业的危机具有长期性。[①]

实际上，几年间，各大互联网门户网站已经使其内容充分整合了传统的报刊内容，这使得传统报刊的市场空间受到了规模化的挤压。于是乎，“互联网等数字化媒体是传统媒体的掘墓者”的观点曾一度在传媒界流行。因为报刊业一直“毫无保留地向网络供奉所有的内容资源。一张综合性报纸的采编经费每年高达几千万，但全部新闻信息交给门户网站，得到的报酬不过区区几万几十万元。”[②]

对于数字化的新媒体，诸如互联网等媒体来说，它们与传统报刊相比的优势很多。体制优势、技术先进、成本低廉、政策限制较少、投融资实力雄厚等各方面原因，使得其暂时力量相较强势，而传统报刊在内容生产上显然不能和数字化新媒体相提并论。

2. 互联网冲击报纸分类广告

互联网最初引起报业注意的时候，看起来只是一种新的较便宜的发行媒介，报纸便把印刷内容原样搬到网站上。报社考虑的问题是该不该收费，把所有内容都搬上网会不会影响报纸的发行量、广告价格该如何定等。

实际上互联网其实不只是一种新的发行媒介，它还将从根本上动摇甚至破坏报纸赖以生存的根基。

报纸是以捆绑在一起的几种商品和收入来源来收回新闻写作、报纸印刷和发行网络的中成本，这几种商品就是不同采编内容、股市行情、天气预报，收入来源就是分类广告、形象广告、商品促销广告和发行价格。必须具备新闻内容、纸张和发行系统等条件，才能办一份吸引读者的报纸，有了读者，才能吸引商家做广告，因为办一份报纸的启动成本较高，一般人不会轻易染指报业。

但是互联网的出现使得做一个出版人非常容易，如分类广告商可以设立自己的网站，因为省略了新闻内容、印刷等一系列环节，广告价格也比较低，回头再看看报纸，原来竟是将许多不相干的行业捆在一起，一旦维系它的黏合剂消失了，各个部分就散开了。

互联网的分类广告是报纸分类广告的最大威胁所在。在我国如人才交流、图书销售等以专项内容为主的网站已不少见。而国外的情形更加严重。

根据美国莫顿研究公司的统计，分类广告收入占美国报纸总收入的30%左右。在英国，据广告协会统计，分类广告占全国性报纸收入的12%，在地区性报纸收入中则占51%。失去分类广告，大多数报纸的生存将成问题，而互联网最容易渗入的领域就是分类广告，因为分类广告最能体现互联网的优势。例如，洛杉矶的一个人在找工作，他在报纸上只能看到本地的招聘广告，而通过互联网

①② 陈芸：《传统报业：数字化下求生存》，载《青年记者》，2007年第1期。

他也许可以在纽约甚至新加坡找到一个好职位。

互联网的另一个优势是搜索能力极强。传统报刊的搜索极其繁复，要耗用大量的时间和精力，而互联网用户只需在电脑上输入具体要求，几秒钟之后就会看到结果，比从报纸上寻找信息要快捷得多。

由此可见，互联网大大冲击了报纸的分类广告，挤占了报纸的生存空间。

（二）报刊业由片面防御到主动竞争

1. 旧媒体的自我防御

曾经一度，大量互联网站都在无偿使用或者以极低的价格使用传统报刊的内容资源，使得报刊业在内容优势上蒙受了巨大的损失。

2006 年年初，在《解放日报》报业集团的倡议下，来自全国 39 家报业集团的“一把手”们，共同制定向网络媒体提供新闻内容的定价规范，集体向门户们收费，欲建立“内容联盟”。另外，加入“内容联盟”者须缴纳一定金额保证金，如果同盟成员违反规定，联盟将会扣除其保证金，并将以媒体声讨的方式给予其惩罚。

同时，世界报业协会也拟向搜索引擎业收取费用，据悉，报业协会组成一个特别小组，共同研究可能取得报酬的方式，同时研究制定一套规则，为报纸、杂志出版业者和搜索引擎之间建立一套正式商业关系的标准。据悉，世界报业协会可能提出的解决方案将会是：让某些搜索引擎支付版税或与出版方达成商业协议，然后在限定时期内发布得到授权的图片和文章。例如，比利时一家法庭责令谷歌（google）立即在其新闻网站上删除未经授权登载的比利时法文和德文报纸上的文字和图片新闻，否则将面临每天 100 万欧元的罚款。

事实上，早在 2002 年，我国最高人民法院就曾指出，报刊上发表的短小文章和互联网上发表的短小文章，作者没有作出“不得使用”声明的，互联网可以不经过许可使用，但是要支付报酬。由于该司法解释没有规定后续的报酬标准，所以就出现了互联网使用这些作品时，实际上没有支付报酬。

2006 年，由温家宝总理签署的国务院《信息网络传播权保护条例》（下称《条例》）正式出台，并于 2006 年 7 月 1 日起施行。《条例》规定，除法律、行政法规另有规定的外，任何组织或者个人将他人的作品、表演、录音录像制品通过网络向公众提供，应当取得权利人许可，并支付其报酬。此《条例》进一步明确了网络转载需付费，但相关的费用标准的制定仍需要业界不断探索。

2. 旧媒体的变革——融合新媒体

报刊作为传统的大众传媒之一，随着传播技术的发展进步，已经若干次接受新媒介的挑战，在激烈的竞争中生存下来，并得到发展。回顾传统报刊业的发展，变革是面对挑战的唯一不变的对策。

如果说在互联网的早期，网络媒体的威胁还主要体现在它的载体的先进性上，即海量信息的存储和搜索，信息传播的速度、时效和规模，那么在 Web2.0 时代，信息的生产方式也发生了巨大的变化。通过博客、论坛、视频短片，互联网用户从纯粹的新闻受众转变为新闻的制造者，导致越来越多的时候，传统媒体的记者编辑追着网上的热点跑新闻，成了被引导者，使得一直被传统媒体的记者编辑把持的话语权现在越来越分散到广大的互联网用户中。

在新媒体的冲击下，报刊业这样的传统媒体如果保守不变只能是死路一条。最现实也是最稳妥的做法是融合。新媒体更先进的传播技术与互动性一直是传统媒体的软肋，吸收融合新媒体的元素，向新媒体靠拢，才是传统媒体的生存之道。

无论从世界范围来看，还是从国内现实来看，报刊市场支配力的滑坡是全行业性的，报刊业必须顺应和接受新技术带来的趋势与机遇，完成从媒介形态的变革到产业链的重新打造，来延续自己的生命力。2006 年 8 月，新闻出版总署推出“数字报业实验室计划”，首批加盟的报业集团有 17 家。总署报刊司副司长林江在接受《传媒》记者采访时谈到，根据目前计划，2007 年将会发展 300 家以上的报社和关联产业单位加盟实验室。目前业界在战略层面和认识层面上已形成了初步的基本共识，下一步工作的重点是如何在实践层面上进行探索。“数字报业实验室”作为一个开放性的计划，探索的不仅仅是加盟单位和领先报社的转型，更重要的是全行业的转型。在这个过程中，会通过实验计划的组织实施，吸纳不同地域不同类型和不同发展阶段的报社，进行分门别类的引导，有计划、有步骤地推动全行业共同朝着数字内容产业的方向发展。

如果说之前对于新技术的应用还属于最先嗅到市场变化气息的报社的自发与零星的举动的话，2006 年，以新闻出版署为首的中国数字报业实验计划的全面启动标志着这是一场由行业主管部门牵头的全行业的传播形态的转型。

3. 新媒体——实现数字化的先驱者

互联网技术的成熟消除了国际间信息交流的障碍，打破了原来经济的地域和分工的一切界限，使全球经济趋向一体化。同时，由于互联网的出现，使原来建立在技术分工基础上的报纸、广播、电话、电报、电视有了共同的操作平台，这就是“传媒一体化”的物质基础。

“传媒一体化”的技术本质就是数字化。它表现在传统媒体在互联网上得到了有机的统一。具体来讲，在传播形式上，传统媒体都可以用多媒体来表示，统一为多媒体。在接收设备上统一为计算机等数字接收设备。

数字化平台出现的革命意义，不仅仅是无纸化办公和全球联网那么简单，它的深层意义在于：文本影音图像都通过数字化方式进行表达，并且由于电脑联网形成的超文本链接，在出版的样式和出版的组织形式之间提供了无限的新的可能。跨媒体经营已具备条件，报刊业等传统媒体向网络媒体转型是大势所趋。发生在信息领域的这一革命性的转变，将在人类生活方式、意识形态甚至是上层建筑领域，产生重大影响。数字化出版将在形式、时空、不同样式的转换方面获得空前的自由。将数字化称为一场“革命”，一点也不过分。[①]

四、受众环境

从目前报刊数字化现状来看，传统报刊业的数字化主要包括两大方面：一方面是依托互联网络，将传统报刊电子化与网络化，以某种合适的方式转移到互联网上，并以网站、电子杂志等表现形式展示给用户；另一方面是传统报刊业与通讯技术结合的数字化报刊运营，主要是以手机为终端，以电子报等形式到达用户。

从上述来看，报刊数字化的受众将在很大程度上与互联网用户和手机用户重叠。而从市场的实际发展情况来看，越来越多的高学历、年轻白领等主力消费人群的媒介接触习惯开始转向了互联网、手机等新媒体。而对于拥有内容资源优势的报刊行业而言，新媒体无疑是未来一段时间必须要占领的高地。

第二节　报刊内容产业的产业链分析

一、产业链概况

报刊数字化包括传统报刊社的数字化运营及报刊数字化即报刊内容与表现形式上的数字化。这两方面都需要以数字化报刊社为主体。由于报刊内容与表现形式上的数字化相比报刊社的数字化运营产生了比较新的产业链，因此本节中的产业链，专指报刊数字化的产业链，而非报刊社数字化运营的层面。不过，由于数字化报刊社的核心位置，在介绍数字化报刊社的时候，会详细阐释报刊社数字化运营的特点与优势。

① 胡春磊：《中国报业的数字化突围》，《传媒观察》，2007 年 4 月。

由于报刊数字化的开展可以基于互联网技术和移动通信技术两种实现方式，所以，报刊数字化的产业结构中存在两种不同侧重的产业链，一种是以报刊社和互联网为轴心；另一种是以报刊社和移动运营商为轴心。不过，一般来说数字化报刊社是这两种轴心的运营主体。

（一）产业链构成（图 7－1）

1. 产业链的核心

数字化报刊社负责网站、电子报等数字化产品的内容建设与运营，在整个产业链中占核心与支配地位。在报刊数字化产业链中，报刊社对内容资源和建设拥有核心占据地位，并维护和保持内容的更新，是整个产业链的主导。

2. 产业链的上游

处于此条产业链上游的分别是技术支持商与电信运营商。他们分别为报刊社提供了技术软件上的支持、网络平台等，为数字化形式的报刊的发布提供了物质基础。

3. 产业链的下游

处于产业链下游的包括终端为电脑和手机的上网用户与手机用户。他们接受报刊社网站、电子报等数字化产品，并进行消费和互动。

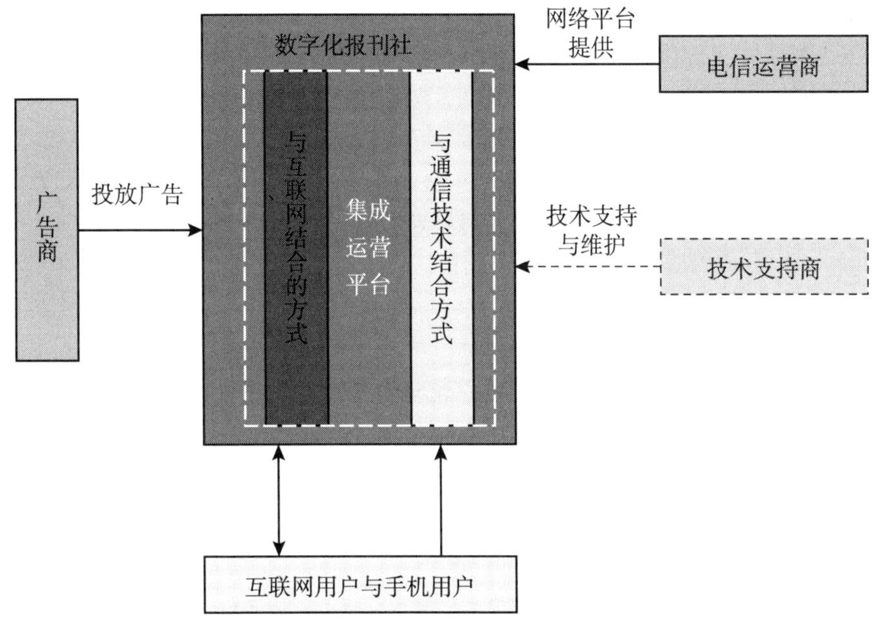

图 7－1　报刊内容的产业链构成图

表面上看，用户只是与报刊社的集成运营平台有直接的联系，但是事实上，用户还是内容与服务体验的终端，是利润的来源，是广告主关注的人群，扮演着多重角色。用户的定位转移，影响着产业链其他各环节工作重点的改变。

二、数字化报刊社

（一）数字化报刊社的定义

数字化报刊社，是指使用数字化装备或器材，以计算机信息网络为基础，采用数字化信息进行新闻和其他内容的采集、编辑加工、发布以及经营管理的报刊社。数字化的报刊社不仅能使其运营操作数字化，还能使报刊产物发生数字化的转变。①

由于数字化报刊社是数字化报刊社的运营和报刊数字化的行为主体，因此本部分将详细阐述数字化报刊社在其自身运营与报刊数字化的过程中呈现的特点与具体内容。

（二）数字化报刊社的特点

1. 报刊制作速度得到提高

利用笔记本电脑和数码相机，报刊从业者可以在新闻现场将采写的新闻和图片，通过电子邮件等方式即时传到报刊社编辑部，不用再重新录入和扫描就可以组版，减少了许多环节。通过卫星传版系统可以同时将版面传向分布在全国甚至全球的代印点等都是提高传统报刊制作过程的做法。例如，传统报纸每天印刷1～2次，因此最新发生的事实很难及时地在报纸上得到反映。而报刊数字化则加快了这一过程。

时效作为传统印刷报刊的弱项，在报刊数字化时代有了根本性的改变。报刊的许多信息在数字化后，通过互联网等电子媒体的发布速度甚至超过了电视，因为其信息来源远远超过电视，关键看报刊如何利用这些信息。此外，在互联网等电子媒体上，数字化报刊也实现了现场转播，目前的瓶颈问题——带宽技术也正在逐步改善。现在，许多电子报刊已经实现了信息的实时滚动，如股市行情、天气预报等。

2. 报刊质量和信息量传播得到扩大

数字传播的一个重要特点就不失真，可以保证传播质量。另外，在报刊建设

① 李彦魁：《试论报业数字化》，中国社会科学院研究生院硕士论文，2002年9月1日。

的新闻网站上不受版面的限制，可以无限地增加信息容量。

3. 资源的共享更为充分

在报刊社的公开互联网站上，每个人都可以阅读新华社通稿和图片，而在以前只有总编室才能看到纸样；可以随时从新闻资料数据库中查询信息，比原来到资料室去翻合订本又快又方便；在内部网站上，每个人都可以看到内部刊物、公告通知等。

4. 与受众沟通更为广泛

报刊社通过网上来稿、信息反馈等都可以通过公布在报刊社网站上的电子信箱直接传送到相关部门和个人。

（三）数字化报刊社的运营与数字化应用

1. 数字化资料数据库

数据库的建设是各项数字化应用的基础，建立各种实用的数据库是一个长期的任务，是信息化建设的基本任务。特别是新闻资料数据库的建设尤为重要。它是直接为新闻写作服务的，是孕育力作的土壤。网络作为媒体其一重要优势就是信息的可检索性，而数据库是进行信息检索的基础。

报刊社数据库的建设可以采用以下策略：

（1）已存在的数据库购买使用权即可，从而减少人力物力。数据库的建设工作量较大，如果耗费较多的人力物力，会得不偿失。可以整合社会资源，如可以购买新华社、人民日报社的相应数据库的访问权或与有关图书馆共建数据库。

（2）利用自己独有的资料，建立自己的特色数据库，从而突出自己的核心竞争力，并从而实现数据库的盈利。

（3）加快传统资料室的改造：一是历史资料的数字化，即建立数字化的数据库和出版相应的光盘等电子载体的信息负荷。二是采用现代化手段收集资料，采用如文字识别、信息网络技术等数字化技术来完成日常的资料收集和数字化，以及最终的入库。

2. 网站

网站是报刊数字化的最主要方式，随着报刊数字化的发展，网站应该从从属地位转为主导地位。网站的新闻应具有与纸介报刊相同的发稿权，充分发挥网络媒体的优势，不能人为地去限制网站新闻的发布。对外发布网站的建设可以从以下几个方面来做：

（1）即时新闻：网站的新闻不必等报纸先发布，可以随来随发，做到24小时不间断地滚动播出。这样，纸介报纸从内容上就会比网站滞后，因为受版面的所限，其信息量上也将小于网站，只能是网站内容的一个子集。重大新闻可以推送发出，这是网络媒体的独有的优势。

（2）多媒体发布：报社的记者可以配备摄像机和数码相机，在新闻现场采集视频、音频和图片新闻，供网站发布。以发挥网络多媒体发布的特性，实现多媒体发布。

（3）跨媒体合作：有线电视网具有信道资源的优势，报社可以与有线电视网进行合作，开辟新闻频道，创建电视杂志。

（4）网站与纸介报刊的互动：在纸介报刊上刊登报社新闻网站的网址、相关采编部门的电子信箱，介绍和宣传网站推出的新栏目、新功能，推动网站的发展。同时，在网站上开辟网上投稿专栏，刊登各编辑部的电子信箱，读者可以通过电子邮件直接为编辑部投稿。互联网是一个重要的通讯资源。我们应该充分认识和利用这一特点。通过在网站上设网上投稿专栏，利用电子邮件进行网上投稿，可以拉近读者与编者的距离，大大提高报纸的时效性。

（5）建立网上虚拟社区：真正面对自己的用户，把网站办成一群人的"家"。虚拟社区服务，是让上网者把某个站点作为自己的家的一个重要手段。开辟网上聊天室和网上论坛，就不同的主题在网上进行讨论。可以每天结合当前的重大事件，有针对性地请一权威人士作主持，与广大网民网上交流，也可以就有关老百姓生活的话题进行讨论，做市民与政府沟通的桥梁。

发展电子商务：社区化服务将是网上最大的卖点。地方报纸要突出地方色彩，网站要朝着为当地人服务的方向发展电子商务。报社网站搞电子商务可以不拘一格。电子商务的目的就是沟通厂家与客户，减少交易的中间环节，降低销售成本。报社网站搞电子商务可以同有关的公司合作，在网站上只是做一链接的入口，认证和收费部分由专业的公司去做，报社要做的是利用自己的发行体系进行商品的配送（这里的前提是有关报刊社的发行是自办发行，有自己的发行队伍）。①

3. 手机终端应用

中国手机用户数量目前超过 4 亿，中国移动手机报存量用户就达 5 000 万，而且这个数量还在迅速增长，2010 年，预计中国手机报用户超过 1 亿，其庞大的用户数量将为手机报广告的经营打下良好的基础。

随着技术的不断进步，报刊社可以针对手机终端应用开发手机报等产品形式。移动手机报的产品形式正在不断丰富，并且更加人性化，手机报作为新兴移动媒体，将成为一种牵引用户持续消费增值业务的力量，手机报是移动服务产品的启动装置，从而打动用户的接入并提高增值业务，手机报也将成为提高用户卷

① 李彦魁著，《试论报业数字化》，中国社会科学院研究生院硕士论文，2002 年 9 月 1 日。

入度的诱饵。

目前的产品形式包括以 MMS 为主的图文传送和以 WAP 为主的实时的网页类型信息传送，不同形式的产品满足了不同用户的需求，成为手机报广告经营的用户黏性保障。

就目前来看，中国移动的手机报的信息内容来源广泛，其内容引入方式有新华社、中新社等媒体机构内容转发的授权；全国主流报刊的无线媒体合作；凤凰卫视等特殊媒体的合作以及地方主打报刊的全网引入经营等，以此来扩大手机报信息的内容覆盖面，为手机报成为无线媒体的权威信息发布者奠定基础，并为手机报广告的运营打下坚实的基础。

4. 新闻采编系统

新闻采编系统是报刊社的主业务系统，直接用于出报刊。

采编系统的信息来源从格式上讲可以有三种：文本、图像、视频。从产生的设备上分别来自电脑、数码相机（或扫描仪），摄像机等。从传输方法上，如不在报刊社，则可以通过电子邮件，或上内部网进行传递。

采编系统的信息有三种发布方式，一种是用于纸介报刊的出版和印刷，另一种是用于网站和手机报等数字化内容发布方式的对外发布；第三种是采编信息还可以用于资料库建库，在此基础上可再出版光盘，进行资料存储，并可通过售卖实现盈利。

三、集成运营平台

集成运营平台是数字化报刊社进行报刊数字化的操作平台，主要包括互联网与无线两种。

报刊数字化互联网应用集成运营平台的所有者与操作主体主要是数字化报刊社本身，由其购买和利用互联网络资源，搭建网站平台，并进行信息和内容的网络发布与共享。

无线应用的集成运营平台往往是以报刊社和电信运营商合作办理为主。通过搭建此平台，数字化报刊社的一些无线报刊数字化应用的产物诸如手机报等，通过上传操作发布到平台，并传输到用户终端，供用户下载和使用。

四、电信运营商

电信运营商是报刊数字化产业链中传输平台的提供者，参与对各种业务进行分类、融合，参与新技术的测试和投入使用等职责。

电信运营商还是移动媒体平台和互联网站的建设者，以及相应的标准和规范的制定者；运营商是行业市场的研究者，应根据各种移动流媒体应用的特性细分市场，对个人用户、商务用户和企业用户区别对待，牢牢地把握住最有需求的用户；电信运营商具有重要的监控作用，对设备、网络、安全、服务、内容等业务的方方面面进行监控；电信运营商还可利用其品牌、资源优势进行相应的宣传和策划。

五、技术提供商

这里的技术提供商指为互联网站和手机终端的接收提供软硬件技术支持和维护的机构，包括设备制造商、系统集成商等，它们为集成运营平台提供系统设备和软硬件平台以构建互联通讯网络，在整个价值链中处于上游供应商的角色，起辅助作用。

六、广告公司

在互联网方面，广告操作已经相对成熟，集成运营平台的运营主体已经有比较成熟的广告代理制度，进行广告操作并获得广告收入。

在移动应用方面，手机报等报刊数字化无线应用的广告市场还处于开发探索阶段，现有的广告商和广告意识还不足以支撑手机报等报刊数字化的无线应用的市场。但是，随着3G网络在中国的开展、移动运营商对移动数据业务的重视、智能手机终端的普及以及无线上网用户的迅速增长，分析师预计2008年无线广告市场规模预计将达到11亿元，而2010年有望达到18亿元。可见，广告商也看好无线网络市场，手机报等报刊数字化的无线应用广告市场发展趋势良好。

第三节　数字化报刊运营模式

一、传统报刊的数字化运营模式

这是报刊数字化过程中最为基础和简单的形式，也就是传统纸质报刊利用现在较为发达的计算机网络技术在互联网上挂出单纯的电子版报刊。报纸中比较典型的如《华西都市报》、《三秦都市报》、《长江日报》等。杂志中比较典型的则是腾讯 QQ 所代理的许多杂志的网络版。这种形式的数字化电子报纸只是比较简单的在传统保值之媒体形式的基础上免费给部分互联网上的读者增加了一种数字媒体阅读形式，并没有给报社带来任何实质性的经济效益。一般来说，这样的报刊是与一些门户网站进行合作，将电子版内容发布在互联网上，不向读者收费。

二、数字化报刊高度网络化运营模式

（一）网站式运营模式

1. 以主报的电子版内容为基础自主经营，打造重点新闻网站

这种经营方式是在现有报纸内容电子化基础之上打造以新闻为重点的网站。例如，以《人民日报》电子版内容为基础打造的人民网；以《经济日报》电子版内容为基础打造的中国经济网；以《中国日报》电子版内容为基础打造的中国日报网站等。这些网站已经成为中央重点新闻网站，与商业门户网站相竞争的实力也在逐步增强。同时，地方报纸的新闻网站也在逐步发展建设与强化之中。例如，以《广州日报》的电子版内容和《广州日报》报业集团其他报刊为内容基础所打造的大洋网；以《深圳特区报》电子版内容和深圳报业集团其他报纸内容为基础打造的深圳新闻网；以《太原日报》电子版内容为基础打造的太原新闻网等地方新闻网站都已经成为所在省市重点发展和建设的新闻网站对象。

这种运营方的主要特征有：

（1）首先，这样的新闻网站一般都是由主报或者报业集团自己来经营的。在经营过程中充分利用计算机和互联网技术，用网页形式对主报内容进行重新整合和编排，使之符合网络读者的阅读习惯。同时使主报新闻在内容、数量、质量、表现形式、多媒体手段、时间延续、各项服务功能的体现和各种资源的整合方面都获得长足的进步。

（2）充分发挥主报背后强大的政治资源和政府资源优势，牢牢占领互联网上的新闻传播和舆论引导的制高点。

（3）由于有主报及报业集团强大的经济实力作为经济基础，这些新闻网站多数注重社会效益，目前没有什么经营收入，主要靠背后的主报或者报业集团养活。

2. 代理经营

将主报电子版内容免费委托专业商业门户网站挂出，报社自己不从事经营，全权交由商业门户网站经营。

例如，《成都商报》自 2005 年起，就将自己的电子版报纸全权交由四川经济网站经营。这是一种典型的“不作为”的经营模式。其出发点和特征在于对主体报纸来说节省了很大的精力和管理经费。

同时，也有部分期刊开始建立网站运营，例如《读者》所建立的读者网，让观众能够在网络上查看各期杂志的内容，同时也获得一些其他杂志的相关信息，其运营方式与上文所提及的报纸网站化运营比较类似。

（二）电子杂志的运营模式

1. 电子杂志的定义

现在我们所接触到的电子杂志包含三层含义：一种是传统杂志的电子翻版，如 QQ 代理的许多杂志的网络版；一种是网站内容的杂志化包装；还有一种就是新型的多媒体杂志，它以 Flash 技术为基础，集合了视频、音频、文字、图片、动画等多媒体表现形式，强调交互体验，几乎整合了互联网的各种功能，放在 P2P 电子杂志平台上呈现。它的内容独立制作，发行渠道全新构建，形式体验更为立体。为区别于前两种电子杂志，业内人士将之称为“数码互动杂志”。我们现在所提的电子杂志更多的是“数码互动杂志”。

2. 电子杂志的运营特点

（1）与传统媒体的充分合作

电子杂志一个比较大的特点是需要通过传统期刊与电子杂志平台商之间的合作来实现。传统纸质期刊提供内容，电子杂志网站负责实际的运营。现在比较主流的几家电子杂志网站有 zcom、主流网、Xplus 等。2006 年 8 月，zcom 与时尚杂志《瑞丽》达成独家合作；主流网除了与传统媒体合作之外，也与部分网站和论坛进行内容合作，与新浪之间的合作是以电子杂志形态制作博客文集以及《新浪主流博客周刊》；而 poco 更是在继与湖南卫视《晚间》、《精品购物指南》、《汽车杂志》、《电脑游戏新干线》、《中国商界》等众多传统媒体品牌合作电子杂志之后，又签下了在年轻人中流行的时尚杂志《YOHO！潮流志》。

（2）与传统媒体之间的关系

电子杂志一般很少自己制作内容，其内容绝大部分都是来自于传统媒体的现有资源，所以两者之间既是合作又是竞争。像《瑞丽》等时尚类杂志依靠广告和发行来获取利润，通过电子杂志，二者可以很好地找到融合点；对于财经类媒体，电子杂志的免费发行或多或少会对自身的发行产生一定冲击。业界认为传统媒体和新媒体之间应该是一种融合关系，像 Xplus 这样的新媒体平台能够为传统媒体提供一整套的技术服务体系，包括广告发行平台、读者分析平台等，这些都是传统媒体自己很难实现的。

3. 电子杂志的运营问题

电子杂志在我国虽然得到一定程度的发展，我们也有理由相信在网络时代里，这个整合许多网络功能的复合媒体有着美好的未来。但是，我们也要对其发展过程中存在的问题有一个清醒的认识。

（1）内容仍然需要加强

无论是传统杂志还是电子杂志，内容都是它们生存和发展的关键词。好的内容才能吸引读者、吸引用户，而这又是吸引广告主的前提。

传统杂志发展至今，内容覆盖范围可谓无所不包。不同的杂志满足不同读者的不同需求，内容构筑的同时，也培养了读者的消费文化和消费心理，使得杂志有着自己的核心价值。

电子杂志目前还没有这种核心价值，往往给人一种形式大于内容之感。它将杂志的表现形式完美地复制，甚至因为新技术做得更好，但是传统杂志的灵魂没有得到复制。电子杂志的内容表象上看起来类别繁多，但是深究下来却是娱乐消闲泛滥成灾，同质化严重。电子杂志要想像传统杂志那样对人产生深远影响，还有很长的路要走。

（2）电子杂志的版权问题

比起传统杂志，电子杂志侵犯知识产权的问题比较突出。近年来，我国颁布实施了多项法律、法规、法令、条例和决定，以加强知识产权保护。电子杂志要健康快速地发展，不能忽视版权问题，要做出富有特色的独立的版权内容。

（3）电子杂志技术障碍

我国的网络还没有实现融合，南电信北网通的格局长期并存，这使得体积较大的电子杂志的发展受到网络带宽的影响，下载速度在不同的网络差异较大。但是，让我们欣慰的是，电信运营商重组之后，三家都具备了全网运营的资格，情况可能会有一定的改观。

4. 电子杂志的运营趋势

（1）不断完善的电子杂志日益受到投资者的青睐

随着电子杂志的不断发展，电子杂志的模式吸引了资本市场的目光。2005年，电子杂志平台服务商 Xplus 获得了 Acer、联想和招商局三家风险投资机构首期 600 万美元的支持。广州本地娱乐门户 POCO，也从美国信息技术服务公司 IDG 获得了 2 000 万美元的风险投资。

此外，传统媒体也纷纷试水电子杂志。南方报业集团在 2005 年 8 月推出了自办多媒体电子杂志《物志》，是第一个吃电子杂志“螃蟹”的媒体集团；网易收购羊城网友周刊；《财经时报》推出自己的电子杂志《财经文画》。

(2) 运营理念重于运营技术

电子杂志这个新兴媒体集结了许多新的传媒科技，但是杂志成功靠技术来博取欢迎是不健康的。技术是一种工具，是内容表现手段，我们不能陷入工具理性的泥沼，而是要弘扬其人文理性的东西，比如内容创新、观念创新、技术创新，从而更好地为我所用。

三、与通信技术结合的数字化报刊运营模式

(一) 传统报刊在手机媒体上的数字化

作为第五媒体，手机的受重视程度越来越高，传统报刊数字化中的一个重要类别就是与通信工具——手机的合作，主要形式有三种：新闻短信、手机报和手机杂志、WAP 网站。现在通常又以手机报为载体将三种形式融合在一起来实现。手机报简言之，就是把报纸搬上彩信手机。具体点说，是将传统媒体的新闻内容通过无线技术平台发送到彩信手机上，从而在手机上开发发送短信新闻、彩图、动漫和 WAP（上网浏览）等功能。

(二) 手机报的运营模式

手机报虽然具有很多传统报纸不具有的优势，但如果没有良好的运营推广模式也很难真正获得成功。对于手机报的发展，移动运营商和内容提供商之间的良好合作将起着十分关键的作用。因此，手机报的发展不是单纯的媒体行为，它需要通信企业和媒体的密切配合。在目前手机报的运营模式中，主要是采用移动运营商和内容提供商分成的合作方式，移动运营商对手机报业务的发展有着生杀大权，包括对手机报媒体内容的管理，但是运营商是信息产业部所管辖的企业，信息产业部并不是国家法律规定的新闻宣传管理机关，无权管理媒体内容，因此，国家应该把手机报当成媒体来管理，填补管理上的漏洞。近两年来，国内的手机报遍地开花，根据发送范围分类，又多形成两种模式。

1. 全国模式

(1) 模式

全国模式即全国类报刊利用电信、网络公司打造的手机报。例如，中国第一家手机报《中国妇女报·彩信版》即为此类。随后，《中国青年报》、新华通讯社旗下几乎所有的报纸和杂志如《参考消息》等也与好易时空牵手，推出了各自的手机报。由于与之合作的北京好易时空公司拥有中国移动全网彩信牌照，因

此这种由中国移动负责提供技术平台、由报刊负责内容推广的模式一时普遍推开。

(2) 合作分成

分成方面，中国移动收取流量费，占四成收入，报纸和好易时空分享剩下的六成收入。在这六成收成中，报纸与好易时空按三七开分享订阅收入，按七三开分享广告收入，但好易时空的保底分成收入是 3 万元。整个手机报容量 50K 为上限，如果广告过多，可以特别加版。另外，国家现在对手机报的广告发布没有相应的政策规定。

2. 地方型模式

地方模式即地方报刊利用当地的电信公司打造的手机报纸。例如，2005 年 5 月，由浙报集团、浙江移动通信有限公司和浙江在线联手打造的浙江手机报，成为中国第一份省级手机报，开创了地方手机报模式。再比如，2008 年以来沪上《解放日报》报业集团、文汇新民联合报业集团也先后推出手机报。文汇新民联合报业集团与上海移动、联通通信公司合作，推出了自己的手机报 news365。

3. 分成情况

以《浙江日报》手机报为例，浙江在线营销总监表示，浙报手机报的三方合同包括报社、浙江在线和浙江移动，分成是浙报和浙江在线 40%，移动 60%，然后移动再跟凯信分成。浙报手机报 7 月 1 日正式推出，免费时有 2 万订户，收费后包月 5 元，目前有 5 000 订户。

在地区模式下，报纸付出的成本有广告费、编辑和硬件费用，每年总共不到 100 万元，广告费用所占比例较多。市场推广主要还是靠移动，移动现在的推广方式是群发少量彩信，每次 6 万到 10 万。

第四节　报刊数字化的发展趋势

一、报刊数字化的发展前景

（一）全面构建数字资源整合平台

近几年来，报刊业一直在进行着不懈的探索与实践。他们开始积极运用数字技术，如建设网站和信息数据库，并在数字报纸、电子报、手机报、卫星报等方面都进行了大胆的尝试。但这些都只是一些分散的简单产品形式，要实现数字报刊业的全面发展，还需要报业全面构建数字化的资源整合平台。在工作流程上、组织上、管理上、产业链与运营模式上等各方面上适应数字内容产业的发展要求——这将是对传统报刊业的巨大挑战。

1. 建立数字化业务运营整合平台

为了全面构建数字资源整合平台，首先就要建立适应数字化传播的业务运营平台。为完成报刊数字化的整体运营，该平台应该包括四个部分：内容运营平台（建立读者、传播者和采编融合的信息生产体系）；客户服务平台（建立一对多、多对多参与并兼顾个性定制的服务模式）；推广营销平台（收集和识别报纸读者的背景、阅读习惯、消费倾向等，分类后推给广告客户以量化媒体的广告价值）；综合管理平台（改变粗放的考评体系）。

2. 多种传播方式共举

为了全面构建数字资源整合平台，报刊数字化还需要采用多种形式的传播方式。数字化的服务体系能支撑作者、记者甚至读者，使他们都能成为信息的发送端。而当作者、记者甚至读者在第一时间把信息上传到平台上以后，平台便通过自动分解，按时间快慢推送消息：首先是放到手机报或网络上，然后是推向日报、周报，最后还可以是月刊、季刊等。

3. 多次营销共同进行

全面构建数字资源整合平台也需要报刊数字化将多次营销共同进行，即以广告和信息发布为主、转为以读者需求为主的营销。报刊、杂志社可以针对读者需要举办各种形式的研讨会，从业人员还可以通过数据平台搜集意见后定期、有针对性地安排会议，并对会议进行多层次营销，如针对不同人群、不同地区、不同性别、不同生活背景的读者的营销。

（二）数字内容和营销的建设

数字报刊业的发展不仅需要探索各种数字化的介质技术、显示技术和传播技术，它的成功与否，更取决于报刊业能否不断开发出适应市场需求的数字内容产品，并建立起市场化的内容发布模式和营销模式。只有这样，才能真正实现并不断推进数字报刊业的发展。

数字报刊业的核心依然是有价值的独特内容，只有独特的内容才具有不可复制性。目前，数字报刊业的产物已经包括手机报、电子报、电子杂志等多种方式，发展数字报刊业必将进入视频领域，但如果只是纸质媒介的简单移植，它就没有鲜活的生命力。此外，报刊社还可以考虑在电子报刊中插入多媒体的内容，如通过音乐、电影片断等实现视听结合；发布视频广告，通过数字化来实现广告的二次销售，从而提供更多增值服务。

（三）与相关行业合作

报刊数字化涉及各方面的行业和技术，传播技术、显示技术和介质技术无一不在制约和改变着数字报刊业的未来形态、发展方向和运营模式。同时，数字报刊业作为一个新兴产业，其蕴藏的盈利模式也吸引了关联企业的密切关注和积极探索。数字报刊业的发展有赖于产业链各方的共同努力，其未来存在于报刊业和相关产业所合作与共同创建的新产业中，如网络商、技术商、无线增值业务服务商以及对数字报刊业感兴趣的广告商等。

二、报刊数字化发展的思考

（一）以新观念完成报刊数字化

当报刊业数字化后，我们的思路就更不应该停留在原有的做纸媒的基础上，继续唯广告独尊，唯广告是图，况且原有的思路本来就不完全正确。现在，我们应该依靠网络的特点和优势，拓展新的盈利模式。报业数字化后，就必须充分利用网络的各种天然特点，在实现平面广告与网络广告有机结合的同时，在互动、娱乐等方面寻求新的利润增长点，开辟多种盈利模式，这样报业数字化的意义才能更完整地体现。

（二）整体认识报刊数字化

无论是报业数字化、网络化，还是信息化，都停留在对传统报业的认知层面，其认识起点仍是基于平面媒体，逻辑起点也是把“数字化”作为一种手段和补充，在实践中也容易把传统媒体和新媒体割裂甚至对立起来，反映了一种被动的、不情愿的改变。而“数字报业”是立足于报业本质对发展形态的重塑，以及在一个更高形态上对报业核心能力的重新把握，即以现代数字信息技术、互联网等为手段，增强“对新闻和一切有价值的内容的发现、选择和创造以及对内容的营销和增值服务能力”。这如同原来“报业经营”向“经营报业”的概念转换，反映了是被动接受还是主动融入的思想站位高度。

这说明，探讨“数字报业”不能就“报业”而论“数字化”，而是要把握两个大前提：一是“数字化”是一个不可逆转的大趋势，不仅传媒业如此，其他产业和整个社会都如此。随着数字信息技术的发展普及，未来的社会形态必定是完全数字化的，而“数字报业”同其他媒体形态一样，作为其中一个必不可少的节点或单元存在。因此，必须从“数字社会”这个大背景下看到“数字报业”不可逆转的趋势。二是不仅报业，其他媒体也都有一个“数字化”的问题，并且在这种“数字化”洪流中各种媒体形态不断融合和产生新的分化，传统的“报”的概念和现在的其他一些媒体概念将被彻底颠覆，传媒业的产品形态和行业边界都将重塑。

（三）多层次实现报刊数字化

“数字报业”不是在数字平台上对媒体产品的重新组合，也不是对传统业务流程的简单整合，而是打破了传统的媒体边界和行业疆域，在一个更高层次上对媒体产业链和相关行业的价值重构。从市场角度来讲，任何新技术和新模式一旦出现，势必会对产业的发展产生影响。随着数字战略的深化，传媒业的价值链应当是围绕内容生产与销售业务展开的，包括内容生产、内容发布、内容增值等几个环节。其中内容生产不再限于报纸出版，而是生产适合多种媒介形式的内容产品；内容发布也不仅通过纸质媒介，还通过数字媒介等多种媒介；内容增值更不仅限于广告、发行的收入，而是涵盖了传媒产业的所有盈利点。

从盈利模式看，一些传统的主营业务将逐步从新型产业链上弱化和脱离出去，如印刷、发行等。而基于高度整合的数字内容平台开发的各种内容产品、信息产品和增值服务将占据收入的主要部分，成为新型产业链上的主要链条。与此同时，随着“分众化”、“碎片化”的趋势，依靠增加报纸版数、扩大发行量来获得广告收入的粗放型经营模式必然被淘汰，报纸的营销理念也应由“二次销售”转为“N 次销售”，实现由一元化报纸经营向多元化内容产品经营和信息增值服务的转变，由单一收入来源向多元收入结构的转变。

数字技术的发展，也必将打破传统的媒体和行业边界，过去由不同媒体提供的业务及服务，如今可由一种媒体提供；过去由一种媒体提供的业务及服务，如今可由不同媒体提供。平面媒体、广电媒体、音像、电信网络、互联网等产业互相渗透、交叉和重组，并且信息技术的每一步发展，都在技术、业务和市场上扩大产业间融合的趋势。

（四）从战略意义看待报刊数字化

以网络为核心的数字化平台建设不是报业的附属品，而是推动报业创新的革命性力量。目前业界普遍流行的报业“数字化转型”的提法，也不甚科学，反映了人们对“数字化”的理解仍停留在技术利用和策略调整的层面，仍把其作为平面媒体战略框架内的一种补充，表现出一种在新媒体挑战面前的消极防御者姿态。其实，“数字报业”是一个完整的概念，也是一个系统动态的工程，是适应新的媒介生态的在媒介定位、发展方向、制度架构、管理手段、经营方式、盈利模式等方面的媒体整体战略升级，是对平面媒体的一种前瞻性自我超越，反映了作为报业革新者、挑战者的积极进取姿态。它是战略升级的新选择，而不仅仅是策略调整的一种改良。

本章小结

近几年，随着互联网、手机等一些数字新媒体的崛起，广告主的媒体投放比重开始往新媒体上倾斜，传统的报刊媒体经营面临全新挑战。那么在数字化浪潮的冲击之下，传统的报纸、杂志如何应对呢？答案是多元的，但必须是要积极作出回应的，也有两点是我们传统的报刊媒体必须明确的：首先，报刊本身是拥有内容资源和品牌优势的，这是我们传统报刊的核心竞争力；其次，各种数字技术和数字平台是可以为我所用的，数字化工具可以提高内容生产的效率，而各种各样的数字新媒体也可以成为报刊内容的出口，报刊内容因而实现了价值最大化。本着这些原则，我们开始报刊数字化方面的研究。

在本章中我们首先讨论报刊的数字化发展。整个环境、国家政策以及技术层面都对报刊行业和报刊社的数字化给予了肯定，市场上传统报刊要面对互联网等新媒体的威胁必须走上数字化的道路从而与之抗衡；另外，受众的不断分化，以及对于互联网等新媒体接受程度的逐渐加深也是报刊数字化的重要动因。报刊的数字化分为报刊行业的数字化和报刊社的数字化两部分。从媒体电子化、媒体网络化、网络媒体化到报业的整体数字化，发展到今天数字化已经开始带动报刊行业的整体升级，可以说，目前报刊的数字化已经形成了较为完整的产业链模式。而数字化报刊运营包括三部分：第一种是传统报刊的数字化运营；第二种则是数字化报刊高度网络化运营的模式；第三种是与通信技术结合的数字化报刊运营模式；而关于报刊数字化具体的运营措施，我们也给出了一些意见和建议。在本章的最后，我们探讨了数字化为整个报刊行业发展带来的影响，以及报刊数字化过程中所产生的一些问题，希望能引起一些思考。

第八章

数字出版内容产业发展研究

随着信息技术的不断发展，数字技术逐步渗透进入各种类型的传统媒体。在这一过程中，所引起的一个直接结果就是媒介界限的日益模糊，尤其是互联网媒体的出现，更是融合了传统广播、电视、报纸、杂志和出版等媒体的功能，成为一种名副其实的“超媒体”。此外，在数字技术的推动下，传统媒介内容形态中的视频、音频、图片和文字都可以按照统一的二进制格式进行存储、转化和展示，这肯定会对传统媒体的内容生产观念和操作流程产生很大的影响。

长期以来，出版行业一直是传统媒体的重要组成部分，除了前面谈到的报纸、杂志的出版，还包括图书、音像出版等。数字技术也对传统的出版行业造成了极大影响，并催生出更多类型的出版形式。出版传媒业、通信业和广电业的融合则为数字出版的运作提供了一个更为广阔的平台。然而更为重要的是，数字出版的出现和不断发展颠覆了传统出版行业的观念和工作流程，并且成为出版行业未来的发展方向。对于那些握有大量内容资源的传统出版社而言，如何认识数字出版，并转变观念积极发展数字出版业务，无疑是当前的一个关键问题。

在本章的最后，我们将把研究的焦点转向数字出版行业。首先深入探讨了数字出版的基本内涵，接着对我国数字出版内容产业的发展状况和业务模式进行总结和分析，最后通过解析我国数字出版内容产业目前存在的问题，提出一些意见和建议。

第一节　数字出版的基本内涵

数字出版是传统出版的延伸和发展。从时间上看，中国数字出版的发展历史并不久远，但是随着数字技术的飞速发展，数字出版的发展速度远远超出了我们的想象。数字出版产业的覆盖范围与我们每个人的工作、生活都息息相关，例如，CD、DVD、电子书、在线网络、MP3 以及通过手机下载彩铃、彩信、图书图片等。从某种意义上讲，只要使用二进制技术手段对出版的整个环节进行操作，都属于数字出版的范畴，其中包括原创作品的数字化、编辑加工的数字化、印刷复制的数字化、发行销售数字化和阅读消费数字化等，数字出版的产物在丰富了出版物内容和形式的同时，也改变了人们的生活方式和消费理念。

当然，理解数字出版不应该仅仅从存储介质的角度出发，而应该从数据加工处理的方式、存储的模式和传输的形式三个方面进行概括。综合而言，数字出版既有狭义的行业特性，又有广义的社会特性。在这里，我们所定义的数字出版，指的是在出版流程的各个环节采用数字技术，从内容创作、采编、印刷到发行，即将各种文字、图片、声音、影像等信息以数字化形式进行编码和存储，根据市场需要对这些信息进行选择、编辑、加工、整合，然后以纸介质出版物、封装型电子出版物或网络出版物等形式投放市场。数字出版物形态以及发行渠道都具有明显的数字化特征。

一、数字出版的形式

从数字出版涵盖的领域来讲，包括手机出版、博客出版、网络学术出版、网络游戏出版、软件出版、网络杂志出版、网络广告、网络音乐、影视出版、动漫出版等多种形式[①]。从出版物的形态构成来看，数字出版大致可以分为电子出版和网络出版两种。

1. 电子出版

电子出版出现的时间比较早，指的是以软磁盘（FD）、只读光盘（CD - ROM）、交互式光盘（CD - I）、照片光盘（Photo - CD）、高密度只读光盘

① 北京印刷学院北京出版产业与文化学术创新团队：《首都出版业可持续发展研究报告》，北京艺科出版社 2007 年版。

（DVD - ROM）、集成电路卡（IC - Card）等电子介质为载体的出版形态，具体说就是将文字、图片、影音、计算机程序等内容存储于以上所说的几种载体，进而形成的一种出版物形态，通常称为封装型电子出版物。

2. 网络出版

网络出版根据最终出版物的形式来区分，大致可以分为电子书（eBook）出版和按需出版（POD，Print On Demond）两种。电子书出版，指通过互联网直接发布电子图书数据信息，供读者通过上网的计算机终端或移动阅读终端有偿或无偿地阅读、检索、复制或下载。而按需出版，即根据需求印刷的一种出版方式，避免了传统印刷存在"起印数量"问题的限制，完全可以根据需求的数量出版印刷，既可以做到零库存出版，也可以使作品出版不必囿于商业价值。

二、数字出版的特点

数字出版的整个环节都采用了数字技术，因此生产效率得以大大提高。通过对比可以发现，与传统出版相比，数字出版具有以下几个明显的特点：

（1）快速查询。数据库技术的引入，海量内容可以在计算机上按照一定的排列规则进行有序存储，从而实现快速查询。

（2）海量的存储。随着信息技术的不断更新换代，单位内容的存储成本以几何级的速度下降，这为海量内容的存储提供了现实可能性。

（3）低廉的成本。数字出版成本的下降，不仅仅体现在存储成本的下降，更为重要的是，由于编辑、出版、发行和用户接收等各个环节都实现了数字化，人员、厂房和出版介质等方面的需求量大大降低，这些都可以降低出版的成本。

（4）方便的编辑。电脑在数字出版行业的广泛使用，使编辑、校对等环节的实现过程更为便捷，因此可以及时发现问题所在并进行有针对性的修改。

（5）更加环保。数字出版的环保特性主要体现在接收终端的变化上，图书、影像制品被电子书、电子阅读器、电脑、MP3 等终端取代。

此外，也有业内专家在考察国外数字出版产业发展状况之后，总结出数字出版的几个基本特点：一是具有数字记录、储存、呈现、检索、传播、交易的特点；二是在网络上运营，能够实现即时的互动以及在线检索等功能，具有创造、合作、分享的特点；三是要能够满足大规模定制这个个性化服务的需要。

三、数字出版的发展趋势

考察数字出版的未来发展趋势，有两个方面的动向是我们不能忽视的：其一是新技术（新的终端类型）在数字出版产业的应用，另外一个方面就是受众在内容消费行为上的演变。这两个方面也是预测数字出版行业未来发展趋势的两个基本点。综合业内专家的观点以及我们的观察发现，数字出版的未来发展已经呈现出以下几个明显的发展趋势。

（一）数字出版产业的专业化发展

数字出版是一个技术密集型和知识密集型的行业，人才是其中一项极为重要的资源。从目前的状况来看，大量优秀的专业出版人才，几乎都集中在传统出版领域，真正从事数字出版的，多是些 IT 业人士。这就使数字出版无论是内容还是包装、推广，都呈现出一种“技术化”和“边缘化”特点。可喜的是，已经有越来越多的专业出版人才进入到数字出版领域，传统出版社对数字出版也显示出越来越大的热情。大量专业出版人才的进入、传统出版社的参与、产业的进一步成熟，都将促使数字出版从“边缘”走向“核心”，同时使各产业链参与方的职责更加明晰，水平更加专业。

（二）内容产品进一步丰富

目前我国数字出版的内容，主要是学术文献、传统出版物的电子版和 eBook 三种，eBook 也多以中国传统典籍和学习资料为主。可以肯定的是，在消费领域处处彰显个性的今天，人们需要丰富多彩的数字出版物。当需求增长到一定程度之后，必将会刺激生产、促进生产，从而使得内容产品的种类和类型进一步丰富。

（三）阅读方式的便捷化发展

近几年，移动人群规模的不断发展壮大成为业界、学界所研究关注的焦点，移动阅读渐成规模，以手机为代表的移动终端成为大众阅读的主要载体。另外，技术的发展会催生新的、更便捷阅读方式的产生，比如可与手机配合使用的随身便携式阅读器、车载阅读器等。

（四）出版服务的个性化发展

数字出版的一个突出特点就是可以极大地满足读者的个性化需求，出版物“定制化”的模式马上就会到来。数字出版可以使读者做到“买自己想买的”、“读自己想读的”。新的数字出版服务，会通过跟踪和分析，掌握读者的阅读习惯，从而提供“量身打造”的个性化服务。

第二节　我国数字出版内容产业发展状况和业务模式分析

近几年，我国数字出版产业取得了较大的发展，对传统出版行业也产生很大影响。虽然出版社在整个数字出版产业链中仍处于核心地位，但其功能有所减少、对整个产业链的重要性和控制力也相对减弱。在本节内容中，通过搜集整理相关的统计数据和事实资料，从中可以初步了解数字出版在我国的发展状况，进而对数字出版的业务模式、产业链情况进行简单的归纳和分析。

一、我国数字内容产业发展状况

中国出版科研所发布的《2007～2008年中国数字出版产业年度报告》显示，我国数字出版产业市场规模已经从2006年的200亿元，上升至2007年的360亿元，2008年则达到530亿元。按照这样的发展速度，我们预计2009年将达到700亿元，2010年将突破1 000亿元（图8－1）。

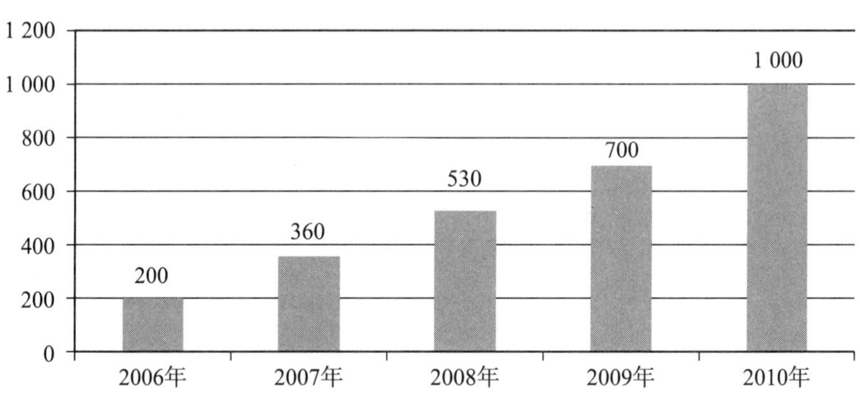

图8－1　我国数字出版产业市场规模　单位：亿元

资料来源：中国出版科研所《2007～2008年中国数字出版产业年度报告》综合整理。

中国出版科学研究所《2007～2008年中国数字出版产业年度报告》的统计数据显示，2007年数字出版产业中的互联网期刊和多媒体网络互动期刊收入7.6亿元，电子图书收入2亿元，数字报纸（含网络报和手机报）收入10亿元，博客收入9.75亿元，在线音乐收入1.52亿元，手机出版（含手机彩铃、手机铃声、手机游戏、手机动漫）收入150亿元，网络游戏收入105.7亿元，互联网广告收入达到75.6亿元（图8-2）。

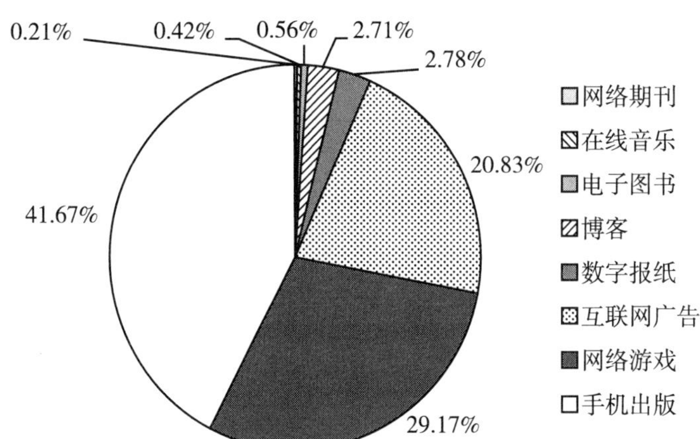

图8-2 2007年我国数字出版行业市场规模构成情况

目前，全国已有300多家报社出版数字报纸，数量由2007年的不到50份发展到2008年7月份的600余份，由此可以看出，数字报纸有望得到较为迅速的普及。彩信手机报的发展潜力表现十分强劲。进入3G时代后，将有1/3以上的手机用户会直接采用手机订阅新闻信息。同时，电子图书的读者的规模也在不断扩大。统计数据显示，从2002年到2007年，电子图书用户从2 142万人增至5 900万人，年均增幅达到23.54%。

在地区的分布上，总体而言，北京、上海、广东等地居于全国领先地位。上海公布了“2008年上海数字出版产业概况”，据数据显示，2008年上海数字出版业销售收入总值在123亿元左右，约占全国数字出版业总量的1/5。上海在数字出版的一些新兴产业领域，如网络游戏出版、网络文学出版、网络视听出版等方面具有明显优势。上海网络游戏出版产业近年来一直处于高速发展状态，销售收入连续多年居全国首位，年增长率均在30%以上，2008年实现销售收入86.2亿元，比上年增长35.3%。网络文学出版是上海又一优势产业，上海现有文学网站20多家，2008年销售收入近亿元，占全国市场份额的80%。2008年，上海网络视听出版收入约为1.5亿元，占全国的70%。

在企业方面，由于资金投入、体制等方面的限制，我国很多传统的出版机构对数字出版尚处于观望之中，但有一些出版企业已经开始了数字出版的尝试，并着手对数字内容资源进行有效开发，创新出数字出版的新业态，实现由传统内容制造商向数字内容创造商的转型，比如高教社目前就已经开始立体化教材的跨媒体出版尝试，向着成为内容集成商的目标迈进。同时，技术的飞跃使得一些技术提供商成为数字出版行业的主导，国内方正、书生、清华同方等一批掌握了核心技术的公司走在行业发展的前列。据统计，方正公司几乎与全国500家传统出版社都有合作，其ebook数量超过30万册。

二、数字出版的业务模式分析

数字出版需要构建新的生产关系，也需要建立一条不同于传统出版行业现有“编—印—发”体系的产业链条。纵观整个数字出版的行业状况，由于出版物的最终形态不尽相同，数字出版的业务也是千差万别。在此，我们选取共同的部分进行综合分析，可以初步明确数字出版的业务模式和产业链等相关情况（图8-3）。

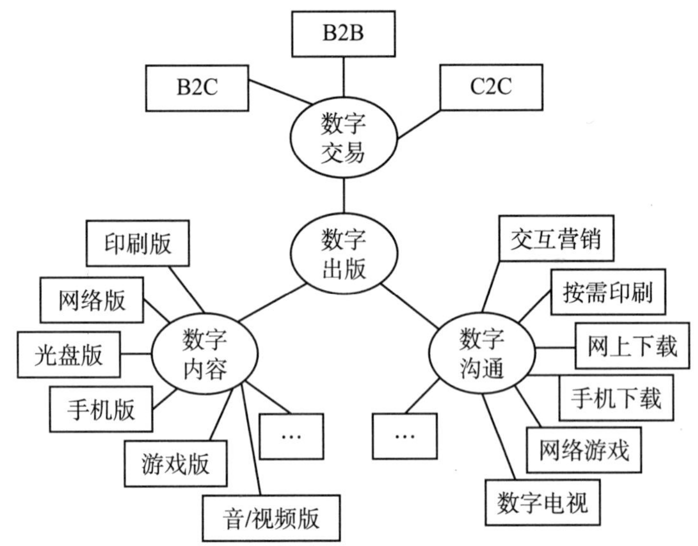

图8-3 数字出版整体的运作模式

数字出版的主体可以简单表述为：内容提供者—数字出版社—数字出版物发行商—读者，这与传统出版的主体（作者—出版者—发行商—读者）看似差别不大。倘若把数字出版的链条细分和扩展开来，我们会发现数字出版产业链的构成有着更为丰富的内涵：著作权人—内容提供者—数字出版者—技术提供商—终端设备提供商—网络运营商—电信运营商—金融服务提供商—网络传播者及读者等（图8-4）。

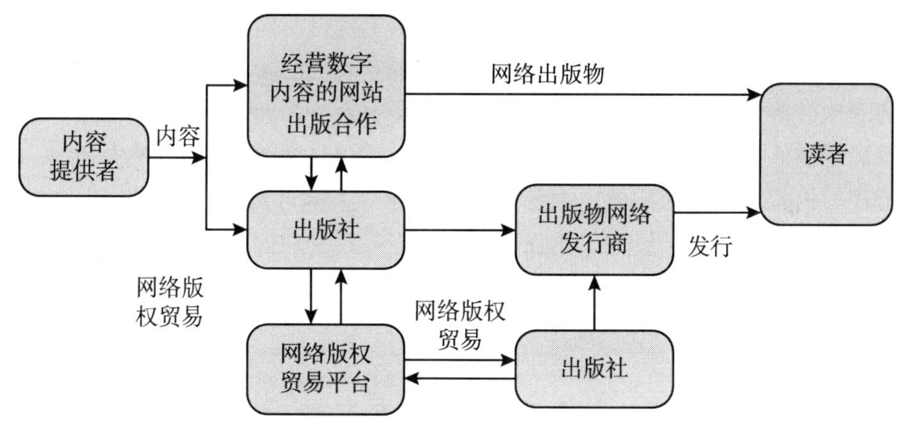

图 8-4　数字出版业务流程图示

从生产方式的角度研究数字出版产业链，数字出版实际上是出版业的流程再造，是一种全面解决方案。数字出版的生产流程包括：内容源→内容创建→内容管理→内容发布→应用集成（技术服务、系统运营商）→多种运营接入（电信、网络服务）→用户（图 8-5）。在数字出版产业链中，除了出版业之外，电信业、系统集成商、应用开发商、软件开发商、网上银行等通过提供各种服务也都加入了产业链，形成了出版传媒业、通信业和广电业共同参与的局面。一个良好的产业生态，应该是在企业群落内形成一个合理的分工链条，这个链条上的每个环节都有自己专注的领域，合起来才能形成整体优势。而且可以肯定的是，无论技术商还是出版社，试图通吃整条数字出版产业链的想法并不可取，也不现实。数字出版需要建立完整的产业链条，并建立起合理的商业模式。

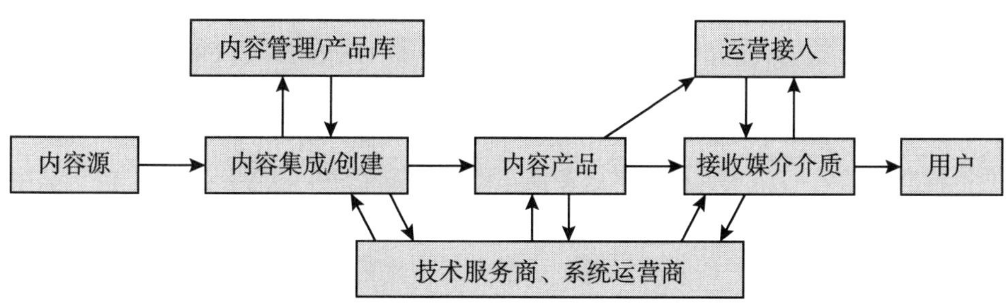

图 8-5　数字出版产业链

在这个产业链中，数字出版将会对现行的印刷方式、物流方式、销售模式等带来根本性的变革。数字技术将会对数字出版各个环节产生巨大的影响，主要包括以下方面：创作数字化——即写作多媒体化；编辑数字化——实现无纸编辑；出版数字化——多元化出版，满足不同需求偏好、不同层次的读者，电子纸的应用、按需印刷方式等；发行数字化——实现网上发行，网上发行不再是过去传统出版时从出版社向读者的单向流动，而是基于互联网的读者与作者、读者与出版社的双向、多向交流，是为读者、作者更深层次服务；标识数字化——把一二次文献同步制作、报道与发行，实现社会性的标准化与规范化；管理数字化——流程管理与内容管理融为一体，在操作的每个环节上都可以浏览到所涉及的内容，实现全程可控，改善编辑的工作强度，提升出版质量和效率，而且为随机修改带来无可比拟的灵活性。

第三节　中国数字出版内容产业存在的问题及其对策研究

从目前我国整个出版行业的现状来看，传统出版行业具有内容资源的优势，在整个出版行业也占据绝对的优势。但传统出版社对数字出版的态度仍然非常暧昧：既希望通过涉足数字出版找到新的利润增长点，用好自身的资源优势；又对进入数字出版业务的途径与模式心存疑虑，在投入规模、路径选择上瞻前顾后、犹豫不决。因此，从传统出版行业介入数字出版业务的深度和积极性来看，出版业向数字化的全面转型还需要一定的时间。此外，数字出版产业链条尚不完善，再加上版权问题的长期纠纷以及行业标准的迟迟未能确定，这些都是数字出版产业亟须解决的现实问题。因此，本节内容在探讨数字出版产业现存问题的同时，也提出了针对这些问题的一些对策研究。

一、我国数字出版内容产业目前面临的主要问题

数字出版是一个新兴的产业，它不仅涉及传统出版行业的数字化，而且吸引了各种新型角色的加入，如技术服务商、终端制造商等，从某种意义上讲，数字出版是传统出版行业的更新换代，因此在转变的过程中肯定需要一定的时间来适应。就目前来看，以下的几个问题可能是比较突出的。

（一）传统出版业数字化步履维艰与“观望”态势

传统出版社不自觉地、被动地卷入到数字化浪潮之中，虽然他们拥有内容资源的巨大优势，但他们在目前的数字出版业务中所得甚少。传统出版业当然看得到数字出版的美好愿景，同时也能感受到数字出版巨头的威胁。但传统出版业既囿于观念问题，也限于实力问题——图书产业利润率低，企业积累的发展资金规

模不大，而数字出版业务的前期投入巨大，现有的数字出版模式一般都需要较长的培育周期与较大的资金支持，单一出版企业难以开展规模化的数字出版业务。因此，绝大部分的传统出版社对数字出版持观望态度。

此外，出版机构的组织变革涉及众多方面，我国的出版业体制改革虽已开展多年，不少出版机构已经改制，但总体来说仍在摸索期，企业组织变革还滞后，计划经济的思维还没有完全转向市场经济的思维，很多地方都有待大破大立。上马数字出版，企业经营管理、执行效率、员工的素养、业务面貌、公司文化、合作伙伴、上下游合作等问题都需要出版单位务实面对，妥善解决。市场时刻在变化，组织却岿然不动，僵化的管理制度是出版机构内部信息资源整合的最大阻碍，缺乏上下通路和灵活的用人机制和留人机制，出版机构必然缺少生命力和活力。数字出版环境要求出版机构能够对大量复杂的市场及客户信息作出快速准确的反应，而传统的管理体制由于存在繁多的监控制度和审批手续，往往使出版机构丧失了市场的竞争优势。

（二）版权问题是数字出版的核心问题

考察数字出版产业目前发展的整体状况，版权问题一直是困扰其发展的核心问题之所在。与传统出版形式相比，数字出版物的复制、整合及传播在技术上更容易实现，因此侵权的手段也更隐蔽、成本更低、影响范围更广、危害也更大。数字侵权的形式有很多种，大致上包括：未经许可把他人作品放在互联网上供人浏览，或者存储在一定的介质上复制并传播；未经许可删改作者姓名、作品内容或者冒用作者的姓名；非法利用技术手段入侵他人网站，改动网站内容或者破解他人的加密技术，使得传统版权保护机制失去作用。

我国数字出版产业链由于数字作品的版权不能得到有效保护，著作权人的权益得不到保障，网络传播商没有取得有版权的数字作品的合法传播权，再加上广大网民用户缺乏良好的版权保护意识以及正确的数字消费观等，导致我国数字出版产业链不完善，无法进行正常的产业循环，数字出版业难以得到健康发展。

（三）数字出版产业链内部关系有待调整，标准不统一，盈利模式不成熟

目前，在我国的数字出版产业链中，技术提供商暂时处于领先和主导地位，而传统出版社基本处于被动和劣势地位。技术提供商以其雄厚的资金、先进的技术和充分市场化的体制机制收购传统出版社，把传统出版社的内容产品列入自己的数字出版计划表。我们知道，技术壁垒对出版产业发展来说是暂时的，谁对内

容资源拥有更强的整合与拓展能力，谁能提供更好更高更专业的个性化服务，谁才能拥有真正的核心竞争力，才能掌握市场，在权益的制衡中拥有主动地位。数字出版产业目前存在的问题还需要出版商根本观念的转变。

再者，行业标准，尤其是内容编辑标准，也是数字出版行业的一个关键问题。不仅是各个出版社之间，即便是同一出版社的不同图书也没有这种标准。图书的内容信息只能简单的堆砌存储，不便于检索，致使图书内容信息的再次利用非常吃力。除非针对本书再版，否则很难有再次利用的价值，不能够迅速地形成满足客户需求的信息集合。

最后，数字出版缺乏成熟的盈利模式。数字出版从创作到制造、流通和消费都需要采用全新的商业模式，需要将计算机网络技术、电子商务技术相结合，构建出版生产、信息资源和要素公开交易的平台，降低交易成本，推动数字出版物的流通。但是，由于数字出版目前发展的时间还比较短，市场规模发展还十分有限，绝大部分传统出版社缺席数字出版领域，新的产业链没有真正建立起来，这是目前国内数字出版盈利微薄的主要原因之一。

（四）数字出版的专业人才较少，营销推广的力度不够

数字出版是一个技术和人才密集型的新兴产业，它与传统的出版行业存在着根本性的区别。目前，数字出版行业以传统出版行业从业人员和技术服务人员为主，熟悉数字出版的专业人才还是很少的。

营销推广不足可看做是上述问题的延伸。数字出版与传统出版的用户习惯存在很大差异，消费习惯和购买行为也有诸多不同，这也需要数字出版商在推广数字产品时有与销售传统纸书完全不同的思维。而目前在传统出版单位中，几乎没有真正意义上的数字产品营销人员；在技术商中，数字产品的营销和推广也主要局限在团体机构用户中，面向一般读者，缺少成熟的、系统的、行之有效的销售办法。

二、对我国数字出版产业发展的一些建议

发展数字出版产业是一个系统工程，它需要传统出版机构根本观念的转变，需要体制和机制的调整，需要产业链各方的积极参与和协作，更有待于受众市场的发展成熟。在此，通过综合整理业内专家和行业一线人员的观点意见，我们提炼出一些发展数字出版产业的意见和建议，借此提供一定的参考价值。

（一）传统出版机构转变观念，积极发展数字出版产业

在越来越多的技术商入主数字出版领域后，消极等待和观望挽救不了失去的阵地，传统出版社寻求破局也是大势所趋。另一方面，随着传统出版业务利润率的持续下降，拥有内容资源优势的出版社通过积极发展数字出版也是提高内容效率、扩大收益的一种有效途径。

目前，国内一些出版集团也开始纷纷采取积极姿态，或成立数字出版部门，或上马数字出版项目，寻求由传统出版社组成的合纵连横之势，由传统内容制造商向数字内容创造上的转型。例如，商务印书馆和上海世纪出版集团都推出了工具书网络版；高等教育出版社建立起立体化教材资源库，每一个资源库都有与这个体系相配套的学科网站；知识产权出版社则将按需印刷作为数字转型突破口，2007 年每月印刷量已达到 2 000 万印以上。而这些出版社的成功，都有一个前提条件，那便是根据出版社自身的特点，寻找一条适合出版社发展的数字出版道路。

（二）完善版权保护的法律法规，加大数字出版版权保护的力度

切实做好数字版权的保护工作，国家根据新形式出台数字版权保护的相关法律法规是一项基本要求。2005 年 5 月 30 日，我国出台的第一部网络著作权行政管理规章《互联网著作权行政保护办法》，填补了在网络信息传播权行政保护方面规范的空白，巩固了版权这一数字出版的基石，为正在制定中的“信息网络传播权保护条例”的立法进程和立法质量打下了良好的基础。但是，持续不断的版权纠纷还是昭示着版权保护的相关法律法规有待进一步的完善，而只有完备的版权保护法律法规，才能保证版权纠纷案件有法可依。此外，加大对版权侵犯行为的打击力度也是非常必要的，尤其是重点打击那些在社会上产生较大影响力的大案要案，可以起到警示作用。

目前，国家已将“版权保护技术开发工程”列入国家“十一五”文化发展纲要，将从技术层面、政策监管层面细化规则，加强版权保护的力度和强度。因此，随着数字出版市场发展程度的成熟和产业链的不断完善，以及民众版权保护意识的逐步提高，数字出版的版权问题将会有所改善。

我们可以参考国外在数字版权保护方面的一些经验。在一些版权体制比较健全的国家，如美国在 1998 年的数字千年版权法（Digital Millennium Copyright Aet，DMCA）中规定，破解版权技术是违法行为，并定义了版权管理信息（如作者、联系方式、授权条件、权利有效期等），这不仅可以标示权利人，方便用户获得作品使用许可，还可以监控用户使用情况，跟踪侵权行为的发生。DMCA 的颁布

对网络环境下的数字图书馆和非网络环境下的传统图书馆所享有的版权权利和应承担的版权责任作出了明确的规定。这些都在很大程度上杜绝了数字作品的不正当使用，又能够保证数字出版、发行、传播等环节能在合理的法律环境下有秩序地进行。它虽然只是美国国内立法，但该法的实施对全球知识产权产生了重大的影响，同时也为我国数字出版版权问题的解决提供了一些有益的参考和借鉴。

（三）调整产业链内部关系，鼓励出版社与技术服务商采取多样化合作方式

我们应该看到，在传统的图书出版社内积聚着很深的文化沉淀，或是已广被大众认可，或是拥有品牌效应，而这些积累都是无可替代的，这种无形的资源也是传统出版社数字出版发展道路上破局的关键。

通过考察国外数字出版产业发展比较成熟的国家和地区，可以发现，拥有内容资源的出版社依旧在数字出版产业占据主导地位。国外数字出版产业链的发展状况预示着：我国传统出版组织在未来数字出版的发展前景是十分广阔的，出版社最终应该担当产业主导者的角色。通过前面内容的介绍，可以发现我国目前的数字出版还是技术服务商暂时处于主导地位，因此，通过鼓励出版社与技术服务商之间采取多样化的合作方式，充分利用对方的核心优势资源，探索双赢的合作模式，不啻为一种较好的双赢措施。

互联网服务商谷歌与出版商的和解以及两者的合作方式值得借鉴。谷歌将支付 1.25 亿美元，其中包括向非营利的图书版权注册机构提供 3 450 万美元。谷歌还将为已经扫描的数百万本图书支付费用，每一本完整的图书的扫描要向版权拥有者支付 60 美元。谷歌还向美国作家协会和出版商协会支付律师费。谷歌图书搜索计划产生的任何销售、订阅和广告收入都将在版权拥有者和谷歌之间分配，分配的比例是 63% 和 37%。谷歌同出版机构的合作模式证明了两者之间存在共赢发展的可能性。

本章小结

数字出版是在数字技术推动下形成的新兴行业，它从内容的创作、采编、印刷到发行，将各种文字、图片、声音、影像等信息以数字化的形式进行编码和存储，根据市场需要对这些信息进行选择、编辑、加工、整合，然后以纸介质出版物、封装型电子出版物或网络出版物等形式投放市场。数字出版改变了出版人的

思维定式，改造了传统出版行业的工作流程，数字化之后的出版行业变得更加高效、快捷。

根据行业统计数据显示，我国数字出版的市场规模正在逐年增长，数字出版的用户人群也在不断扩大，数字出版的企业组织也在不断增多。但从整体上来看，目前我国数字出版产业暂时呈现出以技术服务提供商为主导的发展态势，当然部分传统出版社、出版集团公司也开始积极试水数字出版领域，通过与技术服务商采取多样化的合作形式，一些出版社在数字出版行业走在了前列。

数字出版作为一个新兴行业，在我国的发展时间还比较短，不可避免地存在许多的问题，包括观念转变的问题、版权纠纷、产业链关系的调整、行业技术标准的统一等。针对这些问题，我们也提出了相应的对策，可以为相关部门提供一定的参考价值。最后，基于行业的发展演变趋势，我们可以推测，随着技术的不断完善和发展、行业内参与者角色的不断调整以及相关配套法律措施的落实到位，代表出版行业未来发展方向的数字出版一定可以发展成为行业的主流。

第三篇

网络产业的力量博弈

与内容产业同样，网络产业也是传媒产业的重要支柱。由于技术及历史原因，网络产业中形成了广电和通信两大相互竞争的行业。在数字化之前，这两大行业在各自的领域内独立发展，广电网的核心价值在内容层面，主要业务是广播电视信号传输，通信网的价值则在于为用户提供点对点的话音业务，重视跟用户的联系。进入数字传媒时代之后，这两大网络产业进入了力量博弈的新阶段。

作为传统媒体行业的重要组成部分，广电的网络即有线网产业首先进入了我们的研究视野。自网台分营之后，有线网的产业力量被释放和激发出来，其作为传输渠道的价值被认可。随即数字技术在有线网中渗透，有线数字电视蓬勃兴起，广电网络的价值突破单纯的广播电视信号传输，具备了提供点播、时移、互动增值业务、信息浏览查询等多元化功能。

我们的研究与有线电视数字化的进程同步，自2001年起就开始关注相关领域，2002年出版了《数字电视产业经营与商业模式》，这是国内首次从产业经营角度对数字电视进行研究。随后我们于2003年出版了《中国数字电视报告》，第一次采用大规模调研的方式对我国的数字电视产业进程进行研究，用大量一手数据从电视台、网络公司和用户三个角度全面分析了我国数字电视发展状况。此后我们一直持续跟踪数字电视动态，2005年、2007年我们又相继出版了该年度的数字电视报告，并且在这些年发表了大量论文，如《解读中国广电数字化战略布局与发展前景》等。经过多年的持续跟踪研究，我们在广电网络产业的研究方面已经形成了较为完备的理论认知。

在广电产业推进数字化的同时，数字技术也把通信业引入了媒体范畴，手机作为“第五媒体”的地位逐渐得到普遍认可，以话音服务基础性业务的通信网也具备了提供视频传输业务的能力，手机电视、手机报等数字新媒体形态开始发展起来。至此，数字传播技术的出现逐渐淡化了两大行业之间的技术壁垒，不论是广电网还是通信网，都同时具备提供话音、视频、网络接入等多重业务的能力，同一内容可以通过不同的网络进行传输，用户可以通过不同的网络接收同样的服务，两大网络具备了同台竞技的可能。

通信与广电产业规模对比表

	传输能力	终端用户
通信	光缆线路长度达到573.7万公里； 光缆纤芯长度达到8 893.4万芯公里； 固定长途电话交换机容量达到1 747.0万路端； 局用交换机容量达到51 116.3万门； 移动电话交换机容量85 316.3万户。	固定电话用户总数超过3.6亿户； 移动电话用户总数突破5.8亿户； 宽带接入用户达到7 293.7万户
广电	10颗卫星53个转发器，卫星收转站200多万座； 微波传输线路10.2万公里，微波站2 749座； 广播电视发射台、转播台6.6万座，发射机7万多部； 有线电视网络约300万公里。	有线电视用户1.5亿； 电视机社会拥有量5亿台； 收音机社会拥有量4亿台。

资料来源：根据公开数据整理。数据截止时间为2007年年底。

与产业发展同步，我们的研究也开始涉及这些问题，把通信产业纳入了研究范畴。2005年出版的

《中国数字新媒体发展报告》中首次把手机电视、IPTV 作为单独的章节进行研究，此后我们一直持续关注这一领域，发表了一系列论文，如《持续的争夺战——广电与通信业务竞合历程》等。与此同时，通过与中国移动、中国联通等业界运营者的合作，我们还涉足了手机内容生产、手机媒体消费行为监测等实践领域，成立了移动媒体领域的第三方数据研究机构——中传移动媒体数据中心（MMDC，Mobile Media Data Center of CUC）。

随着产业不断向前推进，广电与通信选择了不同的转型方向：广电向下游终端用户拓展，加强网络对用户的了解与控制；电信则向上游内容提供领域拓展，以满足消费者海量的个性化需求。在转型过程中，两大产业的边界开始变得模糊，广电和通信两大网络的争夺和博弈日益激烈，这其中，渠道的控制力将逐渐弱化，而内容领域的竞争也将更加激烈，这构成了双方博弈的大背景。反映在产业实践中，就是数字电视与 IPTV 对家庭用户的争夺、手机电视与移动多媒体广播对个人用户的争夺。

从目前来看，这种博弈主要体现在广播电视网络与电信网络之间对用户的争夺。但是随着产业融合的进一步深入，更深层次反映出的是数字媒体时代内容与渠道之间对于产业主导权的争夺，是两大产业的全系统、全行业博弈，进而引发数字传媒产业结构的大调整，以及相应管理制度、政策法规的相应调整。国际范围内来看，广电和通信行业的竞合也是一个普遍存在的问题，欧美等国可以采用市场化自由竞争的手段来调节，但是在我国，广电和通信行业的矛盾并不是独立存在的，它还跟行业管制、产业属性、级别矛盾等其他问题交织在一起裹杂着前行，因此要解决这些问题也就不能套用西方式的解决方案，不是简单的统一或者分开就可以的，而是一个动态博弈的过程。

基于此，本篇的核心问题将集中于探讨广电和通信这两大网络产业的力量博弈。总体来看，我们的研究需要解决以下问题：

首先我们需要论述两大网络产业是如何受到数字传播技术的影响而发生产业博弈的，这种博弈将在哪些层面展开，随着博弈的产生和推进我国的传媒产业将发生什么样的变化。这些理论层面的探讨将集中体现在本书的第一部分。

然后我们对广电和通信两大网络产业中针锋相对的两对竞争行业的发展状况分别进行了分析论证。

首先是针对家庭市场的争夺，表现为广电业的数字电视和通信业的 IPTV。第 9 章围绕数字电视产业展开，论述了数字电视在我国的发展动因、产业现状、运营模式、用户市场、发展趋势等问题；第 10 章则集中于数字电视的直接竞争对手——IPTV 的产业发展状况。然后是针对个人市场的争夺，即广电的移动多媒体广播和通信的手机电视，这是第 11、12 章需要论述的问题。通过这些论证，我们形成对网络产业的系统化的深入认识。

在现阶段，广电和通信的争夺还聚焦在对用户数量的争夺，成败的关键在于如何尽快达到产业规模、建立有效的商业模式。而随着两大产业博弈和争夺的加深，其关注的焦点将会从用户数量的增加转向如何为用户提供综合信息服务上，用户需求与消费将成为产业主导力量，建立起面向家庭和个人的信息平台将是传媒产业发展的必然趋势，这将是我们在下一个报告中需要论述的核心问题。

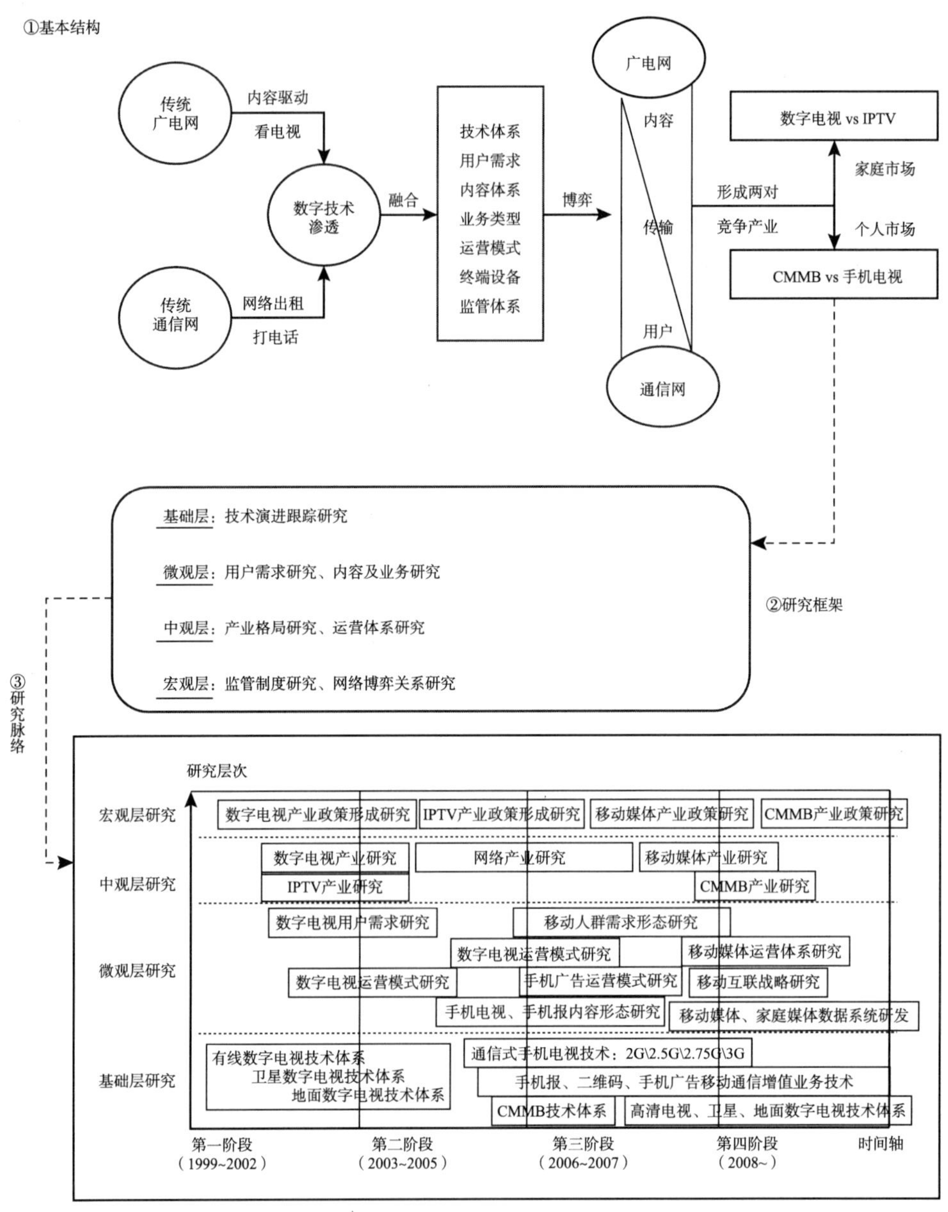

第三篇研究内容逻辑示意图

第九章

我国网络产业的博弈关系分析

作为数字媒体产业中的两大基础渠道，广电网和通信网这两大原本不相关的产业在数字技术的推动下开始进入竞争状态，二者已经在家庭和个人市场上展开了用户的争夺，随着数字化进程的加深和数字媒体产业的进一步发展，二者的力量博弈将在更多层面展开，其争夺的核心焦点将集中于对产业主导权的争夺。

本章将在对广电和通信两大产业的传统网络的产业模式进行分析的基础上，说明数字传播技术是如何促进这两大产业发生转型的，并进一步探讨在数字传播技术之上，两大网络产业的博弈如何展开。

第一节　传统网络产业分析

传统电信的商业模式拥有大量目标清晰的用户，依靠出租网络线路获取收入，而传统广电则依靠内容驱动，面向“多、杂、散、匿”的受众市场。这两种不同的商业模式是建立在不同网络基础上的：电信网是一种点到点的信息双向传输网络；广电网是一种点到面的信息单向传输网络。网络的拓扑结构和技术结构差距很大，电信网结构复杂、网管要求高，而广电网结构简单，除干线网外，几乎没有什么网管工作；网络带宽差别也很大，以传递声频为主的电信网带宽较低，而以传递实时动态视频信息为主的电视网络带宽较高。① 以下将对两种网络产业进行分析。

① 张耀寰：《通信技术演进中的市场模式变革研究》，北京邮电大学博士论文。

一、通信网的传统商业模式分析

（一）电话网的特点

传统电信网以电话网为主体。自从1876年贝尔发明电话、1892年史端乔发明步进式自动电话交换机以来，电话网就成为最早建立起来的通信网。电话网是进行交互式话音通信，开放电话业务的电信网，即PSTN（Public Switching Telephone Network）。电话网是一种历史最悠久、通信业务量最大、服务面最广的专业网，它是电信网的基本形式和基础。

建设电话网是为了开展语音业务，语音业务是指在电信网上实现端到端语音实时通信的一种业务，即电信网最初接收的信息及最终发送的信息都是语音信息。电话网的设计规划出发点是为了向人们提供实时的通话服务，因此要求通话质量高而且必须有保证。因此，电信运营商采用电路交换形式来组网，通过电路交换机来保证通信质量，做到传输时延小，获得良好的实时性。

（二）通信的传统商业模式：网络出租

建立在语音服务方式基础上的电信形成了具有自身特色的商业模式。传统的通信业的经营方式主要是经营电信网络，其市场模式就是向用户出租自己的网络，单纯作为信息通道，收取“过路费”，用户按照使用网络的时长、通信距离（长途或本地）、接入方式（有线或无线）等向电信运营公司付费。网络承载的主要业务是点对点的双向话音，这种业务不需要专门的内容提供商事先加工制作，传输的内容是由用户自己产生和消费的。有学者认为，产品与服务的统一、生产过程与消费过程的统一，是由通信业作为服务行业所决定的。电信企业生产出来的产品，无论从形式或实质上看，都是一种无形的服务。作为一种无形的产品，电信产品的生产过程既是电信运营商向用户提供服务的过程，也是用户消费产品、接受服务的过程。电信产品从被生产出来的时候就被消费掉了。[①]

在传统的话音业务中，业务是绑定在网络上的，业务与网络合二为一，电信运营商利用厂商的设备构建业务平台，而后直接为用户提供接入方式和业务。在此基础上，通信业形成了自己的产业结构，如图9-1所示：电信设备制造商为

① 郑奇宝：《从垄断到竞争——通信行业规制理论与实证研究》，人民邮电出版社2005年版。

电信运营商提供网络设备，然后组装成电信网；运营商建设、管理、维护这个网络，向用户提供基础电信服务；用户为享受这些服务，需要付费给电信运营商；电信运营商建设新网络，或者扩容更新原有网络需要向电信设备制造商付费购买设备。此时的通信是一对一方式，用户既是信息的生产者，又是信息的消费者。电信运营商仅关心用户通信消费量的总体特征，不介入用户信息流，它为用户提供一个基本服务的平台，提供用户信息流的支撑服务。[①]

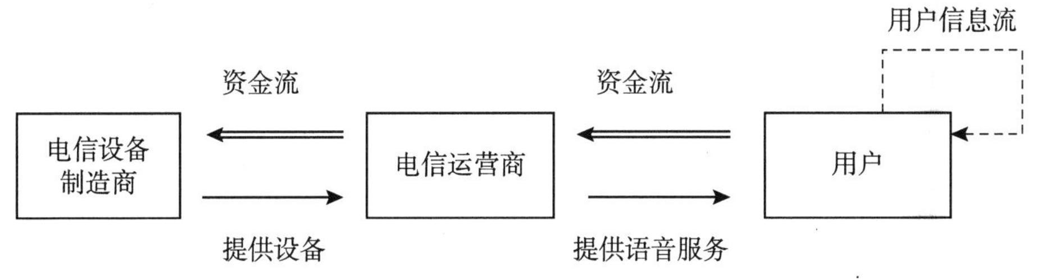

图 9－1　传统电信语音业务价值链

二、广电网的传统商业模式分析

（一）广播电视网的特点

广播电视网的最初设计理念是为了低成本、高效率地向尽可能多的受众传送声音、图像等大容量信息内容。因此广播电视网具有以下两个主要特点：

第一，频率资源稀缺，这一特点构成了广播电视网的商业模式及管制体制的基础。曾有学者称“纵观整个无线电历史，频率的稀缺一直困扰着人们”，无线电频率是一种容量有限但可重复利用的资源，它为从商业电视到军事联络的广泛的通信活动提供了通道。由于信号的传播和数据传输特性，电视的传输使用两个特定的频率波段：VHF（very high frequency，特高频）和 UHF（ultra high frenquency 超高频）。[②]

第二，作为主要传输方式的有线网络，是一种广泛普及的、低成本的向用户传送电视信号的城市用户网，目前绝大多数采用光纤－同轴电缆混合网，具有频带宽的特点。目前我国有线电视网络采用的多为 550MHz 和 750MHz 带宽，部分发达地区采用了 850MHz 带宽。传输一套 PAL 制式和 SECAM 制式的模拟电视节

① 王林林、王良元：《透视电信产业链变迁》，《通信信息报》，2004 年 4 月 15 日。

② ［美］赫南·加尔伯瑞：《数字电视与制度变迁——美国与英国的数字电视转换之路》，人民邮电出版社 2006 年版。

目（水平扫描线625条，每秒25帧画面）需要8MHz的带宽，传送一套NTSC制式的模拟电视节目（水平扫描线525条，每秒30帧画面），需要6MHz的带宽。而传送一路模拟的电话仅需要4kHz的带宽。可见，传输电视节目的带宽远远超过了传送语音的带宽，前者为后者的1 500倍到2 000倍。这也正是高带宽的模拟电视节目不能在窄带的模拟电话网传送的原因。①

（二）广播电视的基本商业模式：内容驱动

广播电视作为大众传媒的重要组成部分，其传送的内容是经过专业机构制作编辑，并伴有相应的管制，具有重大的社会影响。在此基础上，经过不断发展，形成了以下两种主要的商业模式。

1. 广告方式

广播出现后，人们对于如何利用这一技术开展商业活动进行了积极探索。在美国，许多报社纷纷投资建立无线广播电台，最初人们希望办"无线电报纸"，利用商业电台来经济地传送电子版报纸，销售报纸内容。但是直接销售内容往往需要借助介质的帮助，例如报刊、图书都需要以纸张实物为依托，唱片行业需要以唱片、磁带为依托，电影行业以电影拷贝为控制手段，根据内容产品的实物载体来控制内容的发布，针对内容产品的消费者制定相应的价格标准，收取相应的费用。而作为广播，并没有物质载体，无法实现这一愿望。1924年，《明尼阿波利斯论坛报》责任主编在为《无线电广播》杂志写的一篇文章中问道，"报纸经营无线电广播的好处何在?"像多数其他出版商一样，《论坛报》最后承认，"对于好意的回报抵不上昂贵的投入"。②

作为电波媒体，广播电视能够以较低成本将信息快速传达给广大受众，在信息的传播效率方面具有天然优势。借助这一优势，经过不断探索，最终插播商业广告成为广电的主要收入来源。有学者把这种商业模式称之为"瀑布方式"③，即基于大众型的广播技术的发展，节目按照时间表播出，播出的节目不是为了节目本身，而是在于单位时间内的收视效果，内容只是赢得受众的手段，最终是要广告客户支付。这种方式也被一些学者称为对内容产品的"二次销售"。

当电视出现后，也相应沿用了这种商业模式。图9-2是电视产业的基本结构，从中可以看出，电视节目制作公司将自己制作的电视节目销售给电视台，电视台再将电视节目播出给电视观众，电视观众支付给电视台收视时间和忠诚度，

---

① 刘颖悟：《三网融合与政府规制》，中国经济出版社2005年版。

② ［美］罗杰·菲德勒：《媒介形态变化，认识新媒介》，华夏出版社2000年版。

③ 贝尔纳·米聂：《文化工业的三种模式》，《传播思想与文化工业》，北京广播学院出版社2000年版。

然后电视台将电视节目的相应广告时段销售给广告客户，广告客户支付给电视台广告费，广告价格和广告销售状况决定于观众收视率。

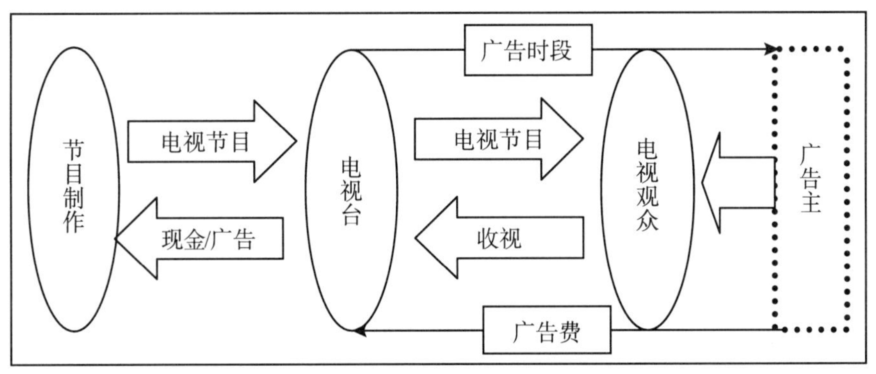

图 9－2　电视广告价值链

2. 内容销售方式

虽然人们为广播电视找到了广告这一相当有效的盈利模式，但是并没有放弃通过广播电视来向用户直接销售节目内容的希望，有线电视的出现带来了这一机会。有线电视最初是为了远距离传输地面电视信号，因此只是按月收取一定的节目信号传输费用。但是 1953 年派拉蒙影片公司开始建立有线电视系统试验“付费收看”，额外付费电视开始出现。[①] 如图 9－3 所示，付费频道的收入主要是来自用户对该频道的订购费。用户可以选择自己喜欢的频道，但是除了支付信号传输费用之外，还需要为观看这些节目支付一定的费用。而构成这一模式的基础就在于有线电视可以通过有线网络这一物理载体与用户加强联系，进行一定程度的管理。直播卫星的出现，通过加密解密技术，也可以对用户进行相应管理。

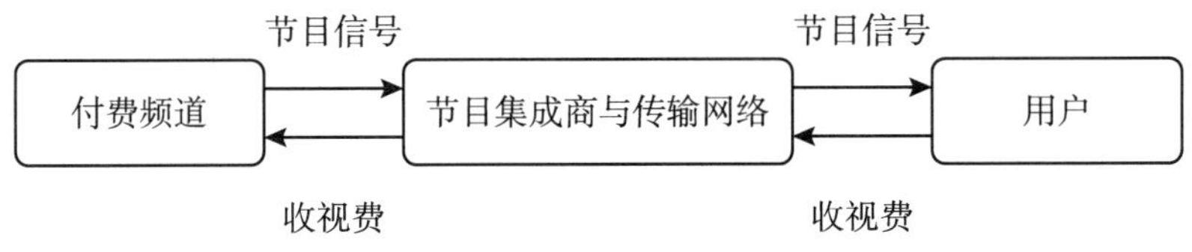

图 9－3　付费电视价值链

① ［美］托马斯 P. 索思威克：《走向信息网络社会——美国有线电视 50 年》，中国广播电视出版社 1999 年版。

第二节　网络渠道转型

广电和通信两大产业互不干涉的状况被数字传播技术打破。在新技术推动下，不同类型的网络都有能力提供包括语音、视频和宽带接入等在内的多重服务，单业务网络正朝着全业务网络方向演进，互联网的出现和发展昭示了这种变化的趋势。基础网络的演进导致业务融合的出现，进而推动广电与电信的商业模式进行调整。

一、数字媒体时代广电“用户导向”战略分析

进入数字媒体时代，网络与用户的关系正在发生改变，各种不同类型的网络都在加强对用户的管理能力上。“用户为王”将不仅仅体现在用户的数量规模上，更重要的体现在网络对用户的管理能力上，网络与用户之间的关系将越来越紧密，这将成为网络的核心竞争力，也构成了数字媒体的核心环节。与这一趋势相适应，我国广电正在进行的数字化升级改造，其转型的方向就是推动传统的受众市场向用户市场转变，通过确立用户概念，围绕用户提供多元化的信息服务，来开辟更广阔的发展空间。

对网络来讲“用户为王”，现在网络与用户的关系正变得越来越紧密，在此基础上，数字媒体产业表现出“用户透明化”的特征，未来网络的发展基础在于利用完善的用户管理系统和计费系统，建立庞大的用户数据库，对用户信息消费的数据进行实时处理。用户信息数据库在数字媒体产业中占据着越来越重要的地位，而这也是作为渠道的真正核心竞争力所在。

我国的广电行业拥有丰富的内容资源，但是在模拟技术条件下，面对广大受众，广电业只能依赖广告作为主要的收入来源。随着广播电视广告收入增长趋缓，广电业的增长面临瓶颈。而数字化升级使得这种情况得以改变，广播电视网络开始朝着双向互动的趋势发展，例如有线电视网络开始进行双向改造，将原来单向同播朝着双向互动发展，构建交互电视平台，并通过条件接收系统，加强了对用户的控制能力。交互电视平台除了有宽带的下行广播通道外，还有信息回传通道，以便返回用户的定制和点播信息，为用户提供个性化的、综合视音频和数据信息的多媒体服务。从受众向用户的转变，为广电业的发展开辟了新的增长空间。

二、数字媒体时代通信“内容导向”战略分析

网络的演进与数字媒体的发展，激发出了消费者海量的个性化信息服务需求。内容作为整个产业价值链的源头，地位日益重要。与此同时，数字技术与网络技术促进了内容生产的规模化发展。内容产品的供需被提升到了新的水平，数字内容产业逐步成型与发展，为我们昭示出巨大的发展空间。

现代通信技术的发展导致传输网络资源由稀缺变为过剩，再加上电信市场竞争和市场开放化，网络经营在产业链中的地位将有所下降。随着内容产业的成型与兴起，通信行业看到了巨大的发展空间，开始了对“内容驱动”模式的探索。为了向用户提供更多类型的内容与服务，网络运营商采取了“配电盘”模式介入内容领域，开始搭建内容与信息服务的集成平台，吸引各类内容提供商与信息服务提供商。

通信网络主要包括移动网和固网两大部分，因此通信在介入内容领域时分别沿着移动和固网两个路径，从窄带的数据向宽带的视频阶段逐步前进。

（一）固网的发展路径

固网正朝着宽带互联网的方向发展，而宽带多媒体娱乐已经成为重要的发展方向，它成为电信运营商开发带宽资源、刺激用户需求、提升 ARPU 值的主要途径。以中国电信“互联星空”为例，2003 年 7 月，中国电信集团公司决定将 Vnet“互联星空”作为统一品牌，在全国范围内推广互联网应用业务，并做到全网服务、统一形象。其核心是运营商提供平台，SP 开发内容，双方收入分成。

“互联星空”主要采用代收费模式。在此基础上，中国电信为 SP 提供了一种流量对冲的方式计算租金，大胆突破了以往单纯出售带宽的局限。SP 为中国电信带来的用户上网流量可以用来抵消 SP 租用中国电信网络的流量，SP 只需为上述两种流量之差付租金，这样 SP 的业务成本和经营风险大为降低。“互联星空”的“流量对冲”模式实际上就是中国电信不再按照租用的带宽收费，而是按照流量来收费。通过流量对冲的做法，SP 为中国电信的用户提供了多少流量的内容，中国电信就免费提供相等流量的带宽。“互联星空”对 SP 最具吸引力的是中国电信对其资源的开放，这些资源包括大量的客户资源、强大的品牌资源、网络资源以及网络支撑系统，其中最关键的是中国电信掌握的庞大的客户资源，正是其所拥有的客户资源使它拥有了最终用户的所有权和连接权。以前中国电信的这些资源是为适应企业自身发展的需要而建设的，在以往的互联网业务模式中，SP 要开展业务势必要重复建设，资源开放后，SP 就可以使用这些具有专业优势的资源。

中国电信对自身资源的开放，使得互联网产业有了统一的认证和计费管理平台，在此基础上才有条件创造一个收益分成的机制。当前中国大多数 SP 存在几个难点：缺乏一个可靠的和低成本的用户认证和管理系统；缺乏用户收费的渠道；缺乏获取用户真实身份的渠道。而中国电信所具有的诸如先进的 IDC 中心、媒体推送平台、完善的运营支撑体系、客户管理和收费渠道、市场推广渠道等专业优势的资源，是当前的互联网企业特别是 SP 最缺少也最急需的。“互联星空”就是通过开放电信自身优势资源，建立统一标准的业务支撑平台，为 SP 提供用户的统一认证和应用服务的多种计费方式，建立信息和应用服务的收费模式，实现“一点接入，全网服务；一点结算，全网收益；一点认证，全网通行”。

“互联星空”提供的合作平台，能够同时接纳数千家不同的互联网企业，合作对象也不再局限于 ICP，而是包容了网络运营商和相关产业供应链，中国电信通过对资源的开放换来了互联网产业发展最急需的网上内容和应用。[①]

（二）移动网的发展路径

在移动通信领域，媒体化程度最高的运营商当属日本 NTT DoCoMo。它推出的 i－mode 模式是一种集技术、管理、市场于一体的产业市场模式，它将终端制造商、内容提供商（SP）直接地与用户集成在一个价值链生态系统中。DoCoMo 通过设计为用户定做特定的终端，用户再通过 DoCoMo 的网络使用内容提供商提供的内容服务，DoCoMo 代收 i－mode 费用并与 SP 进行分成。i－mode 向用户提供高质量的各种服务内容组合以满足不同的客户需求，具体的业务内容分为四大类，交易、信息、数据库、娱乐。其中音乐、游戏、算命等业务的市场非常旺盛。到 2004 年年底，i－mode 合作网站达到 4 622 个，还有一个非合作网站约 82 000个。i－mode 在日本市场上的巨大成功，到 2005 年 3 月底，已经有 4 402 万用户，占 DoCoMo 用户的 90.2%。所有 i－mode 用户都是签约用户。i－mode 数据业务的 ARPU 值占综合 ARPU 的 26%，3G 的 i－mode 高达 33.4%。作为一种新的通信和传播方式，i－Mode 被认为革命性地改变了 1/4 日本人的生活和工作，其社会作用和影响力是传统通信服务所望尘莫及的。

在中国，与之相类似的是中国移动推出的“移动梦网”。移动梦网作为移动互联网业务的载体聚集起众多的服务提供商（SP），向手机客户提供丰富的移动数据增值服务。移动梦网平台就像一个巨大的信息超市，在这里摆满了移动用户所需的各种特色信息商品。中国移动的定位是“移动门户提供商＋网络运营商”，其他的“环节”则由应用开发商、手机制造商、内容提供商、客户等担

① 苗兰波：《电信宽带价值链的分析与研究》，北京邮电大学博士研究生学位论文。

任，各方都是价值链中非常重要的一环：网络运营商提供接入平台和信息通道；手机制造商根据移动梦网业务的特色生产手机推动手机的更新换代；服务提供商通过提供有价值的信息和应用获取收入并实现赢利；用户得到“一站式”服务，一部手机就可以浏览有价值的信息、享受各种有趣的应用。“移动梦网”遵循“15∶85”的分成模式，即中国移动帮助卖方收取买方费用，并从中抽取15%作为中介费用。梦网平台就像一个增值业务的孵化器，不断催生出如短信新闻、手机游戏、位置服务、移动QQ、手机铃声图片下载等应用。

（三）典型案例：通信介入音乐产业

通信向上游的内容产业延伸，使通信业获得了新的发展空间。以音乐产业为例，随着在线下载、移动下载等新业务的开展，使音乐产业开辟了新的收入渠道。如图9－4所示，在数字音乐的产业链中，增加了网站与SP等服务提供商和电信运营商（中国电信、中国网通、中国移动、中国联通）这两个环节。其中，电信运营商提供网络传输平台，作为服务提供商和用户联系的渠道，甚至起到支付平台和监管平台的作用。

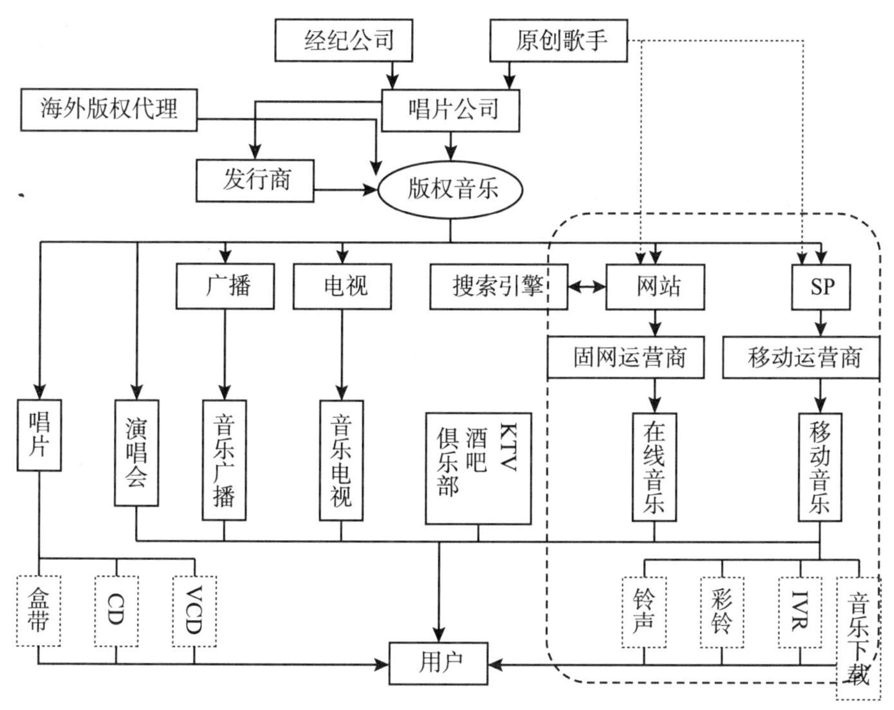

图9－4　音乐产业的产业链构成示意图

从我国目前的发展情况来看，在线下载发展远没有移动音乐发展迅速，2004

年，中国在线音乐市场规模仅为 0.45 亿元。由于互联网站难以对用户进行有效管理，对用户的控制力薄弱，受制于严重的盗版问题，使得中国在线音乐市场发展相对迟缓，市场上形成了正版在线音乐和盗版在线音乐共存的局面。但从国外情况来看，在线音乐的发展与苹果推出的 iPod 终端紧密联系，通过对终端的掌控，培养起用户使用正版音乐的消费习惯。2001 年苹果推出 iPod，销量迅速突破数千万台。在此基础上，2003 年 4 月，苹果与华纳、环球、EMI、BMG 和索尼等唱片公司达成授权协议、正式推出 iTunes 音乐商店，通过这项服务消费者可以下载版权音乐。iTunes 现在共提供 450 家唱片公司的音乐，每周卖出约 270 万首歌，每首收费 99 美分。iTunes 推出时即被视为唱片业对抗非法音乐下载的一大突破，带来了付费音乐下载市场的繁荣。

而对于国内来说，主要是通过另一项创新获得了新的发展空间，那就是手机彩铃业务。2004 年，中国手机彩铃收入达到 8.6 亿元，注册用户 2 200 万人。2005 年 2 月，《老鼠爱大米》下载 500 多万次，销售收入约 1 000 万元，等于 60 万张 CD 销售收入，其中唱片公司收入约 400 万元。国内北京太合麦田音乐公司总经理宋柯宣称，公司和中国移动及中国联通合作的彩铃业务所获利润，几乎与唱片发行的传统模式所带来的利润持平。传统唱片的利润率只有 15%，而靠手机渠道发行音乐利润率可达到 30% ~35%；传统唱片从发行到创收需要几个月，现在则是放在 SP 网站上立刻有收入。2004 年，刀郎作为唱片业的奇迹在整个传统渠道的收益约为 500 万元，而这还比不上《2002 年的第一场雪》这首歌在彩铃市场上的收益。2005 年，《童话》在大陆唱片销售 60 万张，而单曲《童话》月下载量就超过 120 万次，收益超过 100 万元，相当于发行 125 万张唱片。手机渠道之所以威力巨大，就在于它很好地解决了支付问题，通过强大的用户管理系统，完全掌握用户的消费信息，因此成功开辟了通过移动网络大规模进行音乐内容销售的全新渠道。

第三节　广电和通信两大网络的博弈

当前我国电信与广电的博弈正在两大领域展开，其一是数字电视与 IPTV 对于家庭用户的竞争；其二是手机电视与移动多媒体广播对于个人用户的争夺。“用户”已经成为网络竞争的焦点，在终端智能化、业务多功能化的趋势下，广电与电信从自身技术体制出发，采用不同的终端解决方案，以此来争夺用户，争夺市场。

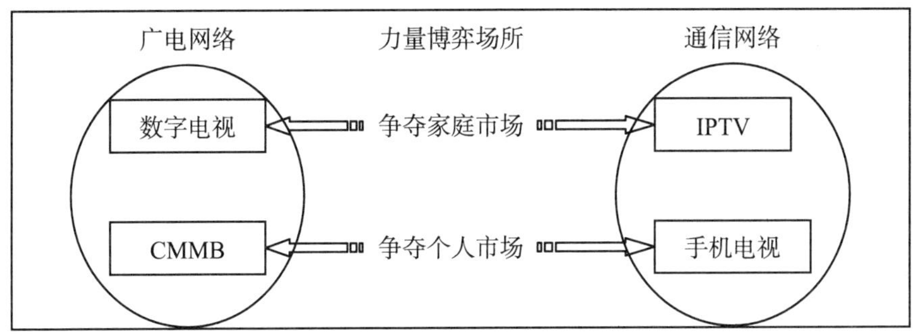

图 9－5　广电和通信网络力量博弈关系图

一、数字电视与 IPTV 对“家庭用户”的争夺

（一）争夺焦点

数字电视与 IPTV 关注的用户都是以“家庭用户”为主，二者的竞争其实是围绕“家庭信息平台”展开的终端之争。家庭信息平台通过建立用户数据库，进行实时、可控、准确的用户信息监测，在此基础上为用户提供全方位的信息服务。基于广电或通信网络的家庭网络是在家庭内部以有线或无线方式将多个设备连接起来，并通过家庭网关将网络运营商提供的业务和应用延伸到家庭内的网络。从而向家庭提供娱乐、通信、控制等多元化综合业务（图 9－6）。[①]

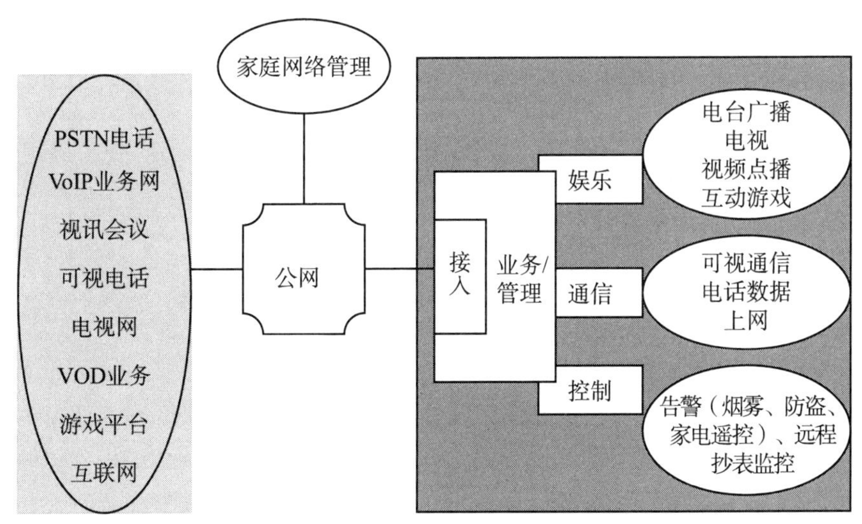

图 9－6　家庭网络示意图

① 孙明俊：《IPTV 及家庭网络的研究》，信息产业部电信研究院通信标准研究所。

无论是 IPTV，还是数字电视，其发展历程会沿着单个业务（Single Play）、双重业务捆绑（Double Play）到三重业务捆绑（Triple Play）的轨迹，其实质和走向则都是多重业务捆绑（Multiple Play），实现广义的全业务经营。这促使广电行业与通信行业开始进入对方的基本盈利业务领域，双方将展开正面竞争。

（二）竞争态势

在数字电视与 IPTV 的竞争中，通信与广电各自具有不同的优势。广电具有的主要优势包括：具有天然的电视节目内容优势；拥有庞大的有线用户资源；在行业管制政策方面，广电运营商得到政府相关部门的全力支持。

而电信运营商开展 IPTV 业务受到广电管理部门的政策制约。IPTV 在技术和市场上仍然存在不确定性。当然，电信自身也有自身的优势，包括高质量广覆盖的双向宽带网络；长期积累的丰富的业务运营经验，特别是双向业务运营经验；具有市场化运作和竞争的经验；相对强大的资金和人力资源；庞大的用户市场基础；强势的运营商品牌效应；丰富的增值业务模式等。电信运营商与广电运营商的竞争力对比如图 9－7 所示。

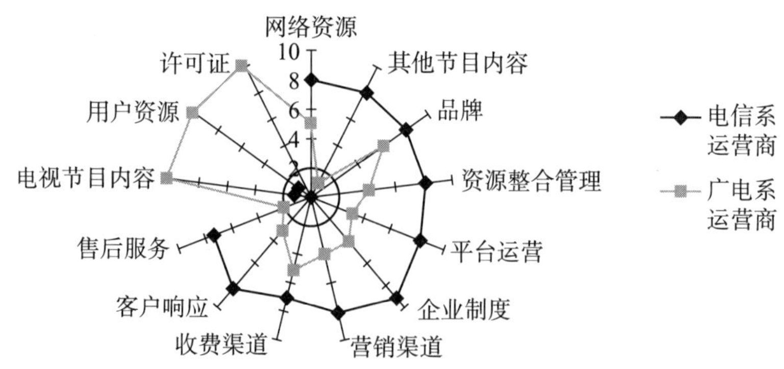

图 9－7　广电与通信运营商的竞争力对比图

资料来源：赛迪顾问，2006 年 2 月。

短期看，目前电信和广电分业经营的局面还不会正式打破，因而无论电信还是广电，对于对方核心业务的侵蚀都是有限的。广电靠与竞争性电信公司的合作侵蚀部分电信宽带和语音市场，还不足以形成对电信运营商的致命威胁，而电信同样靠与竞争性广电公司的合作侵蚀部分视频业务市场，也不足以形成对广电运营商的很大威胁。IPTV 除了政策和市场的不定性外，其大规模实施在技术上也面临不小的挑战，需要妥善解决。而数字电视的技术标准已经确定，并且已经进入大规模商用化阶段，目前来看数字电视的发展已经大大超前于 IPTV。①

二、CMMB 与手机电视对“个人用户”的争夺

（一）竞争的核心是围绕“个人用户”展开的竞争

媒介消费环境正在逐渐发生改变，只要稍稍留意就能有所体察：人们来去匆匆，闲待的时间少了，移动的时间多了，集中的机会和场所少了，离散孤独的场合多了。个人化的媒体需求正变得日益重要，人们随时随地获取信息的需求从没有像今天这样强烈，因此迫切需要接收灵活、便于携带、按需收费的个人媒体。欧盟执委会于 2005 年 6 月正式公布了未来五年的欧盟信息通讯政策框架“i2010”，指出为迎接数字融合（Digital Convergence）时代的来临，必须整合不同的通信网络、内容服务、终端设备，发展更具市场导向、弹性及符合未来考验（future-proof）的技术。i2010 中设定的首要目标就是创造个人化的信息空间（A single European information space），期望能够为每个用户提供一个可负担及安全的高速宽带网络，建立一个丰富及多样化的数字内容社会。这种个人化的信息空间，不仅仅要能满足用户的基本通信需求，而且要为用户提供自由的、个性化的通信方式，针对个人的不同种类的信息服务以捆绑业务的方式，为用户提供一揽子的解决方案。让用户能够体验到真正自由的移动性、交互性、便捷性、个性化、多媒体特性等服务。3G 时代围绕用户需求将提供以下综合服务，从而充分刺激用户的信息消费需求，使得整体信息消费规模获得扩大。②

（二）竞争态势

如上所述，目前用手机等便携终端接收广播电视主要有三种技术实现方式，一是通过无线移动通信网（如 3G、GPRS、CDMA 1X 等）传送，二是通过地面无线广播方式覆盖（如韩国的 T－DMB、欧洲的 DVB－H、美国的 Media FLO），三是通过卫星和地面补点相结合的广播方式覆盖（如日韩卫星 S－DMB、美国天狼星等）。其中第一种方式作为电信的增值业务，在一定程度上受到技术条件、网络带宽和传输成本的限制。目前，这一业务只是作为移动运营商多媒体增值业务的一部分推出，运营商对于内容和用户需求还没有十足的把握。后两种广播方式，可以利用广电网络的频带宽、覆盖广和成本低的优势，一些国家已经开始商

① 韦乐平：《IPTV 是电信公司转型战略的有益尝试》，计世网，2005 年 10 月 26 日。

② 刘高峰：《对中国 3G 业务的思考》，《移动通信》，2005 年 9 月。

业运营，推出数十套节目的移动多媒体广播电视业务。而欧美日韩等国的手机电视则采取了基于数字电视标准的移动广播，即数字电视多媒体广播与移动通信的融合。这种方式下行信号通过高带宽的数字广播电视网络进行，而上行信号则利用现有的无线网络，这样既实现了高清晰电视节目的传送，同时也可利用现有的无线网络实现视频点播等多种增值业务，实现广播传输和通信服务两种工作环境的无缝链接。总体来看，围绕个人用户的争夺才刚刚开始，尽管市场前景诱人，但由于受到当前政策不明朗、技术限制、商业模式不够清晰等多种限制，广电与电信的争夺仍处于“卡位”阶段。

三、两大网络产业博弈的核心——内容与渠道对产业主导权的争夺

（一）通信希望延续“渠道为王”

在“用户透明化”的发展趋势下，与传统媒体产业链中的发行、传输渠道相比，电信网络运营商对渠道的控制显得更为强势，对用户终端的掌握能力也更强，这使得它们在与上游内容服务提供商之间的博弈中处于优势地位。最典型的一个例子就是中国移动对于移动梦网的管控，移动通信运营商的作用体现在制定清晰的产业发展计划，制定阶段性、透明的政策；协调价值链之间的利益关系；调动产业链各个环节的积极性，以及控制合作成本等方面。运营商提供通道和平台，建立信息管理系统，决定内容是否收费、上线、改进。

在深度介入内容的基础上，网络运营商开始出现了逆向一体化趋势，进一步加强对产业链的控制。一些电信运营商开始收购内容提供商，例如，韩国 SKT 与全球四大唱片公司之一的华纳音乐公司建立合资公司——WS Entertainment。而且，SKT 还对影像制品企业进行了一系列的收购：2005 年收购了韩国综合娱乐企划公司 IHQ21.7% 的股份，成为该公司的第二大股东；后又对韩国最大的唱片公司——YBM 首尔唱片公司进行了收购，以 60% 的股权控制了这家唱片公司。英国 Virgin 移动公司兼并有线电视巨头 NTL 公司；中国移动也于 2006 年 4 月收购了凤凰卫视 20% 的股份。

产业链的纵向控制手段包括两大方面：一是纵向一体化（包括兼并）或纵向分拆；二是纵向约束（包括独占交易、独占区域、转售价格控制、纵向价格歧视、共同代理、拒绝供应、特许经营、全线强销、数量折扣、搭售等）。其中，纵向一体化是最常见与最有效的控制手段之一，对市场结构的影响最大。有研究发现，通过进行纵向一体化，网络运营商可以降低自身交易成本，并能在一

定程度上提高效率，这也就成为网络运营商逆向一体化的重要动因。

（二）广电希望实现“内容为王”

广电的核心优势在于内容资源，因此“内容为王”的模式更符合广电的利益。作为内容提供者，为了抗衡电信运营商的强势地位，在博弈中加强谈判能力，广电通过采取以下措施，希望能够在数字媒体时代确立“内容为王”的发展模式：一是加强纵向一体化，掌握自己的主渠道，从而加强与用户的直接联系；二是面向多元化渠道，朝内容集成的方向发展。

对于内容提供商而言，与渠道结合的意义，在于保证自身内容的播出环节通畅，这是内容提供商避免受到网络运营商控制的一种防御性战略。正如国外学者曾指出的，某种程度的垂直整合对“内容所有者”和“用户拥有者”来说都是关键的支持性战略。用户拥有者可以利用它们所拥有的内容，形成独一无二的供给，而内容所有者可以利用直接的用户关系来与它们的市场保持联系。[①]

事实上，“渠道为王”的观点是建立在网络运营商与内容提供商发展不对等的基础上的。“比如中国移动利润一年上千亿，任何一个 SP，中国移动都可以轻易收购……通信产业具有自然垄断的特征，因为有技术密集型、资金密集型的特征，所以这才控制整个产业链核心资源。内容是充分竞争的市场，这怎么能跟网络运营商叫板”。[②] 因此，只有改变这种不对等地位，才能逐步实现上下游的平衡发展。而内容提供商向内容集成商转变，就成为壮大自身实力的战略方向。

今后内容集成商将对节目的包装、集成、营销等将进行越来越细的市场定位，目标观众将变得非常明确。节目的时间长度、内容设置、各种视听要素的安排也将根据传输平台的不同而改变，一个内容题材将可能在付费电视频道、基本数字电视频道、手机电视、网络电视上出现多个版本的节目。如网络电视，海量存储、互动性强，节目的各种视听要素将会被加上各种链接，如节目的主要内容介绍；主要角色以前演过的各种影片的介绍；节目摄制过程中的各种花絮；甚至和节目相关的各种服装、饰品介绍等。而手机电视，由于移动性强，节目连续收看时间短、节目将会由一个个小片段组成，片段之间既有一定的关联性，又有相对的独立性，节目冲突将根据时间长度进行灵活安排，内在结构设置更加严密。

---

① ［意］玛格赫丽塔·帕尼加：《多媒体与互动数字电视》，人民邮电出版社 2006 年版。
② 吕廷杰：《3G 与电信运营商转型》，“3G 在中国”全球峰会讲话。

四、两大网络产业博弈的影响

许多学者都对数字媒体产业的产业结构进行了相关研究，这些研究从不同的角度出发，从不同的侧面揭示了数字媒体产业的产业结构变化的轨迹。有的学者是从电信、广电等单个行业入手，对于行业各自的演进路径进行了分析，有的学者是从“媒介融合”的角度来分析数字技术引发的电信与传媒等行业之间的相互融合与渗透。还有学者将视野进一步放宽，从产业经济学的角度来研究信息化与“产业融合”的关系，将发生在电信、广电和出版业的融合现象进一步拓展，尝试寻找“产业融合”的一般性规律。尽管研究的出发点不尽相同，但是从中都反映出，伴随着广电与电信的融合与转型，数字媒体产业的产业结构将进行横向调整，朝着更加开放的方向发展。

（一）产业链结构将横向调整

随着数字媒体业务向多元化、融合化的方向发展，数字媒体产业中出现了越来越多的新角色，产业链日益复杂。如图 9－8 所示，以移动通信行业为例，产业链环节逐渐增多，从 1G 时代的设备供应商、运营商与服务提供商的简单结构，发展到 3G 时代，已经涵盖了分包商、设备制造商、电子消费品、内容集成商、零售商、网络运营商、服务提供商等多个方面。[①]

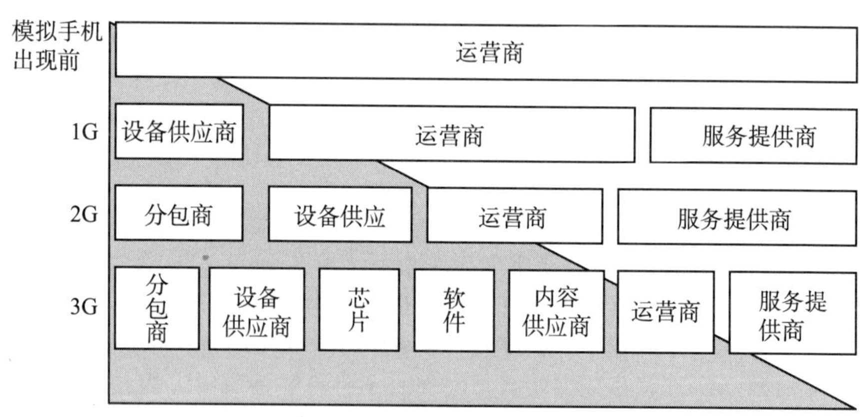

图 9－8　移动通信产业链的变化

① Dan Steinbock，《The Mobile Revolution》，kogan page 2005 年．（［芬兰］丹·斯坦博克著，《移动革命》。）

有研究表明，在数字融合的初期，人们以为所有媒体在数字融合的推动下将面临大规模的兼并，因此将产生一个纵向一体化的垄断体。但后来的事实表明，通信业原有的价值链逐渐瓦解。随着价值链的变长，传统电信运营商独力支撑的方式已经不合时宜。电信运营商与来自多媒体内容、IT 以及与其他行业的企业广结联盟已成为一个非常普遍的现象。如图 9－9 所示，通信业长期“垂直集成、封闭”状态正在发生横向分割。[①] 从根本上讲，这种分割就是最大化地利用基础网络资源，以用户需求与业务为网络演进的根本驱动力。产业价值链在外延不断扩大、内部趋于复杂化的过程中，逐渐形成了全新的庞大网络，其内部各组成部分在相互促进的同时，也会相互影响和相互制约。

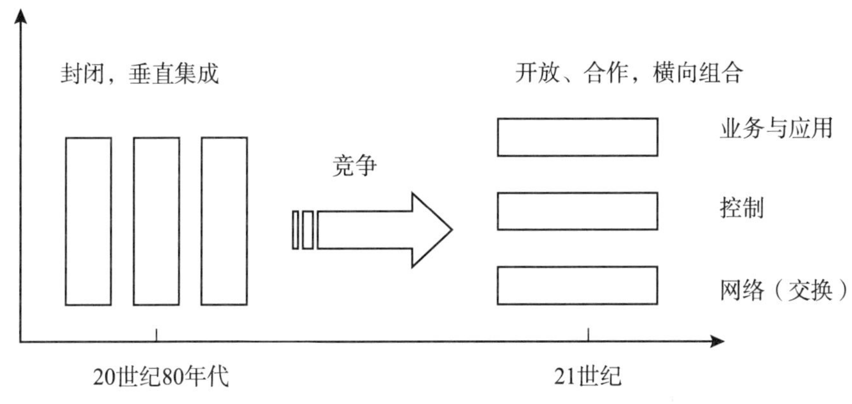

图 9－9　通信行业的产业价值链的变革

有学者指出，计算机、电信和广播方面的成功企业逐渐放弃产品端对端的纵向一体化结构，转向专门的横向一体化市场环节发展。媒体的纵向一体化市场将逐渐被以下五个横向环节所取代（Bane，Bradley and Collins，1995）：内容创作与制作、服务包装、信息传送载体、操作智能资源和终端设备。[②] 而国内学者从内容产业的角度，将这些环节归结为内容产品、渠道与终端三大环节，大众传媒产业、电信产业与 IT 产业在这三个横向环节上发生融合。从上述研究成果中，我们可以看出，在数字媒体产业中，涉及不同类别的传统行业，这些行业自身的价值链正在延长，参与角色越来越多。与此同时，这些行业之间开始出现融合，这导致数字媒体产业结构更加开放。美国学者凯文·曼尼曾在《大媒体》一书中描述了传统大众传媒业、通信业、信息业都将统合在一种新产业之下，产业结构从封闭走向开放，所有的企业都将投入同一个市场。

① 陈山枝：《电信运营商业模式变化的探讨》，《电信科学》，2004 年第 7 期。
② 张磊：《产业融合与互联网管制》，上海财经大学出版社 2001 年版。

（二）产业将步入买方市场

“用户透明化”使得网络对用户的管控更加有力，而随着数字媒体产业朝着开放与竞争的方向迈进，这种控制权从少数处于垄断地位的物理网络运营商手中逐步分散到虚拟运营商以及智能化终端控制者等不同种类的多元化主体手中，那么作为价值链的末端，“用户”是否将越来越无助呢？恰恰相反，消费者开始真正体现出自己当家做主的地位与权利。当然，这种权利的实现是有条件的，那就是内容与信息服务的供给由匮乏变为丰裕，消费者可以进行多样化选择。国外学者 Chris Anderson 根据数字时代的特点提出“The Economics of Abundance”（丰裕经济学）。他认为在数字化世界里，人们能够通过一个几乎不计成本的工具来生产、复制、传播各种数字内容资源，消费者面对无限的选择，将从匮乏时代向丰裕时代转变。在这种情况下，数字媒体产业将由现在的卖方市场逐步向买方市场转变，企业在日益激烈的竞争中步入微利时代，在整个产业中的利润分配将更为合理，相应地向价值链的源头——内容原创与销售服务环节倾斜。

1. 整个产业将步入买方市场

我们正从“匮乏时代”走向“丰裕时代”，无论是网络运营商，还是内容提供商，都将步入买方市场。在《转型》一书里，被誉为国际商业前沿思想代表人物的拉姆·查兰和拉里·博西迪明确提出，世界经济正在发生第五次结构性变化，西方一大批行业和企业出现结构性危机。书中深刻揭示了全球商业普遍转型的根本原因——产能严重过剩、互联网的兴起、全球化带来的买方市场、利润空间的压缩等。数字媒体产业的发展，也面临着上述问题，其中一个突出表现就是当前信息服务产品正逐步走向买方主导的市场环境。一方面，技术进步迅速造成供大于求的局面，消费者的选择权更大了；另一方面，数字技术与网络技术的日益普及使人们消息更灵通，选择面更广。这些使全球商业界出现了前所未有的规模庞大的买方市场。整个数字媒体产业受到买方主导市场的影响日益明显。

从各种信息产品服务来看，以往由于受技术的限制，供给远远低于需求，但是随着技术的进步，传输渠道增多，各种信息服务的供给相对于用户需求严重过剩。在选择余地相当大的市场环境中，消费者对信息商品有了广泛的选择权，这强化了买方在市场中的地位。同时，消费者也越来越理性，对信息服务产品的种类、服务质量的要求越来越高。在信息传输环境得到根本性改变的同时，人们对于信息服务的需求也开始前所未有的膨胀起来。究其原因，应当主要包括两方面因素，首先是在物质生活得到满足之后，人们的精神需求被有效激发，对于信息服务的需求规模日益扩大，需求的种类日益复杂；其次，在网络与应用终端等硬件环境完善的同时，人们享受信息服务的软环境也得到极大的改善，从而进一步刺激了人们去努力满足自己的信息消费的欲望。

随着市场竞争日益激烈，企业必将想方设法地刺激、满足用户的需求，买方在市场中的主导作用会越来越明显。消费者完全掌握着自己购买与不购买的权力、何时购买的权力，而且还希望自己的资金能够得到更大的使用价值。此外，消费者也变得越来越注重自身权益的维护。[①]

2. 企业将逐渐步入微利时代

在传统媒体产业中，内容提供者的数量有限，内容产品的分销渠道相对单一，但是在数字媒体产业中，内容服务提供商大量涌现，新的分销渠道越来越多，相互之间形成网络状交叉结构，消费者的需求也得到有效释放。由于买方与卖方数量众多，产品差别化逐步趋同，进入门槛降低，使得数字媒体产业竞争日益充分。

在这方面，互联网的发展为我们昭示了未来的发展趋势。有学者认为，以互联网为代表的数字媒体产业，在理论上有可能创造一个完美的市场机制，原因如下：首先是信息传递的速度加快，而信息传递的成本却极低；信息的透明性、完全性和平等性日益增强；这就为消费者的自由选择、厂商的自由竞争提供了基础和可能。

其次，数字媒体产业将面对买方市场，消费者的个性化程度和选择的权利空前提高，他们拥有了可以与生产商一道来共同决定供需平衡的可能性，消费者中心地位的提高，确实为我们打开了通往理想化的完美市场经济体制的道路。虽然我们不可能完全实现它，但至少可以无限地逼近它。

最后，交易过程更加直接，中间环节和摩擦减少。网络完善市场的功效不仅在于它打破了时间和空间的限制，还可以各种方式来减少市场的摩擦，最大限度地提高市场的流动性。一般来说，市场中存在着各种各样的摩擦，其中最大的摩擦就是价格，很多场合由于价格不够灵活和变化滞后，从而妨碍了买卖双方进行交易。完美市场的要素是价格完全随市场的供求变化而变化，而网络经济就真正可以让价格即时地随市场的变化而变化。

企业生产经营的目标是利润最大化。经济学家给出的利润最大化的标准是边际收益等于边际成本。因为当企业生产的产品使边际收益和边际成本相等时，这种产量就实现了利润最大化。企业总要使自己的产量保持在平均成本最低，而平均成本最低时，平均成本与边际成本相等。如果市场是完全竞争的，企业每增加一单位产品并不影响价格，平均收益也等于边际收益。由此可以得出，在完全竞

① 蒋水林：《转型全球通信业的必然选择——浅析通信业在全球经济结构性变化中面临的挑战》，《人民邮电报》，2006 年 10 月。

争市场上，边际收益等于边际成本，也就是平均收益等于平均成本，这时企业在完全竞争的市场上获得的经济利润为零。当然企业的会计利润并不为零，在完全竞争时，企业所赚到的是补偿机会成本的会计利润。

当然，理论中的理想市场机制在现实的经济生活中并不能完全实现，产品同质、价格一致、信息充分、进出自由的完全竞争状态难以达到，但是我们可以看到随着市场机制的不断完善，竞争变得更为充分，这使得依靠单平台获取垄断利润的传统强势企业，不得不面临利润率下降的趋势，获利能力趋向社会平均水平。

3. 产业利润分配更加合理

“如果我们把传媒产业的竞争力来源大致分为传播内容的原创能力及内容资源的集成配置能力、传播渠道的拥有和掌控能力，以及对于销售终端的掌控能力、终端服务链产业链价值链的扩张能力三个基本方面的话，今天已经开始的新传播竞争时代的特点就在于，传播渠道的拥有和掌控能力对于传媒产业核心竞争力形成的贡献将越来越小，而传播内容的原创能力及内容资源的集成配置能力，以及对于销售终端的掌控能力、终端服务链产业链价值链的扩张能力却越来越成为形成传媒产业核心竞争力的关键。”① 以我国的电视节目市场为例，相对于电视台，社会制片公司还处于弱势地位，导致利益分配关系失衡，电视节目的利润完全倒向媒体，播出机构拿 50%，内容提供商只能拿到 25%，有数据显示我国影视节目制作行业的平均利润率不到 6%。进入数字媒体时代这种现状必将逐步得到调整，产业各个环节之间的利润分配将变得更为合理，内容的原创及集成环节将大大加强，从而促进企业在内容与服务的原创性与独特性上加大投资，促进整个行业的健康发展。

本章小结

在数字传播技术发生之前，广电和通信的两张网互不相干，由此也形成了两个完全不同的产业，它们的技术实现方式不同、所能支持的业务和功能不同、服务的对象不同、运作模式不同、所适用的管理规范也不同，而数字传播技术的出现则彻底改变了这种局面。数字化浪潮使得原本不具有媒体属性的通信工具获得媒体的功能与特征，“泛媒体化”趋势明显。而原本清晰的媒体界线日益模糊，“多媒体化”、“多元业务”成为媒体新旧融合的鲜明特征。

① 喻国明：《“渠道霸权”时代的终结》，《当代传播》，2004 年第 6 期。

技术壁垒的淡化与媒体界线的日益模糊迅速在业务和功能层面体现出来，出现了越来越多在广电和通信两张网上均可运作的业务，双方的同台竞技在所难免，对三网融合的呼唤越来越强烈，广电和通信这两大基础网络产业在数字化背景下的力量博弈已经展开。

在本部分中，我们首先对广电和通信这两大产业的传统运作模式进行了分析，然后分析了数字传播技术是如何促使这两大产业进行转型的，总体来看，这两大产业的调整将拓展新的发展空间：空间之一是“用户”，广电将朝着“用户明晰化”的方向拓展；空间之二是“内容”，电信将借鉴内容驱动模式，逐步介入内容市场。

接下来我们分析了广电和通信这两大网络产业进行力量博弈的焦点，主要包括两对矛盾，一是数字电视和IPTV对家庭用户市场的争夺，二是中国移动多媒体广播（CMMB）和通信手机电视对个人用户市场的争夺；并进一步分析了新的力量博弈所产生的影响，包括：产业链结构的横向调整；整个产业将步入买方市场；企业将逐渐步入微利时代；产业利润分配更加合理等方面。

至此，我们从理论和宏观层面对网络产业这一数字传播技术的重要影响着力点所发生的变化进行了分析论证，接下来的章节中我们将对两大网络产业力量博弈的焦点分别进行分析，即数字电视、IPTV、CMMB和手机电视，论述的问题将集中于产业发展历程与现状、发展动因、产业链及运营模式、用户市场、面临的问题与发展趋势等问题。

第十章

中国数字电视产业发展分析

各种数字新媒体中，相对来说，数字电视是发展时间最长、产业链条最完善、用户规模最大的一个产业，自从20世纪80年代我国广播电视行业追踪数字技术开始，到21世纪初以有线为首的数字电视行业的快速推进，数字电视一直是广电数字化领域中的焦点问题。时至今日，数字电视中的三种渠道（有线、地面和卫星）均已经在我国取得了突破性进展，2008年用户规模也将突破5 000万，数字电视已经深入人心，一个面向家庭电视媒体市场的全新的产业已经形成。如何面对新形势、发挥新作用、产生新效益，就成为中国数字电视产业需要思考的问题。

在本章中，我们首先将对数字电视的概念、特征、产业格局、发展动因等宏观问题加以分析，然后分别对数字电视产业中的三种形态——有线数字电视、地面数字电视和卫星数字电视——的产业发展状况分别加以论述，并分析用户市场的变化情况，最后，我们还将对中国数字电视产业发展面临的问题和未来的发展趋势进行分析论证。

第一节　数字电视的基本内涵

一、数字电视的基本概念

（一）数字电视是电视媒体的全数字过程

数字电视是一个电视媒体的全数字化过程，在这个过程中，从电视节目的制作、播出分配到电视节目的发射与接收全部采用数字编码与数字传输技术（图10－1）。

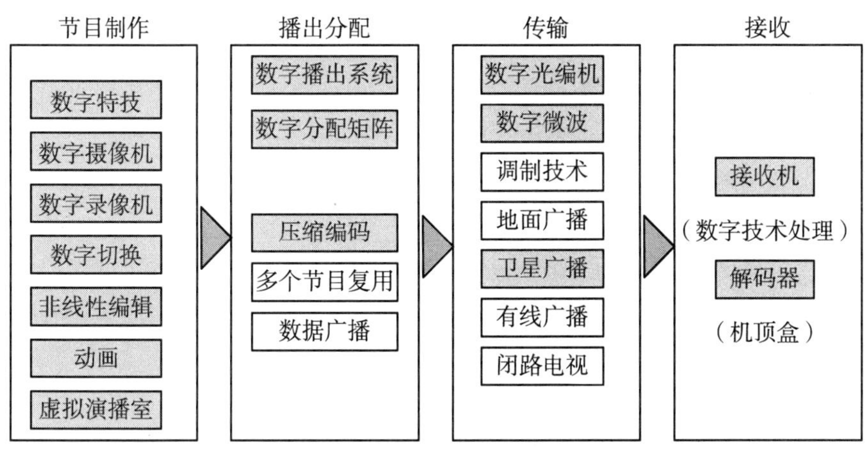

图10－1　数字电视：电视媒体的全数字化过程

（二）数字电视的三种传输形态

从技术角度说，电视信号要送到受众电视接收机上实现收看，有三种实现方式，即卫星、有线网络、无线地面发射三种途径。所以，地面无线、有线网络以及卫星共同构成了数字电视媒体的传输渠道。

在目前多种传输手段并存且市场成熟度较高的情况下，对于用户端的收视而言，卫星、有线、地面微波等传输手段本质上实现的都是通过某种渠道，将数字广播电视信号传输到用户电视机终端设备这一功能。但是在具体的传输过程中，这几种传输方式都有各自的独特优势及难以避免的不足之处。这些特点相互对比，构成了不同传输方式竞争格局（表10－1）。

表10－1　卫星、有线、微波数字电视传输方式的特点

	卫星数字电视	有线数字电视	地面数字电视
覆盖范围	最广阔	区域性强	比较广泛
画面质量	信号容易受干扰	信号最稳定	信号容易受干扰
频道数量	最多，可达500个	比较多	比较多
铺设费用	起始费用高，单位成本低	单位成本较高	比较低
传输安全	容易受到攻击	最为安全	比较安全
移动性	比较强	无法移动	最适合移动
互动性	难以互动	最容易实现互动	难以互动

1. 覆盖范围的比较

有线数字电视虽然覆盖比较广泛，但有线网的铺设受地理环境影响较大。

地面数字电视在覆盖上是对卫星和有线的补充，尤其在安全上是对国家广播电视安全的保障。安装的方便性和接收的随意性，对中国尤其是在小城镇、农村和边远地区缺乏技术支持的市场有特别意义，但是受地形地貌影响也很大。

相比之下，数字直播卫星电视可以将节目直接传送到用户家中，到达地面电视和有线电视都难以覆盖的地区，覆盖范围广。

2. 信号稳定性的比较

卫星数字电视的信号稳定性会受到雨衰雪衰的影响，地面数字电视的信号不仅受到天气的影响，同时地理环境对其信号的影响也较大。相比之下，有线数字电视的信号则比较稳定，收视质量好。

3. 频道数量的比较

有线数字电视经升级改造后传输容量有较大的提高，地面数字电视可接收的频道有限，但是可以传输本地频道，而卫星数字电视传输容量较大，可达到上百个频道。这是由于数字电视在播出上采用数字压缩技术，该技术可以使数字直播卫星的一个转发器能够传送5~8套节目。一个卫星正常拥有50个转发器，也就意味着一个卫星可以拥有400套节目的传送能力。

4. 铺设费用的比较

有线数字电视的网络要铺设到户，成本很高；地面数字电视一次性投资，建设简便；卫星数字电视则是一对多点传输，用户端接入成本较低。

5. 传输安全的比较

卫星数字电视容易受到国外信号干扰、恶意攻击，地面数字电视和有线数字电视的传输都比较安全，地面数字电视的信息传输可靠性较高，有线数字电视可保障传输安全。

6. 移动性的比较

地面数字电视可以实现移动接收。移动接收是数字地面电视独有的特点。对于地面数字电视而言，移动接收是能与卫星、有线电视竞争的增值业务的增长点。有线数字电视由于铺设到户，其移动性最低。

7. 互动性的比较

有线数字电视便于实现双向互动，这是有线数字电视在吸引用户方面优越于卫星数字电视和地面数字电视的一个特征。

（三）数字电视宏观战略布局

近几年来，我国的数字电视发展迅速，目前已经形成了一个三军突破的宏观布局。

所谓三军突破，指的是有线、卫星和地面三种传输通路的全部数字化，用户无论是在城市还是在农村，无论是静止状态还是移动状况，都可以接收到数字电视信号，从而实现全国范围内的所有人口的数字化。具体而言，即通过有线电视数字化实现城市人口的数字化，通过直播星及固定接收的地面数字电视推进农村，以及边远地区人口的数字化，通过移动多媒体广播规划中的S波段大功率卫星及移动电视实现移动人口的数字化（图10-2）。

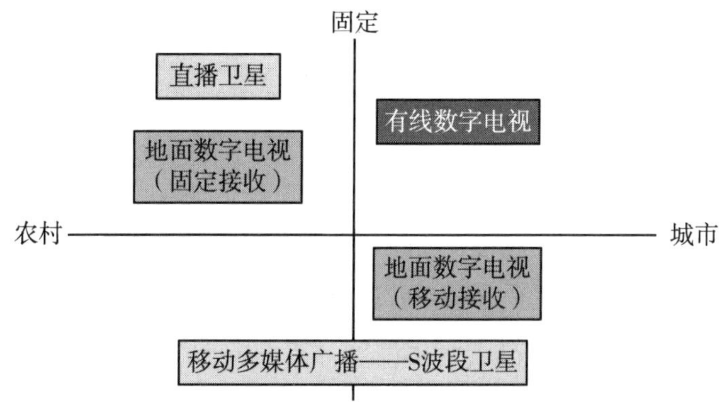

图10-2　中国广电数字化布局

资料来源：黄升民、周艳、王薇：《解析中国广电数字化战略格局》，《媒介》，2008年1月。

二、数字电视的特征

数字电视由于采用了超大规模集成电路、微处理器、存储器，使用了数字图像处理的理论和技术，使电视图像质量和声音质量得到很大改善，增加新的功能，便于与多种外围设备连接。数字电视与模拟电视相比具有许多新的特点和优点（表10-2）。

表10-2　数字电视与模拟电视相比鲜明特征

	清晰度（线数）	音质	数据服务	交互业务
模拟电视	352×288	一般	不能提供	不能提供
标清电视	640×480线	杜比解码AC-3方式，可支持5声道加超重低音道的5×1环绕家庭影院服务，具备CD级音质效果。	能提供多种形式的业务，包括数字服务和交互业务，让受众可以接收多样的信息服务并且有一定选择和能动性。	
高清电视	最低：1280×720线，最高：1920×1080线。			

（一）从技术角度看

从技术角度看，数字电视具有视音频质量高、功能多、用途广等特点，具体包括以下几点：

1. 图像和伴音质量高

影响电视图像和伴音质量的因素主要有两个，一是失真，二是信噪比降低。模拟信号经过各种有源和无源电路不可避免地会产生非线性失真和相位失真，不可避免地会引入噪声。而这种失真和噪声是逐步积累的，传输的环节越多，失真与噪声就越严重。但对数字信号来说，由于只有“0”和“1”两个状态，可以在取样点对接受到的信号进行判断，只要判断不出错，再生的信号与始发端是完全一样的，从而去除了噪声和非线性失真、相位失真的影响。数字电视机还可以自己产生同步信号来提高图像的同步稳定性和工作可靠性，使在接收微弱信号或有较大干扰的情况下，图像仍能稳定工作。因此数字电视信号经过远距离传输、多次切换和反复录制，图像质量和伴音质量不会降低。

现在的模拟电视清晰度为352×288线（指PAL制电视），即水平清晰度352线，垂直清晰度288线；而数字电视的低级别SDTV清晰度最低为640×480线，高级别HDTV最低分辨率为1280×720线，最高为1920×1080线。数字电视的伴音为杜比解码AC-3方式，可支持5声道加超重低音道的5×1环绕家庭影院服务，具备CD级音质效果。

2. 数字电视可以在同一通道内实现不同业务以满足各种业务需求，使电视媒体从单一节目传输通道变成综合信息服务网络

原来的电视业务是一种模拟传输，是使信道适合给定的信源，比如对于PAL-D电视系统中，家用、专业用和广播用不同质量标准的业务使用相同的6MHz基带带宽或8MHz通道带宽。而在数字传输系统中，不管是什么信源，在先进的信道编码和调制方式的支持下，都能达到适于该信道的最高码率。不同质量的信源具有相同的格式，只是在信道中占用的比特率不同，比如家用质量的电视比特率在1.5Mbps，专业级质量在4~5Mbps，广播级质量的在8~9Mbps，但都打成MPEG-2传送包，可以在同一设备中完成各种不同级别的图像质量业务。

3. 功能多，用途广

数字信号本身是一种数据，数据可以用于图像传输，也可以用于控制。数字信号带来了融图像信号与控制信号于一体的方便性，从而带来了模拟电视不可能实现的新功能，如高清晰画面，CD音质的声音，静止画，画面变焦放大等多种功能以及多种制式的自动转换。

数字电视机处理的是数字信号，所以容易实现同外部媒介及信息源的联接，例如，可与录像机、摄像机、视频光盘机、卫星电视接收附加器、电脑、电子游戏机、视频检索装置以及宽带综合数字传输网络（ISDN、ADSL）联接，实现各种多功能服务，如图像通信、数据通信等。

（二）从运营角度看

从运营角度来看，数字电视运营具有可操控强、大量释放频道资源、创造多元盈利模式、开展多种业务形式等多种优势。

1. 数字电视运营更可操控

采用数字电视的技术后，数字广播内容通过高新技术进行全数字化处理，使得运营更为方便和易操控。数字时代的电视节目的制作、存储、编排、处理、交换、播出、接收更容易实现，同时便于广播电视系统收、发设备的集成化和微型化。

2. 频道资源空间得以释放

数字电视释放了频率资源，使得现有的频率资源大幅度增值，电视运营可以拥有更丰富的频道资源，其关键技术是码率压缩和高效通道编码方法，不但使得比原来普通电视信息量大得多的高清晰度电视能在原来的频道内传送，而且使原来只能传送一套模拟电视的卫星、地面或有线等通道空间现在可以传送四套至八套标准清晰度的数字电视节目。因此，数字电视带来的不仅是图像质量的提高，而是现有频率资源的大幅度增值，必将引发电视业务、经营方式、制作方式的巨大变化。

3. 为多元盈利模式创造了条件

数字电视容易实现加密/解密、加扰/解扰技术，除了在传输领域的加密加扰的专业应用外，数字电视在收费方面有着广阔前途。首先，可以实现不看电视不收费、多看电视多收费，看好和先看多付费的合理收费模式，其次，还可以实现按时段、按节目类别、按收看次数收费的精确收费方式；最后就是还可以通过机顶盒智能卡从银行自动划账，解决收费难的问题。

（三）从服务角度看

通过上面从技术角度和运营角度两个方面对比数字电视和模拟电视，可以基本上把握数字电视的鲜明特征，数字时代的电视服务出现实质性变革，表现在：

1. 方便开展多种业务形式

数字电视技术提供了开展多种业务形式的可能性，使原来模拟时代的一对多的线性广播式业务形式发生了改变，数字电视时代可以为受众提供多种综合业务，包括数据服务、交互服务、互联网服务等，而且更容易加密/加扰开展信息安全/收费业务，使得电视运营商能够获得其他收益。

2. 多功能服务

数字压缩技术复用技术可以将电视节目和各种数据信息、服务信息打包传输，改变传统电视的形态，面向用户提供多种形式的信息服务。

第二节　中国数字电视发展的背景动因

随着中国广电改革的深化，中国广电的产业化进程走到了数字化的生存边缘，中国广电经营自身的发展逻辑和发展动力成为数字电视发展的根源所在，数字技术充当了广电业者调整产业结构、提高经营效益的技术基础和手段，从根本上推动中国广电经营的升级、发展，使广电媒介呈现出不断寻求新的利润增长点，探索新的经营突破口的战略姿态。

一、中国广电的产业化进程走到数字化的生存边缘

新世纪的中国，整个媒介经营尤其是广电经营正在逐渐转型，在恢复自主经营意识之后，向一个具有自身发展逻辑和自身发展能动性的产业过渡。

在这个产业化进程中，除了需要不断调整自身内部的机制，广电媒介还面临着不断增强的内部压力和外部压力。

在调整机制、应对压力的过程中，中国广电媒介呈现出不断寻求新的经营利润增长点，探索新的经营突破口的战略姿态；与此同时，各级广电都在不同程度上意识到了数字化技术的强大冲击力和经营价值，也就开始或主动或被动地走到了广电数字化的边缘，开始了不同程度、不同角度的探索。

二、发展数字电视是广电调整经营结构、应对激烈竞争的重要策略

在发展数字电视以前，中国广电经营存在着结构性缺陷，主要表现为经营来源过于单一，虽然各级广电媒介都在尝试多元经营，但是各级广电媒介进行的多元经营基本上没有显著收益，因此各级广电也开始重新思考：良性的多元经营当然需要，但是在进行多元经营的过程中，仍然需要继续挖掘广电主营业务的空间，因此数字电视经营作为模拟电视经营的升级形态，受到了中国各级广电的重视，成为中国广电媒介调整经营结构、应对激烈竞争的重要策略。

（一）广电经营结构的三个局限性

在发展数字电视以前，各级广电媒介在经营结构方面都存在三方面的明显局限性，具体表现在：

其一，单一依靠广告收入，使得经营重心严重倾斜于广告经营；

其二，节目内容作为主要经营资源，在经营上没有取得实质性突破；

其三，多元经营虽然开展早、涉足广泛，但是由于广电自身的经营素质及其他条件所限，成效不大，由此可见经营结构的调整是广电行业的一个现实问题。

近几年广告市场告别高速增长，广告主逐渐成熟，投放行为趋于理性，且宏观经济不景气，所以广电的广告收入出现了大范围的滑坡现象；节目市场方面，广电自身的内容制作与发行实力不敌一些民营制作机构；搞多元经营更是外行混战，难有成效。出现这样的现象固然和市场环境相关，但也说明广电整个经营格局中的容量已经基本固定，很难有突破性拓展。加之市场竞争日益激烈、新的角色不断加入这个市场，产业市场化程度日益加深，中国广电必须思考经营结构调整的新方向，多元经营当然仍是策略之一，但回归主营业务成为媒介进行集团化改革后的一种思路，因为这块业务领域在相当时期内仍然会存在产业垄断政策，且自己在该领域内的经营实力最强，从该领域入手，自己的竞争力必然可以极大增强。虽然原有的模拟电视业务空间已经不大，但是新生的数字电视所展现的庞大的、多元的业务空间给了中国媒介很大的希望。

（二）广电经营面临越来越强的竞争压力

中国广电在经营中面临着越来越强的竞争压力，主要有两个方面：

1. 内部压力

其一，中国广电媒介内部原有的宏观政策、管理体制和现行的媒介运作实施之间的矛盾冲突愈演愈烈；

其二，松散管理和粗放经营是广电媒介的两大顽症，缺乏有效管理体制，上下级之间、内部各个实体之间出现层层矛盾和种种冲突，松散的管理严重阻碍了产业的发展，而在经营方面更是无战略性的开发资源，粗放经营的结果造成内容重复乏新、受众分流、广告互相杀价、多元经营更是处在一种原始状态；

其三，新兴的数字技术又从根本上推动中国广电经营的升级、发展。

2. 外部压力

其一，报纸、杂志等传统媒体“穷则思变”，不断调整策略，在更为灵活的经营方式下焕发了崭新的生命力；

其二，新兴的网络媒体强力冲击着市场；

其三，海外媒介对中国市场的觊觎，媒介市场的竞争将呈现国际化特征，竞争程度也就会更为激烈。

在这样的重重压力之下，中国媒介要想生存下去必然要突破现有经营格局，并且在国际广电数字化浪潮中不能落后，否则未来的国际市场空间中，中国媒介难以立足。

三、媒介自身的趋利性促使各级媒介不断地寻求新的经营增长点

找寻新的经营增长点不仅是一个关乎媒介自身经营特质的问题，对于中国广电而言，也是关系生死存亡的根本问题，结合当时中国的广电产业政策和中国各级广电的发展现状，可以更为清晰地认识到这一点。

（一）对于地方（省市）级广电而言

广电媒介在集团化基础平台上进行“四分四合一个转变”的改革，网台分营、制播分离、内部人事和激励机制改革、取消四级办台压缩地市级频道等产业政策，削减了地方广电的诸侯林立之局面；与此同时也带来人员分流的实际问题，原编制人员的饭碗成为地方广电所面临的一个最直接问题。在受到削减的传统视频经营之外，地方广电不得不去考虑拓展新的经营领域这个问题，因此负载在有线电视网络上的有线数字电视成为若干地市广电探索过程中开始逐渐关注并予以初步尝试的一块领域。

（二）对于中央电视台而言

中央电视台堪称中央级广电的代表，仅就中央电视台而言，一个紧迫的问题就是未来产业格局中如何为自己定位。在原模拟时代的广电产业格局中，中央电视台凭借相关的政策保护及品牌优势“一台独大”，广告经营收入遥遥领先。但是在业已发轫的数字电视时代，中央广电集团中中央电视台如何定位自己的角色和位置？原来的垄断资源是否还能支撑它一台独大的状态？如果可以，中央电视台怎样应对各方面的越来越强大的竞争压力？如果不能，中央电视台将如何拓展新的资源空间？新技术形态下的广电经营格局中，中央电视台将怎样继续占据经营制高点？这些都是中央电视台不得不思考的问题。

与此同时，以中央电视台为代表的中央广电和地市广电也都看到了数字电视即将为中国广电带来不可估量的剧变，该变化将从技术层面延伸至经营层面以至

于整个产业结构和产业管制，伴随这次剧变的将是一场广电大洗牌，从中央到地方的各类角色都要重新被定位，重新划分势力范围和利润空间，因此谁动作慢，谁就有可能落后以致被淘汰。对于地市级广电而言，由于受到的政策扶持较少，因此在市场格局尚不明朗的情况下动作，会有不同程度的政策风险，但是率先进入市场不仅可以率先熟悉市场情况，获取运营经验，还可以抢先将用户划归自己旗下，成为以后进行各种利益博弈的资本；对于中央电视台而言，最理想的状况就是延续模拟时代一统天下的格局，但是这需要统一 CA 和用户管理的标准，但是在国家技术政策不明确的情况下，地方在进行有线数字电视试验时已经纷纷选择各自的技术标准，中央电视台要想通过地方有线网络实现一统到底的用户管理难度已经很大。因此，在瞬息万变的市场环境中，中央电视台也需要充分考虑各种可能出现的情况，不断地进行战略调整，尽可能发挥自己在模拟技术时代的各种优势，抢占数字技术时代的经营制高点。

四、有线网络资源最具有经营灵活性

在中国广电经营领域中最不容忽视的就是具有强烈的市场经营意识、较为完善的市场经营机制和较强市场运作能力的有线网络资源。中国的地方网络基本都是地方自己筹建，台网分离后网络基本上都以有限公司的形式存在。这样的组织特征决定了有线网络的市场化特质，基本上各地的有线网络都已经开展了一些数据传输业务，有的地方还在尝试互联网接入业务及其他产业的经营。

此时，在中国数字电视的三种传输方式中只有有线数字电视最具有市场运作的可行性，地方广电的有线网络在自身经营内在能动性的推动下，结合自身市场运作经验在市场推广、用户服务等方面，积极进行数字电视的试验和市场推广。

因此，广电领域中最具有经营灵活性的有线网络资源对于数字电视的推动力量不容忽视，它是地方数字电视得以实施的实际要素之一。

第三节　中国有线数字电视发展状况分析

在我国，有线数字电视是三种渠道中最先启动的，2003 年，国家广电总局正式制定了“有线先行”的战略，从那时候起，我国的有线数字电视就进入了快速推进阶段，并探索出了一条符合中国国情的、以“整体转换”为特点的发展之路。截至 2007 年，我国有线数字电视的用户数已经突破 4 000 万，数字化

比例达到25%，包括付费频道、视频点播、互动游戏、家居银行等在内的多元化业务也已经得到用户的普遍认可，有线数字电视的发展已经比较成熟。本节将对有线数字电视的发展历程、现状以及运营模式等进行分析说明。

一、中国有线数字电视的发展历程

从中国有线数字电视的市场表现和产业政策来看，中国有线数字电视的发展历程可以大致分为四个阶段：技术试验、运营启动、整体转换确立和迅速发展。各个阶段都有其独特的特征。

（一）技术试验期（2002年以前）

1. 技术试验

在2002年之前，我国的有线数字电视主要在进行技术试验。在这一阶段，我国的有线网从无到有，迅猛发展，用户数量大幅增加，到2002年，我国有线用户已近1亿户。绝大多数城市居民家庭开始通过有线电视网收看电视，有线电视已成为覆盖我国电视市场的重要基础。各地的有线网络运营机构积极建立有线宽带网，并在此基础上开展了多种多样的增值业务，这些都为有线成为我国数字电视的切入点奠定了基础。

在这一阶段，政策层面确立了有线作为我国数字电视启动阶段的主要通道，并组织了大量的技术试验，有线数字电视的技术试验从单一的设备数字化过渡到系统数字化，技术层面不断成熟。

2. 市场探索

2002年之前，HFC网已经逐渐成为主流有线网络，550M以上带宽的网络不断增加。据1999年统计，我国城市规模的有线电视网中，采取HFC结构组建的就已经达到80%以上（其余则采用MMDS或兼有MMDS）。[①] 在网络建设的基础上，各地有线开展了VOD、Cable Modem网络接入、数据业务等多种双向多媒体业务的试验或商业运营，这些业务已经具备了数字电视的雏形，为有线数字电视的发展奠定了基础。

上海有线电视台1996年就在上海虹桥机场、交大校园等36个用户中进行视频会议、VOD点播、访问互联网、电视购物等双向传输试验[②]。1999年1月1

---

① 金国钧：《HFC双向数据传输系统及其在广电的应用》，《通信世界》，2001年8月，第37页。

② 全子一、门爱东：《cable数字电视》，《中国新闻科技》，2000年8月刊，第33页。

日，成都有线电视网进行了全国首家有线数字电视系统试验和数字电视试播。[①] 2001 年 11 月 11 日，在“九运会”期间，中央电视台试验播出交互电视，全国 13 个省（市）共 66 个城市进行了有线数字电视转播试验。而这些只不过是当时所开展的技术试验中的一小部分。

此外，企业也介入了有线数字电视相关产品和系统的研发领域，如大唐电信、成都新泰克、深圳华为、四川长虹、中视联等。

从市场的积极态势来看，有线作为数字电视传输通道的技术条件已经趋于成熟。

3. 产业政策

经过多年的争论之后，基于市场发展状况，有线先行的政策确定。2000 年年末，我国广电高层的文件中首次提出了数字电视的有线切入计划，在《关于印发〈广播电视卫星传输数字化过渡方案〉的通知》中明确“数字电视的推进首先要从卫星和有线电视切入”。[②] 2001 年 2 月 8 日，广电总局发布《广播影视科技“十五”计划和 2010 年远景规划》明确指出，要从有线电视切入，推进数字电视的发展。同年 4 月 17 日，国家计委召开数字电视协调小组会议，认为发展数字电视可以把有线电视作为切入点。2001 年 11 月 21 日，数字电视产业化领导小组会议明确要求，以有线电视为切入点，推广数字电视业务，扩大应用需求，拉动数字电视产业发展。有线作为数字电视的切入点的确立，既是对有线网发展状况的肯定，也确立了有线作为数字化通路的先行优势，为日后有线数字电视的优先发展打下了基础。

与此同时，广电总局多次召开有线数字电视技术座谈会[③]，并发布了一系列的技术规范，规范并推进我国有线数字电视的技术试验。同时，总局还陆续批准了广东、北京等 13 个省（市）广电局开展有线数字电视技术试验工作，2002 年试验范围进一步扩大，参加试验的城市包括 19 个省、84 个城市。有线数字电视的技术试验全面铺开。

---

① 唐建华等：《成都有线数字电视系统的实践》，《西部广播电视》，1999 年 11 月，第 7 ~ 10 页。

② 《关于印发〈广播电视卫星传输数字化过渡方案〉的通知》（广发技字［2000］973 号）2000. 12. 25。

③ 2001 年 4 月 13 日，广电总局科技司在北京召开第一次有线数字电视技术试验座谈会，中央电视台以及北京等 9 个省（市）广电局技术负责人参加会议，研究讨论有线数字电视技术体制等问题。2001 年 7 月 19 ~ 20 日，广电总局在北京召开第二次有线数字电视技术试验工作会议，听取江苏等 11 个省（市）的技术试验方案汇报，研究了数字电视技术体制和试验总体方案。2001 年 9 月 25 ~ 26 日，广电总局在北京召开第三次有线数字电视技术试验工作会议，宣布我国有线数字电视试验工程正式启动。会议成立了领导小组、技术工作组和办公室，讨论了《有线数字电视试验总体方案与计划》和《有线数字电视试验条件接收系统选择技术要求》。2002 年 11 月 26 ~ 27 日，广电总局在北京香山召开有线数字电视技术试验工作座谈会，总结一年多来的有线数字电视技术试验工作，研究进一步的推进工作。

（二）运营启动期（2002～2003年）

在确立了以有线为切入点之后，政策层面进一步确立了四大平台的技术新体系，并启动有线数字电视试点工作。从市场上来看，各地网络运营商热情高涨，纷纷投入有线数字电视的运营，开展面向用户的运营试验，涌现了苏州、上海、深圳等一批数字电视运营先进典型。这一阶段的运营模式主要集中在销售机顶盒上，以节目（尤其是境外节目）来带动数字电视发展。但是，由于推动力不足，有线数字电视很快陷入了“两万户瓶颈”。

1. 确立四大平台技术新体系，把主力军请进主战场

我国的有线数字电视开始时一直都是中央级和省级广电机构唱主角，争论的焦点集中在了“加密”上。具有讽刺意味的是，陷入争论旋涡中的中央和省级广电手里却几乎没有终端用户（部分省网有少量用户），而真正拥有终端用户的地市分配网却没有成为主力军。这种无意义的争论延缓了有线电视分配网数字化和业务开展的步伐。

通过总结技术试验的实践经验，通过听取各地特别是基层广电部门的意见，并通过对当时有线网现实条件的考察和对其技术规律的分析，通过与系统内外、国内外技术专家的探讨，广电总局认识到，有线电视数字化主体在地市网络，积极性在地市网络，应该把主力军请上主战场，数字化是一个端到端的技术体系和产业链。

这一思考的结果在苏州会议①上首次明确传递出来。在会上，广电总局提出了建立有线数字电视技术新体系的思路，提出了“节目平台、传输平台、服务平台、监管平台”的四大平台技术系统架构（图10－3），提出了电台电视台发挥节目优势、干线网发挥传输优势、城市分配网发挥服务优势的定位分工和各自的职能，主张把服务平台建在地市，从而把地市网请上主战场。

把地市网请上主战场、在地市建立服务平台，这是这一阶段中国数字电视发展的一个重要思路。不久之后，2003年3月20日，在CCBN主题报告会上，广电总局副局长张海涛向全社会宣布了构建四大平台的有线数字电视技术新体系的规划方针，提出把节目、分配网络这两个主力军请上主战场，引起了地市网络公司的热烈响应，因为它道出了地市网的心声，从此以后拥有分配网的地市就可以自主发展当地的数字电视了，其战略意义不亚于当年包产到户政策对农民的影响，“四大平台”新体系的确起到了调动地市网积极性的历史性作用。

---

① 2002年12月24～27日，国家广播电影电视总局科学技术委员会六届四次会议在苏州召开，简称为“苏州会议”。

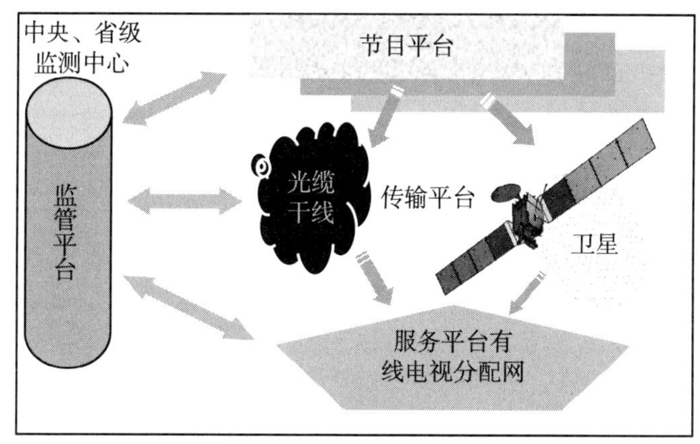

图 10-3 四大平台技术新体系示意图

2. 制定一系列产业政策，推进有线数字化战略

苏州会议之后，政策层面加快了推动数字化的步伐。

在 2003 年 3 月的全国人大十届一次会议上，数字电视被列为对国民经济发展有深远影响的重大高科技产业项目之一。总局制定的《全国有线数字广播影视业务发展总体方案》得到了中央领导和中宣部的同意。国家发展和改革委员会召开数字电视产业化领导小组会议，表示支持广电的有线电视数字化进程。

与此同时，广电总局也加快了相关政策的制定，在短短几个月的时间里，相继发布了一系列的相关文件。2003 年 2 月 14～16 日，广电总局科技司组织各级广电和各方面的专家，编写出了《建立有线数字电视技术新体系的实施意见》。3 月 22 日，广电总局科技司司长王效杰在"全国广播影视科技工作会议"上的报告，再次重申了四大平台所构建的有线数字电视技术新体系基本框架，强调了"建立有线数字电视技术新体系是 2003 年广播影视科技工作的重中之重"。4 月，总局制定了《我国数字电视发展总体技术方案》，提出数字电视发展先有线、后卫星、再地面无线的"三步走"战略。5 月 20 日，总局发布《我国有线电视向数字化过渡时间表》。6 月 6 日，总局发布《关于开展有线数字广播影视业务试点工作的通知》，批准在全国 33 个城市和地区进行有线数字电视试点工作，建立有线数字电视示范网。6 月 9 日，总局颁发《建立有线数字电视技术新体系的实施意见》，四大平台正式成为有线数字化的指导框架，并先后发布了《有线数字电视条件接收系统应用指南（暂行）》等 12 项技术规范。

政策层面的推动为下一步有线数字电视的全面启动打下了良好的基础。

3. 全面启动试点工作

至 2003 年 7 月，各方面的条件均已成熟。7 月 3 日，广电总局通过全国电视电话会议系统，召开了"全国有线数字广播业务试点工作动员会"，紧接着，7 月

4~5 日，第一次“全国有线数字电视试点技术工作会议”在北京召开，全国 33 个有线数字电视试点单位负责人参加会议。这两次会议的重要意义在于，它拉开了全国有线电视数字化全面启动的大幕，从此我国的有线电视数字化走向了全面推进阶段。通过这次会议，全国广电系统团结起来，要在数字化过程中大干一场。

此后不久，基于各地对数字电视的热情，总局又在 2003 年下半年陆续批准了 16 家试点，试点总数达到了 49 个，这其中包括省网、省会城市网、计划单列市网和一般地市网等各种类型，既有北京、上海、深圳这样的发达城市，也有新疆、兰州等经济相对落后地区，从东到西，从南到北，铺就了一个遍布全国的试点大网。

新事物的发展不可能一帆风顺。各试点虽然开始积极运作数字电视，但当时的思路是卖机顶盒，为此各地在营销手段上也花费了不少功夫，但效果并没有想象中明显，不久就出现了日后被称作“两万户瓶颈”的致命大限，有线数字化再次陷入迷茫，不知该如何突破。此时大多数的网络运营者并没有从自身找原因，而是把问题归咎于内容资源的不足，寄希望于总局放宽对境外内容的管制，通过境外节目来带动机顶盒的销售。再加上当时有线网络整合的铺开，各地推进数字电视的积极性受到了一定挫折。

数字电视在确立了技术新体系之后，还需要进一步寻找适合中国国情的、可行的操作模式。

（三）整体转换确立期（2003 年年底~2005 年）

以 2003 年 11 月青岛会议为标志，我国有线数字电视迈入了新的发展阶段，整体转换成为该阶段的重要特征。佛山、杭州等地学习青岛，创造出了适合本地的有线数字电视运营模式。随后，大连和太原两个典型的出现，更是让广电系统统一了认识，积极推动全国有线电视数字化整体转换。政策和市场融合在一起，政策引导产业发展，产业在政策指引下寻找独特的发展模式。从卖机顶盒到整体转换，中国有线数字电视的运作思路发生了根本性改变。

1. 青岛模式浮出水面

2003 年 7 月试点工作会议之后，青岛并没有与其他地方一样，走上卖机顶盒的道路，而是摸索出了一条有线数字化的新途径，那就是后来被称作“青岛模式”的整体转换之路，其核心特点是：免费发放机顶盒、把模拟用户整体转换到数字用户，增加节目和信息服务、适当上调收视维护费，把电视机变成家庭多媒体信息终端。

基于青岛在推进数字化方面的成就，总局先后于 11 月 18 日和 21 日在青岛召开了“有线数字电视媒体见面会”和“全国有线数字电视工作会议”，正式推介“青岛模式”，“青岛模式”开始浮出水面。

青岛模式的做法可以说是中国广电系统的一次全面创新。在“媒体见面会”之后，全国掀起了宣传青岛模式的高潮，各种媒体的宣传报道一片赞扬声，尤其是11月26日《焦点访谈》栏目对青岛数字电视的深入报道，更是把此次报道推到了高潮。

然而，在随后召开的“全国有线数字电视工作会议”上，反应却完全不同。

一方面，政策层面把此次会议定性为“标志着我国有线电视进入了由模拟向数字整体平移的新阶段”①、“标志着我国广播电视数字化已从局部走向全系统，由行业走向全社会”的重要会议②。

另一方面，参加会议的各地代表却对青岛模式产生了诸多疑虑。有线网络公司对青岛模式的可行性产生极大怀疑，很多人认为青岛模式不过是政府支持下的政绩工程，根本不可能实现盈利，不能促进数字电视的发展。

一周之内，同样一个事情，反应的差距却如此之大，社会上热情，系统内冷漠，社会上欢迎，系统内拒绝，这足以说明数字化带来的是一场变革，是触及整个广电系统的利益调整。

不论业界如何质疑，政策层面对走整体转换之路一直非常坚定。2004年，党中央、国务院的领导多次到青岛视察，③ 3月25~26日，中央文化体制改革试点工作领导小组还在青岛召开了“全国有线电视数字化推进工作现场会”，发改委、财政部、国家税务总局等相关机构也纷纷关注青岛模式，并给予相关政策支持。“青岛模式”从此成为有线电视数字化的一面旗帜，数字化从此被定位为发展文化产业、促进国家信息化的一个重要组成部分，数字电视从此正式从广电行业走向了全国。

2. 佛山经验承前启后

虽然政府层面推广力度很大，但这却更坚定了很多人把青岛模式看做政绩工程的想法。青岛模式是否具备全国推广性？卖机顶盒的方式是不是能盈利？这些问题不断困扰着人们对青岛模式的认识。单单青岛一地采取这种方式来推进数字化，

---

① 广电总局副局长张海涛语。参见张海涛在此次会议上的讲话，www. chinasarft. gov. cn。

② 广电总局科技司司长王效杰语。参见王效杰在此次会议上的讲话，www. chinasarft. gov. cn。

③ 2004年2月3~4日，中宣部副部长李从军和广电总局副局长张海涛一行到青岛市专题调研有线数字电视情况，充分肯定青岛推进数字化的做法。2月27日，文化部副部长周和平、广电总局副局长张海涛、财政部部长助理张少春、中央电视台台长赵化勇一行到青岛市考察有线数字电视工作。4月15~16日，国务院信息化办公室常务副主任曲维枝、广电总局副局长张海涛一行到青岛市调研有线数字电视，指出广电数字化可以实现进入千家万户的信息化、安全可控的信息化。4月28日，国家发改委价格司在青岛市召开全国有线电视收费管理工作座谈会，要求各地物价部门支持有线电视数字化整体转换，确定了有线数字电视增加服务、增加收费的政策。5月4日，中共中央政治局常委李长春到青岛广电局考察有线数字电视工作。6月21日，国务院总理温家宝到青岛市广电局视察有线数字电视工作，称赞青岛有线数字电视“方便群众，做得很好”。

说服力显然不足，而佛山的实践则有力地佐证了青岛模式的正确性和可行性。

佛山是从卖机顶盒转变到送机顶盒的典型例子。在卖机顶盒无效之后开始学习青岛进行整体转换，送机顶盒，还创新性地提出了“一卡一费”的做法，并迅速摆脱了“两万户瓶颈”，在短短半年的时间内，有线数字电视用户突破了5万户，比之前多年推广的累积总量还要翻上几倍，整体转换的能量崭露头角。

佛山除了实践和验证了青岛模式的可行性之外，其所创造的以数字电视业务促整合的网络整合新模式也值得一提。2003年被总局确定为“网络发展年”，提出了网络整合的“陕西模式”，同时掀起了网络整合的一轮热潮，刚刚燃起的数字化之火又有所熄灭。在这样艰难的背景下，佛山在网络整合上探索出了一条新路：佛山市网并没有用资产、行政等手段整合下属县级网络，而是通过数字电视业务自发地把各网络公司组织起来，共同推进数字化。这也为解决网络整合和数字化的关系提供了一种思路。

鉴于佛山的成就，继青岛会议之后，7月20日，总局在佛山召开了又一次全国有线数字电视试点工作现场会。佛山会议的文件中，用“整体转换”替代了“整体平移”，这一微小变化，可以从一个侧面见证有线数字电视的发展历程：“平移”只是从模拟系统平行移到数字系统，还是停留在一个业务层面上；而“转换”则是完全创建一个新的体系，从一个层面上升到另一个层面，更能体现数字化带来的变革。这一变化体现了整个广电系统思想认识的一次重大突破。

佛山会议虽然消除了一部分议论，但又增加了新的疑虑，最为普遍的看法就是：佛山的经济条件比较好，这才有可能整体转换。整体转换离被广泛接受还有一段距离。

3. 杭州革命洗脑

继佛山之后，杭州也在青岛模式的基础上探索出了自己的数字化之路，那就是“以双向互动业务和城市现代服务业信息支撑平台为特点”的整体转换方式，向人们展示了有线数字电视的双向互动魅力。较之青岛，这无疑又向前迈了一大步，是有线数字化领域的一场革命。

与此同时，2004年10月22日，第十二届国际有线电视技术研讨会（ICTC）在杭州之江饭店举行，鉴于杭州在整体转换方面的成就，总局在此次ICTC会议期间特意主办了一天的主题为“数字电视技术与运营”的论坛。在一天的论坛中，经过总局领导的劝服，青岛、佛山、杭州等典型的经验介绍，各地网络运营商的思想慢慢发生了变化。此次会议可以说给全国广电系统洗了一次脑，目的是把思想尽快统一到整体转换上来，坚定其走整体转换的道路。

说是洗脑，却也不是一朝一夕之功，新现象还会产生新问题。虽然杭州创造了有线数字化全业务发展的新路子，但普遍的看法仍然认为杭州模式不具有全国推广性，认为杭州之所以能开展双向业务，是因为它拥有双向 IP 网，而这一点全国其他地方的网络并不具备。

针对这些疑问，广电总局科技司在 ICTC 期间专门召开了一次数字电视行业相关企业座谈会，会上表示，技术没有行业属性，不管是 IP 技术，还是 CABLE MODEM 技术，只要能实现网络的双向互动，就是广电网可以利用的技术，IP 并不是电信的专利，广电同样可以利用。这就澄清了对杭州的一些错误认识，对整体转换的推进大有裨益。

4. 大连会议迎来曙光

2004 年年底之后，调价听证会召开与否已经成为整体转换能否实施的重要影响因素。大连采取了在调价听证会召开之前先送机顶盒的办法。从 2004 年 12 月开始整体转换试点，到 2005 年春节，大连安装了 1 万台机顶盒，受到了百姓欢迎，这就为 4 月 27 日召开调价听证会并顺利通过创造了良好的环境，大连摸索出了数字化整体转换的一条新路。为了推广大连的经验，2005 年 5 月 10 日，总局在大连召开全国有线电视数字化试点工作现场会（简称大连会议）。大连收视费调价听证会顺利通过和低收入的小区转换成功都给整体转换带来了利好消息。

短短一天半的会议中，大连、青岛、佛山、杭州、辽宁、湖南、广州、太原等 8 个试点省市集中介绍了推进有线电视数字化整体转换的做法和经验，从中不难看出，数字电视整体转换的资金来源已经得到了解决，盈利模式也日渐清晰，用户接受程度也已经在多个地区得到了印证，整体转换各种条件均已具备，是到了全面铺开的时候了。

此外，国家广电总局局长王太华在此次会议上明确提出了发展有线数字电视的 24 字方针："政府领导、广电实施、社会参与、群众认可、整体转换、市场运作"，他还说："可以边数字化边进行网络整合，也可以先数字化后进行网络整合，已经完成网络整合的省（区），必须充分调动市、县的积极性，抓紧以城市为重点进行有线数字电视整体转换；正在搞网络整合的省（区），也必须抓紧推进有线电视整体转换，不要等整合完了再搞。"① 这一席话扫清了争论多年的网络整合和数字化孰先孰后的问题，也坚定了业界走有线数字电视整体转换之路的信心。

5. 太原会议破解难题

无论是青岛、佛山，还是杭州、大连，都是经济比较发达的城市，虽然一再验证了整体转换的可行性，但仍无法停止人们对经济落后地区能否实行的担忧。

① 参见王太华在大连会议上的讲话。广电总局网站 www.chinasarft.gov.cn.

太原经验最大的价值就在于向人们展示了经济欠发达地区实施整体转换的可行性。

2005年3月，太原正式启动整体转换，短短半年就发放了10万台机顶盒，9月的听证会在市民的一片认可赞扬声中顺利通过。9月23日，总局在太原召开了又一次全国城市有线电视数字化试点工作现场会，各有线网认识到，太原能做到的事情，全国都应该能做到。由此，整体转换的阻碍因素被一一消除，随即燃起了全国整体转换的熊熊烈火。广电总局颁布的《推进试点单位有线电视数字化整体转换的若干意见（试行）》，更是给这股热潮添加了一份催化剂。

太原的另一个贡献是与上海文广（SiTV）合作，把内容提供商一起拉入了数字化的主战场。此前，内容提供商与网络运营商一直是上下游的关系，为了各自的利益还会不时发生龃龉，中央台因为“双加密”引发与网络运营商的争论就是一个例子。而此次SiTV的内容进入太原却是合作共利的性质，“预定两年频道收视，免费赠送机顶盒”的方式既解决了网络商一部分送机顶盒的成本，又为内容商赢得了市场，也有利于数字付费频道的整体发展。

从此以后，整体转换全面铺开，用户数量大幅增加，有线数字电视进入了迅速发展的阶段。

（四）迅速发展期（2006年以后）

2006年，我国广电媒体数字化发展速度更快，力度更强，整体转换全面铺开，用户数量大幅增加，数字电视进入了迅速发展的阶段。

1. 用户迅猛发展

在2006年11月4日~7日召开的有线数字电视整体转换深圳研讨会上，广电总局表示，全国已经有24个地区完成了市区内的整体转换。2006年数字电视用户数已经超过1 200万，并且还在快速增长之中。

在完成了市区内的整体转换之后，为了获得更大的规模效益，有线数字电视开始向周边区县甚至农村深入。

有线网区域割治的现象一时难以消除，因此，绝大多数地方的数字化都是以一个城市为单位进行的，以省为单位这种较大规模的推进方式在种种利益关系的左右下难以成行，2006年，以省为单位、统一推进让人们看到了希望，广西是这方面的一个典范。

2. 业务拓展情况

基本频道数和基本收视费显著增加，基本频道数增加到60套以上，基本收视费提高到20元以上。

付费频道自2003年开办以来，一直受到用户数不足的制约，发展比较缓慢。

2006年，随着用户数的大突破，付费频道也加快了推广速度。付费频道的开展情况各地差异比较大，部分地方没有开播付费频道，开播付费频道的地区中，最少的只有几套，最多的有60多套，大多数开播了付费频道的地区，频道数在20～40套之间，参与调研的试点单位中，开办付费频道数量在20～40套之间的达到63%（表10－3）。

表10－3　　　　试点城市开播付费频道的情况

20套以下	20～30套	30～40套	40套以上	样本量	平均值
23.7%	28.9%	34.2%	13.2%	38	29

资料来源：中国广播影视博览会组委会：《中国数字电视报告2007》，第142页。

2006年共有三个高清频道正式开始商业运营，包括央视的“高清影视”频道、上海文广的“新视觉”频道和中影集团的“高清影院”频道。从政策层面看，2006年对高清的支持和重视程度也在加大。广电总局副局长张海涛在2006年3月CCBN会议上的讲话以及在广电总局科技委七届二次会议上的讲话中都明确表示，“省级以上电视台和有条件的城市电视台要将数字高清晰度电视列入重要工作日程”，可见广电总局对推进高清电视的决心。另外，在2006年9月13日发布的《国家“十一五”时期文化发展规划纲要》也对高清电视给予了关注，《纲要》要求我国将于2008年开播地面数字高清晰度电视。这些政策都对高清电视的运营给予了支持。此外，2006年还出台了高清电视机的标准。2006年4月，信产部颁布《数字电视接收设备术语》，其中提出了我国的高清电视标准，即图象宽高比16:9；图像分辨率1280×720P，标准的出台有助于产业界快速理清发展方向，规范并推动产业发展。

3. 增值业务开拓积极

在整体转换推进的同时，增值业务已经普遍开展起来，而且类型也从最初的单项资讯查询深入到双向互动业务，跟银行、物流等其他行业的合作也开始进行，业务开展的范围也突破了一城一地，出现了业务联合的操作方式，增值业务已经开始进入寻常百姓家。

增值业务根据各地有线网络的情况各不相同。政务信息、生活资讯是开展最为普遍的增值业务；准视频点播、视频点播、高清影视等业务也是开办比较普遍的类型，开办这些业务等试点单位数仅次于资讯服务；互动游戏、电视购物、账户查询、缴费、股票交易、远程教育等双向互动的内容，必须在双向网上才能实现，开展得相对比较少。其中，杭州、深圳、淄博等试点城市的双向互动业务开展得比较好，如视频点播、互动游戏、电视购物、账户查询、在线缴费、股票交易、远程教育等双向业务在当地都有开展。

二、有线数字电视的发展现状

截至2008年年底，我国数字电视用户总量达到2 800万户，其中96.8%的用户是有线数字电视用户。作为目前最为完善的数字媒体类型，有线数字电视继续延续快速发展的态势，无论是用户规模，还是业务开展情况，还是技术、营销、服务，都有了实质性的进步。

（一）整体转换的推进情况

1. 用户数量大幅度增加

2007年有线数字电视的用户拓展大大提速，用户数量大幅度增加。截至2007年年底，中国的有线数字电视用户数超过了2 500万户，比2006年的1 266万翻了一番，有线数字电视在全国范围内得到大范围的普及（图10－4）。

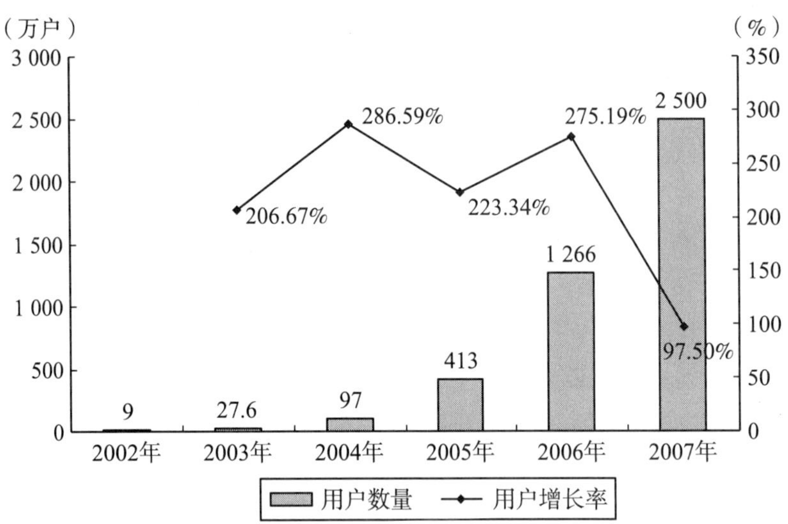

图10－4 我国有线数字电视用户数和增长情况

资料来源：数据根据国家广电总局公布数字整理，2007年数据截至12月初。

2. 实现有线数字电视整体转换的城市增多

截至2007年年底，全国有75个城市启动整体转换，有12个城市通过总局验收，有41个城市召开价格听证会（相关统计中，广西作为一个整体），有超过30个城市和地区完成了全市整体转换。全国有线数字化程度达到19.38%，标志着我国有线数字电视步入快速发展车道（表 10－4）。

表 10－4　　　　中国六大行政区域有线数字化程度表

项目	东北	华北	华东	中南	西南	西北
数字电视用户数（万）	176.9	361.8	485.6	467.5	440.2	133.0
家庭用户数（万）	3 555.74	10 605.81	9 059.77	6 318.49	8 140.02	2 724.12
有线电视用户数（万）	1 157.10	3 129.07	3 723.00	2 360.39	2 623.20	751.39
家庭数字化程度（%）	4.98	3.41	5.36	7.40	5.41	4.88
有线数字化程度（%）	15.29	11.56	13.04	19.81	16.78	17.70

资料来源：《中国数字电视用户满意度暨增值业务需求研究报告》，2007 年 10 月，第 7 页。数据截止到 2007 年 6 月。

3. 整体转换推进特征

2007 年，我国有线数字电视发展有如下特征：

（1）重点城市大规模启动

直辖市全部启动整体转换工作，北京、上海等特大城市的推广速度加快，用户数量发展迅猛，构成了 2007 年整转城市的排头兵。截至 2007 年 9 月中旬，上海数字电视用户突破 15 万，10 月份北京数字电视用户数达到了 100 万。

作为中国经济发展的重点城市，一旦实现整体转换之后，当地城市居民的巨大消费能力将为当地数字电视增值服务的市场注入更多的生机和活力。

（2）全面推进，深入农村市场

经济发展处于中上水平的城市启动整转的数量越来越多，在完成了市区范围内的转换之后，周边区、县、乡镇也成了用户推广重点。截至 2007 年 11 月 30 日，我国已经有 68 个城市、区县完成了整体转换，其中 22 个是县级及县级以下城市。有线数字电视深入农村市场，成为村村通的重要实现方式之一。

（3）以省为单位推进

随着业务的深入开展，对规模的要求越来越高，有线网城域特性的局限性也越来越明显，在此背景下，联合发展的思路走向前台。网络运营商之间开始走向联合。其中典型的就是省内联合，以省为单位推进，先在省内进行网络整合，这方面以陕西、广西、海南等为代表。而浙江华数数字电视有限公司则用市场化方式实现全省的资本和业务层面的联合发展，这也为网络整合提供了一种新思路。

（二）业务开展情况：增值业务开始进入实质性运营阶段

目前我国各地运营商的增值业务发展重点不同，所以增值业务的类型也各有不同（见表10－5）。

从调查情况可以看出，我国运营商现在比较认可、开展较多的增值业务类型主要是付费频道、资讯服务、视频点播等，这些业务发展较早，成熟度也相对较高，成为一般运营商开展增值业务时选择较多的业务。

有了用户基础以及双向化的网络支持，有线数字电视增值业务开始进入实质性运营阶段。数字电视运营商的思考重点已经转移到如何运营增值业务上来，不同的业务类型探索出了不同的盈利模式。

表10－5　各城市开展增值业务具体情况一览表

项目	大连	南京[1]	杭州	青岛[2]	深圳[3]	广西	成都	银川[4]	北京
付费频道	√	√	√	√	√	√	√	√	√
VOD	NVOD	√	√	NVOD	√	×	√	NVOD	×
资讯服务	√	√	√	√	√	√	√	√	√
远程教育	×	×	√	×	×	×	×	×	×
互动游戏	×	×	√	×	×	×	部分开通	×	×
股票交易	×	×	√	×	×	×	×	×	×
电视购物	×	×	√	×	×	×	×	×	×
电视缴费	×	×	√	×	×	×	×	×	×
数字广播	√	√	√	√	√	√	√	√	√
PVR功能	×	×	√	×	×	×	×	×	×

注：(1) 南京："PVR"功能即将开通。

(2) 青岛：开通的"互动游戏"、"电视购物"功能不能通过机顶盒实现；青岛地区的"电视缴费"也正在实验之中，具备了技术实现可能但还没有推广，青岛地区的"股票交易"可以查询但不可以交易；青岛地区开通的"游戏娱乐"、"电视购物"功能不能通过机顶盒实现，青岛地区的"电视缴费"也正在实验之中。

(3) 深圳："电视缴费"即将开通。

(4) 银川："股票交易"能够查询但不能通过机顶盒进行交易。

资料来源：《中国数字电视用户满意度暨增值业务需求研究报告》，数据截至时间为2007年9月。

1. 付费频道平稳发展

到2007年，已经批准的付费频道为143套，已经开播的付费频道为136套，落地到地方网络商的频道数量大幅度增加，付费频道种类丰富。无论是通过集成商落地还是直接落地方式，网络运营商拥有较为充足的付费频道来进行经营和推广。用户对付费频道业务已经较为熟悉。

目前付费频道的销售方式主要是单频道销售和节目包销售。单频道销售针对那些对频道内容更加忠诚的用户，节目包则是指将多个频道打为一个包，作为一款产品，标明价格，供用户订购。由于各地网络环境及用户需求和习惯的不通，往往有不同的打包方式。

付费频道以频道订购收入为主，在当前环境下，由于自身品质的相对薄弱，付费频道多采用了搭售方式，如：订购其他数字电视业务时赠送付费频道；与家电企业或卖场合作，由家电企业或卖场为付费频道埋单，赠送给自己的客户。

2. 资讯服务引人注目

资讯服务把有用的商品和服务信息提供给用户，在单向信息浏览的基础上，推出更多互动形式，如查询和交易等，运营商在其中扮演的更多是平台提供，实际运营多采取合作方式，一些经营性较强的板块，如房产、旅游、餐饮等，已经开始有广告公司介入经营。

3. 视频点播发展成熟

视频点播是目前发展较为成熟的一种互动增值业务，成为数字电话运营商的主要收益点。各地运营商目前开展的视频点播业务比较多。从杭州目前点击率比较高的业务来看，视频点播业务占很大比例，杭州的数字电视双向网的用户有20多万，VOD的用户大概有10万左右，2006年的营业额达到600万元左右。[①]

视频点播按照服务方式还可以分为准视频点播和视频点播。通常都能支持按月计费、按次计费、按时计费、按片计费等。

此外，有的运营商现在也已经探索出新的模式，在视频点播中插一些广告，让老百姓免费看广告，然后把老百姓的视频点播的费用给替换掉，老百姓愿意用这样的方式，比如看几分钟的广告就可以免费看一部电影或电视剧。用户不一定非要包月或者按照固定的费用去支付，也愿意用这样的方式。

正因为视频点播在整个增值业务市场上比较受欢迎，而单一的运营商想要独立运营好会存在较大的困难，所以现在合作运营的方式越来越被网络运营商们接受和看好。

4. 在线交易支付

要实现在线的交易，就少不了在线支付系统的支持。多家网络商已经通过与银行合作推出了自己的在线支付系统，如青岛、杭州、深圳、淄博等地。用户可以在家中用数字电视实现缴费、购物、账户管理等服务，真正给用户的生活带来方便。从经营上来看，在线支付尚处在市场培育期，是实现多种业务的基础性服务，因此不便向用户收费，目前多是从商户和银行收费。

5. 在线互动类业务

股票服务、在线游戏、远程教育等采取的是直接向用户收取服务费的方式。

---

① 数据由杭州华数数字电视公司提供。

一般会先提供一段时间的免费试用，在培养出来使用习惯之后再逐渐收费。目前的运营商主要投入在于平台建设和业务涉及发展上，这部分的业务由于其娱乐性而广受用户欢迎，值得大力开发。

（三）网络基础

1. 双向改造提速

有线网的双向升级改造在2007年得到明显提速，并迅速推广到用户市场。北京中广网媒信息咨询有限公司提供的数据显示，截至2007年11月1日，230家有线数字电视网络运营商中，推行有线数字电视双向网络改造的运营商共计126家，占了运营商总数的54%，更有17%的网络商已经全部实现了双向化，而保持单向网的运营商已经不足半数。

2007年在双向改造方面出现了两个典型地区：一个是山东淄博，是全国第一个采取双向机顶盒实施整体转换的城市，到2007年3月双向机顶盒已经占到了72%，双向比例位居全国之首。另一个是海南省，6月24日全面启动全省范围内的整体转换，成为全国第一个实施有线数字电视全网双向互动服务的省域。

2. 网络整合现状

截止到2007年年底，全国各省、市、自治区（除港澳台外）的有线运营都不同程度地进行了网络整合（表10－6）。

表10－6　　截至2007年年底全国有线网络整合情况

整合情况	地区（省、直辖市）		整合用户数（万户）
完全整合	1	北京	318
	2	天津	194
	3	河北	650
	4	内蒙古	233
	5	吉林	270
	6	广西	450
	7	海南	100
	8	陕西	344
部分整合	1	上海	472
	2	重庆	430
	3	山西	100
	4	江苏	—
	5	安徽	220
	6	江西	300
	7	河南	505

续表

整合情况	地区（省、直辖市）		整合用户数（万户）
部分整合	8	湖北	200
	9	湖南	430
	10	云南	350
	11	青海	11
	12	宁夏	44
	13	新疆	154
未整合	1	辽宁	—
	2	黑龙江	—
	3	浙江	—
	4	福建	—
	5	山东	—
	6	广东	—
	7	四川	—
	8	贵州	—
	9	甘肃	20

其中，北京、天津、河北、内蒙古、吉林、广西、海南、陕西等八个省份和自治区已经完全整合完毕；另外，上海、重庆、山西、江苏、安徽、江西、河南、湖北、湖南、云南、青海、宁夏、新疆等地已经实现了部分整合，目前网络整合工作正在进一步进行中；此外，仍有辽宁、黑龙江、浙江、福建、山东、广东、四川、贵州、甘肃等地区尚未整合。

三、有线数字电视的运营模式

我国有线数字电视的整体运营已经进入了一个多元业务发展的阶段，整个业务已经从基本业务升级到各种各样的增值业务，如杭州、淄博、深圳等一些地方都已经开展了各种各样的多种的业务，如 VOD、游戏、在线支付、远程教育等，并且找到了较好的运营模式。

从总体上说，数字电视提供了一种崭新的盈利模式，即：

基本收视费 + 增值业务收费 + 广告收入

（一）基本收视费依然是重点

基本收视费仍然是数字电视时代电视业务的一项重要收入来源。随着人们生活水平的不断改善，消费水平提升，人们对于视频服务的要求也越来越高，数字化的电视服务可以让受众感受到两个直接变化，其一是电视节目丰富了，其二是电视画面清晰了。

基本收视费是公司运营的根本保障。随着数字电视的整体转换，各地数字电视用户的基本收视费都有所上涨，青岛的基本收视费在原有线维护费的基础上增加了每月 10 元；佛山力推一机一费，基本收视费从 14 元/月涨到 17 元/月。

（二）增值服务形成新的收入来源

根据运营商开展业务类型的不同，增值业务的盈利模式可以分为单向增值业务盈利模式以及双向增值业务盈利模式。

1. 单向增值业务的赢利模式

付费电视、资讯服务等业务是当前主要的单向增值业务类型。

单向业务的盈利模式主要来自于：

（1）来自用户的盈利：主要是节目收视费和服务费用；

（2）资讯发布费用/分类广告费用；

（3）来自数据库的盈利：基于对用户信息进行实时监测所形成的用户数据库，可以开展诸如收视率调查、数据定制、直邮等多种业务类型，也可形成多种盈利方式。

2. 双向增值业务的盈利模式

互动游戏、金融服务、电视购物、视频点播（VOD）等业务是当前数字电视增值业务中被看好的双向类型，这些类型在现在及将来一段时间内都是有线数字电视的主要双向增值业务类型。

（1）来自用户的费用

● 信息查询费

目前信息查询功能已经成为各地数字电视网络运营商发展的一个重点，股市查询、银行账户查询、家庭账单查询、生活信息查询等。在用户使用查询功能的时候收取一定的费用。更进一步的，杭州淄博等城市已经将这种查询功能升级为在线支付和交易。

● 付费频道收视费

虽然说电视实现了数字化，但它毕竟还是电视的概念，所以看电视还是数字电视中最主要的一个业务，相比传统的频道业务，付费频道已经在整体收视份额中占到10.1%[①]。

从研究中对一些网络运营商进行调研反馈的信息来看，付费频道已经成为网络运营商的一块主要收入，如淄博天网视讯有限公司2006年的收入中有300万元左右就是来自于付费频道，南京市大约有1 000万元/年，付费频道的出现已经形成了一种新的盈利模式。

• 点播收视费

视频点播是目前发展较为成熟的一种互动增值业务，成为数字电话运营商的主要收益点。

各地运营商目前开展的视频点播业务比较多。从杭州目前点击率比较高的业务来看，视频点播业务占很大比例，杭州的数字电视双向网的用户有20多万，VOD的用户大概有10万左右，2006年的营业额达到600万元左右。

视频点播按照服务方式还可以分为准视频点播和视频点播。通常都能支持按月计费、按次计费、按时计费、按片计费等。

此外，有的运营商现在也已经探索出来新的模式，在视频点播中插一些广告，让老百姓免费看广告，然后把老百姓的视频点播的费用给替换掉，老百姓愿意用这样的方式，比如看几分钟的广告就可以免费看一部电影或电视剧。用户不一定非要包月或者按照固定的费用去支付，也愿意用这样的方式。

• 互动服务费

在目前的数字电视增值业务发展中，互动服务的形式逐渐多样化，业务也日趋成熟。比如远程教育、在线购物和互动游戏等等。杭州数字电视公司使用了"华数币"这种虚拟的货币作为互动服务的通行货币来对数字电视的增值服务付费系统进行统一管理。

(2) 来自商业合作的盈利

• 广告费

在将来，广告费仍然会是数字电视增值服务一个重要的盈利点。有线数字电视除了提供现有所有的广告形态之外，还在新技术基础上，开拓了多种新的广告形式。

• 信息发布费

主要是针对咨询服务，尤其是其中的生活服务类信息向厂商收取的信息发布费用。这种形式类似分类广告，可以学习分类广告的信息发布费用收取方式，按照信息平台的行业类别吸引不同的商家刊登信息广告，从而收取信息发布费。

---

① 央视-索福瑞（CSM）媒介研究，见《中国数字电视报告2007》，中国广播影视博览会和CSM联合出品，中国传媒大学广告学院提供学术支持，2007年10月。

● 平台租用费

对于数字电视运营商来说，他们为厂商提供了一个很好的平台，不一定所有的业务都要由运营商自己来完成，可以将这个平台租用给更加专业的厂商来做，做一个业务集成者。由客户自己来制作相关的宣传和内容。网络公司按照年份和版面定期收取平台租用费。

● 专项服务费

所谓专项服务，也就是可以开辟出相关的版面包括专区、专栏等，为某个客户进行专门的服务。这些客户可以是政府相关机构、社会组织及商企业等。网络运营商根据客户占用的平台空间和资源情况，制作专栏的费用以及宣传内容进行收费。提供专项服务不仅可以丰富平台自身的信息，而且也能够吸引一些大型的有实力的企事业单位加盟内容平台，借助这些企事业单位的影响力来增强数字电视的服务威信和宣传功效。

● 销售提成

如在电视购物中，运营商可以在商家的销售收入中获得一定比例的提成。

(3) 来自数据库的盈利

由于数字电视运营商可以利用网络对用户进行管理同时形成比较详细的用户信息数据库，例如，用户的基础信息、用户在数字电视上的使用习惯和消费行为等。将这些内容汇集整理成为数据库之后，网络商可以清楚地了解用户需求，及时调整业务类型和服务情况。

数据库包含了丰富的用户信息，因此数据库也将成为数字电视未来的重要盈利点。利用数据库来盈利主要有两种方式，一种是直接出售数据，一种是根据客户需要对数据进行分析、挖掘，提供定制化的数据服务。

● 直接出售数据

直接出售数据是比较简单快捷的一种数据销售方式，可以直接从数据库中提取数据，如收视率的调查数据、用户基本信息数据等。这种盈利方式操作简便，很可能成为数据库盈利的基础从而带动数据库的深入营销。

● 定制数据销售

定制数据库是根据客户的需求提供有针对性的数据服务，这也是数据库应用的发展方向。具体业务类型包括数据营销，针对某特定行业、范围的致富营销等。这种业务首先需要积累一定的基础数据，然后需要具有相当好的数据挖掘处理能力，短期内较难实现。

(三) 有线数字电视的广告市场

数字电视广告是指基于数字电视技术通过数字电视网络平台传输的广告。它既可以和传统电视广告一样以插播的形式进行单向传输，也可以是定向的、互动的传播形式。数字电视广告一般指后者具有双向互动性的广告形式。

数字电视广告主要包括 EPG、互动广告和增值业务广告三大类。这三类广告中 EPG 最为常见。数字电视广告最主要的特点即是具有互动性，可以基于庞大的用户数据库进行定向传输，比传统插播广告具有更加精准的到达率，在一定程度上可以节约广告成本。

数字电视广告的运营在我国目前有两种运营模式，一种是网络公司独立进行数字电视广告的运营；一种是网络公司将广告业务外包，分为完全外包和部分外包。采取不同的运营模式，具有不同的运营优缺点，因此公司在选择运营模式的时候应该依实际情况决定。

数字电视用户调查显示，电视内容成为最能吸引受众收看电视的因素，数字电视的出现延长了收视时间，改变了用户对传统插播广告的态度，电视台的内容制作能力成为决定其竞争成败的关键。数字电视对电视台来说既是挑战也是机遇。

面对数字电视的出现，电视台应该以用户需求为导向，提高自身节目制作水平，同时创新广告形式，结合电视内容设计广告信息传达方式，只有制作出受众喜爱的电视节目，才可能依靠节目内容拉动电视台包括广告在内其他各方面的经营。

第四节　中国地面数字电视发展状况分析

地面数字电视主要有两种接收方式，一种是固定接收，即利用传统电视机加装机顶盒以后进行无线数字信号的接收，其特点是覆盖范围广；一种是移动接收，即在各种移动载体上安装移动电视接收系统或者可以接收移动信号的芯片，实现在较大范围内支持正常、清晰的移动接收。在我国，移动接收一般是指车载移动接收。本节将对这两方面的发展情况分别加以说明。

一、中国地面数字电视的发展历程

自 1992 年国家开始组织对高清电视的专项科技攻关小组到 2008 年，地面数字电视在我国已有十七年的发展历史。不同于有线数字电视长期受困于运营模式的发展历史，地面数字电视的十七年基本上是技术研发和产业化准备的十七年。

回首十七年的发展历史，按照不同时间的发展特点，可以划分为三个阶段：第一阶段，1992 年至 1998 年，地面数字电视萌芽期；第二阶段，1999 年至 2006 年 8 月，地面数字电视产业准备期；第三阶段，2006 年 8 月 31 日至今，地面数字电视启动期。

（一）萌芽期（1992～1998 年）

1. 时间界定

自 1992 年国家着手组织高清技术攻关项目，到 1998 年 6 月我国高清技术系统成功研发；我国地面数字电视经历了六年的萌芽期。之所以将高清系统研发的初始和完成作为地面数字电视萌芽期的划分标准，源于我国的地面数字电视选择高清制式系统作为技术研发的突破口和目标。正因为我国高清电视系统是依托地面传输方式开发的，所以高清电视系统的技术突破同时意味着我国地面数字电视传输体系技术框架的形成。

2. 阶段特点

（1）以高清电视研究为主攻技术方向

20 世纪 80 年代和 90 年代中期，各个发达国家都从国家战略高度积极发展高清晰度电视，并先后取得技术上的重大突破。在海外高清电视如火如荼的研发浪潮和全球技术竞争中，我国 1992 年开始着手高清电视系统的研究，并将高清电视作为我国地面模拟电视数字化的切入点和发展方向。可以说，高清系统研发组成了我国地面数字电视萌芽期发展的最重要特点。

（2）国家组织精干力量统一研发

由于地面传输方式肩负国家安全的重要使命（例如一旦发生战争，或是一些地区发生重大灾害，有线电视网络被破坏，无线网络将起到至关重要的作用），加之地面无线在整个广电传输系统中的基础性平台角色；地面数字电视从最初的研发阶段就不是单个研究机构或企业集团所能独立推动的。事实上，自 1992 年至 1998 年，整个高清系统的研究开发都是国家部委层面组织各方面精干力量，共同攻克的。由于我国高清电视系统是依托地面传输方式开发的，高清电视系统的技术突破同时意味着我国地面数字电视传输体系的框架形成。

（二）产业准备期（1999 年至 2006 年 8 月）

1. 时间界定

1999 年国务院成立“国家数字电视研究开发与产业化领导小组”。领导小组肩负两项重要使命：一、制定拥有自主知识产权的地面数字电视标准，二、推进核心技术和关键元器件的国产化。领导小组的成立标志着国家正式启动地面数字电视应用和产业化进程。历经七年，直至 2006 年 8 月，我国地面数字电视的自主标准终于出台，阖上了地面数字电视的产业化准备期。

2. 阶段特点：八年标准竞赛、2002 年移动跃进和 2006 年固定试水

从 1999 年初到 2006 年 8 月，长达近八年的标准竞赛构成了地面数字电视产业准备期的主线。相较于标准与政策层面步履蹒跚的前进脚步，市场层面地面移动数字电视终于在 2002 年按捺不住逐利心理井喷发展，固定接收则于 2006 年在个别地区悄然启动。尽管市场层面地面移动数字电视自 2002 年以来一直表现活跃，但除了少数地区移动电视终端量超过 2 000 且实现盈利外，绝大多数地区地面移动电视终端覆盖相当有限，盈利前景仍然模糊。

（1）标准制定

● 标准制定的过程

1999 年国家发展计划委员会牵头成立“国家数字电视研究开发与产业化领导小组”，正式对外征集地面数字电视传输标准。随后不久，计委为了推进地面数字电视核心技术和关键元器件的国产化，设立了近 15 亿国家专项科研经费以资助地面数字电视的产业化项目。

截至 2001 年 4 月 30 日，国家计委征集到四家标准研究单位五套地面传输方案。五套地面传输方案为：成都电子科技大学的 OFDM 方案、浙江大学的 VSB 方案、广播科学院的 QAM 方案、清华大学的 DMB－T 方案和上海交通大学的 ADTB－T 方案。其中除了上海交通大学是单载波方案外，其他四家机构的标准均是多载波方案。

自 2001 年 10 月，国家计委分别组织不同方面的专家力量对五套标准方案进行技术测评。其中，2001 年 10 月至 2002 年 4 月，国家广播电视标准化委员会一轮摸底标准方案；2002 年 6 月至 8 月，国家知识产权局对五套标准方案开展专利评估；2003 年 1 月至 2003 年 6 月，中国工程院比较测评上海交大和清华大学的标准方案。事实上，2002 年年底国家广播电视标准化委员会和国家知识产权局对五套标准方案进行测评之后，成都电子科技大学、浙江大学和广播科学院三家就退出了地面数字电视标准的竞赛。之后就开始了上海交大和清华大学激烈而漫长的标准竞赛。

2003 年 9 月，国家发改委委托中国工程院副院长邬贺铨组织“中国数字电视地面传输技术研发组”，撮合清华和上海交大方案融合。经历了近三年的分分合合、讨价还价之后，2006 年 8 月基于清华大学多载波和上海交通大学单载波融合的地面数字电视自主标准终于出台了。

● 融合标准利弊考虑

2006 年 8 月，姗姗来迟的地面数字电视标准最终采纳了“融合”思路，即在地面数字电视的传输环节“融合”上海交通大学的单载波方案和清华大学的多载波方案。所谓单载波调制是将数据流调制到单个载波上进行传送，多载波调制则是将数据流分解成若干子数据流，分别调制到各自子载波上并行传送。不少技术专家认为诸如此类载波调制等地面数字电视传输关键原则上的技术差异使得两者的方案是绝对不可能实现融合的，至多只能说是混合。

撇开融合方案的可行性争议，由单载波和多载波融合状态下带来的技术复杂性是上海交大和清华大学均难以否认的。国标规定的融合方案涉及地面数字电视整个传输体系的两个系统——发射系统和接收系统。真正意义上技术难度的增加并非发生在地面数字电视发射系统发端调制环节的单多融合上，而是体现于接收系统收端解调技术的单多融合上。由于后者技术实现难度的增加，机顶盒和一体机等地面数字电视终端接收设备的研发时间和研发成本将不得不被拉长和提高，接收机的市场价格自然会居高不下。地面数字电视的普及发展也将因终端设备的高消费门槛受到极大程度的阻碍。而自主标准出台最大的价值在于，通过强制实施将虎视眈眈中国市场已久的欧洲标准正式踢出局外。

(2) 2002 年伊始的地面移动数字电视开通热潮

在这一阶段，我国移动电视的发展主要有以下几个特点：

- 移动电视迅速从大城市深入到二线城市

自 2002 年年底上海首度商用欧洲标准开展地面移动数字电视业务之后，2003 年 8 月 14 日，北广传媒移动电视有限公司正式注册，北京也采用欧洲标准试验移动电视。在北京、上海这两个超大型城市的示范效应之下，2003 年 9 月，湖南长沙地面移动数字电视试播。到 2004 年，试播或正式运营地面移动数字电视的国内城市数量大大增加，一、二线的城市纷纷开通地面移动数字电视。地面数字电视进入了大跃进时期。至 2005 年年底，除新疆、西藏、宁夏和青海之外，全国大部分地区已经开通，或者计划于 2006 年地面移动数字电视业务（表 10-7）。而此时我国自主研发的地面数字电视标准仍未出台。

表 10-7　我国地面移动数字电视部分开办城市（截至 2005 年年底）

开通时间	地区	相关事件
2004 年 7 月 19 日	南京市	2004 年 7 月 19 日，南京数字移动电视公交频道试运营。2005 年 9 月 3 日，南京地面移动数字电视正式运营
2004 年 8 月 3 日	辽宁省	辽宁省数字地面移动数字电视在辽宁彩电塔试播成功
2004 年 9 月	安徽省	安徽电视台、合肥有线电视宽带网络公司、安徽广播电视传输发射总台三家单位联合出资安徽广电移动电视有限责任公司。计划以合肥为中心，向省内其他城市扩展，最终织就一张遍布全省各主要商业城市、高速公路、国道、长江航线等商业价值较高地域的接收终端网络

续表

开通时间	地区	相关事件
2004年10月10日	江西省	江西电视台、江西省广播电视局网络中心和深圳力合数字电视有限公司在深圳清华大学研究院举行了地面移动数字电视项目签约仪式。 2005年2月1日，江西移动电视有限公司正式开通地面移动数字电视
2004年11月1日	广东省	信号已覆盖广州、佛山、东莞等地，计划于2005年上半年覆盖广深高速、京珠高速广东段及整个珠三角地区
2004年11月6日	河南省	河南广电地面移动数字电视试播。2005年7月26日，河南广电移动数字电视的各频道正式开播
2004年12月28日	重庆市	2005年6月在主城近30条黄金线路的800多辆高、中档公交车上开通。另外，还逐步在主城各区中心文化广场、出租车、快餐店、超市、银行网点及车站码头等处安装移动电视接收系统，建成覆盖所有公共领域的移动电视传播网络。2005年9月，重庆移动电视公司与北京、上海、广州等26个城市的移动电视公司结成联盟成立中国移动电视协作体
2005年5月13日	无锡市	由无锡广电产业投资发展公司、深圳力合数字电视有限公司等共同出资组建的、从事无锡数字移动电视项目运营的无锡广通数字移动电视有限公司宣告成立。无锡移动电视公司计划三年内覆盖市区范围内所有公交线路
2005年5月17日	杭州市	杭州现在已有公交线路上的近500辆公交车和部分小型轿车、西湖游船上完成了移动电视接收装置的安装，移动电视信号已经覆盖了杭州主城区
2005年5月18日	青岛市	目前，移动数字电视信号已覆盖青岛市区和即墨、胶州、胶南部分地区的300万移动、固定收视群体，还将陆续在1 500辆市内公交车和8 000辆出租车上安装高清收视设备
2005年8月6日	河北省	河北省广电局同时在全省七个主要城市开通移动电视，播出新闻信息、影视两个频道，开办15个服务类及4档新闻类节目。这是到目前为止全国规模最大、建设速度最快的移动数字电视工程

• 各地技术标准使用混乱

由于自主标准直到2006年8月才正式出台，自2002年伊始的地面移动数字电视开办热潮从一开始就是在政策不明朗、技术标准混乱的环境下生长发展起来的。统计数据显示，欧洲标准以其技术稳定性得到了不少大城市的青睐，而基于欧洲标准改进的清华标准则几乎占据了我国移动电视市场的半壁江山。至于基于美国单载波的上海交大技术方案产业化水平明显较低。

• 移动电视经营方式单一

从经营方式上看，我国开办地面数字移动电视业务的地区无一例外都是在当地公交车、出租车等公共交通平台上安装地面数字电视接收屏，播放广播电视节目并在中间穿插广告，依靠单一的传统广告方式来盈利。然而出乎绝大多数投资者的预料，除了上海等极个别地区移动电视业务取得盈利之外，其他绝大多数城市的移动电视业务均入不敷出，盈利前景看似惨淡。究其原因，应该是多数地方还处于市场启动阶段，正在准备期，接收设备的不普及、营销服务的不得力等因素使然。另外，和各地本身有限的经济发展水平和广告市场容量也有相当大的关系。

(3) 2005年地面数字电视固定接收点燃星星之火

• 我国地面数字电视固定接收启动的背景

长期以来，模拟无线传输方式是我国广袤的农村地区和城郊结合部老百姓收看广播电视的唯一途径。由于模拟信号易受干扰、质量不稳定，这些地区的老百姓至多只能收看到五套呈像效果极其一般的电视频道。因而利用数字技术传输无线信号，从而扩大节目传输容量、改进节目传输质量成为各级地方广电（特别是市县级广电，直接负责地面模拟网络的传输）和模拟电视用户长久以来的希望。

考虑到地面传输还肩负着国家安全的重要使命及其在整个广电传输系统中基础性平台的角色；我国地面数字电视固定接收只能等待自主标准技术方案成功研发之后才有可能启动。

• 上海交大技术方案产业化启动固定接收

从产业化角度看，标准之争的确延误了地面数字电视的发展时机。但从另一个角度看，长期的竞争对决使得上海交大和清华大学在不断完善自身的各项技术指标之余，还积极将实验室里的标准技术方案带到实地开展试验测评。2005年，上海交大带着自己的单载波方案ADTB－T和株洲声屏无线数字电视网络有限公司合作，在湖南株洲开展地面数字电视固定接收的试验。一年多的时间过去了，上海交大的单载波方案ADTB－T很好地支撑了株洲地面数字电视传输网络的运营。截至2006年6月，湖南株洲已发展了1万户地面数字电视用户。

看到了上海交大地面数字电视传输标准方案的大规模组网的成功实施，目前河南安阳、安徽凤阳等地已开始在原有模拟无线传输网络的基础上进行数字化改造。地面数字电视固定接收的星星之火终于点燃了。

（三）产业启动期（2006年8月31日至今）

1. 时间界定

2006年8月31日，地面数字电视标准《数字电视地面广播系统帧结构、信道编码和调制》终于出台。地面数字电视国家标准的出台标志着我国地面数字电视产业准备期的结束，宣告了我国地面数字电视正式进入启动初期。

2. 阶段特点

（1）相关政策仍在制定过程中

地面数字电视国家标准虽然出台，但是广电部门对于具体执行的规划还在进程中。产业界正式启动之前，原有的广电资源怎样调整，资源怎样配备，该由哪一级广电部门进行具体运营，是否允许民营企业的介入，如何开展监管工作，等等，这些问题由于牵扯多方利益，以及对广电原有格局、将来规划的重要影响，其制定过程不可能一蹴而就。

（2）广电总局形成全国布局的规划

政策虽尚在制定过程中，但是广电总局对于今后地面数字电视的全国范围的规划已经形成。在2006年8月被誉为广电政策风向标的BIRTV主题报告会上，基于分析我国电视节目的覆盖和收视现状，国家广电总局副局长张海涛也明确指出："开展地面数字电视，首要任务是转播好现有模拟节目，实现模拟与数字同步播出，确保广电的公共服务。"

（3）产业界已有准备

在国标正式出台之前，全国范围内的移动电视以及地面数字电视固定接收就已经有个别地区在进行试验。移动电视在我国的发展已有一定的技术以及运营经验了，在国标出台前，国内外的设备制造商、技术系统提供商、运营商就已有准备。一些移动电视的运营商也考虑到今后技术的升级、向国标转变，在某些技术环节已经留有升级的余地；在固定接收方面，各地的广电部门已经有了发展本地地面数字电视的规划，只等待政策的明确，产业就能立刻启动。

二、地面数字电视的发展现状

考虑到地面数字电视公共服务的战略定位，以及技术方案、配套标准、频率规划、相关设备等方面的条件还不甚成熟，目前面向用户的地面数字电视推广工作尚未大规模开展，只有少数地方开展了相关的试验性播出，主要包括河南安阳、安徽凤阳、湖南株洲、上海崇民县等地，用户数量也非常少（见表10－8）。尽管如此，地面数字电视作为一个新的产业，雏形已经出现。

表10－8　　我国目前已开通地面数字电视的部分地区[①]

开通地区	开通时间	预期用户市场规模	收视费标准	发射机	接收机
上海崇明县	2005年9月	20万户	暂时免费	明珠科技	江苏银河
湖南株洲市	2006年4月	20万户	180元/年	明珠科技	湖南德通
河南安阳市	2006年4月	20万户	144元/年	吉兆电子	高斯贝尔
安徽凤阳市	2007年2月	15万户	100元/年	北广电子	江苏银河

2007年，中国的地面无线数字电视虽然还没有启动大规模的商业应用，但各厂家已经纷纷出动，政策规划井然有序进行，运营层面也开始破冰前行。

（一）地面数字电视的相关政策与标准

1. 国标延迟实施

尽管2006年8月已经出台了地面数字电视传输国家标准（以下简称“国标”），并且按计划将于2007年8月1日正式强制实施，但是由于“目前地面数字电视国标的测试和试验工作还在进行，配套标准还在制定，符合国标的发射机和接收机还在产业化过程中”[②]，所以，国标全面实施的时间被推迟。

2. 政策规划顺利推进

要实现地面数字电视的产业化，除了国标之外，配套标准和频率规划至关重要。这一重要工作在2007年也取得了重大进展。

频率规划方面，2007年年底，国家已经完成了对全国3 625个城市的电视发射台、调频发射台、中短波发射台相关数据的采集，包括经纬度、高度、传输模型等。

配套标准制度方面，国家广电总局广播电视规划院（简称“规划院”）已经完成了配套标准的大纲及部分标准草案的编写，17个配套标准中有8个已经全部测试完毕，并与2007年8月15日向国标委提交了《地面数字电视发射机技术要求和测量方法》等8套地面数字电视配套标准的草案。

① 黄升民等编著：《中国数字新媒体发展战略研究》，中国广播影视出版社2008年版，第42页。

② 国家广电总局副局长张海涛在2007BIRTV主题报告会上所做报告。

同时，为了配合频率规划和标准编制，规划院已经完成了北京、江苏等地单频网的构建测试。这些措施的进行有力地推动了地面数字电视的产业化进程。

（二）地面数字电视的市场现状

1. 深圳与香港分别进入试验推广与运营阶段

2007 年 10 月 12 日深圳市正式启动“高清娱乐”频道，这是以国标为核心的高清数字电视信号在深圳首次播出，宣告深圳成为我国第一个正式执行该国家标准的城市，也标志着深圳市的国标地面数字电视正式迈进试验推广阶段。

在香港，则真正开始了基于国标的地面数字电视全面运营。12 月 31 日晚 19 点，香港无线电视台（TVB）和亚洲电视台（ATV）这两家香港最大的电视台同步播出符合国标的地面数字电视广播信号，覆盖范围将包括九龙半岛、香港岛北部、沙田部分地区和大屿山东部。到 2008 年年底，香港无线数字电视信号将覆盖香港 75% 的区域，预计在 2012 年全面实施电视数字广播，停止现行广播制式。有了香港实际应用的经验，内地的地面数字电视离大规模实施又近了一步。

2. 相关厂商加紧布局

虽然地面数字电视产业尚不成熟，但众多厂商已经加紧布局。

以香港市场为例，早在 2007 年 9 月份，就有地面数字电视机顶盒在香港出售，海信、长虹、创维、三星等一批电视生产厂商都加紧布局，希望在地面数字电视开播前抢占市场。

在芯片厂商方面，作为融合国标主角的清华凌汛、上海高清公司以都已经研发出了符合国标标准的芯片产品，并跟大批终端生产厂商合作，生产了符合国标的机顶盒及数字电视一体机。

此外，全方位解决方案的提出也让人们看到了技术方案的完善。以上海高清为例，目前已经推出了针对农村市场的解决方案——“神州家家通”；为“6 + 2”奥运城市开路转播北京奥运会高清晰度电视节目设计的国标城市高清解决方案——“奥运高清”国标高清地面广播系统；为城市运营商新媒体业务设计的解决方案——“移动便携”国标车载便携移动电视系统；为中国铁路在途旅客设计的——“铁路电视”国标铁路移动电视系统等。

3. 在城郊和农村地区发展加速

截至 2007 年 12 月底，（应用清华/交大老标准和国标体系的）有地面数字电视发射机的市和县超过 100 个，已经发国标信号的（升级成国标的多载波系统）约有 40 个市和县。这些地方的地面数字电视之所以能发展加速，一方面是由于凌讯和高清的大力推广，例如，凌汛和上海高清都已经开始在农村市场圈地，上海高清的“神州家家通”系统已经在全国建立了约 50 个应用网，推出了面向农村、售价300元左右的机顶盒，凌汛为云南西双版纳的免费地面数字电视提供支持。另一方面是由于这些地方在模拟时期的地面频道数量少，信号质量差，通过发展地面数字电视可以大幅度提高当地的居民文化生活水平。

第五节　中国卫星数字电视发展状况分析

作为广播电视数字化的重要环节，卫星数字电视在近年来也取得了重大的突破，尤其是2008年6月直播星“中星9号”的发射成功并在轨运行，把中国卫星数字电视带入了一个全新的历史阶段，卫星数字电视以其宏大的产业前景吸引着越来越多的力量投入其中。本节将从发展历程、现状、特征、业务模式等角度对我国的卫星数字电视发展状况加以分析说明。

一、中国卫星数字电视的发展历程

（一）卫星数字电视的试验阶段（1995～2000年）

1. 试验阶段卫星数字电视发展基本情况

在美国发射了第一颗直播卫星之后，卫星数字电视在国际上开始蓬勃发展；相对于国际上卫星数字电视迅猛发展的势头，中国卫星数字电视的发展则是以国家为主导，制定引导性政策，在国家政策引导下，由研发进入探索的过渡阶段。

在这一阶段，中国卫星数字电视产业政策逐步形成，并在试验阶段末期，国家的产业政策明确了卫星通路同有线先行的政策策略。硬件设施逐步跟进，为实现卫星数字的传输奠定基础，并随着上星技术的发展，中国节目资源逐步丰富，相对于卫星数字电视在传输端和内容方面的迅猛发展，接收端的发展则受制于1993年年末颁布的129号令，发展势头较弱。

2. 试验阶段中国卫星数字电视发展主要特征

（1）卫星数字化先行思路确定

首先，鉴于当时数字电视传输通路的技术发展以及国际思潮的影响，我国从数字电视开始就采用卫星通路和有线为主，而其中更是卫星数字化先行。1995年，中国尝试数字压缩技术、加扰技术、付费电视等技术在卫星传输通路领域的应用。就在那一年，中央电视台四套节目加密上星传输，开始了中国在传输通路上的数字化进程，由此为契机带动了中国卫星数字电视的传输技术。这个阶段，我国确定了卫星数字化先行的政策。

(2) 技术牵引政策发展，未形成战略思考

同时，这个阶段的卫星数字电视的发展只体现在广电内部的有关技术发展的会议中，还没有跨越技术的限制，进入广电管理和运营中。虽然我们国家已经有了关于自己发展的基本设计，但是对当时的现实国情以及广电行业的现实状况还没有更深刻的了解，还没有开始对有线、卫星、地面传播方式的战略思考。

(3) 坚持公益服务为主

自始至终，我们国家发展卫星数字电视，都是为了通过微型技术的特征，以及数字卫星技术的优势，低成本的、有效的解决覆盖问题；同时中国广电部门已经开始考虑通过对卫星技术以及数字卫星技术的应用，迅速带动中国广电技术领域的创新和业务推广。卫星通路先行能够做到全国在政策宣传和信息服务方面的一盘棋，这个通路可以从上到下一统到底。

(4) “星网结合”的发展思路得以确定

由于国情不同，中国卫星数字电视的发展从一开始就同国际上有较大的不同。中国卫星数字电视的发展首先采取“星网结合”的发展方式，放缓“直播到户”的国际主流方式。这种发展模式一直影响着后来数字卫星广播电视的发展。

(5) 卫星数字电视传输端发展迅猛，行业内部倾向于卫星传输

由前面的材料可以看出：这个阶段中国在卫星数字传输方面，主要要实现的是卫星传输通路的数字化。1999 年，CBTV“村村通”直播卫星电视试验平台的搭建、“鑫诺 2 号”卫星研制基本成熟，以及“中星 9 号”已经进入订购阶段。有目共睹，我国在数字卫星电视传输端的投入力度。

虽然国家没有正式规定出台，但是广播电视接收终端生产商，都将卫星数字电视视为一个发展方向，而投入相应的技术研发。

(二) 卫星数字电视的“突进”阶段 (2001 ~ 2002 年)

1. “突进”阶段卫星数字电视的基本情况

相较于国际阶段卫星数字电视发展的盛况，中国卫星数字电视的发展在本阶段则是一个比较曲折的发展过程：“突进”阶段前期，产业政策具备战略思想，明确发展卫星数字电视的思路，发展直播卫星成为业内主流意识，在发展卫星通路数字电视思想的指导下，中国卫星数字电视的发展进入较为具体的执行阶段；“突进”阶段后期，由于自 2002 年法轮功非法组织连续不断地使用非法信号攻击中国卫星传输系统，致使中国中央电视台、中央教育电视台和部分省级电视台节目受到严重干扰，卫星数字电视的安全矛盾凸显，国家对卫星数字电视的发展进入理性思考阶段。由于政策的限制，2001 ~ 2002 年，中国逐步形成了传输端

发展停滞，接收端用户灰色市场形成，而内容提供方一端发展迅猛的态势。

2. “突进”阶段卫星数字电视发展的主要特征

概括2001～2002年中国卫星数字电视的发展状况，则不难看出，这个阶段国家发展卫星数字电视的决心坚定，但是由于客观因素的影响，中国卫星数字电视的总体发展处于停滞状态，而传输、接收和内容提供上则发展不平衡。

(1) 受到安全问题的制约，中国数字电视在卫星通路上的发展战略受到影响

这个分水岭主要是由于“法轮功”事件的影响造成的，对中国卫星数字电视的战略发展影响是相当显著的：在某种程度上客观导致了中国已成熟的有线网络的数字化迅速启动，卫星数字电视的发展状况则较为尴尬。

自2002年的“法轮功”事件开始，由于受到安全问题的制约，卫星数字传输通路的用途发生改变，产业政策开始明确将卫星作为有线数字电视发展的补充。此后，国家对卫星数字电视发展的思考更加理性。

(2)“突进”阶段，中国探索出符合自己国家状况的战略模式

首先，广电政府提到要“推进‘两化’（推进广播影视数字化和网络化），建设‘三个系统’”，其中，卫星数字电视的发展是关键的一环。

此外，政府提出直播卫星系统可本着“政府引导、市场规划、国家扶持、企业运作”的基本操作模式。为未来卫星数字电视的发展奠定了基调。

(3) 市场探索和秩序混乱并存，对发展提出需求

这个阶段对于中国卫星数字电视市场来讲，是一个市场探索和秩序混乱并存的阶段，一方面，“突进”阶段是一个论证探索阶段。这个时间段里，尽管卫星数字电视的发展的硬件配备比较软弱，但是市场上的一些角色仍然以各种方式积极从软件方面进行探索，使得在一定程度上中国卫星直播电视在有限的空间内迅速发展起来。另一方面，灰色领域的市场探索促使了卫星私接市场的繁荣，导致秩序混乱，这样的局面不仅表明市场存在潜在的需求，同时也对未来发展提出进一步的要求。

而这种发展态势在新的阶段矛盾更加突出。而解决这种矛盾的主要方法就是提供更多的发展机会和发展空间。因此，在下一个阶段，中国卫星数字电视的发展将以解决这样的发展不平衡状态为主要目标。

（三）卫星数字电视的“积累”阶段（2003～2006年）

1. “积累”阶段卫星数字电视发展基本情况

之所以会将这个阶段称为卫星数字电视的“积累”阶段，主要原因是这段时间，我国广播电视的主管部门更多地对卫星数字电视的发展进行了更加理性的

思考，同时在物质上不断为直播卫星电视的发展丰富积累物质条件。因此，从表面上看，2003～2006年，中国卫星数字电视发展态势没有像“突进”阶段那样迅猛，但是依然有自己的特色。

2003年以来，中国的卫星数字电视发展好似进入了“瓶颈”期：出于安全的考虑，国家将其调整为有线数字电视的重要补充，2003年发布的《中国有线电视向数字化过渡时间表》[①] 中不仅明确了“有线—卫星—地面”三步走的战略思路，而且还进一步明确将卫星作为有线数字电视发展的补充。此外，这个阶段由于卫星数字电视不可替代的优势以及启动中国卫星产业和优化广播电视数字化结构的战略需求，卫星数字电视又被提上了广电部门的战略议程。

这个阶段的卫星数字电视有两条清晰的脉络：一个是发展卫星数字电视的战略性决策层出不穷，一个是直播卫星的发射准备；在此基础上，卫星数字电视发展的接收端和内容供应方也在循序渐进地发展着。

2. “积累”阶段卫星数字电视发展的主要特点

由于卫星电视在现阶段的技术趋近成熟，同时具有覆盖范围广、频道数量多的优势，在国外还有成熟的商业模式，因此中国一直在积极寻求实施自己的卫星电视计划。尽管在“突进”阶段末期，由于特殊的政治原因，“法轮功”分子恶意攻击中国的卫星系统，造成了一定的恶劣影响，出于安全原因，卫星电视的数字化步伐放缓；但是2004年之后，广电系统还是有积极准备启动卫星数字电视的规划。

（1）卫星数字电视系统准备启动，推进其在电影和广播领域的积极应用

2004年初发布的《广播影视数字发展年工作要点》文件中规划的广播影视数字化总体要求中指出：“地面、卫星数字广播影视系统开始准备”这样的总体要求对卫星广播影视系统的准备提出了要求。

同时，在文件中还提出了“建成电影数字业务集成服务平台和卫星传输发行系统，为电影数字节目发行管理和规模化、多元化经营提供技术平台和运营支撑系统”，在广播领域，则要求建立卫星直播数字声音广播和数据业务传输覆盖系统，初步形成广播节目播出、数据业务集成、卫星传输、地面补点、接收机授权管理的技术体系和端到端的产业链，探索卫星直播数字声音广播的商业运营模式。

（2）政府对有线数字电视中私传卫星内容进行严格限制

2004年，国家广电总局对于有线数字电视系统私传卫星内容进行了专项检查，33个省市有线电视网私传境外卫星频道，在全系统对这些机构的名单给予

① 资料引自2003年广电总局《中国有线电视向数字化过渡时间表》。

了公布批评，也制定了相应的处罚措施。2004 年 8 月又发布了《关于重申严禁通过广电有线网络传输境外卫星电视节目的通知》。

（3）开放卫星传输通路给有线数字电视付费内容

随着有线数字付费频道的规模扩大和各地市场的运营，其传输通路上对卫星的需求也日益明显，而卫星传输公司也想积极发展新客户。作为政策制定方，广电总局采取了平衡战略，一方面要维护有线的国干网和省干网的利益；另一方面为促进数字卫星传输通路的发展也有意识地支持有数字内容传输对卫星通路的应用。

2004 年 6 月，国家广电总局在发布的《关于推进广播电视有线数字付费频道运营产业化的意见》文件中指出："全国性付费频道集成运营机构，可以采取有线广播电视光缆、卫星或者微波等方式向用户接入运营机构传送付费频道。"

随后在 8 月份又向全系统发布了《关于中央节目平台付费电视频道利用卫星传输有关事项的通知》，通知的精神是对有线数字电视的付费内容开放卫星传输通路，指出："为推进中国广播电视有线数字付费频道业务的开展，经批准，自 2004 年 8 月 9 日起，中央节目平台付费电视频道已利用亚洲 4 号卫星进行传输。"并且公布了中央节目平台付费频道接收参数。

（4）筹备直播卫星，借卫星管制放松刺激有线数字电视发展

2005 年，国家广电总局又发出了积极筹备中国卫星直播电视的信号，在年初举办的总局科技委七届二次会议暨全国广播影视科技工作会议上，张海涛讲话指出："今年要重点制定事业发展'十一五'规划、科技发展'十一五'规划、地面数字电视频率规划和卫星广播电视计划。"① 随后又在一年一度的 CCBN 上发表重要讲话指出："中国计划明年发射中国的直播卫星，目前我们正与有关部门一道抓紧做好技术、运营和政策等方面的准备工作。"②

二、中国卫星数字电视的市场现状

2007 年，我国卫星数字电视产业发展一直以建设覆盖辽阔国土和众多人口的广播电视卫星直播系统为主要目标，各环节各部分都自发地进行了调整③。

---

① 资料来源：《按照科学发展观的要求推进"十一五"广播影视科技创新和事业发展——张海涛同志在总局科技委七届三次会议上的报告》（2005 年 12 月 19 日）。

② 张海涛副局长在 CCBN2006 主题报告会上的讲话（2006－3－25）。

③ 安静：《守望者的麦田——2007 中国卫星数字电视市场》，《媒介》2008 年第 1 期。

（一）技术上做好充分准备

2007年6月，“鑫诺三号”发射成功，7月“中星6B”的发射成功。自此，鑫诺三号卫星可以收到33套电视节目，中星6B卫星可以收到132套电视节目（包括加密的87套付费频道节目）；此外，鑫诺三号和中星6B上的中央3、5、6、8新闻节目是加密的。亚太6号卫星可以收到“村村通”平台节目20套、中国教育电视台节目3套以及全国中小学远程教育、全国农村党员干部远程教育、全国文化信息资源共享工程、高校基础教育、山东、甘肃、新疆远程教育等数据广播业务，其所有节目都是加密的。

在星体制造上，鑫诺三号和中星6B都具备防止地面恶意上行信号干扰的能力。中星6B的设计更加合理，它采用了上行、下行收发天线分离、上行波束与下行波束分别覆盖的方法，上行波束天线覆盖中国大陆，但不包括中国台湾地区，把境外敏感地区排除在上行波束之外。下行波束覆盖整个亚太地区，这样可以确保国内广播电视节目的安全、优质传输，最大限度地避免了恶意信号的干扰。另外，卫星还有机动波束天线，可以根据覆盖区内用户的需要进行调整，非常适合诸如新闻素材传送、重大事件SNG卫星连线等业务。

最新的突破性进展就是2008年6月直播卫星“中星9号”的发射成功并投入运行，此举意味着我国的卫星数字电视即将进入直播星阶段。

（二）卫星数字电视的市场现状

随着卫星数字电视系统以及直播卫星的迅速发展，我国卫星广播电视基础设施的发展也逐渐画出版图。

1. 传送平台基础设施更加完善

中国卫星广播电视业务已步入产业化轨道，达到一定市场规模。截至2007年年底，我国已建设使用广播电视上行站34座，收转站超过1 500万个，使用了7颗卫星上的53个转发器，传输242套电视和199套音频广播节目，卫星通信成为重大事件和应急通信的重要保障。

2. “村村通”和远程教育蓬勃发展

到2007年年底为止，我国国内卫星广播电视网已使用30个卫星转发器，信号传输等都得到较好发展。由于卫星通信广播技术在“村村通广播电视”工程中发挥出不可替代的作用。2003年启动的全国农村中小学现代远程教育工程，也在五年间投资百亿元人民币，将卫星远程教育教学覆盖到全国53万余所农村中小学，基本满足农村中小学生对优质教育资源的需求。

3. 机顶盒市场等待准入号令

2007年，我国机顶盒市场保有量已达2 000万。但是我国的卫星机顶盒生产制造基本用于出口。2007年，广电总局加强了对直播卫星产业链的政策扶持，相继有一大批企业开始了国内直播卫星机顶盒及其相关技术的研发。

创维“直播星”项目已被列入国家高技术产业发展计划。2007年11月，《国家发展改革委办公厅关于2007年数字电视研究开发及产业化专项项目的复函》提出，创维数字公司直播卫星终端接收模块开发及产业化项目被正式列入国家高技术产业发展项目计划和国家资金补助计划，总投资4 300万元，国家给予资金补助450万元。项目应用生产后，将形成年产70万台机顶盒的生产能力。

4. 内容层面：走出国门、面向世界

2007年，长城平台一直在加紧筹划南美平台、大洋洲平台，非洲平台也将纳入议事日程。长城平台是由中央电视台、地方电视台和相关境外电视台的频道集成的海外播出平台。经国家广播电影电视总局批准，中国国际电视总公司所属的中视国际传媒（北京）有限公司负责长城平台海外落地项目的运营。目前，长城平台已经通过卫星直播在美国、亚洲地区落地（见表10－9）。

表10－9　　长城平台用户情况

平台	用户情况
长城（北美）	2007年“五一”期间，订户数一举突破5万大关，达到50 440户，并实现了CCTV－9对1 200万主流基本层用户，CCTV－E&F对80万主流西语用户的卫星直接到户播出。
长城（加拿大）	自4月17日正式接受用户征订以后，截至5月13日，在不到1个月的时间里已发展用户4 056户。
长城（亚洲）	已有数十万户亚洲用户可以收看到平台节目。
长城（欧洲）	截至今年3月底，平台在法国的订户已达6 200多户，并以每月近百户的速度增长。此外，有150万用户在法国合作方基本层收看到CCTV－9和西法语频道。

5. 卫星市场主体的变化

2007年，卫星市场主体进行了一些变化，自发进行产业调整，为中国的卫星数字电视的发展提供了运营主体上的便利。

（1）直播卫星公司成立

为了操作中国卫星直播电视系统，2007年12月，中国卫通与鑫诺卫星公司（由中国航天科技集团控股之国有公司）集合各自旗下优质资产和人员以各占

50%的方式联合成立中国直播卫星有限公司，推动中国直播卫星公司成为中国境内唯一的经营卫星资源的卫星运营商。

(2) 亚洲卫星和亚太卫星的股东结构调整

2007年3月，原亚洲卫星第二大股东SES Global与美国通用电器公司(GE)完成一系列股权交易，将其所持有的亚洲卫星股权全部转让给GE。转让完成后，中国中信集团仍然是亚洲卫星的最大股东。

(三) 卫星数字电视的发展前景——直播星

随着2008年6月直播卫星"中星9号"的发射成功，中国直播星时代到来。我国卫星广播电视事业和直播产业迎来了巨大的市场需求和发展空间。中国卫星数字电视系统还将以高质量、高可靠的广播电视直播服务满足内地、港、澳、台地区数字电影、直播电视和数字宽带多媒体系统及各种信息广播和娱乐广播的需求。我国的直播星产业将具备以下特点：

1. 定位：面向农村、提供免费公益服务

作为中国数字电视体系中的重要一环，国家对直播星的定位非常明晰，那就是首先要面向农村提供免费的公益服务，这是直播星一期规划的关键点所在。

首先是面向农村及边远地区。因为直播星覆盖面广的天然优势，使其可以覆盖到最边远的农村地区，远远超过有线和地面无线的覆盖范围，因此卫星一直是"村村通"工程的重要渠道，此次直播星发射成功之后，仍将在"村村通"工程上得以延续，帮助广电实现党的十七大提出的"基本公共服务均等化"的要求。

其次是免费的公益服务。出于保证农村地区收视权益的考虑，免费就成了必然原则。"中星9号"由中央财政完全出资管控，卫星的采购、发射和维护成本均由国家财政支出，作为公益平台，国家将调拨13亿元专项资金支持直播星"村村通"。对于电视台来说，一期将免收节目内容的上星费，用户则可以免费收看到这些节目，不过接收设备则需要用户自己购买。

农村、免费、公益，一期直播星的轮廓已经跃然纸上。至于二期的商业运营目前尚没有明确规划，是否会启动、何时启动都还要看一期为"村村通"过程服务的效果而定。

这一界定也使得直播星与有线数字电视和地面数字电视有了清晰界限。众所周知，有线数字电视主要是面向城市的收费服务，地面数字电视虽然同样面向农村地区的免费公益服务，但其覆盖范围有限，以本地性服务为主，而直播星则可以覆盖到最广阔的空间，一期规划也以服务边远地区为主，而且要实现本地化比较困难。虽然三者在未来产业版图中不可避免地会发生竞争，相关运营主体会感到压力，但对于整个产业发展来说，一个竞争的环境总好过故步自封；对于用户来说，则有可能享受到竞争所带来的优质服务。

2. 内容：电视 + 广播 + 信息

直播星即将开播，能提供哪些内容成为焦点问题之一。据了解，“中星 9 号”一期将提供包括电视频道、广播频率和信息服务在内的丰富内容，各广播电视机构对参与直播星内容提供热情高涨。由于直播星免收上星费，而且可以帮助广播电视节目扩大覆盖面、增强影响力、提升经济效益，因此出现抢着上星的局面也就不足为奇了。到目前为止，获得批准上星的电视频道已经达到了 47 个，包括中央台新闻频道、1、2、7、10、11、12、少儿和音乐等频道；各省、自治区、直辖市的卫视频道；还有 7 套少数民族语频道，广播频率包括中央人民广播电台多套 + 各省（自治区、直辖市）1 套 + 少数民族语多套。信息服务前期将会比较简单，内容由广电总局无线局负责制作及播出。

从卫星资源使用来看，目前所提供的这些节目内容仅仅使用了 22 个转发器中的 4 个，还有 18 个转发器资源可供使用，如果全部投入使用的话可以提供 150 ~ 200 套标清频道。届时广大农村地区也将和城市居民一样，可以看到丰富的电视节目内容。至于未来这些资源是否会采用商业运营、如何运营，现在还没有明确规划。

3. 运营：专营、专控

在直播星的运营中包括两大重要环节，一个是空间段的运营，一个是地面段的运营。

空间段主要负责卫星发射和运行测控，相对比较简单，其运营主体已经非常明确，即 2007 年 12 月正式成立的中国直播卫星有限公司。直播星公司的运营模式也比较简单，就是收取转发器租用费，也就是通常所说的“上星费”。由于“中星 9 号”一期免上星费，因此剩余 18 个转发器资源的开发利用将成为直播星公司下一步的工作重点。

而地面段部分则要负责卫星接收终端推广、内容、服务等，相对比较复杂，由广电部门负责，运营原则明确界定为：专营销售、专控生产。

所谓专营销售，是指直播星只能通过各地各级广电的“村村通”办公室和相关部门，依托以往的“村村通”管理体系进行机顶盒销售推广以及维护和服务等。这里牵扯谁成为运营主体的问题。在以往的“村村通”过程中，主要由当地广电局负责，而现在有线和地面数字电视运营商已经表现出对直播星运营的浓厚兴趣，政策层面也表示不会一刀切地硬推单一模式，因此在未来很可能会出现多元化的直播星运营主体，各地可能会根据当地实际情况作出不同选择。有线网络公司、地面无线传输公司甚至电视台都有可能会在未来的直播星运营中占据一席之地。

所谓专控生产，是指卫星机顶盒生产厂商必须具备（原）信产部及国家质检总局颁发的生产许可证。广电总局计财司负责设备的统一招标采购，预计2008年要完成70多万套接收设备的招标。目前有近30家企业参与了招标。由于国家财政有限，不可能向所有农民免费提供卫星机顶盒，这就需要各地采取合理方式来引导用户购买机顶盒，以往有线数字电视机顶盒推广过程中的一些经验不妨借鉴一二，比如财政补贴+集体团购、运营商补贴、运营商与机顶盒厂家分账等模式。

采取专营专控的运营策略，将有助于保证直播星初期免费公益服务功能的实现。与此同时，有鉴于以往"村村通"过程的推进情况，单纯的国家财政投入将很难保证直播星"村村通"的长效性，因此，早日明确运营主体、调动运营商的积极性、建立完备的服务体系将成为直播星未来工作的重中之重。

第六节　中国数字电视用户市场分析

数字电视产生之后，一个重要的改变就是把看电视的"观众"变成了用电视的"用户"，从被动收看到主动使用这一看似简单的转变，其背后所蕴涵的是整个广播电视体系的彻底变革，数字电视的所有新增增值业务都需要用户使用才能够实现价值，因此对数字电视用户的研究就成为产业发展中的一个重要环节。

随着数字电视渗透率的提升，越来越多的普通百姓成为了数字电视的用户，数字电视对收视和用户电视消费行为的影响表现得越来越强烈。本节将在大量调研的基础上，对用户市场变化加以分析。

一、数字电视用户电视消费行为的变化

为了了解数字电视对用户收视行为的影响，2007年1月中旬至2月中旬，中国传媒大学和央视－索福瑞联合进行了一项关于数字电视发展以及数字电视用户市场情况的入户问卷调查[①]，在调查中发现数字电视使用以后，用户的电视消费行为与使用模拟电视有一些变化：

① 本次调研在全国10个已经完成市区整体转换的城市里，每个城市选择100户左右家庭，共约1 000个样本，执行中实际形成有效样本1 067个。这10个城市分别是深圳、青岛、大连、太原、南京、南宁、佛山、淄博、绵阳和杭州。本节所引用数据如果不作特殊说明，所引用数据均来自此次调研，以下不再一一说明。

（一）将近30%的用户明显增加收看电视的时间

在调查得到的1 067个样本中，已经有将近30%的数字电视用户在收看电视的时间上有明显增加，对于一个新生事物，这是一个很高的增长比例。调查中仍有68.4%的数字电视用户认为使用数字电视以后对其收看电视的时间没有太大影响。究其原因，主要是因为数字电视的使用仍处于初步阶段，许多电视用户尚未适应，固有的收视习惯使其每天用于收看电视的时间不会有太大变化，基本遵循以往的收视习惯，因此不会因为数字电视的引入而发生变化。这一情况给电视工作者一个重要提示：要想迅速吸引更多的电视用户，需要切实提高节目内容质量，突破内容瓶颈，以丰富而创新的节目内容吸引用户。

另一方面，与2005年同期相比，数字电视用户收看电视的时长有一定程度的涨幅，收看电视时间明显增加的用户由2005年的24.6%上升到2006年的29.2%，上升了4.6%。这一数据无疑为数字电视的进一步开发和发展树立了信心，相信伴随着数字电视的推广普及，以及数字电视节目内容的不断改善，将会有更多的电视用户被吸引到电视机前面（图10－5）。

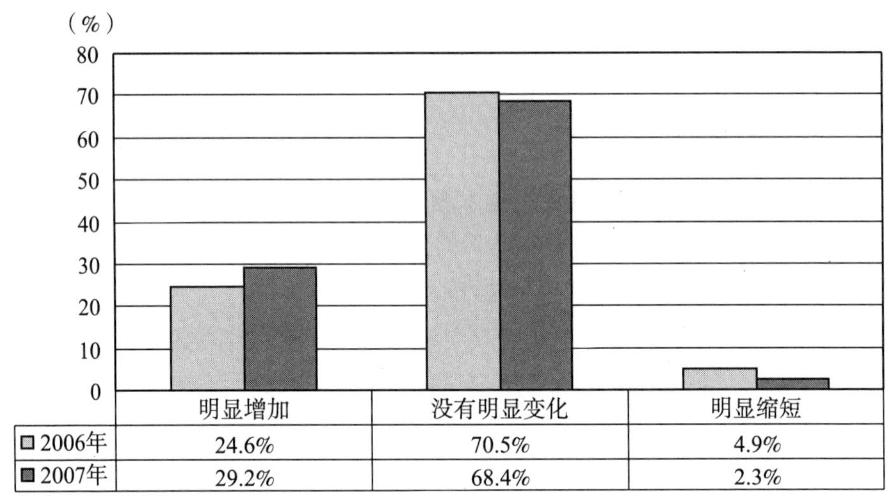

	明显增加	没有明显变化	明显缩短
□2006年	24.6%	70.5%	4.9%
■2007年	29.2%	68.4%	2.3%

图10－5　用户使用数字电视收看电视节目的时间变化

（二）用户频道选择方式的变化比较

1. 选择频道的方式将由被动发展到主动

通过调查电视用户在使用数字电视前后的选台行为可以发现，电视用户主动选台将日益成为发展趋势。在回收的调查问卷中，虽然选择“直接按代表频道的数字”和“没有目的频繁按遥控器”选项的用户仍然居多，但与使用数字电视前相比，该比例有所下降。选择“编辑所喜爱节目的列表”、“按类别搜索”、“预定喜欢的节目，到时自动切换”的比例均超了10%，“预订”甚至达到了17%。由此可以预见，随着数字电视的使用和成熟，将会有越来越多的电视用户以主动选台的方式收看电视节目，以往的被动方式将日益转化为主动方式（图10－6）。

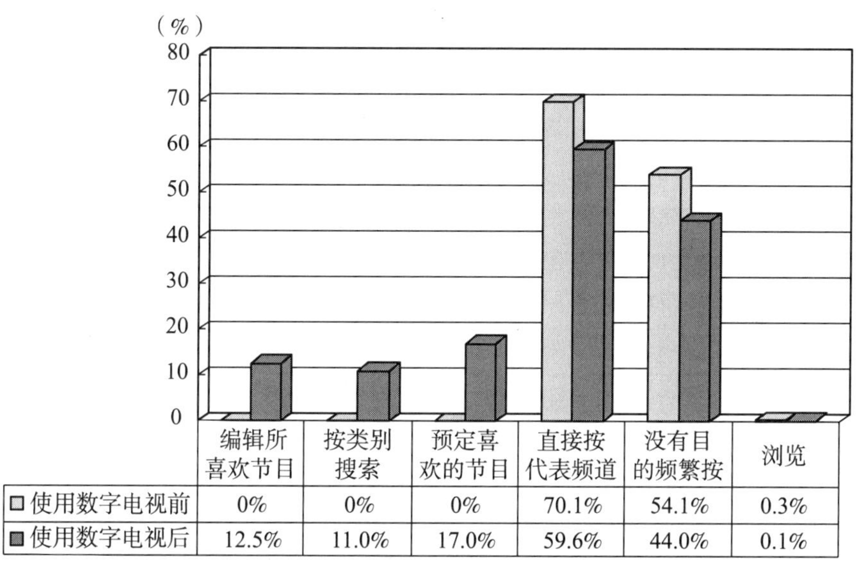

	编辑所喜欢节目	按类别搜索	预定喜欢的节目	直接按代表频道	没有目的频繁按	浏览
□使用数字电视前	0%	0%	0%	70.1%	54.1%	0.3%
■使用数字电视后	12.5%	11.0%	17.0%	59.6%	44.0%	0.1%

图10－6　数字电视使用前后用户频道选择方式的变化

注：本题为多选题，累计百分比超过100%。n＝1 067。

2. 用户日益接受电子节目指南（EPG）作为选择收视内容的向导

通过调查的1 067个样本发现，使用过电子节目指南（EPG）的电视用户与没使用过电子节目指南（EPG）的电视用户比例几乎相当，分别是43.2%和57.8%。其中，每天都使用电子节目指南（EPG）的用户甚至达到了5.1%，这一现象说明，电视用户将日益接受电子节目指南（EPG）这个新生事物作为其选择收视内容的向导（图10－7）。

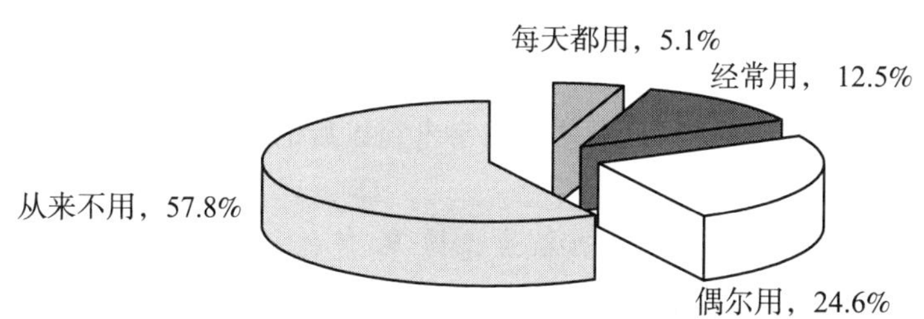

图10－7　用户在使用数字电视后使用电子节目指南（EPG）的情况

资料来源：n＝1 067。

电子节目指南（EPG）的使用功能是多种多样的，在使用过电子节目指南（EPG）的人群中，用于“查找正在播出的节目”与“查看节目预报”的人数居多，分别是52.4%和69.1%，而“预约节目”仅有14.0%，这也说明了用户在主动预约电视节目方面的主动性还不够高，对数字电视的这一功能显然还不太了解（表10－10）。

表10－10　数字电视用户使用电子节目指南（EPG）的用途比较

使用电子节目指南（EPG）的用途	百分比
查找正在播出的节目	52.4%
查看节目预报	69.1%
预约节目	14.0%
随便看其他节目	0.4%
样本量	1 067

注：本题为多选题，累计百分比超过100%。n＝450。

（三）用户换台频率的变化比较

通过调查得知，有42.2%的电视用户表示使用数字电视以后换台更加频繁，数字电视的转换，使得电视用户可以收看到更多的频道和节目内容。与以往的有线电视相比，此时用户对频道和节目的选择范围更大，用户转换频道的频率也有相应的增加。但仍有53.4%的电视用户仍是固定收看几个节目，基本没有变化，这种情况一方面是出于电视用户以往的收视习惯；另一方面也反映了目前的数字电视节目对用户的吸引度还不足够，仍需继续努力（图10－8）。

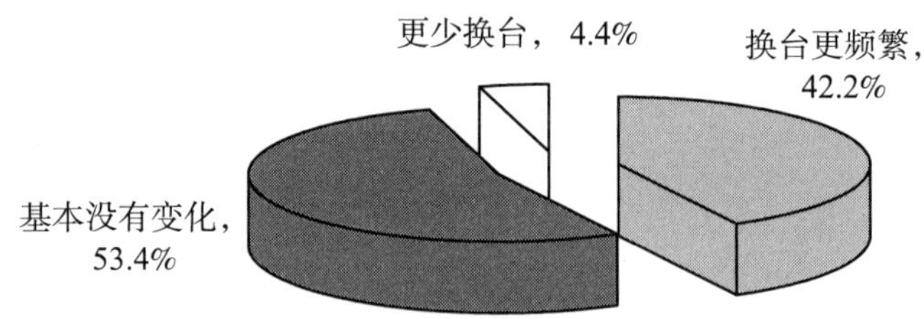

图10－8　用户在使用数字电视以后的换台频率情况

（四）用户对频道和内容喜爱态度的变化比较

数字电视能为用户提供更多的频道和内容的选择，但这些频道和内容是否能为用户所喜欢，这又是一个问题。对此，通过对1 067个样本对象进行调查，发现有接近半成的电视用户表示喜欢看的频道和内容增多了，这对电视工作者来说是一个鼓舞，但仍然有超过半成的电视用户认为没有多大变化或者更少换台，如何丰富电视的节目内容，成为电视工作者如今首要考虑的问题（图 10－9）。

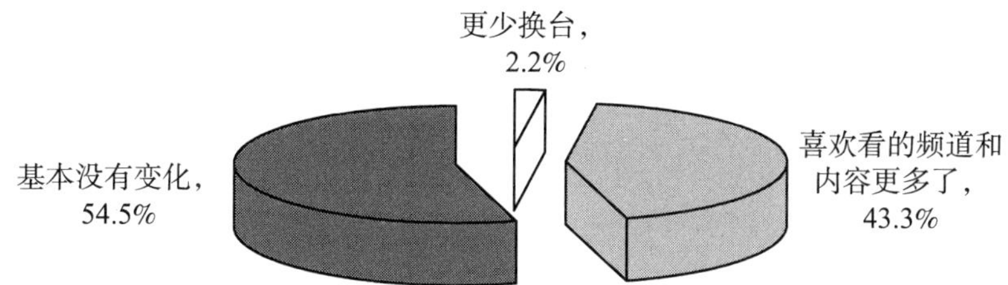

图 10－9　用户在使用数字电视以后对频道和内容的喜爱态度情况

注：n＝1 067。

二、数字电视用户电视消费特征

数字电视时期的用户消费行为与模拟电视时期的用户消费行为相比，主要有以下几点特征：

（一）用户选择节目更加自由

数字电视给老百姓带来了海量内容，颠覆了传统的收看模式，用户选择节目更加自主，EPG（电子节目指南）使用户选择节目更加自由，更符合当今社会发展需要以及用户追求差异化服务的特征。

模拟电视的时代，用户只是被动地接受电视台的安排，没有任何的选择余地，电视台放什么看什么；数字电视时代到来之后，用户的消费习惯在发生不断的变化，对电视节目的要求也在发生着变化，现在的用户比过去更能掌握主动权，而且对数字电视的消费，用户更加渴望对注意力、内容和创造力的掌控，选择个人本身喜好的节目。

（二）看电视依然是最主要功能，增值业务受关注程度增加

数字电视给人们提供了多种多样的服务，但“看电视”这一功能仍然是最受欢迎的基本服务，调研从多个角度说明了这一点。就当前的使用情况来看，99.5%的人首选看电视；从需求愿望来看，70.9%的人最想用的功能仍然是看电视；即使从付费的角度看，26.2%的人愿意为看电视单独付费，依然排在各项服务之首（见表 10－11）。

除了看电视之外，随着数字电视推进程度的深入，各种各样的增值业务也开始逐渐被人们认识并接受，尤其是那些真正能给用户带来便利的业务类型。从用

户对各种数字电视服务的当前使用频率、需求和付费三个角度来看，“生活信息服务”和“点播节目”都进入了前五位，其经营价值值得运营商关注；“节目查询”和“节目预报”都属于EPG的功能，是不能不提供的基础性服务，虽然付费意愿相对较低，但用户的使用和需求程度很高，可以聚集注意力，具有较高的广告经营价值，现在一些运营商已经注意到了这一点，开始在EPG上进行广告投放。“缴费”功能由于受到技术等条件的限制，目前可以提供该服务的比较少，但用户需求和消费潜力都比较高，属于潜力型业务，运营商可在未来经营中加以关注。而像“远程教育”、“股票交易”等专业性程度高的服务，虽然用户群相对较小，但付费意愿高，运营商开发这些业务时要注意找准目标用户，提高服务的精准度。

表10-11　　数字电视增值业务使用、需求和消费前五位

使用频率最高的增值服务	百分比	最需要的增值服务	百分比	最愿意付费的增值服务	百分比
节目查询	27.4%	生活服务信息	19.9%	点播节目	7.6%
节目预报	22.4%	点播节目	15.4%	缴水电/电话/燃气费	4.3%
生活服务信息	15.0%	节目预报	15.3%	远程教育	4.2%
点播节目	14.7%	节目查询	15.0%	股票交易	4.0%
听广播	8.7%	缴水电/电话/燃气费	11.8%	生活服务信息	3.5%

（三）数字电视对经常看电视用户的吸引力更大

在数字电视整体转换之后，看数字电视的时间基本上都有不同程度的增加，将用户在安装机顶盒前后收看电视时间做对比后发现，以“4小时”为分界点，每天平均收看电视时间在4个小时以下的用户，在数字电视整体转换之后，看数字电视的时间基本上都有不同程度的降低；每天平均收看电视时间在4个小时以上的用户，在数字电视整体转换之后，看数字电视的时间基本上都有不同程度的增加，可见数字电视对经常看电视用户的吸引力更大（图10-10）。

（四）用户对数字电视整体转换大多表示认可和满意

2007年10月，中国传媒大学与格兰研究联合进行了一项《中国数字电视用户满意度暨增值业务需求》的调研，研究中发现，中国数字电视用户整体满意度水平为80.03%。五个二级指标分别为：数字电视现场试点服务满意度水平为86.70%，基本包数字电视节目满意度水平为78.48%，付费数字电视节目满意度水平为66.42%，数字电视设备应用满意度（机顶盒与机顶盒遥控器）水平为82.23%，数字电视业务服务满意度水平为82.05%（图10－11）。

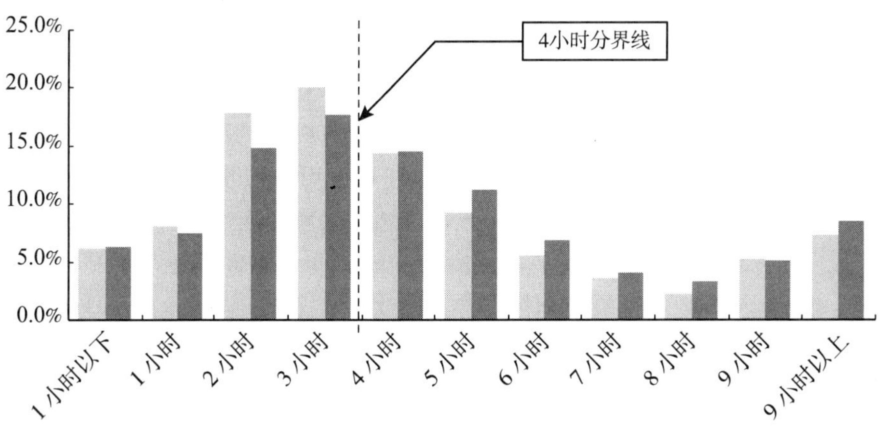

图10－10　用户安装机顶盒前后收看电视时间的比较示意图

总体看来，用户对数字电视整体转换表示认可和满意。比较而言，用户对现场试点服务满意度最高，其次是数字电视设备应用满意度，用户对付费数字电视节目的满意度得分最低，成为数字电视运营重点提升方面。

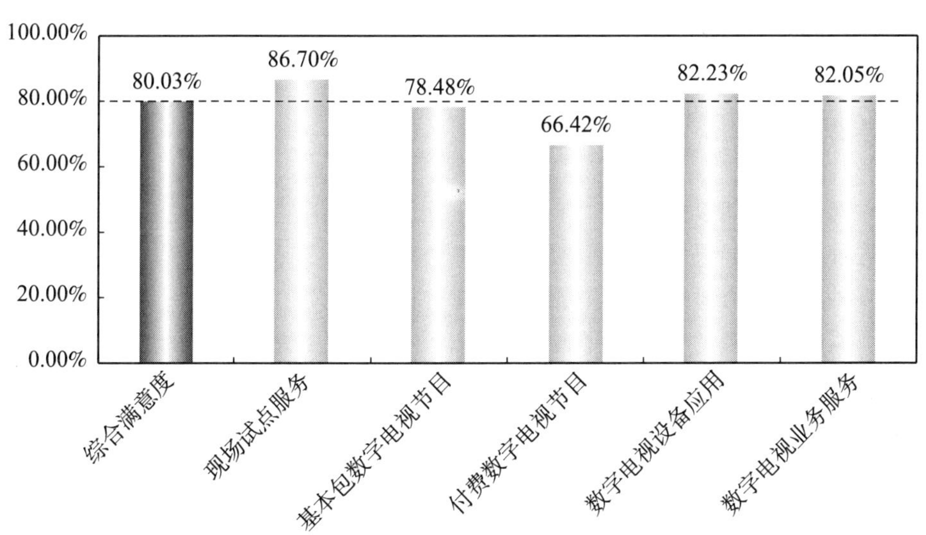

图10－11　2007年中国数字电视用户整体满意度

第七节　中国数字电视产业面临问题及发展趋势

毋庸置疑，中国数字电视产业已经取得了显著成就，有线、地面、卫星三大产业均已启动，有线数字电视在全国普遍开花，用户市场规模已经突破 4 000 万，地面数字电视国家标准经过十余年争论之后国家标准终于出台，并且在多个城市开始了符合国标的地面数字电视播出，直播星“中星 9 号”顺利发射成功并投入产业运营，所有这一切都标志着我国数字电视产业已经进入了全面推进的历史阶段。

但是，数字化的过程注定不可能是一帆风顺的，必然还会面临很多问题，本节将对这些问题加以分析，并进一步展望数字电视的未来发展趋势。

一、中国数字电视产业面临的问题

随着数字电视产业的发展，一些既有的问题依然存在并随着数字化的深入而进一步暴露出来，同时数字传播技术的发展又给数字电视产业带来了一些新的问题，这些问题能否顺利解决关系到数字电视产业的长久发展。本节将对这些问题加以分析。目前数字电视产业面临的问题主要体现在以下几个方面：

（一）广电机构缺少合力

中国广电长期以来处于“有系无统”状态，各地广电机构之间缺少统一合力，这种格局的局限性在数字化的过程中更加凸显出来，产业政策、标准甚至运营等多种层面都需要统一全国力量来实现。

有线数字电视的“四大平台”体系，涵盖了从中央到地方的各级广电；全国性的付费频道集成运营机构把全国各地的付费频道开办机构和有线网络运营机构联系起来；移动多媒体广播方面的 CMMB 行业标准以及“天地一体”覆盖网络，都是面向全国的布局；地面数字电视传输标准则是强制性的国家标准，所有的运营机构都必须无条件使用该标准；直播星上天后更是覆盖到全国所有地区，包括偏远的山区和农村。所有这些工作都不是某一地方广电可以完成的，甚至只靠广电机构也不可能完成，需要政府出面制定政策和标准，还需要地方政府协调多方力量与广电机构合作，才能完成全国范围内的数字化，达到全国性的市场规模。

但在这个过程中，简单的统一命令也是行不通的，最终的执行者还是地方广电，调动地方广电的积极性仍然是重要问题。以移动多媒体广播来说，采用S波段大功率卫星覆盖，全国统一一张网，与此同时，还需要在卫星覆盖的盲区进行地面补点，没有地方广电的配合也没有办法完成这一鸿篇巨制。有线和地面数字电视本身就具有很强的区域性，更需要地方广电行动起来。调动地方积极性，“存量不变，增量分成”是不变的主题，但过去的事实已经证明，如何具体实施这一策略却也是个难题。

对数字时代的中国广电而言，必须要从“有系无统”走向新的整合，形成“有系有统”的新格局，既要把全国的力量拧成一股绳，下一盘大棋，又要保证地方的利益，调动创收积极性，这一数字化难题的解决必将改变中国广电的格局。

（二）广电数字化过程中运营主体不甚明确

在广电数字化革命进程中，不管是过去还是将来，主力军的问题都至关重要，因为再好的政策、规划、技术最终都需要落实到具体的运作主体上。谁会成为运作的主力军，这就决定了整个数字化的突破点，突破点则关系着战略格局的调整以及新势力的布局。

这个主力军肯定不可能是广电系统外的机构，还得依靠广电机构。广电机构中大体上可分为中央和地方两大类。中央级广电的优势更多集中于内容方面，很难实现对终端用户的直接控制，也难以全面照顾到全国数量众多的地方广电的利益，因此也就难以全面掌控中国广电的数字化走势。那么地方广电呢？从有线数字电视的发展历程中可以看到，地方广电起到了很好的主力军作用，在整个数字化过程中，地方广电的作用依然不能小觑。但随着数字化布局的全面铺开，很多事情已经不是地方广电能够主导的了，比如直播星、S波段卫星主导下的“天地一体”移动多媒体广播布局等，都不是哪一个地方广电可以完成的，还是需要有一个全国性的领军者，这个角色应该由谁来承担？现在还没有定论。

中央级广电虽占据着全国规模这一优势，却无法全面保证地方广电的利益；地方广电有积极创收的心态和行动，却难以把握全国市场，这种混沌状态不解决，广电数字化大局就难以突破。

（三）中观层面战略短视

宏观层面上，国家广电总局一改过去保守的姿态，涉难关，抢资源，通过自身努力已经将其数字化战略布局清晰化，而且各项相关具体政策也逐一形成和发布，微观层面上，各个广电机构中与数字化相关的人员和部门已经意识到了布局的方向，开始积极部署研究和试验，在这样的背景下，唯独中间执行层面的战略枢纽没有打通，过分强调眼前利益而忽视长远利益，过分强调生存问题而忽视未来发展问题。这就是宏观和微观中间断层后产生的核心冲突，即中观层面的战略短视问题。

中观层面的战略短视也有其现实的背景。一方面是保护既得利益，对一个具体的广电机构而言，数字化意味着大笔的资金、精力投入，而且很可能在短期内这种投入看不到效益，而依靠现有的广告收入也可以生活得比较舒适，于是一些广电机构，尤其是电视台，往往还固守着广告收入，安于小富即安的现状，没有数字化发展的紧迫感，对数字化持等待观望态度，即使有些地方网络数字化推进比较迅速，让电视台和电台感到了竞争压力，电视台和电台的态度也不是行动起来采取措施主动应对，而是一味埋怨数字化让竞争变得激烈了，寄希望于延缓数字化推进时间、减少数字化频道数量等来保证当前广告收入，不愿放弃既得利益。

另一方面是维系既得利益的沉重包袱，庞大的机构要正常运转，众多的人员要维系和安置，繁杂的具体事务要处理和解决，中间层面的决策者没有时间也没有精力去思考战略蓝图。

在这种战略短视和中观层面缺位的情况下，广电媒体的数字化进程势必受到影响。我们应该看到，数字化革命已经是一场不可逆转的大潮，一味地回避、等待、埋怨不能解决问题，再不行动就只能被数字化大潮抛弃，唯有相时而动，转变观念，以积极行动应对数字化革命，才能适应发展需要。

二、中国数字电视产业发展趋势

中国数字电视产业经过多年发展，已经形成了有线、地面、卫星全面推进，业务多元化的格局，总体来看，未来的数字电视产业将会具备以下的发展趋势：

（一）“一对多”的传播价值长期存在

随着广电数字化的推进，广电“一对多”的优势非但没有被削弱，反而得到了进一步的认识。

1. 用户使用习惯优势

“一对一”的主动搜索需要用户付出大量的时间甚至金钱，虽然满足个性需求，但寻找信息的时间成本太高，用户不可能永远都处于主动搜寻状态，还会有完全被动和半主动半被动的混沌状态，从这个角度看，主动型的使用习惯只能占到用户使用行为中的1/3。

从用户的年龄来看，主动选择的人也较少。一般而言，“一对一”的主动检索式传播模式的热衷者都是精力充沛的年轻人，但年轻人也不过占全部人群的1/3，社会上还有大量的中老年人和孩子，这大多数的人没有足够的时间和精力进行主动寻找。

因此，积极主动的寻找信息这一行为，在人类的整个信息接收方式中所占的比重不过约为1/10，主动型偏好不会成为整个社会的主流，剩下的完全被动和混沌状态的接收行为，就是广电“一对多”的传播模式的市场。用户并不是简单的技术奴隶，实际环境中的受众非常复杂，一个坐在电脑前的年轻人，他可能会一边被动地听着音乐，一边主动地找寻着资料。在数字化环境下，用户的信息接收行为变得灵活机动，在各种形态之间随意切换，简单地说“一对一”或者“一对多”谁更有吸引力，都站不住脚，还是要从满足用户需求出发来考虑问题。

2. 成本优势

同等条件下，生产成本越低的产品就越有竞争优势，而“规模”则是降低成本的最有效方式，从这一点上说，“一对一”的成本肯定要高于“一对多”。

理论上说，通过数字化和网络化，“一对一”传播的成本在急剧降低，甚至可以达到零成本，比如博客、播客之类媒体形式，就让用户同时拥有了内容使用者和制造者的双重身份，而且信息发布成本也几乎等于零。但受到用户规模的限制，能适用“一对一”传播的人，始终处于零碎状态，发挥不了规模效益。

而“一对多”的方式最大的优势就是规模效应。对于电视台而言，播出一个频道后，1 000个人看和10 000个人看所需要付出的成本几乎没有区别；与此同时，“一对多”的传播方式也会因为数字化和网络化进一步降低成本，比如直播星、地面数字电视，就可以让更多的用户看到更多的内容，传播优势非常明显。虽然在一个局部广电“一对多”的成本优势不是很明显，但从整个产业发展来看，这种成本节省的优势就会非常明显。

3. 广电可安全有效地服务于国家和政府的信息传播

当今中国，随着经济的大跃进，国家和各级政府都呈现出一种前所未有的强势状态，这种状态对媒体而言既是挑战，也是机遇。强大起来的国家和政府需要覆盖广泛、信息传播安全快捷的强大的媒体去传播有关政策、政令，实现政府和民众之间的信息沟通，化解社会危机事件，树立国家和政府的形象。具体来讲政府和媒体的合作加强表现在以下几个方面：

（1）传播政令，沟通民意

宣传和舆论引导一直是我国政府对媒体设定的基本职能范畴，近年来随着改革的深化、民主的发展，传播政令、沟通民意成为政府对媒体传播职能的首要需求，我国设立的新闻发言人制度就反映出了媒体服务国家和政府职能的强化。

(2) 化解社会危机事件

在社会危机中，政府与媒体常常是公众心目中的“权威”。如果政府与媒体能有效结合，则能起良好的互动作用，如面对“SARS”这样的社会危机事件，我国政府和媒体有效结合，通力合作，完成了社会不稳定中的整合适应，进而解除了危机。

(3) 国家和政府的形象建设

强大的国家和政府需要强势形象建设，即需要借助媒体把国家和政府在经济、政治和文化领域取得的成就进行传播，以构建国家和政府强盛的鲜明形象。

2006 年 11 月，中国同时举办了两个有重大国际影响的活动：中非北京论坛上中国政府免除非洲各国债务达 100 亿美元，而且承诺设立 50 亿美元的中非基金；东盟博览会上，中国与东盟签署 37 亿美元的订单，并承诺 50 亿美元的优惠贷款。

如此大手笔的国家行为需要媒体的宣传和舆论引导，而区域政府正在进行的各种经济建设和改革工作也对当地媒体提出服务区域市场、服务区域信息建设的要求。在这种背景下，广电机构的传播优势表现得更为突出。与互联网上舆论完全自由不同，广播电视的传播是经过严密组织和严格审查的。从职责来说，为党和国家进行宣传、引导舆论也一直是广电机构的原则。相较于报刊，广电则具有高覆盖的优势。数字化时代，广电依然会为党和国家提供安全、高效、覆盖广泛的信息传播，鉴于此，各级广电过去那种依靠差异化定位、广告客户服务导向的经营思维都需要顺势顺时进行调整，充分发挥自身宣传优势，在数字化革命中更好地为国家服务。

(二) 建构家庭信息平台

未来，数字电视所带来的绝对不只是简单的数字化信号，它将对家庭市场产生深远影响，成为掌控家庭需求的核心平台。

1. 家庭信息平台内涵

家庭信息平台指的是基于数字电视平台，以用户信息数据库和数字内容库为基础的，为家庭用户提供各种综合信息服务的系统，其核心是可控的实时互动的家庭（个人）信息的获取、过滤以及处理。家庭信息平台最核心的理念是实现对用户需求的掌控。

家庭信息平台的目的是提供以用户需求为导向的全方位服务。在家庭信息平台的产业链中，网络商不再仅仅关注于业务的运营，而是致力于成为开发、平等、共赢、非对抗性质的“平台”，它一边联系着各种信息源，一边联系着用户，平台运营商按照用户的需求挑选合适的信息放在平台上，用户再在平台上选择合适的信息，并再次反馈相应的需求信息，形成内容提供商、平台运营商和用户之间信息沟通的良性循环，这正是家庭信息平台产业链条的核心价值。

2. 家庭信息平台带来全新运营模式

基于新的结构，家庭信息平台也将会给有线数字电视带来全新的运营模式。传统的有线网运营模式是市场化的思维，主要通过基本收视费、增值付费和广告来获得盈利。而在家庭信息平台之上的大视野运营模式中，运营商可以通过政府、企业、用户和网络四个层面来获得全新的运营模式。

这一概念的提出，是基于满足家庭需求和家庭市场的考虑。在今后的运营模式中，不是以单项的费用为目标，而是考虑业务和需求数据库的运营。建立家庭信息平台之后，最具有竞争力的业务就是用户数据库的开发。基于家庭信息平台的数据库业务最大优势莫过于实时的、可控的、准确的用户信息监测。数据库业务可以开发的信息很多，主要包括：用户基本信息，可以作为其他数据的基础和辅助而广泛应用；节目消费信息，可以销售给电视台、制作公司、广告公司等；应用服务商业信息，客户群可以面向物流、零售、房产、旅游等这些传统意义上跟广电关系不大的行业。

3. 跨媒体、跨行业合作

家庭信息平台是一个开放的系统，合作是其重要的特征，未来，家庭信息平台将会实现跨媒体、跨行业的合作，真正成为包容并蓄的开放平台。

跨媒体合作指的是家庭信息平台与其他媒体进行合作，不管是四大传统媒体，还是新兴媒体，都可以在家庭信息平台上展开合作。家庭信息平台作为一种新的媒体形式，在商业运作中缺乏经验，尤其表现在信息渠道方面，如果能够与一些已经成熟的媒体合作，充分利用他们已有的一些渠道为自己所用，为家庭信息平台的发展提供更多的信息渠道，传统媒体也增加了信息发布渠道。与报纸、电视、网站等媒体进行合作，还有助于使更多不同类型的受众认识和了解家庭信息平台，从而进一步提升自身的影响力。

跨行业合作指的是与广电系统外的各种行业进行合作。随着增值业务的不断增多，网络运营商想凭借自身的实力开办所有业务，已经不可能也没有必要，因此就有必要跟其他行业进行合作，由专业的公司来操作专业服务，如互动广告可以跟广告公司合作①，电视购物可以与商场超市合作，缴费及账户查询可以与银行合作。目前，这种合作势头已经显露出来，各运营商都有广泛的合作伙伴，青岛有线目前仅在内容上的合作伙伴就超过100家。

① 香港天地数码（控股）有限公司在内地的全资集团公司“天柏集团”已经在山东省青岛市成功开发出了互动广告业务，还就互动广告跟中国传媒大学广告学院展开合作。

（三）促动广电体制变革

中国广电在30年的发展历程中逐渐形成了三大矛盾，即事业与产业、中央与地方、模拟与数字①。这三组矛盾相互作用，如果没有事业与产业、中央与地方的矛盾，数字化的过程或许只是一个行业升级换代的自然进程，而如果没有模拟与数字的矛盾，前两组矛盾不会变得更加复杂。

首先，技术变革带来的不仅仅是产业升级，同样带来一次新的利益分割，各方力量都寄希望于这次技术变革能加大自己的主导权和影响力，扩大自己的经营空间和利益空间，规避既往的劣势，并减免转换技术升级所带来的成本。因此，数字化的过程中其实渗透了利益实体相互的博弈，因此也就有了“通过技术升级所带来的产业升级来缓解各方矛盾”的提法。

总体而言，顺利推进数字电视的基本思路就是不触及现有行业运营，在其之外，制定新的产业政策，依托新的体制构建数字媒体行业体系与数字媒体组织，以此来减少模拟技术下的既得利益者对于数字技术升级的阻碍，保证数字势力能够获得应有的支持。当然，在这一数字化布局当中，对于各方力量的利益兼顾同样重要，比如如何运用数字卫星技术解决“村村通”问题等。

本章小结

作为家庭用户收视的重要力量，数字电视的发展一直备受关注，经过多年发展，已经形成了一个用户规模约5 000万、三大渠道（有线、地面和卫星）共同推进的庞大市场，我们有理由相信，数字电视还将在家庭市场中长期占据主导地位。

本章分析的重点就是数字电视这一新型媒体形态。首先，我们对数字电视的基本内涵做了简单说明，它是整个电视系统的全面数字化。然后，我们分析了中国在什么样的大环境下、处于什么动因来发展数字电视的，技术、资本、广电自身变革等因素交织在一起，力促数字化进程。接下来的三个小节我们分别对数字电视中的三种方式：有线数字电视、地面数字电视和卫星数字电视在我国的发展状况进行了说明，包括其发展历程与现状、运营模式、产业政策等问题。

最后，我们分析了中国数字电视产业面临的问题，这些问题有些来自广电多

① 黄升民、周艳、宋红梅：《中国广电媒介三十年变迁的产业化解析》，《传播与社会学刊》（总）第6期，香港中文大学出版社2008年版。

年累积的沉疴，比如由于层级关系矛盾所产生的缺乏合力等，有些则是数字化所带来的新问题，比如新产业究竟由谁来作为运营主体、三大产业的角色定位和竞合关系如何处理等，这些问题一方面牵扯到广电系统内部的利益重新分配；另一方面也是对广电系统旧有体制的冲击，因此，我们认识未来数字电视的发展趋势必将在促进广电体制改革方面发挥重要作用，同时数字电视“一对多”的传播优势将长期存在，它作为家庭市场重要力量的角色和功能还将继续加强。

下一章中，我们将对数字电视的直接竞争对手——IPTV 的产业发展状况加以分析说明。

第十一章

中国IPTV产业发展分析

IPTV源于电视，但既不同于传统的有线电视，也不同于目前正在兴起的数字电视。IPTV的出现让人们通过互联网观看世界上各个国家的影视节目、进行VOD点播、浏览最新的信息、聆听最流行的音乐；它的诞生为每个家庭打开数字娱乐世界的大门，进一步改变人们的娱乐消费习惯，让普通消费者体会到数字技术所带来的多姿多彩的现代生活。

本章开篇即阐明了IPTV的定义内涵，接着从电信运营商、广电系统及产业链自身三个角度理清了IPTV的发展动因；分析了IPTV产业链的各个环节、特点；梳理了国内IPTV发展的基本脉络和现状，最后结合其用户市场的分析，总结出IPTV发展目前存在的一些问题，对其现实发展提供了依据和借鉴意义。

第一节　IPTV产业概述

一、IPTV的定义

对于IPTV，不同行业、不同背景、不同国家的人给出的定义不尽相同，尤其在国内，由于IPTV涉及电信、广电等由不同部门管辖的多个产业，因此在对其的定义上各自的落脚点乃至理解始终存在分歧。以下是各种关于IPTV的不同定义。

（一）IPTV的不同定义

1. 国内对IPTV的定义

AVS（数字音视频编解码技术标准）：IPTV是一种有QOS（服务质量）保障和安全保障机制的向用户传输音视频多媒体及相关应用内容的业务，这些应用内容在最终用户处的终端上承载和显示，其承载网络是IP网络。

中国电信：基于电信网，以机顶盒或其他具有音视频传输功能的设备为终端所提供的多媒体业务。

国内互联网上流行的定义（全球IP通信联盟http://www.microvoip.com/）：IPTV（Internet Protocol Television），也叫网络电视，是指基于IP协议的电视广播服务。该业务将电视机或个人计算机作为显示终端，通过宽带网络向用户提供数字广播电视、视频服务、信息服务、互动社区、互动休闲娱乐、电子商务等宽带业务。IPTV的主要特点是交互性和实时性。它的系统结构主要包括流媒体服务、节目采编、存储及认证计费等子系统，主要存储及传送的内容是流媒体文件，基于IP网络传输，通常要在边缘设置内容分配服务节点，配置流媒体服务及存储设备，用户终端可以是IP机顶盒+电视机，也可以是PC。

国家信息产业部通信科技委副主任陈如明教授认为IPTV属Triple Play（语音、数据、视频三重播放业务）的范畴："IPTV是一种宽带网络业务，涉及多媒体、视频业务范畴，它可利用各种宽带网络基础设施，其主要网络终端可为网络机顶盒加电视机，或计算机，亦可为手机及其他各类相应电子设备；它集互联网、多媒体、通信、广播电视及下一代网络等基本技术于一体，通过有利于多业务增值的IP协议，提供包括视频节目在内的各种数字媒体交互型业务，实现宽带IP多媒体信息服务。"①

2. 其他对IPTV的定义

英国BT（英国电信股份有限集团公司）：IPTV是一个安全的提供，同时是可管理的IP网络，终端不局限于电视机，还包括PC、手机等各个方面。

意大利电信：一方面是基于IC的，另一方面是有QOS（服务质量）的，它的终端是机顶盒，不包括电脑等其他设备。

（二）IPTV统一定义

国际电联IPTV焦点组（ITU－TFGIPTV）于2006年7月10日至14日在日内瓦召开了第一次会议，对IPTV作了初步定义：IPTV是在IP网络上传送的能

① 陈如明：《NGN与IPTV的突破发展》，《中国数字电视》，2005年第8期。

够提供符合 QOS（服务质量）/QOE（用户体验质量）、安全、交互性和可靠性要求的多媒体业务，例如电视、视频、文本、图形和数据等。

同年年底，在韩国釜山举行的国际电联 IPTV 焦点组（ITU - TFGIPTV）第二次会议上明确的 IPTV 的定义，是目前国际上流行的关于 IPTV 的统一定义，即：IPTV 是在 IP 网络上传送包含电视、视频、文本、图形和数据等，提供符合 QOS（服务质量）/QOE（用户体验质量）、安全、交互性和可靠性、可管理的多媒体业务[①]。

二、IPTV 的内涵和业务特点

（一）IPTV 的内涵

尽管 IPTV 的定义多种多样，但从中不难看出，其实质内涵还是比较明晰的，基本包含以下几个方面。

1. IPTV 需要借助 IP 协议

IPTV 借助 IP 协议，从而其基础协议与 NGN（下一代网络）发展要求相沟通，具有多业务增值能力，包括可盈利商业模式创新。由于运用 IP 协议，IPTV 可方便实现与 NGI、NGTN、NGMN 等 NGN 网络相沟通，借助 NGN 的新技术，实现语音、数据、视像三重播放服务，将电视节目服务与互联网浏览、电子邮件收发、视频电话以及多种在线信息咨询、网络游戏、在线音乐等各种功能有机综合在一起，从而激发起互联网业务提供商、电信网业务运营商、广电网络业务提供商及设备制造商和内容集成商及内容提供商等的巨大兴趣及参与合作与竞争的动力。

2. IPTV 属于视像业务范畴

IPTV 属视像业务范畴，并为数字媒体交互式运作，能按用户个体或个性愿望点播与实时接收广播电视信号，真正实现实时互动视像化生存新时代。

3. IPTV 网络支持各类双向宽带网

网络支持各类双向宽带网，如宽带公众电信网、互联网、宽带专用通信网、移动通信网、固定通信网、微波通信网、有线电视网、卫星通信网，以及其他各类广域、城域和局域、个人与个体域宽带网等。

4. IPTV 属宽带高级综合业务范畴

IPTV 属宽带高级综合业务范畴，其产业链异常复杂，涉及最终用户、宽带

① 《国际电联专题会议明确 IPTV 定义中国提交文稿数居首位》，《信息技术与标准化》，2006 年第 12 期。

接入商、业务运营商、网络运营商、内容集成商、内商提供商等。因此就技术、业务、应用层面看，对 IPTV 而言，打造复杂而成功的共赢合作产业链乃至产业生态环境显得尤为重要。

（二）IPTV 与数字电视、网络电视的业务特点比较

IPTV、数字电视、网络电视有着各自的业务特点，与数字电视和网络电视业务相比，IPTV 业务所带来的差异化特征为运营商有目共睹，并让运营商意识到，随之而来的巨大的竞争优势和广阔的业务机会和收益空间。与数字电视相比，丰富的交互性和第三方增值业务的聚合赋予了 IPTV 业务天然的用户体验优势和业务差异性；与网络电视相比，精选的业务内容、简便的操作性、广播级的业务质量让普通 TV 用户可以随心所欲地选择、定制、享用业务和互联网内容。从业务本身来说，IPTV 业务平台对数据、通信、视频、图形等各种增值业务的汇聚，让 IPTV 业务在用户面前呈现出百花齐放、百家争鸣的辉煌，大大增加了用户黏性和 ARPU 值，减少离网率。

1. IPTV 与数字电视的比较

IPTV 与数字电视，两者是同承一脉、互相补充的两种业务。IPTV 是在数字电视的基础上又有颠覆性的创新，其中最重要的一点就是“时移”，从而让用户能够随心所欲自由观看电视节目。IPTV 可以提供几乎无限的频道数量、丰富的视频应用和无限增加的增值应用，是用户收视的一场革命。从长远的发展来看，IPTV 和数字电视都是向用户提供高质量视频平台的业务。对于 IPTV 和数字电视而言，互惠互利、实现共赢是它们的发展方向。因为两种业务之间互补，用户将从两种业务中享受到无限丰富的视频娱乐的乐趣。

2. IPTV 与网络电视的比较

IPTV 与网络电视，两者在拉动潜在用户的宽带接入、增强对用户的吸引力和忠诚度上均有着一定的作用，能实现投入与回报的良性循环。现阶段对运营商来说，宽带用户的增长已到了一个瓶颈。如果能将电视转化为网络终端，即使只有 20% 的电视转化成功，也有巨大的转化潜力。IPTV 即是这样一种利用电视作为宽带网络终端的极具发展潜力的业务，可大力拉动宽带用户的发展。另一方面，从用户需求分析，用户希望保持已养成的 TV 终端消费习惯，降低习惯转移成本；希望 IPTV 业务与传统电视或有线电视节目相比更有价值，更具差异化；希望操作简单、界面友好、反应速度快以及较高的视频质量等。

三、IPTV 发展的时代背景

（一）产业背景——基于互联网的多媒体业务发展如火如荼

互联网的出现大大改变了人们的生活，它自 20 世纪 90 年代中期在中国出现以来，更是获得了突飞猛进的发展，每年都有数以千万的网民数量的增长，据中国互联网信息中心 CNNIC 的数据显示，过去三年中国网民以每年两位数的比例增长，2004 年和 2005 年增长 18%，2006 年则增长 23%，截止到 2006 年 6 月 30 日，中国的网民总人数超过 1.2 亿，宽带用户数也达到 6 000 多万。[①] 这样的增长速度表明，中国互联网正从“幼稚期”向“成熟期”迈进，到 2009 年年初中国的网民总数将达到 2.1 亿。随着互联网技术与应用环境的改善，基于互联网的多媒体服务也日益普及，网络游戏和在线影视点播等收费节目如火如荼，中国的 IPTV 服务此时也应运而生。早在 1999 年微软便力推“维纳斯计划”，试图将中国庞大的电视机资源与互联网接轨，成为 IPTV 的早期版本，虽然没有成功但却为我们展示了一个美妙的蓝图。

IPTV 的概念在 2004 年下半年被国内电信和广电领域炒得火热，因此有人称 2005 年将是中国的 IPTV 年。目前，全球和中国的 IPTV 行业将进入一个高速发展时期，国内的发展前景更为广阔，信息产业部副部长娄勤俭日前公布，截至 2007 年 11 月，我国交互媒体服务 IPTV 的用户已达 114.2 万户，比 2006 年增长了 110%。这说明，互动媒体服务有巨大市场需求。有专家预计到 2008 年国内的 IPTV 用户数将达到 1 650 万，市场规模达到 148 亿元人民币，其中机顶盒市场为 14 亿元人民币。专业研究公司 ABI Research 公司称：“现在，IPTV 的增长是适中的，只是在 2008 年以后才快速增长。IPTV 的接受程度将因重要事件而加速，例如 2008 年北京奥运会和 2010 年上海世博会。”同时，中国蓬勃发展的宽带环境在为 IPTV 达到可能的巨大市场铺平道路。ABI 根据最新调查预测，中国购买 IPTV 的用户到 2012 年将突破 2 300 万户（图 11－1）。

（二）政策背景——国家政策积极扶持

国家广电对数字电视大力推进，整体规划从数字有线电视入手，而 IPTV 在 IP 技术的推动下正成为一个新的热点，国家广电总局十分关注数字电视的发展

① 郝思嵘：《IPTV 产业发展与进入策略研究》，《电信网技术》，2007 年第 1 期，第 7～8 页。

和战略布局，并对 IPTV 的业务应用和前景十分看好，把它作为数字电视的一个重要组成部分，并考虑在适当的时候作为数字电视整体平移的一个重要组成部分。这为 IPTV 定下了总体发展基调，IPTV 作为国家广播电视发展规划一个不可分割的重要组成部分，并承担着国家广播电视的重要文化宣传的重要手段，同时也是产业化升级的重要途径，IPTV 产业的发展是国家广播电视长期发展规划的一个重要方面。

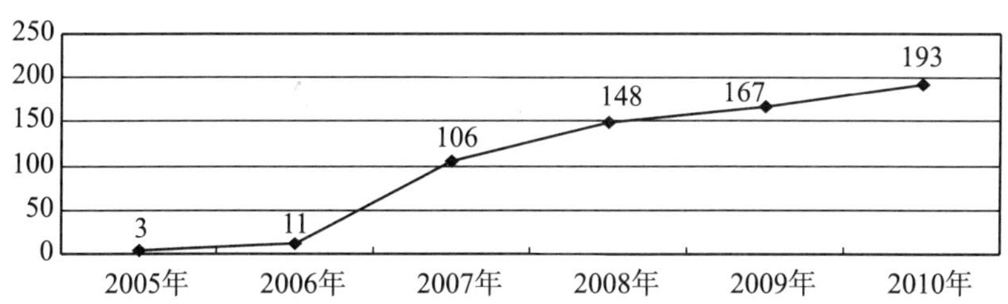

图 11－1 “十一五”期间我国 IPTV 市场规模发展趋势图

资料来源：《2006 中国广电行业资讯大全》，单位：亿元。

《中共中央关于制定国民经济和社会发展第十一个五年规划的建议》明确提出：“要加强宽带通信网、数字电视网和下一代互联网等信息基础设施建设项目，推进三网融合，健全信息安全保障体系。”这为 IPTV 业务的发展营造了良好的政策体制环境。

相比之下，国家“十五”计划中对三网融合的提法为“促进电信、电视、计算机三网融合。”由“促进”到“推进”，这表明“十一五”期间三网融合将有新的发展。而当前三网融合的关键点在 IPTV，它是开启三网融合的第一步，IPTV 将抓住这一契机，大力发展。

（三）技术背景——相关技术的进步

宽带网络的迅猛发展为 IPTV 业务的传输提供了可靠稳定的通路，IPTV 关键技术——视频压缩技术的进步，使得视频节目能够以较低的码流实现较高的画面质量。

目前，以上海文广 IPTV 技术架构为例，从 IPTV 系统的功能结构层次来分，大致可分为业务层、控制层、媒体层、网络承载层和接入层。业务层提供各类音视频、娱乐、服务业务，如直播、点播、可视电话、卡拉 OK 等；控制层主要是对用户、内容、网络等的相应管理控制，例如媒体资产管理、用户管理、计费认证、网络管理等；媒体层对内容进行编码、加密、存储和分发；网络承载层为网络运营商的宽带骨干网、城域网、宽带接入网络；接入层是指用户接入设备，例如机顶盒（图 11－2）。

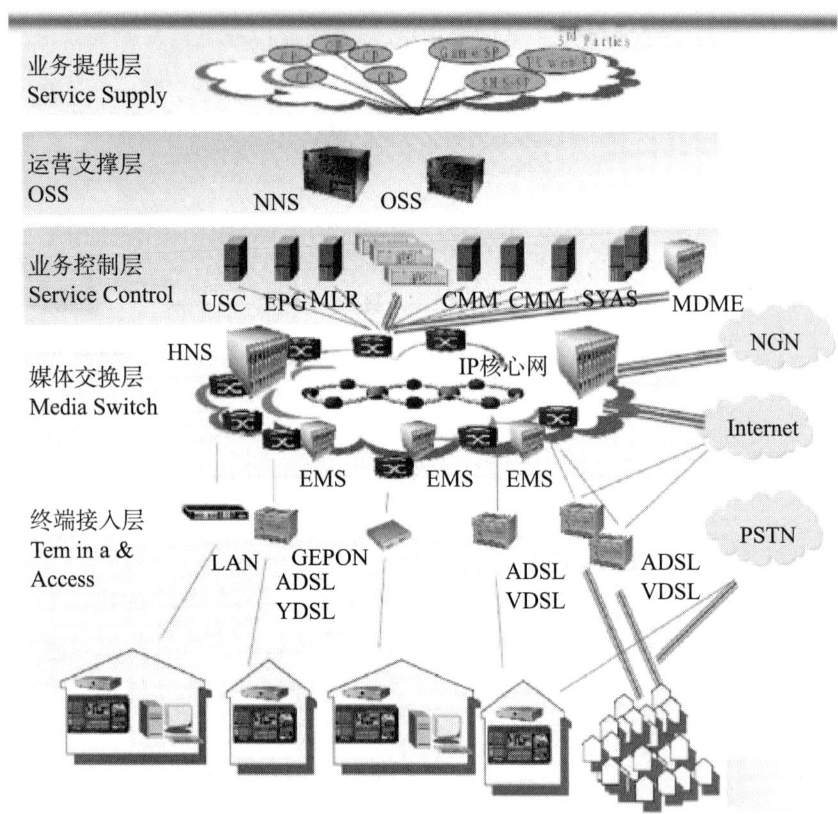

图 11－2　IPTV 系统功能结构层次划分

资料来源：《上海文广网络电视技术及其运营》，慧聪网广电行业频道。

（四）通信行业背景——通信行业环境进一步改善

1. 通信行业监管逐渐完善

“十一五”时期，信息产业部将认真落实全面协调可持续的科学发展观，改善政府对电信业的宏观调控和政策引导，继续推进和深化电信体制改革，积极制定并实施《电信法》，完善行业监管体系，加强新技术、新业务创新，努力开创电信业改革、开放、发展的新局面。

2. 通信行业法制环境逐步健全

建立信息化法律法规是推进国家信息化建设的基础性工作，国家将为进一步推进社会经济信息化建设营造良好的法制环境。目前已经出台的重要信息化相关法律法规包括《国民经济和社会发展第十个五年计划信息化重点专项规划》、

《电子签名法》、《电子认证服务管理办法》、《刑法》、《合同法》等。这些法律和政策法规的实施必将进一步改善通信行业的法制环境，进一步推动 IPTV 业务进入新的发展阶段。

3. 电信运营商转型将进一步刺激 IPTV 业务发展

传统电信运营商在“十一五”期间将基本完成向综合信息服务提供商的转型，运营商靠投资拉动行业增长的粗放型方式将不复存在，取而代之的是靠个性化增值业务驱动的集约型增长方式，而 IPTV 将会成为电信运营商转型的支柱业务，成为电信企业向综合信息服务商转型的必然。

第二节　中国 IPTV 产业发展动因

IPTV 这个概念自 2004 下半年被炒热之后就再没有冷却下来，细究其深层原因，主要可归纳为两点，一为技术动因，另一个则为社会动因。前者指相关必备技术的成熟；后者则囊括了国内广电、电信两大方面的因素，这两方力量又围绕着政策、技术以及市场展开博弈，从而将 IPTV 热又升级到一个更高的层次。下面着重围绕电信与广电这两大因素展开分析。

一、电信运营商发展 IPTV 的动因

一直以来，IPTV 的发展受到国内两家最大的固网运营商——中国电信和中国网通的关注，他们纷纷对 IPTV 表现出浓厚的兴趣，总结起来，电信运营企业热衷于 IPTV 业务主要有以下几点动因。

（一）IPTV 产业发展前景广阔

毋庸置疑，从 NGN（下一代网络）演进发展观点看，IPTV 是其未来典型业务，有着广阔的产业发展前景和巨大的市场空间，这也正是电信运营商发展 IPTV 业务的主要驱动力。

根据市场分析机构 Strategy Analytics 的预测，至 2006 年，全球 IPTV 业务收入将达到 80 亿美元，用户数将超过 800 万。2008 年的用户数将超过 2 000 万，约为目前用户数的 10 倍。如此巨大的市场空间和发展前景成为诸多电信运营商对 IPTV 如此热衷的主要原因。

（二）电信业系统内外竞争加剧

1. 固网 ARPU 值下降，传统语音业务相对饱和

从全球范围来看，由于市场竞争的加剧，固网的 ARPU 值（每用户收入）下降已成不争的事实，部分国家的传统语音业务相对饱和，数据业务的网络流量已经开始超过传统语音，但是由于业务单价逐年下滑，收入增长依然缓慢。根据我国信息产业部的统计数字，2007 年前 11 个月，固定电话用户连续 4 个月减少。11 月新增电话用户 655.6 万户，其中固定电话用户减少 137.6 万户，移动电话用户新增 793.2 万户。相比之下，宽带及增值业务的发展可以给中国电信带来用户和收入的双重增长。2007 年上半年，中国电信宽带用户净增 387 万户，达到了 3 219 万户，互联网增值业务收入增长 54.2% 。[①]

2. 全球电信业变故频频，电信运营商急需寻找新的利润增长点

业内专家一致认为，从爱立信收购马克尼，到阿尔卡特与朗讯合并，再到诺基亚与西门子组合等，经过这一系列的闪电般重组后，全球电信设备市场集中度进一步增强。同时，也表明电信业内供大于求，市场竞争加剧，大企业重新调整业务是势在必行，大势所趋。电信厂商合并重组的一个重要原因是传统电信业务的竞争残酷、利润空间持续下滑。

我国电信运营商也不无例外地面临着这场危机，因此在这种情况下，电信运营商急需寻找新的利润增长点，可以说，涉足 IPTV 业务既成了电信运营商持续发展的自发性选择，也是他们面对竞争的无奈之举。

3. 来自电信系统外的竞争加剧

此外，来自电信系统之外的竞争也使得国内电信运营商急需找到一种方式来加强自身竞争力。电信市场的开放使得越来越多的新进入者开始凭借管制政策的放松进入电信市场，特别是有线电视运营商进入电信市场，凭借原有的电视业务和新增的电信业务为用户提供“Triple-play”服务，这一举措给电信运营商带来了强烈的危机感。

有线电视向数字电视的规模性改造在第十六届广电展得到了淋漓尽致的展示，同时，其为收回投资所做的准备——发展增值互动业务更具特色。对电信运营商而言，这无疑是一个警示，有线电视的网络改造已经对固网运营商的带宽带来威胁，加之多方位的服务内容竞争，很有可能动到电信运营商的奶酪。电信运营商亟须寻找创新的业务来提高 ARPU 值（每用户收入），增强用户黏性，毫无疑问，IPTV 凭借着丰富的交互性和第三方增值业务的聚合自然赢得电信运营商

① 马晓芳、任玉明：《上海电信 IPTV 推广开打免费牌》，《第一财经日报》，2007 年 12 月 28 日。

的青睐。

（三）互联网业务获利欠佳，PC 普及率尚低

互联网业务内容匮乏、运营模式不成熟、获利欠佳为电信运营商发展 IPTV 业务提供了原始冲动。纵观各大电信运营商，互联网业务的发展如火如荼，但仅靠收取接入服务费很难满足业务增长的巨大需求，因此，很多电信运营商纷纷研究互联网业务的盈利模式，IPTV 业务不失为一种很好的选择。

另一方面，从国内实际情况来看，虽然中国网民以每年两位数的比例增长，然而与国内广电的家庭电视用户和有线电视用户对比，就不难发现其用户规模还相差很远；广大的农村市场正是受到昂贵的 PC 终端以及其他因素的限制被排除在外，而 IPTV 由于只需要在原有电视机上加装一个机顶盒就可以完成视频点播、网络游戏、网上医疗等多种业务，迎合了农村用户的上网需求，必然成为农村宽带发展的一种有效形式。

由此，很多宽带服务提供商坚信，下一个阶段宽带娱乐的出路将在于那些使用非 PC 的消费型电子产品（如电视）的客户。而 IPTV 恰巧是使电信运营商摆脱宽带服务的 PC 普及率瓶颈的最佳利器。

（四）电信监管政策的变化以及部分电信运营商的业务转型

电信监管政策的变化以及部分电信运营商的业务转型成为电信运营商涉足 IPTV 业务的间接因素。美国新的监管政策规定，传统电信运营商可以不必以低廉的价格向新进入者出租网络资源，使电信转售市场利润空间下降，原来从事转售业务的运营商转而开展 VOIP 业务，增加了传统运营商的经营压力，从而促使他们在 IPTV 领域寻求新的发展。

在国内，除了电信产品线延伸外，中国电信运营商还向信息化相关产业拓展，特别是在集成服务市场方面，中国电信和中国网通都投入了相当大的力度。从传统角度讲，电信运营商是个典型的服务商，是利用各类先进的通信技术来向各类通信用户提供通信服务的。但随着市场竞争主体数量的增加和移动通信对固话业务的替代作用，固网运营商开始向上游信息技术领域拓展业务，以期取得相对技术优势，并获取更多的协同效益。

目前，以香港盈科电讯为代表的海外固网运营商已实现了向信息技术和服务提供商的转型，其信息集成能力非常强，已开始向其他电信运营商提供网络集成和网络运营服务。而这一点也正是中国固网运营商的发展方向。目前，中国电信提出向综合信息服务提供商转型的战略目标，而中国网通也提出了向“宽带通信和多媒体服务提供商”转型的战略目标。虽然两者的称谓不同、发展方向也

有所差异，但主导思路是一致的，都是基于网络信息平台，向各类用户提供整合的综合信息服务，而 IPTV 作为一项富有潜力的新兴业务，正是电信运营商们的希望之所在。

二、广电系统发展 IPTV 的动力

电信对 IPTV 的推动是其中一方面，与此同时，广电系统对 IPTV 寄予的厚望也大大推进了其发展，主要包括以下几个方面的内容。

（一）促进传统电视媒体转型

众所周知，我国广电系统现在正在大力推进的业务是有线数字电视，而 IPTV 的出现，以其内容丰富、超强的互动性以及时移等功能给数字电视带来了明显的威胁，面对这种局面，广电运营商自然也要充分发挥自身优势，尽早介入 IPTV 的产业进程中来。

广电媒体一直以来的优势在于对视频与信息类内容的深入理解，长年的运营积累使得广电在视频内容的资源、管理上具有得天独厚的优势。同时广电系统垄断的电视网络与庞大的电视用户资源蕴藏巨大商业价值。结合这种天然优势，通过 IPTV 实现数字电视的交互应用，是传统电视媒体在数字网络时代成功转型的一个重要契机，传统电视媒体由此在网络等新媒体方面获得较好的业务延伸，这是广电媒体寻找新运营模式、新经济增长点的重要尝试。

此外，多数专家都认为由广电一家同时推动有线数字电视和 IPTV 利大于弊，一方面有助于为我国数字付费电视的推广活动注入有益的竞争力量，IPTV 业务的发展突破了有线数字电视的发展模式；同时，由于新运营者的加入，也打破了广电网络的原有垄断，使市场更添竞争活力。

如前文所提，就我国的实际情况而言，PC、宽带的普及率还比较低，大量农村居民，乃至城市居民都还不能上网，而且即便是能上网的家庭，其中的老年人也会因为 PC 的操作问题而对其望而却步。因此，通过电视机实现网络浏览以及多种互动功能，不仅解决了 PC 普及率低的瓶颈问题，而且保持了用户原有的使用电视的习惯，难怪 IPTV 被称为电视的又一大革命，它必将为电视用户带来全新的娱乐体验。

（二）进一步加剧自身体系分化

广电介入 IPTV 之后，迅速加快了自身体系分化的脚步。目前在广电系统

内，网台已经实现了分离，对于丝毫不占内容资源的有线网络公司而言，IPTV的出现增加了内容传输渠道，却削弱了其网络价值，因此其面临的冲击最大，对国内更多的地方广电网络来说，IPTV 更多表现为冲击而不是机遇。

（三）改善收入结构

有数据显示，2005 年广电部门的收入仅为电信的 1/10，收入来源仅为广告和有线收看费，比较单一。显然，这对于拥有大量内容资源的广电部门来说是个巨大的资源浪费，广电急需寻找多个点播平台来实现价值共享。因此，对于 IPTV 这种能够为其提供新的内容传输渠道的新生事物来说，广电当然支持。借助 IPTV，广电一方面可以充分利用其内容资源优势，一方面能更好地控制用户，这也是他们的最终目标。

三、IPTV 产业链的物质基础环节比较成熟

（一）设备供应商比较成熟

软件商的参与为电信运营商涉足 IPTV 业务助力。包括微软等在内的软件制造商纷纷看好 IPTV 产业，开发出适于电信运营商的 IPTV 产品。微软公司提供的端到端解决方案更有望解除电信运营商开展 IPTV 业务的后顾之忧。瑞士电信和加拿大贝尔等电信运营商均参与了微软的 IPTV 产品试验，西南贝尔更是斥资 4 亿美元购买微软 IPTV 软件，显示了发展 IPTV 业务的信心和决心。

（二）有线与无线宽带传输新技术走向成熟

有线与无线宽带传输新技术与诸如 H.264/AVC 等高效率数字视像压缩技术逐步走向成熟，亦为运营 IPTV 奠定了实际基础。

四、广电与电信优势互补，共同促成 IPTV 的健康发展

电信和广电在 IPTV 的发展中都至关重要，缺少了任何一方，其发展步伐都会放慢很多，至少会造成资源的极大浪费。电信与广电的融合发展，分别为 IPTV 业务的推广提供了渠道及内容上的支持，促进了 IPTV 产业链的完善。

产业合作就是要充分发挥各自的特长，来自广电的 IPTV 牌照持有者，主要职责应该在于提供丰富的节目内容，并对内容的安全进行监督。电信运营商则应基于

可控制、可管理、有 QOS 保证的宽带网络，担负起推动三网融合的重任，为用户带来丰富多彩的广播类应用及互动类应用。IPTV 作为三网融合的产物，成功的业务发展必然要求广电和电信之间在内容和网络方面进行密切合作。IPTV 的发展，将进一步方便用户的信息获取，也将进一步推动我国社会信息化进程。

第三节　中国 IPTV 产业链分析

一、IPTV 业务产业链分析

根据 IPTV 业务发展要求，IPTV 产业链的主要环节包括最终用户、电信/广电网络提供商、内容服务提供商和内容提供商。除了这些主要环节之外，IPTV 产业链还包括应用软件提供商、设备制造商、网络系统集成商、中间件提供商、数字版权管理（DRM）提供商等环节。

（一）最终用户

最终用户通过“机顶盒 + TV”、PC、手机或 PDA 等终端设备接入网络，获得 IPTV 服务。最终用户是 IPTV 业务最终的利润来源，如何吸引更多的用户并逐步提高用户 ARPU 值，是整个产业链上各个环节都积极考虑的问题。

（二）电信/广电网络提供商

电信/广电网络提供商是相关网络的运营商，负责利用自己的网络将 IPTV 业务传送到最终用户。网络提供商包括基础网络提供商、接入网络提供商、内容分发网络（CDN）提供商。基础网络提供商又包括提供电信、广电、卫星等基础网络服务的提供商。接入网络提供商又包括提供宽带、CABLE、卫星等网络接入服务的提供商。CDN 起初只是一个互联网概念，它是为了能够加快用户的访问速度而建立的网络，一般由各类网站自己建立。随着互联网的发展，目前已经出现了单独的 CDN 网络运营商。

（三）内容服务提供商

内容服务提供商是以基础网络运营商所提供的基础网络设施和基本业务为基

础，利用内容提供商所提供的内容，通过内容集成平台将丰富多彩的内容集成在一起提供给最终用户。其中，通过互联网络提供的文字、图片、游戏等内容和包括原来通过广电网络提供各种媒体节目的音视频等内容都已经成为IPTV业务的基本内容。

（四）内容提供商

内容提供商负责内容的制作，并通过将所制作的内容提供给内容服务提供商来获取利润。在IPTV产业链中，内容提供商是业务的源头，如果内容提供商不为整个产业链提供内容，整个产业链将会成为一条干枯的河流。

（五）应用软件提供商

应用软件提供商负责为电信/广电网络提供商、内容服务提供商、内容提供商等开发用于IPTV业务各个环节所使用的各种应用软件，这些软件既包括为电信/广电网络提供商所提供的网络管理、计费等网络和业务运营的基础软件，也包括为内容服务提供商IPTV服务平台等应用软件，还包括提供给内容提供商的音频/视频编解码、节目制作等工具软件。

（六）设备制造商

不论是电信业还是广电业，设备制造商一直都在扮演着非常重要的角色。在IPTV产业链中，设备提供商的范围已经变得非常宽泛，它除了包括原有电信业产业链中的宽带接入设备提供商、基础电信网络设备提供商、机顶盒提供商和终端设备提供商等之外，还包括原有广电业产业链中的CABLE设备提供商、基础广电网络提供商、机顶盒提供商和终端设备提供商。其中，宽带接入设备提供商提供MODEM、BRAS、DSLAM接入设备，基础网络设备提供商提供交换机、路由器、传输设备网络设备，机顶盒提供商则按照IPTV业务需求来为用户提供定制的机顶盒，终端设备提供商提供计算机、电视等终端设备。

（七）网络系统集成商

网络系统集成商负责为电信和广电的网络提供商提供网络建设方案并进行具体建设实施。基础网络、接入网络和CDN等各种网络的建设都离不开网络系统集成商。他们将各种所需设备和/或软件集成在一起形成一个完整的网络系统，提供给网络提供商，使得这些网络提供商通过这些网络来为用户提供服务成为可能。

（八）中间件提供商

IPTV 作为一种全新的业务，需要诸多的新技术为其提供保障。然而，并不是所有的相关技术都需要重新进行研究开发，这样会大大加重软硬件开发商开发成本，严重阻碍 IPTV 发展的进程。对于已经开发出来的各种软硬件来说，通过中间件的开发可以大大降低开发成本，并提高以往成果的利用率，目前已经有许多类型的中间件出现，如用户订制的电子节目菜单（EPG）、用户订制的视频点播（VOD）接口等。

（九）数字版权管理（DRM）提供商

数字版权管理（DRM）提供商通过使用数字版权管理技术提供视频内容加密服务。用户在接收到节目后，不能直接解码收看，必须由数字版权管理系统进行授权后，才能进行解密和解码，这样就保证了内容在通过 IPTV 平台进行发布时不会遭到内容盗版和业务盗用。

二、中国 IPTV 业务产业链特点

IPTV 产业链将原来的电信产业链和广电产业链集结在一起，具有了许多鲜明的特点。

（一）链条结构复杂

在 IPTV 业务出现以前，电信和广电的产业链基本上可以说是两条平行的产业链，二者互不相干。现在，情形已经完全不同了，电信和广电这两条产业链相互交叉并扭曲在一起，并且原来产业链中的各个环节在新的产业链中都已经被赋予了新的内涵，各个环节的功能也开始出现了融合。如 CDN 网络不仅需要传送原有的游戏、文字、图片等内容，还需要接受更为艰巨的任务——传送各种数据量极为庞大的音视频内容；而内容服务提供商则需要一个全新的平台来为用户提供服务。

（二）电信与广电双主导

在我国，虽然电信业和广电业的价值链都在不断地发生演变，分工也越来越细化，但是对于原来电信和广电的初级产业链来讲，基础网络运营商在价值创造体系中都一直居于其产业链的核心位置。在 IPTV 产业链中，电信业和广电业创

造的最终价值都来自用户，而两个行业的基础网络运营商都处于价值链中承上启下的关键环节，他们负责确定 IPTV 的需求、运营、营销、资费、推广，并且这些方面相互之间各有优势和劣势，各不相让，谁都不可能主动放弃对终端用户的占有权，这就决定了电信网络提供商和广电网络提供商在整个产业链中共同占据主导位置，从而导致了 IPTV 产业链的双核心模式形成。

（三）网络的基础地位不变

在 IPTV 产业链中，业务内容仍然需要通过基础网络来承载，并通过接入网络到达最终用户。因此，网络在 IPTV 产业链中的基础地位仍然没有改变，只是此时的网络已经不再是彼时的网络，它已经涵盖了固定电话网、移动通信网、互联网、有线电视网、卫星网等各种通讯网络，而且这些网络相互交织、相互连通，使得人们在任何时候、任何地点、使用任何终端都能享受到 IPTV 业务成为可能。

（四）内容是业务成功的关键

我们已经看到，IPTV 业务可以通过各种各样的途径来实现，如目前就已经可以使用“电信网 + 互联网”实现，也可以使用“有线网 + 互联网”来实现，还可以使用“有线网 + 互联网 + 电信网”来实现。因此，在 IPTV 业务发展中，技术已经不再是 IPTV 发展的障碍。但我们也知道，在 IPTV 业务中，消费者最为关心的是内容而不是具体的承载方式。所以，如何为用户提供高质量的内容，如何使用户享受到高质量的服务是 IPTV 业务中的重中之重，这就要求内容提供商、内容服务提供商和网络提供商都要围绕内容来开展工作。内容提供商要制作出优秀的内容，尤其要能够提供内容健康、制作精良的视频片源；内容服务提供商要能够推出专业化、个性化的服务平台，甚至要专门为 IPTV 定制互动类节目；网络提供商要能够保证内容在传输过程中尽量减少质量损失，减少视频内容马赛克的出现。只有这样，才能为用户提供满意的服务。

（五）合作才能成功

电信是以网络为王，网络覆盖率、接通率、通话质量是电信网络提供商所关注的重点。而广电和互联网则是内容为王，内容是否制作精良并对用户具有足够的吸引力，是广电和互联网业务运营成功的关键。对于 IPTV 领域来讲，仅有网络和仅有内容都已经不能满足用户的需求，这不仅体现在 IPTV 要求终端统一，视频、数据、通信都需要在终端有机地结合起来，还包括节目编解码、传输、安全、版权保护等方面问题，因此需要大量的人力、物力、财力和强大的技术力量，这一点仅仅依靠电信业或广电业中的任何一方都不可能顺利达到目标，必须依靠整个 IPTV 产业链上的所有环节通力合作，包括技术、资金、运营等各方面的合作。因此，只有合作才能使产业链上的各个环节都赢得相应的利润，并最终赢得整个 IPTV 产业链的胜利。可以说，在 IPTV 产业链中，网络为王和内容为王在向合作为王发展。

三、中国 IPTV 业务产业链发展策略

正如前面所论述的那样，IPTV 的产业链具有链条结构复杂、电信/广电双主导地位、内容是业务成功的关键以及合作才能赢的特点，并且存在产业链结构仍不够清晰、还没有找到令各方都满意的运营模式、主要环节力量仍然薄弱和已有环节间合作不畅等问题。那么，针对产业链存在的这些特点和问题，我们应该如何建设一条坚实的 IPTV 产业链呢？

（一）协调好电信与广电两个行业之间的关系

从技术的角度来看，IPTV 的运营支撑、用户管理、流媒体开发、内容管理系统都已经成熟，而且随着越来越多的设备厂商涉足 IPTV 市场，相应的终端技术也在快速发展。实际上，对于整个产业链来讲，内容和内容运营也并不是缺失环节。然而，为什么整个 IPTV 的产业链发展却还是表现出很大的不成熟性呢？问题在于，IPTV 产业链十分分散，从内容制作，内容传输到内容分发并非运营商一家就能承担。因此，如何通过资源整合来解决整个产业链的合作问题也就成了激活整个产业链的关键所在。

我们知道，电信和广电两个行业在 IPTV 领域各具优势和劣势，而且能够互补，如果二者通力合作，必将会使 IPTV 业务快速成长起来。然而，目前为了争夺 IPTV 的运营权，二者之间却产生了一些矛盾，并且有些方面的矛盾已经越来越突出。如何协调好这两个行业之间的矛盾，使 IPTV 业务发展早日步入正轨，是两个行业以及政府相关主管部门所必须面对的问题。

（二）强化产业链各个薄弱环节

任何一种业务都需要有一条完整的产业链，才能将业务做起来，产业链条中间环节薄弱或接续不上都是无法实现其产业链价值的。也就是说，要想为用户提供可接受的、完整的服务，必须要建立起牢固的产业链。对于 IPTV 产业链来

讲，虽然它已经比以往任何时候都长、都复杂，但是它毕竟是一个新兴的产业链，产业链环节缺位的问题非常严重。最为严重的环节就是CDN服务提供环节。在电信行业，最为完备的专业CDN网络提供者China Cache的CDN网络也只是表达式“CDN=更智能的镜像+缓存+流量导流”所描述的那样，无法满足IPTV的高质量、实时性要求，需要进行根本上的改造才能为用户提供IPTV业务。广电行业的CDN网络则需要完全从头做起。

（三）积极探索可行的盈利模式

不论从哪个角度来讲，IPTV都是电信与广电的融合产物。那么，IPTV的盈利模式应该采用电信模式即从大众用户身上收费，还是互联网模式和广电模式即依靠广告收入的商业模式?

IPTV不可能单纯依靠电信模式即从大众用户身上收费来盈利，由于现行的有线电视收视费比较低，所以即使是只收业务的成本费，用户也还会觉得费用过高无法接受，更何况这些费用对于整个产业链来讲只是杯水车薪，根本不可能维持整个产业链的发展。单纯效仿互联网模式和广电模式中依靠广告收入的商业模式似乎也不能完全解决问题。我们知道，IPTV的终端类型包括TV、PC和移动终端，能否根据IPTV终端的特点来灵活选择收费方式呢?这是一个值得探讨的问题。

对于PC和移动终端来讲，是否可以参考移动通信模式和互联网模式呢?大概通过少量变更就可以直接使用。对于TV终端用户，采用这种模式的确不合适，那么能否参考TV的广告模式呢?直接使用或少量变更似乎都不太可能适用，TV广告业寻找新的广告方式不可避免。针对目标范围内受众的特点开展个性化的广告服务似乎是一种不错的选择。例如，针对小区用户的商场促销广告等。

（四）加快民营内容提供商的发展

目前，民营内容提供商制作的一批电视节目已经成为国内众多电视频道上颇具影响力的栏目。然而，民营内容服务提供商并没有自己的播出舞台，在与电视台的合作过程中始终处于被动地位，自己的节目被安排在什么时段就决定了贴片广告采用什么样的销售策略，而节目播出时间的经常变更也给他们的贴片广告销售带来很多困难和麻烦。边制作节目边推销节目，已经成了民营内容提供商的重要生存方式，各民营内容提供商往往来不及用赚到的钱去多做几档栏目，就又要为了市场的萎缩而瘦身。如果能够利用IPTV发展的契机，加快民营内容提供商的发展，不论是对整个IPTV产业还是对内容提供商的发展，都是一件好事。

第四节　中国 IPTV 发展历程和现状

一、中国 IPTV 发展基本脉络

（一）2004 年，IPTV 逐渐在国内引起关注

2004 年下半年，IPTV 逐渐在我国引起关注，同年，网通“天天在线”获得了中国第一个网络视频服务执照；年底，由上海文广创办的东方网络电视正式开播。而宜春网通、四川电信、大连网通、上海电信，以及上海移动等运营商也开始小规模试验性地与上海贝尔阿尔卡特进行合作。

（二）2005 年，IPTV 热继续升温

2005 年上半年，IPTV 热继续升温，成为电信、广电谈论和争夺的焦点，前者包括中国电信和中国网通，后者包括央视、上海文广以及其他八大上市广电运营商。此外，与此相关的设备制造商也充满热情，UT 斯达康、上海贝尔阿尔卡特、华为、中兴通讯等都纷纷在 IPTV 领域积极进行研发投入，其中阿尔卡特于同年 7 月还与作为内容提供商的上海文广成立了 IPTV 联合实验室，共同推进 IPTV 业务的开展。

（三）2006 年，IPTV 的破局之年

2006 年，对于 IPTV 的发展而言，属于破局之年，在政策、模式等各方面的阻力之下，不断探索，不断开拓，艰难撑起了 IPTV 的一片天地。年初，央视春节联欢晚会在互联网首次全程直播，45 万独立访问者进行了在线收看；9 月 1 日，上海 IPTV 全面放号，2006 年底突破 6 万户。8 月、10 月，南方广电和国际广播电台先后获得由广电总局颁发的第三、四张 IPTV 牌照。截至 2006 年 12 月，中国的 IPTV 用户数已达到 55 万，比上年提高了一倍。其中，黑龙江网通 IPTV 用户数已突破 10 万，上海电信仅用了 3 个月时间便发展了 6 万用户，而在河南，已有了近 30 万的 IPTV 用户，杭州的 IPTV 用户则也超过了 10 万。[①]

① 罗静：《IPTV 的中国模式》，《通信企业管理》，2007 年第 3 期，第 10～12 页。

（四）2007年，IPTV的发展年

随着网络融合趋势日渐明朗，IPTV作为通讯、广电和互联网的三网融合典型代表越来越受到社会各界的关注。进入2007年，各地IPTV的发展令人振奋。上海IPTV用户激增到15万，上海开拓IPTV应用的成效让人惊喜；哈尔滨IPTV用户的增长虽然开始放缓，但互动增值业务的拓展和向牡丹江、黑河等地扩张的势头形势喜人；广东现有IPTV用户已达1.5万之多，中国电信广东公司将IPTV业务作为其业务发展的重中之重，同时开始研究内容建设的可行性和具体实施方案，相信不久的将来，广东IPTV的发展将不会弱于上海。而在其他地区，如江西、陕西、宁夏、四川等地，或在开展测试与试用，或在进行招投标、或已经开始放号，全国各地IPTV建设、试点和商用的城市不断增多，都成为新的增长点。

2007年可以说是IPTV的一个发展年，经过前几年的用户教育阶段，随着新增城市IPTV业务的不断开展，IPTV用户数量有了很大提升，信息产业部副部长娄勤俭12月14日公布：截至2007年11月IPTV用户规模达到114.2万户，相比上一年增长接近110%，逐渐成为固网运营商转型业务的重要支撑①，且和2006年相比，IPTV市场除了家庭用户之外，行业用户市场逐渐被开发出来；新农村建设、教育、酒店、视频监控等行业用户成为了新的增长点。

2007年8月，UT斯达康公司发布了国内第一款真正意义上的、与大规模现网商用的IPTV系统互连互通的第三方机顶盒终端产品——1 058机顶盒，标志着以前阻碍IPTV发展的第三方机顶盒过少的问题逐步得到了解决。

同年12月14日，互动媒体产业联盟成立，涵盖了网络运营商、内容提供商、系统和终端制造商、芯片提供商、软件和仪表企业等产业链的全部环节，有效地整合了IPTV产业资源，增强产业链上下游之间的互动性，推动互动媒体产业链相关产品在中国及全球的应用。此外，国际电信联盟也在12月发布了包括软硬件体系结构和框架标准在内的首批IPTV标准，这些标准结合了IT和电信领域主要服务提供商及厂商的技术贡献，保障了整个IPTV产业发展的开放性。

毋庸置疑，IPTV在2007年的发展虽然没有特别突出的热点，然而其包括市场、技术、增值服务等在内的综合能力却在不断增强，固网运营商们也普遍认为2007年及其以后数年将是IPTV业务发展的重要时期。

---

① 冯晓芳：《我国IPTV用户达114.2万户，比去年增长110%》，新华网，http://www.xhby.net/。

（五）IPTV 牌照的发放

1.《互联网等信息网络传播视听节目管理办法》中对 IPTV 牌照的规定

根据国家有关规定，从事 IP 电视、手机电视等信息网络传播视听节目业务应按照《互联网等信息网络传播视听节目管理办法》（国家广电总局第 39 号令）取得《信息网络传播视听节目许可证》。许可证由国家信息网络传播视听节目行业主管部门——国家广电总局按业务类别、传输网络、接收终端等项目分类核发。

2. 目前 IPTV 牌照的发放情况

继上海文广传媒之后，广电总局为央视颁发了 IPTV 牌照；而后，南方传媒、国际广播电台也获得全国性 IPTV 牌照，内容运营商相继取得 IPTV 运营牌照，将进一步丰富 IPTV 内容资源，有利于电信运营商对 IPTV 用户的拓展；其次，牌照的颁发，为 IPTV 多样化的发展模式奠定了必要的基础，有助于促进整个 IPTV 产业的健康发展。

截至 2007 年 11 月，已知的 IPTV 牌照是“四大一小十地方”。[①] “四大”是指上海文广、央视国际、南方传媒和国际广播电台，他们有权在全国范围进行 IPTV 业务的发展；“一小”指杭州华数传媒，只限于在浙江开展业务，由于华数传媒本身就是浙江广电参股的公司，因此其在浙江有无牌照，区别并不大；“十地方”是指福州、泉州、台州、西安、汉中、沈阳、大连、盘锦、牡丹江、黑河。“十地方”的报批是由于广电总局担心四大全国性牌照商过分注重发展 IPTV，而形成和地方广电的矛盾，因此要求四大全国性牌照商在当地计划发展前，需要先将城市报广电总局审批。目前正式报批的是这十个城市，哈尔滨是最早通过的城市，不在此列，上海文广本身就是上海的地方广电，因此也无须审批。

二、中国主要地区的 IPTV 发展现状

目前，IPTV 的发展主要集中在上海、河南、浙江和黑龙江等四地，另外江苏、湖北、广东和宁夏等 17 个省区的 IPTV 发展也都在起步之中，成为新的增长势力。值得一提的是，各地在发展 IPTV 的同时都形成了各具特色的运营模式。

（一）上海 IPTV 发展现状

1. 上海 IPTV 业务的开展

2006 年 1 月，上海电信在浦东和闵行两区进行收费的 IPTV 试商用放号。

① 《四大 IPTV 牌照运营商的运营现状及 08 展望》，全球 IP 通信联盟 http://iptv.microvoip.com。

2006年5月底，上海电信进行了大规模的IPTV商用项目招标，IPTV业务覆盖到整个上海市的15个区。截止到2007年3月，上海IPTV业务的用户已达15万户。可以说，自上海电信联合上海文广在上海正式推出商用IPTV业务以来，上海一直是内地IPTV用户发展最为迅速、用户数也最多的一个城市。

2. 上海IPTV商业模式现状

上海作为广电和电信部门可以相互进入的唯一试点城市，先后出现了3种IPTV商业模式，分别是在上海浦东新区庆宁寺地区和闵行区清水地区开通的IPTV业务模式（浦东模式）、在闸北区大宁小区已开通的“互动电视示范区”模式（大宁模式），以及在长宁区古北新区开通的“长三角高性能宽带信息示范网工程”模式（古北模式）。浦东模式是对现有的ADSL宽带网进行升级，使其宽带接入达到2Mbit/s～3Mbit/s；大宁模式是对现有的普通电话线进行改造，使其带宽速度提升到电脑上网2Mbit/s和互动电视4Mbit/s；古北模式则是采用新的网络架构再建一张光纤城域网，可为网内用户提供高达46Mbit/s以上的独享宽带。

就目前来看，上海地区的IPTV业务主要沿用了浦东模式，即上海电信负责系统测试、带宽改造、系统测试、终端实施、系统运营、用户收费等，上海文广负责内容提供，双方共同出资购买相关系统设备和机顶盒。上海电信旗下的上海信息集团专门成立了产品运营部门；上海文广则专门成立了百视通公司，双方在项目配合、产品合作方面成立了联合工作团队，按照合作框架原则联合运作和推动IPTV业务在上海的发展。

在商业推广方面，双方也进行了分工。上海电信负责平面媒体和户外广告，预计投资几百万元；上海文广负责在其下属的数十个上海本地电视台打广告，广告费用高达1亿元。2006年9月，上海街头被IPTV业务的广告所淹没，这样大规模的宣传目前在国内还十分罕见。

值得注意的是，双方的合作并不具有排他性，上海电信和上海文广都拥有一定的自主权。上海电信不仅可以与文广合作，还可以选择其他内容提供商以丰富其产品，比如上海电信已经与提供搜索、新闻、房产、餐饮、股票等信息的互联网内容提供商签订了合作协议，相关页面也已经制作完成。由于互联网上的内容移植到了IPTV业务上，因此对于吸引更大范围的用户群起到非常积极的作用。

3. 上海模式的实质

总的来说，上海模式的实质是：上海电信、上海文广和各类系统提供商共同构建了良性的产业链，上海电信既是网络运营商，又以合作的形式参与内容的运营，产业链相关方共同打造共赢的商业模式。上海是国家政策明文规定的开放试验区，也是中国IPTV业务发展的桥头堡，其商业模式对其他地区IPTV的发展有着重要的借鉴意义。

（二）河南 IPTV 发展现状

1. 河南 IPTV 业务的开展

河南 IPTV 业务的启动是以河南省农村党员干部现代远程教育为契机的。河南威科姆公司是河南 IPTV 建设的主力军，公司为河南 IPTV 项目提供解决方案、机顶盒、系统支持、业务内容整合、业务运营等支持。

从 IPTV 业务在河南的开展情况看，河南网通主要负责网络资源、网络改造和系统设备的提供，威科姆则提供系统方案和机顶盒终端。但是在整个项目的实施过程中，威科姆不仅仅是设备提供商，在系统部署和运营过程中，由于不断整合来自各部委的资源，它已经成为内容集成商。此外，威科姆还和河南广电成立了合资公司，进一步加强节目内容的合作。

2. 河南 IPTV 商业模式的特点

河南 IPTV 的商业模式有几个比较突出的特点。首先，突破了对电视的传统认知。河南 IPTV 的应用不仅仅局限于传统影视类节目，其核心是网络交互型业务应用。威科姆基于传统视频资源，整合了各类基于视频和图文的互动行业应用，从而避免了与广电的冲突。其次，河南的 IPTV 开辟了农村市场，其应用都是针对农村经济的发展和农村实际需求，对农民具有很大的吸引力。再次，河南在开展 IPTV 的同时有效防止了固话流失。河南的 IPTV 采用了 ADSL 接入，宽带和固话绑定，这种方式削弱了移动电话对农村固话的替代作用，保护了运营商原有的投资。

3. 河南模式的核心思想

总的来说，河南模式的核心思想就是以行业应用带动运营商 IPTV 业务的发展，解决 IPTV 发展过程中存在的政策问题、节目版权问题，充分利用国家各行业管理部门的资源，为国民经济信息化提供宽带流媒体服务。与国内其他地区的 IPTV 商业模式相比，河南模式个性化色彩最为突出，充分结合了当地的实际情况，为中国 IPTV 业务的发展提供了可供借鉴的宝贵经验。

（三）哈尔滨 IPTV 发展现状

1. 哈尔滨 IPTV 业务的开展

哈尔滨作为我国第一个 IPTV 正式商用城市，已经建立起了比较清晰的合作体系和商业模式，同时也经历了广电与电信部门之间的激烈冲突与博弈。迄今为止，哈尔滨已经发展了十几万的 IPTV 用户，由于其城市规模和经济水平在全国处于中等，因此其商业模式比杭州模式更具有普遍推广意义。

2. 哈尔滨 IPTV 商业模式现状

在哈尔滨，哈尔滨网通和上海文广联合开展 IPTV 的运营，二者之间有明确的分工与合作，通过共享优质资源来实现优势互补。上海文广作为内容提供商和集成商负责运营牌照、内容集成、运营平台、内容频道、机顶盒设备等，同时负责协调和驻地广电、工商、公安等职能部门的关系；哈尔滨网通负责网络的建设和维护、收费渠道的管理、用户的管理等；双方共同开发新业务，并以收益分成、利益共享、风险共担的形式共同进行市场营销和拓展。为了使双方合作顺利进行，对于有争议的地方（如数据信息服务和网络游戏等），双方都不去触碰。在这种模式下，IPTV 的直播、点播、时移等基本业务都能够顺利开展；而对于增值业务这样的“雷区”，则暂时不去讨论或考虑。

IPTV 业务在哈尔滨的顺利开展是几方合力促成的结果。当地网通分公司需要业务亮点来吸引网络升级改造资金；网通集团需要向信息服务商转型，用新的宽带应用解决 ARPU 值下降的战略难题；电信设备提供商需要一个真正的 IPTV 试点，为其系统找到实战演练的场所，这样才催熟了 IPTV 业务的新兴市场——哈尔滨。

3. 哈尔滨模式的借鉴价值

目前，哈尔滨的 IPTV 业务市场已经基本形成了比较成熟的商业模式和稳定的用户群。哈尔滨模式作为国内第一个规模化的 IPTV 商用试点，其优势互补、整体运营的经验是宝贵的，也具有很高的借鉴参考价值。但也要注意到，虽然哈尔滨的 IPTV 业务市场比较活跃，但是并不能说明其商业模式就是最好的。在哈尔滨，在 IPTV 业务推广前期相关方大肆进行过全员营销活动，将推销业绩与职工收入挂钩，有浓厚的行政色彩，容易造成发展的用户有数量而无质量、用户的忠诚度较低等问题。此外，该模式在资金扶持、政府支持力度、宣传媒体等外部资源上还比较缺乏。

（四）杭州 IPTV 发展现状

1. 杭州 IPTV 业务的开展

杭州模式起源于广电，严格来说属于数字电视和 IPTV 的共通产物，其用户具有有线电视用户和杭州网通用户的双重身份，使用双模机顶盒，所有机顶盒都连接有线电视网和互联网。目前，杭州模式已经成为我国 IPTV 业务发展的一个亮点，杭州也成为以电视机为终端的 IPTV 大规模应用的唯一地区。具体来看，杭州数字电视采用有线电视加 IPTV 的方式，免费送机顶盒，基本收视费 14 元不变，付费电视和视频点播等增值服务由市场定价。在内容的运作上，杭州模式采用分散化经营、优势互补的方法，这是能把内容做得更广、更细致的保证。在一些频道上，杭州模式采用外包的方式，由更专业的网站或公司负责栏目的建设，以保证栏目的质量和效果。

2. 杭州 IPTV 商业模式的现状

杭州的 IPTV 业务能够取得惊人的发展速度与运营商独特的背景有着非常大的关系。杭州 IPTV 业务发展的主体由三部分构成：杭州网通信息港是 IPTV 的市场推广实施主体，杭州数字电视有限公司是 IPTV 的市场运营主体，浙江华数传媒有限公司是在两者的基础上新成立的真正市场化运作企业。由于浙江华数传媒有限公司是电信业与广电共同成立并独立于其自身之外的市场实体，因此这个实体具体负责 IPTV 产业链所有环节的工作。在这种模式下，新的市场实体同时具有电信业与广电业的背景，既拥有庞大的用户资源和网络资源、丰富的市场运营经验、准确的业务用户管理等，又不受内容运营的限制，可以在法律法规允许的条件下，开展所有电信业与广电业的业务，这些为 IPTV 业务的推广解决了内容和运营受制约的问题。

除了广电业与电信业，杭州市政府也是 IPTV 业务的积极推动者。政府的主要作用在于市场引导，适当的时候可以通过行政手段来进行推广，比如新建小区和酒店必须安装 IPTV。虽然这是一种强制性方式，但是在市场推广初期，这种以行政手段为辅助的推广方式的效果还是比较明显的。政府的大力支持也可以保证整个项目资金链的流畅。

此外，家电企业的加盟有利于产品线的畅通，像西湖电子这样的电视机厂家，在家电产品方面的经验使其产品的设计能更符合用户心理习惯，有利于市场的推广和用户的接受。而捆绑媒体则可以把握市场舆论和市场导向，《杭州日报》长篇累牍地报道有线数字电视和 IPTV 业务，使得杭州市民在心理上更容易接受 IPTV，为开拓市场创造了良好的基础。

3. 杭州模式的独特性

总的来说，杭州的 IPTV 模式是比较成功的，但由于其背景独特，因此并不是每个地方都可以套用，不过这种合作的思维很值得借鉴。怎样选择合适的合作伙伴，通过利益的手段将各方牢牢联系在一起，借助各自的优势，获得“1 +1 >2”的合作效应，把市场做大、做强，是 IPTV 产业链中各个环节都应该考虑的。

（五）江苏 IPTV 发展现状

1. 江苏 IPTV 业务的开展

江苏电信是国内最早启动 IPTV 项目的运营商之一。早在 2005 年 6 月，中国电信就将江苏电信列为 IPTV 试点地区。据悉，江苏电信 IPTV 项目一期建设规模为 10 万线，2007 年上半年开始进行二期扩容，覆盖全省 13 个地市，目前已经在全省范围内实现放号。

2. 江苏 IPTV 商业模式的现状

江苏电信 IPTV 解决方案是由中兴通讯自主研发，由内容运营与支撑、视讯综合业务管理、业务网络（VDN）、承载网络和家庭网络 5 部分构成。目前，江苏电信的 IPTV 已经能够为用户提供点播、直播、时移、电视录播、轮播等视频业务，节目覆盖财经分析、诸子论坛、健康指导等多个栏目，以便用户根据自己的爱好进行选择，同时提供信息浏览、游戏、电子政务等丰富的增值业务。值得一提的是，江苏电信还在全球范围内率先开展了基于 IPTV 业务平台的网络视频监控业务，将传统的全球眼业务与 IPTV 业务相结合，使用户通过监控显示屏和 IPTV 终端方便地使用全球眼业务。

江苏地区在发展 IPTV 业务时，除了技术和内容提供环节之外，其他部分都由电信方面负责，电信运营商利用自己拥有的网络资源，向产业链前端延伸，从内容集成商、内容提供商处购买内容资源，然后将内容细化、个性化，将服务升级，提供 IPTV 服务。除此之外，江苏模式的特色还在于国务院直属机构新华社的加盟。新华社具有遍布全球的海外采编力量以及庞大的内容资源优势，特别在时政新闻上拥有先天优势。更重要的是，新华社不受广电总局的制约，只要内容通过相关审核，参与 IPTV 产业就是合法的，不必受牌照的限制，这为 IPTV 业务在牌照制度上开辟了一条全新的尝试之路。

三、中国 IPTV[①] 运营模式比较分析

伴随着 IPTV 业务的不断深入开展，其在中国经历了局部试点、试商用、正式放号、大规模放号、全面扩大试点等过程，在商业模式上涌现出了以杭州、河南、上海等各地为特色的运营模式，总结起来主要包括合作运营、电信自营、广电自营和联合运营等几种模式，这几种模式在业务开展种类、政策许可、市场运营等方面各有不同，距成熟的 IPTV 商业模式也都还有一段距离，但在各地开展的富有建设性和开创性的尝试则为未来 IPTV 商业模式的成熟与成功确立了方向，同时也积累了丰富的经验。

（一）广电、电信合作运营模式

我们已经看到，哈尔滨和上海两地都是上海文广与中国网通或中国电信的合作，双方根据各自擅长的领域进行分工合作来提供 IPTV 业务，我们称之为合作

① 本部分所指 IPTV 是指基于电视机终端的 IPTV，区别于基于 PC 及其他移动终端。

运营模式。

在合作运营模式中，上海文广全面负责IPTV业务内容集成、EPG制作与设计、版权管理、用户管理等内容管控环节，使IPTV业务的内容及播控环节得到有效管理；电信一方主要负责网络传送，双方共同进行业务运营，并以收益分成、利益共享、风险共担的形式进行市场运作。为使双方合作顺利进行，对于有争议的地方（如数据信息服务和网络游戏等），双方都不去触碰。在这种模式下，IPTV的直播、点播、时移等基本业务都能够顺利开展起来；而对于增值业务来讲，则属于“雷区”，暂时不去讨论或考虑。

1. 广电牢牢把握内容控制权

内容数字化以后，很容易到处扩散和传播，因此广电对内容的控制十分必要，以上海文广为例，其对内容的控制权主要体现在三方面：一是数字内容版权管理；二是保证对视频内容的审查权；三是利用EPG监控所有内容的编排和使用。其中数字版权管理（Digital Right Management，DRM）是随着数字图书和音视频节目在互联网上的广泛传播而发展起来的一种新技术。[①] DRM技术的目的是保护数字内容的版权，从技术上防止对数字内容的非法复制，或在一定程度上提高复制的技术和成本门槛，增加非法复制的难度。DRM提供对数字内容进行安全分发、权限控制和运营管理的功能，使得数字内容相关权益方能通过对每个数字内容定义不同的使用权限、每个权限对应不同的商业价格。用户必须得到授权后才能按照相应的权限消费数字内容，并支付相应费用。DRM涉及的主要技术包括数字水印技术、数字指纹技术、身份认证技术、内容加密技术、内容安全分发与交易等技术。除了利用数字内容版权管理，上海文广还保证对IPTV视频内容的审查权以及利用EPG监控所有内容的编排和使用，进一步保证了对IPTV内容的控制。

2. IPTV经营策略：与当地有线数字电视形成差异化竞争

IPTV在市场推进的过程中逐渐与当地有线数字电视形成了差异化竞争。所谓的差异化，就是不直接跟有线电视抢市场，不把所有有线电视的频道都放进IPTV，而是主要靠形式上的互动吸引用户；另外，IPTV的费用也比较高，要大约高于当地有线收费的10倍，而且有线电视从图像质量上的确要好于IPTV。这样一来，IPTV主打高端市场，就不会跟有线去抢普通家庭用户，而且已经订购IPTV的人家，也会为了看更多、更清晰的频道而继续保留有线电视服务。上海文广新闻传媒集团副总裁张大钟介绍道，从目前的推广现状来看，已经发展的近50万IPTV用户中，没有人因为开通IPTV而退掉有线电视。说明这种差异化的

① 王美华等：《数字媒体内容版权管理技术标准研究》，《广播与电视技术》，2007年第6期。

策略还是起到了作用①。

（二）广电自营模式

在浙江，由于华数传媒的广电背景，可以看做是广电内部进行所有 IPTV 业务开展，包括内容提供、内容集成、网络传送等一系列环节，我们称之为广电自营模式。

在广电自营模式下，广电企业可以开展直播、点播、时移等 IPTV 基本业务，还可以根据自身情况，在法律法规允许并获得运营许可的条件下，适当开展增值业务。

（三）电信自营模式

江苏与河南的情况是，除了内容提供环节之外，其他部分都是由电信方面负责，我们称之为电信自营模式。

在电信自营模式下，电信网络运营商利用自己拥有的网络资源，向产业链前端延伸，成为业务运营商，从内容集成商、内容提供商购买内容资源，然后将内容与服务细化、个性化，将服务升级，提供 IPTV 服务。在这种情况下，IPTV 业务中的直播和时移业务的开展要受到广电政策的限制，而点播业务与其他增值业务则不受影响。

（四）联合运营模式

从华数数字电视的发展历程来看，浙江的 IPTV 模式并不只是广电自营那么简单。在华数传媒发展初期，杭州网通是 IPTV 的市场推广实施主体，杭州数字电视有限公司是 IPTV 的市场运营主体，华数传媒是在基于两者的基础上成立的真正市场化运作企业，于 2005 年 5 月刚刚新成立。三者的实质是一套班子三块牌子，最大化地发挥各自的市场优势：

杭州网通信息港是原来最早的小网通，主要定位为网络运营商，提供互联网数据服务。杭州网通在杭州的宽带城域网的建设力度，使其拥有了交互业务开展的基础。

杭州华数数字电视有限公司是由杭州广电局有线电视网络中心、西湖电子集团、杭州日报社、杭州网通信息港有限公司、杭州国芯科技公司共同出资 1.5 亿元组建的，广电绝对控股，并在整个的运营发展中得到了杭州市政府在资金和政

① 王薇：《SMG 的新媒体版图》，《媒介》，2007 年 10 月。

策上的全方位支持。

浙江华数是在杭州网通和数字电视有限公司的基础上成立的以推广互动电视（IPTV）为主营业务的企业实体（后来由于网通市场战略的原因，杭州网通从华数传媒中退出），负责 IPTV 的企业化运作。

从上面的分析中我们可以看出，华数传媒实际上是电信（杭州网通）与广电（杭州数字电视有限公司）共同成立并独立于他们之外的市场实体，这个实体具体负责 IPTV 产业链所有环节的工作，我们称之为联合运营模式。

在这种模式下，新产生的市场实体由于同时兼具电信与广电的背景，既拥有庞大的用户资源和网络资源、丰富的市场运营经验、准确的业务用户管理等，又不受内容运营的限制，可以在法律法规允许的条件下，开展所有电信与广电的业务。

表 11-1　　我国典型 IPTV 试点城市商业模式基本情况对比

试点城市	合作关系	职责分工	业务名称	设备商
黑龙江	中国网通 上海文广	上海文广作为内容运营商负责运营牌照、内容、内容集成运营平台、机顶盒设备，同时负责协调和驻地广电、工商、公安等关系；哈尔滨网通负责网络的建设和维护、收费渠道、用户的管理等；双方共同开发新业务、市场营销和拓展	百视通	UT 斯达康
上海	中国电信 上海文广	上海文广将全面负责 IPTV 业务内容集成、电子节目指南（EPG）制作与设计、版权管理、用户管理等内容管理控环节，使 IPTV 业务的内容及播控环节得到有效管理；上海电信主要负责 IPTV 内容的传输和后台管理系统	百视通	西门子
浙江	华数传媒	包括内容提供、应用集成、网络传送等所有工作均由华数传媒一家独立承担	借助“数字电视”名义	华为 思华
江苏	中国电信 新华社	图文音像资源等内容由新华社提供，网络建设和维护、收费渠道、用户管理等由江苏电信负责	网络视讯	中兴
河南	中国网通 河南广电	河南网通负责网络资源、网络改造和系统设备提供，威科姆科技提供了系统方案和机顶盒终端，威科姆科技与河南广电成立了合资公司提供内容	借助“农村党员干部现代远程教育”项目	科威姆 科技

第五节　中国IPTV用户市场分析

虽然IPTV的前景诱人，然而正如其他任何一种商品一样，其成功的关键在于经过市场的检验，赢得用户认可，因此对于用户的研究和把握在IPTV产业推进的过程中显得异常重要。

一、中国IPTV用户基本特征

我国现阶段使用IPTV的用户主体人群为35岁左右的白领，可大致分为传统电视迷和都市女性，家庭用户居多。

目前来申请IPTV业务的基本以中高端用户为主，大多为35岁左右的白领阶层，IPTV的时移功能解放了白领阶层收看传统电视的时间限制；从使用情况来看，还是以家庭为主。

至于具体的收视人群，根据百视通在哈尔滨前期调研和后期实际运营的经验，他们对IPTV消费群做过仔细划分，主要包括两类人：一类是传统电视迷，他们愿意花额外的钱看电视；另一类是都市女性，她们好奇心强，爱赶时髦。这两类人都不一定是高收入人群，但他们愿意为这些差异化的服务付费。[①]

二、中国用户对IPTV的认知

2005年，中国传媒大学联合央视—索福瑞进行了一项针对IPTV的入户问卷调查，对象是上海、杭州、深圳、青岛、佛山、重庆、武汉、南昌、苏州、大庆等10个城市的家庭，结果显示，绝大多数人没有听说过IP电视，只有14.7%的人表示听说过，进一步分析表明，高收入、高学历的年轻男性是听说过IP电视的最主要人群。时至今日，用户对IPTV的认知程度已经有了很大提高，但是由于节目内容尚不够丰富、需要付费等因素的影响，IPTV自身优势并没有充分发挥出来，以至于其接受度尚且不高。

① 《谁在使用新媒体？寻找新媒体的受众和需求》，http：//news. xinhuanet. com。

三、用户对 IPTV 的使用行为

（一）用户对 IPTV 节目形式的选择

上海文广通过目前的商用发现，60% 以上的观众使用时移和 VOD 点播方式。时移和点播功能仍是 IPTV 的卖点所在。IPTV 时移应用特征是观看正常节目的播出时能够暂停、退回，用户自由安排观看时间。而 VOD 点播节目能够提供除了电视台顺序播出以外的选择。

（二）用户对 IPTV 节目内容的选择

2007 年 3 月 30 日 ~4 月 1 日，中国国际广播电视信息网络展览会上，IPTV 成为主旋律之一，与此相关的标准制定、解决方案、产品创新等充斥人们眼球，在用户眼中，IPTV 存在的最大价值来源于其内容，这也是 IPTV 能够颠覆传统广播式电视的根本所在①。就电视内容本身而言，与传统电视（有线、无线、卫星）相比，IPTV 可能并无区别，但是由于网络双向性特征的存在，让 IPTV 可以更方便地提供诸如视频点播、互动游戏等交互式增值服务。

视频业务 IPTV 的主要显示终端为电视机，因此 IPTV 业务的功能应以视频娱乐为主，沿袭电视机的主要功效，迎合电视用户的收视习惯。从艾瑞市场咨询公司于 2005 年 5 月采用 E-mail 问卷调查方法得到的结果可以看出，在 IPTV 提供的点播类节目中，电影类仍然是最受欢迎的，样本中选择比例高达 75.3%，其次是综艺类和知识类。

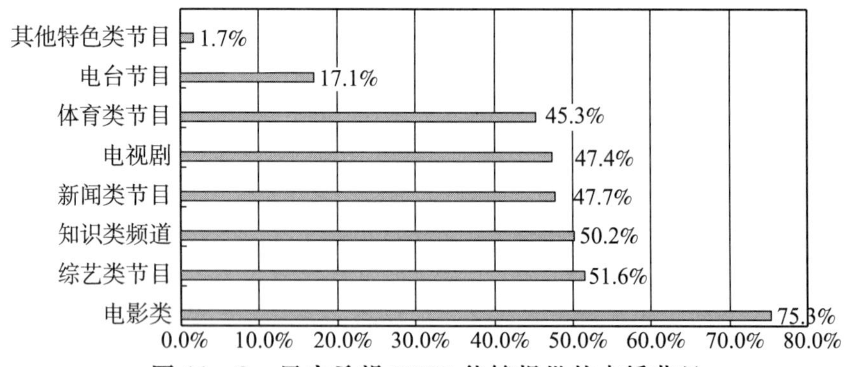

图 11-3 用户希望 IPTV 能够提供的点播节目

资料来源：《2005 年中国 IPTV 市场研究报告》，艾瑞市场咨询。

① 轩辕：《四项宽带多媒体业务用户需求分析》，《中国计算机报》，2007 年。

（三）用户对 IPTV 资费的选择

博通智信咨询公司在 IPTV 消费者调查中发现，用户选择比例最大的是“10～30元”（44.62%），仅有5.9%的用户愿意付出80元以上的使用费。目前试点城市所标榜的49～60元的 IPTV 价格仅指使用价格，尚未计算宽带每月的使用成本以及机顶盒的价钱。试点期间，运营主体固然可以免费赠送机顶盒，但一旦进入大规模商用，这种把有线电视的用户转移到 IPTV 上的成本是否是产业链相关环节（或运营商或是设备商）方所能承担的？如果免费的模式不可能继续存在，用户享受 IPTV 服务的成本将大大增加，用户又是否愿意为此埋单？有线电视的价格大体保持在20元左右，但是从运营者的角度，每月低于20元的使用费对他们来说，根本无法承受。国外的 IPTV 业务之所以能够吸引用户，很大一部分原因在于 IPTV 比有线电视节目更廉价。

第六节　中国 IPTV 产业发展存在的问题

目前，中国的 IPTV 市场尚处于导入期，商业环境远未成熟，完整的产业链还未形成，其中的各个环节还处于互相交叉的状态；广电系统和通信企业的博弈、利益冲突；有线数字电视和 IPTV 的竞争关系；IPTV 所能提供内容的数量和质量等，都是尚且存在的问题，下面分别就这些问题一一论述。

一、技术方面存在的问题

（一）基础技术平台存在的问题

从目前 IPTV 业务的运营情况看，主要有以下几个方面的技术问题需要解决：

1. 网络传输技术

现有的网络都是根据自身业务特点设计的。电信运营商的 IP 网络适合交互型业务的开展，但对实时和单向大流量业务的支持能力有限。广电系统的 HFC（混合光纤同轴电缆）网本质上是一种单向网络，要实现交互需要双向改造并克服其“漏斗效应”。另外，现有 IP 网络的带宽，特别是接入网的带宽还无法满足大规模开展 IPTV 业务的要求，无法承载大量的高带宽需求的用户，更无法提供足够的服务质量保证。此外，现有 IP 网络中的路由设备普遍缺乏对组播技术的支持，因此，在大规模开展 IPTV 业务时也需要重新改造并需增强其广播功能。

2. 内容存储技术

存储设备的成本在整个 IPTV 系统中占相当大的比重，目前运营商多利用现有的本地存储设备来满足 IPTV 业务的需要，但随着存储内容的快速增长会迅速消耗掉这些资源，迫切需要行之有效的解决方案。

3. 多媒体终端技术

目前，IPTV 终端的最终功能和结构形式还没有最后确定，设备制造商不敢投入过多的资金和人力进行研发，更无法形成生产规模。

（二）行业技术标准问题

IPTV 技术现阶段的多样化和建设大规模单一网络的需要，促使 IPTV 标准化成为社会普遍关注的热点。由于缺乏统一的技术标准，使各设备制造商提供的设备在通信协议和编码格式等方面缺乏应有的互通性，网间内容难以平滑传输，从而增加网络建设和运营的成本。因此，国际已有多个标准化组织开展了相关的研究或着手研究，国内通信行业也成立了 IPTV 特别任务组开展相关工作，并就标准体系和近期急需项目取得了进展。

IPTV 行业技术标准中存在的最主要问题，也是研究者要着重考虑并解决的问题分别为：知识产权问题、承载网络问题、体系架构问题、统一编解码标准问题、系统内部接口标准化和互通问题、系统的开放性问题。

1. 知识产权问题

目前 IPTV 业务开展中采用的技术存在着一系列知识产权的问题，除了对设备制造商有影响外，还将对运营商业务开展造成影响；可供数字版权保护机制采用的 OMA 方案包含了针对运营部门的专利收费政策，始终是一种隐患；IPTV 业务采用的一些视频编码技术除了在制造设备时需要交纳专利费外，运营商还需要向国外缴纳逐年递增的专利费；拥有自主知识产权的 AVS 视频编解码标准虽在努力推进，但利用该标准开发的相关产品仍处在起步阶段，目前大规模应用还有一定的困难；更多隐藏的专利问题还在研究中；行业标准中对相关技术的采用必须考虑这一问题，并对使用者加以说明。

2. 承载网络问题

我国现有的宽带 IP 网络（主要是 ADSL 接入）的用户数正在以较快的速度增长，但现有接入网络无法全面满足 IPTV 等视频业务的需求；能保证 IPTV 业务的服务质量要求的 IP 网络应具备良好的稳定性，在带宽、时延、抖动和误码等方面都有不同于以往互联网业务的要求，这是一个长期的研究课题；目前网络上支持组播协议的路由设备的数量有限，若全面提供组播业务需要对网络加以改造，其费用也将很可观；要在保证服务质量的前提下向用户全面推广 IPTV 业务，要对承载网络进行大规模改造，包括接入网、端到端的 QOS 保证机制和对组播的支持能力，标准制定中必须考虑技术的可行性和增加的成本这两方面因素。

3. 体系架构问题

现有的一些 IPTV 系统的核心结构继承了传统 VOD 系统的许多思路，从多年来 VOD 系统的商用化历程来看，这种架构是否能满足覆盖广大地域、用户密集情况下业务的开展需要存在着疑问。能最好满足 VOD 业务需要的系统架构和最好满足电视直播业务需要的系统架构存在明显不同，何种业务将是主要的利润来源以及对附加业务的兼容能力将决定对两种架构的取舍。随着运营商试验网规模的不断扩大，架构引入的问题将逐步显现出来。目前已经有一些创新的思路提了出来，但能否真正满足电信运营的需求还要经过时间的检验。

4. 统一编解码标准问题

编解码格式的不同对节目的生产、存储、传输、管理等各个环节都产生了巨大的影响，也增加了生产和建设成本。MPEG－4overIP 方式采用高效视频压缩编码，适合提供点播服务，支持灵活的数据复用，是目前被广泛采用的编码标准。但是 MPEG－4 的解码器在各厂家之间并不兼容，每个厂家都分别拥有“私有定义”。随着 ISO 与 ITU 两个视频编码工作组的合并，H.264 成为一个共同的新标准，但设备还没有完全成熟。此外，AVS 是中国自主制定的音视频编码技术标准，AVS 进入产业化有待时间的检验。在国家未颁布正式标准之前，国内的运营商已经开始进行编码效果的测评工作，先期制定了运营商的企业标准。值得注意的是，如果这些企业标准之间又互不兼容，那么整个产业的标准化和随之带来的成本问题就仍不能真正解决。

5. 系统内部接口标准化和互通问题

国内外存在多种 IPTV 系统解决方案，这些方案在系统内部功能模块和接口的划分并不一致。即使遵循近似架构的厂商提供的设备目前也不能保证实现互通。现有的各厂商系统无法互通，业务内容很难平滑地跨不同厂家的系统传输，造成某一地域内全部设备必须由一家厂商来提供，从而导致运营商网络建设成本的大幅增加。如果在用户端实现多业务融合，势必考虑不同业务系统的彼此兼容和部分功能模块的合并，这对系统内接口的标准化和互通将提出更高的要求。

6. 系统的开放性问题

IPTV 系统必须具有足够的开放性才能支持业务的持续发展，目前对开放性的理解存在较大的差异；标准研究过程中需要澄清如下概念：业务能力的开放性、业务规模的开放性、内容接入的开放性、用户接入的开放性、网络规模的开放性以及设备/模块互联的开放性。

二、政策方面存在的问题

IPTV 是典型的融合性业务，其发展不仅受技术条件、市场需求等因素的影响，政策影响也不可忽视，因此，在 IPTV 产业发展所面临的众多挑战中，政策问题一直以来都是大家关注的焦点，甚至一度被认为是 IPTV 产业发展的一个瓶颈。总体来看，IPTV 涉及电信和广电两个产业，但是政策不明使得电信和广电双方都相当谨慎，存在着以下一些问题。

（一）相应的监管制度并未确立

IPTV 是介于电信与广电两个行业之间的新生产物，对于部门间的业务交叉，我国缺乏相关的广电法和电信法予以约束，对 IPTV 应界定为何种类型的业务、由谁来监管、如何监管都没有明确的说法。

广电总局认为 IPTV 涉及电视终端，且内容提供大部分是影视产品，应该由广电总局来统一管理。“广电总局负责全国互联网等信息网络传播视听节目的管理工作，并且这一法令适合以互联网协议（IP）作为主要技术形态，以计算机、电视机、手机等各类电子设备为接收终端，通过网络从事开办、播放（含点播、转播、直播）、集成、传输、下载视听节目服务等活动。”① 这就限定了广电总局是开展 IPTV 的主管部门。与此同时，电信行业的主管部门信息产业部认为，网络视频是互联网内容和技术的延伸，自然属于信息产业部的管理权限范围。在新的《电信业务分类目录》中，视频点播（VOD）划分在增值电信业务类的国内多方通信服务业务之中。而且，在已送交审议的《电信法》中也指出：“电信，是指利用有线、无线的电磁系统或者光电系统，传输、发射、接收或者处理语音、文字、数据、图像以及其他任何形式的信息的活动”，明确地将“图像”含括在电信业务之中。

广电和电信在 IPTV 的管辖权上分歧很大，目前，对 IPTV 业务的指导，更多是通过广电的条令或意见来实施引导，而各条令的发布通常是对临时现象的临时管理，而不是从长远角度的法律限定，引出了许多纠纷，因此，从长期发展看，必须制定一个纲领性的法令以指导 IPTV 产业的发展。

总体来看，对 IPTV 的管制除了有广电和电信两个部门以外，还有其他一些政府机构对其经营也在不同方面发挥作用，如中宣部、文化部、国家版权局等，

① 《互联网等信息网络传播视听节目管理办法》（第 39 号令）。

其监管职能、范围如表 11 -2 和表 11 -3 所示。

表 11 -2　　IPTV 主管机构的职能和管辖范围

管制机构	监管职能	管辖范围
国家广播电影电视总局	(1) 审批网上传播广播、电影、电视类节目； (2) 监督管理广播电视节目、卫星电视节目的收录和通过信息网络向公众传播的视听节目； (3) 负责节目的进口管理并负责内容审核； (4) 负责核发《信息网络传播视听节目许可证》。	对互联网上的视听节目内容进行监管
信息产业部	(1) 互联网信息服务的管理； (2) 负责核发《ICP 证》、《移动增值业务许可证》； (3) 统筹规划国家公用通信网、广播电视网、军工部门和其他部门专用通信网并进行行业管理。	管理电信、互联网相关信息产业
文化部	(1) 国家文化、艺术方面的相关事项进行管理； (2) 负责核发经营性互联网文化产品主办单位的《网络文化经营许可证》； (3) 进口互联网文化产品的内容审查。	对互联网文化、艺术方面的相关事项进行管理
国家版权局	负责管理网上播出节目内容的版权，核实在版权方面具有《著作权法》规定的信息网络传播权。	对节目内容的著作权进行管理

表 11 -3　　IPTV 监管政策一览表

监管内容	监管机构	监管范围
市场准入	广电总局、信产部、文化部	许可证的发放和管理
内容监管	广电总局、文化部、新闻出版总署	版权管理、内容引进、内容审核、内容加工与制作
制作监督	广电总局	节目制作
硬件和技术监管	信产部、广电总局	制造厂商管理、技术标准制定、技术发展及设备进网许可证发放等
接入网络监管	信产部	网络带宽标准、点播软件、收费软件等标准
网络安全	信产部、广电总局	网络监看、监察
运营监管	广电总局、信产部等	业务运营、客服质量、电视台管理

（二）电信与广电交叉进入的政策尚不明朗

中国的电信和广电一直以来都处于分业管制的局面，信息产业部管理电信产业，广电总局管理广播电视等相关事务。早在 1999 年，国务院就制定了关于广电和电信双向禁入的规定，这项规定成了影响电信运营商发展 IPTV 的最大障碍；此外，广电总局也曾经发布82号文件，规定电信部门不得从事广播电视业务，广播电视部门不得从事通信业务。尽管国家在《中共中央关于制定国民经济和社会发展第十一个五年规划的建议》中提出了推进“三网”融合的政策，但是有关电信和广电双向禁入的规定尚未废止。

2004年10月11日，广电总局发布的39号文件《互联网等信息网络传播视听节目管理办法》终于给IPTV的发展指明了一个大致的产业政策方向，《办法》规定，从事信息网络传播视听节目业务实行许可制度，并设置了获得许可证的门槛，目前这一许可证只发给了广电下属的4家企业，电信运营商开展IPTV需要与拥有许可证的企业进行合作。虽然相对来说，电信运营商开展IPTV业务在行业政策方面与广电相比处于明显的劣势地位，但总归是有了一线希望。

（三）政策壁垒尚未打破

广电从自身利益考虑，对电信运营商进行较多限制。目前经营IPTV业务需要4张许可证，即信息网络传播视听节目许可证、网络文化经营许可证、ICP证、移动增值业务许可证，分别由不同的部门发放，其中网上传播许可证由国家广电总局发放。由于IPTV的发展不可避免地带来电信和广电业务相互渗透的问题，而受冲击最大的就是广电部门，尤其是目前广电主推的数字电视。因此，从自身利益考虑，广电总局慎重发放牌照，对电信运营商进行较多限制。

因此，即使电信运营商和获得许可证之一的上海文广签订了合作协议，仍然会受到来自地方广电部门的阻碍。中国的电信运营商在开展IPTV业务时不仅要在内容上与广电公司合作，还要在业务许可上与广电企业合作，在这样的政策环境下，运营商对经营IPTV的积极性有所减弱。

此外，除了电信运营商必须和广电系统的牌照拥有者进行合作才能开展业务外，在具体的落地城市还需要当地广电部门的许可。这一“二次落地”政策成为IPTV发展中的最大的桎梏①。这一问题的解决还要寄希望于政府不断推进中的“三网”融合政策能够有大的突破。

三、市场环境方面存在的问题

（一）内容匮乏，问题突出

节目内容上的竞争是IPTV行业竞争的核心，任何IPTV平台要想获得商业

① 杨庆广：《IPTV用户数翻番后市看好》，赛迪网——中国电子报，http://news.ccidnet.com/。

上的成功，必然要有大量优秀的内容作为支撑。内容的充实也是IPTV产业发展的关键，如果没有针对消费者喜好的内容和应用，这个产业很难做强做大。然而，就目前的情况来说，内容匮乏恰恰是IPTV产业面临的一个大问题，主要原因是运营商在没有看到市场收益的情况下不愿意过多投入，许多市场上出现的网络电视都采取了“零投资”或“少投资”的运营模式，即内容服务商提供原本为电视台录制的电视节目内容，通过网络运营商现成的网络资源进行播放；此外，目前影视制作仍然由广电部门进行许可证管理，影视制作权主要局限在广电部门内部的企事业单位，这就限制了社会资源进入IPTV内容服务领域。目前广电部门也已经开始尝试进行网台分离的改革，只有真正实现了网台分离，以及节目制作与传输分离，才可以使电视台摆脱自身的行业制约，为IPTV的发展提供更好的内容资源。即使这样，也还需要从政策上给予更多的开放，引入更多的内容提供商进入这一产业。

但也有部分用户认为IPTV的内容较之传统电视已经丰富了许多，以上海的IPTV为例，上海IPTV点播节目长达3 000个小时，包括电影、电视剧、音乐娱乐以及教育等栏目。点播节目改变了“你播我看”的电视被动接受方式，让用户可以根据自己的喜好来选择节目，大大提高了用户的互动体验。值得一提的是，当收看电影中途退出的时候，IPTV系统提供了“书签”功能，下一次收看时，便可以从“书签”处继续。另外，系统提供的“搜索”功能也让用户更方便地寻找自己喜爱的影片。

总之，IPTV与有线电视、数字电视相比只有具有竞争优势才有生命力。从目前大部分用户的反映来看，片源等内容更新速度慢，与广告宣传不太相符；增值服务尚未形成聚合效应，而且IPTV资费高于有线电视，内容和服务跟不上，在很大程度上对IPTV造成不好的口碑效应，影响IPTV长远健康发展。

（二）IPTV产业链存在问题繁多

从目前的发展来看，IPTV产业链存在许多不足，主要表现在以下几个方面。

1. 产业链的结构仍不够清晰

由于IPTV业务起步时间晚，还没有形成一条完整的产业链，只是初步形成了一个雏形，具备了一些基本环节，加上IPTV概念还不够清晰，所以直接导致了整个产业链的具体结构不够清晰，各类企业机构在产业链中的位置也不够明确。在IPTV产业链中，内容服务提供商是责任最为不明的环节之一，这也是电信业和广电业之间相互争夺的战场之一。由于我国的历史原因，内容监管一直是由广电业控制，因此广电行业的内容服务提供商也就有了“近水楼台先得月”的优势，上海文广率先获得了广电总局颁发的IPTV许可证，而电信行业的内容服务提供商却一无所获，导致了电信行业一片怨声载道。但是，不论是上海文广还是没有获得许可证的广电内容服务提供商和电信内容服务提供商，都还不能明确自己在整个 IPTV 产业链中的位置，不能明确自己究竟应该做哪些工作，怎样来做这些工作，只是有一个模模糊糊的方向而已。

2. 还没有找到令各方满意的盈利模式

从整个 IPTV 产业链来看，包含了内容提供商、内容服务提供商、网络提供商和用户四个主要环节。因此，只有让前三个环节获利，用户受益，整个产业链才能发展起来。然而，现在的情况是，内容提供商害怕盗版泛滥影响收益，内容服务提供商害怕广告收视率降低影响收入，网络提供商认为自己是龙头老大应该拿大头，最终用户也觉得收视费用偏高。用户不接受这种服务，整个价值链的价值就无法实现。这就造成了一个怪圈，虽然大家都认为 IPTV 是一种非常好的业务，但却都找出各种各样的理由不肯接受它。没有成熟的盈利模式，产业链的发展平衡也就随之破坏。

3. 主要环节力量仍然薄弱

在现有的 IPTV 价值链环节中，主要环节还仍然表现出力不从心。

首先是内容提供商。内容是 IPTV 业务利润的源泉，然而电影、电视、互联网等内容的匮乏也是人所共知的事实，如何为 IPTV 产业链提供精彩的内容，吸引更多的用户加入到 IPTV 消费者的行列中来，是内容提供商所面临的最大挑战。

其次是内容服务提供商。显然，IPTV 内容服务提供商需要对电信和广电两个行业的原有内容进行整合。但是，对于原有电信内容服务提供商来讲，不仅要为用户提供文字、图片新闻等传统的互联网内容服务，还要为用户提供传统的电视服务。对于原有广电内容服务提供商来讲，情形也大抵如此。这不仅要求内容服务提供商具有较强的互联网内容运营能力，还要求其具有较强的传统电视内容运营能力，这对于现有的电信内容服务提供商和广电内容服务提供商来讲，都需要相互向对方学习。如何在相互竞争的情况下相互帮助，相互提高，为用户提供安全、合法、差异化、个性化的内容，是双方共同面临的也是迫切需要解决的问题。

最后是网络提供商。对于电信网络运营商来讲，其现有宽带网络还不能为用户提供非常满意的带宽，网络服务质量还无法保证，因此也就无法保证用户能够享受到清晰、流畅、稳定的播放品质。目前，电信网络运营商正在加紧进行宽带网络建设和 FTTH 等先进技术的研究工作，相信在不远的将来，人们就可以通过电信网络获得相对满意的 IPTV 服务了。相对于电信网络提供商来讲，广电网络提供商面临的问题更为严峻。一方面，目前的有线电视网络还都是单向的 HFC 网络，需要进行双向改造，这需要大量的投入；另一方面，广电网地方割据、互不连通的局面几乎无法打破，根本无法形成全程全网。

4. 已有环节间合作不畅

在 IPTV 产业链中，内容服务提供商需要从整个产业链的源头——内容提供商那里获得内容才能通过网络提供商的网络为用户提供服务。但是到目前为止，内容服务提供商与其上游环节——内容提供商之间的合作并不愉快。这是由于对于制片公司来讲，DVD 销售和出租业务为制片公司带来的收入远远高于票房收入，并且视频点播业务可能会严重影响到 DVD 销售和出租业务收入，因此大多数制片公司仅仅同意有限的视频内容进入视频点播渠道。这也是三十年前 HBO 公司就提出了视频点播的概念，而直到现在它还不得不完全自己制作内容节目的原因。然而，对于内容服务提供商来讲，也同样担心其自身的盈利问题，也就是他们的广告收入。他们担心用户会在收看电视节目时利用 IPTV 的强大功能滤掉广告，这样就无法达到广告效果了。

（三）用户对 IPTV 的认知度和接受度还处于较低水平

长期以来，我国用户对电视、广播等大众媒介的理解还处在一个单向传播、被动接受的层面，尤其是电视观众，主动权只在于看或不看，遥控器的作用仅仅是在有限的频道间转换，数字电视的出现使用户的频道选择数量以及画面质量有了很大提高，却始终改变不了一个难题："电视节目转瞬即逝"；互联网虽然实现了互动，然而 PC 普及率在中国尚低是一个不争的事实。IPTV 解决了这一系列问题，就用户欣赏视频节目的个性化需求而言，IPTV 可为用户创造明显的新价值，可按自身愿望随时选择愿意欣赏的节目，从而可节省时间，提高效率，并可根本摆脱待在电视机前漫长的等待想看节目的播出，或因某种原因未看到某一节目而产生的遗憾，以及实在忍无可忍不想看的广告节目的无休止冲击。

总之，用户培育尚需时日，IPTV 作为一种崭新的业务模式，如何说服用户接受并使用仍是运营商需要解决的问题。国内用户还没有养成付费收看电视的习惯，国内影视剧的盗版等问题也会对用户接受 IPTV 业务产生不同程度的影响。只有解决了这些不利因素，才能完全发挥 IPTV 的天然优势：丰富的交互性、简便的操作性、用户体验优势和业务差异性。

（四）商业模式尚不清晰，但需投入巨额资本

IPTV 的产业链并不成熟，商业模式也还不清晰，然而 IPTV 的实现需要的资本却相当惊人，IPTV 建网耗资巨大，主要体现在三个方面：一是 IPTV 系统的投入；二是城域网和接入网的投入；三是 IPTV 投入使用后的维护管理成本。根据目前中国电信、中国网通的试商用情况，第一部分投入的成本至少为 1 000 元/户，后两部分成本目前较难量化。再以上海文广的 IPTV 业务为例，其总体网络

投资摊到每个用户头上就是 1 500 元，若要发展 100 万用户，就需要投资 15 亿元。如此巨额的投入，不得不使运营商在迈向 IPTV 的道路上小心谨慎。

此外，广电网络运营商由于自身体制、资金、经营等问题的限制，无法在 IPTV 产业的分发环节发挥重要作用，而内容资源分发平台的增加将使他们面临巨大的挑战。与之相比，电信运营商具有自上而下的全国统一布局、相对充裕的资金和现代企业体制的比较优势，由于分发渠道唯一性和广电网络的地方割据，电视传播媒体需要耗费较大的时间成本和资金成本来解决全国落地问题。同时，其主要收入贡献者广告也受到迅速成长的互联网广告的冲击。因此，IPTV 在给他们提供新的分发通道和收入的同时，也使他们面临着既得利益和未来收益的平衡。

（五）数字电视发展迅速，IPTV 竞争激烈

与 IPTV 具有一定竞争关系的数字电视发展提速给 IPTV 造成了一定的困扰，截至 2007 年 11 月 30 日，中国有线数字电视用户已达到 2 364.7 万户，同比增长 81.30%①。加之各地广电部门正在大力推进数字电视双向改造，其和 IPTV 交互式业务提供能力的差距也在逐渐缩小。

显然，无论是 IPTV 还是有线数字电视，都是一种创新的业务形态，一种全新的商业模式。在新的产品或新的服务初入市场时，谁的速度快，谁就能先拥有市场。广电部门以目前的推广决心以及推广力度，使有线数字电视能占据大部分市场。想分一杯羹的电信运营商及管理部门，必须抓紧时间，因为进军市场的速度决定 IPTV 的成败。

本章小结

IPTV 是家庭用户市场上的新型角色，它结合了网络和电视的优势，让用户实现收视自由，本章分析的核心就是 IPTV 在中国的发展状况。

在本章第一节，我们先说明了 IPTV 产业的基本概念、业务类型等问题，紧接着进入到对中国情况的分析。首先，我们从通信和广电两大产业角度分析了中国 IPTV 产业的发展动因，无论是广电还是通信行业，都希望通过发展 IPTV 产业来带动本行业的升级。然后分析了我国 IPTV 产业链的角色构成、产业链特点和发展策略，尤其关注于广电和通信两大行业的对比关系。第四节用历史的眼光梳理了 IPTV 在中国的发展历程和现状。第五节从数据角度分析了 IPTV 的用户

① 杨庆广：《IPTV 用户数翻番后市看好》，赛迪网——中国电子报，http://news.ccidnet.com/。

市场特征，可以看到大众对 IPTV 的认知还比较弱。最后从技术、政策、商业模式、用户市场等多个角度分析了我国 IPTV 产业发展面临的诸多问题。

通过这一章的论述我们看到，IPTV 以其与数字电视极其相似的定位和功能成为数字电视的有力的、直接的竞争对手，也集中体现了广电和通信两大行业力量博弈，如果 IPTV 产业发展下去，势必会引发广电和通信两大行业在家庭市场上全面而直接的竞争。

当然，在当前环境下，IPTV 的发展还比较弱，存在这样那样的问题，无论是用户规模、政策支持力度还是用户认知接受程度、产业运营等层面，IPTV 都还有待于实践层面的进一步探索。

至此，我们分析了广电与通信两大网络产业在家庭市场上的竞争，下面我们将对其在个人市场的争夺进行分析，主要包括 CMMB 和手机电视。

第十二章

中国移动多媒体广播产业发展分析

移动多媒体业务包括基于数字广播网的广播式业务与基于移动通信网络的点播式业务两种基本类型，两者在技术体系、传输网络、接收终端、运营模式以及行业背景上各有特点。广播式移动多媒体业务由广电主导，点播式业务以电信为主导。按照目前业界对两种业务的概念划分，“手机电视”专指电信主导的移动多媒体业务，“移动多媒体广播”则特指广电主导的广播式移动多媒体业务，是广电针对本行业特点另辟蹊径提出的概念。因此，本章主要聚焦于“移动多媒体广播”领域，从背景动因、技术特征、产业链构成、推进脉络、业务类型几个方面分析中国“移动多媒体广播”的发展情况，并对比、借鉴国外同类型业务的发展经验，把握中国“移动多媒体广播”的发展进程和未来走向。

第一节　中国移动多媒体广播的基本内涵

目前，为了进一步与电信主导的移动多媒体业务“手机电视”和地方广电为主导的数据音频广播（DAB）区别开来，国内的“移动多媒体广播”概念主要是指广电主导的以视频为主的移动多媒体业务，它作为国家广电总局主推的移动多媒体广播行业标准，并且具有国家自主知识产权以及国家政策支持，因此，成为国内移动多媒体广播的行业代表。

中国移动多媒体广播（China Mobile Multimedia Broadcasting，简称 CMMB），指通过卫星和地面无线广播的方式，供七寸以下小屏幕、小尺寸、移动便携的手持类终端，如移动通信手机、PDA、MP3/MP4 播放器、数码相机以及笔记本电脑等接收设备，随时随地接收广播电视节目和信息服务等业务的系统。

2006 年 10 月 24 日，国家广电总局正式颁布了 CMMB 行业标准，确定采用我国自主研发的移动多媒体广播行业标准。该标准规定了在广播业务频率范围内，移动多媒体广播系统广播信道传输信号的帧结构、信道编码和调制，该标准适用于 30MHz ~ 3 000MHz 频率范围内的广播业务频率，通过卫星和/或地面无线发射电视、广播、数据信息等多媒体信号的广播系统，可以实现全国漫游，传输技术采用具有国家自主知识产权的 STiMi 技术。

CMMB 业务具有以下特征：（1）突破以往的时空限制，随时随地接收广播电视；（2）创造新的收视习惯和消费时尚；（3）更加丰富的内容，更加有效的覆盖；（4）快速传达信息，增强国家应急能力。

第二节　中国移动多媒体广播发展背景及动因

一、社会背景

随着中国不断发展，中国城镇居民出行的时间长度和频率在不断增加。政治经济文化活动的频繁，交通运输能力的不断提高，移动人群，或者说城镇居民处于移动状态下的人数飞速发展，成为中国社会生活中一个重要的内容。

据《2006 年中国统计年鉴》数据显示，我国目前有民用载客汽车 1 735.91 万辆，每年客运量达 162.45 亿人次，汽车旅客运输平均运距为 92 公里；铁路客车 39 766 列，客运量每年达 11.18 亿人次，铁路旅客平均运距为 511 公里；民航飞机 1 245 架，年客运量达 1.21 亿人次，民航旅客平均运输距离为 1 470 公里；民用船只 210 700 艘，年客运量达 1.90 亿人次，航运旅客平均运输距离为 35 公里，而且随着客运市场的不断扩大每年各种公共交通工具的客运量还在不断增长，详细数据见表 12－1 ~ 表 12－3。

表 12－1　　民用交通工具的拥有量以及增长幅度（2001～2005 年）

单位：万辆

	年份	民用载客汽车	铁路客车	民用船只	民航飞机
拥有量	2001	8 537 300	35 989	229 676	982
	2003	12 023 700	38 972	202 977	1 160
	2005	17 359 100	39 766	210 700	1 245
平均年增长率		21%	2.5%	－4%	12.7%

资料来源：《2005 年中国统计年鉴》。

表 12－2　　民用交通工具的客运量以及增长幅度（2001～2006 年）

单位：万人

年份	铁路	公路	水运	民用航空
2001	105 073	1 347 392	19 386	6 722
2002	105 155	1 402 798	18 645	7 524
2003	105 606	1 475 257	18 693	8 594
2004	97 260	1 464 335	17 142	8 759
2005	111 764	1 624 526	19 040	12 123
2006	126 047	1 845 797	22 048	15 938
平均年增长率	4.2%	8.75%	7.85%	22.4%

资料来源：《2006 年中国统计年鉴》。

表 12－3　　旅客平均运距以及增长幅度（2001～2005 年）

单位：公里

年份	铁路	公路	水运	民用航空
2001	431	49	52	1 444
2002	453	51	48	1 450
2003	471	53	44	1 476
2004	492	53	37	1 442
2005	511	53	35	1 470
平均年增长率	3.48%	1.6%	－7.47%	0.37%

资料来源：《2005 年中国统计年鉴》。

另外，2005 年仅北京、上海、广州、南京四城市的公交车就有 5 万辆，出租车约 15 万辆，地铁列车约 1 600 辆，一年短途交通工具带来的流运人口高达 173.81 亿人次；而全国一年的短途流动人数在 1 000 亿人次以上。

从统计数据可以看到，我国的人口流动性越来越大，随着经济社会的发展，这些领域对随时随地获取广播电视节目和信息的需求非常迫切，也是目前广播电视服务的空白。移动多媒体广播是广播电视数字化发展带来的新业务，在满足固定接收的同时，填补了移动人群和各种交通工具接收广播电视的需求。作为主流媒体的广播电视应该发挥主导作用，利用各种移动终端，使移动多媒体广播成为宣传党和国家声音、传播先进文化的新阵地，成为发展文化产业的一个重要领域。

同时，移动多媒体广播这种新兴媒体将会成为人们获取信息的一个重要渠道，不仅会给人民生活带来巨大变化，而且会给文化产业、信息服务业和民族工业带来新的发展空间。

二、国家需求

（一）增加宣传渠道、扩大宣传阵地

宣传科学理论，传播先进文化，弘扬社会正气，促进社会主义和谐社会的观念深入人心，是我国新闻宣传工作的主要任务。以前，党和国家的宣传渠道集中于电视、广播、报纸、杂志、互联网等媒介，可以基本上覆盖固定收视、收听和阅读人群；但是，对于移动群体，由于缺乏相关的技术、终端和标准，党和国家的声音、先进的文化、主旋律内容等却无法有效地传播。信息技术的进步为改变这一情形提供了条件。

信息技术的发展催生了手机电视、车（船）载移动电视、楼宇电视等多种数字接收终端，这些终端结合网络在普通消费者、交通工具、公共场所中广泛应用，可以形成一个全方位、立体式的移动传播空间，从而增加宣传渠道、扩大宣传阵地，满足建设社会主义和谐社会的需求。

（二）满足群众精神文化需求

随着社会、经济、技术等环境的变化，我国居民对精神文化产品的需求有了很大的提升，这体现在以下几个方面：

首先，我国城乡居民恩格尔系数的逐年降低，反映出人们对精神文化产品量的需求。

其次，我国基尼系数仍然较高，这意味着社会阶层更加“碎片化”；具体到媒介消费层面，大众到分众以及从众消费到个性消费的变化对精神文化产品的种类和质量提出新的要求。

再次，技术的进步使居民利用先进的数字化终端在固定或移动状态进行工作、学习、娱乐、获取资讯等成为可能，根据特定用户设计和提供特定的产品或服务是新媒体运营机构的重大课题。

移动多媒体广播顺应数字化的发展潮流，能够通过融合的终端和融合的网络为居民提供更为丰富、多元的业务，从而满足上述需求。具体而言，移动多媒体广播业务能催生更多的文化产品生产机构，并能带动传统媒体内容资源的整合开发，使文化产品的数量和种类得到极大的增强和丰富；同时，内容生产机构的增多意味着更加激烈的竞争，为了培育可持续的优势，内容生产机构需要对内容的品质进行控制；并且，移动多媒体广播业务针对移动群体设计产品和服务，在满足居民移动视听需求的同时，还可以为其提供数据服务、资讯服务、电子商务服务等辅助服务，极大地方便了居民的工作、学习和生活。

（三）促进“三网融合”和政府信息化工程的建设

积极推进“三网融合”，是我国信息化规划中的基本战略。“三网融合”最终是要体现为“业务融合”，居民无论是通过电视机还是电脑、移动 PDA、手机、车载多媒体等设备，都可以自由选择需要的服务，包括通信、广播、数据、电子商务、网络浏览、音视频点播、资讯等。相关行业应该在网络、技术及业务层面展开融合，但由于行业“竖井”式的条块管理，“三网融合”的推进面临相当大的困境。具有国家自主研发标准的 CMMB 通过广电的地面数字电视广播下行获得内容，通过通信网络发送点播等上行信息，将卫星与地面传输网络相结合，利于广电和电信业务的互补和融合，从而有效促使“三网融合”的推进。

中共中央办公厅、国务院办公厅印发的《2006～2020 年国家信息化发展战略》，坚持把开发利用信息资源放到重要位置，加强统筹协调，促进互联互通和资源共享。在这一方针的指引下，我国政府的信息化工程需要规范政务基础信息的采集和应用，建设政务信息资源目录体系，并且推动政府信息公开。移动多媒体广播能够整合移动广播及数据服务网络，建设政府政务信息资源的交换体系和发布平台，构建电子政务应用和服务体系，提高政府的网络化公共服务能力等，从而有效推进政府信息化工程的建设。

（四）促进经济发展

移动多媒体广播是将来重要的宣传阵地，也是数字化程度较高的媒体业务，在内容产业、数字新媒体产业等日渐兴起的趋势下，移动多媒体广播能够发挥较大的作用，从而以其高辐射力和影响力促进各相关产业的发展。

在内容产业，移动多媒体广播的兴起为设备制造商、内容集成商、增值服务提供商和网络运营商等提供了庞大的市场。这些组织的发展，利于内容产业上、中、下游产业组织集群的形成，以及价值链的逐渐完善和顺畅。

对于新媒体产业，移动多媒体广播催生了新的市场主体，这些主体与 IP 电视、有线数字电视、卫星电视等新媒体的运营主体的竞争与协作，会使资源配置更优、规模效应更大。

此外，移动多媒体广播作为一种传播渠道，可以通过节目、资讯或广告的形式作为体育、旅游等产业以及区域的展示平台和信息载体，从而促进这些相关产业和区域经济的繁荣，并最终为国民经济的发展作出贡献。

三、广电行业发展的战略需求

（一）应对移动人群

移动多媒体广播是广播电视数字化发展带来的新业务，在满足固定接收的同时，填补了移动人群和各种交通工具接收广播电视的需求。我国的人口流动性越来越大，随着经济社会的发展，这些领域对随时随地获取广播电视节目和信息的需求非常迫切，也是目前广播电视的服务空白。作为主流媒体的广播电视应该发挥主导作用，利用各种移动终端，使移动多媒体广播成为宣传党和国家声音、传播先进文化的新阵地，成为发展文化产业的一个重要领域。

（二）符合媒介融合和广电数字化战略的发展趋势

移动多媒体广播符合媒介融合和广电数字化战略的发展趋势，成为广电行业在未来媒介版图中的重要竞争领域。移动多媒体广播显示出的融合趋势包括：一是终端的融合，接收终端不仅是手机，还包括 PDA、MP3、MP4、数码相机、笔记本电脑以及在汽车、火车、轮船、飞机上的小型接收终端。二是业务的融合，提供的业务不仅有广播电视节目，还有交通导航、生活资讯等综合信息服务。三是技术的融合，不仅利用广播电视技术传输节目，发挥广播宽带的优势，还利用移动通信技术开展互动业务，发挥已有网络的作用。移动多媒体广播这种新兴媒体将会成为人们获取信息的一个重要渠道，不仅会给人民生活带来巨大变化，而且会给文化产业、信息服务业和民族工业带来新的发展空间。

（三）服务奥运

国家广电总局已经明确表示：移动多媒体广播首先要为 2008 年奥运会服务，其优势能随时随地为用户提供及时的赛事进展和结果，2008 年奥运会期间移动多媒体广播已经投入全面运营。另一方面，奥运会的举办为移动多媒体广播的发展提供了重要的发展契机，广电主导的 CMMB 在奥运会期间顺利投入运营并扩大了自身的市场影响力，成为 CMMB 在未来新媒体特别是与电信手机电视竞争的移动视频领域的战略拐点。

第三节　中国移动多媒体广播发展的政策推动力

由于移动多媒体业务体现了未来三网融合的趋势和国家信息化战略的要求，并且随着网络的融合和移动化的趋势，移动多媒体业务将形成一个价值巨大的市场，另一方面，移动多媒体是广电和电信两大产业交叉的市场领域，在倡导合作的同时，广电和电信希望能夺取这一新市场的主导权。广电与电信两大体系对该市场的竞合博弈，成为现阶段两大系统布局移动多媒体的核心基调。

面对具备雄厚财力、优势网络和庞大用户的电信系的竞争，借助主管部门的政策力量，聚合系统内部和外部的各方力量是广电系的核心竞争策略。因此，目前，CMMB 的发展主要由国家广电总局牵头、规划，联合产业链各方企业共同推动。广电总局出台的行业政策是 CMMB 起步阶段的重要推动因素，按照广电总局的规划，以手机电视为代表的移动多媒体广播首先要为 2008 年奥运会服务，其优势能随时随地为用户提供及时的赛事进展和结果。

CMMB 发展时间规划是：（1）2006 年年底，完成地面补点试验网建设，进行系统的试验。（2）2007 年年中，完成地面补点示范网建设，开始商用试验。（3）2008 年上半年，启用卫星系统，形成全国网络，正式开始运营，为 2008 年北京奥运会提供服务。

在总体规划之下，广电总局的政策杠杆重点发力在规范技术体系，建立自主知识产权行业标准；促进技术研发和产业链的成型；推进商业应用以及游说国家支持几个方面。

一、规范技术体系，建立自主知识产权行业标准

（一）发布通知，叫停全国未经许可的移动电视试验

2006 年 3 月 31 日和 4 月 27 日，国家广电总局出台《关于加强移动数字电视试验管理有关问题的通知》和《关于进一步加强移动多媒体广播技术试验管理的通知》，通知中两度叫停全国未经许可的移动电视试验，“即日起，各地一律不得新开移动电视业务。此前已经开展业务的企业，可以在‘五一’前补办

审批手续。向广电总局提出试验申请但未获批准，或逾期未提交申请的机构，须在6月15日前停止业务。”“在广电总局颁布移动数字多媒体广播技术标准前，未经批准，各地不得擅自进行试验或开展业务。”2007年1月4日，广电总局进一步发布《关于进一步加强移动多媒体广播技术试验管理的通知》（以下简称《通知》）。《通知》的重点是：目前，我国移动多媒体广播的系统测试工作正在进行，相关配套标准将陆续颁布，产业化准备工作进展顺利。但经查，仍有个别单位未经批准，采用非广电行业标准的技术体制，进行移动多媒体广播试验。总局已分别对违规单位进行了批评，并提出了整改要求。

（二）《通知》解读

广电连续出台规范《通知》，其肃清然后进入这一市场的强势态度表明：

首先，中国数字电视一直没有自己的标准，地面数字电视虽通过国标，但产业化还有待时日，而以STiMi为核心的CMMB移动多媒体广播系统标准则成为中国自主知识产权的并有望看到产业化前景的第一个标准，也是广电继数字电视之后的一个最有希望带动行业成长的潜力股，从政府对于自主创新的态度（包括对于TD标准/AVS标准/闪联标准）来看，国家自然会支持自主标准。

其次，以诺基亚、摩托罗拉、三星等为代表的手机厂商瞄准了中国这一潜在市场，纷纷在各地推广自己支持的技术标准，特别是在韩国已经商业化的DMB标准，一旦形成既成事实，就意味着每年巨额的专利费，对国内相关产业也是一个不小的损失，当然是向来以保护国内品牌企业为己任的中国政府不愿看到的。

再次，广电意图通过政策规范肃清市场，也包括移动运营商的试验在内，认为既然是视频，就必须接受广电的监管，但移动运营商却否认接到过此《通知》，并认为是针对广电系统内部的广播方式的手机电视标准，与电信运营商所使用的电信方式的手机电视标准无关。这一监管归属权的问题其实是源于广电和电信两大行业监管部门在新媒体领域监管职能的交叉和缺失，也是推动这一产业未来良性发展亟须解决的问题。

最后，由于我国地面广播电视频率资源非常有限，目前对频率的无序占用，极大地浪费了稀缺资源。CMMB的全国统一运营必须对频率资源现状进行调整和规范。

（三）专利免费政策，奠定标准联盟

2006年10月24日，国家广播电影电视总局终于颁布了自主研发的移动多媒体广播行业标准——《移动多媒体广播第1部分：广播信道帧结构、信道编

码和调制》，确定了采用我国自主研发的移动多媒体广播传输技术标准（STiMi，Satellite-Terrestrial Interactive Multi-service Infrastructure）。该标准用于开展移动多媒体广播业务，面向各类移动便携式终端，提供广播电视节目和信息服务。该标准的实施填补广播电视在移动接收方面的服务空白，并具有完全自主知识产权。随着 CMMB 的快速发展，截至 2008 年 5 月，其产业链相关企业已达 160 多家，根据广电总局政策，对 CMMB 产业链企业在 2009 年内免收专利费，从 2010 ~ 2012 年，对 CMMB 企业也只会象征性地收取 1 元专利费，这将意味着，中国手机电视相关行业每年将从自主知识产权上节省 160 亿元的巨额专利费。广电的专利费政策极大地鼓舞了产业链合作伙伴的投资热情，从而奠定了移动多媒体广播的技术标准联盟，并掌握了移动多媒体广播市场主导权，同时，国外标准基本失去了进入中国市场的机会。

二、促进产业链的成型

（一）成立“中国移动多媒体广播技术研究工作组”

为了完成具有自主知识产权的数字多媒体广播系统技术体制研究，推动 CMMB 产业链的迅速成型，2006 年 9 月广电总局组织成立“中国移动多媒体广播技术研究工作组”，工作组由相关企、事业单位、机构等共同组建的，开展移动多媒体广播全系统技术规范的研究编制、试验系统建立和产业化准备工作，建立我国移动多媒体广播系统标准体系。截至 2007 年 7 月，已有 120 家国内外相关单位参加 CMMB 移动多媒体广播技术工作组，包含了信道、信源、复用、电子业务指南、业务运营、节目制作、发射、补点、网络规划、信号覆盖等 CMMB 各个相关核心技术，也涵盖了发射机、补点器、测试设备、网络运营支撑系统，特别是核心芯片的研发也已纳入工作组。其中，30% 是终端企业，23% 是芯片企业，20% 是网络设备，7% 是前端设备，11% 是协议信令方面的研发企业，5% 是加密技术方面的企业，以及其他方面企业 4%。[①]

CMMB 工作组所构建广泛的技术研发和经营模式研究的合作，囊括了产业链各环节，有效地推动了 CMMB 自主知识产权标准的出台、技术体系的商业化应用和产业链相关环节的聚拢，在与电信主导的手机电视标准的竞争中赢得抢占市场的先机。

① 中国移动多媒体广播官方网站，http://www.cmmb.org.cn。

（二）推进行业标准体系研发

CMMB 技术标准是覆盖整个移动多媒体广播业务系统的、端到端的完整技术体系。包括广播信道、节目分发信道、复用、电子节目指南、紧急广播、用户管理、加密授权、数据广播、卫星传输（Ku）、卫星覆盖（S）、地面（UHF）、单频网、地面（UHF）增补转发系统、地面（S）单频网、地面（S）增补转发系统、传输与覆盖网络管理、接收终端等分项标准。

继 2006 年 10 月 24 日，国家广播电影电视总局颁布了自主研发的移动多媒体广播行业标准以来，至 2008 年 5 月 23 日，移动多媒体广播迅速制定并颁布了信道、复用、电子业务指南、紧急广播、数据广播、条件接收、接收解码技术要求七项行业标准，第八项行业标准也即将推出（表 12－4）。

表 12－4　　移动多媒体广播行业标准颁布时间列表

2006 年 10 月 24 日	《移动多媒体广播第 1 部分：广播信道帧结构、信道编码和调制》
2006 年 11 月 29 日	《移动多媒体广播第 2 部分：复用》
2007 年 8 月 10 日	《移动多媒体广播第 3 部分：电子业务指南》
2007 年 11 月 16 日	《移动多媒体广播第 4 部分：紧急广播》
2008 年 1 月 23 日	《移动多媒体广播第 5 部分：数据广播》
2008 年 5 月 13 日	《移动多媒体广播第 6 部分：条件接收》 《移动多媒体广播第 7 部分：接收解码终端技术要求》

即将颁布的标准是关于 CMMB 分发信道编码、调制和帧结构方面的标准，具有自主知识产权的移动多媒体广播技术标准体系已初步形成，该标准体系为移动多媒体广播电视的产业化发展奠定了坚实的理论和试验基础。

（三）CMMB 信道解调接收芯片研发成功

CMMB 标准从一问世就遭到了强烈的质疑，最尖锐的问题集中在能否真正进入市场、实现产业化，而解决这一问题的核心就在于能否推出符合标准的芯片。在标准推出后不过 5 个月的时间，2007 年 3 月 19 日，名为“IF101”的中国移动多媒体广播 CMMB 信道解调接收芯片就正式研发完成。该接收芯片由 CMMB 工作组成员之一的北京创毅视讯科技有限公司研发，适用于手机、PDA、MP4、PMP、笔记本电脑等各种移动终端。随即一系列的 CMMB 产业链上的相关产品也相继研发成功，从发射机、复用器、核心调制电路等前端设备到手机、MP4、USB 等多样化终端，CMMB 整个产业链上所需的产品都已经准备齐全，并真正开始大规模生产。加之相关核心行业标准的制定完成，至此，具有自主知识产权的移动多媒体广播技术标准体系已初步形成，该标准体系为移动多媒体广播电视的产业化发展奠定了坚实的理论和试验基础，并取得了与电信竞争的先发优势。

（四）获得频段资源

与此同时，2007 年 5 月 29 日，CMMB 正式获得了由信息产业部划分的 2.5GHz 频段的 25M 带宽资源，为 CMMB 开展业务提供了至关重要的条件，利用 CMMB 提供 20 套电视节目、30 套广播节目及数据服务成为事实，标志着 CMMB 内容和应用服务也已蓄势待发。

（五）启动了 CMMB 全国建网的大规模设备招标、网络建设与信息号覆盖

在具备以上条件后，广电再次牵头启动了全国建网的大规模设备招标、网络建设与信息号覆盖工作，2007 年 10 月，在北京、青岛、沈阳、上海、秦皇岛、天津 6 个奥运城市，以及深圳和广州共 8 个城市完成了试验网的建设、北京运营网的铺设。2007 年 12 月初，启动 CMMB 全国建网的大规模设备招标，招标的设备将在全国 37 个主要城市铺设 CMMB 网络。计划于 2008 年 7 月前覆盖全国 324 个城市，并于 2008 年 6 月前发射进行覆盖全国的名为“CMMB-STAR”的 S 波段卫星，届时将与 UHF 地面覆盖网结合，实现“天地一体，星网结合，统一标准，全国漫游”的目标。

三、避开国标征集，主攻商业应用

2007 年 1 月底，国标委第一次宣布开始征集手机电视国标，截至 3 月底，收到信产部系统的三个方案，分别为北京新岸线的 T－MMB、清华大学的 DMB－TH、华为的 CMB，并且，三个方案也已经向国标委提出了“TD－SCDMA＋DAB＋AVS”的融合方案。在整个招标过程中，丝毫没有见到广电的影子，CMMB 也不在提交方案之列。

2007 年 10 月，产业链构建和产业化测试初步完成的广电终于提交了自己的方案，同时也提出了种种参选条件，但最终还是由于参选条件未达成一致，在测试工作开始（11 月 14 日）前夕，又一次选择了缺席。紧接着的 11 月 18 日，广电总局在其网站上发布了一则紧急通知，将 GY/T220.4—2007 作为移动多媒体广播第四部分，并宣布其为电影电视行业标准，从 2007 年 11 月 20 日起正式实施。

广电避开国标征集，一方面是吸取地面数字电视国标的教训，避免再一次出现在各方利益的妥协下的所谓融和标准的怪胎，另一方面也的确看到广电的战略选择，以率先推出行业应用造成标准选择的既成事实，由于广电系统可以控制内容，决定内容发射的技术，若其在发射信号上使用自身的标准，则接收终端也将被迫安装相匹配的接收装置。

四、被列入“十一五”国家科技支撑计划重点项目，广电主导权进一步巩固

2007 年 12 月 11 日，国家科技部发布公告，宣布《移动多媒体广播系统研究开发与规模技术试验》已被列入“十一五”国家科技支撑计划重点项目，项目涵盖自主知识产权的 CMMB 关键技术、终端及设备的研究与开发，并以此为基础在全国多个城市进行移动多媒体广播组网试验和技术测试。科技部首期将提供 8 000 万元资金给予支持，而项目的总体经费预算达 4 亿元。该项目实施年限为 3 年，预计至 2010 年完成。至此，广电在移动多媒体领域的主导权进一步获得了国家的支持和巩固，也预示着手机电视国家标准的明朗化。

第四节　中国移动多媒体广播技术体系

全球范围内的移动多媒体广播的技术体系主要包括：国家广电主推的中国移动多媒体广播（CMMB）、韩国的 T - DMB（地面移动多媒体广播）、S - DMB（卫星移动多媒体广播）和欧洲的 DVB - H（地面手持数字视频广播）以及日本的 ISDB - T（地面综合业务数字广播）。

从 2006 年 5 月广电总局出台 DMB 广播作为移动多媒体广播推荐性行业标准以来，2006 年 10 月 24 日，国家广电总局又正式颁布了中国移动多媒体广播（俗称手机电视）行业标准，确定采用我国自主研发的移动多媒体广播行业标准。2007 年 12 月 11 日国家科技部发布公告，宣布《移动多媒体广播系统研究开发与规模技术试验》被列入“十一五”国家科技支撑计划重点项目，旨在研发自主知识产权的移动多媒体广播 CMMB 关键技术及设备，并在全国多个城市进行 CMMB 规模技术试验。至此，我国移动多媒体广播同时拥有两套标准体系，除了地方广电运营的 DMB 移动多媒体广播外，国家将重点发展全国统一运营以卫星全国覆盖和地面增补传输相结合的 CMMB。

一、CMMB 的服务定位

CMMB 定位于具有点对面、宽带、经济实用等优势，主要满足广大流动人群、交通工具和多种便携终端用户对广播电视的普遍需求。移动多媒体广播与移动通信不是对立的，是优势互补、相互促进的。这种相互促进作用对于正在建立的 3G 通信系统更为明显。

CMMB 的服务定位决定了必须统一标准、全国漫游、全程全网、无缝覆盖。目前国际上开展的移动多媒体广播有卫星覆盖或地面无线覆盖两种方式，考虑到我国国土辽阔、地形复杂的实际情况，要保证随时随地接收，要满足大量交通工具移动收视用户的特殊需求，需要建立一个符合我国实际的、经济可行、方便实用的系统。CMMB 坚持自主创新的原则，通过组织有关专家从技术可行性、经济可行性和安全性等方面进行广泛调研和充分论证，确定了我国移动多媒体广播技术体制。

二、CMMB 技术研发路径

中国移动多媒体广播的发展原则是：坚持自主创新、全国统一标准、促进三网融合、带动民族工业。在移动多媒体广播的技术研发上，首先要确立技术体系，然后建立相应的标准体系，“从发端到收端全系统的标准体系。根据国情，根据自身的需求来构建自主创新的技术系统，也就是在技术手段上，通过卫星覆盖和地面增补相结合，实现国土的覆盖。在技术方式上是单向广播和双向互动相结合，下一步构建系统以后，在业务推广上也是中央和地方相结合，真正地在全国形成整体的移动多媒体广播系统。在技术准备方面，除了制定技术体系标准以外，还要积极地进行技术开发，推动国产芯片，推动国产传输设备，还有国产终端设备的研制工作。”①

移动多媒体广播是一个全新的技术体系，由信源、信道、发端、终端、卫星、增补网络、回传系统、业务支撑等部分构成，其标准体系涵盖近 40 项技术标准。广电总局已成立专门的移动多媒体广播技术工作组，由广播科学研究院、中兴通信、中国移动、中国联通、AVS 产业联盟等数十个单位组成 11 个小组，分别进行技术标准制定工作。

截至 2007 年 7 月，已有 120 家国内外相关单位参加 CMMB 移动多媒体广播技术工作组，包含了信道、信源、复用、电子业务指南、业务运营、节目制作、发射、补

① 广电总局科技司司长王效杰在 2006BIRTV 上的讲话。

点、网络规划、信号覆盖等CMMB各个相关核心技术，也涵盖了发射机、补点器、测试设备、网络运营支撑系统，特别是核心芯片的研发也已纳入工作组。其中30%是终端企业，23%是芯片企业，20%是网络设备，7%是前端设备，11%是协议信令方面的研发企业，5%是加密技术方面的企业，以及其他方面企业4%。[①]

三、CMMB技术体系架构

（一）天地一体——卫星全国覆盖与地面增补传输相结合

CMMB技术体系是利用大功率S波段卫星覆盖全国100%国土，利用地面增补转发器对卫星信号盲区（约5%国土，主要为城市楼群遮挡区域）进行补点覆盖，利用无线移动通信网络构建回传通道实现交互，形成单向广播和双向互动相结合、中央和地方相结合的全程全网、无缝覆盖的系统（图12－1）。与电信的"手机电视"相比，移动多媒体广播技术体系的特点是传输带宽大、图像质量高、覆盖面广、经济实用、接收终端广泛。

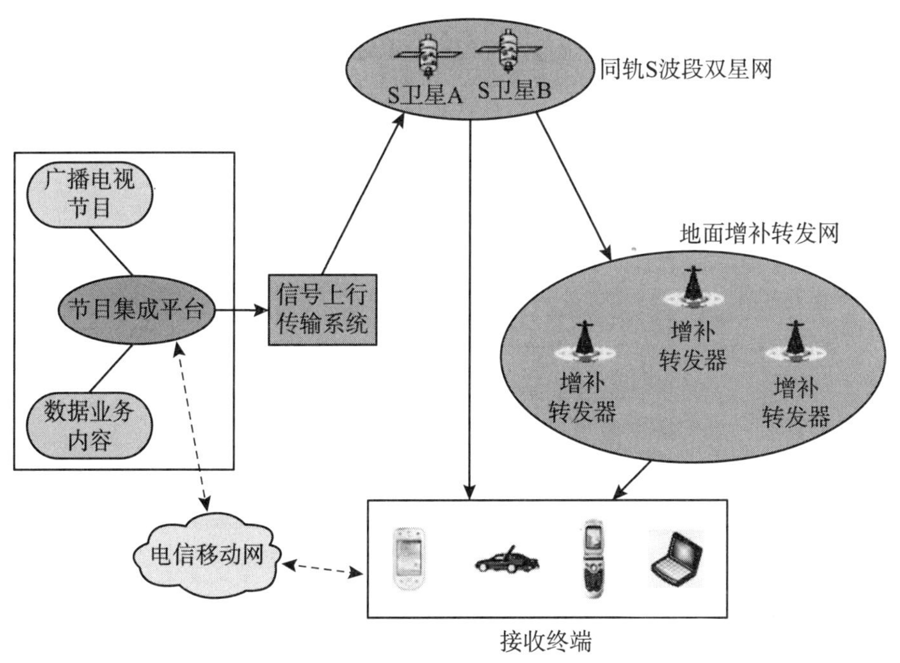

图12－1　CMMB体系架构

① 中国移动多媒体广播官方网站，http://www.cmmb.org.cn。

（二）CMMB 体系主要技术条件

CMMB 体系主要技术条件如下：

1. 覆盖频率

（1）频率：2 635 ~2 660MHz；

（2）极化方式：圆极化；

（3）信号总带宽：25MHz；

（4）卫星轨位：在东经 113 度、115.5 度、119 度中选择。

2. 覆盖方式

（1）大功率 S 波段卫星信号覆盖全国；

（2）地面增补转发器同频同时同内容转发卫星信号补点覆盖卫星信号盲区，并可插入本地节目；

（3）对全国无缝覆盖；

（4）地面增补网还要包含网络管理系统，转发站点无人值守，由区域机构集中管理。

3. 覆盖能力和质量

（1）广播信道

东部的人口高密度地区和经济发达地区设定为 A 区，卫星 EIRP 值为 67dBw；中西部地区和近海海域设定为 B 区、C 区，卫星 EIRP 值为 64dBw。

（2）分发信道

对全国范围的下行 EIRP 值不低于 50dBw，东南部雨量较大地区下行 EIRP 值不低于 54dBw。

4. 支持的业务情况

（1）广播

频道数量：卫星可传输约 30 套节目；区域节目可通过地面增补网络插入；

技术要求：可支持单声道、双声道立体声、5.1 环绕立体声。

（2）电视

频道数量：卫星可传输约 25 套节目；区域节目可通过地面增补网络插入；

技术要求：视频支持带有 18 厘米（7 吋）以下显示屏的终端，伴音可支持单声道、双声道立体声、5.1 环绕立体声。

（3）紧急广播、ESG、电子邮件、综合数据业务等

CMMB 是针对我国幅员辽阔、传输环境复杂、东部地区城市密集、西部地区人口稀疏的特点，以及用户众多和业务需求多样化的情况，通过吸纳成熟的先进技术设计的“天地一体化”技术体系，拥有低成本、服务大众、可快速实现移

动多媒体广播信号全国覆盖的优点，解决了我国流动性人群广播电视覆盖空白点、保证中央政令畅通，并促进东西部“数字鸿沟”的弥合。

四、CMMB传输技术标准STiMi

2006年10月24日，国家广播电影电视总局正式颁布了中国移动多媒体广播系统（简称CMMB）广播信道行业标准《GY/T 220.1－2006移动多媒体广播　第1部分：广播信道帧结构、信道编码和调制》，确定了采用我国自主研发的移动多媒体广播传输技术标准（该技术标准简称STiMi，Satellite-Terrestrial Interactive Multi-service Infrastructure）。

STiMi传输技术充分考虑了在我国开展移动多媒体广播业务的需求和特点，是一项具有先进性、实用性和经济性的自主技术。

（一）STiMi技术是面向移动多媒体广播的业务需求而专门设计的无线信道传输技术，构成了中国自主研发的CMMB体系架构中的核心技术。

（二）STiMi技术充分考虑到移动多媒体广播业务的特点，针对手持设备接收灵敏度要求高，移动性和电池供电的特点，采用了最先进的信道纠错编码（LDPC码）技术和OFDM调制技术，提高了系统的抗干扰能力，支持高移动性，并且采用了时隙（time slot）节能技术来降低终端功耗，提高终端续航能力。

（三）STiMi系统可工作于30MHz～3 000MHz的频率范围内，物理带宽支持8MHz和2MHz两种工作模式。

STiMi已申请了21项自主专利，在系统性能、建网成本、终端省电等方面均优于日韩系统，其先进性、创新性和经济实用性主要体现在：

（1）可以同轨双星覆盖全国，可以组建大半径单频网，而日韩系统不能实现；

（2）系统传输性能优良，传输数据率比日韩系统高50%；

（3）建网成本低，地面增补网络设备成本约为日韩系统的10%左右；

（4）终端省电，终端信道部分耗电可以降低到日韩系统的10%。

第五节　中国移动多媒体广播产业布局

一、产业链结构

移动多媒体广播业务的产业结构和传统广播电视类似，但由于产业链每个环节的作业形态和商业模式的变化，其产业结构从很多方面表现出比传统广播电视产业复杂的特点，参与产业的环节更多，产业各环节之间的利益关系更加错综复杂。

从全球范围来看，移动多媒体广播产业结构最核心的几个环节包括内容生产商（CP）、服务提供商（SP）、技术支持商（TP）、网络运营商、终端设备制造商，最后到达用户。

（一）内容供应商

用户选择哪个运营商的关键在于所提供的内容，因而，内容供应商位于移动多媒体广播产业的上游，包括电视台、节目制作公司和广告公司。

（二）服务提供商

这里的服务提供商指的是移动多媒体广播内容整合和集成商，它是整个产业链的中间环节，承担着对 CP 的内容进行购买、筛选、集成，以及配合传输平台设计收费标准和对用户进行收费。

（三）技术支持商

指为移动多媒体广播提供软硬件技术支持和维护的机构，即 TP，它们一般和 SP 或运营商直接产生联系，处于产业链的边缘，却至关重要。

（四）网络运营商

网络运营商是传输平台的拥有者和商业模式的主导者，承担着对各种业务进行分类、融合，制定业务推广和用户发展方案，参与新技术的测试和投入使用等职责。这里就涉及不同网络运营商所采用的不同的传输技术标准，以及不同的网络运营模式。

（五）终端设备制造商

目前阶段，设备制造商在推动产业发展中的作用功不可没，在产业链的参与者中，终端设备商是最积极和最看好这一产业的前景的。

二、产业链发展现状及趋势

（一）内容为王

移动多媒体产业的发展依然遵从“内容为王”定律，传统内容资源仍然是移动收视的重头戏，特别是品牌内容对消费者的影响力并没有因为介质的改变而消失。在目前移动内容数量和质量都严重匮乏的现状下，传统内容资源必然具有极大的增值空间。

发生在娱乐业的长尾理论就是数字新媒体利用传统内容再增值的一个最佳例证。通过如互联网、移动媒体等数字分发渠道，那些原本已经被封存甚至被遗忘的内容仍可以为媒体带来意想不到的利润。

对拥有内容资源和品牌的广电来说，这无疑意味着一个巨大的市场机遇。通过对广播电视内容的再加工、再创造，即内容的整合、提升、转化和创新，甚至众多被人们遗忘的节目资源，借助数字分发渠道的建立，都可以转化为无限的价值。

（二）大范围技术研发支撑

移动多媒体广播是一个全新的技术体系，由信源、信道、发端、终端、卫星、增补网络、回传系统、业务支撑等部分构成，其标准体系涵盖近 40 项技术标准。截至 2008 年 5 月，已有 160 多家国内外相关单位参加 CMMB 移动多媒体广播技术工作组，包含了信道、信源、复用、电子业务指南、业务运营、节目制作、发射、补点、网络规划、信号覆盖等 CMMB 各个相关核心技术，也涵盖了发射机、补点器、测试设备、网络运营支撑系统，特别是核心芯片的研发也已纳入工作组。其中，30% 是终端企业，23% 是芯片企业，20% 是网络设备，7% 是前端设备，11% 是协议信令方面的研发企业，5% 是加密技术方面的企业，以及其他方面企业 4%。[①] 工作组成员除了来自传统广电的部门、企业，还包括大量电信行业的部门、企业，中国移动、中国联通、UT 斯达康、中兴通信等企业也参与其中。

（三）广电主导运营

“移动多媒体广播按照广电总局的规划，按照现代企业制度和现代产权制度的要求，在广电部门的管理和政策推动下，创新体制机制，组建运营主体，拓展

① 中国移动多媒体广播官方网站，http：//www.cmmb.org.cn。

广播电视移动服务新业务。促进全系统上下联合、系统内外联合、中央和地方的结合，要走集约化、规模化、产业化的发展道路。”① 在 CMMB 的运营方面，广电总局规划与电信运营商合作，共同组建运营公司来推动移动多媒体广播业务的发展。具体模式上，可能会有一家大公司，在全国会有分公司。

广电主导的 CMMB 运营模式有两种：一是产生了新业务，由此购置设备、增加人员、制作内容、组建运营队伍；二是只保留核心技术团队，由新业务而产生的人员、内容、运营成本以合作的形式转嫁出去。前者的好处在于，由于拥有了对业务的绝对控制权，从而增加了运营上的自由度，但缺点在于由此产生的极大的成本投入有可能为企业带来无形的市场风险和压力。后者的优势在于，通过合作分散风险，将成本降到最低，但缺点也非常明显，需要合作各方找到一个都接受的商业模式。

（四）产业链初步构建完成

2007 年 3 月 19 日，IF101——中国移动多媒体广播 CMMB 信道解调接收芯片——正式研发完成，并于 23 日凌晨通过所有测试项目。1F101 接收芯片适用于手机、PDA、MP4、PMP、笔记本电脑等各种移动终端，它的研发成功，意味着 CMMB 系统终端大规模商用的可能，而终端的大规模商用结合广电的内容优势，意味着 CMMB 向产业化迈进了重大的一步。

截至 2007 年年底，CMMB 已完成 8 个城市的试验网建设、北京运营网的铺设和开通了全国 37 个主要城市试验网的建设招标。计划于 2008 年 7 月前覆盖全国 324 个城市，保证奥运期间 CMMB 的正式运行。CMMB 目前以 UHF 地面覆盖网为主，2008 年 6 月发射 CMMB - STAR 卫星，建设卫星传输覆盖网，完成天地一体覆盖网络的第一期建设工作，实现“天地一体，星网结合，统一标准，全国漫游”的目标。此外，CMMB 手机等终端已经完成产业化工作，通过招标，部分企业将进入批量生产阶段。CMMB 终端在正式运营后会具备收看 20 多套手机电视节目的能力。

第六节　中国移动多媒体广播业务模式

一、业务类型

按照规划，CMMB 业务将主要包括四类：CMMB 公共服务平台业务、CMMB

① 广电总局广播科学研究院电视技术研究所所长杨庆华在 2007 年手机多媒体应用大会上的演讲。

数字音视频广播业务、CMMB 扩展业务，以下对各种类型的业务分别加以说明。

（一）CMMB 公共服务平台业务

CMMB 公共服务平台的主要业务包括政务信息平台和紧急广播。公共服务平台是 CMMB 业务平台的重要组成部分，体现了广电的公益服务性质。

1. 政务信息平台

通过移动数据广播技术和 S 波段移动卫星覆盖全国的优势实现中央和地方政府政务信息的公开化、透明化和全国覆盖，是政府面向群众服务的窗口，是有线数字电视政务信息平台建设的有益补充，通过终端的移动性实现了政务信息随身化、政务办公随身化，实现了政府与百姓的零距离接触，有利于我国建设和谐社会的大趋势。

2. 紧急广播

紧急广播是全球各国预警机制不可或缺的渠道或者平台。紧急广播能在各种各样的紧急情况下提供通讯服务。紧急广播的实现方式主要是在自然灾害或突发性事件的紧急情形下，通过地面、卫星、有线、电台、电视台、互联网等多种通讯手段告知民众，或为民众提供求救通讯服务。其中具有全国覆盖优势的 S 波段移动卫星的实现方式是最为理想的紧急广播服务实现方式。

（二）CMMB 数字音视频业务

CMMB 数字音视频业务包括两种类型，第一类是基本型的数字音视频广播业务；第二类是下载类数字音视频业务。

1. CMMB 数字音视频广播业务

CMMB 基本业务主要包括数字视频广播业务和数字音频广播业务两类。依托 CMMB 技术体系，基于 25 兆赫兹带宽资源，能够支持 20 套电视节目，30 套广播节目的业务容量。根据移动人群对于数字音视频广播业务的需求特征，在充分利用现有节目资源的基础上，有针对性地开设适合移动人群收视、收听的专业节目类型。在保障基本音视频内容免费提供的基础上，合理规划付费业务包，丰富用户选择。

2. CMMB 下载类数字音视频业务

CMMB 可结合 CMMB 技术系统特点，结合移动多媒体广播用户类型化的收视需求，开发下载（准音视频点播）业务（表 12－5）。

（1）CMMB 向用户提供下载节目列表，用户将定制信息回传到运营商。

（2）运营商利用 S 波段大功率卫星的传输带宽和速率优势，利用系统的闲置时间（如 0：00～6：00），将用户定制节目推送到用户终端上。

（3）CMMB 终端类型多样，在音视频播放和音视频存储上能够满足下载业务的要求。

（4）用户在终端上，可自由选择、控制播放下载节目。

表 12－5　　CMMB 下载业务的节目类型规划

音乐包	最新热门歌曲、最新国外歌曲、经典老歌、古典音乐等
电影包	最新电影、动作电影、搞笑电影、言情电影、恐怖电影等
电视剧	最新、经典电视剧等
热门体育赛事	篮球、足球、奥运会等

（三）CMMB 扩展业务

CMMB 扩展业务建议重点开展交通导航信息业务和商务图文信息业务两类。

1. 交通导航信息业务

交通导航信息业务分为实时交通路况信息、公共交通服务信息和交通导航信息三大子业务。以城市交通信息为主，是一种地域性很强的业务形态。

（1）实时交通路况信息：与城市交通管理部门合作，向用户实时提供城市道路交通状况信息，及时告知用户道路通行能力、拥堵状况、交通事故、道路施工和临时交通管制等突发事件。

（2）公共交通服务信息：与城市公交系统、铁路或航空运输系统合作，向用户提供城市公交和地铁线路指南、铁路和航班时刻表指南、订票指南等信息的业务。

（3）交通导航信息：通过与全球定位功能模块相结合，向用户（特别是车载用户）提供所在地点定位、行车路线导航，停车位、加油站和车辆维修点等相关信息导航等功能。

2. 商务图文信息服务

商务图文信息服务是指以图文形式向用户提供股市行情、基金市场行情、期货交易行情、货币实时汇率、个人金融及保险等信息的业务。

二、业务推广模式

从国内外移动多媒体的发展现状看，业务推广与商业模式的建构是密不可分的，从消费者接受内容和服务的方式看，移动多媒体广播业务推广可分为“免费”和“付费”两种主要模式。内容免费模式下，用户收看内容和享受相关服务是免费的，整个媒体的运营费用主要通过广告经营收入来承担。一些公共服务也可由相关政府机构来承担。付费内容模式中用户需要交纳一定的费用，才可享受移动多媒体广播的内容或服务。这种费用包括网络使用费、流量费、内容服务费等。

无论是从国内外的移动多媒体运营经验还是以往几十年的广电媒体运营经验来看，或是从移动多媒体广播未来的产业和市场预测来看，这两种模式缺一不可，而且要根据产业和市场发展变化的要求，相互结合应用。

三、业务推广策略

移动多媒体广播的推出、推广和普及需要一个相当长的运作过程。业务的推广不可能一蹴而就，更不能仅仅采取单一的模式。如同有线数字电视的整体平移工作一样，我国国土辽阔，存在巨大的地域性差异，各地媒体发展的要素不同，势必决定了我国移动多媒体广播的推广工作，必须因地制宜，稳步推进。

（一）时间阶段性策略：免费先行，付费跟进

移动多媒体广播的推广工作，首先必须遵循时间阶段性策略。即在推广初期，采取免费收看的模式，当市场逐渐成熟后，逐渐向付费模式转变。其原因有以下几点：

1. 免费模式符合我国广播电视的公共事业属性

我国广播电视媒体是国家舆论宣传工具，是为广大人民群众提供公共服务的重要信息平台。采取内容免费模式，符合我国广电媒体的公共事业属性。北京市政府明确要求北京 DAB/DMB 数字广播在 2008 年以前免费使用，服务于奥运。

2. 免费模式符合受众传统的收视习惯，可以加快移动多媒体广播的普及

我国广播电视几十年来一直坚持免费收看的模式，全国数以亿计的受众已经形成了非常传统的收视习惯，用户乐于接受免费内容。短期之内，大部分受众对“免费收看“的认知不会轻易改变。根据对潜在用户对手机电视的消费倾向的调查显示，有将近 3/4 的人不愿意对手机电视付费（图 12－2）。

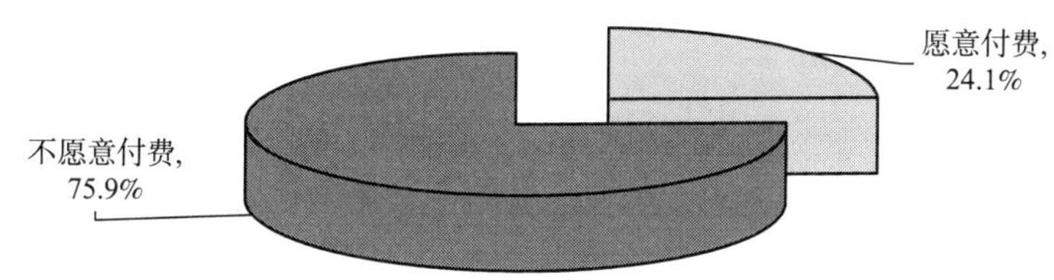

图 12－2　在用户对手机电视的消费倾向（n＝606）

资料来源：《2007IMI 城市人群移动生活状态调研》。

同时，大多数用户不会对一个自己非常不了解的媒体形态付费。采取免费先行的模式，可以留给用户充分的体验机会，加强他们对移动多媒体广播的认知，培养更多潜在用户。

从世界一些国家的经验来看，免费模式可以快速地形成规模化的用户。韩国拥有 S－DMB 和 T－DMB 两种模式的移动多媒体广播。前者收费，后者免费，尽管 S－DMB 比 T－DMB 早开播几个月，但是最终 T－DMB 的用户数量还是超过了 S－DMB（表 12－6）。

表 12－6　　　　韩国 DMB 用户发展情况

传输模式	开播时间	业务推广模式	用户数量
S－DMB	2005 年 5 月	付费	49.8 万
T－DMB	2005 年 12 月	免费	59.2 万

资料来源：综合整理。

3. 免费内容＋广告经营的模式已成为广电媒体最为成熟的商业运作模式

受众免费接收内容，通过广告经营收入为内容买单，已经成为广电媒体经营中最为成熟的一种商业运作模式。广电机构以这种模式经营和推广移动多媒体广播，具有相应的资源优势。

（1）内容资源优势

我国广播电视事业经过几十年的发展，已经积累了大量的内容。同时还有大批具有丰富技术经验的内容制作人才和成体系的内容交易平台等。这些优质的内容资源将有效地服务于移动多媒体广播的用户。

（2）广告经营资源优势

我国广播电视媒体的广告经营多年来一直处于增长中。我国广播电视媒体的广告经营多年来一直处于增长中。2007 年我国广电行业收入为 1 314 亿元，连续多年保持 10% 以上的增长。其中，广告收入约 600 亿元。[①] 在多年的广告经营过程中，广电媒体积累了丰富的客户资源。这些客户资源也将是移动多媒体广播的潜在客户。而移动多媒体广播这种新兴媒介，也将作为整合媒介投放中的重要平台，为广告主提供新的服务。

在北京和上海等地的车载移动电视运营试验，也证明了这种模式的成功。北京于 2004 年年底完成 4 000 辆公交车移动电视安装，2005 年新投入运营的公交车也全部安装移动电视。截至 2005 年 4 月 18 日，收入 1 667 万元，实现净利润 408 万元，利润率为 24%。上海于 2004 年底装配了 4 000 辆公交车的移动电视，

① 国家广电总局副局长张海涛在 CCBN2008 主题报告会上的讲话。

到2005年年底达到6 000辆，还有在部分出租车也安装上了机顶盒，2005年实现广告收入约6 000万元（表12－7）。

表12－7　　京沪两地移动电视经营状况

地区	经营模式	经营状况	内容状况
北京	广告经营	截止到2005年4月18日，收入1 667万元，实现净利润408万元，利润率为24%	日播16小时，转播央视、BTV等频道节目十余档，自制节目十余档
上海	广告经营	2005年实现广告收入约6 000万元	日播18小时，转播上海文广、央视等频道节目30余档，自制节目十余档

资料来源：数据由两家公司的公开资料整理而来。

4. 付费模式将逐渐被用户接受

付费模式也是欧美和亚洲一些国家的移动媒体所普遍采用的一种运营模式和推广模式。经过调查显示，在内容和业务比较成熟的情况下，用户拥有比较明确的付费意愿。在英国、芬兰和瑞典等国家，40%～60%的手机用户对手机电视这项服务感兴趣并愿意每月支付10欧元享受这项服务。

根据西门子对8个国家（美国、加拿大、巴西、德国、意大利、俄罗斯、中国、韩国）的5 300位手机用户的调查，59%的用户表达了对手机看电视的兴趣。调查显示，最愿意为手机电视付费的国家是英国，76%的手机用户愿意为之付费，其次是法国、西班牙，愿意付费的比例分别是68%、55%（表12－8）。

表12－8　　国外移动多媒体广播用户付费意愿调查

	芬兰	英国	西班牙	法国
付费意愿	41%	76%	55%	68%
可接受的每月订阅费	10欧元	6欧元	5欧元	7欧元
流行内容	本地节目	新闻、肥皂剧、音乐、纪录片和体育	新闻、连续剧和音乐	新闻、音乐、娱乐、体育、纪录片和电影

资料来源：行业数据综合整理而成。

我国北京、上海和广东等地的移动多媒体广播试验，也准备采取付费模式。其中上海和广东都准备采取30元包月的模式，而北京也计划开设一些付费数据业务。

5. 付费模式减轻运营成本压力，提高广电资源利用效率

传媒是沉淀成本极高的产业形态。特别是对于新媒体而言，网络搭建、设备投入、人员储备、内容生产和市场推广等环节都需要大量的资金投入，势必给运营商来带成本压力和资金风险。以韩国为例，其DMB广播在2005年就搭建地面增补点 7 562 处，加上其他各项设施投入，投资超过 1 300 亿韩元（表 12－9）。移动多媒体广播的推广，必须遵循市场规律，在不影响媒介公共属性的前提下进行商业化运作，逐步发展内容付费模式，提高光电资源的利用效率。

表 12－9　　韩国 DMB 各方面的已投资金额及预算　　单位：亿韩元

年份	2004	2005	2006	2007
广播中心	450	180	68	23
地面增补	1 185	789	302	165
其他投入	220	331	120	42
总额	1 855	1 300	490	230

资料来源：综合整理。

（二）空间阶段性策略：明确地区差异，因地制宜

中国存在明显的地域性差异。各地区的经济发展、文化特征等都存在诸多不同。任何一种业务的推广普及，都不能忽视这种地域上的差异，移动多媒体广播的发展也必须在空间上采取阶段性策略。一些经济发达，文化开放的重点省市地区有较成熟的发展条件，势必成为先行的试点区域，并向周边区域呈辐射状扩展。

经济文化发达的地区，为移动多媒体广播的推广提供了两个必要条件：

1. 广阔的广告开发空间

城市经济发达，媒体广告市场也随之兴盛，新兴媒体可以获得相对更大的广告发展空间。无论是流动的广告市场还是流动的广告受众，都很有开发价值，这为移动多媒体广播的生存提供了必要的空间。

2. 大量拥有消费实力的移动受众

大量拥有消费实力的移动受众，是移动多媒体广播实现利润的源泉。从国际上看，移动媒体基本在欧美和亚洲的日、韩等发达国家和地区发展。从国内看，北京、上海、广东等经济文化发达地区，也处于发展的领先地位。

表 12－10　　移动多媒体广播阶段性推广策略的预期

区域范围	用户规模	预期达到该规模的时间（可以普遍采取付费模式的时间）
一线城市	百万级	2008 年
二线城市	50 万级	2010 年
三线城市	10 万级	2010 年
全国范围	千万级	2010 年

资料来源：行业数据综合整理而成。

（三）交叉匹配性策略：业务导向的推广模式

交叉匹配性策略，是指根据移动多媒体广播所提供的业务和服务的不同，采取不同的推广模式。有些业务采用免费模式，有些业务采用付费模式。这也是目前国内外广电媒体所普遍采用的一种推广策略。例如有线电视，国外有公共频道和付费频道之分。在我国，付费频道也逐步得到发展。同时在有线数字电视的业务平台上，还出现了 VOD 点播、分类信息等多种付费增值业务。用户必须为自己个性化的、特殊的需求买单。一些国家的移动多媒体广播也采取这样的推广策略。如意大利的 3G 运营商 3ITALY 的收费模式（表 12－11）。

表 12－11　意大利 3ITALY 公司提供的服务及收费情况

频道	类型	收费情况
La3 Live	A sort of "table of content" channel where 18 young 3jays alternate in talking about what is on air on the other channels（3 位 18 岁的主持人轮番以脱口秀形式进行节目预报，免费频道）	免费
La3 Sport	H3G' channel dedicated to sport such as World Championship, Soccer, Champion's League and Serie A, MotoGP, Sailing（专业体育频道）	付费
Best of Mediase	Football Serie A, MotoGP, top events, concerts, theatre（体育、音乐会、戏剧及重大新闻）	
Sky Sport "mobile"	The most important competitions, championships and matches（大型体育赛事）	
Sky News 24	National and international news updates minute by minute（国内国际滚动新闻）	
Sky Vivo	All the top international and Italian reality shows（本国及国外的真人秀节目）	
Sky Cinema "mobile"	The best cinema productions: from the most recent to the classics（新近及经典电影）	
Rai Uno	public broadcaster（公共广播）	
Rai Due	public broadcaster（公共广播）	

资料来源：行业数据综合整理而成。

我国移动多媒体广播的业务模式主要包括数字广播电视、紧急广播、电子节目导航、交通导航、交互类数据业务等。根据各个业务的职能、性质以及需求情况，采取不同的推广模式（表 12 - 12）。

表 12 - 12　　移动多媒体广播不同业务类型的推广模式

业务类型	业务性质	推广模式
广播电视	数字电视和广播节目转播	全国和当地的主要频道为开路免费，另设若干付费频道
紧急广播	突发事件、天气预警，公共服务性质	免费
电子节目导航	查询，个性化定制	付费
交通导航	区域化、个性化定制导航	付费
交互类数据业务	个性化定制，双向互动信息服务	个人定制类付费 政务信息可免费，或由政府提供财政支持

中国移动多媒体广播是我国国家信息战略的重要组成部分，加强对移动多媒体广播的推广，对保证运营商利益、满足用户需求、保证产业的可持续发展具有重大意义。根据国内外经验来看，现有的推广模式主要分为“内容免费”和“内容付费”两种。在国内外移动媒体发展过程中，这两种模式都有采用。核心问题是推广的执行策略，即如何合理利用两种推广模式。根据国外发展经验和对我国具体国情的分析，可采用的策略有三种：时间和空间上的阶段性策略，以及交互匹配性策略。在不同时期，不同区域因地制宜，循序渐进，稳定发展，才能最终完成移动多媒体广播的推广与普及，形成完整的产业结构和良好的产业环境。

第七节　中国移动人群生活及媒体接触行为分析

一、移动生活形态分析

受众移动生活形态是指受众在家庭以外的日常生活轨迹中的移动行为与状态。随着现代生活状态的改变，我国居民的生活节奏在不断加快，生活空间在不断增大，生活范围在不断扩展。人们将更多时间花在了户外和路途上。这种变化使得人们处于移动状态下的时间正在不断增长。长途和短途移动人群数量正在持续上涨，便携式多媒体终端的市场规模不断扩大，城乡之间、省市地区之间的人口流动也越加频繁。

移动人群遍布各行各业，来自四面八方，他们大多分布在公交车、出租车、城市地铁、私家车、火车、轮渡等人流量大的交通领域。移动人群数量相当可观，甚至可以说，每个人都在不同时段处于移动状态下，而且这种处于移动状态的时长有不断增长的趋势。在我国的城市化发展进程中，也出现了类似市郊化的现象，即大批居民从城市的中心地带迁往城市的郊区地带居住，在城市工作与学习。这一方面有城市人口膨胀、居住成本提高等因素；另一方面，发达的现代交通工具也为人们从城市移居到郊区提供了可能。在这个过程之中，城市人口的流动规模加大了。移动人群以家庭为区隔，移动范围遍及办公地点、公众场合、移动路途、差旅目的地等区域。

移动人群是以生活形态为特点提炼出来的人群形态，其最大的生活形态特点体现在户外活动时间和交通工具乘载时间的增多上。2004 年，我国学者曾用四分法[①]研究过国人分配时间的规律。结果发现，同 10 年前相比，中国人每天的工作学习时间缩短了 1 小时 17 分钟，闲暇外出时间则多出 1 小时 4 分钟。目前，我国城市居民每天花在工作学习上的时间大约是 8 小时零 3 分钟，用在上下班路途上的时间是 61 分钟。根据 2004 年 3 月北京大学现代广告研究所进行的全国性大型户外广告受众调查发现，人们每天用于户外的时间已经达到了 5.06 小时之多，这还未将人们在办公场所、学校、差旅目的地等地的时间计算在内。调查还显示，“公交车”成为最经常使用的交通工具，有接近 70% 的人处于公交移动状态之中。

解剖及描绘都市人的生活轨迹，可以发现，上下班、逛街、购物以及节假日外出旅游等，是移动人群在生活地区之内的主要移动形式。“个体化”移动特征甚至已经成了当今研究传媒策略的重要环节。区别于传统家庭媒介消费人群，移动人群的范围可以从移动交通工具接触终端和个人移动接收终端来进行描述：（1）公交车、地铁、火车、船舶乘客以及自行车、私家车用户移动交通工具使用者；（2）手机、MP3/MP4、PDA、笔记本电脑等移动手持终端的消费者。

二、移动人群规模

媒介调查机构尼尔森媒介研究（Nielsen Media）早在 2004 年 5 月发布的一项调查就已经显示，拥有 13 亿人口、3.4 亿个家庭和超过 1 000 家电台的中国，已成为仅次于美国的全球第二大广播市场。在目前领有 DAB 和 DMB 执照的北

① 四分法按活动的属性将生活时间分为工作（学习）及路途往返时间、生活必需时间、家务劳动时间和自由支配时间。

京、上海、广东三地，覆盖的移动用户数量总计达1.07亿人之多。

从交通统计来看，我国北京、上海、广州等六大城市公交车、地铁、出租车移动人群总规模为210.75亿人次/年。按移动电视终端实际推广率为35%保守计算（该比例的得出主要基于六大城市中高档车的比例以及已安装移动电视公共交通工具的比例），六大城市的移动人群规模为73.76亿人次/年（表12－13）。

表12－13　　　六大城市主要交通工具使用者规模统计表

城市	交通工具	拥有量（辆）	客流量（亿人次/年）
北京	公交车	18 000	43
	出租车	70 000	1.26
	地铁	806	45.8
上海	公交车	18 000	25.2
	出租车	50 000	0.9
	地铁	500	24.9
广州	公交车	7 000	14.4
	出租车	16 000	0.29
	地铁	300	16.9
南京	公交车	4 848	9.26
	出租车	9 597	0.17
	地铁	20	0.73
杭州	公交车	6 700	12
	出租车	7 000	0.12
	地铁	—	—
天津	公交车	7 822	15.2
	出租车	32 000	0.62
	地铁	—	—
总计		248 593	210.75

资料来源：《2005年中国统计年鉴》。

近年来，我国境内旅游出行人数有大规模增长。2006年度，全国入境旅游人数达12 494万人次，比上年增长3.9%。其中：入境过夜旅游者人数4 991万人次，比上年增长6.6%；入境外国旅游者2 221万人次，比上年增长9.7%。国际旅游（外汇）收入339.49亿美元，比上年增长15.9%。国内旅游总人次为13.94亿人次，比上年增长15.0%；国内旅游总收入为6 230亿元，比上年增长17.9%。

以上描述，虽然仅限于对移动人群的一些片断取景，然而亦可窥见这个新族群的规模之庞大。移动人群包含广大的移动交通工具使用者、移动媒体的消费者、公共场所人群等。同时，传统的广电用户也是移动人群的一个重要组成部分。处于移动状态之中的广播用户则更加凸显了广播媒介的随时随地收听、终端便于携带的媒介特点。

三、移动人群媒介消费形态

（一）移动媒体消费概况

我国超过4亿的城市人口中，拥有消费力的移动人群多持有不同类型的手持移动多媒体终端。从2006年的统计来看，手机的持有量是最为庞大的。截至2006年12月，中国手机的拥有量已达4.61亿用户，手机普及率已经达到每百人拥有35.3部。其次，约有接近1亿的用户在使用MP3，累计5 248万人拥有便携式笔记本电脑，PDA的普及率达到了200万人次，有接近200万的用户在使用MP4和PMP。

随着便携式终端技术的进步和市场普及，持有终端的移动人群数量还将会有继续上升。目前移动设备的拥有量已经超过了个人电脑（比例为4:1）。对许多中国消费者来说，他们将通过移动设备，获得以往只有在家庭等固定收视场所才能获得的信息和娱乐享受。而诺基亚、爱国者等移动媒体制造厂商也一直致力于推动互联网接入、音乐、图像、视频、电视和电子邮件走向移动。移动技术的发展必将吸引更多的人群在移动状态中消费，获得满足。

（二）移动媒体使用习惯概况

如今，移动人群无时无刻不在接触和使用媒体获得信息。现代都市人从早晨乘坐公寓电梯下楼就开始接触各种媒体，从电梯内的电梯移动电视，到公交站台上的站牌电子显示屏，再到公交车上的移动电视，进入写字楼后在进进出出等候电梯的途中还要接触到楼宇电视等。手机、MP3等媒体更是频繁地被使用着。各种移动媒体一方面是和固定交通工具、移动场合结合，一方面是以手持便携式的优势，进入人们随身携带物品的范围内（图12－3）。

从统计数据来看，排除传统的报纸媒体，基于移动技术的广播和电视，是目前接触率最高的两种主流移动媒介，移动广播接触率达到99.4%，移动视频（电视）接触率达到89.2%。相比与点播式收费的手机电视业务，基于广播式的免费多媒体业务将具有很高的用户接受度和接触意愿，因此，针对全国大众市场的移动多媒体广播具有广阔的市场前景。

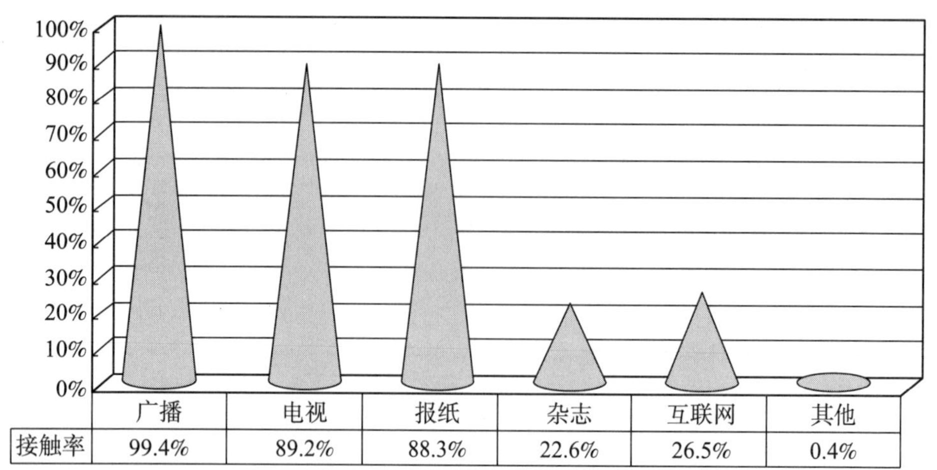

图 12-3 各类媒体在流动听众中的接触率

资料来源：赛立信媒介研究，2005 年。

四、移动多媒体广播的用户需求

（一）总体用户需求

国内外数据显示，各类移动人群对于数字视频内容普遍存在收视需求，其中数字视频广播是移动人群收视需求中的基础性需求。具体来看：

1. 超过 90% 的车载人群坐车的时候希望看到电视节目

从以下研究看出，对于“坐车的时候希望能看到电视节目”的用户态度，40.1% 的受访者表示一般，41.6% 的受访者表示比较同意，8.4% 的受访者表示非常同意，总体来说，超过 90% 的车载人群坐车的时候希望看到电视节目（表 12-14）。

表 12-14 针对“坐车的时候希望能看到电视节目”的用户态度

坐车的时候希望能看到电视节目	频数	百分比（%）
完全不同意	18	1.0
不太同意	156	8.8
一般	709	40.1
比较同意	735	41.6
非常同意	148	8.4
样本量	1 766	100

资料来源：《2005 中国数字新媒体报告》。

2. 收看电视是移动用户对于移动多媒体广播的首选业务

通过上海广电信息咨询的研究报告可以看出，在对移动多媒体业务的需求上，48%的上班族和62%的驾车族将电视服务作为首选，从一个侧面也显示出中高层次的移动人群对于移动多媒体广播具有较高的偏好（图12-4）。

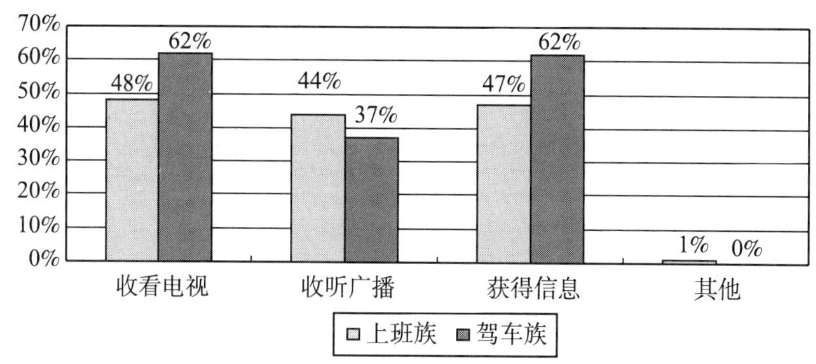

图12-4 同族群对于收看电视与获得信息服务的需求

资料来源：SMG上海广电信息咨询。

3. 多媒体终端加速普及，数字视频广播的移动观众数量增大

车载人群、个人便携式终端持有用户都是数字视频广播业务的潜在观众，这是一个每年全国几千亿人次的观众规模。从市场发展速度看，近年来，各类移动多媒体终端迅速普及，各类数字视频业务的市场规模快速扩大，为快速启动移动数字视频广播业务奠定了扎实的用户基础。

具体来看，截至2006年年底，我国能够观看视频的MP3 \ MP4出货量约90万部，全国能够观看视频的手机出货量约1.1亿~1.2亿部，比2005年同期增长18.6%~20%。

同时，据易观国际预测，截至2006年，国内使用视频流媒体业务的用户数将达到200万户，市场规模达到2亿元；到2007年，用户数将达到1 000万户左右，市场规模也将激增到16亿元。高速发展的数字视频内容消费市场为发展数字视频广播构建了良好的发展环境。

（二）具体用户需求

1. 固定式移动多媒体终端视频广播业务用户具体需求特征

（1）时事新闻和天气预报信息是移动人群最希望收看的移动电视内容

根据《2005年度中国数字新媒体发展报告》调查显示，在用户经常收看的移动电视节目内容中，广告和时事新闻分别以27.6%和27.3%的比例位居前两位。娱乐和天气预报信息则以21.9%和21.7%紧随其后。

与之形成鲜明对比的是，在用户希望收看的节目内容中，广告的需求比例仅为1.8%。而时事新闻和天气预报信息分别以64.9%和49.1%的高比例成为用户需求内容的前两位（图12-5）。

（2）用户的需求内容与目前收看的内容存在一定程度错位

将用户经常收看的与其希望收看的移动视频广播内容相比较，基本上可以将目前和未来移动电视上开发播出的节目内容分为三类：用户希望收看也经常收看的节目内容——时事新闻、天气预报信息和娱乐信息；用户希望收看但目前收看不足的内容——交通路况信息；用户不想收看但目前大量收看的内容——广告。

这里值得移动电视业者注意的是第二和第三类节目内容，前者用户的收视需求没有得到满足，表明交通路况信息具有很大开发潜力；后者则严重扭曲了用户的收视意愿，业者应努力寻求广告经营与内容“有的放矢”播出的平衡点。

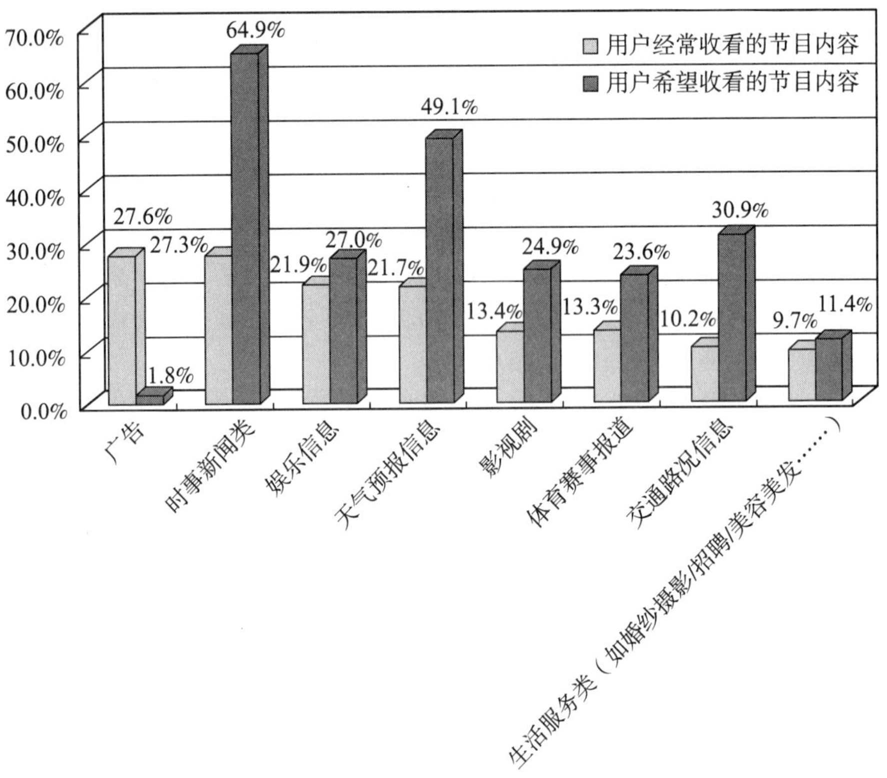

图12-5 经常收看的和希望收看的移动多媒体广播内容比较

资料来源：《中国数字新媒体发展报告》。

（3）用户欢迎更多实用、简短和直播型的移动视频广播内容

移动电视的主要受众是流动性强的乘车族。对于他们而言，收看移动电视更多的是在行车旅途中打发时间，以休闲为主。瞬间性随意寻求信息是绝大多数用

户收看移动电视的常态。鉴于此，移动电视不适宜播出那些逻辑性强和情景性强的节目内容，而比较适合传递简短的实用资讯。本次调查结果也验证了这一点：在“我希望看到更多的实用信息”态度题中，高达49.6%的用户比较同意这一说法，另有19.1%的用户非常同意这一说法；在“我觉得节目应该简短些”态度题中，更有近60%的用户比较同意这一说法，11.3%的用户非常同意这一说法。另外在直播节目的需求态度题中，有49.6%的用户比较同意“我希望看到更多的直播节目”这一说法，19.1%的用户非常同意这一说法（表12－15）。

表12－15　　　　对移动视频广播内容的态度

	我觉得节目应该简短些		我希望看到更多的直播节目		我希望看到更多的实用信息	
	频数	百分比（%）	频数	百分比（%）	频数	百分比（%）
完全不同意	5	0.3	5	0.3	5	0.3
不太同意	81	4.6	76	4.3	76	4.3
一般	456	25.8	471	26.7	471	26.7
比较同意	1 024	58.0	876	49.6	876	49.6
非常同意	200	11.3	338	19.1	338	19.1
样本量	1 766	100	1 766	100	1 766	100

资料来源：《中国数字新媒体发展报告》。

（4）车载人群普遍认同视频广播，多数车载人群长时间收看车载电视

以公交、地铁、列车为代表的交通工具，空间封闭，车载人群活动范围小，基本形成了强制性收视环境。

根据《CTR2005年8月北京移动电视公交车人群调研》显示，在短途公交车环境中，乘客每周基本花费7小时用于收看车载液晶电视。工作日中，早6：30～8：30和下午4：30～7：00是非常明显的乘车高峰期；高峰时段，车载移动电视的有效覆盖群体为乘车群体的95%以上；而在非高峰时段，覆盖比例达到乘车群体的100%；周末，没有明显的乘车高峰，最高点出现在上午9点半和下午2点半；周末移动电视有效覆盖人群为100%。

另据《2006中卫星空卫星数字多媒体广播报告》调研数据显示，列车移动电视的收视时间也比较长，依据统计数据，每一个城市居民每天收看一个电视频道的时间平均为4.5分钟，而每一位旅客每次收看铁路电视的时间平均为690分钟，是日常收看有线电视的150倍（图12－6）。

2. 个人便携式移动多媒体终端视频广播业务用户具体需求特征

当前，能够承载视频业务的个人便携式移动多媒体终端主要包括三种：广播式移动多媒体终端、基于移动通信网络的点播式移动多媒体终端以及独立终端。

最有代表性的当属广播式电视手机和视频流媒体手机。调研发现，终端类型不同，用户内容需求和收视行为均呈现出不同的特征。

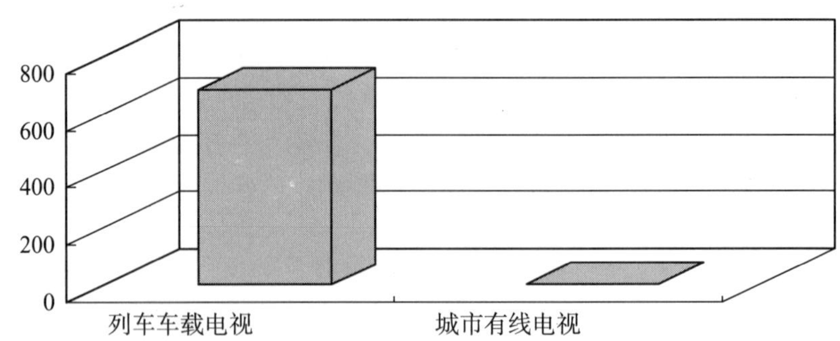

图 12－6　车载电视收视时间分析（单位：分钟）

资料来源：《2006 中卫星空卫星数字多媒体广播报告》。

（1）随时随地看电视、及时接收信息、消遣娱乐是促使用户使用移动多媒体广播的主要动力（图 12－7）

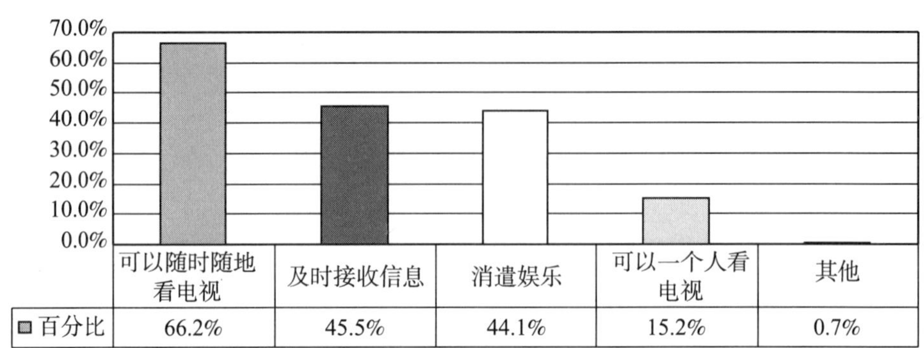

图 12－7　促使用户使用移动多媒体广播的因素

注：本题为多选题，累计百分比大于等于 100。n＝145。

资料来源：《中国数字新媒体发展报告》。

（2）用户对于数字多媒体广播转播的既有电视频道内容具有收视需求

据广东电视台对广东地区数字多媒体广播业务用户需求调研数据，可以看出，用户对于在数字多媒体广播平台上转播既有电视频道内容普遍存在收视需求。就广东地区用户反馈来看，用户对于境外落地卫星电视频道和以中央电视台为代表的全国性上星卫视频道的收视偏好度较高（图 12－8）。而韩国运营经验也显示，在地面数字多媒体广播体系（T－DMB）中，转播频道是用户欢迎的主要内容业务。

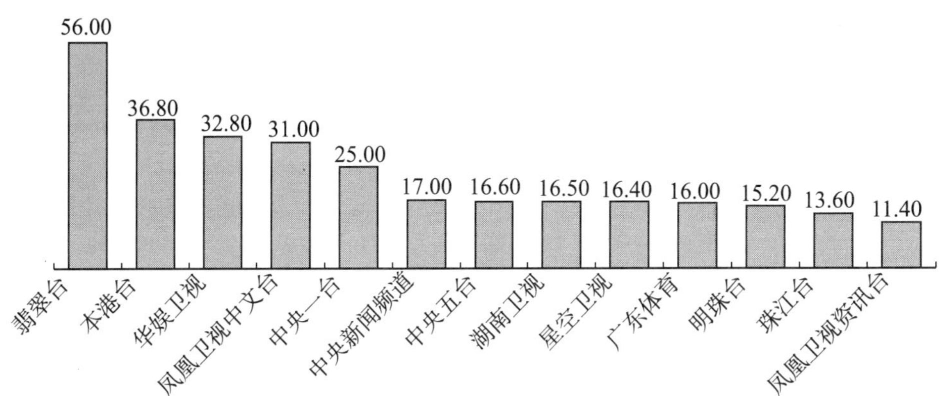

图 12－8　广东数字多媒体收视习惯——对转播频道的偏好

资料来源：广东天声。

（3）国内移动多媒体用户对新闻、音乐、体育/直播类等视频节目表现出较强的偏好度

据广东地区移动多媒体消费者内容偏好度调研显示：广东消费者偏好的新闻节目中以社会新闻和娱乐新闻为主；对于体育类节目，消费者喜欢收看直播类节目的比例远高于其他类型，总体消费者中有六成的消费者表示喜欢收看直播节目；有 66.7% 的消费者表示喜欢看音乐节目，主要是流行歌曲；另外，分别有 55.8% 和 33.6% 的消费者主要喜欢收看搞笑/幽默短片和综艺节目。

据上海广电信息咨询部门对上海地区移动多媒体消费者意愿调研数据显示：音乐、新闻、娱乐是大多数人希望在移动多媒体中看到的电视节目。体育节目在驾车族中获得较高的支持度。电影在学生中获得较高的支持度（图 12－9）。

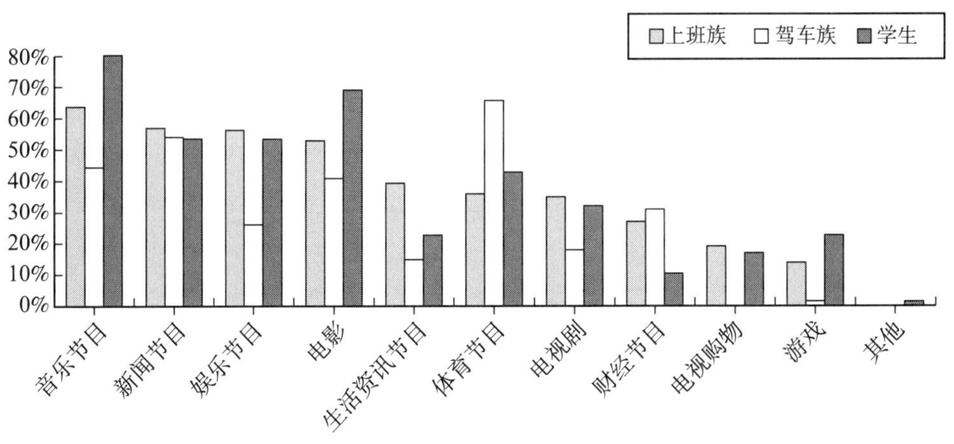

图 12－9　不同族群对于移动多媒体内容的需求

资料来源：SMG 上海广电信息咨询。

本章小结

从技术角度看，在移动状态下收看广播电视节目有两种实现方式：广播式和通信式，因此广电和通信行业在这一新的领域又展开了针对个人用户的争夺，广电创新性地提出了中国移动多媒体广播（CMMB）。

CMMB是中国广电基于自主知识产权所提出的全新广播电视系统，它使得广电规避了与通信行业在技术标准、业务模式等层面的直接竞争，可以独立自主、脚踏实地地进行产业创新。

经过三年的发展，时至今日，CMMB已经拥有了完善的产业链，2008年借奥运会的机遇CMMB在全国三十多个城市全面铺开，在这些城市用户只要使用CMMB终端就可以免费收看到6~8套信号流畅清晰的频道，预计到2008年年底，全国将会有360个城市可以接收到CMMB信号，CMMB这一全新的产业已经全面启动。

与手机电视不同的是，CMMB属于广播电视媒体，因此自然就带有广播电视的根本属性，这个根本属性在中国必然带有以下三个特征：其一，产品或者服务始终把最多数的人群视为服务群体；其二，产品和服务以最快的速度普及到社会各个方面；其三，产品和服务以最为低廉的价格应市提供。它的主要功能，是提供社会服务，满足最广大人民群众的信息需求，为国家填平信息鸿沟。而这也正是CMMB与基于商业运营之上的手机电视的根本性不同。

在本章中，我们就CMMB的相关问题进行了详细论述，包括其基本内涵、发展背景与动力、技术体系、产业布局、业务模式等，通过这些论述，形成了对CMMB完整认识。同样也可以推测，由于CMMB是建构在全新体系之上的，因此传统的管理方式必然也会不太适合，由此所引发的广电管理体制的调整已经势在必行。

第十三章

中国手机电视产业发展分析

随着数字技术和通讯技术的进步，手机作为单一的语音通讯工具的角色正被逐渐改变，手机将成为一种个人多媒体信息平台，不但能实现人与人之间的沟通，而且将满足人们多元化的信息需求，成为一种全新的媒体。

“手机电视”这一媒体概念，是在进入21世纪以后提出的。目前，手机电视在欧美和日、韩等一些国家和地区已经进入商业运营阶段，有些国家已经形成了较为成熟的业务结构，用户也已经形成一定规模。手机电视在我国的发展，逐步从概念提出阶段，进入到商业试验、标准制定和全面的试用推广期。可以预见，在技术和市场的双重推动下，手机电视将会得到长足的发展。

第一节　通信手机电视的基本内容

一、通信手机电视概念的界定

目前媒体和业界对手机电视的概念众说纷纭，缺乏一个统一的认识，甚至有失偏颇，对其技术实现方式也没有一个明确的界定，因此，本节首先对通信手机电视的概念和实现方式作出了界定。

所谓的“手机电视”，实际是两种不同技术系统的东西。目前，手机电视在我国由通信和广电两个不同部门实施行政管理。属于点对点的3G或者WiMAX技术系统的“手机电视”，标准归属信产部管辖；属于广播技术一对多“移动多媒体广播”的标准，无论它是使用手机接收还是MP4接收，都是属于广电部门管辖。

本章研究的重点就是电信领域的手机视频，或者叫做通信手机电视，它指的是利用具备视频播放和无线上网的手机等终端收看视频的业务，属于移动视频流媒体的范畴，是通过移动网络实现在点对点或点对多的情况下传送声音、数据、图像的实时性交互业务。

二、通信手机电视网络的实现环节

通信手机电视，是通过蜂窝式移动通讯网络实现的一种手机电视业务类型，它的技术特征体现在网络、终端、视频压缩编码和视频传送四个环节。

（一）移动通讯网络技术的进步

移动通讯技术的发展，首先体现在其网络上。蜂窝式移动通讯网络出现过两次划时代意义的进步。① 第一次是由模拟向数字的转变，即由1G网络向2G的转变。我国在2001年就全部关闭了模拟系统，实现了移动通讯产业整体的“数字化生存”。在2G的基础上，网络条件进一步得到改进和升级，即目前的2.5G和2.75G的过渡型网络。第二次进步是全新3G通信技术的诞生。3G的全面推广，将会使现有移动网络条件实现大幅度的飞跃。2008年4月1日，中国移动面向北京、上海、天津、沈阳、广州、深圳、厦门和秦皇岛8个城市，正式启动TD-SCDMA社会化业务测试和试商用工作，这标志着3G网络开始在中国正式全面推广（表13－1）。

网络的升级，起到两种核心作用：第一，网络的带宽不断增加。GSM网络所能提供的带宽是9.6kbps，升级到GPRS后的实际应用速度为30kbps左右，而EDGE和CDMA1X网络都可以达到100kbps以上。3G网络的最高带宽甚至将会以Mbps（兆比特每秒）来计算。第二，网络的互动性不断增强。在模拟时代，网络无法完成双向互动。而网络实现数字化并且不断升级后，在互动性上不断增强。

① 移动通讯产业把其蜂窝式网络称为1G、2G或3G，意为移动通讯网络的“第一代（1st Generation）”、“第二代（2nd Generation）”、“第三代（3rd Generation）”，代表着技术的进步和网络的升级换代。

表 13－1　　　　　蜂窝式移动通讯网络的几次升级换代

<table>
<tr><td rowspan="3">1G</td><td colspan="2">AMPS（Advanced Mobile Phone Service，先进移动电话系统）</td><td rowspan="3">模拟系统</td></tr>
<tr><td colspan="2">NMT（Nordic Mobile Telephone，北欧移动电话系统）</td></tr>
<tr><td colspan="2">TACS（Total Access Communication System，全接入通信系统）</td></tr>
<tr><td>2G</td><td>GSM（Global System for Mobile Communication，全球移动通信系统）</td><td>CDMA（Code Division Multiple Access，码多分址）</td><td rowspan="6">数字系统</td></tr>
<tr><td rowspan="2">2. 5G&2. 75G</td><td>GPRS（General Packet Radio Service，通用分组无线业务）</td><td rowspan="2">CDMA 1X</td></tr>
<tr><td>EDGE（Enhanced Data Rates for GSM Evolution，增强数据率 GSM）</td></tr>
<tr><td rowspan="2">3G</td><td>WCDMA（wideband CDMA，宽带分码多工存取）</td><td rowspan="2">CDMA2000</td></tr>
<tr><td>TD-SCDMA
Time Division-Synchronous CD-MA，时分同步码多分址</td></tr>
</table>

网络带宽的增加，为视频节目的传送提供了实现的可能性；而互动性的不断增强，则为用户定制的“点播式”业务结构奠定了基础。

（二）手机终端技术的不断进步

终端是手机电视到达用户的最后一个技术环节，相当于用户手中的“电视机”和“遥控器”。用户定制、接收、解码、播放和存储等功能都必须由终端实现。

手机终端技术发展非常迅速，各种新款式、具备新功能的手机不断推陈出新，从带有文本短信功能的手机，到支持图片和声音的多媒体手机，再到游戏手机、拍照手机、音乐手机，等等。而手机电视对接收终端也有要求，终端必须具备彩色液晶屏幕，具备与手机电视业务平台对接的功能，内含视频解码和播放软件，具有一定的缓存和硬存储空间。目前，具备这些条件和功能的手机终端种类越来越多，价格始终呈下降趋势。调查显示，市场上支持收看中国移动和中国联通手机电视的终端型号数量将近 100 款。

（三）视频传输技术的进步

点播式手机电视通常采用流媒体技术作为视频传送的核心技术，因此也被称为“流媒体式手机电视”。

流媒体是指视频、声音等数据以实时传输协议承载，并以连续的流的形式从源端向目的端传输，在目的端接收到一定缓存数据后就可以播放出来的多媒体应用。流媒体技术最初应用于互联网，20 世纪 90 年代中期，美国微软和 REAL 等公司采用了此类技术，此后该技术也得到不断的改进。流媒体技术最大的特点是在音视频文件下载的同时，可以对已下载的部分进行播放，一边下载一边播放，达到了时间上更有效的统筹，减少了用户因下载而必须等待的缓冲时间。

流媒体技术应用于手机电视，确保了在移动通讯网络带宽仍旧有限的条件下，音视频内容能够以数据流的形式通过网络顺利传输，不但使网络资源得到充分利用，而且使用户观看手机电视更为顺畅。

（四）视音频压缩编码技术的进步

视音频内容传送对带宽要求较高，而目前网络带宽依然有限。传统电视所使用的视频码流一般都在 2Mbs 以上，互联网上的视频码流也都至少在 200kbps 以上。而移动通讯网络的带宽要小得多，这就必须对原有内容进行大比例的压缩编码，使内容文件尽可能缩小，同时又要保证画面和声音质量满足用户收看的需要。目前点播式手机电视使用的视频压缩编码技术主要有 MPEG4、H. 263、H. 264 等。通过这些技术压缩后的视音频内容，文件码流大大降低，基本保证了在带宽有限的条件下视音频资源的流畅播放（表 13 - 2）。

表 13 - 2　　手机视频常用的视频压缩编码技术

编码技术	压缩后的文件码流	适用网络
MPEG4	50kbps1 以上	EDGE、CDMA1X、3G
H. 263	20kbps 以上	GPRS、EDGE、CDMA1X、3G
H. 264	20kbps 以上	GPRS、EDGE、CDMA1X、3G

（五）点播式手机电视的业务实现流程

点播式手机电视的技术平台主要由视频编码器、流媒体文件服务器、移动通讯网络和接收终端四个主要环节组成。

音视频内容通过编码器编码，形成格式统一的内容文件。这些文件将上载到流媒体文件服务器。服务器的数据库系统具有内容管理功能。服务器连接移动通讯网络，而网络的另一端为手机终端。用户利用手机进行检索和定制等操作，相关指令通过网络传达到流媒体服务器。服务器再执行用户的具体指令，通过网络向用户发送内容，经过手机终端的接收、解码和播放，用户最终看到内容（图 13－1）。

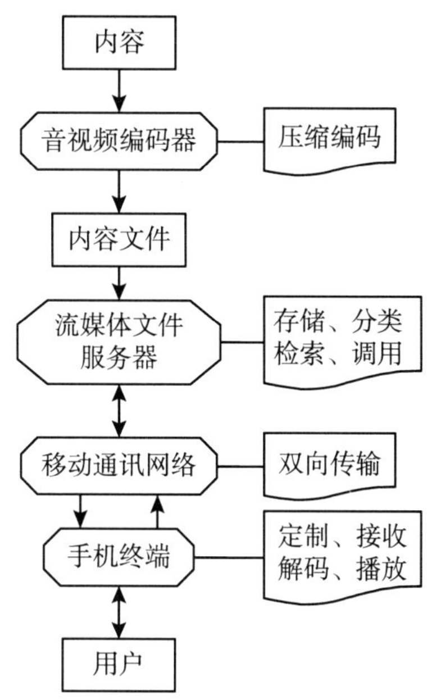

图 13－1　手机视频业务的实现流程

三、通信手机电视的网络技术标准

（一）通信手机电视的网络标准

手机电视通过电信移动蜂窝网络实现视频流媒体传输。全球移动蜂窝网络通信技术经过第一代模拟通信（1G），第二代数字通信（2G），已经向第三代移动通信技术（3G）过渡，而 3G 技术的核心业务就是移动视音频流媒体传输。

中国和美国的移动运营商主要通过这种方式推出手机电视业务。中国已经开始了全面试运营 3G 标准网络，而目前中国移动和中国联通两大移动运营商都已经分别在其 2. 5GGPRS 网络和 2. 75GCDMA1X 网络上开展手机电视业务。无论是中国移动的 GPRS 用户，还是中国联通的 CDMA 用户，都需要在具备视频接收功能的智能手机上加载相应的播放软件，才能接收到来自移动运营商和 SP 的视频节目。

通信手机视频基于移动通信网络，基于以往的经验，人们强烈地意识到技术的标准化对未来的产品开发、系统演进以及市场普及与占有的重要性，同时，每种技术标准的背后都隐藏着一个庞大的产业规模和产业背后复杂的利益关系。因此，从数字电视开始，用户、运营商和生产厂商都在标准的制定和选择上小心谨慎、颇费周折。

相对第一代模拟制式移动通信网络（1G）和第二代 GSM、CDMA 等数字移动通信网络（2G），第三代移动通信网络（3G），是指将无线通信与国际互联网等多媒体通信结合的新一代移动通信系统。

第三代移动通信网络能够处理图像、音乐、视频流等多种媒体形式，提供包括网页浏览、电话会议、电子商务、移动视频等多种信息服务。除了继续提供高质量的话音业务外，视频节目、视频电话等视频业务将会是 3G 手机时代的代表业务之一。

2000 年 5 月，国际电联正式发布了第三代移动通信标准，即：两种 TDMA 模式（美国提出的 UMC136（FDD）和欧洲提出的 E-DECT（TDD））、两种 CDMA FDD 模式（欧洲提出的 WCDMA（DS CDMA））和美国提出的 CDMA2000（MC CDMA）和一种双工 TDD 模式（CDMA TDD，其中包括中国提出的 TD-SCDMA 和欧洲提出的 UTRA TDD）。

目前国际上的主流 3G 标准有三种制式：3GPP 的 WCDMA、3GPP 的 CDMA2000 和 TD-SCDMA，它们分别起源于第二代移动通信的两大制式：GSM 技术和窄带 CDMA 技术。

（二）通信手机电视实现的技术标准

目前，大概有十多种手机电视标准纷争博弈，争夺最高话语权。但出于研究的需要，我们在这里主要关注电信方面的手机电视技术标准。

现阶段的通信手机电视和手机视频点播主要是在通信的 2.5G 或 2.75G 的网络上实现的，主要包括移动方面的 GPRS 网络（General Packet Radio Service，通用分组无线业务）、EDGE 网络（Enhanced Data Rates for GSM Evolution，增强数据率 GSM），以及联通方面的 CDMA 1X 网络。通信手机电视（视频）业务虽然已经在上述几个网络上得以实现，但是由于受到网络带宽、传输速率的影响，3G 以前网络的通信手机业务的开展依然受到较大的限制。

可以预见，未来电信手机电视实现的技术标准主要还是 TDBM。根据官方的定义，TDBM 是建立在 TD-SCDMA 系统平台之上，实现多媒体广业务端到端的解决方案。按照中国通信标准化协会当初对其的规划，TDBM 的主要思想是尽量利用现有 TD 系统已经搭好的大路，在尽量不影响 TD 语音和数据业务运营的前提下，为电视节目广播提供一条专门的高速公路。

据悉，由信产部主导的 TDBM 标准，由于得到了相关政府部门的推动，加之中国移动等移动运营商的鼎力支持，TDBM 的标准制定工作非常顺利。其中，TD－SCDMA 已经开始了全面的试商用。

TD－SCDMA 作为中国提出的第三代移动通信标准（简称 3G），自 1998 年正式向 ITU 提交以来，历经多年的发展，完成了标准的专家组评估、ITU 认可并发布、与 3GPP（第三代伙伴项目）体系的融合、新技术特性的引入等一系列的国际标准化工作，从而使 TD－SCDMA 标准成为第一个由中国提出的，以我国知识产权为主的、被国际上广泛接受和认可的无线通信国际标准。

在政府和运营商的全力支持下，TD－SCDMA 产业联盟和产业链已基本建立起来，产品的开发也得到进一步的推动，越来越多的设备制造商纷纷投入到 TD－SCDMA 产品的开发阵营中来。随着设备开发、现场试验的大规模开展，TD－SCDMA 标准也必将得到进一步的验证和加强。

2008 年 3 月 28 日，中国移动召开媒体见面会，正式宣布将于 4 月 1 日起，在其所承建的 8 座奥运城市正式启动国产 3G（即 TD－SCDMA）的社会化业务测试和试商用，具体包括北京、天津、上海、青岛、秦皇岛、沈阳、深圳和广州 8 城市。

2008 年 4 月 1 日起中移动开始 TD 试商用放号。TD 放号是中国 3G 史上又一个里程碑式的事件，标志着民族 3G 标准 TD 已完全具备了商业运营的基础。

2008 年 5 月 24 日，工业和信息化部、国家发改委和财政部发布了《三部委关于深化电信体制改革的通告》，公告指出，基于电信行业现状，为实现改革目标，鼓励中国电信收购中国联通 CDMA 网（包括资产和用户），中国联通与中国网通合并，中国卫通的基础电信业务并入中国电信，中国铁通并入中国移动。改革重组将与发放 3G 牌照相结合，重组完成后发放三张 3G 牌照。

TD-SCDMA 网络的试商用以及 3G 牌照的发放，必将对电信手机电视业务的开展起到极大的推动作用，电信手机电视业务的全面开展已经指日可待。

（三）国外手机电视的技术标准

国外的技术标准主要包括欧洲设备商推崇的 DVB－H、韩国设备商推崇的 T－DMB、美国高通的 MediaFLO 等，但是，无论是欧洲的 DVB－H、美国的 MediaFLO、韩日的 S－DMB，欧美韩日手机电视发展的主要模式是广播和移动通信网络的融合，即下行传输通过广电网络以 IP 数据传输的形式完成，而上行传输则通过移动通信网络，把广电网络的带宽和移动通信网络的互动、个性化优势相结合，从而实现一个多赢的局面。

按照业内人士的说法，在对手机电视标准的制定上，中国是“起了个大早，赶了一个晚集”。与国外相比，中国企业在手机电视标准的制定上涉足较早，但原本欲在2006年年底推出的中国手机电视国标却一拖再拖，至今未能确定。而在2007年7月份，欧洲已经确立诺基亚主导的DVB－H为欧洲标准，在抢占全球移动电视市场上赢得了先机。

具体来看，DVB－H为欧洲数字电视标准，诺基亚也在大力推动DVB－H，这个标准从内容制作到终端支持的阵营已经比较庞大，并在欧洲已经获得了广泛的支持，成为欧洲手机电视的主流标准。S－DMB，为韩国主导的手机电视标准。在中国，为推广S－DMB模式，韩国通信研究院专门在北京设立了一个组织，主要负责S－DMB标准在中国的推广，大力度地推广也获得了一定的市场成效。上海文广旗下的东方明珠股份公司和成都市移动数字电视有限公司等一批开展手机电视业务的企业大都采用了这一标准。MediaFLO在2005年正式推出，2006年开始推广，并投巨资建立了一个覆盖美国全国的网络。据悉，高通的MediaFlo标准已经被AT&T和Verizon Wireless这两大运营商所采用，大规模的商业开发将是迟早的事。

四、手机电视产业链

手机电视业务的产业链和传统广播电视类似，但由于产业链每个环节的作业形态和商业模式的变化，其产业链从很多方面表现出比传统广播电视产业复杂，参与产业的环节更多，产业各环节之间的利益关系更加错综复杂。

在国外，运营商既可以拥有电信网络，同时也可以申请拥有广电经营牌照，“三网合一”浑然天成，而手机电视产业又是广电和电信融合的新型业务，因此，国外运营商在业务提供和运营模式的建立上都是非常便利的。而且，目前全球还存在一种新的趋势，即电视节目提供商也可以购买网络和提供网络平台服务，这就意味着运营商可以选择最佳的技术路线和盈利模式，既可以向节目提供商购买节目源，也可以向节目提供商提供网络通道，从而缩短了产业链，极大地降低了运营成本，提高了运营效率和服务质量。

而在中国，由于目前电信部门和广电系统在技术路线、政策导向方面还存在较大分歧，产业融合坚冰未消，因而在一定程度上也影响了手机电视业务产业发展的进程。

从全球范围来看，手机视频产业链核心的几个环节包括内容生产商（CP）、服务提供商（SP）、技术支持商（TP）、网络运营商、终端设备制造商，最后到达用户（图13－2）。

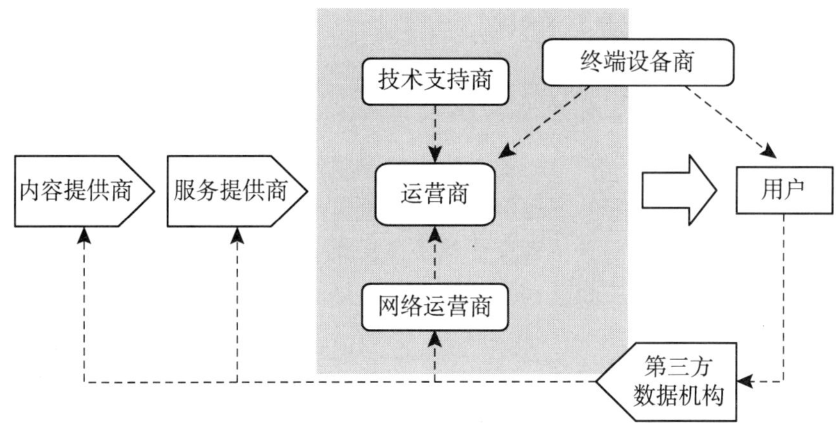

图 13－2　手机视频产业链

（一）通信手机电视产业内容供应商

用户选择哪个运营商的关键在于其所提供的内容，因而，内容供应商位于手机视频产业的上游，包括传统广播电视台、节目制作公司和广告公司。

2004 年年底，诺基亚对手机视频服务使用调查显示，用户在手机上看电视的时间每次平均约 10～15 分钟，倾向收看的内容为即时新闻、体育节目、天气预报和影视娱乐等，收看时间为上下班时间乘车时间，另外，用户使用手机视频的动机首要的是希望获得即时信息，其次是打发无聊时间。从用户使用手机视频的形态和习惯来看，手机视频所提供的内容应该与传统广播电视有所不同。比如节目时间应该限制在 10～15 分钟内，节目内容多为即时性的新闻和交通、天气、娱乐信息，在制作上，为了弥补手机屏幕尺寸小带来的观看不便，需要清晰度更高的摄像机，需要多拍特写和近景。而目前手机视频内容的匮乏是整个产业链的薄弱环节。

（二）通信手机电视产业服务提供商

这里的服务提供商指的是手机视频内容整合和集成商，它是整个产业链的中间环节，承担着对 CP 的内容进行购买、筛选、集成，以及配合传输平台设计收费标准和对用户进行收费。

服务提供商是中国手机视频产业链一个比较独特的环节，在国外，电信行业竞争比较激烈的情况下，服务提供商的任务一般由网络运营商来承担，而在国内，因为只有中国移动和中国联通两大移动网络运营商，基本处于垄断的状态，而运营商除了负责搭建网络平台，至于平台上运营什么业务则全部甩给了众多的 SP 们，因为与规模庞大的电信流量资费相比，目前视频服务的收入实在微不足道。也正因如此，SP 是整个产业链最薄弱的一环，一旦 CP 和移动运营商各自都向前迈出一步，SP 的生存就面临较大风险。

（三）通信手机电视产业技术支持商

通信手机电视技术支持商指的是为手机视频提供软硬件技术支持和维护的机构，即 TP，它们一般和 SP 或运营商直接产生联系，处于产业链的边缘，但却至关重要。以国内为例，目前上海文广的手机视频业务就分别和微软、阿尔卡特等技术提供商合作，为其提供从网络到业务的整体解决方案。

（四）通信手机电视产业网络运营商

网络运营商是传输平台的拥有者和商业模式的主导者，承担着对各种业务进行分类、融合，制定业务推广和用户发展方案，参与新技术的测试和投入使用等职责。这里就涉及不同网络运营商所采用的不同的传输技术标准，以及不同的网络运营模式。目前世界主流的手机视频运营模式包括中国和美国通过移动通信网络的视频流媒体传输方式，以及欧洲和韩国、日本的地面数字电视广播和 3G 结合的方式。目前几种不同的模式大多处在小范围的测试中，大规模投入商用的不多。预计未来的局面将会是几种模式并存竞争的状态。

（五）终端设备制造商

目前阶段，设备制造商在推动产业发展中的作用功不可没，在产业链的参与者中，终端设备商是最积极和最看好这一产业的前景的。

2004 年下半年以来，国内外手机厂商集体遭遇滑铁卢，均无力挽回业绩下滑的颓势，诺基亚股价下跌了 7.7%，三星股价下跌了 24%，西门子将手机部门以低价卖给了明基。主要原因在于，手机终端生产已经到了盛极而衰的时刻，必须找到新的杀手级应用，从而推动高端手机的热销，以寻求利润的增长，而手机视频流媒体业务就成为终端制造商的寻宝图。

以诺基亚为例，其不遗余力地推广 DVB－H 标准的手机视频网络，作为该项标准的核心发起人，诺基亚积极地与芬兰、德国、美国等国家的当地电信运营商合作，推广 DVB－H 系统的测试。

第二节　中国手机电视发展的背景和动因

手机电视业务是广电和电信业务融合的一个新型产业，在全球电信业 ARPU

值下降，进入一个相对困难和转型时期的背景下，手机电视业务无疑是电信业具有杀伤力的下一代移动增值数据服务，同时，广电业通过与电信业的合作，手机电视将会成为其拓展内容输出的一个新的媒体平台。

一、通信手机电视发展的背景

（一）内容管理政策将限制增多，内容审核也将愈发严格

2008年新年伊始，国家广播电影电视总局和国家信息产业部联合发布了第56号令，即《互联网视听节目服务管理规定》，自2008年1月31日起施行。这里的互联网指的就是我们现在常说的电脑互联网，也是指正在蓬勃发展的无线互联网，这也不难看出为什么56号令为国家广播电影电视总局和国家信息产业部联合发布了，无线互联网的视听节目必然是两者未来都想主导的手机电视业务。

当然，更重要的是尚未走出盈利困扰的视频产业突然间面临生死抉择，互联网视频从业者的职业选择也面临着严峻的考验，所有的危机当然也都来自于这条管理规定。

这也正是目前手机电视业面临的管理限制收紧的一种表现，内容的审核将变得更加严格，对于目前的三家内容审核机构——上海文广、央视与国视通信来说，这既是一次强力管制，又是一次契机，说是强力管制，对于手机终端播放的视频，不能再像互联网那样随意传播一些不符合国家规定的低级节目，虽然这些节目可能会短时间吸引庞大的用户群，但是手机作为媒体角色要想持续的发展，严格的审核规范必然是长久之计，从某种程度上讲，这也为手机过渡成为真正的媒体工具带来了契机。

这也必将带来三个鲜明的现象：一是加速视频分享行业的优胜劣汰；二是网络视频行业间以及获得许可证的企业将通过并购进行产业的资源重构；三是为网络视频技术服务提供商以及技术导向型的运营商提供了进一步发展的空间和机会，促进该产业由营销资源、用户资源竞争转向技术实力、运营实力的竞争。

（二）移动通信行业的未来重组将适应通信业的媒体化和宽带化

随着通信技术的不断发展，手机不再是一个语音通话工具，其承载的功能已经远远超过了人们的想象，其媒体功能越来越凸显出来，而且其媒体功能也是融合新旧媒体的精髓，成为海量媒体信息的载体，音频视频应用纷纷得到广泛的开发与利用，这也意味着移动通信行业宽带化时代的到来。

从2005年以来关于电信重组的传闻与3G标准的各类信息都纷纷出现，但无论未来的结果怎样，重组后的中国通信业格局都将呈现媒体化与宽带化的两大趋势。

手机媒体化将首先打造电信产业链的新格局，“移动流媒体”作为手机电视的雏形，是手机媒体化的重要催化剂，如果没有“移动流媒体”的介入，未来的3G网络可能就是浪费，“第五媒体”的价值就无从体现。3G时代的第五媒体之所以不同于2G时代的短信，是因为铺天盖地的文字将逐渐减少，而通过音频、视频工具提供的服务将占主导地位，这正是其媒体功能的重要体现。

媒体化的不断发展离不开通信技术的宽带化，这也是保证其由文字信息传输为主转变为音视频数据传输为主的重要基础，3G增强型技术发展以及商用步伐的加快，移动通信网向宽带互联网业务平台的迅速成长，LTE和UMB标准化研发速度的加快，IMT-Advanced的标准化工作进入实质阶段，以及在争议中发展的WiMAX，均有效地推动了移动网络和技术的宽带化进程，移动通信网络正在迅速发展成长为一个宽带业务平台。

（三）中国电信业加速进入资本市场

电信业既是技术密集型也是资本密集型行业，通过资本市场的良好运作可以使企业快速成长壮大。电信运营企业一旦注入国际资本，无疑将有利于加快我国电信企业体制的变革，从而切实提高企业的竞争实力，可以帮助电信运营商尽早建立起能够适应市场转变的法人机制、激励机制和监督机制。

迄今为止，我国四大电信运营商已经有三家在海外资本市场上市，其中中国联通公司同时在境内A股市场上市。对于现阶段的国有电信企业而言，通过上市在资本市场上直接融通建设和运营资金只是其中一项基本功能。更加重要的是，借助上市融资，能够加速电信国企的产权制度改造、投融资机制的转变以及引入先进的管理经验、国际化的经营管理和技术人才。

（四）电信行业外力量的强势介入，手机电视主导权的争夺日趋激烈

说到手机电视的发展，不得不提广电部门的介入，拥有优质内容资源的广电部门强势推动手机电视的发展也正是看到了这其中蕴藏的巨大经济利益。

国家广电总局启动的CMMB全国建网的大规模招标工作已经是CMMB的第二轮设备招标行动，它的招标对象涵盖发射机、测试仪器、CMMB便携终端，以及其他支撑系统设备，囊括了整个移动多媒体广播运营所需要的完整产业链的各个环节，这说明国家广电总局的CMMB技术体系已经初具规模。

CMMB是目前唯一经过相关标准化流程的合法移动多媒体广播标准，这一点

足以坚定产业链上各企业的信心，但是广电单方面强推 CMMB，并不利于我国手机电视产业化的整体进程，倘若未来另一标准成为手机电视国家标准，那么国家标准不仅将面临重复建设的尴尬局面，手机电视产业也将存在恶性竞争的风险。

二、通信手机电视发展的主要动因

（一）电信运营商寻找新的经济增长点的需要

电信运营商在保持电信业务快速增长的同时，面临的挑战日益严峻。电信管制放松引发的市场竞争愈演愈烈、新增用户多为低端用户的状况使得 ARPU 值每况愈下，无序的价格战导致电信资费不断下跌、增量不增收已成为各运营商的普遍现象。①

所谓 ARPU（Average Revenue Per User），指的是每个用户平均收入。也就是一个时间段内运营商从每个用户所得到的利润。很明显，高端的用户越多，ARPU 越高。在这个时间段，从运营商的运营情况来看，ARPU 值高说明利润高，这段时间效益好。ARPU 值高，则企业的目前利润值较高，发展前景好，有投资可行性。

在这种情况下，基于 3G 的移动数据多媒体业务前景广阔，ARPU 值也大大高于传统电信业务，因而成为运营商追逐的“杀手锏”业务。②

（二）终端制造商以最大热情推波助澜

由于支持视频传输的手机价格高、利润空间大，手机厂商在手机电视产业中都投入了最大的热情推波助澜，无论是推出新品，参与技术标准测试，或是赞助行业峰会，促成产业合作，他们的态度都非常积极。但除了多普达之外，国产手机品牌成为沉默的大多数，而多数国外的手机制造商则不遗余力地走在前面。

以诺基亚为例，其和芬兰广播公司以及移动运营商合作，在芬兰赫尔辛基市推出了手机电视的试验，另外，还参与了全球其他国家的手机电视测试，并力挺 DVB - H 系统标准。此外，三星已在韩国上市 V500，NEC 也推出了 N940 的手机电视产品，此外东芝、诺基亚、摩托罗拉也都推出内置电视调谐器的手机。甚至

① 2006 年，中国移动将广告语中的“移动通信专家”改为“移动信息专家”。同年，中国联通提出“TIME”计划。

② ［美］约翰·帕夫利克著，周勇等译：《新媒体技术：文化和商业前景》，清华大学出版社 2005 年版，第 145 页。

小灵通制造商也宣称，将要推出可看电视的小灵通。

（三）电信运营商满足用户个性化移动收视的需求

目前电信业务正在向信息化、多媒体化、宽带化、个性化、多样化、智能化等方向发展，大众用户、企业用户和行业用户对电信以及增值业务需求旺盛，特别是移动视频流媒体业务，可以满足大众用户个性化移动接收的需要，填补大众在等车、乘车等闲暇时间的收视需求，所以，其未来的发展潜力是无穷的。

第三节　中国手机电视产业的运营现状

一、中国通信手机电视产业的发展历程

在中国，手机电视业务的发展历经了几年的积累、磨炼，在政府、运营商、产业一线人员的积极推动下，已经日益成熟。

纵观手机电视近几年的发展历程，其大致可以分为以下几个阶段。

（一）蓄势期

2004年以前，基于手机的视频流媒体业务尚未开展，都在积极蓄势阶段。

这期间，无论是中国移动还是中国联通，都在大力发展增值业务，从彩铃彩信，到无线网络，一方面在不断推进技术的开发，一方面也在培养用户对增值业务的使用。

（二）试水期

进入2004年，各方面已经不限于对手机视频的研究和展望，而纷纷开始试水，市场进入起步期。

移动运营商先后开始推出了基于2.5G和3G网络的流媒体手机视频业务，但受传输网络、业务标准及手机终端等多方面因素的制约，流媒体手机视频市场的发展仍然不尽如人意。

中国联通于2004年4月21日正式发布增值业务品牌——“视讯新干线”。实现在线观看电视、电影，进行VOD/AOD视频点播。2004年5月中旬，中国

联通配合湖南、扬州、南京、上海、北京、天津等各地分公司开展“视讯新干线”的展示活动。

上海移动也在2004年6月与上海文广新闻传媒集团（SMG）签订了战略合作协议，双方商定共同就手机电视等移动视听增值服务展开密切合作与业务探索。

（三）起步期

到了2005年，两大电信运营商的手机视频业务正式拉开阵势，手机视频业务进入一个新的阶段，正式起步。

中国联通在2005年年初推出基于普通手机的移动流媒体业务，并将联通卫星公司改组成专门的联通新视讯公司，负责手机视频业务的开发和推广。

中国移动在2005年5月13日和上海文广新闻传媒集团在京签署战略合作协议，两者将共同推出“手机电视”流媒体业务，双方更将携手启动移动媒体娱乐平台。到了9月28日，上海文广与中国移动共同宣布，正式开通手机电视“梦视界”，提供下载点播与直播等形式的手机电视节目，最初阶段采取免费形式。

（四）发展期

2006年，随着电信手机视频业的稳步推进，产业链合作伙伴的积极参与，市场得到了快速的发展。

中国联通和中国移动的手机视频业务也在有条不紊地前进，截至2006年7月，中国联通开通的流媒体电视业务达到约60个频道。东方龙与移动的视频业务规划统一为“东方手机电视”业务，于2006年2月15日起正式收取信息费。手机视频业务逐步成为移动增值服务的重要组成部分。

2006年4月27日，中央电视台第二家获得牌照。随后，中央电视台网络中心即宣告成立，成立后首件大事就是整合力量，突围手机电视。

到了2006年12月11日，中央电视台联手中国移动、中国联通两大移动通讯运营商签约、启动CCTV手机电视业务，CCTV电视节目将通过移动网络传输方式向大众传播，并提供直播、点播、下载等个性服务。

（五）稳步成长期

手机电视业务发展到2007年，大家都对这个市场十分看好，越来越多的机构投身于手机视频开展的大潮中。

2007年，电信运营商对手机视频业务的开发推广日见成效，而且，它们也积极与广电方面的运营商进行内容合作，运营平台上开通的视频节目除了广泛来自各个合作 CP、SP 外，广电派的手机电视频道也越来越多。

另一方面，WAP 网站的兴起也不容小视。经历了几年的技术发展和用户培养，WAP 网站也累积了一定的人气，同时，他们对视频业务的涉足也初见成效。到 2007 年，经营 WAP 网站的公司推出各种流媒体播放器，已经可以流畅地实现视频和音频的点播与直播，内容囊括电视、电台、动画等。除运营商的官方站点外，部分技术实力较为雄厚的独立 WAP 站点也向用户提供移动流媒体视频业务。如 3G 门户流媒体播放器 GGTV、富年 Funvio 以及腾讯的“QQ 影院”。另外，有部分手机用户还可通过 WAP 等方式观看到凤凰卫视、翡翠台、湖南卫视、浙江卫视、MTV 等 30 多个电视频道。

随着 2008 年北京奥运会的日益临近，在国家相关部门的联合推动下，手机电视作为一项重要的任务，开始了跨越式的发展，逐步过渡到了全面的市场试用推广期。

2007 年年底，作为国家重大科技专项的“新一代宽带无线移动通信网”实施方案获得国务院通过。中国移动总裁王建宙在 2007 年度业绩新闻发布会上表示，TD-CDMA 的演进形式、准 4G 技术 TD-LTE“得到了国家有关部门的认可和批准”。

2008 年 3 月 28 日，中国移动召开媒体见面会，正式宣布将于 2008 年 4 月 1 日起，在其所承建的 8 座奥运城市正式启动国产 3G（即 TD-SCDMA）的社会化业务测试和试商用，具体包括北京、天津、上海、青岛、秦皇岛、沈阳、深圳和广州 8 城市，这也就意味着 3G 网络在中国正式全面铺开。

2008 年 5 月 24 日，工业和信息化部、国家发改委和财政部联合发布了《三部委关于深化电信体制改革的通告》（以下简称《通告》），《通告》指出，基于电信行业现状，为实现改革目标，鼓励中国电信收购中国联通 CDMA 网（包括资产和用户），中国联通与中国网通合并，中国卫通的基础电信业务并入中国电信，中国铁通并入中国移动。《通告》指出，改革重组将与发放 3G 牌照相结合，重组完成后发放三张 3G 牌照（表 13-3）。

至此，可以预见的是，随着 3G 网络的大范围试用和 3G 牌照的发放，通信手机电视将会获得快速的发展期。

表 13-3　　中国手机电视大事记

时间	事件
2004 年 3 月	广州移动全国首次推出“手机电视”服务，并在 5 月份正式投入商用。
2004 年 4 月 21 日	中国联通在北京举办视讯新干线业务新闻发布会，宣布中国联通正式提供除可视电话外的所有 3G（第三代手机）业务。
2004 年 5 月中旬	中国联通配合湖南、扬州、南京、上海、北京、天津等各地分公司开展视讯新干线的展示活动。

续表

时间	事件
2004 年 5 月	广东移动数据业务品牌“银色干线”开始试商用，其中手机电视是其重点业务之一。此外，中国移动还在浙江、江苏等地区开通了“手机看电视”业务。
2004 年 6 月 6 日	上海文广新闻集团、上海移动和江苏移动共同签署战略合作框架协议，三方将共同开发移动流媒体及相关增值业务内容服务。
2004 年 6 月 24 日	上海贝尔阿尔卡特和上海文广新闻传媒签署框架合作协议，共同开拓视频应用。
2004 年 6 月	上海文广东方龙移动信息有限公司成立，开始筹备手机电视业务。
2004 年 8 月	雅典奥运会拉开序幕，一场“手机看奥运”的营销战也随之在移动和联通之间展开。北京移动通信在奥运会期间开通基于 GPRS 平台手机看电视的流媒体业务。
2004 年 12 月 23 日	中国电信集团公司和上海文广新闻传媒集团（SMG）在北京签署了战略合作协议。
2004 年 12 月	北广传媒集成电视有限公司宣告成立，其手机电视业务将在 2005 年 6 月期间正式向公众推出。北广传媒的手机电视并没有采用移动运营商的通信网络来承载电视信号，而是采用了独立的数字电视广播网。
2004 年 12 月初	天津联通开通基于 CDMA 手机的掌上电视（GOGOTV），利用 CDMA 移动通信网络，收看天津卫视、中央电视台及其他省市电视台节目，近 20 套丰富多彩的各类移动视音频节目。
2004 年 12 月 3 日	联想移动召开了“引领百万像素新时代——联想手机新年新品抢鲜会”。在这次会议上，联想移动推出了其第一款支持手机电视业务的手机——联想百万像素电脑手机 ET960。而这款手机最大的卖点之一就是用户可以通过联想 ET960 手机享受一年的免费收看央视网络电视经济、体育、娱乐等七类节目。
2005 年 1 月 8 日	中国传媒大学（原北京广播学院）与联通新时讯通信有限公司在北京签订战略合作协议，共同研究开发移动数字视频新媒体。
2005 年年初	新华社与中国联通正式签订协议，在联通 CDMA 的“视讯新干线”平台上设立一个全天候播放的新闻频道——“新华视讯”，新闻内容全部由新华社提供。
2005 年 1 月 1 日	上海文广手机电视开始试运营，吸引了 5 000 名用户试用。
2005 年 3 月 30 日	首部手机连续剧《约定》开拍，由北京乐视传媒投资，拍摄周期两周，总投资 300 万元。
2005 年 5 月 1 日	上海文广开始对手机电视收费，30 元/月无限量收看。在上海可以买到的 17 款手机电视终端，包括索爱、诺基亚、摩托罗拉等品牌，价格从 3 000 ~ 9 000 元不等。

续表

时间	事件
2005 年 7 月	电视连续剧《正德演义》将在手机上首播，电视台播出时间为 11 月。
2005 年 10 月	上海文广东方龙公司和中国移动合作的手机电视业务在全国开通，全国的中国移动手机用户都可以收看到由上海文广提供的手机电视服务。
2006 年 12 月	中央电视台入主移动、联通手机视频业务。
2007 年 4 月	中国国际广播电台与移动、联通签署手机视频业务协议。
2008 年 4 月	中国移动所承建的 8 座奥运城市正式启动国产 3G（即 TD－SCDMA）的社会化业务测试和试商用。
2008 年 5 月	工业和信息化部、国家发改委、财政部三部委联合下发《关于深化电信体制改革的通告》，官方首次明确表示，电信重组将和 3G 发牌照相结合，我国将在完成电信重组后，发放 3 张 3G 牌照。

二、通信手机电视的产业运营状况

目前在手机视频业务的开展中，主要有几种重要的角色类型，其中包括网络运营商、内容提供商（包括牌照商）和独立 WAP 网等。

下文将就这三种划分类型，选取目前几家有代表性的机构阐述业务开展现状，主要包括两家电信运营商——中国联通、中国移动，两家持有手机电视牌照的内容集成商——CCTV 和上海文广，独立的内容制作机构——摩摆传媒和上海巨鲸，以及一些独立的 WAP 网站——空中网和 3G 门户等。总体看来，各家都是以直播、点播、下载等方式为主，播放传统的电视、电影节目和短小精悍的视频短片。

（一）通信手机电视的网络运营商

从目前的情况来看，国内的网络运营商尚且处于产业的主导地位，产业链上的很多合作伙伴的行为也是配合着网络运营商的动向而定。

1. 中国联通的手机电视业务现状

中国联通的手机电视业务是委托其旗下的全资子公司联通新时讯来运营。截至 2008 年 1 月 20 日，中国联通约有 210 家 CP（包括内容集成商）提供视频短片给联通新时讯，然后经过央视国际、上海文广、国际广播电台三家牌照方的内容审核，将合格的产品分发到“视讯新干线”平台，用户登录该平台即可观看手机电视或视频节目。

（1）中国联通的手机电视业务概况及特点

“视讯新干线”业务是基于中国联通 CDMA 1X 精品网络，采用先进的流媒体技术，为用户提供高质量的视、音频服务的手机增值业务。

中国联通重视自己对内容的集成，对业务集成方式也要求比较严格和具体，很多内容是自己集成、加工，业务分类、规划都是既定的。由于联通的平台搭建基础多以自身的内容为衡量标准，所以相对于其他CP就显得限制较高，传统CP几乎无自主权，要在联通的规范下设置自己的平台。

(2) 中国联通手机电视的具体业务形式

目前，联通提供的三大业务模式，主要是点播、直播和下载。其中，直播业务主要是为用户提供现有电视节目在线直播收看等服务，点播和下载的视频节目多以单独短片出现，以音乐、影视、动漫、娱乐、生活、体育等类型为主，覆盖面较广，涉及生活的方方面面（表13－4）。

表13－4　　　　中国联通手机电视部分业务

业务类型	业务概述	业务内容
电视	提供中央电视台的直播节目内容	CCTV1；CCTV2；CCTV4；CCTV10；CCTV12；CCTV新闻
MV	提供各种MV及音乐节目供用户收看	精品MV；CCTV同一首歌；MV新视听；情歌红馆；MV音乐吧；精品推荐；劲乐E族；欧美流行MV；MV光荣榜；MTV天籁村；乐视学唱新歌；华语星空；乐视音乐风云榜；动画MV巨星榜
影视	提供各种精彩影视内容，包括电影、电视剧等，还推出精彩片断剪辑，供用户选择	影视剧场；新片播报站；美视影剧院；家庭DV秀；北青影视天地；奥斯卡片断；百视精品剧场；经典魅力镜头；乐视影院；联动亚洲强档；新片尝鲜；TOM迷你影院；纪录片库；精彩爱情片断；影视帝国；新先上市；乐视电视剧场
动漫	提供动画节目和内容供用户收看	卡通电影；动漫精品区；经典动画赏析；原创部落；动漫放映厅；漫画古今；电子竞技世界；动漫天地；搞笑无极限
娱乐	提供娱乐圈奇闻逸事及相声小品等各种搞笑类内容	娱乐现场；相声小品；明星视频档案；猫扑电台；新浪嘉宾聊天；爆笑地带；星闻直播；新鲜娱乐圈

①点播。内容提供商将媒体内容编码压缩成联通要求的相应格式，存放在内容服务器上并把内容的描述信息以及链接放置在手机门户上。最终用户就可以通过访问手机门户，发现感兴趣的内容，有选择地进行点播播放。

②直播。直播编码服务器将实时信号编码压缩成联通要求的相应格式，并经由服务器分发到用户的终端播放器。根据实时内容信号源的不同，又可以分为电视直播、录况监控等。

③下载。用户将内容下载并存储到本地终端中，然后可以选择在任意时间进行播放。对于下载播放，主要的限制指标是终端的处理能力和终端的存储能力，内容提供商可以制作出较高质量的视频内容（高带宽、高帧速率），但需要考虑内容的下载时间及终端的存储空间。

2. 中国移动手机电视的业务现状

（1）中国移动手机电视业务的概况及特点

不同于联通对内容的严格控制，中国移动主要作为一个运营平台，一方面并没有自己集成内容，主要依靠内容提供商；另一方面，对内容提供商的权限下放较宽松，给予内容上更大的自主发挥空间。

目前，中国移动主要有 CCTV 手机电视、东方手机电视、手机剧场等栏目。用户可以用手机在线收看直播节目，并且可以点播、下载观看其他精彩的节目内容，而在夜间，可以使用“闲时下载”功能，下载当日精彩推荐节目。

（2）中国移动手机电视的业务形式

业务开展主要是“专区”的形式，给已经成规模的手机电视频道留有专门的链接区，为有牌照的内容集成商提供很大发展的空间。目前专区中提供的链接主要有 CCTV 手机电视、东方手机电视、第五媒体、CRI 手机电视等。

（3）中国移动手机电视的客户端

中国移动选用了广州富年电子科技有限公司的播放器，于 2007 年 7 月 1 日晚正式全网上线。上线的位置是移动梦网——手机电视——东方手机电视。用户除了可以通过传统方式收看电视视频外，还可以通过下载该播放器作为客户端，进行高清视频体验。相比较来看，中国联通还没有采用这种客户端的形式。

3. 移动与联通在手机电视业务运营上的差异

总的来说，中国移动和中国联通在手机视频业务运营上的差异更多的源于两运营商体制间的差异。中国联通一直以来都是由总部控制，各地权力不大；而中国移动则是分省运营，各地积极性较高。而在手机电视业务上的突出表现就是中国联通由其下的全资子公司联通新时讯严格控制，而中国移动则将权利下放到各省分公司，更多的是以网络维护者的身份参与。

中国移动手机视频业务正式开始计费是在 2007 年年底，根据笔者最近了解到的消息，中国移动手机视频业务将被纳入各地 KPI 体系（关键绩效指标考核），届时各地的省分公司将严格按照总部规定的任务，力推手机电视节目，相信 2008 年国内的手机视频业务将会有爆发性的增长。

4. 网络运营商的盈利模式分析

目前，对于移动运营商来讲，手机视频的收入基本来自用户的使用消费，鉴于视频广告还在探索阶段，这一利益来源还处在不断探索发展中。

对于运营商来讲，收入是其发展的重要动力，而收入的两个重要来源就是用户缴纳的业务计费和广告主投放的广告费。而就现状来看，节目的收视费依然是手机视频收入的主要来源。

目前手机短电视业务的计费模式则可以包括四种：包月制、计次制、计流量制，以及提供部分免费内容。

（1）包月制

包月制是指用户每月缴纳一定的固定费用，就可以在当月无限制地通过手机下载、收看短视频。以中国移动为例，其在北京开通的包月服务有以下几种级别（表13－5）：

表13－5　　中国移动北京地区开通的包月服务及收费情况

套餐类型	月租费（元）	赠送的免费流量数（MB）	超过赠送流量后的费用（元/KB）	封顶值（元）
标准资费	0	0	0.03	500（不含国际流量费用）
5元套餐	5	10	0.01	500（不含国际流量费用）
20元套餐	20	50	0.01	500（不含国际流量费用）
100元套餐	100	800	0.01	500（不含国际流量费用）
200元套餐	200	2 000	0.01	500（不含国际流量费用）

资料来源：北京移动官方网站。

除了这种流量包月外，还可以是节目包月，例如，现在东方手机电视频道一个月的包月费是10元，即用户只需缴纳10元包月费，就可随时随意收看该节目包中的所有视频节目，流量费单计。

（2）计次制

计次制是指按照用户点播收看短视频的次数来计费。这种方式能够解决一些对版权比较敏感的节目的观看需求，其针对的用户群是对该部分内容有特定需求的用户，其适合的内容以特定的资讯内容和影视服务为主，能够为用户提供一次性的或者有限次数的视频资讯服务。目前，计次制的收费方式主要针对在线点播和下载收看两种形式，依据短视频内容的差异性实行区别定价，如0.5元/次、1元/次、2元/次不等。

（3）流量制

计流量制是指按照用户点播收看短视频的流量来计费。目前国内电信运营商按流量定价一般都是0.01～0.03元/KB。这种方式与计次制针对的用户基本相同，用户可以根据自身的不同需求选择下载收看不同内容和大小的短视频。

5. 手机电视网络运营商与内容提供商的合作模式

在手机电视的运营中，电信运营商，特别是中国联通更为突出，正在积极整合各类内容提供商成为内容提供群。它与各类 CP 之间的关系十分密切，具体合作流程和模式也较为规范。

(1) 手机电视具体的 CP 分析

截至 2006 年 6 月 29 日，联通新时讯“手机视讯”共开通 12 个频道，接入业务 210 个，CP/SP 的数量达 35 家。

首先，在这 35 家 CP/SP 中，34 家公司基本均为电信系统下的通信网络公司、信息技术公司，如接入业务量排名前四的 4 家公司，包括乐视无限、美视无线、宁波成功多媒体通信有限公司、上海贝泰电子信息技术有限公司，均为电信系统下的网络技术公司。而由传统电视媒体直接提供内容的公司仅有 BTV 一家。

其次，在整个“手机视讯”的业务内容中，直接转播传统电视媒体节目的共有 7 个业务，由 BTV、第五媒体、美视无线、北京联丰、联通新时讯 5 家提供。而其余 203 个业务均来自各种内容资源，包括各类电视电影节目、MV、网友 DV 视频、时尚生活资讯等等。由此可见，目前广电在手机电视内容提供方面并未占据较强的地位。

(2) 手机电视业务 CP 接入业务的流程

内容提供商与电信运营商合作，首先需要提出接入业务的申请，并附上各种资质审核所需的文件，在核定了 CP 资质及接受了 CP 的业务申请后，电信运营商会给 CP 一定反馈，之后，CP 可以自行进行业务开发随后便进入测试阶段。通过测试的 CP 可在运营商的指导和帮助下进行页面和功能调整，以符合该运营商的技术标准和页面要求。签订合同后，业务正式开通（图 13－3）。

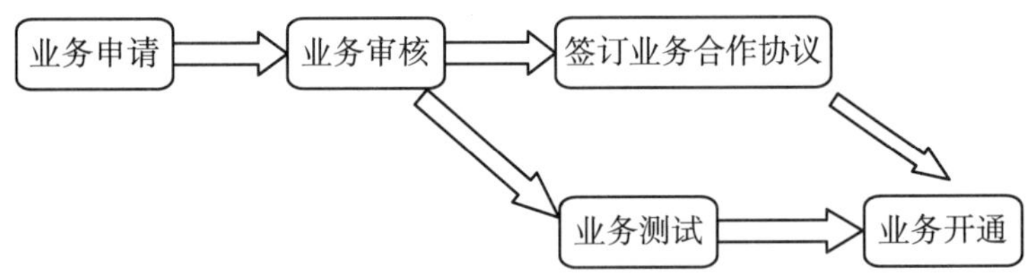

图 13－3　内容提供商申请、开通业务的流程

(3) 手机电视运营商与 CP 的内容版权的解决方式

以联通为例，版权问题主要集中在音乐和影视剧上。这些视频内容中，有一部分版权是由联通自己直接与内容方签协议，其余大部分内容都由 CP 做，一般来讲，运营商会在内容中直接注明：版权为内容提供商提供，并留下 CP 的客服电话。

目前看来，个人作品版权往往不会牵涉太多问题。这主要因为，个人用户在上传任何内容前需要成为注册会员，而注册时 CP 或者 SP 就已经要求用户接受免责声明，而且一般已经默认了版权归 CP 或 SP 所有。

(4) 手机电视运营商对 CP 的定价、分账方式

对于内容的价格，主要包括通信费和信息服务费。通信费依照运营商的资费标准，信息费原则上由 CP 制定，运营商对 CP 制定的价格有否决权和指导权。信息费价格变动周期最短为半年。

对于分账比例，将手机视频确定为未来 3G 的重点业务加以培育和推广的中国移动，与 SP 的合作分成比例提高至空前的 5∶5。而中国联通与 SP 的分账比例也从原来的 2∶8，调至 3∶7，与 CP 类则采用 5∶5 的分成比例。根据中国联通公布的 2007 年 1 月 SP 收入排名，来自联通的 SP 收入数额较大的包括新浪、TOM 在线、腾讯、搜狐等，收入最多的新浪为 750 万元，TOM 在线为 550 万元，腾讯和搜狐分别为 310 万元和 275 万元。我们认为，手机电视业务运营模式有两种，即基于移动通信网络技术的点播式和基于数字广播与 3G 融合技术的广播式，目前，两种运营模式均已在全球投入商用或正在进行大规模网内测试。运营模式不同，产业链也相应不同，前者相对简单，包括 CP、SP、移动网络运营商、技术设备集成商等环节，而后者由于涉及到广电和电信的融合，在二者业务不能互相进入的国家和地区，其产业机构和利益关系就显得略微复杂。

（二）手机电视业务的内容提供商（含牌照方）

内容提供商是整个产业链中最为活跃的一类角色，他们根据手机屏幕的大小、手机电池使用时间的长短，手机视频用户消费的特征，生产、研发和集成专门针对手机媒体消费的视频内容。根据是否持有《信息网络传播视听节目许可证》可以将内容提供商分为两大类，一类是牌照持有方，如央视国际和上海文广，而另一类则是内容生产、研发、集成机构或组织，如摩摆传媒。

1. 手机电视运营牌照

据不完全统计，截至 2007 年 12 月，共有 8 家机构和单位获得了《信息网络传播视听节目许可证》，就是我们俗称的手机电视牌照。这 8 家机构分别是上海文广、央视国际、南方广电传媒、中国国际广播电台、中央人民广播电台、北京电视台、重庆电视台、山东电视台。不过根据许可证内容的不同，每家机构获得的手机视频经营的权限也是不同的。

(1) 牌照的地域性

按照牌照的经营区域划分，可以分为全国性牌照和地方性牌照。比如目前央视国际和上海文广拿到的资质就是全国性的，而北京电视台、重庆电视台、山东电视台就是地方资质。北京电视台拿到的牌照就是北京市所属区域。

（2）传输网络

许可证规定了节目传输的渠道，有的机构可以经营电信宽带网络的 IPTV 节目，而有的就只能经营移动通信网络的视频业务。比如央视国际就可以经营电信宽带网络的 IPTV 节目，也可以经营移动通信网路的手机视频，而北京电视台的许可证只允许其经营移动通信网络的手机视听业务。

（3）其他

牌照的区别除了上述两点外，还包括对接收终端的规定，有的机构传输的节目只能用于手机等移动终端的接收，而有的则除了手机还可以传输至 PC 等智能终端；对节目来源的规定，有的机构不仅可以提供自己制作的节目，也可以与其他机构广泛合作，而有的则只能提供自己制作的节目。

2. 持有牌照的内容提供商的业务现状

（1）东方龙的业务现状——东方手机电视

东方龙作为手机电视牌照的授权方，以内容商的角色参与到手机电视市场。

东方手机电视业务作为 3G 移动通信中主要的新业务之一，用户可以通过手机收看电视台的各类直播节目；同时也可以按自己的喜好点播最喜爱的视频节目。直播开放区域为上海、广东、福建、江苏、湖南、北京、浙江（杭州）、辽宁、山东、湖北等地区的用户。

目前，东方龙所运营的手机电视内容主要包括卫视直播、电影、电视剧、娱乐、新闻、音乐、动漫等类型，此外，东方龙新媒体公司推出的“第五媒体”于 2007 年 7 月 5 日正式在中国移动和中国联通的手机电视平台上开播。

除使用 GPRS 的流量费外，目前在中国移动平台上“第五媒体”将是免费观看，中国联通平台月资费 8 元。与国内外手机电视内容绝大部分是传统电视节目的简单照搬不同，“第五媒体”是东方龙根据手机屏幕和移动人群的特点，为手机用户专门设计和制作的新闻资讯内容，是一个资讯直播频道。“第五媒体”在内容上选择了来自电视、平面媒体和互联网上各类的新闻资讯，综合编辑成以 5～10 分钟为周期的直播节目滚动播出，并实时更新；并且在今后，由用户自己拍摄的短片内容也可以互动式地进行上载播出。在东方龙手机电视的资费中，流量费全部归移动、联通，业务使用费则由东方龙和中国移动、中国联通五五分配。有业内资深人士分析认为：这个收入分配模式，在一定程度上体现出在手机电视业务中，中国移动和中国联通两家电信运营商，占据着比 IPTV 业务中固网运营商更加重要的地位。

（2）CCTV 的业务现状——CCTV 手机电视

CCTV 是手机电视牌照的持有者之一，其作为内容商参与到手机电视市场。

CCTV 手机电视主要提供以下五大功能。

• 直播

凭借 CCTV 强大的资源优势，CCTV 手机电视提供多套直播节目：CCTV－1、CCTV－2、CCTV－4、CCTV－7、CCTV－10、CCTV－12、CCTV－新闻、CCTV－音乐。观众能够同步欣赏 CCTV 众多拥有独家版权的节目。

• 轮播

CCTV 手机电视轮播频道聚焦收视热点，不间断地反复播放 CCTV 各频道精华节目。目前已开通四路轮播：CCTV 影视节目精选、CCTV 体育节目精选、《同一首歌》精华版、《百家讲坛》精华版。

新闻、体育、娱乐、影视、音乐、动漫，CCTV 手机电视为用户提供内容丰富，每日更新的节目库。用户可以随心随意选择，随时随地收看各类精品视频。

通过下载服务，用户可以将自己喜欢的点播类节目下载并收藏到自己的手机里，随时随地欣赏想要观看的节目。

CCTV 手机电视根据不同用户需求，打造多款特色各异的视频产品，定时私密推送。用户可以定自己所需，选自己所爱，定制不同视频产品。

• 点播

新闻、体育、娱乐、影视、音乐、动漫，CCTV 手机电视为用户提供内容丰富，每日更新的节目库。用户可以随心随意选择，随时随地收看各类精品视频。

通过下载服务，用户可以将自己喜欢的点播类节目下载并收藏到自己的手机里，随时随地欣赏想要观看的节目。

CCTV 手机电视根据不同用户需求，打造多款特色各异的视频产品，定时私密推送。用户可以定自己所需，选自己所爱，定制不同视频产品。

• 下载

通过下载服务，您可以将自己喜欢的点播类节目下载并收藏到自己的手机里，随时随地欣赏想要观看的节目。

• 定制

CCTV 手机电视根据不同用户需求，打造多款特色各异的视频产品，定时私密推送。用户可以定自己所需，选自己所爱，定制不同视频产品。

3. 专业的内容制作机构

除去 8 家牌照商外，据不完全统计，给手机视频提供过视频产品的内容提供商约有 1 500 家，他们累计提供了长达 4 万小时的节目量，其中包括传统电视节目、海外影视剧、音乐、动漫等，也包括专门针对手机研发，如由专业手机视频生产单位摩摆传媒生产的手机短剧等产品。

（1）摩摆传媒

摩摆传媒是国内专业的移动内容经营企业，主要从事手机电视的内容研发、制作和集成。经过3年多的发展，摩摆传媒基本完成了资源体系建设和业务结构搭建，并针对未来新媒体的格局，确定了新的发展规划。

目前，摩摆传媒生产、研发、集成了上万小时基于移动需求特征的音视频内容产品，主要包括：

- 自制品牌化栏目

摩摆传媒是目前国内仅有的专门为手机媒体制作体系化电视栏目的机构之一。目前，摩摆传媒共有自制栏目12档，这些栏目涵盖了新闻资讯、影音娱乐、体育、动漫、谈话和纪实等各种主题。栏目短小精悍，题材新颖，符合受众接触习惯。目前已经达到每周10个小时以上的生产能力，供给手机电视和MYBO等平台使用，也是针对未来移动多媒体广播的内容节目（表13－6）。

表13－6　摩摆传媒原创品牌化栏目

栏目名称	内容	长度	频次
头条播报	新闻资讯	5分钟	日播
非正规电影报告	影视类栏目，包括资讯和赏析等	10分钟	每周3期
飞乐无线	流行音乐栏目，包括资讯、排行榜等	10分钟	每周3期
怪事奇谈	谈话类栏目，以古今中外的奇闻怪事、未解之谜等略带神秘色彩的话题为主	15分钟	每周2期
DV实战计划	原创DV栏目，包括作品展示和DV纪实等	15分钟	每周2期
体育快行道	体育资讯、明星介绍，赛事经典集锦	10分钟	每周3期
剧风搜查令	热门电视剧的浓缩版	5分钟	每周4期
BOBO族	时尚生活栏目，倡导小资式的生活方式	10分钟	每周2期
快乐嘚卟嘚	谈话类栏目，以生活中轻松幽默的话题为主	10分钟	每周2期
花香天下	介绍女明星的栏目	10分钟	每周2期
动漫地带	动漫类栏目，介绍动漫作品和动漫周边	10分钟	每周2期
星之声	最新星座运程、占卜游戏等	5分钟	每周2期

- 传统媒体平移内容

作为移动内容综合服务提供商，摩摆传媒除自制栏目以外，还生产大量的集成内容。但是，移动媒体和用户的特征对移动内容的集成提出了新要求，所以，对于传统媒体来说，其内容资源向移动媒体转移的过程中，采取简单的平移策略是行不通的。摩摆传媒在通过版权交易及业务分账等模式针对传统媒体进行内容集成时，还为传统媒体内容在移动平台的应用提供了全方位的解决方案，包括节目包装、改编、编播、流程管理、市场推广、数据监测等在内的整套服务，避免了平移过程中出现的“水土不服”问题。

• UGC 内容集成

在探索专业化内容制作的同时，摩摆传媒通过多种手段对 UGC 内容进行集成，积累了大量有价值的原创内容产品，并已经登录手机电视平台。

通过“创意蜂巢”原创孵化机制，举办各种赛事活动，支持高校和社会中的原创作品产生，目前已经积累了几百部优秀的 DV 作品、动画作品和原创音乐等；通过 web 平台，集成了数千部视频短片；

建立“手机通讯社”，在高校和社会中广泛招募手机通讯员，利用手机拍摄记录各种趣闻轶事或突发事件，形成一种全新的新闻资源采编体系。

从博客中发掘有价值的原创资源，再经过专业的内容包装，形成具有强烈个人风格和新型博客视频内容。

(2) 专业内容提供商的合作及盈利模式

目前内容提供商生产的产品的主要出口就是网络运营商的平台和独立的 WAP 站点平台。手机视频的合作方主要包括传统电视台、电影制片厂、唱片公司、专业影视制作机构、视频网站等，由于各方对手机视频市场十分关注，所以都通过各种方式积极参与进来。

• 出售版权

所谓出售购买，就是内容提供商将自己生产的视频产品卖给视频网站或电信运营商，它需要后者有较为雄厚的资金支持。

• 内容分账

运营商不直接购买整个版权，而是通过内容盈利情况进行一定比例的分账，各家采取的分成是不同的，这种方式也是目前较为广泛采用的。

• 内容素材合作

内容素材合作，内容商只提供素材给运营商，由运营商对内容进行重新整合打包。

在具体的实施过程中，这种方法还可以延伸为通过内容置换获取正版节目，即视频网站和电信运营商与传统电视台、电台展开合作，一方面，这些传统电视台和电台为视频网站和电信运营商提供源源不断的节目资源，不断完善视频网站与电信运营商的影音娱乐视频内容库的建设；另一方面，视频网站和电信运营商拥有大量用户自己上传的作品，可以向这些电视台的某些栏目提供素材。

• 频道合作

通过与其他媒体或组织的频道合作来获取节目内容，是手机短视频的又一个合作模式。目前，已经提供手机视频频道的主要有央视频道、CRI 频道、东方手机电视频道等。

• 播客合作

由播客网站选送优秀的短视频作品，发布在手机终端，电信运营商与播客网站按照一定比例分享收益，这是手机短视频内容的另一个合作模式。通过与播客网站的合作，电信运营商可以减少筛选的麻烦，直接由播客网站选送优秀作品。此前中国电信与“播行天下”播客网站签署的3G内容合作协议就是一次成功的尝试，由“播行天下”为中国电信3G提供全面的音视频内容。

（三）独立WAP门户网的业务现状

1. 空中网

空中网作为独立WAP网站中的佼佼者，较早地在视频方面有所尝试，从客户端的开发、自制内容的尝试等多方面涉足手机视频领域。

（1）业务概述

空中网以技术和内容起家，是涉足WAP较早的独立门户网站，在手机视频方面取得了一定的成绩，特别是在开发出技术领先的客户端K-PLAY后，更使得视频的发展有了良好的平台和载体。在空中网视频系列中有电视、视频，还融合了音乐、广播等多种业务形态。

（2）客户端

2007年7月，空中网宣布推出全新流媒体播放器K-PLAY，以进一步满足用户的体验感受，并增加终端黏着度。

手机网民通过登录kong.net免费下载该软件后，除了点播节目，还可以随时随地收看各类直播，如NBA、娱乐明星访谈、演唱会现场等。并且同时跳转WAP页面进行即时投票、抽奖，增强互动。全新的K-PLAY包括直播、影视、视频、播客等功能。

（3）内容来源及盈利模式

空中网的视频产品主要来自生产、集成和其他CP。生产方面，目前空中网大概有20多人的视频生产队伍，每天负责拍摄一些明星现场访谈、研发适合于手机播放的手机剧；集成方面，空中网会斥资购买一些影视作品手机播放的版权，还与某些著名赛事，如NBA，独家买断其手机转播权；其他CP方面，会将某些内容提供商达成内容合作，比如摩摆传媒就在空中网的视频区建立了摩摆专区，这些合作的盈利主要来自广告收入，根据广告主的来源（是谁负责投放的广告）采取不同的分账比例。

2. 3G门户网

3G门户是最大的无线互联网门户网站，它高举免费旗帜，推崇无线互联网自由共享的精髓，开创了中国无线互联网的独立免费模式，受到手机网友和风投的青睐。

3G门户是一个全新的、开放的平台，所有Internet上的服务，都可以在手机登录3g.cn获得，网站拥有60多个频道，包括新闻、娱乐、体育、社区、读书等内容。在手机流媒体应用方面，3G门户技术领先，公司自行研发的手机在线看电视软件GGLIve，手机在线听音乐软件GGMusic，手机阅读软件GGBook，可在现有的2.5G移动网络下实现流畅的手机视听娱乐。截至2007年10月1日，3G门户已拥有超过4 000万注册用户，其中视频流媒体播放器GGlive，也已经积累了300多万用户。

在手机视频（电视）业务的运营上，3G门户网同空中网的盈利模式比较接近，包括为一些CP提供网络接口，购买一些电视频道或影视作品的播放版权，买断某项赛事的手机直播权等，比如它已经获得全方位直播英格兰足球超级联赛赛事的权利，当然也包括同这些节目内容相关的增值业务的收入①。

（四）手机电视广告

广告收入对于任何一种媒体来讲，都是其盈利的重要来源之一。手机电视的产业运营离不开手机电视广告给予的强力支持，研究这个行业的运营必须考虑其广告运营。目前，针对短视频的广告形式还比较少见，手机广告多使用在网页页面和内容中。不过，与传统的广告相比，手机短视频广告将更加个性化，带有更强的精准性。这些特点会吸引更多的广告主，也就会吸纳更多的广告费。

艾瑞在2007年3月发布的《无线广告行业调查报告》中显示，2006年中国无线广告市场规模达到5亿元。随着3G网络在中国的开展、移动运营商对移动数据业务的重视、智能手机终端的普及以及无线上网用户的迅速增长，分析师预计2007年无线广告市场规模将达到7.1亿元，2008年无线广告市场规模预计将达到11亿元，而2010年有望达到18亿元。可见，广告商也看好无线网络市场，无线广告市场发展趋势良好。

手机视频的业务刚刚起步，其广告运营也并没有如火如荼地展开，一切还在探索中。

从业务收入的分成看，目前已经开展广告业务的移动运营商为了扩展广告业务，采用了比较有利于客户（包括广告代理商）的手段，即只有用户点击广告或者广告带来了收益的情况下才可以分成，其他情况下由网络运营商支付广告内容传送的成本。而手机短视频广告运营的主要模式也可以借鉴当前手机广告的运

① 范胜军：《数字商业时代：数字电视破冰》，载《数字商业时代》，2003年第4期。

营模式。

1. 手机电视广告模式

这是由运营商发布的广告，企业向运营商购买广告发布的渠道。飞拓无限和联通新时讯就分别充当了中国移动和中国联通的手机广告代理商。

（1）中国移动与飞拓无限

2006年3月，中国移动宣布与飞拓无限科技有限公司推出手机互动营销平台，飞拓无限除了负责整个平台的销售及市场推广外，还将为国内众多企业提供有效的无线媒体投播与无线解决方案。这项计划由中国移动及其数据业务运营支撑中心开展。手机广告将以短信、彩信、WAP浏览和声讯服务等形式推出，广告中将捆绑一些免费的内容，并可能通过话费或者其他优惠方式给予收看、收听的用户以一定的回馈。今后，企业在中国移动手机门户网站移动梦网上发布广告时，中移动将负责提供技术平台，而飞拓无限则负责相关广告网页的制作、测试等市场推广活动。

（2）中国联通与联通新视讯

中国联通也正式推出了手机广告业务，即利用移动网络资源向其1.3亿多手机用户提供广告信息服务，该业务授权交由其全资子公司——联通新视讯来运营。目前联通手机广告形式主要有四种，即通过以WAP技术访问互联网、短信、语音和预先置入等方式提供广告业务。在手机广告发展初期，联通公司将通过广告代理商和自主销售为途径，开发广告客户。至于广告的资费政策则将与中国移动采用相对一致的收费标准，为100元人民币/1 000个PV（用户点击），而另一家做手机广告的公司分众无线收费标准为25元人民币/1 000个PV。

（3）通过SP模式发布广告

由SP的互动平台来发布广告，一般的运作模式是由投入广告的企业与SP一起向运营商申请审批，获批后，广告由SP在其互动平台发布，运营商会随时监控。定制式就是这种模式下的一种，手机用户成为某SP的会员后，会收到这个SP发送的各类手机广告。

（4）与终端制造商协议制作嵌入式广告

手机广告商选择了与手机厂商合作，在手机里预先放置一些附带信息，然后再与手机厂商分成。相当于终端定制的一种。这种方式主要适用于手机品牌，如在MOTO手机中内置MOTO的广告；或者是运营商的广告，如在手机上网功能中设置中移动梦网的广告。

2. 手机电视广告产品的形式

目前，已经开发的、可作为参考的手机视频的广告形式主要是图文广告、植入式广告和专区视频广告。

(1) 图文广告

用户开通手机视频服务后，需要登录中国电信的短视频界面，进入一级一级菜单进行视频选择。在每一菜单中，都可以包含最基础的图文广告。以图 13 – 4 联通的手机电视界面为例，在滚动条、字幕和背景板等位置都有广告的植入。

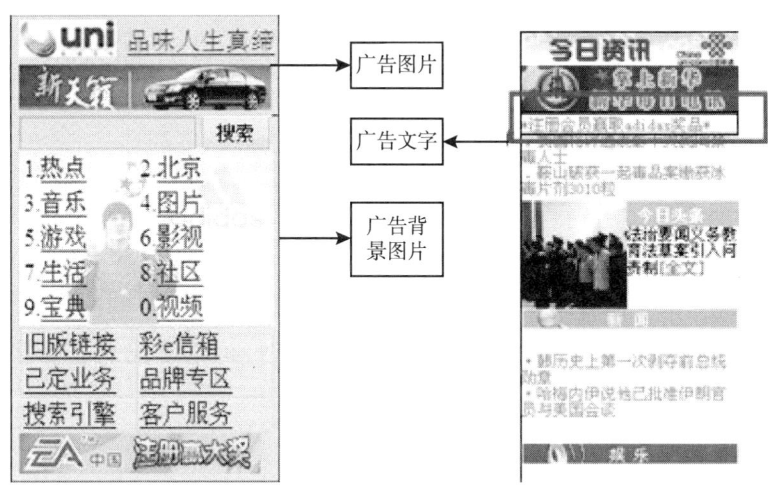

图 13 – 4　联通 UNI 页面上的图文广告

(2) 视频植入式广告

为指定广告主设计适于在手机上传播的短视频，其中出现广告主的产品作为道具、背景，或在剧情、台词中出现广告性语言。这也将是手机短视频的主要广告方式。

3G 门户网在 2006 年推出手机 FLASH 大片《大话 G 游》，使其成为国内第一家尝试无线视频植入式广告的媒体。片中，植入式广告与内容巧妙结合，“至尊宝”在逃跑时会穿上全套体育用品行头，Flash 镜头会在运动鞋、服装、眼镜等几个位置给该品牌标志定格特写；一家洋快餐的烤鸡翅屡次出现在电影场景中；还有“紫霞仙子”用上某品牌的化妆品；等等。

(3) 品牌频道或广告专区

开辟一个专门频道或内容版块，在频道内专门播放广告短视频，为品牌广告商做品牌宣传，并收取一定的频道使用费用。

例如，在 3G 门户网为 NIKE 开通的专区中，就有 NIKE 的最新广告片，很多用户会因为对该品牌的热爱和广告的好奇而收看，NIKE 最近的篮球系列广告点击量就比较大。当然，这种广告宣传形式只能适用于自身有较好形象、广告创意吸引人的大品牌。

除了这些已经直接适用于手机视频的广告形式外，还有一些辅助的广告形式可以参考，如贴片广告，等待缓冲、下载时间播放的LOADING广告，品牌冠名，画中画广告等形式，这些已经出现在互联网上，对于手机电视上广告形式的开发不失为一个好的借鉴。

第四节　中国手机电视消费者分析

作为移动媒体行业的第三方数据机构以及联通新时讯的数据研究合作伙伴，中国传媒大学移动媒体数据研究中心（MMDC）基于2007全年中国联通手机电视业务的WAP平台、BREW平台、UWEB平台的各项原始数据，进行数据的整理、分析和报告的撰写。这些数据分析机构的存在为产业链各相关方了解手机电视节目的收视情况、手机媒体的营销价值等问题提供了参考的依据。

一、手机电视用户的消费数据分析

（一）手机电视用户规模保持平稳增长

从联通新时讯数据统计信息来看，2007年手机电视的累积注册用户规模呈继续扩大的趋势，日常在线活动的用户数趋于平稳，包月用户数在年中和年末有两次大的增长，每月新增包月用户的进入高于既有用户的流出。总的来看，联通手机电视的用户规模保持一个平稳增长的态势。

（二）手机电视用户的收视特征

1. 地区之间用户分布的不平衡性

与短信、IVR、铃音等其他业务相比，手机电视的用户群体略有不同，因为它的进入门槛较高，因此用户群多分布于经济发达的省份（图13－5）。

2. 午间及睡前是手机电视的黄金时间

从用户每日点击时段分布来看，手机媒体的黄金时间和传统媒体的黄金时间有所不同。从早上6点钟开始，用户点击次数持续上升，13点到14点之间，22点到23点之间，是用户在一天中使用手机电视的两个高峰期，这和手机用户的作息规律有着密切的关系（图13－6）。

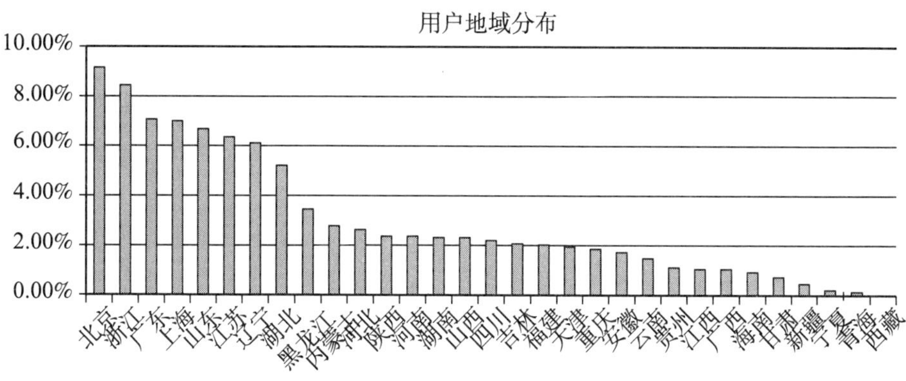

图 13－5　手机视频用户地域分布图

资料来源：MMDC 根据联通新时讯提供数据分析得出。

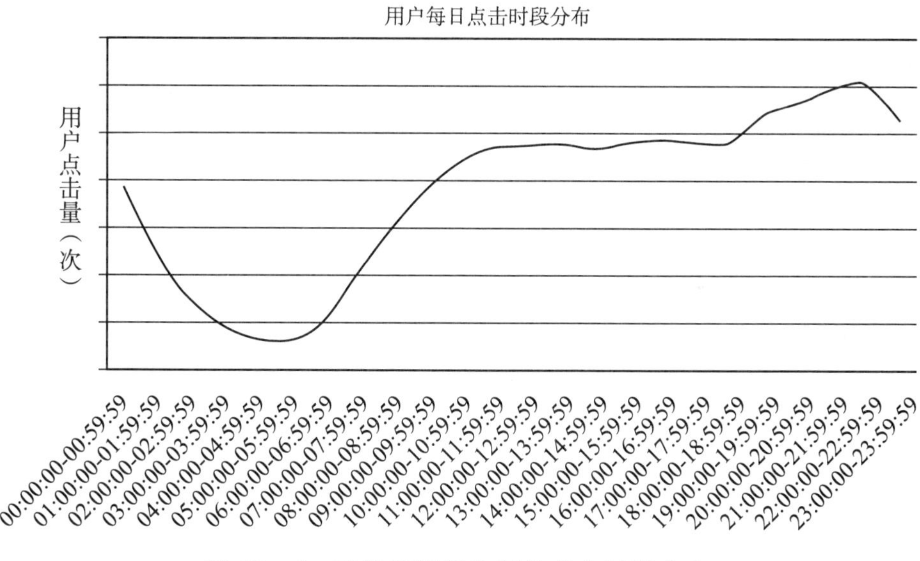

图 13－6　手机视频用户每日点击时段分布

资料来源：MMDC 根据联通新时讯提供数据分析得出。

（三）手机电视用户的收视行为分析

1. 手机电视用户的业务偏好

从内容类型上看，用户偏好影音娱乐类节目。由 2007 年联通手机电视频道排名来看，影视、娱乐类的节目占据了相当大的比例（表 13－7）。

从内容来源上看，从业务点击排名情况来看，2007 年收视前十名中，传统电视频道占据业务点击排名的前两名和第四名。不过以联通新时讯和上海贝泰为代表的内容提供商在数量上取得优势，联通新时讯的业务还超越央视新闻成为年度热点业务的第三名。可见，在内容来源方面，用户的偏好在传统的广电内容。

表 13 - 7　　2007 年联通流媒体手机视频频道排名

排名	频道名称	频道点击比例
1	影视	19.42%
2	CCTV 手机电视	16.32%
3	娱乐	15.79%
4	直播	14.32%
5	音乐	13.45%
6	时尚	6.91%
7	动漫	4.91%
8	东方手机电视	4.49%
9	CRI 手机广播电视	2.38%
10	新闻	1.61%

资料来源：MMDC 根据联通新时讯提供数据分析得出。

从业务点击排名情况来看，2007 年收视前十名中，传统电视频道占据业务点击排名的前两名和第四名。不过以联通新时讯和上海贝泰为代表的内容提供商在数量上取得优势，联通新时讯的业务还超越央视新闻成为年度热点业务的第三名（表 13 - 8）。

表 13 - 8　　2007 年联通流媒体手机视频业务收视前十名

排名	CP 简称	业务名称
1	SMG	东方卫视
2	央视国际	CCTV1 综合频道
3	联通新时讯	娇俏倩影
4	央视国际	CCTV 新闻看点
5	联动世纪	经典魅力镜头
6	上海贝泰	DV 随身拍
7	BTV	BTV 文艺频道
8	联通新时讯	播客秀
9	国视	100TV 短剧盛典
10	上海贝泰	好片串串烧

资料来源：MMDC 根据联通新时讯提供数据分析得出。

纵观全年数据，不同类型内容的排名比较稳定，其中影视、音乐、娱乐、直播等四类内容，相较于其他类型的内容节目受到用户的关注度较高。

2. 下载和点播模式更适合流媒体业务平台

通过全年三种业务模式点击比例来看，下载位居第一，占 44%，点播位居中间，占 39%，直播位居最后，占 17%（图 13 - 7）。

这样的业务模式让我们看到，在流媒体业务平台，用户自主选择性更强的点播业务和下载后再收看的下载业务更受欢迎。

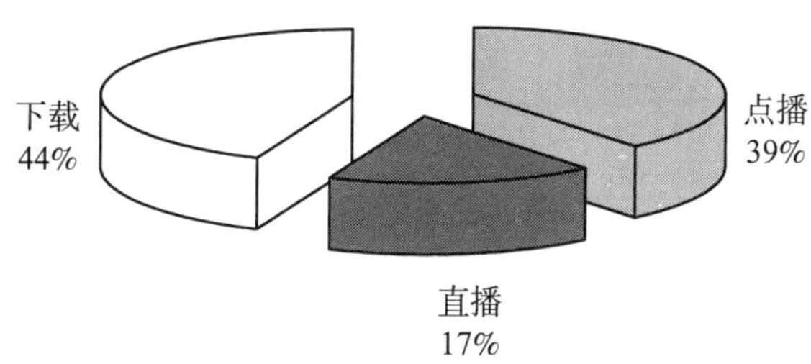

图 13 –7　手机视频三种收看模式使用比例

资料来源：MMDC 根据联通新时讯提供数据分析。

3. 手机电视用户的接触程度在不断加深

（1）手机电视用户的接触次数呈上升态势

从用户消费次数层面分析，每月在线用户的平均点击次数在五次左右，说明对用户的黏性、用户消费的频次和业务的消费程度不高。但从全年走势来看，除年中出现一次较大波动外，用户点击次数一直呈上升态势。①

（2）手机电视用户的消费额不断增加

从费用层面来分析用户对联通手机电视业务的接触程度可以看到，除 12 月略有下降外，2007 年全年流媒体平台的用户信息费总金额一直保持增长，用户 ARPU 值即用户平均消费支出在 10 元左右，整体消费趋势呈现波动增长。

（3）手机电视业务目前的包月费用在用户的接受范围内

早期手机电视市场上每月 300 元的包月价格早已不复存在，目前的包月价格自费普遍在 20 元/月以下，大大降低了手机电视的进入门槛。从图 13 –8 中可以

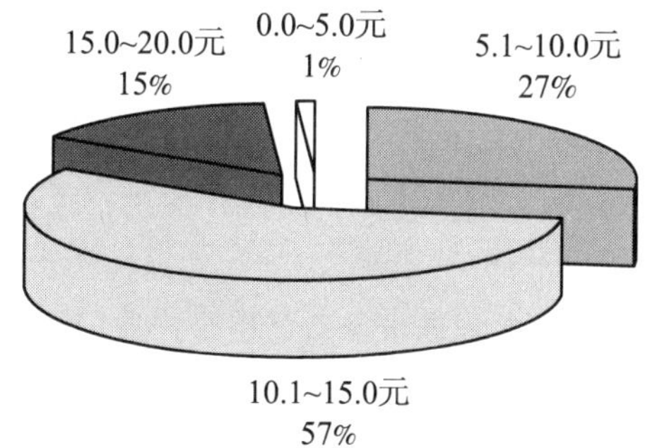

图 13 –8　手机视频各包月订购数比例

资料来源：MMDC 根据联通新时讯提供数据分析得出。

① 黄升民、丁俊杰、黄京华主编：《2007IMI 城市受众移动生活形态与新媒体接触研究报告》，中国广播电视出版社 2007 年版，第 7 页。

看出，目前10元/月以上的包月业务订购人数占到整个包月市场的70%以上，说明当前手机电视用户群对10元/月~20元/月这个包月价位比较认可。

二、手机电视的用户消费特征及其形成原因

（一）手机流媒体业务开始形成较稳定的用户群

根据中国联通流媒体统计平台提供的数据分析，2007年手机电视的用户规模呈继续扩大趋势；每月在线用户保持在一个较稳定的水平，且略有上扬；包月退订用户数量一直低于新增包月用户数，且业务包月订购量有较大幅度的提升。这在一定程度上说明了一部分手机电视用户逐渐开始将其列为每月固定使用的手机增值业务之一。

另外，用户稳定性的增加同时体现在点击次数和ARPU值两个方面。这两项指标均在2007年均有较大幅度的提高，从一个侧面反映出联通流媒体平台用户正在养成收看手机电视的习惯。

这些现象的出现，主要有以下几个方面的原因：

1. 手机电视内容提供商致力于内容产品的开发与创新

一方面，各内容提供商积极扩充内容数量，开发新节目形态，从而使手机电视的内容更加丰富，用户可以选择的内容具有多样性，手机电视对用户的黏着性提高。2007年全年近50家CP总共提供了130余万条的手机电视内容，平均每月更新10万条节目内容。

CCTV手机电视在2007年春节实现春晚直播，更是赚足了眼球。区别于CCTV、SMG、BTV这样的传统媒体，专注在新媒体领域的内容提供商则需要另辟蹊径。摩摆传媒就是一个典型的例子，在进军移动视频领域的3年时间中，摩摆传媒一直走的是品牌路线，坚持走原创路线，并进行了移动媒体内容形态的积极探索。

2. 手机电视行业硬件技术的进步推动了整个产业的稳定发展。

随着网络带宽的逐步好转，压制手机电视视频文件时使用了清晰度更高的编码手段，有效地降低了手机电视的断线率，整个平台的网络断线率基本呈下降趋势，从1月份的31.4%下降到了12月份的22.5%。

最后，手机流媒体内容审核方对于手机电视节目的审核机制日益完善，内容筛选更加规范，对于画面清晰度、断线率、互动业务等提出了更高的要求，保证了手机电视节目的高质量、健康化发展，为手机电视用户群稳定性增加提供了首要保障。

（二）手机流媒体用户大部分仍处在尝试和观望阶段

MMDC 从用户的消费次数、消费方式以及消费金额综合考虑，认为目前联通流媒体业务用户多数还不属于手机流媒体的重度用户，他们在使用手机流媒体业务时抱着“试试看”、“尝试一下新鲜事物”的心态，不会马上包月，而且对内容的消费还主要依赖于首页的推荐，没有形成自己的使用偏好，也没有形成固定的消费习惯。

1. 手机电视用户的尝试性消费

虽然 2007 年联通流媒体业务的用户月均点击次数和每月 ARPU 值都是呈上升趋势，但是从数量上来看仍然处于较低的水平。

从图 13－9 中我们可以看到，整个平台的按次信息费高于包月和按时长信息费。这个现象也可以说明，用户处在初步接触手机视频流媒体的阶段。正因为如此，用户才会不希望一次性投入过高的费用来包下一个业务，而是选择单次体验成本更低的按次收费模式。究竟有多少用户在进行若干次尝试之后转为包月用户，现在我们不得而知，但是根据普遍的规律以及国外手机电视用户特征的变化情况来看，随着流媒体视频的发展，包月用户将成为组成用户的主要组成部分。

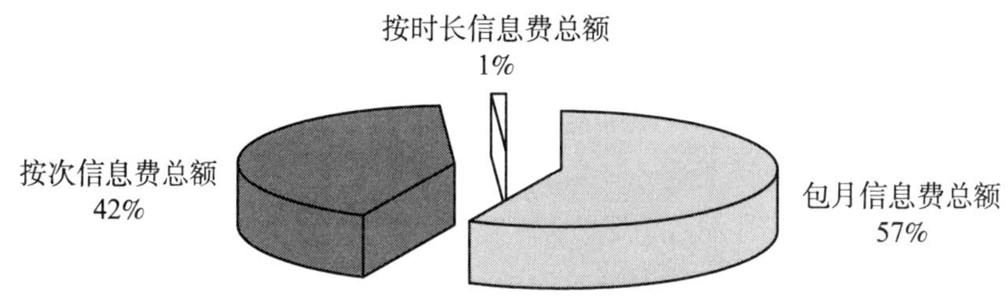

图 13－9　手机视频信息费构成

资料来源：MMDC 根据联通新时讯提供数据分析得出。

2. 手机电视用户的感性消费

我们称现在用户的消费特征为感性消费主要有两方面原因：首先，目前用户对价格敏感度仍较高。通过 MMDC 对联通流媒体平台各月业务点击数量的排名情况看，免费业务仍然具有很强的竞争力。并且各月的出账用户数量一直低于在线用户数量，2007 年全年的出账用户仅占在线用户数的 52.58%，明显说明有一部分在线用户并未产生消费。

这一方面可能是由于目前手机流媒体的资费水平还比较高，据统计，影响用户使用手机电视业务的关键因素中，资费标准高达 53%，位居第一；另一方面，也是因为目前用户对手机流媒体内容没有产生明确的需求，没有需求也就没有消费的动力。

另外，通过对几家内容提供商的访谈我们得知，用户对手机流媒体业务的消费很大程度上依赖业务运营机构在首页推荐，节目上到首页推荐之后，业务表现会非常突出。用户在收看手机电视时较少有主动选择的行为，除去操作上的困难之外，这同样反映出用户在需求方面的不明确，消费停留在感性阶段。

（三）联通流媒体用户对传统媒体内容的偏好有减弱趋势

传统电视内容刚刚进入手机电视市场时，由于自身的优势占据着手机电视市场相当大的市场份额，但是这种份额随着时间的推移呈现了减弱的趋势。以央视国际为例，根据 MMDC 数据显示，2007 年四大 CP 点击量中，央视国际 1、2 月份遥遥领先，并具有绝对性的优势，1 月份点击量前十位的业务中，央视国际占一半。进入 3 月，下降趋势比较明显，并且这个趋势一直持续到 6 月，之后用户点击量保持相对稳定。

整体来看，传统电视媒体节目在刚刚进入手机电视业务时发展迅速，很快在众多 CP 中名列前茅，但随着时间的发展，传统电视媒体节目与其他 CP 之间的差距将会逐渐缩小，像联通新时讯和上海贝泰这样较大规模的 CP 还有赶超之势。

这种现象很容易理解，一方面传统电视媒体在品牌、资源、市场推广方面都有巨大的优势；另一方面，传统电视节目要移植到手机屏幕上，在时间长度、画面大小和内容形态上都需要进一步的改进和探索。这些问题一定程度上限制了传统电视媒体在手机流媒体业务上的发展。

再者，随着业务的开展和市场的发展，众多内容提供商都在不断提供更多更好的内容服务，消费者有了更多的选择，因而在一定程度上就分流了一部分传统媒体的观众。

三、手机电视行业内的角色博弈与内容的监管问题

（一）从手机电视用户需求看业务运营与政策监管之间的博弈

从互联网视频到手机流媒体，内容的监管一直是一个敏感的话题，手机流媒体视频内容要不要管？由谁来管？怎么管？这一直是困扰着电信运营商、服务提供商，乃至广电总局的问题。

与互联网视频发展的轨迹相似，目前手机流媒体视频中不可避免的出现很多“打擦边球”的内容，并且由于原创内容制作的成本太高，很多内容提供商在没有版权的情况将影视作品搬上手机屏幕。一方面这些内容确实对手机媒体的品质口碑产生了负面影响，另一方面，随着手机用户的低龄化趋势，这些内容会不会对青少年产生不良的影响也值得人们关注。

内容提供商的擦边球其实也是无奈之举，从我们对联通手机流媒体内容提供商的访谈中可以看出，现在这些“擦边球”内容往往最受用户的青睐，甚至对一些小型内容提供商来说，这些内容的收入是他们得以生存的“救命稻草”。

从媒体的社会责任以及版权保护的角度来看，手机流媒体视频的监管是必需的，而且迟早会来。不过，现在进行监管是否为时过早，还有待商榷。目前对互联网视频的监管，很多业内人士仍持保留态度，认为过度的监管可能会导致互联网视频产业的“冰冻期”。那么，对于产业发展程度远远低于互联网视频的手机流媒体，是否可以“缓期执行”，给产业链各方一个调整转型的时间呢？

（二）从用户的需求看电信手机电视与广电手机电视的竞争演变

除监管问题之外，围绕手机电视的另一个争执就是：手机电视到底由电信主导还是由广电主导。这个争论其实忽略了一个事实，由广电主导的“手机电视”和电信主导的“手机电视”有本质区别。它们的传送方式不同、接收方式不同，更重要的是在内容服务上双方侧重点不同，且各有优势。

从用户对内容消费的数据分析来，影视、音乐、重大事实都是用户关心的重点内容。影音娱乐类栏目的受欢迎不必多说，在党的十七大期间，有关十七大会议的报道在当月的业务点击排名中名列前茅。这让我们看到，用户对手机电视内容的需求是多样的。

一方面，生活节奏在加快、城市在发展，意味着人们将有更多的时间“在路上”，安静地坐在电视前对很多人来说已经是一种奢侈的享受。广播式的手机电视效果类似传统电视，信号随时接收，用户被动接受，这样的传送方式特别适合于报道时效性强的节目。所以，广电的 CMMB 在 2008 年的北京奥运报道中发挥出流媒体式手机电视无法比拟的作用（表 13－9）。

另一方面，电信的流媒体业务也不应该被忽视。与广播式手机电视相比，流媒体业务更符合用户对手机媒体个性化、互动性的需要。从长远应用来看，流媒体视频只是手机流媒体业务的一个简单应用，技术和市场发展到一定阶段之后，手机视频博客、手机流媒体 P2P 模式都可能成为现实。

表 13－9　　用户不同状态的不同消费需求

用户需求		手机电视形态	
		广播式	流媒体及点播式
消费时间	早上起床	√	—
	午休时间	—	√
	晚间休息时	—	√
消费状态	在家中	—	√
	在办公室	—	√
	在公共场所	√	—
	在路上	√	—
内容偏好	影音娱乐类	—	√
	新闻资讯类	√	—
	体育类	√	—
	原创内容类	—	√

资料来源：MMDC 根据联通新时讯提供数据分析得出。

上表中的“对勾”并不是一个绝对的判断，我们只是从用户的角度出发，揣度他们的心理，选出在一定情境下可能会更贴合用户需求的手机电视形态。可以看出，两种形态其实各有所长，并没有不可避免的冲突。市场萌芽阶段，并无所谓输赢和主次，抓住需求，把市场做大才是当务之急。

现阶段，产业链各方掌握着各种资源，而如何筛选出最切合用户心理，探索出最能打动用户的业务形态，是当务之急。用户有各种各样的需求，他们在市场中寻找、搜寻使自己眼前一亮的东西，如何才能不让他们失望而归？我们认为，处于磨合期的手机电视市场，如果想要健康的进一步发展，主管部门可以考虑实施适度的监管并保持一个宽容的心态，毕竟现在的市场还没有完全成熟，用户还需要培养和引导。所以，可以肯定的是，只有各方通力协作，在磨合期中不断提升自身业务能力，并根据用户需求作出及时的调整和变化，这样才可能是促使手机电视做大做强的正道。

第五节　中国手机电视产业的发展预期及建议

一、决定手机视频市场发展的关键因素

根据实际的调查结果，我们知道，作为一种新型的媒体形式，手机视频的未

来还有很长的路要走。而具体到受众这一层面，就是手机视频产业化运营的外在表现形式了。通过对受众的调查结果的几个关键点的总结，可以给我们的手机视频各个参与方一个大致的了解，也可以明确以后的发展方向和工作重点。

在我们的调查中，被访者对技术方面的顾忌还是比较多的，主要有以下几个方面：网络带宽不够、手机的存储量有限、手机电池的持续时间太短、手机屏幕太小导致的视觉劳累、高昂的收视费用以及操作太过复杂等，这些都在一定程度上限定了受众规模的进一步扩大。另外，还有不少受访者特别提出了手机节目问题和收费问题，认为目前的手机视频节目很少，可选择性也比较差，收费偏高，他们大多喜欢包月消费而不愿意按流量计费，并且希望包月费能够限制在可接受的范围之内。

从目前来看，手机视频的焦点还是在产业链的上游，如手机视频标准之争、主导权之争等，但是，可以肯定的是，手机视频产业最终还是对消费者、对受众的争夺，即受众对新媒体的需求、期待将会主导今后乃至长远的发展。所以，手机视频要想获得长足的发展，首先必须满足消费者对其移动性的需求，做到真正的随时、随地，并且能够在较大的范围内实现信息的互动[①]。其次，还要具备足够的传输速率和带宽要求，从而保证传送的质量、流畅性和真实性。此外，兼容性、安全性与可靠性、互动性以及手机外观设计的个性化、人性化也是手机视频需要提前注意的问题。最后，从受众群体上看，手机视频所要传递的信息还要充分研究潜在受众的真实需求，关注主流消费群体的构成特征和其消费心理的变化情况，真正做到“以顾客为上帝”。

道路是曲折的、前途是光明的，手机电视的发展也是如此，虽然现在还存在着诸多争论和阻力，但终究不会阻挡这一新型产业前进的方向。可以想象，在不久的将来，随着手机电视标准的确立、技术的不断进步、内容更加丰富、收费的更趋合理，手机视频将给受众增添更多的乐趣。另一方面，中国手机市场庞大的用户群、广泛的娱乐消费倾向以及炫耀性的消费习惯等一些特殊心理状态都将预示着手机视频市场未来美好的前景。

二、对手机电视产业发展的一些建议

手机电视产业的良性发展，不仅仅需要电信在利益一致的基础上同广电部门展开积极地合作，还需要内容提供商、系统支持商、终端制造商、软件开发商等各环节的支持。只有每个环节都找到自己的盈利点，整个产业链才能协调发展。

① 匡文波：《手机媒体概论》，中国人民大学出版社 2006 年版，第 85 页。

在三网融合加速、全球电信业掀起转型热潮的背景下，在全球电信业 ARPU 值下降、广电拓展新的内容输出渠道、终端制造商谋求更大利润空间等种种因素推动下，中国的通信手机电视业务开始不断发展壮大。

中国手机电视业务的发展经历了三个阶段，即 2003 年底海南博鳌亚洲论坛视频新闻发送的预热阶段、中国移动和中国联通两大电信运营商试运营阶段、广电和电信合作阶段。手机视频业务在中国的发展有其独特的产业环境，如国家对手机视频业务的监管政策存在缺失、盈利模式还不明确、SP 作为产业链独特的一环等；同时，从另外一个角度，诸如此类的因素也可以看做是中国手机视频业务发展中存在的问题，政策缺失的问题，内容缺乏吸引力的问题，收费模式不确定的问题，等等。中国手机视频产业的发展亟待解决这几个问题，即尽快出台行业政策，推动业务发展；鼓励内容的开发和整合[①]；建立广电和电信两大行业合作的盈利模式；完善产业链，找到盈利点等。

目前，中国手机电视业务发展仍处于试验阶段，诸多因素制约着手机视频业务的发展，针对制约手机电视发展的因素，以下提出一些参考性建议：

（一）尽快出台行业政策，推动业务发展

目前，国内手机视频在发展过程中面对着政策管制、知识产权、内容、技术和资费五大门槛。其中，最大的障碍是政策管制的模糊，各国在广播和通信领域一般都有不同的政策，并由不同的政府部门来管理。

虽然三网融合是大势所趋，但实现的前提是相关利益部门能够冷静沟通、协商，从大局出发，尽快制定互惠互利的政策法规，使手机视频业务发展能有法可依，而不要让行业政策法规成为业务发展的绊脚石。

（二）鼓励内容的开发和整合

真正的手机电视业务内容，应该是根据用户需求的差异和终端的特点量身定做的[②]。在这方面，SP 的参与是非常重要的，但目前由于手机电视业务还处于试验和起步阶段，SP 对手机视频相关内容的开发积极性还不高。但我们应当看到，手机视频业务发展最终还是要落到“内容为王”的经营策略上来的，没有受欢迎的节目内容，没有目标消费群愿意买单的丰富的内容，手机电视的发展道路将注定是很坎坷的。

---

① 赵子忠：《内容产业论：数字新媒体的核心》，中国传媒大学出版社 2005 年版，第 80 页。

② ［美］约翰·帕夫利克著，周勇等译：《新媒体技术：文化和商业前景》，清华大学出版社 2005 年版，第 331 页。

同时，手机电视业务的发展还需要解决好知识产权方面的问题。为了丰富手机视频业务的内容，运营商应该制定合理的分成模式，充分把视频制片商、电影制片商、MTV 制片商吸引到合作阵营之中。还应该最大限度地调动 SP 的积极性，鼓励他们开发手机视频业务内容。

（三）建立广电和电信两大行业合作的盈利模式

无论是欧洲的 DVB－H、美国的 MediaFLO、韩日的 S－DMB，欧美韩日手机视频发展的主要模式是广播和移动通信网络的融合，即下行传输通过广电网络以 IP 数据传输的形式完成，而上行传输则通过移动通信网络，把广电网络的带宽和移动通信网络的互动、个性化优势相结合，从而实现一个多赢的局面。

手机电视业务是广播视频和蜂窝移动通信技术融合的最新产物。手机视频产业的健康发展必须在加快电信网、互联网和广电网三网融合的进程，拉近电信行业和广电行业间距离的背景下才能实现。

由于中国广电和电信合作的壁垒还未消除，虽然都意识到了彼此业务融合是必然趋势，比如国家广电总局科技司司长王效杰曾经说过，手机视频是未来媒体的发展方向，而北广传媒移动视频公司也在筹备试验广播式的手机电视，但真正的合作需要双方更多的沟通，还需要建立一种新的合作基础上的盈利模式。

（四）完善手机电视的产业链，找到新的盈利点

手机视频业务的产业链主要包括播放软件开发商、手机生产商、业务内容开发商、移动运营商和手机用户等环节。而随着市场的发展、竞争的激烈，运营商需要从更高层次，以更有效的方式与产业链上各方建立起新型的互动性关系，以保持可持续的竞争力。

从欧、美、韩、日等手机视频业务发展比较成熟的地区和国家的经验来看，运营商制定统一的媒体播放平台，也培育了自己固定的移动终端厂商和媒体、内容合作伙伴，并对用户下载内容做相应的管理和处理，以保护 SP 们的利益。美国高通公司最近表示，他们正在与如 CNN、ESPN 和 Court TV 等一些视频节目供应商进行合作，对手机视频服务进行测试。运营商、内容提供商、终端制造商多方紧密合作，无疑将成为推动手机电视业务快速发展的必然选择。

本 章 小 节

由于用手机等移动终端看电视有广播和通信两种方式，而通信行业所使用的

终端主要是手机，因此在这一章中，我们用“手机电视”来特指通信行业所运营的产业，因此与前一章中所说的中国移动多媒体广播（CMMB）相对应。

在全球电信业 ARPU 值下降、进入一个相对困难和转型时期的背景下，通信业把手机电视看做是具有巨大潜力的下一代移动增值数据服务，无论是 3G 标准还是 WIMAX 的发展，无不把手机电视作为重点。在我国，手机电视经过中国移动、中国联通等运营商的多年运作，已经取得了超过百万的用户，成为移动通信行业具有潜力的业务类型。在这一章中，我们对手机电视的发展状况进行了详细分析。

我们首先界定了手机电视的基本内涵，包括其概念、技术特点、产业链构成等，然后我们就把视线转移到中国，依次分析了中国手机电视产业的发展背景、运营历程与现状、消费者市场等问题，基本勾勒出了我国手机电视产业的全貌。最后，我们又对手机电视产业的未来发展前景提出了意见和建议，总的来说，要采取开放共赢的思路来运作，不要局限于广电和通信行业之争。

至此，我们用四个章节分析了数字电视和 IPTV、CMMB 和手机电视这两对网络产业的争夺焦点，可以看到，广电和通信两大网络产业在家庭和用户市场上的争夺还将继续下去，而且随着竞争的深化，这种争夺将不再仅仅局限于用户的争夺，而是两大产业的全方位竞合，谁能更有效的掌控用户信息、为用户提供全面、实用、及时、可靠的多元化信息服务，谁将是未来市场上的主角。而要实现对用户消费市场的全面掌控，就需要建立家庭信息平台和个人信息平台，这将是本书第四篇论述的核心问题。

第四篇

数字传播技术的未来——控制终端消费市场

数字内容产业研究，是以内容为源头，建立数字传播技术认知的新视角，它关注的是如何利用数字技术去实现、优化和拓展信息的价值创造。对于这个问题，内容机构是最受关注的。

信息传输网络研究，是以数字传播技术的发展以及围绕技术竞争而形成的产业利益集团争夺的媒介市场的研究视角，焦点是研究信息的流转和价值实现与价值分配。在中国，这个领域成为广电和电信共同关注和争夺的前沿阵地。

我们观察到，近年来国内外数字技术的快速发展，在市场领域和产业领域搅动起新的运动，其关键词就是“分立和融合”。具体表现就是数字传播技术的发展促使内容产业和媒介产业出现新的功能，并出现了更专业的分工，新的分工扩大了整个内容产业和媒介产业的职能和市场范围。在此基础上，融合的趋势同样得以加强。尤其是在不同的技术路线之间出现了建立在分立竞争基础上的技术融合趋向，同样在市场运营层面，则出现了规模空前的融合一体化的潮流。广电行业数字电视产业的发展动向和信息产业部提出的“全面信息服务”战略转型都体现了这样的融合竞争的趋势。

那么，到底该如何解读这个新的运动？内容产业和数字媒介传输产业都给出了各自的解释，内容产业的解读是更舒畅地贯通内容价值创造实现的流程，将内容产业流通成本极小化而使内容产品使用价值、交换价值最大化。数字媒介传输产业给出的解释是数字技术推动媒介融合，实现了渠道规模化和渠道业务承载能力的多元化，进而形成信息传输产业的规模效应和范围效应，依托渠道支撑、扩大内容应用，引入内容以实现渠道的保值和增值。

内容产业的战略指向和数字媒介产业的战略指向可以概括为两句话，一是内容控制用户，一是渠道控制用户，其实还是传统的内容为王和渠道为王这两大传统争论的延续。这两种争论，归根到底还是需求导向，争夺的焦点都是用户。数字化浪潮下，如何占领用户，结合业界的发展，我们的研究也有了新的思考。

我们观察到，在数字技术推动下，用户需求出现了新的分离与聚合。个人用户从传统的大众用户中清晰地独立出来，海量而多元的个人信息需求拼合出巨大的个人信息消费市场；家庭一直以来都是信息传播的重要场所，家庭信息技术体系的全面发展，进一步改造和完善了家庭信息传播的效率、种类和质量。家庭信息需求出现了巨大的增长，家庭信息消费市场需求聚合、规模巨大。规模庞大的个人信息需求和家庭信息需求成为拉动内容产业和数字媒介产业发展、创新的重要力量。我们认为，研究清楚个人信息需求和家庭信息需求，也就把握住了当下数字传播技术发展两股最为重要的牵引力量。

基于这样的思考，2003 年以来，我们组织了对青岛、北京、杭州等地的数字电视用户需求调研和接触行为调研，对家庭用户的信息需求有了比较全面的认知。2006 年以来，我们针对中国联通手机电视平台、手机广告平台，中国移动的手机报平台、二维码平台以及中国移动多媒体广播（CMMB）组织了专项的用户需求和接触行为研究，进入了个人用户信息需求研究领域。

同时，我们也观察到另外一个新的现象，就是内容机构和渠道机构异常紧密地联系到一起，相互合作、相互渗透，现阶段的竞争主要不是发生在内容机构和渠道机构间的竞争，也不单单是内容机构和内容机构的竞争，或者传输机构和传输机构的竞争，真正的重量级的有影响力的较量发生在内容、渠道融合一体化机构之间的争夺和角力。这类集内容生产、内容集成、内容传输分发、内容销售诸功能于一身的新型协作体，对用户的黏性更强，对用户的服务水平更高，对用户的控制更有力。

对于这种新的协作体，我们借用并发展了一个研究概念，那就是“信息平台”。我们研究认为，信息平台的概念，其核心内涵是指以一套完整的涵盖（信源）端到（信宿）端的数字技术体系为基础，其中，最关键的是以客户需求为导向，建构一套以需求信息数据库和业务信息数据库为核心模块的数据库体系，以数字信息的形式，组织特定的业务体系高效率市场化运转的新经济形态。

“信息平台”概念的提出，有助于研究工作突破技术割据的认知障碍，突破产业管制的政策障碍，突破传统受众区隔的市场区隔，突破内容形态的定位误区。信息平台是新媒体的核心功能，是沟通社会、家庭和个人的信息节点。内容与渠道的信息的推送力被用户的信息需求拉力所取代。既然无限细分市场，并将完全个性化的信息，精确传送到细分市场的可操作性值得怀疑，不如双方把信息放到信息平台上，以需求的拉力作为信息交流的根本动力（图1）。

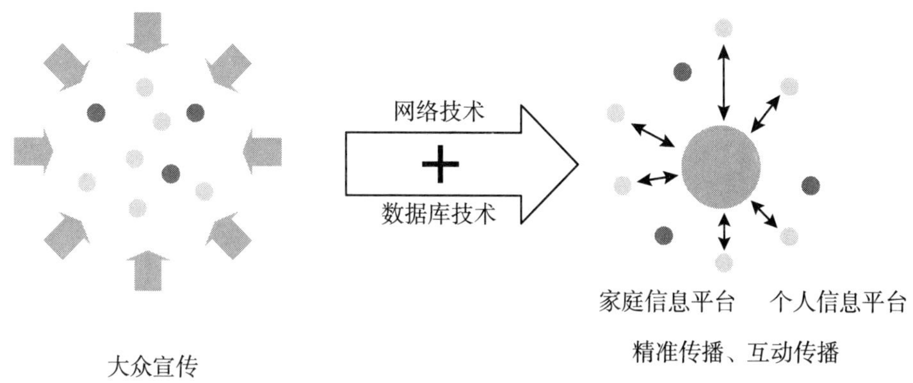

图1　无限的用户需求改变信息交流模式

这样我们就找到了两个研究的切入点，一是用户的信息需求，二是面向需求有机融合而成的完整的信息平台。基于此，我们提出了“家庭信息平台”和“个人信息平台”两大研究领域，分别开展了研究工作。“家庭信息平台”以IP通信网、有线电视网共同建构，针对的是以家庭为单位的信息生产、消费与交流；“个人信息平台”以移动通信方式和广播方式共同建构，针对的是个人的信息生产、消费与交流。

更重要的是，我们的研究已经从理论探讨逐步进入到应用研发的新层次。2006年开始，我们在数据电视发展领先的几个核心省市，杭州、深圳、上海、淄博、广西等，与运营商合作，研发了居于国际领先地位的大样本量数据电视平台数据监测、分析系统，这套系统的研发应用，为我们的家庭信息平台理论的深入研究提供了先进的实验环境和研究条件。

同年，我们研发出移动通信领域手机电视业务用户需求信息采集、分析系统，在此基础上，有针对性地组织架构个人移动媒体短视频内容数据库。提出了具备个人信息平台雏形的“MYTV”概念，并已经试验运行。2008年，我们紧跟CMMB（中国移动多媒体广播）的发展，开始架构广播式个人移动媒体的用户需求数据库，在此基础上研究业务数据库模型，进一步丰富了我们在个人移动媒体领域的信息平台研究领域，深化了研究层次。

那么，所谓的“家庭信息平台”和“个人信息平台”到底指的是什么？它们的出现在数字化的媒体领域占据什么样的位置？这些平台概念的提出对我们而言有什么样的意义呢？带着这些问题，我们一起来关注相关的研究。

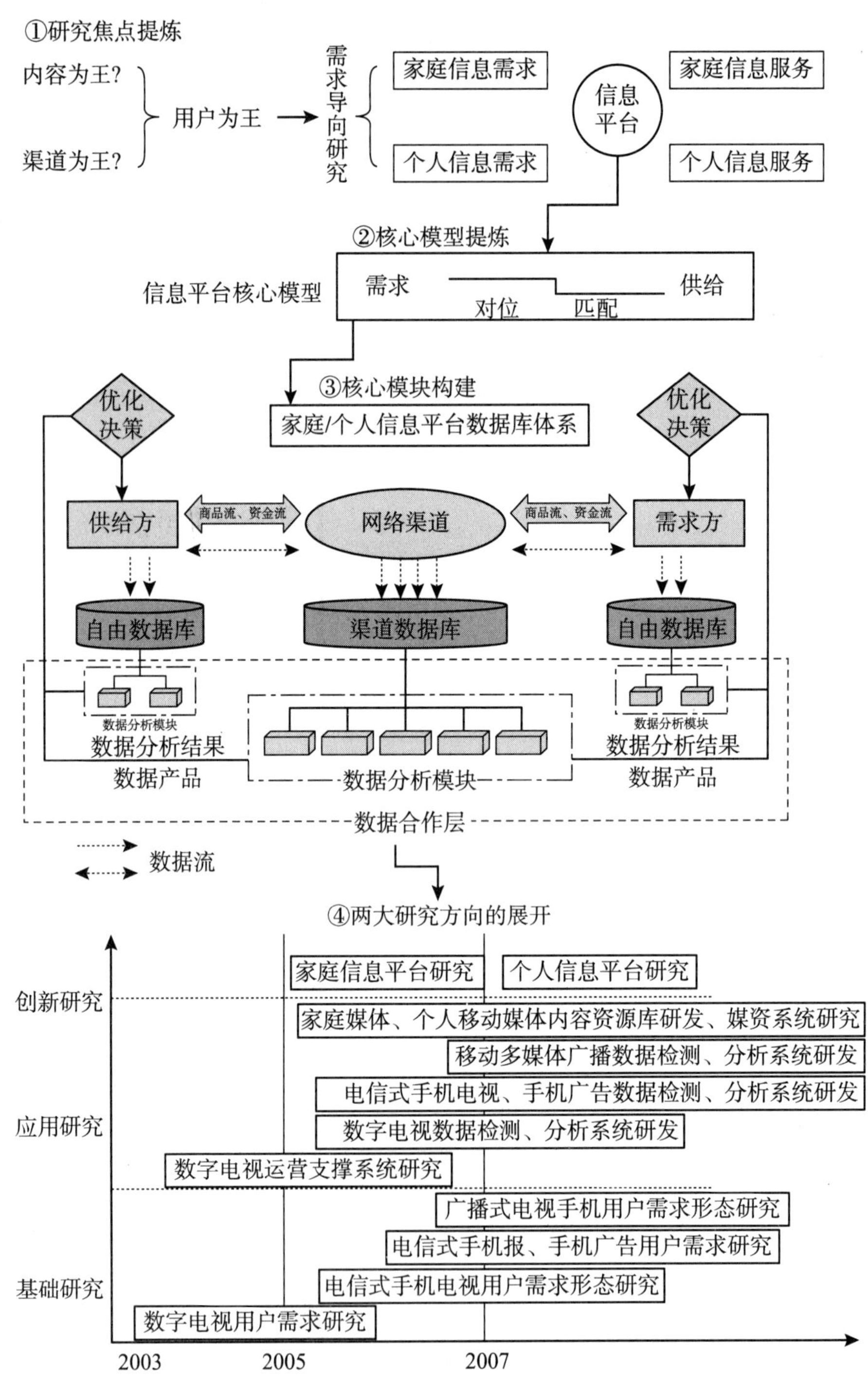

第四篇研究内容逻辑示意图

第十四章

家庭信息平台

“家庭信息平台”概念的提出有其深刻的产业背景，数字化技术在媒体领域的逐步普及和受众市场的全新变化促使我们对内容产业进行了更深入的研究，而家庭信息平台正是我们深入研究的成果之一。

我国数字电视从 2003 年正式全面启动并经过几年的发展历程，已经逐步明确了通过整体转换的方式来完成其产业化发展的关键步骤，解决了产业发展的硬件门槛问题，数字电视也开始进入快速发展时期，至 2007 年年底，已经有 2 700 万用户在使用数字电视，而且这一数字还在以高速增长。随着用户基数的突破，此时数字电视的发展重点开始从吸纳单向用户转移到了如何让这些用户带来真正的效益，由于整体转换的首要任务是扩大用户数、完成数字化，对业务的要求不高，因此很多地方在转换之后所提供的业务基本上都是“传统电视频道 + 简单资讯服务”的模式，这样的业务对于简简单单的数字化平移而言是足够了，但却不足以支撑数字电视的未来发展，也没有充分发挥数字电视应有的效能。因此，整体转换之后，广电数字化该往何处去的问题就提上了议事日程，最终把发展方向确定在了开展双向互动全功能业务，这就标志着我国的数字电视进入了一个新的发展阶段，在这个阶段，全业务将成为重要特征，数字电视需要走向更深入、更广阔的空间，成为为家庭提供多种服务的家庭多媒体信息服务中心。“以信息化带动数字化、数字化促进信息化，这是有线电视数字化工作的重要指导方针。”数字电视成为国家信息化建设的重要组成部分，产业开始全面升级。

在数字电视蓬勃发展的同时，IPTV、直播卫星电视、无线数字电视和有线数字电视等以及户外的车载移动电视、手机电视、移动多媒体广播等多种数字媒体也在不断发展壮大，众多的媒体也吸引了海量的内容投向用户。在这样一个媒体数量膨胀的环境下，用户的媒体接触行为被不断细分，结果就是分配到每一种媒体上的时间都变得比较零碎，个性化的需求在技术魔法下被释放出来，此时媒体会发现要想像以往的电视那样，吸引到数量众多的用户、实现媒体价值已经变得越来越难，唯一的解决方法就是深入研究用户需求。那么，从掌握用户需求的角度出发，借助数据库等关键技术，家庭信息平台的出现正是媒体爆炸环境下，掌握用户需求的必然要求和必然选择。

在数字电视加快推进速度的同时，家庭市场也面临升温趋势。各种各样面向家庭提供服务的产品和系统被推向市场，“数字家庭”、“家庭娱乐中心”、“家庭信息化”等概念被频频抛出，受到市场热捧，而电视作为客厅文化的重要组成部分备受家庭产品与消费市场的关注，数字电视延续了这种关注，并把它提升到了信息化建设的角度。在这样的背景下，一个基于家庭的综合性信息处理平台的出现就显得尤为必要，它将通过对用户需求的准确把握而成为媒体和营销发展的决定性因素，也是我国以家庭信息化带动国家信息化的关键步骤。

那么，“家庭信息平台”的内涵到底是什么？它的具体功能体现在哪些方面？家庭信息平台未来的发展趋势是什么？这些都是我们接下来将要关注的地方。

第一节　家庭信息平台的内涵

家庭信息平台不是一个简单的概念，它是在数字化技术发展基础上家庭信息消费的必然结果。

一、家庭信息平台概念界定及特征

（一）家庭信息平台概念的界定

通过对家庭信息平台产生背景的分析，在借鉴计算机领域和平台经济学领域对“平台”概念的界定的基础上，我们提出如下的家庭信息平台概念：

所谓家庭信息平台，是指基于数字电视系统，以家庭用户信息数据库和数字内容库为基础的，为家庭用户提供各种信息服务，以满足家庭用户信息需求的系统，其核心是可控的实时互动的家庭信息的获取及处理。

首先，家庭信息平台需要有一个技术系统网络平台，在这个技术平台之上，平台是开放的、可双向互动的、去中心化的。这一概念的核心体现的是以服务为主的理念，其所关注的是家庭用户需求的满足和掌握，侧重的是综合性的服务系统的建立，而不是像消费电子和IT领域所关注的那样，仅仅停留在硬件层面的连通。通过这个系统运营商可以建立多种业务类型实现多种盈利，家庭用户可以获得海量信息服务，而其他社会角色也可以通过该平台获得用户信息、对用户进行管理。

把家庭信息平台从单纯硬件层面的连通转变为满足和监测用户需求的服务体系的建立，这是基于数字电视的家庭信息平台的一大突破。

（二）家庭信息平台特征

根据我们对家庭信息平台的定义可知，家庭信息平台最基本的任务是要实现家庭中的信息需求，要完成信息在家庭中的传递和服务。而一次传播过程的完成，最起码要具有这样几个要素：传播者、媒介、信息、受众、反馈，即：谁，通过什么渠道，向什么人，说了什么，取得了什么样的效果[①]？因此，要想对家庭信息平台有一个清晰的阐述，最起码要回答家庭信息平台传播过程中的5个基本要素是什么。

1. 开放的、多元的传播者

首先，什么人通过家庭信息平台传递信息？即：家庭信息平台上的传播者是谁？因为家庭信息平台传递的是家庭中所需要的生活娱乐服务信息，因此所有的此类信息拥有者都可以通过家庭信息平台来传播自己的内容，传播者是面向全社会开放的。

如此众多的内容提供者，自然不可能同时运行在一个封闭的机构中，不可能是封闭媒体的封闭管理；另一方面，海量的信息传递也要求媒体所有者不可能全部自给自足，必然也要求传播者的多样化，所以一个开放的、共享的平台就显得至关重要。因此，网络运营商的首要任务是建立起系统平台，成为平台运营商，而不是成为一个运营管理中心。

2. 传递以生活休闲娱乐为主的信息

家庭信息平台将延续家庭中信息需求的特点，以娱乐休闲为主，看电视将仍然是家庭信息平台的主要功能之一，不可能像计算机一样以计算和工作为主；同时它又不同于传统广电仅提供单向的广播电视服务，它还会提供多元化的综合性信息

---

① 这就是由美国著名传播者拉斯韦尔所提出的构成传播过程的5种基本要素，即传播过程的5W模式：who，say what，in which channel，to whom，with what effect。参见郭庆光著：《传播学教程》，中国人民大学出版社2001年版，第58～60页。

服务，因此，家庭信息平台上的信息将是以生活休闲娱乐为主的综合性信息。

3. 传播介质

家庭信息平台的传播介质可以分为两大部分：网络和终端。从目前的发展态势看，以有线网作为网络基础，以数字电视机（或模拟电视机+机顶盒）为终端是合适的方式。

（1）*以有线网为网络基础*

在各种家庭加入网中，有线网具有天然的带宽优势，因此成为视频内容的首选传输网络介质。[①] 同时，有线网已经拥有约1.4亿用户，主要集中在城镇，已经成为我国城镇居民看电视的主流方式，而随着有线数字电视的推进，有线网的数字化也已经取得了良好效果。截至2007年年底，我国已经有有线数字电视用户2 800万户。这就为家庭信息平台的建设打下了良好的网络基础。

未来，随着三网融合的发展，有可能会出现其他面向家庭提供服务的网络基础，仅广电系统内部，还可能是无线数字化网络或卫星数字化网络，但在现阶段，有线数字电视已经具备了建设家庭信息平台的基础，最有可能成为家庭信息平台的承载基础。

（2）*以电视机为终端*

以电视机为终端，是与以互联网和电脑为基础的、电信行业的数字家庭概念的最大、最明显区别。之所以选择电视机作为家庭信息化的终端，是由中国的国情所决定的。

电视机是我国目前最普及的信息工具、最便捷的信息载体，最适合作为信息终端，而目前我国计算机的普及率还太低。数据显示，截至2007年12月，我国电脑平均普及率达到16%，其中北京和上海的互联网普及率较高，已经分别达到46.6%和45.8%[②]；与之相比，2004年，我国城镇家庭电视机的平均普及率达到133.4%，其中北京和上海分别为150.6%和177.5%[③]，远远超过电脑普及率。此外，计算机不仅入户率低，使用率还更低，有电脑的家庭并不是每一个家庭成员都会使用，而电视机则人人会用，用电视机作为终端，能够在最大范围内满足家庭需求，普及家庭信息化。

4. 面向家庭传递信息

“家庭”是家庭信息平台进行信息传播的终点。家庭是社会的最基本组成单位，也是最基本的购买单位、消费单位和信息化单位，因此，掌握家庭需求也就

---

① 数字化以后，我国有线网的带宽基本上达到760MHz或850MHz，这远远超出了3G（第三代移动通信系统）在室内2Mbps的带宽，因此，从某种意义上说，有线网才是真正的宽带网。

② 《中国互联网络发展状况统计报告（2008年1月）》，中国互联网络信息中心（CNNIC）。

③ 国家统计局编，《中国统计年鉴（2005）》，中国统计出版社。

成为各种社会活动的基础。从媒体角度看，无论是内容、广告还是服务的生产，都需要对家庭需求的准确把握，而家庭信息平台则提供了这样一个系统，它具有明显的家庭特征。

首先，内容上要面向家庭需求。需要特别强调的是，这里的用户指的是家庭用户，这与电视的家庭性有关。电视出现之后深刻改变了家庭生活方式，电视已经成为家庭中最核心的娱乐休闲工具，成为把家庭内部成员聚拢在一起的一个媒体，在家庭里提供服务，是客厅里的媒体，它的内容要符合家庭价值观，适合全家人一起收看和使用，而不是仅仅针对个人体验。这也是电视与手机、电脑等媒体的一个显著差异，家庭信息平台正是看中了“家庭”这一重要的娱乐与消费主体。

其次，它能提高家庭生活便捷性。家庭信息平台彻底改变了电视单一的收视功能，可以向用户提供节目点播、信息查询、商务交易、沟通交流等多方位的服务，让用户在家里就可以缴纳水电费、购买商品、了解政务信息等，从而大大提高了家庭生活的便捷性。

再次，它能促进家庭消费。因为给家庭生活带来了便利，所以家庭信息平台提供了大量的家庭消费机会，这种消费既包括电视节目内容的消费，也包括商品和服务的消费，而对家庭消费的推动又给它提供了吸引广告和增值服务的机会。

5. 通过家庭信息数据库实现信息反馈

家庭信息平台为了了解信息传播的效果，建立了家庭信息数据库，对家庭信息行为进行全面的实时监控。

（1）基于用户数据库

用户数据库搜集用户在平台上的消费信息并进行记录、监测，是家庭信息平台的基础，为其他业务提供数据支撑，同时自身又可以作为新的业务类型，是家庭信息平台必不可少的组成部分。在数字电视系统建设初期，数字电视运营商就会建立起运用支撑系统（BOSS），其中就包含了用户数据库的简单雏形，随着业务的不断深入，对数据库的需求也会越来越深入，用户数据库所能产生的效益也会逐渐显现，到那时候，用户数据库就会不断完善。

与互联网上用户匿名制度不同，家庭信息平台因为是面向家庭用户提供面对面服务的，因此，家庭用户所提供的基本信息都是实名的、真实的，基于此所形成的数据库也是真实可靠的，这也是家庭信息平台的核心优势所在。

（2）可控的实时监测

基于实名制的用户数据库，家庭信息平台还会对信息进行实时监控，这也是体现家庭信息平台优势、区别于普通数据库的重要特征。

家庭信息平台可以对用户在平台上的一举一动进行实时监控，只要运营商设置了相应的监测指标，而传统的数据库总是需要一个数据的回收和整理过程，难以做到实时监控。而家庭信息平台通过强大的后台数据处理，就可以实现对用户信息使用和消费情况的实时监测，随时了解用户在使用什么样的信息，使用的深度如何，等等。有了这种对用户信息的实时监控，就可以随时了解用户的真正需求，体现家庭信息平台的价值。

二、家庭信息平台三要素解析

要全面理解家庭信息平台的含义，就需要对家庭信息平台这一概念中的三个关键词“家庭”、“信息”、“平台”进行分析，这三个关键词在家庭信息平台的概念中的关注点各不相同。“家庭”是家庭信息平台中信息的使用者，是平台发挥作用的场所；“信息”是“平台”提供给“家庭”的内容和服务；而“平台”则是家庭信息平台的核心，是面向家庭、提供信息服务的方式方法。

（一）家庭

家庭是社会最基础的组成单位，也是每一个人生活的最基本环境。相比较于任何其他社会组织，家庭依然是社会最基础也是最重要的组织形式，个人的基本生活依然要在家庭中展开。家庭的基本功能，如社会化、情感支持和彼此陪伴、性规则、经济合作等方面依然是社会主流，在经济功能方面，社会学家们认为，家庭依然是经济获得的重要单位，不过是从生产转到了消费，人类最主要的购买消费行为都是以家庭为单位而进行，如购买房屋、汽车、电视等。家庭的强大功能决定了家庭的长期性，家庭的消费力决定了容量巨大的家庭市场空间，由此也吸引了面向家庭市场的大量投资。

1. 家庭信息平台实现了由“观众”到“用户”的转变

作用于信息的接受者，家庭信息平台一个显著的变化就是把“观众”变成了“用户”。“观众（audience）”一词是大众传播时代的产物，它指的是观看节目或比赛、表演等的人。观众与信息的传递者之间并不是平等的，只是被动接受由传播者通过大众媒介传递出来的信息。同时只要是由同一个传播者所传递出来的信息，所有“观众”接受到的信息都是一样的。而且观众很难实现对信息的反馈。

与“观众”不同，“用户（user）”一词指的是使用某项服务的人。服务提供者提供相应服务，用户自主选择所需服务，并支付相应费用，用户与服务的提供者之间是对等的，用户使用信息的过程本身就是一次与信息提供者之间的直接信息沟通，信息反馈即时产生。

从“观众”到“用户”的变化，对家庭信息平台而言至关重要，它表示信息的使用者从被动走向主动，也正是由于这种主动性，他们对家庭信息平台才会有更主动的需求，家庭信息平台才得以实施下去。

2. 家庭需求与消费

(1) 家庭需求与消费比个人需求与消费更复杂

说到用户，可以分为家庭用户和个人用户。之所以把家庭用户单独拿出来说，是因为家庭用户具有与个人用户和其他群体用户不同的鲜明特征。家庭里既包括个人用户也包括以家庭为总体的群体用户，家庭成员中的每个人都会对另外的人产生重要影响，每个人的日常生活消费习惯、媒介接触、消费行为都会受到家庭的极大影响，家庭用户的需求、消费等行为都不能直接套用个人行为来解释，需要对家庭用户提供有针对性的服务。

家庭需求和家庭消费受到家庭内多种因素的影响。第一，家庭成员因为角色和地位的不同，在消费角色扮演上存在着5种角色，即提议者、影响者、决策者、购买者和使用者，而且一个家庭成员可能会同时扮演多个角色，发挥多种作用。第二，家庭需求和家庭消费还会受到家庭结构的影响，三口之家和三代同堂的家庭所需要的产品或服务及其所形成的消费存在明显差异。第三，家庭需求和家庭消费还会受到家庭生命周期的影响。家庭生命周期一直是研究家庭消费的重要指标，一般来说，家庭生命周期分为单身阶段、新婚阶段、满巢阶段、空巢阶段、解体阶段。在不同的家庭生命周期会产生不同的需求和消费行为。

消费者行为学认为消费行为包括需求、决策、购买、使用等多个环节，在任何一个环节中，家庭都是重要的影响因素。家庭直接影响个人消费观念、消费习惯，影响消费需求的产生，家庭制约着消费支出和投向，家庭决定消费决策的形成和购买行为的最终形成，家庭成员在家庭中的不同角色也会投射到家庭消费过程中。而且家庭购买决策的形成过程比较复杂，很多时候需要全家共同参与，尤其是在购买大件商品时，比如给孩子购买一台电脑，使用者是孩子，在决策过程中，父亲可能会重点从性能、品牌方面考虑，母亲可能会从外观、价格等方面考虑，孩子也会从自身需求角度提出要求；再比如购房，必须综合考虑全家所有人的需求，可能一个购买决定要好几年才能定下来。总之，家庭对人的需求和消费都有着至关重要的影响。

可见，与个人用户的自己决定、自买自用相比，家庭需求与家庭消费要复杂得多，要想促成一次家庭消费，就需要综合考虑各种角色，家庭信息平台提供了准确把握家庭需求的可能，为了解家庭消费决策、促成家庭消费带来了便利。

(2) 家庭需求与消费具有独特属性

家庭需求和家庭消费由个人需求组成，但家庭需求与家庭消费又不同于个人需求与个人消费，最显著的区别在于家庭需求与家庭消费中存在利他性和共享性，也就是说，即使自己不需要，也有可能为了家庭中其他成员的需求而消费某种产品或服务，如父母陪孩子看动画片、为孩子订购某个专业的教育频道，儿女给年迈的父母购买保健品、订购医疗信息服务等等。从购买决策上来说，虽然个体用户并不是某项产品和服务的需求者，却可能是购买者。有些需求和消费是个人不能完成的，需要全家人一起决定，满足的也是全家人的需求，比如购买房子、汽车、家电等大宗商品，家庭信息平台可以为这些产品提供一个针对家庭、掌控家庭需求的营销推广渠道，同时满足家庭用户寻求信息的要求。

(3) 家庭需求与消费影响重大

当前，中国城市家庭消费水平获得了迅猛提升，提升空间较大，地区之间的消费水平差距明显。在消费结构上，中国城市家庭消费正在由数量型向质量型转变，由生存型向享受型、发展型转变，由雷同型向多样型转变。[①] 因此，为家庭提供的服务也需要向多样化、个性化方面发展，家庭信息平台的出现提供了这种可能。目前大多数的消费市场研究都是基于个人消费的，但家庭消费并不是个人消费的简单累加，它比个人消费更为复杂，具有独特性，对社会经济发展的意义也非常重大。

从整个社会经济发展来看，家庭消费具有重大意义。众所周知，影响国计民生的重大产品的消费基本上都是基于家庭而产生的，仅房屋、汽车消费两项就构成了国民经济的重要支柱。相关数据显示，目前中国房地产业对经济增长的贡献率保持在2%以上[②]，汽车产业对国民经济的贡献率也达到0.8%左右，预计“十一五”期间可能达到2%以上[③]，可以说，没有家庭消费就没有社会经济的发展，因此，关注家庭消费就显得至关重要。

综上所述，家庭市场具有不同于个人市场的独特价值，而家庭信息平台正是看中了“家庭”这一特定场所的价值，在面向家庭提供服务、满足家庭用户需求方面具有一定优越性，同时家庭信息平台通过搜集家庭成员的偏好、消费行为、花费等相关数据，可以挖掘出能给产品或服务带来利润的核心用户群，真正实现以需求为导向的生产和营销推广。

（二）信息

1. 什么是信息？

“信息”是构成家庭信息平台的核心功能，家庭信息平台通过平台向家庭用

---

① 黄升民、陈素白、吕明杰：《多种形态的中国城市家庭消费》，中国轻工业出版社2006年版，第50~56页。

② 这是2008年3月17日住房和城乡建设部副部长齐骥在人大新闻发布会上公布的数字。参见中国网，http://www.china.com.cn/2008lianghui/2008-03/17/content_12827286.htm。

③ 这是时任国务院发展研究中心产业经济研究部部长冯飞在接受记者采访时公布的数字。参见《国内汽车产业结构面临调整》，《21世纪经济报道》，2006年1月6日。

户提供其所需要的信息。目前，学术界对“信息”的研究主要集中在信息论、传播学、经济学等角度。由美国数学家信息论的创始人香农等人在20世纪中期提出的信息论从数理角度出发，认为“凡是能够减少不确定性的任何事物都叫做信息”，传播学基本上集成了这一观点。

2. 家庭信息平台中的信息的特点

虽然信息普遍存在，但家庭信息平台上所提供的信息除了具有信息的共性之外，也有自己的独特之处。

（1）偏于娱乐性

从信息消费的目的出发，有学者把信息消费分为这样几大类：生活娱乐、学习、科研与发展、决策，其中生活娱乐信息是信息消费中最普遍的方式，具体表现为询问、阅读、观看、看电视、听广播等行为，其目的是为了生活和消遣。[①] 这也是电视所能提供的最基本功能，家庭信息平台延续以娱乐休闲信息为主的功能，并且，这一功能仍是家庭信息平台的最主要功能。这一点在对数字电视用户的调查中得到了印证，几乎100%的用户都表示数字化之后最经常使用的功能依然是看电视节目，紧随其后的功能依次是节目查询（27.4%）、节目预报（22.4%）、生活服务信息（15.0%）和视频点播（14.7%），仍然都是休闲娱乐类信息服务。[②] 这一特征也是基于数字电视系统的家庭信息平台与发端于计算功能的电脑在提供信息服务上的一个重要区别。就目前的发展态势来看，家庭信息平台不太可能、也没有必要提供基于计算的信息服务，像电脑所提供的文件处理功能，这也是由家庭信息平台的娱乐休闲特性所决定的。

但是，家庭信息平台所提供的信息又与模拟时代的电视所提供的娱乐休闲信息不同，数字化让电视得以向信息化方面延展，除了传统的单向电视节目传播之外，家庭信息平台利用数字压缩技术所腾出来的频率空间，还可以提供多种多样的综合信息，如商务、沟通、学习、资讯、数据服务等，其信息服务范围可以涵盖家庭生活所需要的各个方面信息，只要是家庭中有需求的，都可以通过家庭信息平台来传递。

因此，家庭信息平台所提供的信息将会是以娱乐休闲为主的综合性服务信息，既不会是单纯的娱乐休闲，也不会是大量计算和工作功能。

---

① 贺修铭：《科学研究与发展（R&D）信息消费过程的历时性结构分析》，《武汉大学学报》（哲学社科版），1996年第2期。

② 数据来自中国传媒大学广告学院与央视——索福瑞媒介研究针对数字电视用户联合进行的一次调研，调研于2007年1月展开，样本覆盖全国10个城市1 000个家庭。参见《中国数字电视发展报告2007》，中国国际广播影视博览会组委会和央视索福瑞媒介研究共同产品，中国传媒大学广告学院提供学术支持，2007年8月。

(2) 面向家庭的信息

与互联网面向个人提供信息不同，家庭信息平台的信息是面向家庭提供的，因此具有与网络上的信息所不同的特点。

首先，用户信息是实名的。众所周知，互联网发布的信息是匿名的，“在互联网上没有人知道你是一只狗”，除非信息发布者有意留下真实信息，否则无法得知网络用户的真实信息，从而也就无法精准管理。而在家庭信息平台上，用户需要提供准确的家庭信息才能够使用家庭信息平台的服务，因此家庭信息平台上的家庭用户信息是实名的、非虚拟的，可以利用这些真实信息便捷地查找到每一个需要的用户。

其次，信息是可控的。互联网上的信息发布自由活跃，控制相对也比较少，与之相应的，则是信息管理上的复杂。而家庭信息平台基于实名家庭用户而建立，建立之后还会对用户信息进行管理和控制，具有较高的可控性。

(3) 可形成信息数据库

面向家庭的、实名的、可控的信息很容易建立起信息数据库，在数据库的基础上深入挖掘用户需求，这是单个信息所无法比拟的优势。

(三) 平台

1. 什么是平台

平台是计算机行业的概念，是计算机软件系统分层结构思想的具体体现。在平台概念没有在计算机领域得到应用之前，往往是软硬件捆绑在一起，一个硬件就必须配备专用软件，否则就无法使用，而软件系统独立运作之后，软件和硬件得以分离，在同一硬件上通过操作系统可以支持海量软件，这才使得计算机行业得以蓬勃发展。

随着经济环境的发展，近年来经济学领域又发展出来一个分支——平台经济学。2004 年之前，学术界对平台普遍存在一种只可意会不可言传的感觉，理论形成的主要标志是 2004 年于法国图卢茨召开的、由法国产业经济研究所（IDEI）和政策研究中心（CEPR）联合主办的“双边市场经济学”会议[①]。之后，在我国以贺宏朝、徐晋等人为代表的学者开始明确提出“平台”、“平台经济”的概念：“平台指的是交易的场所和空间”[②]、“平台经济是通过整合或者借助关联组织的能量组成一个新的竞争系统，从而达到提升自身竞争力的目的，合

① 徐晋：《平台经济学——平台竞争的理论与实践》，上海交通大学出版社 2007 年版，第 8 页。
② 同①，第 1 页。

作各方均衡地享有新系统带来的增值利益。"① 他们的观点认为经济竞争已经不再是个体之间的竞争，而是商业生态系统的对抗，平台将在未来的经济竞争中发挥重要作用，成为引领新经济时代的重要经济体。

2. 平台的主要特点

计算机和平台经济学领域是目前关于平台理论最为集中的体现，虽然两个领域距离很远，但对平台的理解却有共通之处，综合来看，平台主要具有以下特点：

(1) 平台的核心价值是平等开放

首先，平台是与封闭、垄断相对立的，其特点是开放的、双向的、无主次之分的，这一点也是平台的最核心特征。既然是平台，就不是一个由构建者主导的封闭系统，而是一个面向多数人的开放系统，只要符合条件的个人和组织都可以参与到平台上来。在这个平台上，参与其中的各方可以相互交流，进行双向互动，而不仅仅是由平台建构者自己发布信息，参与者都可以发布信息、进行交流，如电子商务平台等。而且所有的参与者都是平等的，即使是平台建构者，也不能把整个平台置于自己的范围之内，以自己为主，而是没有主次之分的，只要是参与平台中的，都是平等的。

当然，当平台足够大时，平台建设者在平台中所发挥的作用会处于主导地位，甚至可能存在垄断倾向，比如微软在操作系统平台上的垄断地位。但是，这种垄断地位是针对市场经营行为而言，就平台本身来说，依然是一个开放的平台，不管微软如何垄断，在 WINDOWS 的操作系统上绝大多数的软件均可运行，不会出现只有微软自己开发的软件才能够使用的局面。

(2) 利益平衡

在平台上，最忌讳利益失衡。如果平台中的某一方取得了利益而其他的参与者却没有得到利益的话，这样的平台无法长久存在。如通过电子商务平台，消费者可以减少寻找购物信息的精力，享受送货上门服务，企业可以减少中间流通环节，提高效益，而平台创建者则通过建构企业和消费者良好沟通的桥梁从而得以发展壮大，点击率和交易率上涨，在这个平台上，三方均获得相关利益，实现共赢，而不是像传统竞争那样建立在至少一方失败的基础上。

为此，在许多平台中经常会出现平台中的一方补贴给另一方的局面，尤其是在一些新技术平台上更是如此，平台运营者为了吸引使用者往往会采取低价、免费甚至赠送的方式，如微软会向软件商提供低廉的收费，甚至免费服务；互联网上普遍存在的免费邮箱、免费即时通信、免费开设网店等；如通过赠送手机让用户加大通话量、通过赠送机顶盒让用户找到合适服务等，这些都是由平台自身的

① 贺宏朝：《平台——培育未来竞争力的必然选择》，机械工业出版社 2005 年版，第 20 页。

特性所决定的。

(3) 基于消费者的客观需求而产生

平台本身就是基于消费者的客观需求才产生的，而平台产生之后，又更好地验证了这一点，这种由消费者所产生的客观需求正是平台经济存活的基础。比如即时聊天沟通系统平台，如果没有大量的使用者使用QQ，这个聊天沟通平台根本就不可能建立起来。

(4) 去中心化

与“平台”相类似的还有“中心”的概念，二者都是提供综合性服务的场所。在家庭信息平台的类似概念中，我们也看到过“家庭娱乐中心”、“家庭信息中心”这样的概念，二者有很多类似之处，但是，“中心”与“平台”在本质上是不一致的，“平台”的核心是开放、平等，而“中心”则存在一个核心的控制者，这个控制者在系统中处于绝对领导地位，其他参与者都是为其服务的，而这显然不是面向家庭提供信息服务所需要的，因此，我们提出“平台”而非“中心”的概念。

3. 面向家庭提供信息服务的平台的特点

以上是针对平台的普遍特点，具体到面向家庭提供信息服务的平台，除了具备平台的共通特点之外，与其他的信息服务类平台相比，家庭信息平台还有其独特之处，即面向家庭提供实名的、可控制的信息，为家庭提供信息交流的空间。

如前所述，家庭信息平台是面向家庭提供信息服务的，在这个过程中，其所面向的对象是家庭，这就决定了这个平台不可能像互联网平台那样是匿名的，同时也不同于以手机为终端的个人信息平台的面向个人的信息提供，它需要照顾到家庭需求的特点，不能太过于个性化，要考虑家庭中的共性需求（图14-1）。

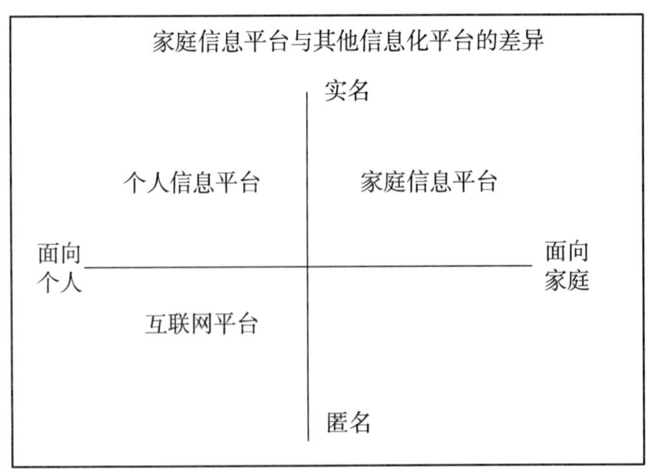

图14-1 家庭信息平台和个人信息平台的差异

4. 平台的主要功能：协调需求的中介

对于平台的主要功能，平台经济学主要提出了三种功能：制造市场、制造用户、协调需求①。制造市场是指平台会促使不同市场方的成员进行交易，比如易趣、雅虎等；制造用户的平台指的是平台通过吸引更多人的使用来获得第三方的任何信息，如广播电视平台通过吸引观众来获得广告商的广告投放、电子商务平台通过吸引更多消费者来获得商家的认可等；而协调需求的功能指的是平台可以吸引两个或多个市场方客户之间的间接的需求，其中产品价值随着购买者消费数量的增加而增加，而产品价值的增加又会吸引更多消费者购买，也就是说，用户数量越大，网络规模就越大，平台的作用就越强。

由此延伸来看，无论是制造市场、制造用户，最终的目的都是为了协调需求，为了使需求的供需双方可以通过平台达成需求交换，这其中平台是一个中介物，两个或多个市场中的成员可以通过平台进行信息交换、商品交易，交易双方均可通过平台获得利益，平台则通过提供信息沟通协调的中介服务生存发展。

三、家庭信息平台的系统架构

在讨论了家庭信息平台的定义之后，要对家庭信息平台的内涵有一个全面清晰的认识，我们还需要对其系统架构进行分析。

（一）系统总体架构

总体来看，我们可以把家庭信息平台系统分解为三个层次：最上层是需求层，包含两方面含义：一个是家庭中的不同成员的不同终端需求，另一个则是基于这些需求所提供的多元化业务，这项业务为满足家庭成员的需求而服务；中间是数据层，由需求数据库和业务数据库构成，两个数据库分别指向上层的需求，同时二者之间又存在相互联系；底层是技术层，包括前端、后台和网络，这是家庭信息平台建立的技术基础（图 14－2）。

1. 最终目的是满足终端家庭需求

随着数字媒体和数字内容产业的发展，市场上为家庭提供服务的信息越来越丰富，信息服务类型也日渐增多，多频道、VOD、游戏、教育、资讯、股票、互动广告等都有多种机构提供相应的服务，而且还有进一步增加的趋势。

---

① 对平台的三种功能比较早的提法来自 Evans D (2003), "The Antitrust Economics of Multi-Sided Platform Markets", Yale Journal on Regulation, 20: 325－382，转引自徐晋：《平台经济学——平台竞争的理论与实践》，上海交通大学出版社 2007 年版，第 18～22 页。

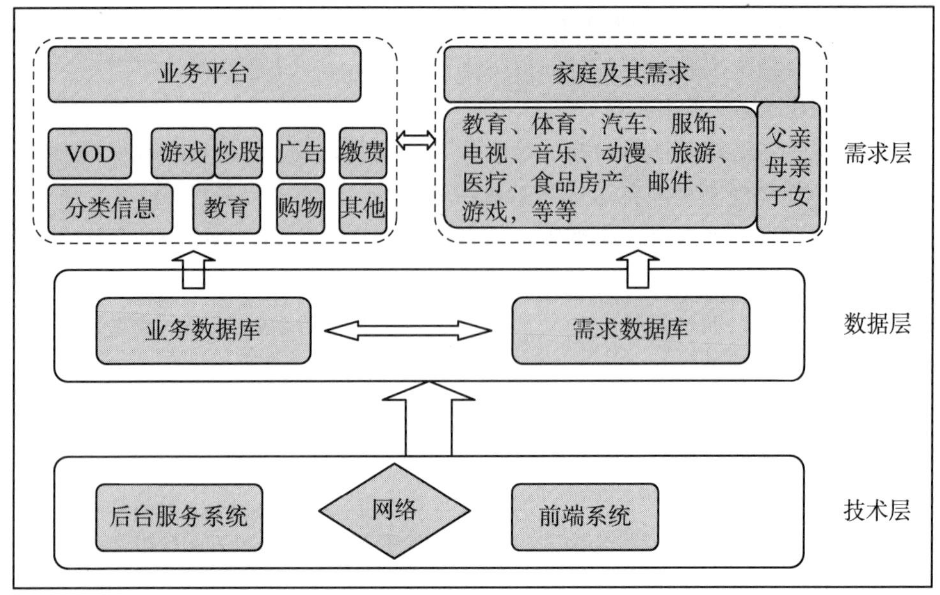

图 14－2　家庭信息平台系统架构

与此同时，随着生活水平和消费能力的提高，用户对信息服务的需求也在不断提高。近年来，我国居民的消费结构变化非常明显，食品等基本生活需求在消费中所占的比例逐渐降低，而休闲娱乐、文化教育等更高层次的需求在不断增加，人们越来越不满足于仅仅被动地收看广播电视节目，对电视的用户——家庭而言，无论是家庭内部成员之间，还是不同家庭之间，无论是物质还是精神文化，家庭需求都在不断增加。

一方面是提供各种服务的信息源不断增加，另一方面是用户对信息服务的需求不断增加，但二者之间缺少沟通的桥梁，用户信息需求的满足并不容易，现实的情况是：各种信息源在社会上游走，见到渠道就伺机而动；渠道运营商往往凭经验判断是否提供某种服务，而在没有明确目标的情况下，往往采取广泛撒网的策略，尽可能地上更多的内容，忽略内容的有效性；用户则一边使用着这些服务，一边抱怨着找不到自己想要的。在这里，信息的供需之间缺少必要的桥梁，而家庭信息平台则提供了这样一个沟通供需的桥梁。

家庭信息平台的目的是提供以家庭用户需求为导向的全方位服务。在家庭信息平台中，平台一边联系着各种信息源，一边联系着用户，平台运营商按照用户的需求挑选合适的信息放在平台上，用户再在平台上选择合适的信息，并再次反馈相应的需求信息，形成内容提供商、平台运营商和用户之间信息沟通的良性循环，这是家庭信息平台产业链条的核心价值。

家庭需求由家庭成员的需求组合而成，其中既有单个家庭成员的需求，也有家庭成员所共有的需求，这些需求经过重新打包，构成了家庭信息平台的主体，家庭信息平台在掌握家庭用户需求的基础上，向各种信息源组织内容；反过来，各种散布在各个地方的信息源通过家庭信息平台这一综合服务系统，有目的、精确地提供满足各种家庭需求的信息；由此就形成了信息供给和需求之间的有效连通。

2. 系统核心是业务数据库和需求数据库的沟通

为了把握家庭需求，就需要建立用户需求的信息数据库，利用机顶盒随时回传用户在家庭信息平台上的消费和需求情况，从而形成功能齐全的、即时的需求信息总汇，由此分析家庭用户的需求。与此同时，多种多样的业务类型累计起来形成业务数据库。

而家庭信息平台之所以能成为打通信息供需的桥梁，一个重要的工作就是业务数据库和需求数据库之间的沟通。在家庭信息平台的系统架构中，业务数据库和需求数据库向上分别支持着业务和家庭需求，同时，家庭信息平台还给二者之间提供了一个沟通机制，各种服务都根据明确的家庭需求进行打包重组，实现真正意义上的需求导向营销，而不再是盲目地推出产品和服务。

有了这两个相互沟通的数据库，供需之间的平台已经基本上成型，可以看到，在这里，业务开发并不是终点，最终的目的均指向家庭及其需求。有了对家庭需求的数据层面的掌握，可以形成对家庭中信息需求的有效管理。

3. 需要相应的底层技术支持

为了实现家庭信息平台的功能，还必须要有相应的底层技术系统，这个技术系统将决定家庭信息平台能够发挥作用的深度和广度。众所周知，建立在单向网上和建立在双向网上的平台会有根本性差异。

（二）需求层

1. 需求层构成

需求层由家庭用户需求和业务需求两方面构成：家庭需求是家庭用户对信息服务的需求，家庭中不同成员的需求既有个性，也有共性，家庭信息平台把这些需求进行重新打包组合，提供给用户。业务需求是从运营商的角度来说的，运营商有开办业务获得盈利的需求。

在家庭信息平台之前，业务和家庭需求之间缺乏有效沟通，双方均处于盲目寻找状态。而家庭信息平台打通了这两种需求，用户需求和业务需求可以在平台上直接对话。

2. 数据库对需求层的影响

在家庭信息平台中，需求层与数据层有密切关系。

首先，需求产生数据库。数据库是通过对需求信息的监控、搜集、整理而来，没有需求、无法进行数据采集整理，也就无法产生数据库。

其次，数据库引导需求。数据库产生之后，将围绕需求产生作用，成为引导、追踪需求的重要力量。运营商可以通过数据库来合理调配自己的业务，实现业务的合理开发，同时社会管理者也可以通过数据库对家庭信息使用情况进行监管。

（三）数据层

1. 数据层结构

数据层是家庭信息平台中的核心构成，家庭信息平台数据层主要包括需求数据库、业务数据库。需求数据库负责存储在家庭信息平台基础上用户使用需求数据；业务数据库收集用户对于数字电视具体业务的点击和消费数据。而在两个数据库的底层，还会存在用户基础信息数据库。用户基础信息数据库收集数字电视用户的个人基础信息以及其家庭相关信息。

数据库是整个信息平台的核心部分，对用户需求的掌握主要来自这一层面，而要想提供用户所需的、准确高效的业务，也需要对这部分信息进行深入挖掘、仔细分析。

图 14－3 是家庭信息平台数据库的简单结构，从图中可以看到，用户基础信息数据是业务信息库和用户需求信息库的基础，与两个库之间均有联系。

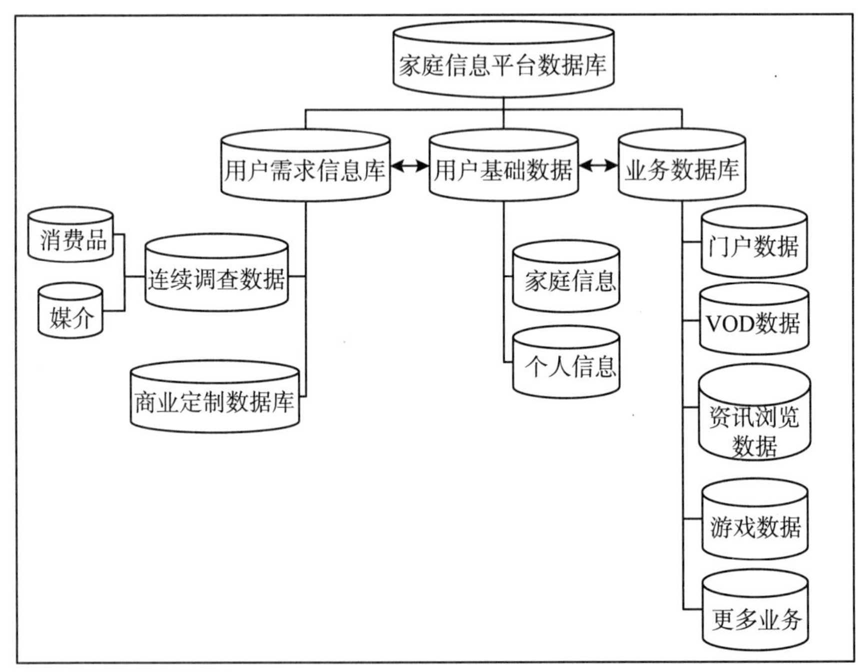

图 14－3　家庭信息平台数据库结构

2. 用户基础数据库

用户基础数据库是整个信息平台中最基本的组成部分，是需求数据和业务数据的支撑。它反映的是用户的户主信息、家庭人口结构、收入状况等基本信息，是需求数据库和业务数据库分析数据计算的关联基础。

（1）基本指标体系

用户基础数据库主要包括家庭信息和个人信息两大部分，每一部分均由相应的指标体系构成。这些指标可随着业务深化而不断拓展，每一地方的网络运营商也可根据当地的不同需要选择相应的指标。要了解用户基本信息，一般来说，需要以下指标：

◆ 针对个人

针对个人，需要了解其姓名、性别、年龄、职业、职位、收入、受教育程度、身份证件、联络方式，这些指标是常用的人口统计特征指标。如有可能，还可以搜集用户的内容使用偏好等消费行为信息，以便更好地为用户提供服务。通过这些指标，就可以完整勾勒出一个用户的基本情况（图 14－4）。

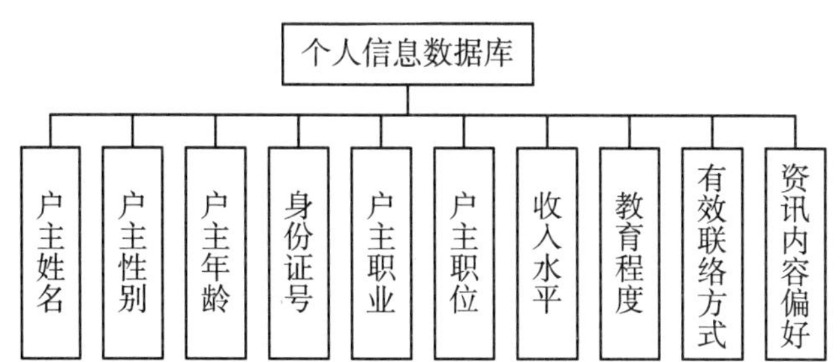

图 14－4　个人用户基本信息指标体系

◆针对家庭

家庭信息数据库最起码要包括：家庭人口构成、收入情况、地址、联系方式，有条件的话还可以设立家庭住房情况、汽车拥有情况等消费行为指标（图 14－5）。

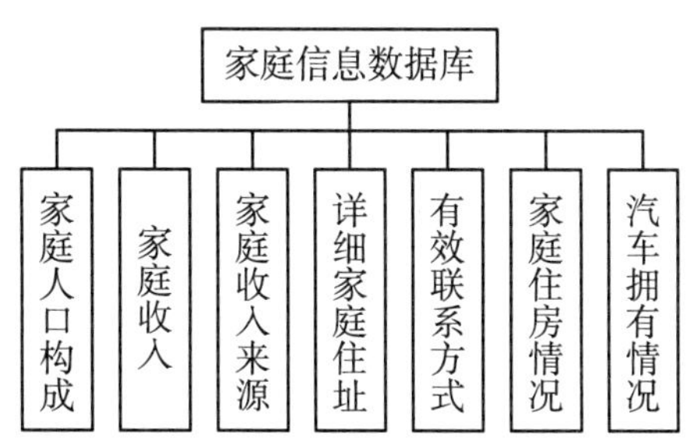

图 14－5　家庭基本信息指标体系

(2) 数据采集方法

基础数据库的数据采集主要通过申请数字电视服务时的表单来完成。用户在申请数字电视服务时，需要填写申请表，这个报装表格就是最基础的信息采集单。这里要注意的是，如有可能，最好在最初报装时多采集一些信息指标，因为这是最简便有效的数据采集方法。

在报单完成之后，数据库要投入实际运用的时候，总会发现有些指标没有被设计进去，这就需要对指标进行扩张，主要在通过 ITV 进行各种调查的过程中进行。这种方式的成本要高于安装申请表单，效果也要差一些，但形式灵活，可以根据需要随时调整，是申请表单的有益补充。

3. 需求信息库

需求数据库是家庭信息平台数据库中基于商业应用部分的数据库之一，包括连续性消费数据和商业定制数据的调查和收集。

连续性调查数据库是消费者的实际消费行为数据统计，从数据分析的角度出发，在现阶段，主要针对消费行为、媒体接触行为和生活态度等三方面进行数据分析。商业定制数据库是在连续性调查数据库的基础之上，根据客户的特殊需求进行量身打造的定制化数据服务。连续性调查数据库倾向于消费者消费行为的记录，而定制数据库则倾向于根据客户的要求设计数据指标和数据统计形式以及分析形式，是客户进行消费者管理和数据库营销的基础及重要组成部分。

(1) 基本指标体系

消费行为调查数据库是消费者日常生活所接触的产品的消费情况记录，根据需要可以涵盖了消费者生活的方方面面，如耐用消费品、日用消费品、服务性产品、休闲活动、旅游等，是进行消费市场规模计算和消费者行为研究及态度判断的数据基础和依据，每行业的具体调查指标体系可根据行业特征确定，并根据需要不断细分。

媒体接触数据库可以记录作为用户日常接触的媒体类型，习惯性接触的媒体，媒体内容偏好，广告接触行为等媒介接触数据，反映了用户媒介接触和媒介广告接触的特征。媒介接触行为调查数据库可以包含电视、广播、报纸、杂志、网络以及各种新媒体，具体细分可根据需要制定。

生活态度数据库有助于完整、生动地了解用户，可以通过用户对一些事件的价值判断、日常生活行为等方面来进行判断，具体指标根据调查需要制定（图 14-6）。

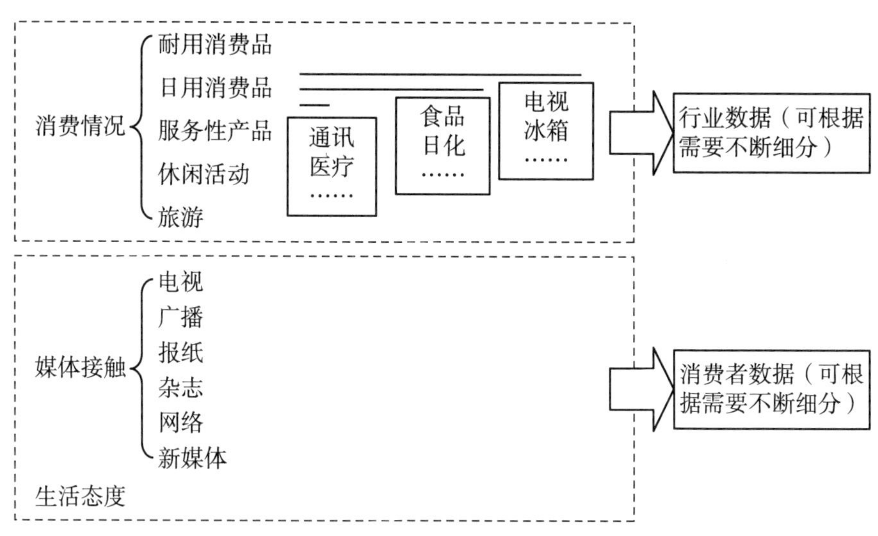

图 14－6　用户需求信息库指标体系

(2) *数据采集方法*

针对不同的需求，用户需求信息数据库的数据采集方法主要有两种：

一种是针对一般性的信息需求数据，可采取固定样组的连续性调查，也就是说，把这部分信息的数据收集列入日常数据收集的一部分。

另一种是针对有特殊需要的商业定制数据，可以通过对基础库的分析、挖掘以及开展专项调查获得。

这种数据采集方法同样适用于业务数据库的数据采集。

4. 业务数据库

业务数据库记录各项具体业务的用户使用信息，主要包括 EPG、VOD、资讯浏览、互动游戏等多种类型，凡是运营商所开办的业务，理论上均可进行业务使用情况检测。其数据收集方式类似于用户需求信息库，这里不再赘述。以下将对业务数据库的结构和指标体系进行说明。

(1) *业务数据库结构*

业务数据库由用户信息、业务使用信息和业务信息等三大部分构成：用户信息主要收集用户的性别、年龄、收入等基本信息，这部分内容也可以从基础数据库中提取；业务使用信息主要了解用户的收视时间、使用的业务类型等系内容；业务信息则是对业务基本情况的记录，如节目的播出时间、业务的具体构成、广告刊播情况等（图 14－7）。

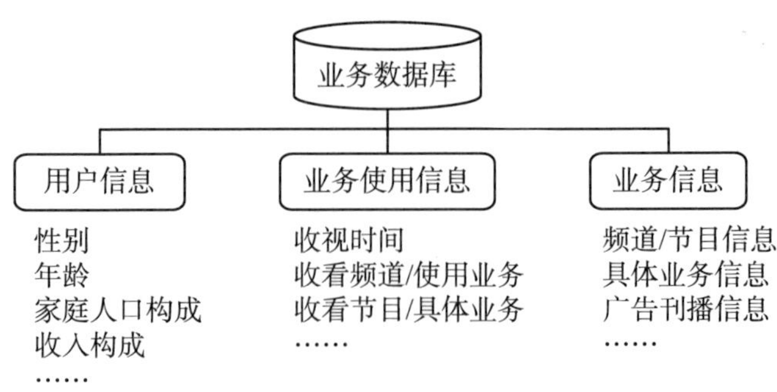

图 14－7　业务数据库结构

(2) 基本指标体系

业务数据库的数据指标主要由业务的进入退出时间、点击量、费用指标等组成。在业务使用数据的基础上可以分析得出各项业务的使用数量、用户构成以及各时段的业务使用情况等结果。

从不同的角度出发，可以设计出不同的指标体系。以业务为基础，可以从各频道/业务各时段的收视率/使用情况、具体节目/具体业务在各时段的收视率/使用情况、各频道/业务的受众构成、具体节目/业务的受众构成、广告收视情况等指标出发进行数据分析。以时间为基础，可以从全天各个时段各频道/业务的收视/使用情况、全天各个时段的受众构成、工作日和节假日收视情况的变化等指标进行分析。以受众为基础，可以从不同类型受众对各类节目/业务的收视/使用情况、不同类型受众的收视习惯/偏好等角度进行分析。

(四) 技术层

技术层为家庭信息平台提供基础的技术支持，主要包括后台系统、网络和前端系统。

1. 后台运营支撑系统（BOSS）

在数字电视家庭信息平台中，BOSS 是业务支撑系统的核心，是实现业务支撑、决策支持、数据集中、实时处理、客户服务、服务资源管理等功能的综合平台后。运营支撑系统主要包括运营结算系统、用户管理系统、客户服务中心、服务维护系统等四个子系统（图 14－8）。

运营结算系统的主要功能是实现数字电视节目平台与节目提供商、运营商之间的业务清算和费用分账，为用户提供多样化的支付手段。用户管理系统（SMS）的主要功能是实现有线数字电视的管理思路、运营模式及运营策略。客户服务中心（Call-Cent）是用户服务系统，为用户提供业务咨询、业务订购、资费查询、故障申报等服务。服务维护系统时为用户提供日常业务维护的运营支撑系统，对家庭信息平台的日常维护工作进行管理。

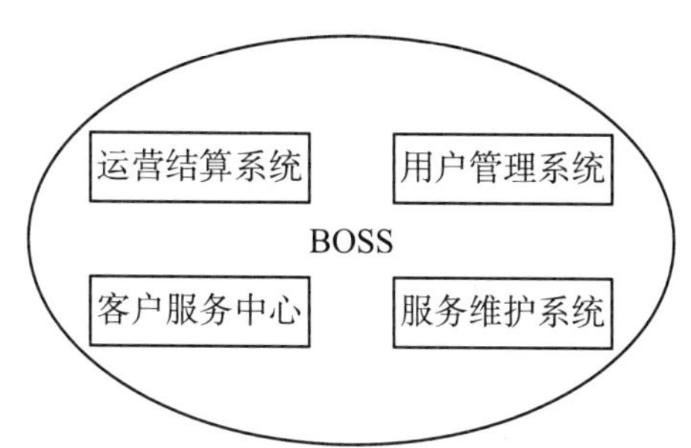

图 14－8　家庭信息平台运营支持系统结构

2. 网络

家庭信息平台首选的网络是双向宽带网，因为在其上承载着大量的互动型业务以及大容量的视频服务，这些业务都需要在双向宽带网上进行。在单向网上也可以开展业务，但受到很大限制，像 VOD、互动游戏、商务、数据库等多种业务类型都无法展开，但能够进行 EPG、资讯服务等基础性业务。

有线电视所用的光纤同轴混合电缆（HFC）网天然为宽带网，但目前的现实是，大多数地方的 HFC 网并不是双向的，这就需要进行网络的双向改造。HFC 的宽带接入方式很多，以往由于技术限制，HFC 的双向改造遇到不少困难，阻碍了双向互动业务的开展。但更高性价比的宽带入户方案将会随技术发展而出现。

另外，随着网络技术的发展，有线网将有可能不再是家庭信息平台的唯一网络基础，基于电话线的电信网络、基于无线传输的无线宽带网络等均有可能在未来成为面向家庭提供综合性信息服务的基础性平台。

3. 前端系统

前端系统主要由硬件设备构成，主要包括编码器、复用器、加扰器、调制器等，负责信源的接收以及业务的实现。信源经过编码处理后进入复用器，生成多节目复用的传输流（TS 流）。对已压缩的传输流，可以直接送入复用器，进行节目的加扰/加密处理，插入相关的业务信息（SI）数据，进行调制和传输，实现业务功能。

第二节　家庭信息平台的功能

可以看到，家庭信息平台产生之后，其作用范围将突破单纯的广电系统。总体来看，家庭信息平台将在三个维度层面发生作用：其一，平台建构者，即广电机构，他们是平台的运营商；其二，平台使用者，即家庭用户；其三，社会管理者，即政府、社会组织等通过家庭信息平台对家庭和社会进行管理的机构。这三个维度各自所注重的功能重点并不一致：对于平台建构者来说，最主要的是如何通过这个平台开发更丰富的业务类型并实现盈利；对于家庭用户来说，最主要的是如何通过这个平台实现信息交流；而对于社会管理者来说，则是如何通过这个平台实现对社会的管理功能（图 14－9）。

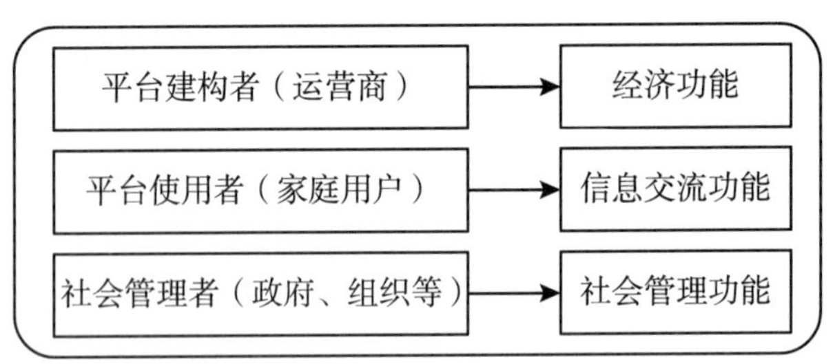

图 14－9　家庭信息平台功能示意

一、经济功能

对建构平台的网络运营商来说，建立家庭信息平台的首要目的就在于寻找新的经济增长点，通过家庭信息平台提供更多业务、带来更大利润。就目前家庭信息平台的实践结果来看，这一功能首先得到重视并获得实际应用，至今在家庭信息平台上已经实现了数十种业务类型，可以向用户提供影视节目、商务交易、休闲娱乐、交流沟通等多种功能，并打破了传统广电过度依靠广告费的盈利模式，实现了广告＋收视费＋服务费等在内的多种盈利模式。本节将结合我国运营实践对家庭信息平台的业务和盈利模式进行分析。

（一）家庭信息平台业务类型综述

家庭信息平台上形成了多种多样的具体业务类型。按照各种业务的不同特点，基本上可以分为视音频播出、基础资讯服务、互动增值服务和数据库业务四大类业务（见图 14－10），而每一大类下又有多种具体的业务类型，尤其是互动增值业务和数据库业务，更是会随着市场需求的变化而不断拓展，很多现在看来与数字电视完全无关的业务类型都可能出现。家庭信息平台的业务拓展前景，与其对家庭用户的需求把握程度密切相关，正是因为以数字电视系统为依托的家庭信息平台，掌控了家庭用户的信息需求，才为日后的业务拓展留下了丰富的空间（图 14－10）。

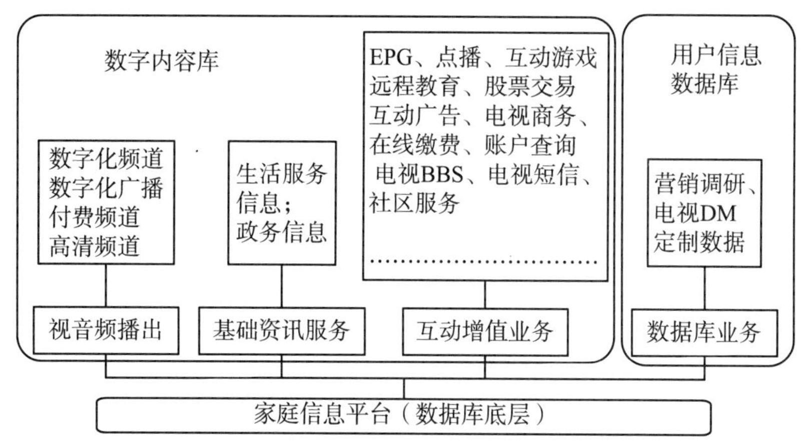

图 14－10　家庭信息平台业务类型[①]

（二）视音频播出

视音频节目的播出依然是数字电视的主要功能，对用户来说，"看电视"也依然是最有价值的功能类型，在家庭信息平台上，视音频播出不仅仅是现有模拟频道数字化，它包含了更丰富的业务类型，与传统电视节目已经有了很大不同。

1. 视音频播出的具体业务类型

从目前的发展情况看，家庭信息平台上的视音频播出业务主要有以下四种：

（1）传统电视频道的数字化播出

即原有模拟频道的数字化，从用户的角度看来，无论从内容还是形式上，均与原模拟频道一致，不过音质画质会有所提高，而且所能看到的频道数量会有明显增加，因为数字压缩技术可以把原来传输 1 套模拟频道的带宽用来传输 6～8 套数字化频道。

（2）专业付费频道

所谓专业付费频道，是指"以有线数字方式播出、传输并须单独付费才能收听收看的专业化广播电视频道"[②]。自 2003 年付费频道正式开播以来，至 2007 年年底，我国已经批准的付费频道 155 套，其中已经正式开播的付费频道为 136 套，内容丰富，而且已经开始实际运营，并获得不错收益。[③] 付费频道已经具有

① 黄升民、王薇：《家庭信息平台——数字电视运营模式新突破》，中国传媒大学出版社 2008 年版，第 34 页。

② 2003 年 11 月，国家广电总局颁发《广播电视有线数字付费频道业务管理暂行办法》（试行），这也是我国对付费频道进行管理的最全面的规章制度，以下所阐述的特点基本上由此规定产生。该文件见国家广电总局网站，www. chinasarft. gov. cn。

③ 国家广电总局公布的数据显示，2005 年时全国付费频道的收入已经达到 3. 2 亿元。见国家广电总局网站，http：//gdtj. chinasarft. gov. cn/Tiaomu. aspx？DocId＝381。

了一定的规模。

在产业结构上，付费频道已经形成了清晰的布局。上游是由众多电视台构成的频道开办机构，中游是由中数传媒、上海文广、鼎视传媒和华城影视4家构成的付费频道集成运营机构，下游是直接面向用户提供服务的有线网络公司，频道由电视台开办之后通过集成运营机构传递给网络公司，再由网络公司提供给用户并收取相应的费用，然后3家再根据实现协商对收视费进行分配。这种清晰度产业格局有助于付费频道的健康快速发展。

(3) 高清频道

高清频道是指播放高清晰度节目的电视频道，特色是图像和声音水平高，其画面清晰度为普通DVD的6倍（按分辨率计算，高清分辨率为1080P）"高清"也被看做是数字电视发展的一个必然趋势。1989年，全球第一个试验性高清电视开始每天1小时的播出，[①] 从我国的发展状况来看，1999年国庆大典就成功试验了高清转播，[②] 2005年9月，中央电视台开播了我国第一个高清付费频道——高清影视，随后上海文广和中影集团分别开播了各自的高清付费频道——新视觉和高清影院。2008年，高清频道面临一个很好的发展机遇，那就是北京奥运会。因为北京奥组委承诺，在奥运会期间，全部28个比赛项目的电视转播都将采用高清信号进行，这无疑为高清频道发展带来利好消息。

为了配合奥运高清转播，也是对高端付费运作方式的反思，从2008年开始，在继续保留高端付费服务的同时，我国高清频道开始探索免费之路，中央电视台开办了一套免费的高清频道"高清综合频道"，通过无线和有线网免费提供给用户，希望通过这种方式来带动高清电视产业的发展。

(4) 听广播

除了看电视之外，家庭信息平台还可以听广播。一般来说，家庭信息平台提供的广播包括以下几种：(1) 现有广播频率的数字化播出；(2) 专业的数字化付费广播频率。

我国专业数字付费广播频率由广播电台主导，其开办与付费频道同步，也是从2003年年底开始，至今已经开办了18套付费广播，有些是全国性播出，有些只在本市播出。付费广播频道的特点与付费频道类似，也是专业化程度非常高，如北广传媒所开办的"爵士音乐广播"、"戏曲广播"等。

2. 视音频播出业务的特点

表面上看，家庭信息平台上的视音频播出与传统模拟电视很相似，但家庭信

---

① ［美］达西·格巴哥编，罗晓军等译：《数字电视内容与经济分析》，人民邮电出版社2006年版，第171页。

② 黄升民等：《中国数字电视报告2005》，中国传媒大学出版社2005年版，第4页。

息平台上的视音频播出有其鲜明的特点，主要表现在：第一，音质和画质大幅度提高，数字信号传输降低了误码率；第二，所传送频道数量大幅增加，由于采用了数字压缩技术，原来传输一套模拟频道的带宽/频率可以传送 6～8 套数字频道；第三，付费形式更为灵活多样，家庭信息平台上的电视频道可以根据需要任意组合打包销售，用户可以选择需要的频道内容。

（三）资讯服务

资讯服务是指以图文形式出现的、可供用户浏览、查找的信息，其内容非常丰富，从表现形式上看，类似互联网上的信息，是电视机能成为信息终端的一个重要因素。

在我国数字电视发展历程中，资讯服务的出现让数字电视与传统模拟电视产生了直观的区别，摆脱了电视机只是电视频道播放终端的局面。随着数字电视的深入发展，资讯服务也从最初的单纯信息发布走向商业运营。目前，资讯服务也是各地数字电视所提供的最普遍、最基础的业务。

1. 资讯服务具体业务类型

从目前各地运营商的实际运营状况来看，资讯服务功能基本上包含两大类型：一是政务信息；二是生活服务信息，每一类下面又有内容丰富的具体信息板块。在板块设置上，有的地方是把两者分开，分别单独设置，有的地方则是二者放在同一板块下。

政务信息的来源一般是当地政府相关部门提供，定期更新，有线网络运营商负责发布信息，免费提供给用户，属于公益性服务。常见政务信息类型有以下几种：政府机构、办事指南、政务热线、政务公告、政策解读等，主要功能是让用户足不出户就可以了解到政府最新公告、查找到政府服务信息、了解城市发展情况等。

生活服务信息涉及面非常广，综合各地实际运营来看，基本上与日常生活相关的各种服务内容都已经被开发出来，包括天气预报、招工招聘、旅游、交通、房产、医疗、美食等，一般来说，一个地方网络上提供的生活信息服务会有十多个大类，上百个小类。

生活服务信息的来源多种多样，主要包括：有线网络商自己搜集、中介代理机构提供、企事业单位发布、用户发布等。

2. 资讯服务业务特点

（1）以图文为主要表现形式

资讯服务在表现形式上以“图片＋文字”为主，少量地方有视频流出现，这与其所提供的内容直接相关，也节省了带宽资源，可以在最少的带宽上提供最多的资讯。

(2) 强调内容的本地性

内容上资讯服务以本地信息为主。这也是体现家庭信息平台本地化特色的一个重要业务类型，也是体现区域广电实力的一个窗口。

(3) 经营上采取合作方式

资讯服务在经营上多采用合作共赢的平台化运营思路。如此繁多的内容，仅靠有线网络运营商来运作显然不可能，而且没有必要，因此运营商选择了与各种力量进行合作的方法，其中有线网络运营商提供一个运营的平台，即家庭信息平台，在这个平台上只要是有相关资源的机构都可能参与到其中，包括内容提供者和广告经营资源提供者。

内容合作者往往以拥有某种独特内容资源的机构为主，如与气象局合作开办天气预报、与交通部门合作开办路口信息、与再就业服务中心合作开办招工招聘类服务，与医院合作开办医疗信息服务，等等。双方在合作过程中往往并不进行资金交易，而是以内容合作为主，由内容资源拥有机构提供原始的内容素材，运营商对这些素材进行编辑和播出，双方共同培养用户市场。随着市场的逐渐成熟，有线网络服务商可以把其中市场化程度比较高的内容板块整体打包交由合作者来运作，自身在其中的作用进一步弱化，逐渐向单纯的技术平台提供者和内容审查者的身份转变。山东淄博广电天网视讯公司在资讯服务运营过程中就广泛与各种资源进行了合作，不仅合作范围广泛，合作方式也比较多样。

另外，除了内容合作之外，广告市场也开始活跃起来。网络运营商开始就商业化的资讯服务频道公开招标合作单位，如深圳天威视讯公司 2006 年时就针对教育、医疗、美食、车市、旅游等板块进行了招标，中标的广告公司可充分利用这一平台进行经营，是一种完全市场化的运营思路。

(4) 从单向走向双向，从浏览到互动应用

在互动技术不断成熟的基础上，资讯服务也渐渐不满足于只是提供单向的浏览、查看功能，开始向互动转变，着眼于提供贴近日常生活、便捷可用的互动应用服务。如在深圳，用户用遥控器输入身份证号码就可以查询多种劳动保险费用的缴纳情况；在青岛，其票务功能在开办初期只能提供查询，而采用互动技术后，用户查询好之后就可以直接订票，足不出户就可以拿到所需要的机票；餐饮信息从查询走向直接订餐；购物信息变为直接的在线购物；在杭州，资讯服务已经可以提供订房订票、演出赛事订票、电视购物等多种应用型功能。经过双向化改造之后，资讯服务从“只能看”变成了“可以用”，从而使得数字电视真正成为满足家庭多种信息化需求的家庭信息平台。

同时，随着家庭信息平台用户数据库的建设和完善，对用户的信息需求把握

也将越来越清晰，这将有利于提高资讯服务的精准性。日后，资讯服务可以摆脱千人一面的特点，可根据用户的需要自由选择所需要的信息服务内容，真正满足个性化市场需求。

（四）互动增值业务

所谓增值业务是指那些与广电基础的视音频传输业务联系不大、自身拥有较为成型的体系、移植到数字电视上的新业务。互动增值业务是家庭信息平台所带来的深刻变革，“向互动电视的演进不是一个单纯的技术问题，它还会对数字电视的整个经济系统造成影响，从供应商类型到消费模式，从技术和生产结构到商业模式，无一例外都深受其影响”①。我国有线数字电视从2006年就正式开始大力推广双向互动多元业务。而双向互动功能需要有双向网络支持，因此网络双向改造成为了当前有线网络的一个重要工作，各地纷纷投入到双向改造的大潮中。同时还需要有允许三网融合的政策环境，2008年，国务院正式颁布政策鼓励广电网和通信网业务互相进入，三网融合的政策环境也已经具备。可以说，开展互动增值业务所需要的条件都已经具备，互动增值业务即将进入一个全面发展的阶段。

1. 互动增值业务具体类型

按照各种增值业务自身的功能，我们可以将其分为以下五类：广播电视增值、娱乐学习、商务交易、网络通讯、智能家居（图14－11）。

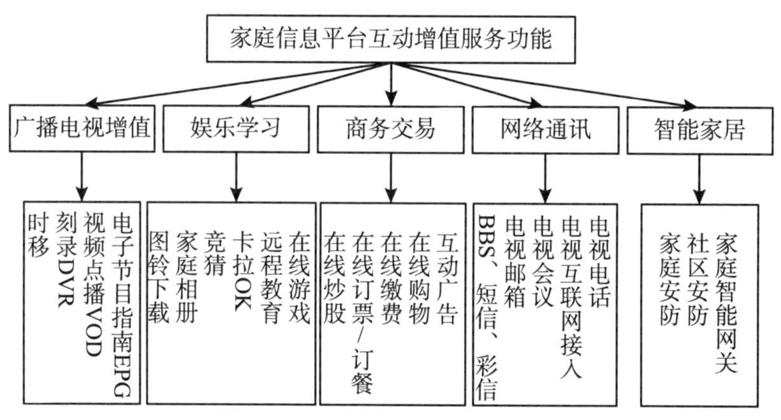

图14－11　家庭信息平台互动增值服务功能

（1）广播电视业增值服务

所谓广播电视增值业务，指的是在广播电视节目资源的基础上，利用数字技

① ［意］玛格赫丽塔·帕加尼著，罗晓军等译：《多媒体与互动数字电视：把握数字融合所创造的机会》，人民邮电出版社2006年版，第97页。

术所提供的新功能，带来新的收视体验。用户所看到的还是广播电视节目，只是收视方式发生了改变。具体业务类型包括电子节目指南（EPG）、视频点播（VOD）、刻录（DVR）和时移功能等。

这种业务由于是看电视功能的延展，因此很容易被用户接受，成为家庭信息平台的重要功能，尤其是在建立初期，更是运营价值比较高的业务类型。

（2）娱乐学习功能

娱乐学习功能也是家庭信息平台的重要功能，这也是由电视的家庭娱乐特性所决定的。具体业务类型包括互动游戏、远程教育、卡拉 OK、竞猜、相册、图铃下载等。

（3）商务交易业务

商务交易业务指那些与商业企业打交道的功能，主要包括互动广告和各种在线交易业务，如在线购物、在线缴费、在线炒股和在线订票等。互动广告是数字电视所带来的新型广告形态，它的出现将对整个广告业态产生深远影响。各种在线交易业务的出现充分体现了为家庭服务的功能，是家庭信息平台吸引用户、提供多样信息服务的重要功能。

（4）网络通讯功能

网络通讯业务是指利用数字电视系统接入宽带互联网以及通讯网络后所产生的新的服务形式，主要业务类型有电视上网、电视电话业务、电视会议、电视邮箱、BBS、短信、彩信等。

这种业务类型是三网融合的体现，在海外，广电网和电信网业务相互准入的情况已经普遍存在，网络运营商基本上都在提供多重服务，话音和网络接入服务已经成为有线网络商的重要收入来源。以美国为例，2006 年，美国有线电视用户中，47.2% 的家庭使用视频服务，44.2% 的家庭使用数据业务，9.7% 的家庭使用语言业务，这种多重业务的运作模式已经非常成熟。

而在我国，由于受到政策限制，三网融合一直没有真正实施。《关于鼓励数字电视产业发展若干政策》（国办发［2008］1 号，简称“1 号文”）明确规定：“鼓励广播电视机构利用国家公用通信网和广播电视网等信息网络提供数字电视服务和增值电信业务。在符合国家有关投融资政策的前提下，支持包括国有电信企业在内的国有资本参与数字电视接入网络建设和电视接收端数字化改造。”此举意味着广电和电信可以相互进入对方业务领域，有线网络商利用家庭信息平台开展上网和通讯业务是一大利好消息。

（5）智能家居功能

基于家庭信息平台的智能家居业务在我国还处于试验阶段。这一功能将使数字电视成为家庭智能网关，利用数字电视网络实现户外远程监控、自动安全报警、智能灯光控制、家电互联遥控等。这种功能目前看来还比较遥远，还需要相对长期的市场培育。

2. 互动增值业务的特点

从当前互动增值业务的发展来看，互动增值业务有以下一些特点：

（1）双向互动是趋势

诸多的增值业务都是基于双向互动的网络条件的，没有双向互动的有线网，很多业务就无法实现，更不用说盈利，这一点已经得到了共识，有线网的双向改造已经势在必行。

对于那些尚未实现有线网双向改造的大多数网络商，也不是完全没有可能实现双向互动业务，也可以通过一定的手段来实现部分互动。如通过手机短信方式的互动，通过提供多个通道实现随时看节目功能的准视频点播（NVOD）业务。但在运营上，这些业务或者不能单独收费，或者需要与电信部门分账，而且业务类型非常有限，因此，最好还是在具有双向功能的有线网上运作。

（2）运作体系较为成熟

增值业务并不一定是单独为家庭信息平台准备的，它可能在进入家庭信息平台之前就已经有了较为完整的运作体系，如教育、股票、医疗等，无论是盈利模式、运作方式、信息渠道等都已经有了一套比较成熟的体系；也可能是加入家庭信息平台的同时，该业务还进入了其他领域，家庭信息平台不过是众多渠道中的一个，这一点在股票业务中最为明显。

（3）新业务层出不穷，可拓展性能好

从技术上讲，只要有了相应的技术平台，家庭信息平台中的新的应用可以无限制地扩展下去，在利用JAVA中间件技术之后，新业务的拓展就更为简便了，新应用开发出来之后，只需要下载软件就可以使用新的业务，与电脑类似。

（五）数据库业务

通过家庭信息平台建立用户信息数据库，用户的需求就可以随时通过机顶盒回传，有线网络完全可以成为一个功能齐全的即时把握的需求信息总汇，而各种服务都可以根据这个需求下单，实现真正意义上的需求导向营销。这其中就蕴涵着丰富的数据库业务，家庭信息平台的数据库业务最大优势莫过于实时的、可控的、准确的用户信息监测。

1. 数据库类具体业务

数据库业务可以开发的信息很多，主要包括：用户基本信息，可以作为其他数据的基础和辅助而广泛应用；节目和广告接触与消费行为监测，可以销售给电视台、制作公司、广告公司等；应用服务商业信息，客户群可以面向物流、零售、房产、旅游等这些传统意义上与广电关系不大的行业。

从具体数据库类业务来看，可包括数据监测、数据开发、互动调查、精准营销服务等多种形式。

2. 数据库业务的特点

家庭信息平台的数据库业务具有与传统数据业务不同的特性，主要体现在以下几个方面：

（1）信息海量

以往的用户数据基本上都是基于抽样调查，信息比较有限。现在，由于数字电视的互动性，使对用户的准确监测成为可能，这种监测带来的海量信息，成为用户数据库的重要内容。

（2）用户实名

互联网也可以实现海量的信息搜集，但互联网的用户是匿名的。一般的调查方式所取得的用户数据也往往存在大量的不真实信息，而数字电视用户是以实名制的家庭向网络商申请的业务，因此，其用户具有实名、可联络的特性，使数字电视用户家庭的基本情况保持透明，成为用户需求信息和消费信息精确搜集的基础。

（3）调查技术先进

传统抽样调查方式，如面访、街头拦截、电话调查、邮寄调查、网络调查等，均受到调查范围、成本、回收率等因素的限制，而家庭信息平台中建立用户数据库的同时，也带来了互动式的电视调查技术，这种调查方式可以实现即时调查、即时回收数据，便利性、成本、回应率都远优于传统调查方式，为用户数据库的开发提供了强有力的工具。

（4）数据库建设较便捷

家庭信息平台建立用户数据库时也比传统的用户数据搜集方式更为便捷。

从信息搜集方式来看，传统的用户信息搜集主要通过邮递方式发放问卷，问卷有效回复率一般在10%以下；而家庭信息平台用户的基础数据为强制性获取，只要用户使用数字电视服务，就需要向运营商提供真实的资料。电视的覆盖率几乎涵盖所有城市家庭，家庭信息平台所获得的用户样本也具有同样的广泛性。

从成本上看，传统的用户数据搜集方式通过设置抽奖活动和奖品，刺激受访者填写问卷，获得数据的成本极高；而家庭信息平台的基础数据为用户申请服务时填写，需求数据库通过互动电视方式调查，成本低廉。

从信息的准确性上看，传统的用户数据搜集方式通过问题设置，以答案的一致性评定信息的有效性，有效性需经分析判断，基本数据的正确性难以判定；而家庭信息平台的基础数据真实程度非常高，需求库信息准确性亦较高。

二、信息交流功能

与平台建构者主要关注的经济功能不同，家庭用户作为平台的使用者，他们更关注的是如何通过这个平台与外界进行交流。这里所说的“交流”是一个广义概念，并不仅仅指面对面的对话，而是信息在不同主体之间的流动。根据家庭信息平台使用范围的不同，我们可以把信息交流功能界定为三个层面：家庭与家庭之间、家庭与市场之间、家庭与社会之间的交流。

（一）家庭和家庭之间的信息交流

1. 家庭与家庭信息交流可能的实现方式

家庭与家庭通过家庭信息平台进行信息交流，可以有两种实现方式：

（1）家庭与家庭通过平台建构者进行交流

第一种方式需要通过平台建构者进行交流，也就是说，A 家庭把信息先传递给平台运营商，再由平台运营商传递给 B 家庭，其中 A 家庭和 B 家庭不能直接交流。这是家庭信息平台建设初期可能的方式，如目前已经出现的电视邮箱、电视 BBS、电视短信/彩信等功能。这种方式从技术上比较容易实现，但功能比较简单，交流程度有限，平台运营商通过信息把关控制信息的交流。

（2）家庭与家庭以平台为中介进行直接交流

随着技术和需求的增长，参考当前互联网平台的发展，我们可以推断，家庭信息平台上也将会实现家庭与家庭之间的直接信息交流，即 A 家庭与 B 家庭直接交换信息，其中平台只是作为一个技术支持中介而存在，不会对信息本身进行直接控制，除非是不良信息。像现在互联网上的即时通讯、视频共享、网络社区、BBS 等，均可能在家庭信息平台上得到实现，并成为未来家庭与家庭信息交流的主要实现方式。

2. 家庭与家庭之间信息交流的具体功能

当家庭与家庭之间通过家庭信息平台实现直接的信息交流之后，用户的主动性将进一步加强，相互之间进行信息共享，通过相互交流讨论改变平台的议程设置，打破平台建构者和社会管理者对自身的信息监控，反过来监督平台建构者和社会管理者，最终实现家庭用户信息反控制。

由于此种信息交流目前在家庭信息平台上尚未有成熟应用，因此以下将主要参考互联网上的网民信息交流行为来进行分析。

（1）信息共享

信息共享是家庭与家庭信息交流的初级阶段，不同的家庭可以把各自家庭的信息通过家庭信息平台进行交流和共用。信息共享在互联网上已经普遍存在，可以说已经展示了信息共享的方式方法，家庭信息平台可参考互联网上的做法，如上传下载功能、即时通讯功能、讨论功能等。

另外，值得注意的是，由于家庭信息平台所依托的有线网络天然具有高带宽的属性，因此更容易实现视频等大容量信息的共享，比如，可以把自己家通过录像功能存储在家庭信息平台上的广播影视节目共享给其他家庭，也可以把自己制作的视频节目通过家庭信息平台传递给其他家庭，或者建立自己家的视频博客、与其他家庭分享自己的家庭生活等。

通过家庭与家庭之间的信息共享，每个家庭都可以按照自己的喜好建立个性化的家庭信息平台，而不再局限于在平台运营商所提供的业务类型中进行选择。

（2）影响平台和媒体的议程设置

议程设置是媒体影响受众并对受众进行控制的重要手段之一。“议程设置”理论是传播学效果研究中的重要力量，所谓“议程”指的是问题或事件以当时看来的重要性登记加以排列的顺序，“议程设置”具体是指一个过程，通过该过程，大众传媒向公众传播时间的相对重要性。议程设置理论认为是大众传媒决定了公众的立场，被大众传媒所忽视的事情很难在公众议程上得到体现，体现的是媒体的强效控制①。但是，当网络平台建立起来之后，这种由媒体所决定的议程设置程序开始发生改变，媒体的议程设置和公众议程设置发生互动。在网络平台上，传播者是多元的，传播渠道是开放的，传播形态是复合的，这些都弱化了媒体的议程设置效果②，这时会出现：（1）即使媒体对某一话题或事件不进行报道，公众依然会对该话题产生浓厚兴趣，甚至媒体越遮掩公众兴趣越高。（2）媒体议程反倒是由公众议程所决定，先有了网络上的热议，后有传统媒体的报道，公众所热衷讨论的话题很容易通过互联网扩散到各个角落，从而影响媒体对事件价值大小的判断，并改变媒体的报道计划，传播主导权部分向受众倾斜。这种情况在家庭信息平台上也将成为可能。

家庭信息平台可能会影响两种主体的议程设置，一种是广播电视媒体，另一种是平台运营者。对于广播电视媒体来说，由于家庭信息平台仍然会延续传统广播电视节目播出，因此家庭用户必然会对广播电视节目进行大量交流，通过交流改变广播电视节目内容报道时的议程设置。对于平台运营者来说，他们需要通过平台把各种业务功能传递给用户，用户对这些业务类型的偏好也会在相互交流中得到满足，哪些业务重要哪些业务不重要都会从用户的需求出发，而不是由运营

① 郭庆光：《传播学教程》，中国人民大学出版社 1999 年版，第 213～216 页。

② 吴风：《网络传播学——一种形而上的透视》，中国广播影视出版社 2004 年版，第 85 页。

商所决定，因此用户的交流势必会而影响到运营商的业务安排议程。

（3）以公共舆论反信息控制

当网络给了公众信息发布权之后，公众通过相互交流和讨论，除了影响媒体和平台的议程设置之外，还将帮助用户摆脱受信息控制的局面。

从家庭信息平台的发展历程我们可以看到，平台建构者建设平台最初的目的是通过这个平台来控制用户的信息接触和使用情况并实现盈利，但是当这个网络结构的平台产生之后，它的作用开始不受平台建构者的制约，按照自身发展规律向前进化。

用户之间拥有直接交流的权力之后，逐渐会在相互交流的平台上形成公共舆论，从而对政府、组织、运营机构等形成监督，使得家庭信息平台成为继互联网之后又一个舆论监督的网络平台，进而形成对信息的反控制。在互联网上，此类由网民自发形成公共舆论进而形成社会监督的案例比比皆是，如 2007 年轰动一时的“周老虎事件”就是一个典型案例。在揭露周老虎的过程中，网民通过互联网发布信息，第一时间曝光假消息，同时吸引越来越多的网民参与信息传播，造成一波波传播高潮，最终对相关政府部门形成了有效监督，起到了积极的反信息控制的作用。

在网络平台上，人人都是被监督的对象，同时人人也都有监督的权利，家庭受到平台和社会管理者更广泛的信息控制，同时又会超越这一控制，通过相互合作完成了信息的反控制，对平台和社会管理者进行信息监督，进而形成了一个相互制衡的、良性互动的新型社会关系。

（二）家庭和市场之间的信息交流

家庭与家庭之间交流之外，家庭与市场之间也在家庭信息平台上进行信息交流，指的是家庭跟平台建构者、参与平台运营的企业之间的交流，是平台经济功能的一种体现。主要表现在：

1. 家庭与平台建构者之间的交流

首先，家庭作为平台的使用者，与运营商这一平台的建构者之间会进行直接的交流，这也是家庭信息平台中信息交流功能最初实现的场所。家庭用户与运营商之间的信息交流主要体现在业务层面和服务层面的交流。

（1）业务层面的交流

家庭信息平台建立之初，运营商需要根据用户需求设置业务类型、调整业务实现方式，各种业务能否实施最终也都要交由用户市场来检验，因此双方在业务层面会展开广泛交流，尤其是互动性质的业务，没有用户的信息反馈，运营商就无法开展业务，如视频点播（VOD）、互动游戏、卡拉 OK 等。因此可以说，业务层面的交流是家庭与运营商交流的第一现场。

（2）服务层面的交流

仅仅就业务本身进行交流还不够，因为海量业务背后需要高质量的服务支撑才能被用户所接受，因此，家庭用户和运营商之间还会在服务层面展开交流。即使在当期这一家庭信息平台建立初期的阶段，运营商也已经意识到这一点，因此各地运营商普遍投入精力去建设用户服务体系，如建立完善的运营支撑系统（BOSS）、扩建整改营业厅、建立 Call Center 系统、完善上门维修服务、建立服务性网站等，用户通过服务系统可以直接与运营商沟通，典型方式如通过家庭信息平台直接进行缴费、购物等行为，或者通过呼叫中心直接向平台建构者提出意见和建议，帮助平台运营商改善服务水平。

未来，随着家庭信息平台功能的不断完善以及用户需求的不断提升，直接通过家庭信息平台反馈意见、进行服务层面的交流将是必然趋势。

2. 家庭与企业之间的交流

除了网络运营商这样的平台建构者之外，家庭信息平台还联系着大量社会企业。这些企业可以通过家庭信息平台与用户直接接触，形成基于家庭信息平台的 B to C 式的电子商务，其作用和功能与基于互联网点电子商务异曲同工。

家庭与企业通过家庭信息平台进行交流基本上要经过这样一个过程：首先，企业会把相关信息投放到平台上，用户通过平台浏览到相关信息，然后，通过在线支付系统订购所需商品或服务，企业在接到由平台所传递过来的用户预订信息之后，将组织相关物流配送把商品或服务配送给用户，同时从银行获得用户在线支付的资金，完成一次交易（图 14－12）。

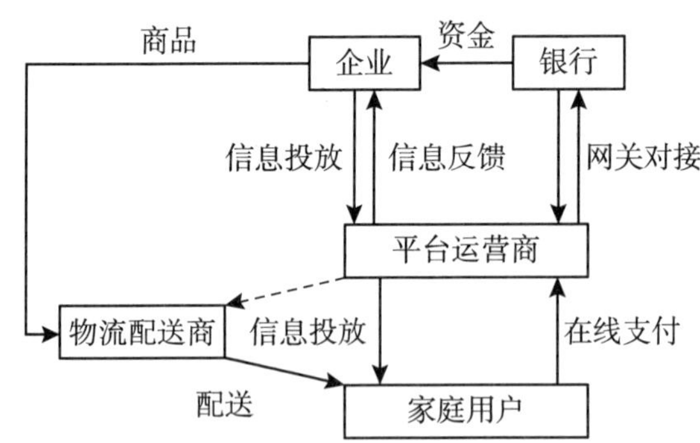

图 14－12　家庭与企业通过平台进行交流的流程

在这个过程中，平台运营商所起的作用就是一个纯粹的中间交流平台，它不直接参与交易双方任何一方，但却起到了沟通桥梁的作用，使得用户和企业之间可以通过该平台完成交易，从而在互联网的电子商务网站之外又为公众提供了一个新的交易平台。

在这一功能中，如何保证资金安全以及商品的即时送达是两个重要问题。对于资金安全问题，由于有线网是一个封闭的城域网而不像互联网那样是开发的全球性网络，同时有线网还受到广电系统的严格管理，因此其安全性能相对于互联网来说比较高。而至于商品配送问题，则需要企业、平台与物流配送商之间加强合作关系，以便把在线交易这一广电系统完全模式的体系尽快移植到家庭信息平台上来。

（三）家庭与社会之间的信息交流

家庭信息平台还给家庭提供了在家中与社会进行交流的功能。早在20世纪70年代，美国未来学家托夫勒就已经提出了基于数字信息技术实现“以家庭为中心的社会生活”的设想。互联网的出现已经很大程度上实现了这一概念，而随着家庭信息平台的家里，更多社会化功能以家庭信息平台这一比互联网更为便捷的渠道进入家庭，使得更多人可以更方便地在家里实现更多社会化功能，家庭与社会之间的信息交流变得非常便捷。以下是一些典型的社会功能引入家庭的例子。

1. 时间自由

家庭信息平台提供了更为互动的收视方式，用户将彻底摆脱播出时间表的限制，在需要的时间收看需要的节目。

同时，家庭的日常生活还会因为家庭信息平台而变得非常便捷，原本很多琐碎的家庭生活都可以通过信息平台在家里轻松完成，如缴纳各种费用、票务预订等，人们可以节省更多的时间来自由安排。

另外，由于家庭信息平台可以在用户数据库的基础上找到更适合一个家庭的业务类型和消费方式，因此，平台将主动帮助用户“寻找”合理的时间，而不只是简单地把信息灌输给用户。家庭信息平台所提供的智能型的服务会认识到人的闲暇时间有限，因此，会利用用户之前的使用信息来建议用户选择更恰当的服务类型，为用户提供了自由安排时间的可能。

以上都是家庭信息平台带给用户的时间自由，这种自由安排时间的可能，同时也就对用户的时间安排能力提出了更高的要求，而由于人的惰性使然，所以传统广电的线性、单向传播模式还将长期存在。

2. 在家办公

工作是人生活中至关重要的一个环境。从整个人类社会的发展历程来看，经济生产功能在漫长的农业社会中一直是家庭的核心功能，而以工业化为特点的人类历史上第二次革命则把生产从家庭转移到了工厂和办公室，但是信息化为主要特征的第三次浪潮则再一次把工作转入了家庭。这种始于20世纪七八十年代的设想在互联网蓬勃发展起来之后成为现实，出现了“SOHO（Small Office，Home Office）一族”，实现了在家里办公，节省了大量的时间与精力。

而家庭信息平台产生之后，以其高带宽的网络基础，可以支持更多的办公要求，比如远程的电视电话会议，进一步为在家办公提供便利，成为继互联网之后的又一支持在家办公的网络平台。可以想象，越来越多的人选择在家里办公，社会和家庭的界限越来越模糊。

但是也有学者认为，把工作带入家庭对人来说不一定是好事情，一方面是家庭中的各种干扰，如孩子、宠物、娱乐器材等，可能会影响工作；另一方面则是工作入侵私人家庭生活空间，无疑会占用家庭场所，减少与家人的交流时间。①这一问题也需要引起在家办公者的注意。

3. 远程教育

教育又是人生中的另一大主题，也是人的社会化过程中的重要场所。这一功能在家庭信息平台上的实现将分阶段进行。

以上不过是列举了几种从目前技术条件下可以预见的典型功能，随着家庭信息平台的开发，类似功能还会更为丰富，家庭将不再是一个封闭的堡垒，而是高度社会化的组织，成为社会功能的一个集中缩影。

三、社会管理功能

对政府及社会组织来说，家庭信息平台还有助于实现社会的管理。这种管理体现在两个方面，一方面是对平台运营者的管理；另一方面是对家庭用户的管理。

（一）对平台运营者进行管理

针对平台运营者，社会需要通过制定相关管理制度来对其经营行为进行监管，不能任由平台运营商开发业务。同时，在合理范围内，信息监管还会推动平台的运营，加快信息的市场化进程。

1. 管理制度调整

平台运营者担负着沟通信息供需的责任，已经不同于传统的广播电视机构，因此原有的管理制度都需要进行调整。比如产业链中各角色的职能的重新确立、

① ［美］托马斯·鲍德温等著，龙耘、官希明译：《大汇流——整合媒介、信息与传播》，华夏出版社2000年版，第323页。

对新的运营模式的监管、对平台上所投放的业务进行监督管理、强调平台的社会责任等。

(1) 重新确立平台相关产业角色的职能

如前所述，家庭信息平台将会对广电原有的产业结构带来根本性改变，使其从原来的单向线性结构转变为网状互动结构，其中参与角色也会大大增多，各角色的职能也会相应地发生一定变化。如果由市场自行解决产业角色的重新界定，一方面时间会比较长，另一方面各角色还很有可能因为利益争夺而不能顺利界定清楚各自的职责范围，此时就需要相关管理者来加以控制。此类事件在广电数字化过程中已经表露无遗，如“四大平台”和“三类服务”[①] 的提出，均是政策层面强力介入的结果。如果没有“四大平台”的提出，电视台和网络公司还在为谁服务用户而争执，没有对“三类服务”的界定，有线、地面、卫星、移动多媒体广播等各产业还在为各自的势力范围而争论，卫星数字电视还会把眼光关注中等城市市场，而正是政策层面及时快速的反应结束了口头争论，推动产业界加快步伐。

可以想见，在未来家庭信息平台的发展过程中，利用这个平台，政策层面对产业界的管理还将延续下去，以便帮助业界在最短时间内界定清楚各自职责，从而开展下一步具体运营工作，推动整个平台运转。

(2) 监督管理平台业务和运营

家庭信息平台上的业务类型和运营方式也将受到政府的监督和管理。首先对于业务来说，并不是每一种可以盈利的业务都可以在平台上运行，还需要考虑其他社会问题，比如色情类内容、盗版内容等，都会受到查处。另外管理者还需要保证平台上的所有参与者都处于一个公平、公正、公开透明的竞争环境中，防止出现不合理的垄断和不公平的竞争。在“四大平台”的构架中广电总局就提出了由各级广电局建立监管平台，希望通过监管平台给产业链中各环节提供一个第三方的公正透明的信息，同时也是对产业界的监管。类似监管方式也必将随着家庭信息平台的深化而进一步深化。

(3) 强化平台的社会责任

互联网上，网络媒体普遍存在社会责任意识缺位的现象，导致互联网上普遍存在虚假新闻、剽窃侵权以及大量的色情、暴力等有害信息。[②] 而家庭信息平台

---

① “三类服务”指的是（1）义务性的公益服务，主要包括地面无线广播电视、有线数字电视中保留的几套模拟节目、直播卫星中的村村通节目源；（2）公益性的有偿服务，包括有线电视基本节目和基本信息服务；（3）个性化的市场服务，包括付费广播电视节目、视频点播、电视商务服务、直播卫星和移动多媒体广播。出自张海涛在 CCBN2007 主题报告会上的报告。参见王薇著：《中国广电数字化 2007 版图》，《媒介》杂志 2007 年 5 月，第 24 页。

② 吴风：《网络传播学——一种形而上的透视》，中国广播影视出版社 2004 年版，第 293～295 页。

由于脱胎于广电系统，有优良的内容监管经验，一直对不良信息实行严格监管，在过渡到家庭信息平台之后，这些长期形成的监管习惯也将会被延续下来，管理者会要求平台运营者强化自身的社会责任感，杜绝不良信息。同时，由于有线网是一个封闭的局域网的网络结构，并不像互联网那样链接到全球，因此监管难度相对较低，更容易实现对信息发布的控制，保证平台履行社会责任。

2. 加速信息的市场化

信息市场化早在20世纪70年代就已经开始加速运转，伴随计算机、网络、通信等技术的蓬勃发展，信息本身的市场化程度也越来越高，而家庭信息平台的出现使得信息的市场化得以渗入家庭这一人类社会最基础的组织单位中。对于政府等社会管理者来说，在加强对平台运营商监管的同时，还会通过出台相关扶持政策等方式，加快家庭信息平台的信息市场化，带动国家信息化进程。

以我国为例，广电数字化建设已经被提高到国家信息化战略的高度，数字电视网与宽带通讯网、下一代互联网一起被列为国家信息化基础网络，国家政策给予了大力支持，其中比较突出的扶持政策如2008年1月由国务院办公厅转发广电总局、信产部等6部委联合发布的《关于鼓励数字电视产业发展的若干政策》，其中从金融、税收、技术、市场等多个层面对数字电视产业的发展给予了扶持。可以看到，这些政策的出台对于促进平台运营商加快数字化进程、加速家庭信息平台的建设将起到明显促进作用，促使家庭信息平台中的信息进一步市场化。

另一方面，也需要看到，并不是每一种信息都需要市场化，如一些公益性信息、政府服务型信息等，就不适合商品化，其首要职责应当是社会公共服务。而对于运营商来说，只要能带来盈利就有吸引力，因此这就需要管理者发挥自身监督管理职能，保证信息传播的社会价值。

（二）对家庭用户进行信息控制

政府、社会组织、企业等机构对民众的信息控制长期存在，数字技术在带给生活便利的同时，也让我们的生活暴露无遗，历史经验已经无数次证明，每一种新的数字技术的出现都可能会加剧信息控制的深度和广度。就连以帮助人们更便捷的使用互联网为目的的Google公司的首席执行官埃瑞克·施密特都承认："技术进步有时候让我们的生活感觉像一本打开的书，一览无余。"而家庭信息平台的出现将会使得对家庭的信息控制更为易如反掌。

1. 无所不在的信息警察

互联网给人类提供了一个自由交流的平台，表面上看，每一个用户隐匿在网络背后自由发布意见，互联网发展初期人们也的确为这种自由欢呼，但近年诸多信息泄露事件的发生，让人们意识到互联网其实可以实现对用户更为严密且更为隐蔽的信息控制。用户无意中在网上留下的痕迹累计在一起就形成了一幅完整的用户个人私生活画卷，让人无所遁形。事实上，在数字时代，隐私根本是一种幻象，信用卡公司、电信公司、物流公司、商场等都在搜集用户的信息，并建构用户信息数据库，通过这个数据库，企业可以了解我们的任何行为，甚至深入挖掘我们潜在的、隐藏在内心深处的需求，而政府机构与驯服的企业达成协议，足以进入这些巨大的数据库而跟踪个人的日常生活轨迹①。

而家庭信息平台的出现，将使这种对个人信息的了解和控制更为深入、更为便捷，因为与互联网的用户匿名不同，家庭信息平台上的用户信息是实名记录、实时监控的，所有的信息使用情况直接与家庭挂钩，信息警察深入到每一个家庭，不需要复杂的技术处理就可以直观看到每个家庭的收视兴趣、生活消费，信息更加透明，我们更加无所遁形。

2. 信息自由与信息安全的界限

在严密监控家庭用户信息接触和消费行为的同时，社会管理者还是会给用户足够的信息自由权利。就目前的信息开放程度来看，一般来说，政府都会通过家庭信息平台提供政务信息公开服务，让用户可以直接与政府进行对话。此外，还会提供与用户利用家庭信息平台发布言论、进行交流的资源。

但是，这里有一个需要掌握的“度”，那就是信息资源与信息安全的界限，一个人的自由不能伤害其他人或社会的信息安全。在互联网上反面事例不胜枚举，如恶性的人肉搜索、恶意暴露他人隐私等，形成网络暴民，而在家庭信息平台上，由于控制程度比互联网更为严密，因此对于杜绝此类事件可以起到较好的作用。

第三节　家庭信息平台的发展趋势

在探讨清楚家庭信息平台的产生背景、内涵、结构、功能之后，关于家庭信息平台我们还有一些思考，主要是对家庭信息平台继续深入发展下去将可能产生的影响的一种推测。首先可以比较肯定地说，家庭信息平台的物理结构将会发生变化，目前基于“有线网 + 机顶盒 + 电视机”的格局将有可能随着技术条件的变化而发生变化，呈现多元化趋势。其次，家庭信息平台的影响力还将波及营

① Robert O'Harrow, Jr, *No Place TO Hide*, New York: Free Press, 2005.

销、传播、家庭消费与需求以及社会文化等多个领域。本章将就这些问题展开一些讨论。

一、家庭信息平台的未来形态

可以预见的是，在技术和需求的共同促动下，家庭信息平台将从"电视机+机顶盒"转变为多种网络、多种终端，多元化将是家庭信息平台未来的基本形态。

（一）多元化的动力

对于家庭信息平台来说，形态走向多元化的动力会来自技术和终端需求两个层面。

首先，家庭信息平台本身就是技术发展的产物，它的发展从始至终都和技术有密切关系。技术把"电视"提升到了"家庭信息平台"的高度，另一方面，家庭信息平台的出现也把广播电视的视野和涉及面扩展到了大量的非传统广电领域，比如游戏、股票、话音、网络连通等，这些新功能、新业务积极推动着家庭信息平台突破"电视"这一基础。

终端需求方面，在数字技术及数字新媒体的带动下，用户的需求也变得与传统电视时代普遍性的共同需求不尽相同，需求变得越来越个性化，越来越多样，但是对于同一时期的同一个人而言，不管是通过什么渠道来满足自己的需求，需求是基本一致的，此时需求获取的便捷程度越高的媒体形式就越容易被用户接受，在多个媒体间寻找多种服务显然比不上在同一媒体间寻求多种服务，这就要求用户所接触的任何一个媒体都可以提供尽可能多样化、便捷性的服务，从而给了原本分属于不同媒体上的功能和业务以市场空间。用户关心的只是媒体能够提供什么服务，而不是技术本身的先进与否。

（二）多元化要素：内容、网络和终端

数字技术使得媒介边界日渐模糊，但不管如何模糊，只要还是作为媒介存在，就会具有传播媒体的共同属性。传播过程的五要素论[①]告诉我们，一次传播活动的完成必须至少要有这样五个要素：传者、信息、传输通路、接收者，传播效果。由此可见，一个完整的媒体形态的核心要素包括所提供的服务内容、传输信息所利用的传输网络以及接受信息所需要的接收终端。在媒体漫长的发

① 传播学的基础理论，由哈罗德·拉斯韦尔提出。参见郭庆光著：《传播学教程》，中国人民大学出版社1999年版，第57页。

展历史中，每一种媒体首先要回答的都是这些基本问题：通过什么渠道，想给什么人，传递什么信息？基于此，家庭信息平台虽然提供服务的形态会趋向多元，但也需要回答这几个问题，事实上，网络、终端和服务内容都已经呈现多元化趋势。

1. 服务内容多元化

内容呈现多元化趋势首先是技术推动的产物。这种推动有直接和间接两种类型，直接的推力产生了大量的数字化内容产品，间接推力指的是技术造成了媒体渠道的增多，无限的渠道需要大规模的内容，而不同形态的内容是实现大规模内容生产的内容逻辑方向，由此产生内容融合。比如电话、宽带接入服务进入家庭信息平台就是服务内容融合的例证。[①]

如果说技术使得内容融合有了可能的话，那么，来自用户自身的多元化需求则给这种多元化趋势提供了发展空间。如前所述，数字技术环境下，用户的需求越来越多元化，他们需求在同一平台上使用更多的内容。有了需求空间，才能真正在市场中被应用。

2. 网络多元化

众所周知，目前信息网络有三种模式：有线、电话和互联网。这三种网络建立之初存在巨大差异，有线网是为了传输广播电视信号，电话网是为了打电话，互联网是为了提供海量互动信息，分属于不同的运营主体，相互之间完全没有关系，界限泾渭分明，而数字技术让这种界限变得非常模糊，三种网络都同时具备了传输视频、话音和数据三重服务的能力，同质化程度越来越高，技术上的网络融合已经非常成熟。

运营层面对这种融合也一直热情高涨，用户市场对此也有需求，2010 年国务院出台了三网融合总体方案之后，媒体融合进入快速发展阶段。

现阶段，家庭信息平台是依托于有线网而存在的，这与它的先天条件有关。随着网络本身的融合趋势，家庭信息平台是否还必须坚守着有线网，就成了一个有待商榷的问题，今后，家庭信息平台的基础网络也有可能是多元化的，即可以是有线网，也可能是电信网。对于市场和用户来说，只要能够完善地提供所需服务，所使用的究竟是哪种网络根本不是问题。

3. 终端多元化

终端是业务与用户交流的界面，只有通过终端才能使用服务。在现阶段，家庭信息平台采用的是电视机作为接收终端，如前所述，这是因为电视机的普及率

① 王菲：《媒介大融合：数字新媒体时代下的媒介融合论》，南方日报出版社 2007 年版，第 54 ~ 55 页。

最高，使用最便捷，而电脑则操作复杂、普及率低。但在未来，电视机和计算机之间的界限也会越来越模糊。电脑的家电化和家电的电脑化是同时在进行的两级，以英特尔、微软为代表的IT产业巨头纷纷瞄准家庭市场，开发以家庭娱乐功能为主的电脑，而以长虹、海尔等为代表的家电企业则以开发具有更多数字化功能的电视机为发展重点，现在的一些高端电视机中已经具备了部分电脑化的功能，如直接读取USB接口传送的文件等。在3G领域内，互联互通、相互融合已经是公认的发展方向，除了电脑和电视之外，还会与家中的任何电器进行连接控制。现在的家庭信息平台功能还很不完备，以后可能会连接进来更多的家电，使之真正成为控制家庭信息的枢纽和大脑。

可以想象，未来的电视机必然发生变化，从当前发展状况来看，可能存在两种趋势：一种是向电脑方向发展，增强电视机的运算、存储能力；一种是强化电视机的显示功能，开发更大尺寸、清晰度更高的屏幕。对于家庭信息平台来说，采用哪种屏幕将取决于其在家庭生活中的地位，如果在电冰箱上可以实现这些功能，谁又能保证它不会成为掌握家庭用户需求的终端呢？

（三）掌握家庭需求依然是家庭信息平台的核心

现阶段，我们一直强调“电视”这一平台的优越性，论证家庭信息平台中现阶段为什么要基于电视平台来运作，而随着媒介融合进程的加快，家庭信息平台的这些传播要素也开始受到质疑。技术使得不管是哪种网（电话线或有线电视或无线宽带）、不管是哪种终端（电视机、电脑），都可以提供多样化的服务。最终的融合是功能层面的融合，即：同一媒体可以提供多样化的服务；同一服务可以通过不同的媒体来实现。对于家庭用户来说，需要的是在任何时候、通过任何方式来获得任何的产品和服务。

因此，我们可以推测，将来，家庭信息平台将会突破“电视”系统的限制，成为多元化的媒体，其服务内容可能包含家庭中所需要的各种各样的服务；网络则可能是有线网、电话网和互联网中的任何一个，甚至不排除出现新的网络技术的可能，比如无线宽带网、光纤宽带网等，它可能不属于传统“三网融合”所说的三个网中的任何一个；而终端也将突破现有“电视”的局限，电视与电脑的功能进一步融合，现在就已经出现了很多具备更多电脑化功能的电视机，未来这种融合将更加深入，可能产生出一种我们现在无法想象的新型终端，它可以同时具备电脑和电视的优点。

但是，不管家庭信息平台的物理形态如何发生变化，其最核心的价值——对用户需求的把握不会发生变化，甚至还将得到加强，这一点也是家庭信息平台得以存在和发展的根本核心要素。

二、家庭信息平台对营销的影响

家庭信息平台出现之后，还将对营销产生深远影响。如前所述，家庭信息平台的核心价值就在于沟通了需求和供给，通过建立家庭媒体接触和消费行为的数据库，家庭信息平台可以实现对家庭需求和家庭消费的监测和掌握，由此解决了营销上的一大难题，从而产生出全新的营销理念。

（一）传统营销方式失灵

进入 21 世纪之后，传播格局和消费市场格局都发生了巨大变化。媒体环境受到数字化的影响变得越来越多元，大量新的媒体形式以及更多的媒体资源被开发出来，原本紧缺的媒体资源开始变得丰富，社会也从过去的巨型、整体群体逐渐分化为多元的利益群体，越来越难以用简单的几个人口统计特征来准确描述一个人群，消费者需求和媒体接触习惯呈现出碎片化趋势。① 这种环境下，必然会使得原本基于大众传播和大众消费的营销理念开始不能完全满足市场需要，在市场中频频碰壁，市场必然要寻找更为有效的新的营销方式。

家庭信息平台建立之后，基于对家庭需求和消费的准确把握，定制生产和消费将在家庭消费中成为可能。家庭中的消费行为记录在数据库中，企业可以通过这些数据了解消费者的需求，而消费者也可以通过家庭信息平台直接向企业定制商品或服务，企业有针对性地进行生产和销售，改变以产定销、盲目生产的局面。

（二）用户需求成为营销决定性因素

在环境改变的作用下，企业越来越不能从自身需要的角度出发考虑问题，消费者在营销活动中的地位和作用不断提升，逐渐成为决定营销活动的关键因素，因此，基于目标消费者生活形态的定向营销正越来越受到企业的青睐。在这一点上，数据库营销开始显示出它的威力。

1. 数据库及数据库营销

早在 20 世纪五六十年代，数据库就已经开始出现。一开始的数据库采用人工手段收集整理一些企业经营活动中的基本资料，并对原始文件进行简单处理。计算机出现以后，数据库得到了快速发展，在 20 世纪 70 年代时开始出现数据库

① 黄升民等：《数字传媒时代家庭与个人信息接触行为考察》，2007 年《全球传播与发展国际学术论坛》论文集，第 137 ~ 146 页。

管理系统，80年代中后期系统的数据仓库和数据挖掘技术已经比较成熟，[①] 而数据的采集手段也因为互联网的出现得到了一次质的提升，实现了数据的实时收集整理。

在数据库技术迅速发展的同时，营销环境中的竞争越来越激烈，消费者的需求越来越细分化，这就迫使企业必须尽可能地寻找到稳定可靠的消费群，而数据库恰恰可以帮助企业完成这一工作，于是数据库被应用到营销领域，出现了数据库营销。

在数据库营销中，企业搜集关于客户及消费者的大量信息，经过数据挖掘、筛选、处理等一系列数据库分析技术之后，能够更精确地了解客户和消费者需求、购买欲望及能力等，从而能够制定个性、理想化的营销策略，提供给客户及消费者完善的产品及服务，达到客户和公司利益的双赢。[②]

数据库营销是关系营销、直复营销的基础和延伸，关于数据库营销给企业带来的价值已经有不少论述，比较集中的观点包括：（1）帮助企业寻找到目标消费者，通过数据挖掘技术可以使企业把精力集中到更少的人身上，最终目标是集中在最小消费单位——个人身上。（2）通过数据挖掘技术预测消费者的消费行为，培养客户忠诚度，提升已有客户价值，最终的目标是建立起终身价值。（3）降低营销成本，提高营销效率。虽然经过数据库分析之后也不能保证每一个消费者都是实际有效的，但却可以大大提升精准度。据统计，没有经过数据库技术进行筛选就直接邮寄宣传品，其反馈率只有2%～4%，而使用数据库技术进行消费者筛选之后，反馈率为20%～30%。（4）为营销和新品开发提供准确信息。（5）扩大品牌效应。[③] 总体来看，数据库营销是在消费者碎片化环境下重聚消费者的有效手段，可以帮助企业用最少的成本实现最大的客户价值。

目前数据库营销已经形成了多种实施手段，如邮购、目录营销、电话营销、电视营销、传真机营销、视听产品营销、网络营销等。

2. 家庭信息平台带来全新的数据库

以往的数据库营销所使用的数据库往往资料收集困难、建设成本高、回收周期长、准确率低，而家庭信息平台通过对家庭用户的实名、实时监控以及即时的数据回馈，可以实现全网范围内快速、便捷的数据收集和分析，为数据库营销的深入和拓展提供了条件。

---

① 王方华、陈洁：《数据库营销》，上海交通大学出版社2006年版，第20页。

② 王方华、陈洁：《数据库营销》，上海交通大学出版社2006年版，第4页。

③ 王方华、陈洁编著：《数据库营销》，上海交通大学出版社2006年版，第20页。又见胡小伟编著：《直销——操作方法与经典案例》，企业管理出版社2006年版，第25～26页。又见［美］Michael J. A. Berry，Gordon S. Linoff著，袁卫等译：《数据挖掘——客户关系管理的科学与艺术》，中国财政经济出版社2004年版，第51～62页。

在数据库营销实施过程中，数据库的形成是基础，只有准确的数据库才有可能提供精准的消费数据分析结果，而在数据库形成过程中，原始数据的采集则是基础的基础。现有的数据采集方法主要包括：现有消费者的直接消费记录、通过消费者调查搜集数据、利用优惠促销等手段促使消费者留下资料、利用互联网搜集等。在众多的数据采集方法中，利用互联网搜集数据被广泛应用。消费者在上网的时候在不知不觉中到处留下痕迹，比如搜索记录、购买记录、个人注册信息等等，这些信息很容易形成庞大的消费数据库。互联网给数据采集工作带来了极大的便利，它让原本离得很远、看不见摸不着的消费者自动走到企业面前，主动提交自己的个人信息；它还是互动的，消费者可以通过互联网与企业实现及时沟通，也便于更新维护数据库；此外，它还是实时的，消费者在网络上的行为轨迹被技术手段忠实地记录下来。基于这样的优势，互联网在数据采集方面被广泛应用也是理所当然。

但是，互联网搜集数据仍然带有明显不足，最明显的问题就在于它不能保证消费者所提供的信息全部是真实可靠的，这是由网络的匿名性特征所决定的，而家庭信息平台恰好弥补了这一不足。家庭信息平台的网络基础——有线网——是一个封闭的网络，其上的用户对于网络公司而言都是实名的，用户只有提供准确的个人信息才有可能使用有线网所提供的服务，这就保证了家庭信息平台所收集到的用户数据是真实可靠的。

另外，家庭信息平台在音视频业务的使用数据收集方面具有天然优势。以往的数据库基本上都是基于文字和数字的，对于占用空间比较大的音视频信息则很难被纳入其中，而支持家庭信息平台的有线网具有高带宽的优势，可以实现对音视频信号使用情况的数据处理。可以说，家庭信息平台所搭建的家庭用户电视信息使用和消费数据库将是对数据库营销的一大拓展。

大众传播和大众消费市场基础上的传统营销模式正在逐渐失灵，消费者自身的实力在营销过程中的地位和作用不断加强，基于这样的背景环境，家庭信息平台作为实时监控家庭用户需求和消费情况的平台这一作用将逐渐凸显出来，成为新时期营销活动的重要支撑。

（三）家庭信息平台将改变广告及其经营模式

家庭信息平台还会改变广告这一媒体领域的重要力量，一改传统电视广告单向、匿名、大众化播出的情况，实现互动的、实名的、定向的广告发送，并由此建立新的广告经营模式。

与传统电视广告相比，家庭信息平台实现了广告播放的互动性和定向性。用户通过互动广告，可以了解产品更多的信息和细节，可以索要样品、进行即时购买，或者登记个人信息等，更重要的是，在这个过程中，用户都处于主动寻找、使用广告信息的状态，从而降低用户对广告的反感程度，增强广告效果，尤其是提供与用户之间的互动，可以看到广告的实时反应，广告效果立现。

从目前互动广告的形式来看，基本上都是点击一个广告后会看到更详细的广告信息，具体来看有以下几种互动形式：（1）通过点击才能看到的广告信息，在不点击的时候可以只是一个小图标或文字，点击后链接到详细的广告信息；（2）观看广告的同时，点击广告后可进入交易环节，实现直接购买；（3）点击广告后可以与企业进行对话，如向企业索要赠品、参与企业调查、登记用户信息等；（4）通过点击广告，用户可获得奖励，如收视费减免、积分、购物券等，进一步刺激用户对互动广告的关注。

互动广告的一大发展趋势是实现广告与销售的结合。普通广告只是传播广告信息给消费者，而互动广告则可以让用户直接与广告主联系，让用户观看广告的行为马上就可以转化为购买力，提高广告效果，这种方式将会对传统广告经营产生深远影响。

三、家庭信息平台对家庭的影响

家庭信息平台的核心价值是熟悉并掌握家庭需求，当前它所起的作用主要是追踪家庭需求，在此基础上判断用户的未来需求，从而实现对需求的满足。随着这种平台与用户之间交流的深入，未来的家庭信息平台可能会从满足需求走到引导需求上来。家庭需求与消费受其影响也将发生一定变化。

（一）基于家庭信息平台的核心价值而产生变化

未来的家庭信息平台可能成为家庭需求的引导者，首先是由其自身的核心价值所决定的。如前所述，家庭信息平台通过对家庭中用户生活消费习惯和媒体接触行为的数据追踪，形成庞大的用户信息数据库，并基于这一数据库来把握用户需求，以便运营商更好地满足用户需求，提供更有针对性的服务。这是家庭信息平台的核心价值。

在这个核心价值的基础上，运营商在掌握了用户习惯的同时，通过数据挖掘分析，可以从一定程度上预测用户的未来需求，从而提前准备好相关服务，更好地满足了用户的需求。

更进一步的发展则可能是由家庭信息平台创造出需求。与大多数的技术产品是先有技术后有需求相类似，家庭信息平台上也采取了先提供服务后有需求的方式。今后，运营商在推出新服务之后，除了被动地满足用户需求之外，还可以通过平台来促使消费者主动提出需求。家庭信息平台的作用从单纯的被动服务升级到主动提供服务。

（二）信息超载环境下的导航仪和把关人

对信息的未来生存环境的预测则让我们看到了家庭信息平台成为家庭中的需求导航仪和信息把关人的必要性和重要性。

托夫勒在他的《未来的冲击》一书中向人们展示了信息社会中人的生存状态。[①] 他认为，信息社会中整个社会的知识系统正在经历着强烈的震荡，我们思考的概念和准则正在迅速地改变，新发现、新技术和新的社会现象开始更为迅速地进入我们的生活圈，加速我们的生活步伐，要求人类具备更高的适应能力。在这种激烈的冲击之下，人的生理和心理上都会出现问题。生理上，过重的压力会让身体发生病变，越剧烈的生活变动带给生理上的变化就越明显。当压力超越人的适应能力后，人就会崩溃。心理上，信息大爆炸带给人的是信息超负荷，人处理信息的能力毕竟是有限的，如果超出了这个限度，将出现认知错误，在加速反应下，正常人所显示的错误，正是精神分裂者的症状。因此，托夫勒认为，比丧失选择权更可怕的是选择太多了。人在面对太多选择的时候，生理和心理将承受巨大压力。

具体到家庭信息平台的发展来看，它极大地丰富了电视所能提供的服务，频道数量可以从模拟时代的三五十套增加到三五百套，服务类型从单一的看电视增加到几十种服务之多，用户被淹没在信息的海洋之中，如何从中选择自己需要的内容和服务就成了未来的家庭信息平台用户所面临的难题。虽然出现托夫勒所描述的极端现象的可能性不大，但人的选择难度在增大却是不容置疑的。在这种环境下，用户自身开始渴望能有人帮助自己作出选择，未来的家庭信息平台由此需要扮演帮用户在信息海洋中导航的角色。

现在已经有一些应用可以帮助用户减轻选择压力，比如 EPG，它可以通过一些智能记忆功能，帮助用户指定所喜欢的产品和服务，而家庭信息平台通过强大的用户信息数据库，可以为用户提供更有针对性的服务，系统在经过与用户一段时间的磨合之后，可以发现用户的偏好，从而只提供用户感兴趣的少量内容，避免信息超载，从根本上解决用户面对海量信息时的选择压力。

等到家庭信息平台成为用户信息导航仪的时候，除了最接近本性的需求之外，用户大多数的随机性需求将在家庭信息平台的引导下产生，家庭信息平台就

---

① ［美］阿尔文·托夫勒著，蔡伸章译：《未来的冲击》，中信出版社 2006 年版，第 143 ~ 155 页，第 177 ~ 202 页。

已经从简单的满足需求一跃而成了用户需求的引导者。

（三）家庭信息平台将改变家庭用户的媒体和消费观

家庭信息平台最直接的作用力将是对收视行为和消费习惯的改变。用户由完全被动的接收信息变为主动使用信息，在这个过程中，一个人、一个家庭的生活方式将悄然发生变化。

1. 主动选择和主动收视

模拟电视时代，观众只能被动收看电视台编排好的节目，数字技术带给了人们主动选择的可能。另一方面，在模拟电视所营造的免费收视环境下，因为免费，所以人们的看电视行为是缺乏计划的、漫不经心的、没有选择也没有目的。而家庭信息平台所提供的付费收视方式让用户认识到内容也是有价值的，“经济诱因迫使我们在更多价格各异的节目中仔细挑选，……观众会以价格的差异来比较节目内容，随着时间的推移，这将从根本上改变我们对电视的态度——电视变得有价值，我们会期待较高层次的补偿。”① 一方面是技术本身的进步，另一方面是由免费到收费的消费习惯的变更，在这两种条件的作用下，人们在使用家庭信息平台时的收视行为将变得更为主动。

2. 主动消费

家庭信息平台还带来了主动的广告信息，用户可以根据自己的需要自主选择广告信息，而企业则可以根据用户的需求有针对性地提供服务。在这个过程中，用户的主动权和企业的主动权均得到了增强。

企业方面的主动性也获得了增强。通过家庭信息平台所建立的用户信息数据库，企业可以更清晰地了解用户的需求，也就可以提供更有针对性的广告信息服务。企业可以详细了解用户的使用习惯、过去购买行为，锲而不舍的追踪用户的使用信息，由此用户将陷入一个比单向时代更为物质化的场景中，将更难以抗拒企业所提供的为用户量身定制的信息，购买欲望被进一步激发出来，广告信息的作用得到加强。

在这里，我们看到了企业和用户之间双赢的一种局面。在基于用户许可的前提下，家庭信息平台可大大提升消费效率，减少用户和企业在寻找对方时所耗费的精力。

---

① ［美］托马斯·鲍德温等著，龙耘、官希明译：《大汇流——整合媒介、信息与传播》，华夏出版社 2000 年版，第 316 ~ 318 页。

（四）家庭生活方式的改变

随着家庭信息平台在家庭生活中的逐渐深入，我们的生活方式也必然随之变化。我们通过录像、点播等方式更自主地收看节目，原本建立在共享、谦让环境下的家庭共同环境将发生变化，每个人不同的需求都将在一台电视机上得到满足，因为可以任意安排自己的收视时间，所以，争抢遥控器变得没有意义，除非是刻意的陪伴，人们没有必要非要坐到一起看电视，每个人都可以在自己需要的时间自由安排自己喜欢的节目，传统家庭生活被进一步破坏，更自由的同时也意味着家庭分享环境的逐渐沦丧。

另一种对家庭生活方式带来冲击的事件是家庭办公和学习。家庭信息平台可以提供更便捷的家庭办公和学习条件，例如，通过电视电话会议与同事沟通，通过远程教育系统与老师和同学沟通，人的工作、学习和生活状态之间的界限将日渐模糊。这种情况一方面是一种便利，但另一方面也会造成人一定程度的精神问题，比如因为一直在一个环境下所造成的焦虑紧张情况，或长期与真实社会缺少沟通所造成的自我封闭，等等。虽然这是比较极端的情况，但也需要给予一定的重视。

四、家庭信息平台对社会文化的影响

社会影响力是家庭信息平台发挥作用的另一个重要舞台。与技术发展的普遍规律类似，家庭信息平台对社会文化的影响也会是双向的，既有良性影响，也可能会放大某些不良影响，比如隐私的泄露等。

家庭信息平台的社会文化影响力主要有以下几个问题值得思考：国家信息化问题、信息鸿沟问题、隐私权问题、管理制度创新等。

（一）国家信息化问题

信息化早已经被国际社会列为国家发展的一个重要战略。早在20世纪80年代就开始了信息化建设，20世纪90年代，美国、欧洲、日本等国家和地区就开始有计划、有步骤地实施国家信息化建设，提出了自己的国家信息化战略及实施计划。我国的信息化建设基本上与国际保持同步，也在90年代提出了国家信息化发展的总体思路，此后历经修改已经形成了较为完善的国家信息化发展战略，信息化已经是国家发展的必由之路。

具体来看，目前信息化发展的重点规划都是自上而下的，是针对政府、行业、机构提出的，主要发展方向都是要求这些企事业单位、政府和行业建立数字化的存储、查询、监测、管理等相关系统，政府进行电子政务建设，教育系统建立文献资源数据库，第一、二、三产业要建立信息化管理和服务系统，等等，所有现有的信息化建设都是针对社会组织的，但是面对社会的最小组织单位——家庭，却没有进行任何规划，这就使得信息化并不能深入到每个人的生活，信息化遇到了“最后一公里”问题。家庭信息平台的提出正是对这一问题的解决。

家庭信息平台从社会的最小组织结构——家庭——的信息化入手，把国家信息化的各个行业的规划落实到“家庭”这一最终的使用主体上，从而使得信息化与每个人都息息相关，必然提升国家信息化的进程。另外，在家庭信息平台之前，信息化与家庭的对接多是通过计算机和互联网实现，普及率比较低，难以把信息触角深入到每个家庭，而家庭信息平台是基于电视机这一普及率最高的媒体，将有利于加快信息化的进程。可以说，只有每个家庭都实现了信息化，才是实现了国家信息化。

（二）信息鸿沟问题

信息鸿沟是知识沟假设理论在信息化时代的表现，由于信息化同样具有成本，不同收入阶层、文化水平的群体对信息的接受、使用能力和条件上会存在显著差异，这就形成了相互之间在信息层面上的差距。具体到家庭信息平台，它对于信息鸿沟所起的作用是缩小了还是扩大了呢？从不同角度来解读，两种可能都会存在。

首先家庭信息平台有可能缩小信息鸿沟，因为它是利用电视来实现信息传递的，这种媒体不仅普及率高，而且使用方便、价格低廉，只要会看电视都可以通过家庭信息平台的简单操作来使用信息化服务，可以通过家庭信息平台来浏览、查询基本的生活信息，从而降低了由技术和收入所造成的差距，促进了信息资源的公平分配。

与此同时，在另一层面上，由于家庭信息平台改变了传统电视节目免费收看的习惯，多种个性化服务都需要由用户自己付费来购买，必须有足够的钱才能够使用丰富的服务，穷人和富人之间将出现严重差距。一般来说，运营商会把最好的节目、最受欢迎的娱乐通过付费的方式提供给用户，而留给低收入者的将是数量极少的几套综合性节目。高收入家庭可以有多种选择，而低收入家庭将失去选择的权利。高收入家庭可以通过付费的方式减少广告的侵扰，而低收入家庭则必须接受大量广告。种种迹象表明，这种有选择的提供服务的方式将终结全民统一享受一致节目内容的状态，转而在不同收入阶层之间形成明显差距。

如此说来，家庭信息平台究竟是缩小了还是扩大了信息鸿沟呢？总结来看，这里有一个满足层次的问题。在对信息的低层次需求上，民众获得信息的机会是一致的，这时候的信息差距是缩小了，而在高层次的需求上，则由于知识水平、收入状况的不同被拉开了距离。因此，国家把广播电视服务区分为义务性服务、有偿公益服务和个性化市场服务[①]，家庭信息平台上的服务同时具备了这三种服务性质，在前两种服务层级上，所提供的服务基本一致，不存在信息差距，能形成差距的主要来自个性化市场服务。

同时，对于处于同等收入水平的家庭来说，家庭信息平台缩小了技术所造成的差距，拥有同等收入的家庭均具有通过家庭信息平台平等获取信息的权利，不管你的知识水平如何。用最简便的方式降低技术差距可以说是家庭信息平台减少信息鸿沟的一个重要表现。

从深层次上说，以西方批评学派为代表的学者认为："数字鸿沟指的是在制定信息资源生产和分配政策方面的社会权利差距。这个权利除非每个人都拥有，否则鸿沟永远存在。"[②] 如果从这个角度来看，家庭信息平台离消除信息鸿沟还有很大距离。

（三）信息控制问题

与互联网类似，表面上看，家庭信息平台为用户提供了更自由、更丰富的信息选择空间，但是事实上，由于数字化的渗透，国家和商业机构对用户的信息控制不是减轻了，而是进一步加强了。

国家层面上，随着社保、医疗、教育、政务信息等领域的数字化在家庭信息平台上的实现，国家可以了解每个人的使用情况，为政府对民众的信息管控提供了一个更为深入、便捷的通道。以电子政务为例，以往的政务信息只能通过电视新闻、网站等与百姓接触，而家庭信息平台则提供了一个普及率最高的信息传递平台，政府可以通过这个平台来直接与用户对话，如利用这一平台进行选举投票测试等，也可以通过对详细用户使用信息的分析来掌握用户。同时，政策层面也会因此加大对家庭信息平台所涉及的媒体机构的管控力度，因为这些媒体机构提供的服务涉及广度和深度都在加大，政府不可能放任自流，在全球范围内来看，"新技术都推动了远程通信和媒体机构新的调控模式的出现。"[③] 所以说，家庭信息平台下，政府的作用得到了加强。

商业机构方面更是让用户无所遁形。用户为了使用便捷的服务而把自己的信

① 国家广电总局局长张海涛在2007年3月召开的CCBN主题报告会上正式提出了这一服务分类方法。

② Dan Schiller，"How To Think About Information"，University of Illinois Press，2007，99－102.

③［美］约翰·帕弗里克著，周勇等译：《新媒体技术——文化和商业前景》，清华大学出版社2005年版，第269页。

息提供给各种服务机构，服务机构通过这些个人信息为用户提供各种各样量身定制的服务，提供无所不在的商业信息，而且由于用户使用信息数据库的存在，使得这种信息服务的精准程度大大提升，这也就意味着，商业机构正在形成对用户的精准控制。当然，互联网等已经开始实行对用户的精准控制，但控制并不能深入到每个家庭，而家庭信息平台则让每个家庭都成为商业大网中的“猎物”。

（四）管理制度创新

技术的变革很快延伸到管理制度领域，传统的管制模式将不再适应新的产业格局，因此家庭信息平台产生之后必然开始要求相应的管理制度作出变革，以适应新媒体的发展。

事实上，因为发展新的信息文化产业而使得国家管理制度发生改变在全球都是普遍存在的现象。美国学者席勒（Schiller，2007）认为，国家干预在信息文化传播加速商品化过程中起到关键而持久的作用，包括对研发的持久投入、对信息传播产业的管制放松、对公共信息私有化的推进、对信息领域私有知识产权法律保护的强化，并使国际贸易和投资规则更有利于信息文化传播产业所属的服务业。为此，要监控一个信息作为私有财产的社会，就需要更全面的监督和控制机制。当今世界，监控机制正在蔓延，国家正在建立信息新秩序。[①] 广播电视数字化转换过程是国家干预的一个集中体现，在这个过程中，媒体管制非但没有放松，反而是进一步加强了，政府会综合运用频率资源分配、税收激励、制定转换时间表、各种非正式合作等手段来塑造数字化转换过程，使之与政府为媒体改革设置的进程相协调。这一现象不仅仅发生在我国，也包括英美等西方国家。

具体来看，家庭信息平台的发展对以下几个层面的管理制度创新提出了新的要求：

1. 版权问题

这是关系到家庭信息平台能否健康发展的一个关键因素。传统广播电视行业在版权保护方面是比较缺乏的，尤其是在我国，长期以来广电机构在版权意识上都是比较模糊的，因为不存在直接销售内容的收益，所以内容提供商的维权意识也比较淡薄，而家庭信息平台开始对内容产品直接收费，内容提供商通过内容销售来实现盈利，在这种情况下平台服务商如果无视内容提供商的知识产权，显然将受到挑战。这一点在互联网的发展中已经得到了大量印证。近年来很多网站运营商受到音乐、影视等内容机构的版权诉讼就是版权意识增强的表现。事实上，相比较于漫无边际的互联网，家庭信息平台可以更容易实现版

① Dan Schiller，“How To Think About Information”，University of Illinois Press，2007，52－78。

权保护，因为平台运营商是非常明确的，内容也是通过运营商的管理才能提供给用户，所以一旦出现侵权行为，责任主体很容易明确，这也给平台运营商提出了更高的要求。

2. 频率资源管理

这是家庭信息平台所带来的另一监管重点领域，也是政策发挥力量的集中体现。我们知道，数字技术的直接作用就表现在通过数字压缩技术极大地释放了频率资源，原本传输一套模拟信号的带宽现在可以传输6～8套标清数字电视频道[①]，这样旧有的频率资源管制方式将不再适用于新环境，从而产生新的频率资源管制方式，这在各国数字化进程中都普遍存在。美国采取了频率拍卖的方式使得政府获得了大量收益，同时也给商业机构提供了新的发展空间。有学者就指出，在美国，“是频率资源回收和财政收入，而不是更好的画面和新的信息服务，构成了数字电视的政治现实”。[②] 我国也同样面临这一问题，由于频率资源首先考虑到公共服务，运营商比较缺少主动权，因此更多的考虑会在政策层面。为数字电视争取到更多的频率，实现有限频率资源的合理开发利用，就成为频率资源管制中的重要问题。

3. 隐私权管理

隐私权管理也会被提上日程。由于家庭信息平台把“家庭”这一最隐私的生活场所也变得透明化，所以隐私问题将会在这个领域更为敏感。企业在搜集海量用户信息的同时，也必须保证用户隐私权的不受侵犯。首先是政策层面需要制定更为细致的隐私权保护的法律条文，对政府和企业使用个人信息进行严格管理；其次是运营机构要有基本的职业道德；最后用户在提交个人信息的时候要认真考虑清楚，减少不必要的信息发布。也有学者提出要对信息进行分级管理，针对一些涉及重要事项、特殊业务、付费使用的服务，可以让用户通过付费的方式采用可选择性的保密措施，而对于那些不特别关心保密问题的用户则可以提供低价的网络系统。

4. 信息安全控制

由于家庭信息平台的透明、可控性，对互联网上普遍存在的色情和暴力信息，也可以形成一个强有力的管控环境，有利于提高信息安全程度。由此也将对网络平台上的信息安全控制提出新的管理制度。从近来互联网上几次大型清理活动来看，国家加大对网络平台上的信息安全控制已经是一个必然趋势。

---

① 黄升民等：《数字电视产业经营与商业模式》，中国物价出版社2002年版。

② ［美］赫南加尔博瑞著，罗晓军等译：《数字电视与制度变迁——美国与英国的数字电视转换之路》，人民邮电出版社2006年版，第99页。

本章小节

本章的核心问题是提出“家庭信息平台”的概念，搭建完整的家庭信息平台理论体系，形成对家庭信息平台的全方位解析。

第一节首先对“家庭信息平台”的内涵进行了全面分析，在分析家庭、信息、平台这三个核心要素的基础上，提出家庭信息平台的概念和特征，并给出了它的系统架构方法，基本描述清楚了家庭信息平台的基本形态。

在提出概念内涵的基础上，进一步从经济、信息交流、社会管理三个维度分析了家庭信息平台的功能，经济功能主要针对平台建构者（广电运营商）来说，他们的主要目的是如何通过这个平台开发更丰富的业务类型并实现盈利；信息交流功能主要针对平台使用者（家庭用户）来说，他们的主要的目的是如何通过这个平台实现信息交流，在相互交流过程中，家庭用户可以通过形成公共舆论而实现对信息的反控制；而对于社会管理者来说，则是如何通过这个平台实现对社会的管理功能。这里我们看到，盈利绝非是家庭信息平台的终点，它将是对家庭中信息接触行为的一次彻底颠覆，一旦相互交流的网络平台产生，它将不受任何人的绝对控制，而是一个相互控制的系统。

最后，针对家庭信息平台的未来发展中所涉及的一些问题，如国家信息化问题、信息鸿沟问题、隐私权问题、管理制度创新问题等，本章又进行了一些思考，由此，基本完成了对家庭信息平台的理论架构，下一章我们将进入对个人信息平台的论述。

第十五章

个人信息平台

技术进入到移动通讯领域，给移动通信带来了革命性影响。而信息技术在近 20 年中，已经深刻地影响了社会的很多领域和很多层面，最终影响到了规模最大的群体——个人，影响到了规模巨大的个人信息消费与个人信息服务。但是，信息消费和个人信息服务是一个非常复杂的领域。信息技术发展对于此领域的影响，我们需要考虑以下两个命题：第一，个人信息的海量供给和海量需求相匹配问题；第二，大众化、均质化的个人信息需求向差异化、多层次的需求转变。

结合个人信息的蓬勃发展，业界也正在尝试用信息平台的手段来解决个人信息需求和个人信息服务的问题，当社会迈进到这样的阶段，业界正在进行着积极的探索。在这里，我们试着归纳和拔高相应的理论，寻找一种更为宏观，周期更长，领域更为宽大的概念和理论，来解读此类社会现象，帮助业界发展。本文尝试用更有前瞻性、更具有涵盖力的一个研究框架来分析，这就是“个人信息平台”的研究。

那么究竟什么叫做“个人信息平台”？它的深刻内涵是什么？个人信息平台的结构又是怎么样的？不同移动网络和运营商之间差异和未来的竞争态势是怎样的？这些内容都是本章所关心的。

第一节　个人信息平台的内涵

在上一章家庭信息平台中，我们提到过信息平台的概念。同样，个人信息平台也具备信息平台的特征，它是信息平台发展到一定阶段的表现形态。作为服务于个人信息需求的平台，个人信息平台能够解决个人信息需求海量化和多元化的问题，能够解决个人信息服务和个人信息需求之间的匹配问题。那么，个人信息平台到底指的是什么？它有什么样的内涵呢？

一、个人信息平台定义与特征

我们在分析了个人信息和信息平台的基础上，尝试给出“个人信息平台”的定义：

“个人信息平台”是指以满足个人信息需求为目标，以个人信息服务技术体系为标志，以数据库体系为运营核心，实现海量信息需求与海量信息供给精准适配的系统。

个人信息平台概念的提出，有着明显的信息技术时代的特征，其一就是个人信息的凸显；其二就是信息平台概念的沿用。

（一）个人信息平台的目标是满足个人需求

个人信息需求是个人信息平台的标志性特征。个人信息平台运营的目标就是面向个人的需求，以个性化信息产品、信息服务的方式，提供给相应的个人用户。个人信息平台的技术体系、业务体系、市场体系以及管理体系的架构和塑造都要求符合个人的需求。

个人信息需求无论是需求的内容，还是需求满足的方式，都与军事信息需求、企业信息需求、政府信息需求以及家庭信息需求存在明显的差异。这些差异直接影响到个人信息平台自身体系结构、运行机制和管理体制，形成了不同于军用信息平台、企业信息平台、政府信息平台、家庭信息平台等信息平台类型的个人信息平台。

（二）标志是服务个人需求的信息技术体系

1. 基础技术——“数字技术”

个人信息平台是数字化的个人信息环境，是一个以“比特”组织起来的信息资源流转空间，信息流通的通用形态是以0/1编码的数字信息。总体而言，数字技术是个人信息平台的基础技术。[①]

2. 终端技术——“智能个人信息终端”

个人对于终端的要求预期很高。首先个人对于终端的数量倾向于只选用一个终端，尤其是功能强大的高度集成的中枢型个人信息终端。多终端对个人信息生活的便利性造成困扰。目前，各种类型的个人信息终端在激烈竞争，竞争的结果会出现主导型的个人信息终端。个人信息终端在功能集成方面推进迅速，终端替代性竞争的必然结果是在未来很可能出现统治性的终端形态，不久的将来，每个人都会拥有自己的“个人第一信息终端”，这个终端将具备超级运算能力、海量信息存储、智能化操作、全面网络接入等性能。小巧、便携、时尚个性是个人对中枢型信息终端的体量、形态要求，这样才能够满足个人对信息终端“随身”、“随行”、“个性”的配用要求。

3. 网络技术——“个人通信网络”

通信网络是个人信息消费市场的承载基础。网络的运营主体是基础网络运营商，运营商联合网络技术设备提供商建设起覆盖广泛、高速、宽带、网间互联、移动性强、交互性强的通信网络系统。个人网络系统的各类技术功能，都有一个明确的指向，那就是如何服务于规模庞大的个人用户。而覆盖和服务如此规模的用户，就需要建立一个足够规模的网络来支持这样的应用。

4. 运营技术——“个人信息业务运营支撑技术体系”

“个人信息业务运营支撑技术体系”指依托“个人通信网络”向个人用户提供信息产品和信息服务的技术系统。主要包括实现不同类型业务的关键技术和运营支撑技术。

运营关键技术主要包括两类，一类是传统的话音通信技术，另一类则是基于IP的增值业务支撑技术，包括数据通信技术（基于VOIP、VEDIO CALLING、IM、SMS、MMS）、流媒体技术（基于MBMS）、邮箱技术（基于POP3或IMAP4）、基于IP承载的浏览技术（基于WAP或INTERNET）、定位技术（基于GPS、AFLT、CELLID）等。运营支撑技术主要是以BOSS（Business Operation

① 具体体现在：1. 数字信号抗干扰和再生能力强。数字化的信号在复制和传递过程中其质量不会改变。2. 数字信息在传输过程中线路阻塞小，数字信息传输速率更高。3. 数字信息能进行大幅度的压缩，这样在存储空间一定的情况下可以记录更多的高质量信息，也可以在传输容量不变的情况下传送出更多的内容。4. 数字信息容易进行加解密处理，具有较高的保密性，这一点对于个人通信来说尤其重要。5. 数字信息便于加工处理。如数字多媒体编辑设备可以对数字化的信息素材进行信息质量无损伤的随意剪接、编辑、合成等工作。6. 数字化是实现多媒体的关键。多种媒体的数字化，可使不同类型的信息以一种单一的数字格式来来传递和处理，这种完全通用的处理传输方式，不需要像模拟电信号那样根据不同的信息类型来改变传输和处理参数，而在共同语言格式的基础上，将各种媒体信息综合集成，融为一体。7. 数字化推动通信系统走向网络化、智能化和个人化，并且能降低硬件设备的成本。8. 数字技术推动信息处理设备通用化、标准化和集成化，全面提高了信息处理的速度和质量。

Support System）系统为核心的运营支撑技术（实质是一系列负责不同运营管理职能的数据库集群，主要功能包括业务支撑、决策支持、数据集中、实时处理、客户服务、资源管理等）。

（三）运营核心是“数据库体系”

从技术视角看，个人信息平台是一个信息网络，无论是终端技术环节、传输网络环节，还是运营支撑环节都配备有数据库系统。数据库技术的全面应用，使个人信息平台实现了以数据形态存储信息的功能，成为有“思想”的网络。利用数据库系统的分析功能，个人信息平台中无论是用户、运营商还是业务提供商都有能力对数据进行管理、分析、挖掘，凭借数据分析结果作出优化的决策。数据库成为引导需求、发掘需求、引导供给、优化供给的核心支撑。个人信息平台海量信息业务的承载都是建立在“数据库运营”基础上的。“数据库运营”全面提高了个人信息平台的市场运行效率。

（四）个人信息平台是一个复杂的系统

“平台”概念强调开放、竞争与价值集成。

从技术体系角度看，“个人信息平台”是平台型的技术体系，基础通信网络是分布互联的网络拓扑结构而不是垂直型的总线结构，这样的网络结构有利于网络的自身组织发展，有利于网络规模的拓展和网际间融合。同时，整个平台技术体系是分层架构的，层际兼容，层内可扩展，提高了技术体系的兼容能力和平滑演进能力。在这样的平台型技术体系中，网络节点的效用取决于整个网络的规模，网络规模越大，每个节点的效用越高，整个网络的价值越高。网络节点间是相互依存的关系。同时，单项技术创新的效果取决于整个平台技术体系的协同效应，平台技术体系是多方力量协作共建的集体成果，参与方越多，协作性越强，平台技术体系的功能和价值创造能力就越强，平台技术体系被垄断的风险就越小。

从资源体系角度看，“个人信息平台”同样强调资源方的协作，协作才能有效地统合资源，合理地释放资源价值。在“个人信息平台”环境中，最核心的数据资源总体上是呈离散态分布的，运营商掌控了规模庞大的个人用户信息和供给信息，但依然是不完备的，很多有价值的信息散布在个人用户、内容提供商、服务提供商以及其他拥有数据资源的机构手中。高品质的数据开发运营，需要资源持有各方在相互授权的基础上，进一步统合数据资源，深度关联分析。“个人信息平台”强调聚合、协作开发。

从运营体系角度看，“个人信息平台”的运营体系同样是多方参与，多方博弈制衡的协作式格局。互联网平台是比较有代表性的开放式、协作式运营体系。当前，蜂窝移动通信平台尽管运营商是主导性的市场势力，但内容提供商、服务提供商以及个人用户对运营商的制衡能力越来越强，尤其是在网络融合的背景下，移动互联网的高速发展，对蜂窝移动通信体系构成了巨大的替代性威胁。网络运营商主导的运营体系正逐步开放。鼓励参与，多方制衡的新的运营体系正逐步形成。

从管理体制角度看："个人信息平台"汇聚了无限的需求、无限的渠道和无限的供给，在"个人信息平台"环境中，参与各方的利益与意志复杂交汇并激烈冲突，引导不利、调节不当，将削弱平台效率，破坏正常的市场秩序和社会秩序，最终将损害各方利益。因此，对于"个人信息平台"，参与各方需要超越单向管理预期的局限，从平台秩序建构的高度进行引导和塑造。在这方面，政府需要扮演重要的角色。出台合理的产业政策、完善法律体系，都需要政府积极作为。

二、当前典型形态的个人信息平台

在思考和分析的过程中，我们观察了多种现存的、具备了服务于个人信息需求功能的不同类型的信息平台，有互联网络型、移动通信型、广播类型、独立终端型、系统嵌入型等，各平台有不同表现，我们需要归纳上述这些信息平台的特征，把握个人信息平台的内涵。在现有各类平台中，以移动通信型的信息平台发展最为成熟，经过十几年建构的成熟体系，为5.5亿个人用户提供丰富的信息服务的经验，具备了个人信息平台的一些主要特征。其他的信息平台，有的刚刚开始建设，有的还仅仅是一个创新性的概念，虽然具体实践还在酝酿和反思、探索和调整，却也为我们提供了概念和思考。

现阶段，个人信息平台的典型形态是移动通信型平台，其基本结构就是"移动电话+蜂窝移动通信网络+运营/管理体系"。这类平台当前市场普及程度最高，是近年来最主流的应用市场，同时，这类平台的终端形态、网络性能、运营模式、业务类型等已经初步具备个人信息平台的特征。

（一）海量终端提供个人信息服务

移动电话作为个人信息化平台的重要构成，其普及率非常高。截至2007年年底，全球移动电话用户数已经突破33亿，这个普及的过程只用了25年。[①] 据

① 据国际电信联盟发表的报告，全球手机用户到2007年年底已经超过33亿，手机普及率为49%。

调研机构 iSuppli 预计，到 2010 年全球移动电话用户数将突破 40 亿，地球上将有半数人拥有移动电话。亚太地区的移动通信网络用户规模发展迅速，2007 年，日本移动电话上网用户超过了互联网上网用户，移动电话成为日本国民第一信息终端，各种应用服务都通过移动电话联结。2008 年年初，中国移动电话用户数突破 5.5 亿。移动电话普及率达到 41.6 部/百人。2007 全年，平均每个用户日通话时间超过 13 分钟，人均每天发送短信息 3 条，用户月度 ARPU 值 72 元人民币。[①] 移动通信服务在中国国民的个人信息消费结构中地位不断提升，是个人用户支付水平最高的信息服务（图 15－1）。

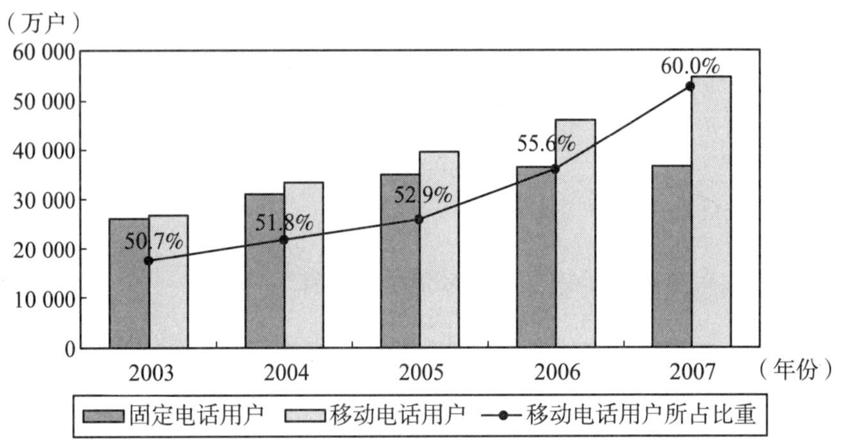

图 15－1　2003～2007 年移动电话用户所占比重

资料来源：根据国家工业与信息化部统计数据综合整理。

（二）结构严密的数据库体系

个人信息平台的数据库系统庞大，结构复杂，主要为客户、合作伙伴、业务管理者和营销服务人员提供服务。其功能领域主要划分为：营销管理功能域、客户服务功能域、渠道管理功能域、客户管理功能域、统计报表功能域、服务开通功能域、综合采集功能域、订单管理功能域、融合计费功能域、综合账务功能域、产品管理功能域、资源管理功能域、综合结算功能域、合作伙伴功能域、系统管理功能域等。

图 15－2 反映了现阶段移动通信型个人信息平台数据库体系的层次结构。

① 工业与信息化部网站，2007 年移动通信行业统计数据综合整理。

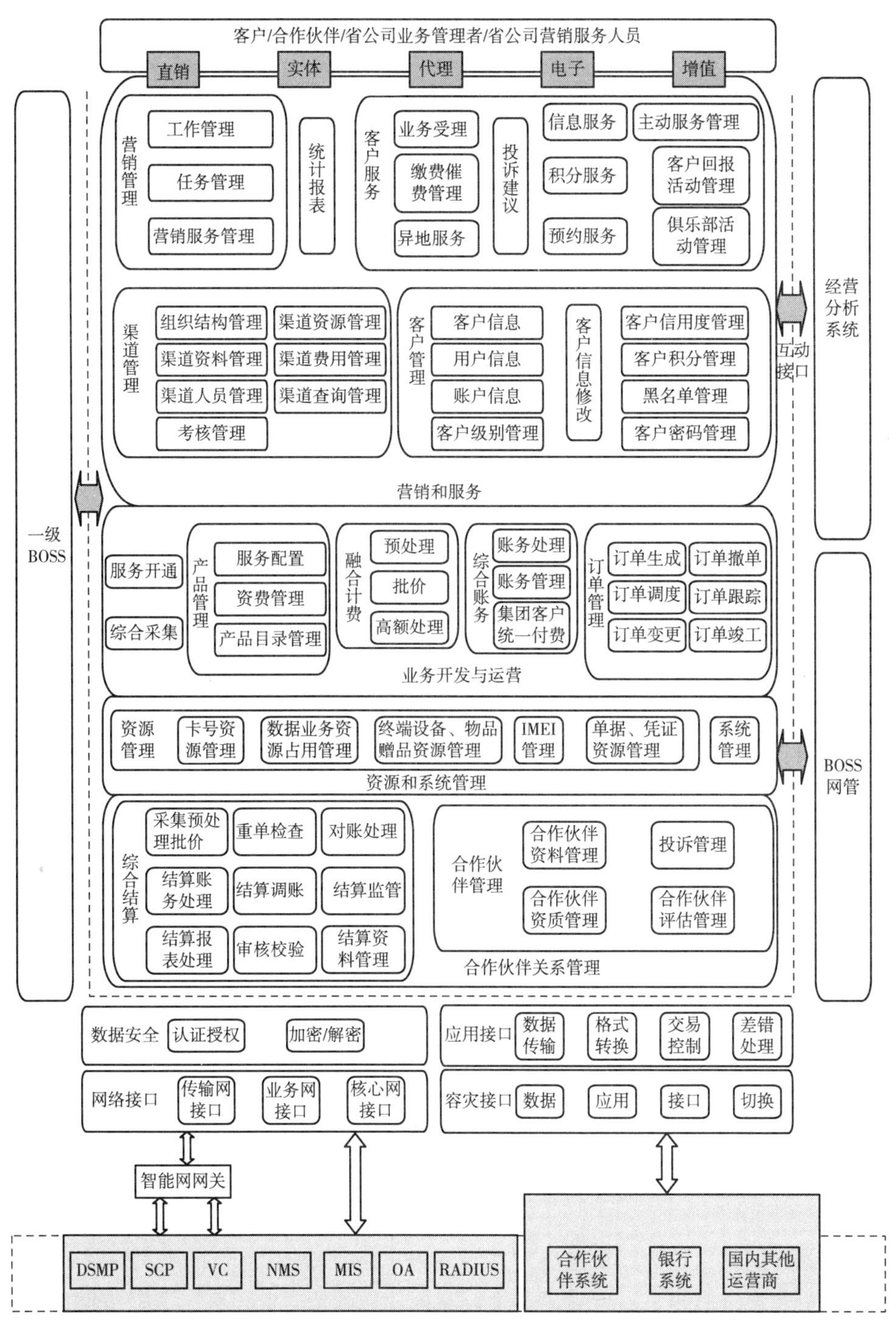

图 15-2　数据库构架

数据库系统与其他系统的关系集中体现在以下几方面：

（1）全国数据库系统协同运营合作，以实现全国性业务的开展和跨省客户信息、业务管理信息的共享。

（2）数据库与经营分析系统互动，利用分析系统数据仓库技术和分析挖掘工具，为客户服务、市场营销、经营决策等工作提供有效支撑。

（3）数据库作为网络监控的数据源，为网管系统提供系统监控数据，以实现对各类数据库系统应用软件和各类平台的故障、配置、性能等信息的有效监控和管理，同时实现对数据库核心应用环节的业务流程和数据的有效稽核。

（4）数据库系统通过智能网网关，实现与智能网 SCP/VC 连接，支持智能网预付费用户对数据业务的使用，支持对智能业务和充值卡资源的管理。

（5）数据库系统通过与 DSMP 的接口，获取客户对增值数据业务的订购关系，满足客户对数据业务的订购、退订等需求；获取增值数据业务的业务资料，初步实现对增值数据业务的内容计费和优惠。

图 15－2 中虚框内的部分集中体现了主要的数据库板块，包括营销和服务、业务开发与运营、资源和系统管理、合作伙伴关系管理四个部分。

1. 营销和服务数据库

包括营销管理、客户服务、渠道管理、客户管理和统计报表五个功能域，侧重实现面向客户的前台业务功能。

营销管理实现为达到向客户推广产品及服务的目的而进行的销售过程管理。

客户服务是指通过多种接触方式、多种渠道向客户提供的各种服务，包括业务受理、主动服务、客户自服务等功能。

渠道管理功能主要涉及渠道建设、渠道运营、渠道管理三大方面，主要加强对渠道相关资料的管理，实现对渠道的培训、考核、费用的控制，完成渠道信息的共享。

客户管理提供客户信息全视图，加强各系统间的客户资料共享，在逻辑上建立统一准确的客户资料。

统计报表负责进行报表统计、生成、发布及前端展示。

2. 业务开发与运营数据库

包括服务开通、综合采集、产品管理、融合计费、综合账务和订单管理六个功能域。

服务开通是根据数据库系统对网元设备（或业务平台）产生的工单，进行指令分析和协议转换，对网元设备进行服务功能的增、改、删、清除等操作，并将返回信息提供给数据库系统、记录日志的管理与控制过程。

综合采集实现了从采集源读取各种移动业务的服务使用记录、代收费记录（信息台、SP 等）、结算稽核，并将数据传输到计费账务和结算模块进行处理的过程。

产品管理实现了对服务、资费的配置过程，以及根据服务、资费要素对产品进行组合配置的过程。

融合计费功能域实现了依据计费资源、产品资费、用户资料实现个人客户跨业务、集团客户跨地域、跨业务的计费过程。通过获取客户 SP 产品的订购信息，根据时长、流量、SP 业务代码等信息进行内容计费。通过智能网网关和 SCP 进行计费信息的交互，初步实现智能网预付费用户使用增值数据业务的计费。

订单管理功能域实现了从订单的接收、订单的分解，到订单处理及跟踪完整的订单流转的管理过程。实现订单流的售中、售后管理，关注客户订单对产品订购、对业务资源占用及工单流转等过程的自动化管理，完成全业务、全客户、全网综合订单管理功能。

综合账务功能域实现了账单的生成、管理及核算的过程，主要包括：账务处理、销账管理、账单管理、欠费管理、账务核算及校验等部分。重点加强了在账单流处理过程中对客户和业务的融合支持和对集团客户的支持。

3. 资源管理数据库

包括资源管理、系统管理两个功能域。

资源管理强调业务资源的全面性，关注业务资源全过程管理，实现业务资源生命周期的自动化及分级管理。

系统管理实现数据库系统的管理和维护，规范 IT 运行管理和操作，提高系统可靠性、可用性，保障业务的稳定。

4. 合作伙伴关系管理数据库

包括综合结算、合作伙伴管理两个功能域。

综合结算面向其他运营商、各省公司、合作伙伴，综合实现国内外运营商间的漫游结算和网间结算，中国移动内部的省间漫游结算、异地业务和有价卡结算，和合作伙伴（SP、集团应用合作伙伴等）、渠道的结算等多种结算，加强结算对账及实收结算功能，支持结算监管，实现综合结算的精细化、流程化管理。

合作伙伴管理实现对合作伙伴的管理，在本规范中重点实现与集团客户伙伴的合作，为将来全面的合作伙伴关系管理奠定基础。

（三）个人信息需求与个人信息服务的匹配管理

北京邮电大学吕廷杰教授指出：“移动互联网和互联网最大的区别，就是利用蜂窝移动通信网络可控制、可管理的技术，使得互联网这匹脱了缰的野马具有可控性，这个商业模式的演变带来了大量的应用。"① 蜂窝移动通信网络是一个智能化的网络，一是对用户的可控可管理；二是对信息传输渠道的可控可管理。

1. 用户端的控制和管理

承载于蜂窝移动通信网络之上的运营/管理体系将能够实现对用户的高度可控、可管理。其中最重要的手段是实行移动电话实名制，移动电话实名在世界各国已经广泛实行，这一举措无疑能增强管理及运营体系对用户的可控可管理。

韩国采取了一户一网、机号一体的移动电话号码入网登记制。韩国人买移动电话时必须出示身份证，然后由售货员将顾客的身份证号码、住址等信息输入电信运营商的中心数据库，这种从源头上管理移动电话的办法十分有效。

日本运营商早在2000年就开始采取了行业联合管制的方法实行移动电话实名制，加强对用户的管理，规定新入网的预付费移动电话用户需要向运营商提供真实的个人信息。用户依据入网协议获得的预付费移动电话，在移动运营商将移动电话送到申请书所记载的住所、姓名的用户时取得确认后方能获得。针对已经入网的用户，呼吁提供其住所、姓名等个人信息。

目前，国内已经开始规划并开始实施移动电话实名制，从2008年1月15日起，中国移动在北京地区首先开始实施移动电话实名制，规定在北京移动主营业厅、合作营业厅和代理网点购买神州行及动感地带SIM卡需要使用本人身份证，进行实名登记。实施移动电话实名制的意义远不只有助于打击移动电话诈骗，更能进一步加强运营商对用户的管理和控制。

2. 通道和信息内容可控可管理

移动通信领域传输的信息流都需要经过网关的筛选和甄别，在信息传输环节实现对业务的控制和管理。

移动通信领域传输的信息流都需要经过网关的筛选和甄别，这就保证了传输信息的可控可管理。进而实现对业务的可控可管理，特别是垃圾及违法、违规信息的可控可管理。

早在2002年8月，韩国信息通信部针对移动电话广告短信泛滥出台了一项严厉措施：广告商在发布移动电话短信广告时，必须注明"广告"字样和发送者的单位、电话及移动电话号码，同时对于滥发垃圾短信者，个人可处以最高8 500美元的罚款。韩国专门采取了大型门户网站实名制的措施，并且规定向青少年发送非正常信息是违法行为，将被追究刑事责任。

为解决移动电话垃圾短信问题，日本最大的移动通信运营商NTT DoCoMo公司曾动用了270亿日元，引进新技术和新设备，使用户可以自动屏蔽那些一天内

① 张雪琳：《寻找"啤酒"和"尿布"的关系》，通信产业报，2004年2月。

发送量超过200次的短信。此外，为了减少垃圾短信对用户的骚扰，该公司还引进了用户可以自行在移动电话上设定短信地址的技术，使发信人无法按照电话号码向移动电话用户发送短信。

美国对非正常短信的监管不是要求发送方实施移动电话实名制，而是要求移动电话用户注册拒收垃圾短信。美国的这一政策是FCC（Federal Communications Commission：美国联邦通信委员会）在2004年3月提出的，它的根据就是2003年12月8日美国国会通过的“不要传我垃圾邮件”注册服务的《联邦反垃圾邮件法案》。该法案规定，所有商业性电子邮件发送者都必须提供有效的回复地址以及用户拒收方式，使用虚假身份、虚假回复地址或欺骗性标题等发送垃圾邮件都属于违法行为，同时也禁止通过侵入他人计算机等方式大批量发送垃圾邮件。法案还授权美国联邦贸易委员会对那些不想收到任何未经请求的电子邮件的互联网用户进行登记注册，建立“不要垃圾邮件”用户清单。类似美国这种做法的还有英国、新加坡和我国香港地区。

3. 产业合作的管理

运营商作为基础网络、营业系统、销售网点、客服体系、技术支撑平台的建设者和所有者，掌控了整个平台最核心的资源。依托这些资源，运营商得以实现对盈利模式、业务价值链、整个平台产业链的控制和管理。最有代表性的如中国移动的“移动梦网”门户。

中国移动的“移动梦网”推出于2000年互联网泡沫破灭之际，根据CNNIC统计，截至2000年7月，中国有1 690万互联网用户，然而，网络社会带来商机还基本上停留在试验、预期甚至猜疑的阶段，其中一个主要原因就是，互联网市场缺少一种有效的盈利机制，服务提供商难以寻求到真正的盈利点，出现了“有市无价”的困顿局面，从而限制了互联网商业潜力的充分发挥。[①] 在全球电信产业低迷的大环境下，中国移动通信产业由于在可控制可管理的网络基础之上建立了有效的收费和盈利机制，不但未受丝毫影响，反而以数倍于我国GDP增长的速度发展。2000年年底，中国移动启动“移动梦网创业计划”，在移动互联网技术网络基础上，联合各个SP（内容提供商）、终端厂商推出“移动梦网”，向用户提供移动互联服务。由卓望集团旗下的卓望信息技术（北京）有限公司组建“梦网”运营支撑中心负责“梦网”业务运营和SP、CP管理。卓望集团通过研发移动信息服务的技术支撑平台MISC（移动信息服务中心Mobile Information Service Center）实现了对移动“梦网”开放价值链“SP、CP——网络运

① 《中国移动通信“移动梦网创业计划”案例》，链接http：//www.chinapr.com.cn/Guide/ShowArticle.asp？ArticleID = 19408&Page = 1。

营商——用户”商业模式的有效支撑与业务管理，涉及SP/CP管理、服务管理、订购管理、计费管理、统计分析等运营的多个领域，是运营商在新的网络环境下为客户提供数据业务服务的核心管理平台。[①]

在“移动梦网”的服务平台之外，Free WAP（独立WAP）网站独立于运营商的“移动梦网”模式之外，为用户提供免费服务，收入来源不受运营商制约，并在一定程度上与“移动梦网”形成市场竞争态势。援引CNNIC（中国互联网络信息中心）《第21次中国互联网络发展状况统计报告》数据，截至2007年3月底，我国WAP活跃用户数约为3 900万人；具有独立域名的WAP站点数量约为6.5万个；WAP网页数量约为2.6亿个。Free WAP网站虽然在一定程度上打破了移动运营商控制的“梦网”模式，以免费服务取得用户规模的快速增长，但网络运营商依然掌握对Free WAP网站的控制权，主要凭借对渠道和用户数据资源的掌控实现，比如，2005年11月，中国移动为进一步控制Free WAP，宣布逐步实施不向Free WAP网站传输移动电话号码和终端信息，而对于其收费的WAP业务正常提供所有的信息。移动电话号码和终端信息是移动网络服务的重要数据资源，没有了用户的基本信息，其他数据将无法实现以用户为主线进行连续性分析和用户挖掘。由于大多数Free WAP的内容免费，以精准广告投放为核心盈利模式，没有了用户数据，网站的用户价值将无法评估，精准投放也无从实现，因此，Free WAP的生命线很大程度上还掌握在网络运营商手中。

4. 业务定制与需求匹配管理

定制的信息服务很好地做到了信息的分众传播，不仅可以根据人口的统计特征，还可以根据人口的兴趣、爱好等新型指标做到信息的定制化、个性化。

根据中国联通新时讯通信有限公司孟祥森副总经理的观点：“除了移动电话媒体外，其他任何媒体不可能做到对每一个用户的定向传播信息。因为在移动电话实名制的基础上，定制化服务最小可以做到每一个用户，当然也包括做到一万用户，十万用户。但是我们有技术能力做到最小一个用户，甚至可以做到只为一个用户提供的信息服务，而其他任何媒体不可以做到，因为成本太高了。其他媒体不可能为一个人发行一本杂志，也不可能为十个人制作一个电视节目。”[②]

中国传媒大学广告学院院长黄升民教授认为，人类社会的传播经历了从早期大众传播然后分化为分众、分块传播，接着又分化为碎片化传播，最后呈现碎片化的传播受众又会根据新的指标重聚为分众化的受众。在这一传播的演变中，伴随的是人们需求的高度定制化，个人信息平台的出现顺应了这一趋势。

① 《MISC移动信息服务中心》规范文件，卓望信息技术（北京）有限公司。

② 摘自联通新时讯通讯有限公司副总经理孟祥森在2007年MMDC移动媒体学术年会上的发言。

5. 及时、定向信息服务管理

时间上的全面伴随和空间上的高度锁定式定向信息服务是贴身的“手机媒体”所独有的。没有一种媒体能够在 7×24 小时内亲密贴近个人。我们在“2006 年中韩手机电视论坛”上曾提到“手机”的“四个 10”特征，分别是伴随 10 小时以上；距离 10 厘米；响应 10 秒钟；通讯 10 分钟。其中前两个特征具备非常明显的个人信息平台的特点。

伴随 10 小时指的是，手机在人一天 24 小时的生活中几乎变成每时每刻都不可缺少的，人一旦离开手机甚至会发生莫名的恐慌。通过语音或者短信找人和被找；通过登录手机网站获得咨询；通过下载手机音乐欣赏音乐；通过手机视频业务观看电视等。这种在时间上的全面伴随性使得“手机媒体”在与其他媒体形成互补的同时，又具有极强的替代性。

距离 10 厘米指出了人在消费“手机媒体”时，人与手机屏幕间的空间特征之一。这种超近距离的接触带来的直接结果是人在使用该媒体上的高度投入，但同时也受终端等其他因素的影响，在媒体消费的当次持续性上不及其他媒体。所以以手机为代表的个人信息内容消费的呈现以下四大特征：第一，时效性；第二，通讯功能；第三，真实性；第四，精彩（短小精悍）。

在个人点播业务上，手机的快速响应是其他媒体做不到的。手机对于特殊事件，特别是涉及公共安全事件的信息快速下发，能达到很高的告知率。

点播业务的快速响应，表现在两方面，一个是系统的快速响应；另外一个是人在有强烈点播类信息消费业务需要时，会第一时间想起手机。前者是由移动信息技术的特性决定，后者则是人们的消费习惯使然。手机在人们生活中已经成为最亲密、最离不开的伙伴。

6. 互动性功能管理

“手机 + 蜂窝移动通信网络”组合成交互能力极强的个人化互动传播平台。这种互动性，一方面体现在移动电话终端从硬件到操作系统都建立起丰富的人机交互接口，操控性强，提高了移动电话终端对用户的黏性。同时，网络支持双向互动传输，利用网络操作系统，支持个人用户实现人与人、人与网络中远程服务器（如业务数据库）全面开展信息活动，极大地提升了个人启动人际传播、人机传播的效率与品质。手机已经成为电视、报纸等互动能力弱的传统媒体引导观众参与内容互动的重要纽带。

三、移动通信平台的分析

上述平台的描述和简析，可以让我们大致了解个人信息平台的特性。这个平台主要参考了中国移动的模式，部分参考了中国联通的模式。这两大中国产业界具有影响力的移动通信运营商，经历了十几年的建设，经历了高速的发展，给我们提供了一个观察和探索的空间。

以中国移动为代表的移动通信运营商，是一个规模巨大的提供个人信息服务的平台。但是，中国移动作为初级平台自身也存在巨大的困惑，那就是这个平台走向何方？

2006年，中国移动提出了新的定位，从“移动通信专家”向“移动信息专家”的转型。这样的大型企业，提出战略转型的重大调整，本身就是一种危机意识的传达。定位调整，表明中国移动并不满意既有的定位，传统平台运营过程中暴露出的诸多问题，遭遇到的一系列瓶颈，逼迫中国移动主动思考突破的策略、路径和前景。我们注意到，2006年以来，中国移动在平台技术体系、数据库开发、业务体系和营销体系各个领域都在推动改造和调整。

（一）个人信息服务的探索和不足

十多年来，中国移动的业务体系不断发展。1987～1998年，只有单一话音通信服务，随后，短信业务、铃音业务、下载业务、定位业务、WAP业务、移动商务等数据业务全面开展起来。业务体系的这种变化正反映了中国移动从“通信服务”向“信息服务”转型的战略思考。

通过对这些转型资料的分析可以看出，移动平台业务体系的拓展，一方面是为了满足用户丰富的信息需求，提高用户的满意度。另一方面，提供海量的内容和更为丰富的业务，有助于保持运营商的竞争优势，防止个人信息服务替代者的竞争。

尽管中国移动现有的业务体系已经比十多年前丰富了很多，但是现有的业务还只能部分满足个人用户的信息需求，尤其是像“手机电视”、“手机支付”、“手机上网”这些新兴业务的质量还达不到用户的要求，用户满意度不高。这些问题都是个人信息平台初级阶段的表现。

（二）通信技术体系的探索和不足

十多年来，移动通信网络整个技术体系还在不断升级改造，从最早的GSM模拟网络改造成分组数据网，并正从GPRS窄带分组数据网络向TD－SCDMA宽带数据网络进一步升级。基础网络升级，导致各种业务实现技术、运营支撑技术、终端技术等相关技术系统都要进行改造。

通信技术的不断提高，首先是为了保证覆盖，保证更好的信号传输，能够提供从室内到室外、从低速到高速范围更广的移动状态的信号。其次，是为了提升传输能力，提供更大的传输带宽，保证更多的个人信息的传送。

从移动通信网络来看，要实现其“移动信息专家”的定位，将更大规模的个人信息以更好的质量传输到终端，其通信网络还有较大的差距。“3G”概念的提出，就是建立更为强大的个人通信网络的理念表现，而这样的工程，移动通信运营商迟迟不敢动作，投资规模在上千亿元的个人通信网络，会不会一建成就是落后的，因为更为先进、更为强大的“4G”网络技术已经在实验室成型。目前的2.5G和2.75G的网络条件，以及支持GSM的芯片运算能力，距离更为强大的个人信息服务还有很大差距。

（三）数据库拓展和挑战

移动通信运营商在建构这个个人信息平台之初，远远低估了用户的发展速度，其用户服务和支撑的体系也比较简单。随着通信用户规模的不断扩展，移动通信运营商也在不断调整其用户管理数据库的建设，从集中式的数据库，改变为分布式的数据库，从四级的数据库改变为两级的数据库。用户规模的增加，用户的类型需要不断的细化，又改变了原有的数据库结构和流程。

近年来，“增值业务”的发展、个人信息服务产品的增加，对于移动通信运营商提出了新的挑战。移动通信运营商原来服务于通话业务，这些业务不需要业务数据库，而新增加的业务都需要内容集成分发数据库，不同的业务需要不同类型的数据库，文字、图片、音乐、视频都增加了这些数据库建设的难度，海量的需求不断要求这些数据库扩充内容，扩大存储，提高检索能力。近五年来，业务数据库的建设，一直是移动运营商技术开发的重点。

新增的个人信息服务业务数据库，又给个人用户管理数据库带来了冲击。原先单一通话计费用户管理，转变成为多种业务的用户管理，不同类型的产品或者服务使用情况，不同类型的用户订购，不同信息服务的用户消费记录，大大增加了用户管理的难度。到目前为止，如何有效处理这两类数据库之间的关联，还是移动通信运营商面临的一个巨大挑战。

（四）营销体系的改造

设计之初的个人通信服务体系，随着市场规模的增加，用户数量的剧增，其营销体系也随之壮大。首先就是渠道规模的扩展，仅仅依靠移动通讯营业厅，不能够满足如此海量的个人用户的营销服务，大量的移动电话销售网点被纳入到这个体系，发展新的客户，接受用户缴费，解决用户的困难，成为这些销售渠道的重要工作，而覆盖全国的渠道体系管理，是一项巨大的工程。其次是呼叫中心的发展，基于电话服务的服务中心，不断地发展，1860、10086这样的呼叫中心成为重要的营销体系。

近几年，随着个人信息服务其他业务的拓展，移动通信个人信息服务平台的营销体系正在重组和调整，各类新的业务都需要建构新的营销系统。产品体系设计由信息提供商来实现，通信运营商要建立产品对接的系统，以保证能够支持这些信息内容提供商的产品策略和价格策略。不同信息服务的渠道体系差别很大，移动供应商需要建立与不同渠道兼容匹配的渠道支撑体系。这些改造和调整，还只是冰山的一角，要支撑起规模更大的信息服务体系，还需要很长的建设时间。

总之，个人信息平台是信息平台的一个类型，也是信息平台服务于个人的一个发展阶段。通过对移动通信型个人信息平台的分析，本节解释了个人信息平台是什么，给出了定义和内涵，也展示了个人信息平台初级形态和特征，分析了初级信息平台的探索和不足。

第二节　个人信息平台的结构

前文已经指出，个人信息平台是一个复杂的系统，整个平台系统要实现为海量个性化的个人信息需求提供海量定制化的个人信息服务，其系统结构必然是非常复杂的。借鉴产业经济学的理论模型，“结构—行为—绩效”分析范式指出，系统的结构决定系统的行为和绩效。只有分析清楚了个人信息平台的结构，我们才能准确把握平台运行的模式和平台运行的效果。

信息平台结构划分的方法，主要有三种：一种是将信息平台界定为一个技术平台，按照各种技术的功能，将平台结构拆分为终端层技术、网络传输层技术、运营支撑层技术和业务实现层技术的四层结构；第二种是将信息平台看成是一个业务集群，按照业务类型进行结构划分，最主流的划分思路是运营商提出的基础业务和增值业务两大业务层次；第三种是将信息平台看成是一个商业平台，将平台结构按照价值链理论的视角拆分为生产、流通、交易、服务配套等不同的环节。

这三类结构划分方法各有侧重，但也存在重叠和缺漏，每一种划分都只反映了个人信息平台某一局部、某一层面的结构特征。个人信息平台是一个综合的系统，技术体系、业务类型、商业体系都是平台的构成内容，三者并不是孤立存在的，而是有机地交织在一起，统合运作的一个整体。

一、个人信息平台的主体结构

从给出的个人信息平台定义看，平台的作用是通过提供海量的定制化的个人信息服务满足海量个性化的个人信息需求。这是平台的绩效目标，要达成这样的绩效，一套完整的技术体系是必需的。技术体系是业务实现的技术承载环境，技术体系的性能是业务类型、业务品质、业务规模、业务成本的重要限制条件。业务的开展，还需要一个完整的商业系统来推动，其主要工作是产品选型、产品生产、产品定价、产品流通、产品销售以及客户服务。这就构成了一个完整的业务体系。

按照技术的功能，个人信息平台技术体系可以拆分为四个部分：一是终端技术；二是网络传输技术；三是运营支撑技术；四是业务实现技术。

完整的平台业务体系，也可以拆分为四个部分：一是产品体系；二是生产体系；三是营销体系；四是服务体系。技术体系和业务体系共同构成了完整意义上的个人信息平台。个人信息平台的主体结构如图 15－3 所示：

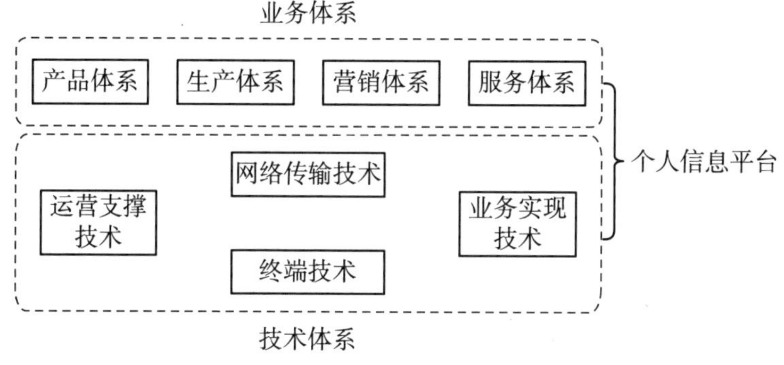

图 15－3　个人信息平台的主体结构

各种类型的个人信息平台都是由技术体系和业务体系这两大主体部分构成的。技术体系和业务体系的内部结构大致相同，差异主要体现在各个子结构层面。以广播式个人信息平台和移动通信型个人信息平台为例，见表 15－1。

表 15－1　广播式个人信息平台和移动通信型个人信息平台比较

平台主体结构		广播式个人信息平台	移动通信型个人信息平台
技术体系	终端技术	广播式信息终端技术	交互式信息终端技术
	传输技术	单向宽带的数字广播网络	双向窄带的蜂窝通信网络
	运营支撑	内容、广告业务为主的运营支撑系统	话音、内容、电子商务、定位等多业务运营支撑系统
	业务实现	音视频广播技术、紧急广播技术等	短信、彩信、流媒体、定位、射频识别技术等

续表

平台主体结构		广播式个人信息平台	移动通信型个人信息平台
业务体系	产品体系	以电视节目、广播节目、广告为主	通信业务、内容业务、电子商务、广告等
	生产组织	内容产品采集、加工为主	基础通信业务、各类增值业务的组织、生产
	营销体系	市场推广、收费、分账	市场推广、收费、分账、配送等
	服务体系	以内容业务为主的客服体系	通信业务、内容业务、电子商务等多元客服体系

从表15－1我们可以看出，广播式个人信息平台和移动通信型个人信息平台的主体结构都是相同的，只是主体结构框架下的细分结构的功能、定位、内涵存在差异。移动通信型个人信息平台的细分结构比较丰富，无论是技术体系还是业务体系都更为复杂，下文我们就对移动通信型个人信息平台的技术体系和业务体系的结构进行更细致地分析。

二、个人信息平台技术体系

移动通信型个人信息平台技术体系主要包括四大块。网络是支撑海量信息流转的通道，网络技术是整个平台最基础、投资规模最大、维护成本最高的技术系统。终端直接服务于个人用户，使个人用户可以进行一系列的操作活动，是采集信息、处理信息、存贮信息和展现信息的实现环境，同时，终端的通信接口实现了联网通信功能，实现了网络业务的接入，在整个平台技术体系中，终端技术是距离用户最近的技术系统。技术实现种类非常多，是各种类型信息服务的直接技术支撑。运营支撑技术是以稳定实现业务商业化运营为目标，在网络、终端、业务实现技术之上架构起来的承担综合处理、综合管理、综合调度的技术系统。上述每一层技术都包括更丰富的细分层次和细分结构。这些细分的结构是不断演进、更替的，变化很快，正是这些微观结构的变化，推动了整个平台技术体系的性能不断优化，系统结构规模越发复杂。

（一）网络传输技术

网络传输技术从早期的模拟时代进入数字通信，经过几代的更新换代，目前已经能够满足丰富的业务运营需求。

从模拟到数字化的升级，运营商解决了模拟时代可能出现的用户大规模通信导致系统瘫痪的问题；从 2G 到 3G 的升级，则解决了用户基本话音服务以外更多、更复杂的移动多媒体需求（图 15－4）。

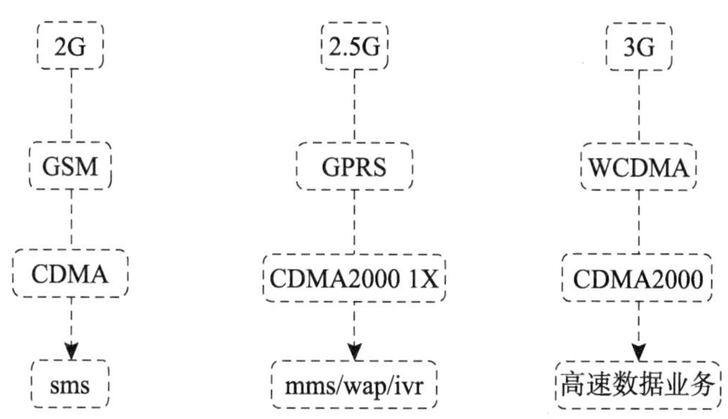

图 15－4　蜂窝移动通信网络技术演进

目前世界上大规模使用的移动通信有 GSM 和 CDMA 两种制式。GSM 技术的发展从早期的2G 发展到 2.5G 的 GPRS，再发展到 3G 的 WCDMA（各国技术标准不一样，在我国 3G 技术主要是采用 TD－SCDMA）；CDMA 技术的发展经历了早期的 CDMA 到 CDMA20001X 以及 3G 的 CDMA2000。技术发展的不同时期，网络所承载的业务各有不同，网络技术演进有三大目标：一是传输速度进一步提高；二是网络带宽进一步拓展；三是网络层次结构进一步智能化。网络技术演进，是个人信息服务类型丰富、品质提升、业务流通成本下降的基础条件。

（二）终端技术

技术的发展推动着手机等手持终端越来越像个人电脑，现有的终端技术已经使得“手机 PC 化”发展日趋完善。

目前几乎所有的互联网服务都能在手机上找到影子或雏形。手机上 WAP 网站、手机收发邮件、手机 IM、手机支付、手机购物、手机多媒体影音播放、手机制作个人相册、拍摄作品并上传共享、手机 P2P 等，这些广泛应用在互联网上的业务都能在手机上实现。

在日本、韩国等移动通信发达的国家，个人互联网是以手机而非个人电脑为中心，一方面是因为日本移动运营商在产业链中的开放态度，吸引内容及服务提供商不断开发出新的满足人们消费需求的业务；另一方面是因为日本手机厂商在研发、生产手机终端时已经达到了较高的设计和工艺水平。用户在手机上已经能够使用大部分互联网服务，手机成为个人联网的主导接口。

（三）运营支撑技术

运营支撑技术包含两大核心，一个是以 BSS/OSS 为主的底层、传统运营管理技术；另一个是以 MISC 为主的深运业务管理技术。

BSS/OSS 一方面能够对业务流（话音与短信）有良好的事前筛选、事后控制；另一方面能够对现金流有准确的统计（用户使用了多少话音、短信服务，后台都有完整的统计）；同时，还能够对用户的投诉、咨询、建议提供优质的服务流（10086 客服中心对于传统话音、短信业务能够充分应对）。

随着移动通信业务技术的发展，越来越多的业务开始为用户提供，随之而来的便是对大量新增业务的管理、接入、监测等系统工作。MISC 就是在这一个业务深运的背景下产生的（图 15－5）。

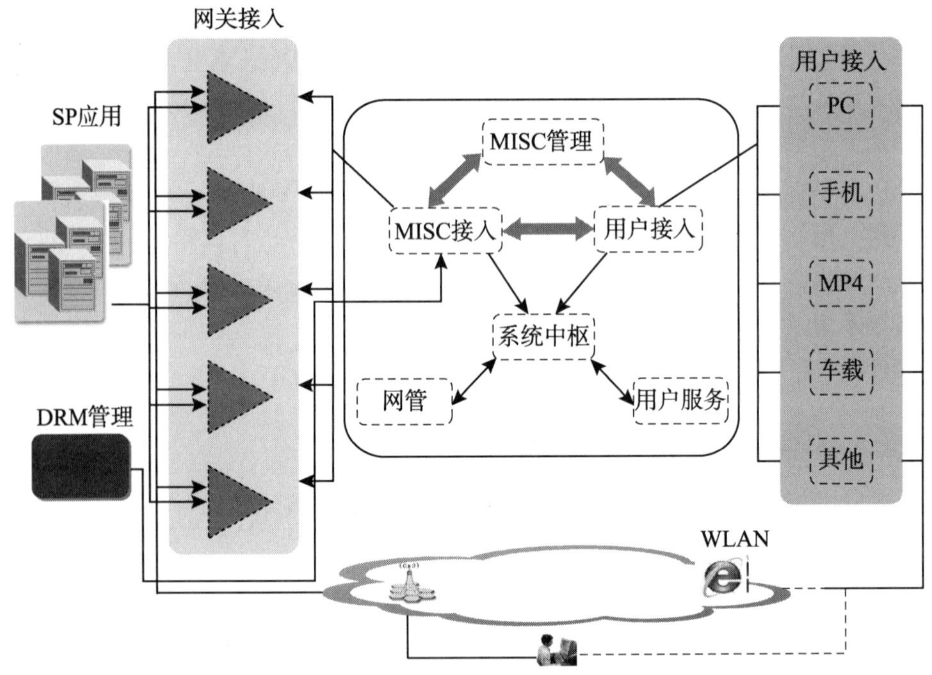

图 15－5　中国移动 MISC 平台技术结构

图 15－5 显示了 MISC（移动信息服务中心）平台的基本架构。MISC 平台作为业务运营管理系统，包括：业务控制子系统、业务运营管理子系统和统一网管子系统。MISC 完成的业务功能分为：用户注册、用户鉴权、SP 鉴权、服务鉴

权、订购管理（服务订购、取消、暂停、激活）、服务计费。业务流程划分为如下流程：业务审批管理、服务订购管理、服务使用管理、服务计费管理。MISC采用了端到端的开放式架构，分为：服务接入、服务管理、用户接入三个层面。MISC采用统一的业务模式对多种业务进行统一管理。

（四）业务实现技术

在目前2.5G网络基础上，业务实现层的主要技术有：SMS、MMS、WAP、CRBT、JAVA/BREW、IVR，这些技术是具体业务产品的技术基础。

SMS技术指的是一种可以使短消息服务器使移动电话（包括Pocket PC Phone）能够使用GSM等通信网络发送短消息的通信技术。SMS是一种存储和转发服务。也就是说，短消息并不是直接从发送人发送到接收人，而始终通过SMS中心进行转发。SMS消息的发送和接收可以和GSM语音同步进行。SMS消息按次收费，因此每字节的发送费用要比通过基于IP网络（例如，使用GPRS通用分组无线业务）发送的数据昂贵得多。

MMS技术，MMS是Multimedia Message Service的简称，中文名为多媒体信息服务。MMS是设计成可以在WAP协议的上层运行，它不局限于传输格式，既支持电路交换数据格式（circuit-switched data），也支持通用分组无线服务GPRS格式（General Packet Radio Service）。

WAP技术，WAP是Wireless Application Protocol（即无线应用协议）的缩写。这是一个使用户借助无线手持设备，如掌上电脑、手机、呼机、双向广播、智能电话等，获取信息的安全标准。WAP支持绝大多数无线网络，是一种向移动终端提供互联网内容和先进增值服务的全球统一的开放式协议标准，是简化了的无线互联网协议。WAP将互联网和移动电话技术结合起来，使随时随地访问丰富的互联网络资源成为现实。通过GPRS网络接入WAP，可充分发挥接入时速率高、永远在线、切换方便等优点。

CRBT技术可以为用户提供个性化回铃音业务。基于CRBT技术，在CD-MAlX和GPRS网络中，用户不需要再忍受“嘟嘟”的单调的铃音，而是可以根据个人爱好个性化地定制铃音。随着3G来临，网络速度和终端的提升，CRBT技术将会有更大的应用空间。

JAVA/BREW技术主要应用在移动通信领域，它们类似于一个开放免费的电脑操作系统，其他厂商可以在这个平台上设计各项应用。作为一个手机应用平台，该技术能支持高速上网、下载游戏、无线购物等几十种数据业务。厂商使用JAVA/BREW技术开发一套应用程序，将会预装在如“高通”等开发BREW平台的厂商出厂的终端中，而不需要单独去内置于单个终端，也不会出现与其他系统不兼容的问题。

IVR 技术（Interactive Voice Response），即互动式语音应答，是基于手机的无线语音增值业务的统称。手机用户只要拨打指定号码，就可根据操作提示收听、点送所需语音信息或者参与聊天、交友等互动式服务，互动式语音应答用户只需用电话即可进入服务中心，根据操作提示收听手机娱乐产品。

上述技术都是现阶段主流的业务实现应用技术。SMS、MMS、IVR、CRBT、BREW 这几类技术都已经非常成熟，相关业务创新的动力主要不是技术层面的创新，而是业务定位的市场创新拉动。而 WAP 技术、JAVA 技术、MBMS 技术、IM 技术、vedio calling 技术、自动识别技术等还处于快速演进、升级调整的发展阶段。随着 3G 时代的到来，这些技术将获得更快的发展并走向成熟，同时还会有新的技术出现，这些变化都将对今后个人信息平台整个业务体系的创新提供强劲的动力。

三、个人信息平台业务体系

依托上述技术体系，到底能够开展哪些业务？这是运营商、内容提供商、业务提供商以及其他市场伙伴最关心的问题。

（一）业务类型

移动通信行业通常是按照基础业务和增值业务来进行业务划分的。当前移动通信产业业务发展的重心是增值业务。随着移动通信技术向第三代的继续发展，新的移动增值业务不断出现。基础业务和增值业务的划分，代表的是运营商的视角。如果从盈利模式视角看，个人信息平台的业务体系则可以进行重新划分。

个人信息平台的盈利模式主要有通信服务收费、内容产品收费、商务服务收费和广告收入四种。这四种盈利模式分别对应着一个业务类型，加上贯穿于各个业务体系的数据服务，个人信息平台的业务结构呈现出一种有中心、有延展的结构形态。这种结构就是以通信业务为基础、以媒体内容业务为直接盈利来源、以深运业务为拓展方向、以数据业务贯穿整个业务体系的，涵盖个人用户工作生活各个方面需求的完整信息服务体系（图 15－6）。

1. 产品业务体系

（1）基础业务——通信服务类业务

通信服务是个人信息平台的基础业务。通信服务的外延并不局限于传统的付费话音业务，也包含各类形态的数据内容传输。长期以来，通信服务是个人信息

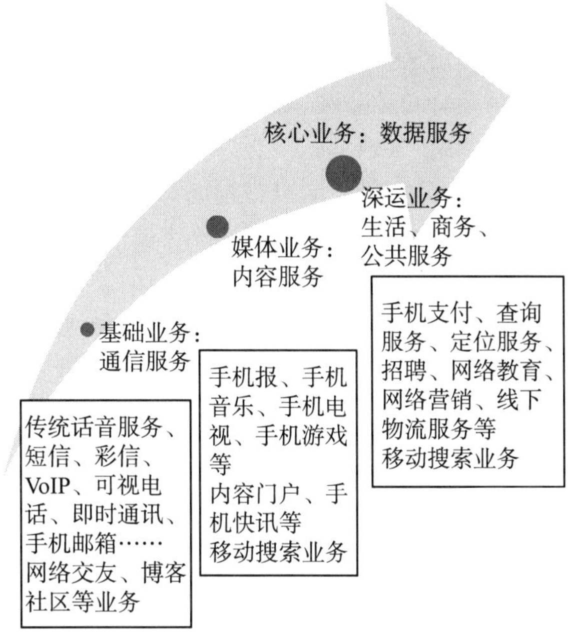

核心业务：数据服务

深运业务：
生活、商务、
公共服务

媒体业务：
内容服务

基础业务：
通信服务

手机支付、查询服务、定位服务、招聘、网络教育、网络营销、线下物流服务等
移动搜索业务

手机报、手机音乐、手机电视、手机游戏等
内容门户、手机快讯等
移动搜索业务

传统话音服务、短信、彩信、VoIP、可视电话、即时通讯、手机邮箱……
网络交友、博客社区等业务

图 15－6　个人信息平台的理想业务结构

平台的主要收入来源。2007 年，中国市场上的通信业务的市场份额依然超过了 80%。

服务个人用户的通信业务从诞生之初的基础话音服务，发展到基于 IP 的 VoIP、可视电话、即时通信等不断涌现的新业务形态，都是基于个人用户端对端的沟通需求，属于基础通信服务的范畴，这类业务主要包括服务、短信、彩信服务、VoIP、可视通话、即时通讯、手机邮箱业务等。

值得关注的是，2007 年以来，移动即时通讯业务（IM）发展迅猛。由于 IM 软件一般有 PC 客户端、短信客户端、WAP 客户端、手机软件客户端四种客户端，可以实现手机之间、PC 之间、手机和 PC 之间的全面互通，打通了个人信息平台的不同介质，极具发展价值，被誉为 3G 时代增值业务的“杀手级应用”之一。在 2006 年 3GSM 展会上，中国移动与 7 家海外移动运营商宣布，将联合采取措施，推动“跨网络手机即时通信业务”的发展。此举表明，在互联网上风行的个人即时通信服务也将被移植到手机上。运营商认为，此业务不仅能带来可观的收入，增强用户的忠诚度，还有利于其他增值业务的交叉销售，对网络即时通信业务的发展有很大的带动作用。

中国移动“飞信”业务 2008 年的市场目标是从 2007 年的 300 万用户扩展到 1 000 万用户，截至 2008 年 4 月，中国“飞信”业务的用户规模已经超过 800 万，全年用户规模有望突破 2 000 万。

近几年，类似“个人媒体”的新形态通信业务发展势头也非常强劲。如移动博客、无线交友等，利用这些业务，用户可以通过无线网络向网络发送多媒体信息，并且介入其他的信息交互过程，使得端对端通讯向网状通信的结构转变。目前，在专业移动博客网站“139.com”上，移动博客用户数量正以每天1万名的速度增加。这类通信业务的兴起，将传统的端对端通信延展为网络状交互的新型通信环境，丰富了个人通信的内涵，提升了个人通信的效果。

（2）媒体业务——内容业务

内容类业务定位明确，业务模式相对成熟，很像传统媒体提供的服务。个人用户基于内容业务的需求是普遍存在的，市场前景广阔，这就推动了个人信息平台上内容业务成为一个非常重要的市场。分析现有的内容业务，我们可以将其进一步划分为三种细分形态：媒体内容类、内容门户类和内容工具类。

当前，媒体类内容业务主要有手机报、手机音乐、手机电视、手机游戏等。手机报是媒体内容类的典型业务形态。在GPRS网络的支持下，以WAP无线应用协议为载体传送图片、声音和文字等信息，可实现即时的手机终端之间、手机终端和互联网之间的多媒体信息交互传送。中国移动开发的手机报业务，类似于传统纸媒，将新闻以彩信的方式发送到手机终端上，用户可以离线观看。还有一种形态的手机报是基于WAP网站浏览的模式，这种模式下手机报订阅用户通过访问手机报的WAP网站，在线浏览信息，类似于网上浏览的方式。此外，媒体内容类的其他业务形态还包括手机音乐①、手机电视②和手机游戏③等。

内容门户业务类似于互联网门户网站，是基于无线网络的内容集成平台，如中国移动的“梦网”门户（Monternet），中国移动的“手机快讯”④、FREEWAP领域的3G门户等。这些内容门户对内容集成能力、技术、团队和资金都有较高

① 手机音乐包括基于手机终端的音乐下载、在线音乐点播、手机铃音、音乐类视频等形式的以音乐为主要内容的手机业务形态。运营商通过推送、绑定等形式将业务推广，用户单次付费或者包月来进行消费。目前国内的手机音乐市场面临一个版权、网络速度、终端普及等多种因素的影响，但是发展的速度较快。

② 手机电视是通过手机终端提供给用户的视频类的内容形态。国内目前主流的手机电视多通过流媒体技术，最大程度的避免网络带宽等因素带给用户在消费体验上的影响。手机电视有点播、滚播两种主要的形式。用户通过包月或者单次点播、下载单次计费的模式进行消费。

③ 手机游戏包括内置游戏、下载游戏、网络在线游戏等形式。内置的游戏一般是出厂时手机自带的，网络下载游戏需要运营商和游戏提供方的合作，通过用户付费，获得游戏的使用权。网络在线游戏因为目前的技术和终端的现状，还是一个影响力不大的领域。但是将来具有较大的发展潜力。手机游戏目前已经有一些广告开发，比如内置在游戏中的广告等形式。

④ 手机快讯就是指用户通过使用支持快讯业务的手机，获得天气、新闻、体育、娱乐等资讯，这些资讯可以在手机待机屏幕上显示，无须用户自行上网浏览。

的要求，在手机内容业务的价值链中是非常重要的环节。

工具型的内容业务，主要是指辅助个人用户在个人信息平台的海量内容中检索到有用信息的搜索服务，如移动搜索业务。搜索业务在互联网平台中已经得到广泛应用，成为非常重要的内容服务工具。随着移动宽带的发展，互联网和移动开始走向深度融合，移动搜索也就自然而然成为热门话题，与互联网搜索引擎相比，移动搜索没有时间和地点的限制，更加便捷，很受个人用户欢迎。

（3）深度运营业务——营销、商务、生活资讯等

个人信息平台的一个重要业务类型是深度运营业务。在通信服务和内容服务满足了用户的基础通信和娱乐的需求同时，个人用户在社会生活中还产生了大量其他更为复杂的需求，如移动商务、电子票务等，这些需求与手机的伴随性、私密性完美结合，催生出各种生活、商务、公共服务类的深度运营业务。这些业务的开展是基于移动通信型个人信息平台的技术优势，通过发掘个人用户更深层次的需求，为用户提供更便捷、更全面、附加值更高的服务。

目前，深运业务中最先发展起来的是移动商务。移动商务类业务主要包括移动支付、移动银行、移动证券、移动保险等，其中发展最快的是移动支付业务。移动支付，说到底是金融业务与传统电信业务领域融合的产物，其一方面推进电信市场朝更加开放和多样化的阶段发展，另一方面让每一个人都向顺畅沟通和电子交易迈进一步，甚至从根本上改变人们的沟通和支付方式。在日本，移动支付业务已经成为个人开展电子商务的重要手段，2004 年 7 月，NTTDOCOMO 推出了“FELICA”移动钱包业务，到 2007 年 3 月，就已经发展了 2 000 万用户。①

深运业务的另一种类型是精准营销，这类业务是以用户需求信息为指针，开展高针对性、高适配的营销业务，如基于用户位置信息，推出的小区广告；基于用户需求信息，推出的分类广告；基于用户消费信息，推出的个人金融信息服务等。

深运业务，通常都是跨行业、跨媒介的综合性业务，新业务层出不穷，发展潜力巨大。

（4）数据业务

我们在个人信息平台定义中，强调个人信息平台是能够“组织海量需求与海量供给精准适配”的复杂系统。供需对位、精准营销的实现，前提是要实现信息在市场中顺畅流通。数据库系统的功能就是高效率地采集信息、存储信息、

① 资料来源：《2006～2007 年中国移动支付业务用户消费行为调查研究年度报告》，第 32 页。

分析信息和管理信息。个人信息平台的技术体系中，数据库是必要的构件。正是数据库系统在个人信息平台体系中普遍配备、广泛应用，数据库功能不断优化演进，从而为个人信息平台采集完备的信息，高效地管理信息奠定了基础。数据库是个人信息平台的重要成分，数据业务是个人信息平台的重要业务。

当前，数据业务还处于萌芽阶段，还属于起步业务。但它在整个个人信息平台业务体系中的杠杆效应最显著，是极具发展潜力的业务。

当前数据业务的应用主要是两类，一是“专项用户调研服务”：利用用户基本信息为企业开展专项用户调研，如网络问卷、电话访谈。平台数据库存储了大量完整、真实的用户基本信息数据，形成维度丰富的抽样框，抽样更加精确、灵活，并能与系统配合，进行系统自动抽样和调研数据的自动录入分析，最终形成调研分析报告，提交客户。二是“数据监测和分析服务”：网络运营商对数据库中 SP/CP 的业务监测数据进行深度分析，根据 SP/CP 的要求有针对性地提供业务报告，或者是在业务数据的基础上开发数据分析系统产品，为 SP/CP 提供业务运营支撑服务。

现阶段的数据业务还是简单应用和初级应用，数据业务的潜力还没有释放出来，真正意义上的数据业务的模式、形态、应用方向，产业界都还在探索。

(5) “我的业务”——定制的个人信息服务

个人信息平台的业务结构是基于用户在社会生活的各个层面的需求所进行的划分，具有标准化和开放性的特点。首先，各种业务形态的服务内容和服务流程是标准化和可复制的；其次，这些业务是在同一平台上呈现给用户，供用户进行任意选择和消费的。这两个特征是个人信息平台存在的必要条件。

除此之外，个人信息平台最主要的作用在于精确“匹配”，即基于个人需求，组织适配业务的提供。要做到业务适配，个性化的加工和包装是极为重要的环节：保留 80% 的标准化业务产品，加入 20% 的个性化定制应用，最后形成定制、定向的个性化业务体系——100% 的“我的业务”（图 15 - 7）。

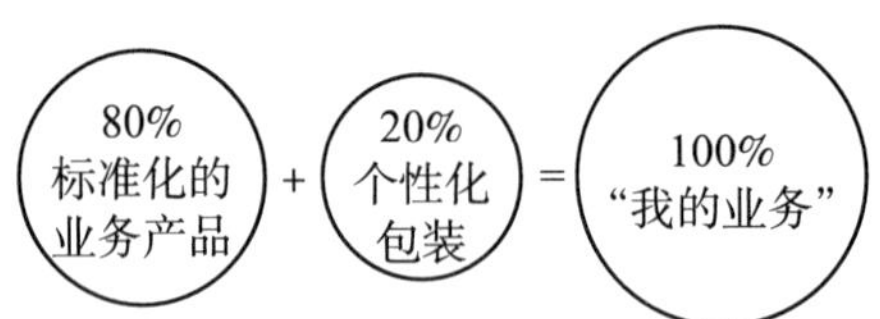

图 15 - 7　供需对位的“我的业务”

我们已经分析了，在个人信息平台中，个人用户的信息需求是非常复杂的，既有通信的需求、内容的需求还有商务的需求等，服务这些需求的业务就是我们上文提到的 5 大类业务，这些业务的生产体系、营销体系、客服体系都存在差异。这就导致了个人信息平台的生产组织体系、营销体系和客服体系是异常复杂的，没有统一的模式和流程，分析这些体系结构，需要按照不同的业务进行区别研究。但也需要指出，不管什么业务，移动通信运营商都是非常关键的角色。运营商在业务的规划、商业模式的设计、产业链的建设、应用产品的包装以及市场的推广方面的努力都起到了决定性的作用。

2. 按盈利模式划分的业务类型

个人信息平台的盈利模式主要有通信服务收费、内容产品收费、商务服务收费和广告营销四类。

（1）通信服务收费

个人信息平台是基于现在及未来的移动通信网络而搭建的。作为平台，其基础功能就是进行通信服务，传送各类信息，包括传统的语音服务及各类形态的数据内容。平台根据不同信息所占用的网络资源进行收费，收费对象既有买方也有卖方，这种收费模式是目前基础网络运营商最为主要的盈利模式，如中国移动与中国联通，都会对使用无线互联网接入的用户收取一定的费用，计费单位以在线流量或时长来计算。

（2）内容产品收费

随着移动通讯市场的发展，传统的通信服务付费的利润空间越来越小，许多新型的增值内容服务开始出现。原先的基础网络运营商都在向新的综合信息服务提供商转型。使用网络资源的价格持续下降甚至到最终免费，而盈利的方向则逐渐转向对用户使用内容产品收费，作为平台，是通过大量的内容买卖双方的交易而从中获得收益（图 15－8）。

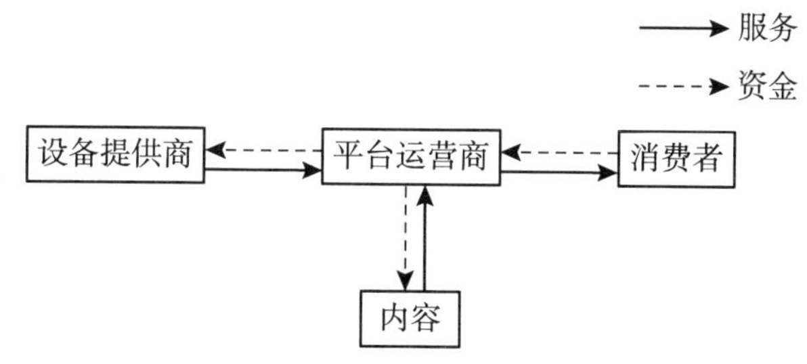

图 15－8　内容产品收费模式

这种收费方式是由平台提供一个计费系统，根据内容的形式及用户消费的数量来收取一定的内容使用费。目前，在移动增值服务领域，大多数业务形态都采取内容付费的方式盈利。而国内这一市场经过数年培养，已经形成了较为可观的收入规模。内容付费模式必须基于成熟的内容市场，即拥有充足的内容供给，可以满足不同受众多元化的信息需求。

从国外经验看，内容经营模式比较成功的是日本 NTT DoCoMo 的“I-MODE”模式。

“I-MODE”模式从 1999 年 2 月开始运营。从日本手机无线网站数量来看，2001 年日本官方网站为 1 600 家，非官方网站为 4.1 万家；截止到 2005 年年中，日本无线官方网站数量达到 4 600 家，非官方网站达到 8.7 万家，站点总数超过 9.2 万个。目前日本无线网站数量依然保持稳定增长。

“I-MODE”通过以运营商主导，实现了手机终端与内容的整合，创造了共赢的商业模式。同时，“I-MODE”用户的网络资费低廉，实现了用户规模的迅猛增长。

（3）商务服务收费

“商务服务”是指个人信息平台所提供的商业性交易服务。在这类服务中，个人信息平台只作为一个单纯的“平台”或“市场”而存在，为买卖双方提供完善的交易功能，其交易的产品本身与移动通讯行业的内容或服务无关。这类服务诸如电子商务、电子票务、移动支付、手机银行等。作为平台运营者，收益来源主要有两块：一是向移动运营商、银行和商户收取设备和技术使用许可费；二是从运营商处提取签约用户使用此类业务的佣金。

从市场的发展现状看，这是一种新型的信息增值服务，以移动通讯网络为核心的个人信息平台，进一步整合了零售业、服务业和金融业的资源。

（4）广告营销收入

在这种模式下，用户收看内容和享受相关服务都是免费的，整个媒体的运营费用主要通过广告经营收入来承担。一些公共服务也可由相关政府机构来承担（图 15-9）。

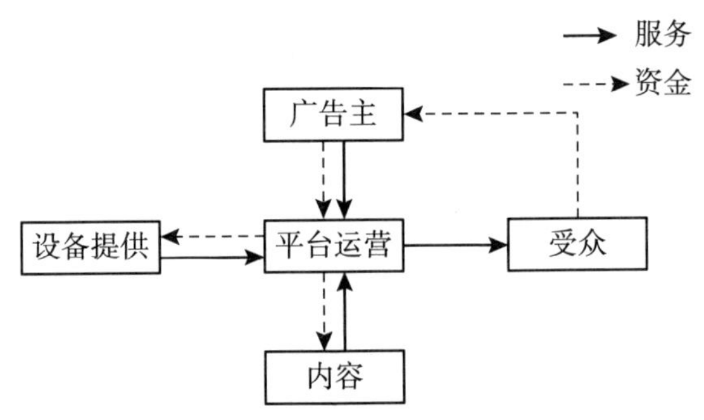

图 15-9　广告营销收入模式

这一模式的成功运营，必须具备两个条件：第一，要有成熟的内容产品体系作为基础，吸引一定规模的使用者。第二，要有较完善的广告产业链和丰富的广告客户资源作为运营支持。

从国内外经验看，广告营销盈利模式发展比较迅速。预计 2008 年全球手机无线上网用户规模将达到 9.2 亿人。仅 2006 年，日本的手机广告市场规模就达到了 450 亿元。[①]

（二）个人信息产品的生产组织体系

不同的业务类型，生产组织体系差异显著，下文我们将进行分别解析。

1. 通信业务的生产组织体系

通信业务基本的生产组织体系相对简单，通常是运营商或者技术提供商，如“GOOGLE”提供移动搜索技术，运营商制定产品策略、定价策略，然后推向市场。用户消费技术和传输资源，信息是用户自行组织的。

2. 内容业务的生产组织体系

内容业务的生产组织体系相对复杂，类似于传统媒体的生产组织体系。整个体系的参与者一般包括这样几种角色，上游是内容生产者，在个人信息平台中，内容生产者可以是专业的媒体机构、内容制作机构，也可以是个人。另外一支重要的力量，就是内容的集成商，他们的职能是对内容资源、内容素材，按照目标用户的阅听需求进行整合、包装，实现产品化。

目前比较典型的内容业务有手机报、手机电视、手机音乐等。我们以手机报为例来看一下内容是如何生产组织成产品的。图 15－10 是中国移动手机报的内容生产组织的体系结构。

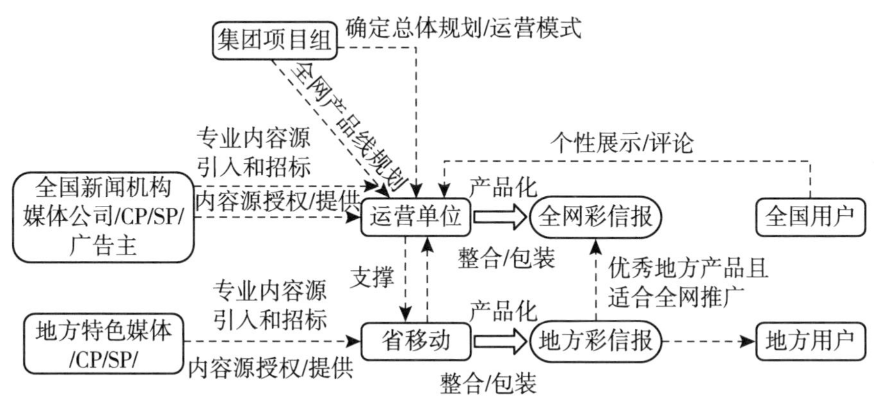

图 15－10　中国移动手机报的内容生产组织的体系结构

图 15－11 则比较清楚地反映了手机报内容产品化的整个生产组织流程。

① 资料来源：《中国移动增值服务市场研究报告》，第 83 页。

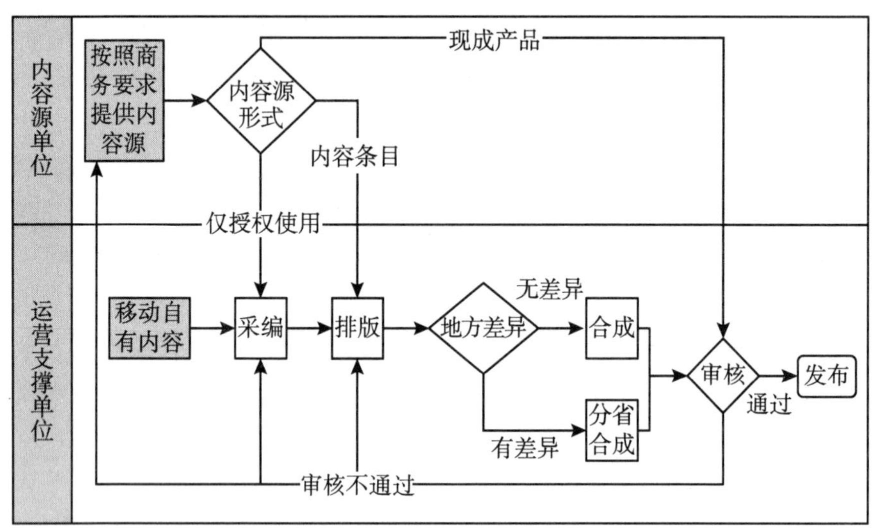

图 15－11　手机报内容产品化的生产组织流程

3. 商务业务的生产组织体系

移动商务业务整个生产组织体系情况比较复杂，这和商务的类型有关。对于通过个人信息平台购买实体商品的移动商务类业务而言，其体系通常包括产品生产企业、移动支付服务提供商和线下物流服务提供商这样三个环节。对于信息商品的移动商务业务而言，其体系主要包括信息产品提供商、信息服务提供商和移动支付服务提供商三个环节。这两大类移动商务业务都有一个必要的环节就是移动支付。移动支付业务本身就是一个相对独立的体系，其生产组织体系的参与力量主要包括设备终端提供商、运营商、银行金融企业以及第三方移动支付服务提供商。

4. 数据业务的生产组织体系

数据业务的生产组织体系通常包含运营商、其他行业数据资源持有方、第三方数据服务提供商这类市场力量。在移动通信型个人信息平台中，运营商的数据资源最丰富，数据结构比较完整，数据业务运营能力最强。运营商已经关注到数据业务的巨大潜力，正在加快数据资源整合和数据业务运营的商业布局，很多的专业调研公司，数据系统研发机构都已经加入到以运营商为主体的数据业务生产组织体系中。但是现阶段也存在很多隐患和瓶颈。

最大的隐患就是运营商和各类机构手中的数据，尤其是用户信息数据是否可以进行商业化开发。在中国，这个问题尤其突出，而这类问题的解决，不是商业机构可以独立化解的，还需要政府部门的参与和指导。

存在的瓶颈是，个人信息平台数据业务的全面开展，需要平台中拥有数据资源的各方力量能够按照商业目标，遵循商业原则，将分散的数据资源整合运营才能实现数据业务的价值最大化。但现在运营商自由体系内部各个业务平台留存的数据资源都还是分散管理，数据格式不统一，数据结构不兼容等问题很突出，而且运营商内部集团总部和省分公司、地市公司的数据资源也是分散管理、分散分析的，运营商内部数据统一管理、统一分析、统一运营还远没有实现。另外，运营商的数据和其他松散合作的业务伙伴手中的数据也是割裂的，跨行业、跨企业的数据关联还没有实现，数据业务的商业价值链还没有贯通，整个商业协作体系还没有真正建立起来。

（三）营销体系

在移动通信型个人信息平台中，各类业务的营销推广工作都离不开运营商。各类个人信息服务的收费渠道基本都是运营商控制的各种营账系统。另外，各类业务的用户发展、业务推广工作，运营商自有营销网络也是最强大的支持力量。因此，整个营销体系的主导力量是运营商，业务伙伴在整个营销体系中只是协助和补充的力量。图 15 - 12 是移动通信型个人信息平台营销体系的结构示意。

集团： 总体营销活动组织推进 确定营销主题及策略 组织营销资源	省公司： 省内营销资源投入 制定分省营销政策 营销活动实施及监控 营销效果反馈 一级客服
支撑中心： 组织/提供营销产品 提供营销思路及方案 营销效果分析/评估 据营销效果分析优化产品 二级客服	外协公司： 大型营销活动的策划/组织广告/公关整合营销支持营销物料的设计/制作

图 15 - 12　移动通信型个人信息平台营销体系结构

那么运营商强大的营销体系又是一个什么样的结构呢？我们通过对中国移动和中国联通营销体系的仔细考察，绘制了图 15 - 13。

如图 15 - 13 所示，运营商的营销体系是一个从营销案决议策划到营销案执行的完整的营销流程。整个体系是分级贯彻、多部门协同、各级市场全方位对接、各类资源有机整合的完整系统。这么庞大的营销体系，具备强大的营销势能，储备了具有垄断优势的营销资源。其中比较特殊的、运营商独有的营销资源主要有三类：

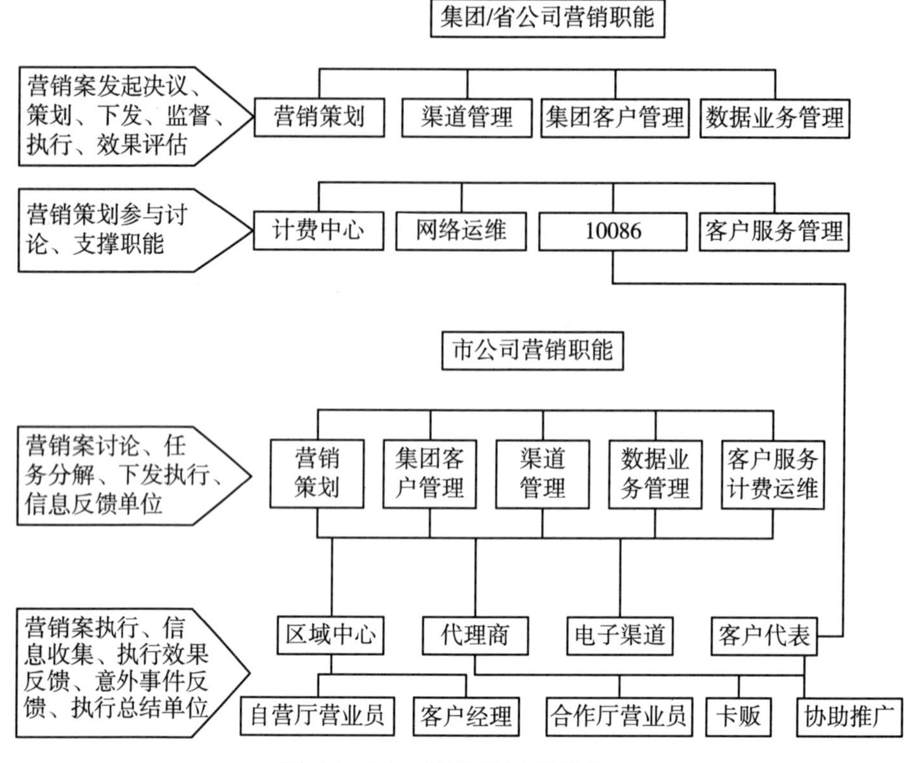

图 15－13　运营商的营销体系

一是规模庞大、覆盖广泛的营销网点资源。如中国移动就广泛依靠营业厅自办、社会渠道代理点合办、客户经理一对一办三种模式发展新用户和维系老用户。一方面依托原有邮电业遗留下来的自有渠道，努力发挥其销售功能和示范功能，同时加大对自有渠道的投资，保持自身服务领先；另一方面也积极发展社会代经销渠道，延伸产品的覆盖范围和市场控制力。在社会渠道的管理上，中国移动注重抓住零售商注重流通的特点，以差异化的地区性产品来刺激最终市场，进而启动渠道的积极性，控制渠道对自身的依附。这些都是宝贵的渠道资源。

二是强大的价格控制能力。运营商掌控着各种业务的定价权，在市场推广中，有能力运用业务套餐、免费试用等变相降价促销的手段实现业务的大规模销售。

三是运营商多年积累，大力培育的丰富品牌资源。如中国移动就打造了“全球通”、“神州行”、“动感地带”三大全国统一的主导产品品牌，分别涵盖高端用户、流动性较强的用户和收益潜力大的潜在中高端用户；此外还有大量针对区域市场推出的临时性品牌。中国联通也建立了分品牌营销体系，旗下“世界风”品牌，强化面向中高端客户的定位；“新势力”品牌则主要面向青少年客户；“如意通”品牌，强调面向大众市场；“新时空”品牌，则面向集团客户和行业应用，品牌层次完整。这些业务品牌资源的培育，为运营商增强保有用户忠诚度，发展新用户以及开展新业务提供了强大的营销影响力支撑。

运营商掌控的营销体系承载能力很强，从传统的话音业务到各种各样的增值业务，借助这个营销体系都能够快速地发动用户，启动市场，回收资金。这套营销体系的建立是运营商大规模持续投资、长期维护才建立起来的，是运营商重要的资产，也是运营商得以控制整个产业市场的重要砝码。

在具体业务的营销推广中，运营商会根据业务类型的差异，充分整合自有资源，并借助必要的外部资源保障业务的成功推广和销售。图 15 – 14 是中国移动手机报产品营销体系的结构和流程，运营商自有的营销体系是主导力量，运营商全面整合自身的品牌资源、资费优惠、产品捆绑资源、营业厅人员推广资源等特有的营销资源投入到业务营销运动中，而传统媒体广告投放、公关宣传、路演等则是整合了外部资源。

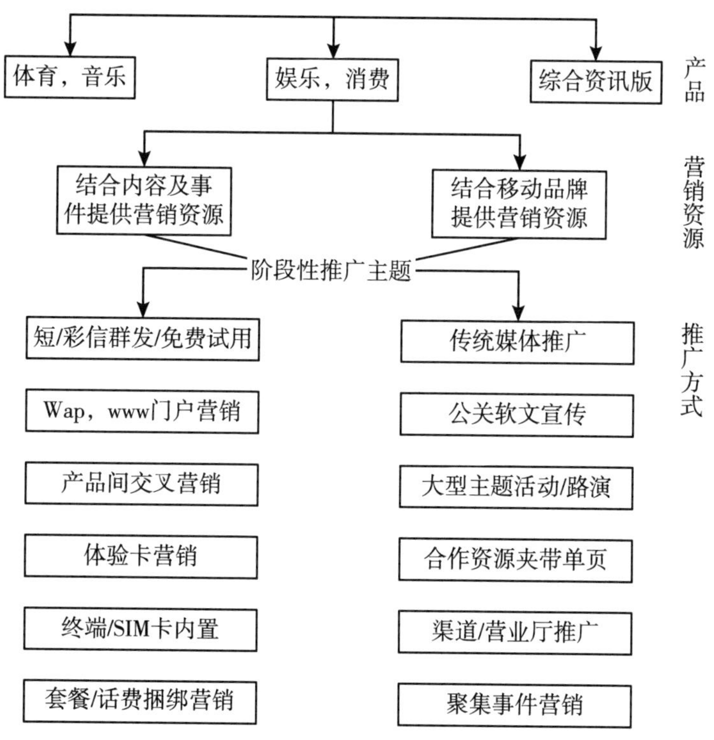

图 15 – 14　中国移动手机报产品营销体系结构和流程

依靠这样一个结构丰富、资源丰富的营销体系，中国移动的手机报业务在短短 3 年时间内，从无到有、从小到大，发展成今天拥有 3 800 万个人用户的电子报业务，其中，中国移动主力推广的自办报《新闻早晚报》用户已超过3 000万，成为全球最大的电子刊物。这样骄人的市场业绩，正是依托运营商强大的营销体系，重点培育优质营销资源，全力扶持的结果。

（四）服务体系

服务体系是个人信息平台业务体系的必要环节。随着平台上个人用户数量的急剧膨胀，随着平台上业务类型不断扩展，业务量的不断激增。个人用户对整个平台系统的服务质量要求也越来越高。建立高效、完善的业务服务体系是平台业务顺利开展的重要保障。

个人信息平台的服务体系按照建设运营主体不同，大致可以划分为两种类型，一种是运营商建立的客户服务体系；另一种是运营商之外的其他业务伙伴针对专门业务建立的客户服务体系。这两类客户服务体系尽管分属不同运营主体，但在具体的业务受理层面都留有专门的接口。

运营商的客户服务体系是现阶段个人信息平台的主要服务平台。运营商的所有自营业务以及绝大多数的增值业务都是由运营商的服务体系来开展客户服务的。运营商的客户服务体系，主要包括服务接入方式、服务渠道与服务项目三层主要结构。以中国移动为例，其服务项目主要包括基本服务、异地服务、主动服务、增值服务、大客户服务、梦网服务以及VPMN服务七大部分，这些服务项目可以通过实体营业厅、网上营业厅、短信营业厅以及客户服务热线四种渠道实现，以面对面方式、语音方式、互联网方式、终端互动方式以及其他非即时互动方式等所有的常见的接入方式，来满足不同类型客户的需求（图15－5）。

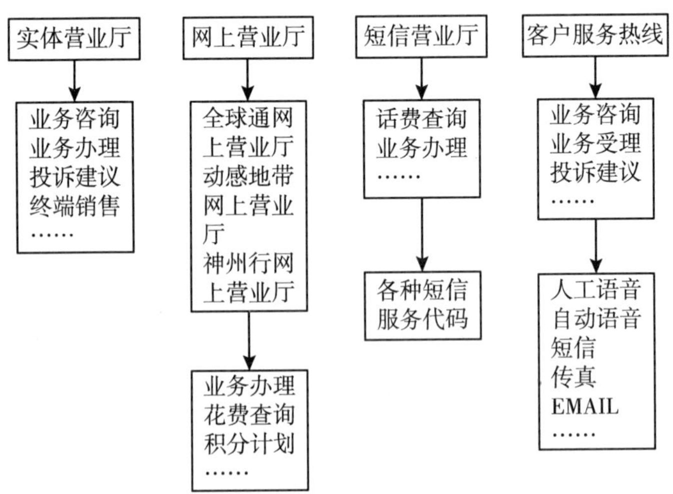

图15－15　中国移动服务项目及办理方式

对于电子支付、电子银行、电子证券这类业务，属于高信誉保证、高安全性要求的金融业务，银行、交易所这些业务提供商基本都建立了独立的客户服务体系，这些客服体系与运营商客服体系的结构大致相同，但服务项目差异很大。这类服务体系一般只是借用运营商的信息传输通道，如租用专门的短信通道，向个人用户直接开展客服工作。

第三节 中国个人信息平台三大体系竞争及融合

中国的个人信息平台，自发展以来，引起了政府、业界和学界广泛的关注。一系列思想的提出，掀起了一批又一批辩论和思考的浪潮，将一个又一个概念推动为社会的热点。3G 概念提出后，整个业界推波助澜，大众媒介广泛关注，一直是热点追捧的名词。TD – SCDMA 从 1998 年以来，大张旗鼓，2008 年，其终端推广也拉开了序幕。CMMB 中国移动多媒体广播也发展迅速，从其自主研发的 STIMI 标准开始，芯片开发，组网试验，一直到 2008 年的 40 多个城市的布网建设，发展迅速。以 WI – FI 为代表的“无线宽带互联网”正在国内 6 个城市进行试点，推出“无线城市”。这些现象，搅动了整个行业，也带给了我们众多的思考，我们展望未来 10 年，个人信息平台的建设会是怎样的结构呢？

一、三大平台体系的竞争

中国个人信息服务这个领域，不同的信息技术体系都发挥自身的特点，正在形成不同的平台结构。从广域覆盖层面来看，有三种技术体系最有影响力。第一种技术体系就是从 1995 年前后开始建设的移动通信系统，经过十多年的发展，已经具备了相当大的规模。第二种技术体系是从 2001 年开始提出的移动多媒体广播系统，从 2007 年开始，已经完成从方案向实验网络的转变，2008 年，工程项目正式开始。第三种技术体系是无线宽带系统，从 2006 年开始，也进入了大规模引进和试点的阶段。这样的三股势力都有着其技术体系和产业集团的支持，形成了战略层面的竞争。

我们通过观察已经看到，有三种形态的个人信息平台将会在今后 10 年之内并存发展，这三种类型的个人信息平台我们可以概括为：蜂窝通信型、广播型和无线宽带型。各类平台之间既相对独立，又存在激烈的竞争。这种竞争体现在不同平台技术体系的竞争，不同业务方案、盈利模式的竞争，以及不同市场形态的竞争。

这三大平台形态成为主导型的个人信息平台，有其必然性。一方面，这三大类型平台依托的网络都已经形成了广域覆盖，将会发展出数量庞大的个人用户；另一方面，这三大类型平台，都具备提供海量的信息服务的能力。

但同时，这三大系统无论从技术体系、盈利模式、业务体系还是市场形态都存在显著差异。三大平台阵营都从各自发展演进的视角提出了主导未来个人信息服务市场的目标，相互竞争激烈。

个人信息平台的未来走向，取决于这三大平台阵营博弈竞争的结果。究竟是三大平台阵营独立发展、势力均衡，还是其中一类平台取代另一类平台，一统市场，抑或是出现三大平台走向融合形成新的平台体系？以下，我们将就这个问题展开探讨。

（一）三大类型平台的差异

上述三类个人信息平台的差异，核心是技术体系不同，以及运营理念不同。这两大核心差异导致了三类平台盈利模式、业务体系以及市场形态的差异。

1. 技术体系的差异

蜂窝通信型个人信息平台，属于电信网络的技术体系。电信网络技术体系，其承载网和业务网是紧密耦合的，是以运营商为枢纽，对通道和业务实行集中控制的技术体系。这种技术体系架构，有助于实现通道和业务的有效治理、传输安全保障、业务质量保障。当前，全球范围内，蜂窝通信网络存在多套标准体系，执行不同标准的网络，其技术体系（终端设备、传输制式、网关、基站、运营支撑设备、应用技术）差异显著。

无线宽带型是通过一系列全球统一的通讯协议在各种物理通信网（包括电信网）的基础上架构起来的虚拟网。通过执行统一的互联网协议（基础是TCP/IP协议），技术分立、运营分立的各种物理通信网络（包括电信网）实现了传输层的互联互通。互联网将各种分立自治的物理通信网变成了自己的承载网。在互联网技术体系中，业务与承载网是分离的，各种数据业务在协议层实现互联互通。因此，互联网强调通道透明，数据业务在协议层自由流转，不强调利用通道对业务进行管理和控制，控制和管理只在业务发起方和接受方两端开展。在无线宽带型个人信息平台体系中，非常强调终端智能。

广播型是利用数字广播电视技术以广播方式向多种便携接收终端提供广播电视节目。广播型技术标准在全球主要有T-DMB、S-DMB，在我国主要是国家广电总局力推的CMMB（中国移动多媒体广播）。CMMB的技术体制是：利用大功率S波段卫星覆盖全国、利用地面增补转发网络对卫星信号盲区进行补点覆盖、利用无线移动通信网络构建回传通道实现交互，形成星网结合、单向广播和双向互动相结合、中央和地方相结合的全程全网、无缝覆盖的系统。

2. 运营理念的差异

技术体系架构与运营理念其实是一脉相承的。技术架构的差异反映了运营理念的差异。

蜂窝通信型个人信息平台运营理念的核心是对可控制、可治理、可收费的通道资源和业务体系进行运营。一方面，通道资源可以独立运营；另一方面，则可以根据业务定位，对通道资源进行分配，以特定的通道资源与特定业务捆绑，提供有差别的信息产品和服务。蜂窝通信型个人信息平台的所有通道资源、业务产品都有营账系统配合，所有业务都可计量、计价，盈利模式明确，收费管理能力强。

宽带型个人信息平台的运营理念是通道与业务分立，通道资源只向用户收取基本传输费（通常是按流量收费或按时间收费），业务由提供方自行开展。由于业务提供方开展数据业务的动机多元，盈利只是其中的一种动机，因此，大量的免费业务得以蓬勃发展。而如果是收费业务，业务提供方需要自行解决定价、支付、营销、客服等问题。

广播型个人信息平台基于广播网络，在带宽、频率上有极大的优势，一对多的传输模式保证了最大范围的人群覆盖，同时能够确保收视质量。此外，由于接收终端的多样性，确保了广大市民有多种途径接收到移动多媒体广播。基于以上两点考虑，移动多媒体广播主要面向大众人群，同时兼顾集团用户。

3. 盈利模式的差异

蜂窝通信型个人信息平台的业务体系基本都是以盈利为导向的，除了必要的公共服务，这类平台一般不提供免费业务。蜂窝通信型个人信息平台的盈利模式多元，最基本的盈利模式就是通道资源使用费盈利，传统话音业务、数据信息通信业务（如 SMS \ MMS \ IM \ MAIL……）收费的实质都是运营商向客户收取传输通道资源占用费。随着分组数据网络的发展，内容产品销售、广告和电子商务等盈利模式也逐步发展起来。但这些盈利模式，基本都是在运营商的主导或参与下发展起来的。

无线宽带型个人信息平台绝大多数服务都是免费的，盈利并不是业务提供方的绝对目标。无线宽带型个人信息平台没有传输通道资源盈利这种模式（互联网中，即时通信、IP 电话的网内通信基本都是免费的）。主流盈利模式主要包括内容产品销售、广告、信息咨询、电子商务等。这些盈利模式是业务提供商自行探索开展的。在无线宽带型个人信息平台环境中，各个参与者都可以自行开展业务，或者自由选择合作伙伴合作开展业务。这种宽松的市场环境，有利于盈利模式的创新。

广播型个人信息平台具有公益性和普遍服务的市场定位，因此初期以基本收视费为主，待业务逐步发展再获取其他收入，包括拓展收视费收入、广告收入和增值服务收入等。

4. 业务体系的差异

蜂窝通信型个人信息平台的传统业务就是话音通信，内容、商务、上网等增值业务最近5年发展迅速。整个业务体系比较丰富。

无线宽带型个人信息平台，存在大量免费服务，这些服务很多都是自发组织的，业务创新的速度非常快，整个平台业务体系极为丰富，互联网平台已经成为业务创新的重要培养环境。

广播型个人信息平台的业务体系包括基础业务和增值业务两大类。基础业务为数字音、视频广播；增值业务包括紧急广播、综合数据信息服务、交通安全导航等扩展业务，还包括电子节目指南等附带业务，以及音视频点播、移动娱乐类、商务服务类等双向交互业务。

5. 市场形态的差异

关于三类个人信息平台的市场，借用中国移动副总裁鲁向东先生的比喻可以概括为两个“有围墙的花园”（蜂窝通信型个人信息平台/广播型个人信息平台），一个“没有围墙的花园”（无线宽带型个人信息平台）。蜂窝通信型和广播型个人信息平台的市场形态类似于“超市”，而无线宽带型个人信息平台的市场形态类似于“公共集市”。

蜂窝网络属于基础电信网络，是具有自然垄断性质的特殊产业。各国各地区的蜂窝网络基本都是寡头竞争的市场格局。不同的网络运营商在各自的网络体系中，针对各自的用户群，排他性地开展经营。这是运营商强势的先决条件。

在蜂窝通信型个人信息平台市场中，运营商是“超市”的经营者，他提供“店面和货架”（传输通道和业务支撑技术系统）、选择“货品”（业务体系）、提供“销售人员”（销售体系、客服体系）、提供“结算服务”（营账系统）、还拥有规模庞大的“客户群”（用户），运营商通过提供上述资源和服务，向顾客和供应商双方收取佣金。运营商的这些资源优势，决定了运营商在整个平台市场处于主导地位，它是控制双边市场的核心力量。整个平台产业生态是以运营商为核心的产业链，运营商是绝对的市场势力。

无线宽带型个人信息平台市场是基于市场机制而不是基于行政指令发展起来的。整个市场自发形成、自发组织、开放发展、自由竞争。业务提供不受控制，自由开展。买卖双方自主协商进行交易。整个市场体系包含着无数的细分市场，不同细分市场的市场格局差异显著。有的是完全竞争市场，有的是寡头垄断市场

（如搜索市场），有的则是最简单的物物交换型市场（如 P2P 类分享共建型业务市场）。各个细分市场基本都是开放市场，进入和退出自由。在互联网市场中，海量细分市场的存在和衍生，出现绝对市场势力的几率微乎其微。

广播型个人信息平台是基于行政指令发展起来的，其运营主体是以国有资本为主导、多元化资本共同投资的架构。广播型个人信息平台的关键环节掌握在广电部门手中，包括技术研发、卫星传输、节目提供和市场运营。中央级的运营平台由国家广电总局、中央级的电视台、电台和电影单位组建，地方级的运营平台交由地方广电部门管理。拥有特色业务资源和内容资源的业务提供商在运营平台管理下可适度参与。总体而言，广播型个人信息平台也是一个较为封闭的市场。

（二）三大平台的竞争

现阶段，三大平台阵营都强调自身在市场效率方面表现得比对方更好，争论和竞争相当激烈。

1. 蜂窝通信型平台的“竞争优势论”

蜂窝通信型个人信息平台阵营普遍认为凭借下述“优势”就能赢得竞争。

（1）这个平台无论是终端形态/功能、网络特性（电信网络的优点是“网络可知、可控、可管理”，电信阵营认为这样的网络才能够保证国家安全和保障消费者的权益，而互联网的承载网是“不可知、不可控、不可管”。他们认为，互联网的安全性存在严重的问题）以及业务线都能很好地满足个人随时、随地、随身地开展全面信息活动的需要。基于这些特性，蜂窝通信型个人信息平台就是最典型的个人信息平台形态。

（2）从用户规模看，全球手机用户的数量是互联网用户数量的 3 倍。通信型平台拥有绝对的用户优势。而用户代表的是需求，自己掌握了最大的需求市场份额。

（3）从市场盈利能力看，在蜂窝通信型个人信息平台市场，每个用户都在持续购买信息产品和服务，单用户的支付额在个人全部消费支出中占有很大的比重。庞大的用户基数，加上可观的消费支付，产生了庞大的经营额。对于供应商来讲，这是非常重要的。而且，在这个平台市场中，盈利是核心目标，平台承载的每一个业务都可以成功商品化，实现盈利。在中国，蜂窝移动通信市场甚至拯救了一大批互联网企业。

（4）从市场格局看，运营商主导的市场，似乎有利于形成合理竞争的市场秩序，规避恶性竞争。对于进入这个平台的供应而言，运营商的控制和治理，有助于控制恶性价格战、盗版行为、免费分享、侵犯知识产权行为的发生。

（5）从技术支撑、销售、营收、服务水平看，运营商的技术支撑体系先进而完善，业务销售体系网点丰富，营账系统完善，客服体系完善。在这个平台上，无论是运营商自营业务还是合作伙伴提交的业务都能得到全方位的支持保障。运营商提供的一揽子配套服务，非常有利于发展用户、回收资金、保障产品和服务品质、整个市场体系配套完善。

2. 无线宽带型平台的"竞争优势论"

无线宽带型个人信息平台阵营则认为自己同样具备赢得竞争的能力，他们的依据是：

（1）个人电脑正向便携化方向演进，同时随着 Wi－Fi/WiMAX 技术的发展，互网络的移动性已经得到很大程度的改善。"便携式个人电脑/智能手持终端＋互联网"同样能够满足个人用户随时、随地、随身开展信息活动的需要。现在，手机越来越智能，"手机 PC 化"已经成为重要的演进方向，WiMAX 入选 3G 标准阵营，为移动互联网的全球普及打好了基础。

（2）互联网是巨大的技术创新，业务网与承载网相分离，承载网采用不面向连接工作方式的分组网，业务网的设计充分考虑承载网的特点，业务网和承载网是适配的，从而对电信网的业务产生重大的冲击；互联网确立了未来业务网 IP 化的技术发展趋势。

（3）互联网的网民规模正处于高速增长的阶段，而且随着越来越多的蜂窝移动通信网络与互联网联通，越来越多的个人用户正通过智能手机接入互联网获取信息和服务。互联网有能力从蜂窝移动通信网络中分流用户。

（4）互联网是全球一张网，网络跨越国界，是一个全球化的网络市场。而蜂窝移动通信网络属于基于地域分立的区域性网络，网际互联互通阻碍重重。在全球一体化的大背景下，个人用户对于在全球范围内获取信息和服务的要求越来越普遍，越来越强烈。全球性的信息网络大市场是必然趋势，互联网已具备雏形。

（5）互联网承载了丰富的信息资源、信息活动和业务。从信息资源的类型和规模看，互联网平台超过蜂窝移动通信平台。蜂窝移动通信平台近年推出的所谓创新型业务，在互联网平台中其实早已发展起来，很多移动增值业务都是互联网成熟业务的翻版。互联网平台的业务创新能力要强于蜂窝移动通信平台。同时，从信息资源、信息服务的质量看，互联网平台也不输于蜂窝移动通信平台。在蜂窝移动通信平台中，话音通信、消息服务、邮箱服务、内容服务基本都是收费业务，而在互联网平台上，这些业务基本都是免费的。显著的成本优势、价格优势，是互联网平台冲击蜂窝移动通信平台传统主营业务的致命武器。这正在帮助互联网平台赢得更多用户的支持。全球经营最成功的 i－MODE 平台，近两年来的统计数据显示，通过 FreeWAP 接入公共互联网的手机用户增长迅速，对运营商的付费WAP平台用户分流明显。

互联网对传统的基础信息业务正在进行彻底的“价格脱脂”。互联网的发展，将越来越多的传统付费信息业务转变成为免费服务。互联网平台阵营认为，蜂窝移动通信平台既有收费业务体系是不稳固、不合理的，其丰厚的业务收益是不可持续的。真正具备盈利能力的新型增值业务，互联网平台的业务创新能力更强，市场交易成本更低，业务价格更合理。

（6）信息自由、充分的传递是市场机制发生效用的重要条件。互联网市场并不是传统意义上的“集市”①。互联网形成了有效的信息传递机制，互联网的传输特性以及以数据库为核心的信息搜集、过滤、分析挖掘等应用的发展，有助于突破由于“信息不完备、信息不对称”而可能导致的市场失灵。互联网平台的市场信息传递是自由、自组织的。蜂窝移动通信平台中，市场信息的传递则是以运营商为枢纽组织流转，总体上是一种受控受限的信息传递架构，而这种架构不利于优化市场机制的效率，容易滋生“迷雾”与“摩擦”，交易成本过高，不利于交易的实现。

3. 移动多媒体广播的“竞争优势论”

（1）移动多媒体广播的技术优势在于传输带宽大、图像质量高、覆盖面广、接收终端广泛、经济实用、不受用户数量限制。移动多媒体广播能够利用高效率、低成本、大众化的服务快速切入市场。“天地一体、星网结合”的技术体制能够迅速完成全国无缝覆盖。广播通道传输的容量大、速度快，一对多的方式单一用户的成本较低，这些优势使移动多媒体广播在完成工程建设后，能够快速地面向全国大众提供服务。调查显示，现阶段普通老百姓的信息消费需求仍然偏重于大众化内容，对于价格的敏感度较高，这是广播方式生存的基础。

（2）移动多媒体广播采用媒体架构，内容品质高，盈利模式清晰。移动多媒体广播是传统广播电视在移动领域的延伸，采取大众传媒经营的运营思路。一方面能够集成到大量传统媒体的优势节目资源，比如中央电视台、中央人民广播电台、中国电影集团的节目，这些内容不存在版权纠纷，同时内容质量很高，特别是重大新闻事件、热门体育赛事、流行电影和晚会具有很强的吸引力。另一方面，移动多媒体广播初期采取基本收视费加广告的方式，用户进入门槛较低，能够快速扩大用户规模，赢取广告费。

（3）移动多媒体广播的资源体系和市场秩序能够形成很强的凝聚力和竞争力。移动多媒体广播在我国带有公共服务的特性，因此获得了行政资源的支持。

① “传统集市缺乏有效的信息传递机制，交易成本高昂。”参见［美］约翰·麦克米兰著，余江译：《市场演进的故事》，中信出版社2006年版，第58页。

移动多媒体广播充分整合了广电部门资源，采取中央统筹、地方自主的运营管理格局，既能统一管理，又调动了地方一定的积极性，既保证了力量的集中，又进行了适度开放，市场秩序在产业发展初期较为合理。

个人信息平台的类型多元化，是一个阶段性的现象。十几年前，蜂窝通信型平台是唯一成型的个人信息平台，现在已经成为市场化最成功的平台。最近5年，广播型个人信息平台开始筹备和建设，近两年来，无线宽带型个人信息平台开始试点和布网。三大平台的技术路线各有侧重，各有优势。三大平台基于各自的技术特点，开展业务，形成了有差异的业务体系和运营模式。这些差异，是三大平台阵营分隔市场，分立并存的重要条件。在今后5年之内，这种差异还会继续存在，三大平台并立的大格局还会维持。

二、三大平台的融合

我们也观察到，随着信息技术快速发展，三大平台按照各自的技术路线持续演进，三大平台技术体系之间的性能差异已经越来越不明显，三大平台阵营分立并存的技术基础正在呈现融合化的趋势，技术领域的演进走向值得我们深入考察。

从三大平台技术的演进趋势看，终端技术、网络技术、运营支撑技术和业务实现技术诸层面都出现了技术融合的趋势。

（一）终端技术融合

个人终端设备是个人信息平台的核心部件。个人信息终端是个人最直观的信息感知环境，也是个人开展信息活动最便捷的操控环境。个人对个人信息终端的依赖性很强，用户对于个人信息终端的体量、界面、操控性、信息感测能力、信息处理能力、信息传输能力、信息存贮能力、信息呈现能力都提出了很高的要求。

随着集成电路技术、微细化加工技术、封装技术、显示屏技术、CPU技术、操作系统技术、感测技术、信息采集技术、存贮技术、通信接口技术、智能卡技术的突破发展，个人信息终端正向小体量、人性化界面、智能操控、全息感测、超级运算、大存储容量、高传输速率、高清晰显示、高集成度、高可靠性、高安全性、低功耗等方向不断迈进。

个人电脑和手机是当前个人信息终端的两大主力阵营，两大阵营竞争激烈，都在争夺未来成为个人信息终端的主导权。两大阵营激烈竞争的结果，将是进一步推动两者的融合，未来真正意义上的个人信息终端将是个人电脑、手机和其他个人数码设备融合的产物。

我们认为新一代的个人信息终端将具备如下特征：

1. 新一代个人信息终端是小体量的便携式设备。

小体量主要体现在体积小、重量轻，要方便手持和随身收纳。

2. 新一代个人信息终端将配备灵敏的传感器件和先进的信息采集器件。

它将以舒适性为目标，根据环境的温度、亮度、环境音响强度以及终端与个人信息感知器官的距离，自动调节终端的温度、显示屏亮度、话筒音量等。它还具有灵敏的录音功能、采集高清晰图像的摄像功能以及射频信号设别功能。

3. 新一代个人信息终端的操作系统将以触摸操控、语音操控这类更符合人体感官直觉的操作模式为主导。键盘、鼠标逐步成为辅助性的操控设备。

4. 新一代个人信息终端将具备超级运算能力。

随着集成电路技术（主要是 VLSI 超大规模集成电路（Very Large Scale Integrated circuits）以及 ULSI 甚大规模集成电路（Ultra Large Scale Integrated circuits）技术的发展）和加工微细化技术的发展，小巧轻盈的个人信息终端将成为拥有超级运算能力的微型计算机。

5. 新一代个人信息终端将具备海量存贮和数据库管理能力。

随着存储技术向集成化、微型化方向的不断发展，个人信息终端将具备百 GB 以上的本机存储能力，同时数据库技术将在个人信息终端得到全面应用，为个人高效地存贮信息、管理信息、调用信息提供支持。

6. 新一代个人信息终端将配置丰富的通信接口和先进的网络操作系统，帮助个人全面开展“个人通信活动”。

丰富的通信接口一方面保障个人能够随时随地接入全 IP 化的目标通信网络，另一方面支持终端与各种外挂设备（如外接键盘、外接显示器、外接音响设备、打印机以及各种智能电器设备）的通信连接。终端自带的网络操作系统，帮助个人利用通信网络实现数据通信、资源共享和分布处理等网络应用服务。

从个人角度看，新一代个人信息终端就是服务个人的环境感测雷达、话匣子、工作台、学习机、资源库/知识库、多媒体信息播放机、互联网浏览器、游戏棒与娱乐终端、智能家居遥控装置以及在线（移动）商务认证工具。新一代个人信息终端是个人的贴身信息管家与信息助理，是个人亲密的信息伴侣。

（二）网络技术融合

网络传输技术领域发展的目标是能够满足“通用个人通信”（UPT，Universal Personal Telecommunication）和“可视化智能个人通信服务”的要求。

国际电信联盟（ITU）在其 ITU - TSSG1 建议中所提的“通用个人通信”明

确指出："UPT 允许在个人移动的情况使用的电信业务。它能使一个 UPT 用户享用一组由用户规定的预定业务，并利用一个对网络透明的 UPT 个人号码，跨越多个网络，在任何地理位置的任何一个固定的或移动的终端上发起或接受呼叫。它只受终端和网络能力以及网络经营者的规定所限制。"

日本 NTT 公司以可视化、智能化等发展为中心，以满足社会所要求的个人化、信息化为基础，把"新的高级信息通信业务 VI&P（Visual Intelligent and Personal Communication Service)"作为发展目标，充分利用高速、宽带化和智能化的 ISDN，实现以图像为中心的"可见"业务，不管到哪里都能呼叫对方并能得到丰富信息的"聪明"业务，可满足每个人喜好的"我的"的通信业务。①

"通用个人通信"目标的达成必然要求通信传输网络具备三个条件：一是"全程全网"；二是"高速宽带"；三是"IP 智能化网络"。可以说，网络层面技术演进的方向就是网络规模更大、传输能力更强的"互联网"。

1. "全程全网"

目前，为个人用户提供信息通信服务的通信网络主要包括以 PSTN 为代表的固定话音通信网络；以 INTERNET 为代表的计算机数据通信网络；蜂窝通信网络；卫星通信网络；有线/无线数字广播网络和红外线/蓝牙传输网络。这些网络在全球范围内都已经普遍铺建起来，网际间的互联互通正逐步实现，全球范围内为个人提供通用通信服务的"全程全网"正逐步成型。不远的将来，这些网络都将成为"个人信息平台"通信传输的物理网络承载平台。

2. "高速宽带"

近年来，各类通信网络的传输能力在"高速、宽带"方面取得了重大突破。在缆线传输领域，光纤传输已经成为最重要的发展方向。目前全球范围内无论是程控电话网还是计算机数据网的骨干传输网络基本都已经实现光纤传输，光纤入户（FTTH/FTTO）和光纤到路边正在不断普及，缆线传输全面实现高传输速率和宽带化。无线电波通信系统通过对基站效率、频率资源利用效率（时分/频分）以及天线技术的创新，大幅度丰富了传输带宽资源。线缆通信和无线通信领域已经具备"高速、宽带"的传输能力。

网络通信性能的优化，推动信息通信系统从 N - ISDN（窄带综合业务数字网络）向 B - ISDN（宽带综合业务数字网络）演进。B - ISDN 是 NGI、NGN 的基础。B - ISDN 的核心要求就是能够进一步丰富传输通道的带宽资源，有能力承载包括语音、数据和多媒体在内的各类信息服务。

3. "IP 智能网"

所谓的"IP 智能网"就是使用 TCP/IP 这种技术组建整个通信网，即所有的

① 李建东、郭梯云、邬国杨：《移动通信》，西安电子科技大学出版社 2006 年版，第 370 页。

通信网设备，包括传输、交换、无线系统、各类终端，信令将都运行在统一的IP网络上。IP化有利于制定适用于电信、电视和计算机数据业务的传输和交换的网络互联标准和通信协议，促进开放式网络应用环境的形成。目前全IP网络的标准化工作主要集中在核心网络（Core network），正逐步向无线接入网和终端延伸。未来“个人信息平台”的承载网络将是一个全IP的网络系统。将具有以下特征：（1）移动通信网和固网使用统一的IP核心网。（2）为了适应不同用户对接入速率和移动速度的要求，将采用优化的多种使用不同技术的空中无线接口，速率可以达到100Mbps以上。（3）接入网的全IP化可以将不同的空中无线接口无缝连接到IP核心网。（4）移动电话和固定电话都是IP电话，使用统一的软交换和管理计费系统。（5）使用移动IP解决越区切换和漫游问题。

依托全IP化网络，个人信息平台有能力综合利用现有通信网络，发挥各自的优点，取长补短，在统一要求和统一标准的条件下，突破关键技术，解决各种网络之间的互联互通，加强通信网络的智能化管理功能，实现全球性“通用个人通信”。

（三）运营支撑、业务实现技术融合

运营支撑系统主要是对终端管理、网络管理和各种业务运营管理提供支撑的技术。在终端技术融合、网络技术融合的大背景下，运营支撑技术也将走向融合。

随着终端技术融合，现在个人用户拥有的多终端很可能会被整合为一个中枢型的个人终端，现在基于多终端分别建立起来的终端运营支撑系统也将进行整合、改造。网络传输技术融合，主要是业务传输层全部依循IPV6协议传输数据业务，现在针对模拟网络，或者IPV4网络建立的网络运营支撑系统需要改造、升级。全IP化网络传输环境，业务传输不受物理承载网络的限制，现有各种网络中的业务将全面互联互通，而现在的业务运营支撑系统基本都是基于特定网络搭建的。业务一旦实现跨网互联互通，业务运营支撑系统必然需要进行改造和整合。

业务实现技术是快速演进的领域，现在业务实现技术创新最活跃的领域是互联网，其中一个非常重要的原因，就是互联网承载的所有业务都遵循IP协议，这就为业务在互联网中的应用制定了统一的规范。随着网络技术全IP化演进，业务实现技术必然需要面向IP网络，以IP协议作为统一的底层技术规范。未来个人信息平台的业务实现技术都将是IP化的技术，业务都将是IP化的业务①。

---

① “业务的IP化趋势有增无减，业务最终将完全IP化已成定局。”参见蒋林涛：《信息基础设施、电信转型与共存互赢》，2008年。

（四）个人信息平台新体系思考

终端技术融合、网络技术融合以及业务运营支撑技术融合的走向，将形成全新的“个人信息平台”技术新体系，其结构如图 15－16 所示，共包括三层。

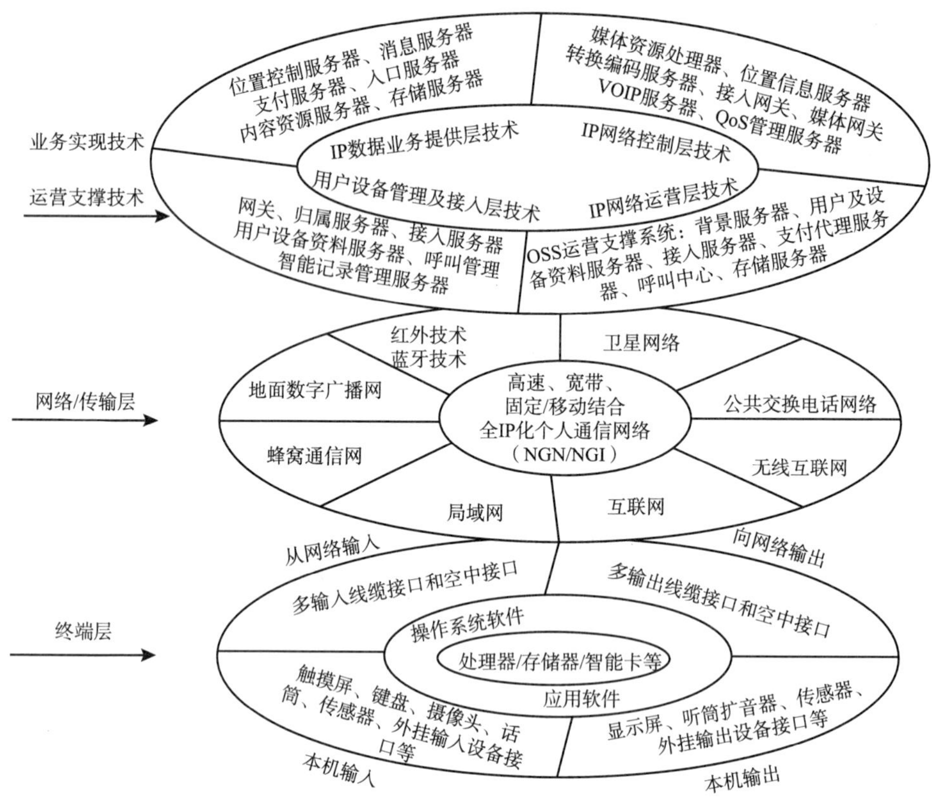

图 15－16　个人信息平台技术体系结构

1. 个人信息平台终端层技术系统

融合的个人信息终端主要包括三层技术结构：关键技术部件是芯片处理器、存储器和智能卡，中间层技术是操作系统软件（包括本机操作系统和网络操作系统）和各种应用程序软件。外围技术部件主要包括输入、输出的技术部件。针对本机的输入技术部件主要包括触摸屏、键盘、摄像头、话筒、传感器、外挂输入设备接口等；面向网络的输入技术部件主要是针对不同传输网络接受信息的网络接口技术，应该配置有线缆接口和空中接口，以空中接口为主；本机输入的技术部件主要包括显示屏、听筒扩音器、传感器、外挂输出设备接口等；面向网络的输出技术部件主要是针对不同传输网络发送信息的接口技术，同样包括线缆接口和空中接口。

2. 个人信息平台网络层技术系统

未来，个人能够利用终端接入各种传输网络。现在分立的蜂窝移动通信网络（包括2G的GSM网络、2.5G的GPRS网络、2.75G的EDGE网络、CDMA－1X网络、3G的WCDMA网络、TD－SCDMA网络、CDMA－2000网络等）、无线宽带网络（如WI－FI网络、WIMAX网络等）和移动多媒体广播网络（主要是基于卫星和地面微波站的DVB网络和DAB网络以及GMPCS网络等）都将基于用户唯一的IP码址实现接入。同时通过终端的线缆传输接口，个人用户也能接入到固定话音网络（如PSTN网络）和计算机数据网络（局域计算机网络、互联网等）。另外，基于终端的红外线和蓝牙等近距离无线传输技术，用户可以实现与邻近设备进行数据传输。上述网络和传输技术将为个人提供一个全球覆盖、交叉覆盖的信息传输环境。

3. 个人信息平台信息服务层技术系统

基于融合的终端和融合的传输网络，用户设备及接入层技术、网络控制层技术、网络业务提供层技术以及网络运营层技术都将基于IP技术进行架构。

其结构是：

（1）用户设备管理及接入层技术模块，包括归属服务器、接入服务器、用户设备资料服务器、呼叫管理、网关和智能记录管理服务器等。

（2）网络业务提供层技术模块，主要包括LBS（Location Based Services）服务器、消息服务器、支付服务器、入口服务器、内容资源服务器和存储服务器等。

（3）网络控制层技术模块，主要包括转换编码服务器、接入网关、媒体网关/媒体资源处理器、位置信息服务器、VOIP服务器以及QoS管理服务器等。

（4）网络运营层技术模块，核心是OSS运营支撑系统。组成包括背景服务器、用户及设备资料服务器、接入服务器、支付代理服务器、呼叫中心以及存储服务器等。

运营支撑技术体系和业务实现技术体系的全IP化，为各种个人信息业务建立起一个统一的应用环境，从技术上扫除了业务融合的障碍，使个人用户利用一个终端在全IP化网络中使用所有的业务成为可能。

总之，随着技术系统的融合，新技术平台的逐步发展，竞争与融合，就会造成业务体系相应的变化和调整。根据英国学者的“技术—经济范式”的研究，新的技术体系将会推动业务体系的建立和成型，导致经济系统的创建和重组，个人信息服务业务层面，运营机构的经营管理系统，信息内容组织和编辑系统，个人信息的分发和营销系统，个人信息业务的商业支撑系统，个人信息业务的技术支撑系统，个人信息服务的数据支持系统，会产生巨大的变化。

同时，个人信息平台业务的资本市场建设，大型商业机构的进入，数量众多的业务创新企业的出现，企业兼并和合作潮流的产生，市场结构的重新划分和调整，新型人才结构的建设，会重建和调整新的个人信息平台业务格局。

本章小结

如前所述，我们知道，内容产业和网络产业在数字技术的推动下将会实现整个产业的重新建构，家庭信息平台和个人信息平台正是数字化浪潮激荡下的必然结果。

具体而言，在数字技术推动下，内容产品的生产、传输和接收效率都大大提高了，内容产品生产的数量和质量都较以前有了几何级的增长或提高，内容产品的生产充分满足了用户个性化、多样化的消费需求；在网络层面，传输网络条件的进一步改善也使得媒介不再是稀缺资源，内容产品的传输问题得到解决，传统的网络运营商也开始寻求角色的转型，这时候，基于平台概念的“内容集成商”的角色成为很多网络运营商转型的方向，而广电和通信两大网络产业的力量博弈的最终落脚点也集中于对家庭和个人用户的争夺上。在用户层面，他们的需求开始真正成为内容产业的关键所在，也成为拉动整个产业向前发展的原动力。

可以看出，信息平台概念的提出正是内容产业和网络产业发展的必然要求，两类平台——家庭信息平台和个人信息平台——都建立在平台和数据库的基础之上，通过整合各种各样的内容或业务，从而分别满足以家庭需求和个人需求为中心的平台类型，因此也可以说，信息平台是数字化背景下内容产业控制终端消费市场并满足终端消费需求的一种新型平台，它的出现使得媒体的属性和传统媒体的重心发生了转移——即从“传播者”转向了“受众”，由此，一个个平等开放、利益共享和去中心化的运营平台将会不断涌现。

参考文献

1. ［美］迈克尔·波特著，陈小悦译．《竞争战略》，华夏出版社，2005 年．

2. ［美］迈克尔·波特著，陈小悦译．《竞争优势》，华夏出版社，1997 年．

3. ［英］吉莉安·道尔著，李颖译．《理解传媒经济学》，清华大学出版社，2004 年．

4. ［加］柯林·霍斯金斯等著．《媒介经济学——经济学在新媒介与传统媒介中的应用》，暨南大学出版社，2005 年．

5. ［美］曼昆著，梁小民译．《经济学原理》，机械工业出版社，2005 年．

6. ［美］罗杰·菲德勒著．《媒介形态变化》，华夏出版社，2000 年．

7. ［美］阿尔文·托夫勒著，蔡伸章译．《未来的冲击》，中信出版社，2006 年．

8. ［美］阿尔文·托夫勒著，黄明坚译．《第三次浪潮》，中信出版社，2006 年．

9. ［美］达西·格巴哥编，罗晓军等译．《数字电视内容与经济分析》，人民邮电出版社，2006 年．

10. ［美］菲利普·科特勒、凯文·莱恩·凯勒著，梅清豪译．《营销管理（第 12 版）》，世纪出版集团、上海人民出版社，2006 年．

11. ［美］沃纳·赛弗林、小詹姆斯·坦卡德著，郭镇之等译．《传播理论：起源、方法与应用》，华夏出版社，2000 年．

12. ［美］保罗·莱文森，何道宽译．《手机：挡不住的呼唤》，中国人民大学出版社，2004 年．

13. ［美］尼葛洛庞帝著，胡泳、范海燕译．《数字化生存》，海南出版社，1997 年．

14. ［美］约翰·帕夫利克著，周勇等译．《新媒体技术——文化和商业前景》，清华大学出版社，2005 年．

15. ［美］阿尔文·托夫勒著，吴文忠、刘薇译．《财富的革命》，中信出版社，2006 年.

16. ［美］丹・斯坦博克著，岳蕾、周兆鑫译.《移动革命》，电子工业出版社，2006 年.

17. ［日］今井贤一著，《情报化社会》，［日］岩波新书，1993 年 12 月第 21 版.

18. 世界经济论坛（World Economic Forum，WEF），《国际竞争力报告》，1985 年.

19. 世界经济论坛（World Economic Forum），《国际竞争力报告》，1994 年.

20. 黄升民，丁俊杰.《中国广电媒介集团化研究》，中国物价出版社 2001 年.

21. 宋建武.《媒介经济学——原理及其在中国的实践》，中国人民大学出版社，2006 年.

22. 唐世鼎.《中国电视台管理创新报告 2004 ~ 2005》，中国传媒大学出版社，2006 年.

23. 唐世鼎.《中国电视台管理创新报告 2006 ~ 2007》，中国广播电视出版社，2007 年.

24. 黄升民.《新广告观》，中国物价出版社，2003 年.

25. 黄升民，宋红梅.《中国广播产业报告 2004》，中国广播电视学会广电产业研究专业委员会、央视索福瑞媒介研究、中国传媒大学广告学院联合出品，2004 年.

26. 刘习良.《中国电视史》，中国广播电视出版社，2007 年.

27. 胡大力.《企业竞争力论》，经济管理出版社，2001 年.

28. 丁和根.《传媒竞争力：中国媒体发展核心方略》，复旦大学出版社，2005 年.

29. 喻国民.《传媒影响力》，南方日报出版社，2003 年.

30. 赵化勇.《制播体制改革与电视业发展问题研究》，中国传媒大学出版社，2005 年.

31. 黎斌，蒋淑媛等.《中国电视广告经营模式创新研究》，中国传媒大学出版社，2005 年.

32. 苏东水.《产业经济学》，高等教育出版社，2000 年.

33. 黄晓兰.《媒体财务管理》，中国传媒大学出版社，2006 年.

34. 黄升民，丁俊杰.《媒介经营与产业化研究》，北京广播学院出版社，1997 年.

35. 郭冲辰.《技术异化论》，东北大学出版社，2004 年.

36. 国务院信息化工作办公室政策规划组编.《国家信息化发展战略学习读

本》，电子工业出版社，2007 年.

37. ［美］赫南加尔博瑞著，罗晓军等译.《数字电视与制度变迁——美国与英国的数字电视转换之路》，人民邮电出版社，2006 年.

38. 黄升民，丁俊杰.《中国广电媒介集团化研究》，中国物价出版社，2001 年.

39. 黄升民，陈素白，吕明杰.《多种形态的中国城市家庭消费》，中国轻工业出版社，2006 年.

40. 黄升民等.《中国数字电视报告（上）（下）》，华夏出版社，2004 年.

41. 黄升民等.《中国数字电视报告 2005》，中国传媒大学出版社，2005 年.

42. 黄升民，王薇.《家庭信息平台：数字电视运营模式新突破》，中国传媒大学出版社，2008 年，第 10 页.

43. 黄升民，周艳，宋红梅.《数字电视产业经营与商业模式》，中国物价出版社，2002 年.

44. 黄升民等.《突破博弈决胜——2003～2005 中国数字电视发展与展望》，《中国广播电视学刊》杂志，2004 年 12 月.

45. 黄升民等.《数字传媒时代家庭与个人信息接触行为考察》，2007 年“全球传播与发展国际学术论坛”论文集.

46. 贺宏朝.《平台——培育未来竞争力的必然选择》，机械工业出版社，2005 年.

47. 胡小伟.《直销——操作方法与经典案例》，企业管理出版社，2006 年.

48. ［美］罗杰·费德勒（Roger Fidler）著，明安香译.《媒介形态变化——认识新媒介》，华夏出版社，2000 年.

49. 李建珊等.《世界科技文化史》，华中科技大学出版社，1999 年.

50. 陆群等.《新媒体革命：技术、资本与人重构传媒业》，社会科学文献出版社，2002 年.

51. 赵子忠.《内容产业论——数字新媒体的核心》，中国传媒大学出版社，2005 年.

52. 张咏华.《媒介分析：传播技术神话的解读》，复旦大学出版社，2002 年.

53. 周晓英.《基于信息理解的信息构建》，中国人民大学出版社，2005 年.

54. 周艳.《中国数字电视产业政策的形成研究》，中国传媒大学出版社，2007 年.

55. 朱红.《信息消费：理论、方法及水平测度》，社会科学文献出版社，2005 年.

56.《中国数字电视用户满意度暨增值业务需求研究报告》，中国传媒大学与格兰研究共同推出，2007年.

57. 姜爱林.《竞争力与国际竞争力的几个基本问题》,《经济纵横》2003年.

58. 黄如金.《论和合发展力》,《经济管理》,2007年.

59. 徐希燕.《企业竞争力的新诠释》,《经济管理》,2003年.

60. 蒋峦，谢卫红，蓝海林.《企业竞争优势理论综述》,《软科学》,2005年.

61. 夏清华.《从资源到能力：竞争优势战略的一个理论综述》,《管理世界》,2002年.

62. 叶东晖，宣国良.《竞争优势理论综述》,《经济问题探索》,2001年.

63. 叶克林.《企业竞争战略理论的发展与创新——综论80年代以来的三大主要理论流派》,《江海学刊》,1998年.

64. 黄升民.《重提媒介产业化》,《现代传播》,2000年.

65. 郑保卫.《试论新闻传媒核心竞争力的开发》,《新闻战线》,2003年.

66. 支庭荣.《中国传媒国际竞争力刍议》,《广播电视学刊》,2002年.

67. 祈国钧.《论媒体竞争力》,《理论月刊》,2001年.

68. 刘年辉，王姗.《媒体核心竞争力的二元逻辑与基本内涵》,《电视研究》,2006年.

69. 黄升民.《"媒介产业化"十年考》,《现代传播》,2007年.

70. 朱虹.《中国广播影视业的改革与发展》,2006年11月在北京大学的演讲，参见人民网.

71. 陆地.《中国电视产业发展的热点、盲点与难点》,《电视研究》,2000年.

72. 时统宇.《制度创新是中国电视实现跨越式发展的关键》,《中国广播电视学刊》,2001年.

73. 朱剑飞.《中国电视跨世纪的抉择》,《电视学刊》,2000年.

74. 陆地.《中国电视产业发展的热点、盲点与难点》,《电视研究》,2000年.

75. 王小夫.《转变观念是跨越式发展的重要前提——访湖南省广电局局长、湖南广播影视集团董事长魏文彬》,《中国广播电视学刊》,2001年.

76. 张海潮.《中国电视传播新格局与管理创新》,《电视研究》,2005年.

77. 朱虹.《广播影视体制改革的主要经验》,《电视研究》,2005年.

78. 胡锦涛.《胡锦涛在党的十七大上的报告》,2007年.

79. 罗贵权.《文化发展为何要把社会效益放在首位》,《人民日报》,2008年.

80. 赵化勇.《抓住机遇迎接挑战增强中国电视媒体实力和影响力》,《电视研究》,2004年.

81. 张海潮.《中国电视传播新格局与管理创新》,《电视研究》,2005年.

82. 贾健.《建立频道制管理的绩效考核新体系》,《电视研究》,2006年.

83. 王永连.《论电视频道的组合竞争策略》,《广播电视学刊》,2002 年.

84. 张苏洲.《在安徽电视台栏目节目创新研讨会上的讲话》,《荧屏内外》,2007 年.

85. 陈巧云.《强化节目经营抢占节目市场》,《电视研究》,2002 年.

86. 刘斌.《湖南卫视节目创新管理体系解析》,《电视研究》,2007 年.

87. 王进、龚冰、段晓超.《频道制节目管理流程研究》,2005 年.

88. 李虹.《节目制作管理》,《电视研究》,2001 年.

89. 宋培义,卢佳.《战略管理,媒体发展的重要手段》,《广播电视学刊》,2006 年.

90. 柳成伟.《试论战略管理思想在我国传媒产业嬗变时期的运用》,《电视研究》,2005 年.

91. 周笑.《中国电视创新的战略研究》,《电视研究》,2004 年.

92. 肖光裕.《改革原有体制,迎接新的挑战——关于城市广播电视体制改革的几点思考》,《广播电视学刊》,2000 年.

93. 中国社科院新闻与传播中心.《着眼国际竞争,发展电视产业》,《电视研究》,2000 年.

94. 王钧.《我国电视媒体产业化与管理创新》,《电视研究》,2004 年.

95. 高延湘.《浅议提升电视媒体核心竞争力》,《当代电视》,2006 年.

96. 赵化勇.《实施人才强台战略》,《电视研究》,2004 年.

97. 王潞明.《在广播电视体制改革中实施电视人才战略》,《电视研究》,2004 年.

98. 张长明.《实施人才战略,促进央视发展》,《广播电视学刊》,2005 年.

99. 刘年辉.《基于核心竞争力的媒体人力资本策略》,《电视研究》,2006 年.

100. 张惠建.《人才强台的关键在于用好人》,《电视研究》,2004 年.

101. 黄升民,王春美.《回顾与解读:CCTV 广告招标十三年》,《广告大观》,2007 年.

102. 夏洪波.《2008 中国有我》,中华广告网,http://www.cnad.com,2007 年.

103. 吴玉兰.《电视节目成本管理浅谈》,《电视研究》,2000 年.

104. 石金华.《新时期电视台财务管理的创新》,《南方电视学刊》,2006 年.

105. 邹俊.《服务管理并重,推进持续发展》,《电视研究》,2000 年.

106. 赵化勇.《从频道专业化到专业频道品牌化——中央电视台品牌建设之路》,《电视研究》,2006 年.

107. 周莉.《凸显特色,打造省级卫视核心竞争力》,《中国广播电视学刊》，2004 年.

108. 黄升民.《突围之后谈突破》，《市场观察—媒介》，2007 年.

109. 于丹，吴木坤.《电视品牌频道的生成与维护》，《电视研究》，2005 年.

110. 郑兵.《频道凸显特色，节目注重创新》，《中国广播电视学刊》，2006 年.

111. 王贵平.《地方台如何建构和经营电视品牌——兼谈宜昌三峡电视台家庭频道》，《电视研究》，2000 年.

112. 匡文波.《网络传播理论与技术》，中国人民大学出版社，2007 年.

113. 匡文波编.《网民分析》，北京大学出版社，2003 年.

114. 李建珊等.《世界科技文化史》，华中科技大学出版社，1999 年.

115. 陆群等.《新媒体革命：技术、资本与人重构传媒业》，社会科学文献出版社，2002 年.

116. 马费成，靖继鹏.《信息经济分析》，科学技术文献出版社，2005 年.

117. 王方华，陈洁.《数据库营销》，上海交通大学出版社，2006 年.

118. 王菲.《媒介大融合：数字新媒体时代下的媒介融合论》，南方日报出版社，2007 年.

119. 王薇.《数字电视多元业务经营方略：以淄博为例》，《媒介》杂志，2007 年.

后　记

我们团队对数字新媒体的研究，始于不经意的闯入，1995 年开始做媒介经营的研究，从媒介受众内容需求、内容编排、广告经营、集团化改革等一步步深入，在进行广电集团化的课题研究时，常常被一个非常简单的议题所困惑：所谓集团化，就是做大做强，做大是很容易的，只要下决心将几个行政单位捆绑起来，就“做大”了，然而，做强则很难，做强什么？只有技术强是可以输入、可以改造并且复制。于是，在广电集团化发展战略当中，我们把“数字化”作为一个关键选项，开始接触到媒体数字化的问题。

这一进入就是十年。十年间，我们的团队密切追踪着中国媒介的数字化发展，随着业界实践探索的不断深入，我们也认识到数字化已经成为关系媒体生死存亡的大事，它正在、并将继续改变媒体行业，而且这种改变还将是深入骨血的大变革。基于此，再来看数字传播技术及传媒行业发展，它就不再仅仅是一个技术问题，而是牵扯到整个媒体领域根本性问题的变革。

在这一背景下，我们的研究也一步步深入下去。从最开始一个具体的数字媒体行业、一个问题开始，到后来多个行业、多角度问题，再到把研究应用于产业实践，亲身进入其中，今天回顾来看，面前的路并没有越走越顺畅，反倒是越走得深入，越发现问题众多，越觉得前路艰辛。需要解决的问题层出不穷，研究的脚步永远追不上产业实践的速度，而实践又总是在追逐技术进步、商业模式的身影，我们只能不断前进、再前进。

值得庆幸的是，在前进的过程中，我们发现自己并不孤独。

首先，有全国、乃至全世界的业界实践者在用极大的热情、冒着极大的风险，坚持不懈地进行了实践探索，正是有了他们的探索，才让我们的研究有了可能，也给了我们的研究投入应用的可能。在这里，要感谢多年来给予我们研究支持的一线从业者，这里面有电视台、广播电台、有线网络公司、电信运营商……他们的名字多得不胜枚举。

其次，还有那些在这个领域从事研究的相关学人。因为你们，让我们的研究视角更加广阔；因为你们，催促我们不敢有丝毫懈怠。同时也要感谢教育部把这个重大课题交由我们来完成。正是由于有这个重托，我们才得以把多年来积累的研究进行一次深入而细致的梳理和思考，最终形成了今天这样的理论体系。这个过程虽然艰辛，但唯有如此，才显得弥足珍贵。

还有那些曾经参与过这个课题的诸多老师、学生。因为课题延续的时间比较长，在这个过程中，有的学生毕业离开了，有的学生成了老师，有的人还在这个领域内上下求索，也有的人与此已经相隔千山万水，但是，这个团体还在延续，相关的研究还将继续下去。在这里，感谢所有为这个研究付出过的人，感谢你们深入一线的考察和访问，感谢你们不眠不休的查找整理资料，感谢你们埋头写作的辛劳，感谢你们把那一段的青春岁月给了这个研究。

十年，弹指一挥间，回首我们关于媒体数字化的研究，虽然已经有几十万、几百万字的论述，但越是这样，越发现这个研究才不过刚刚起步，我们才不过掀开了冰山一角，值得探讨的问题还太多太多。一万年太久，只争朝夕，我们的研究还将继续，生生不息。

教育部哲学社會科学研究重大課題攻關項目

成果出版列表

书　名	首席专家
《马克思主义基础理论若干重大问题研究》	陈先达
《马克思主义理论学科体系建构与建设研究》	张雷声
《马克思主义整体性研究》	逄锦聚
《人文社会科学研究成果评价体系研究》	刘大椿
《中国工业化、城镇化进程中的农村土地问题研究》	曲福田
《东北老工业基地改造与振兴研究》	程　伟
《全面建设小康社会进程中的我国就业发展战略研究》	曾湘泉
《自主创新战略与国际竞争力研究》	吴贵生
《转轨经济中的反行政性垄断与促进竞争政策研究》	于良春
《中国现代服务经济理论与发展战略研究》	陈　宪
《当代中国人精神生活研究》	童世骏
《弘扬与培育民族精神研究》	杨叔子
《当代科学哲学的发展趋势》	郭贵春
《面向知识表示与推理的自然语言逻辑》	鞠实儿
《当代宗教冲突与对话研究》	张志刚
《马克思主义文艺理论中国化研究》	朱立元
《历史题材创新和改编中的重大问题研究》	童庆炳
《现代中西高校公共艺术教育比较研究》	曾繁仁
《楚地出土戰國簡册［十四種］》	陳　偉
《中国市场经济发展研究》	刘　伟
《全球经济调整中的中国经济增长与宏观调控体系研究》	黄　达
《中国特大都市圈与世界制造业中心研究》	李廉水
《中国产业竞争力研究》	赵彦云
《东北老工业基地资源型城市发展接续产业问题研究》	宋冬林
《中国民营经济制度创新与发展》	李维安
《中国现代服务经济理论与发展战略研究》	陈　宪
《中国加入区域经济一体化研究》	黄卫平
《金融体制改革和货币问题研究》	王广谦
《人民币均衡汇率问题研究》	姜波克

书　名	首席专家
《我国土地制度与社会经济协调发展研究》	黄祖辉
《南水北调工程与中部地区经济社会可持续发展研究》	杨云彦
《产业集聚与区域经济协调发展研究》	王　珺
《我国民法典体系问题研究》	王利明
《中国司法制度的基础理论问题研究》	陈光中
《多元化纠纷解决机制与和谐社会的构建》	范　愉
《中国和平发展的重大国际法律问题研究》	曾令良
《中国法制现代化的理论与实践》	徐显明
《生活质量的指标构建与现状评价》	周长城
《中国公民人文素质研究》	石亚军
《城市化进程中的重大社会问题及其对策研究》	李　强
《中国农村与农民问题前沿研究》	徐　勇
《中国边疆治理研究》	周　平
《中国大众媒介的传播效果与公信力研究》	喻国明
《媒介素养：理念、认知、参与》	陆　晔
《创新型国家的知识信息服务体系研究》	胡昌平
《新闻传媒发展与建构和谐社会关系研究》	罗以澄
《数字传播技术与媒体产业发展研究》	黄升民
《教育投入、资源配置与人力资本收益》	闵维方
《创新人才与教育创新研究》	林崇德
《中国农村教育发展指标体系研究》	袁桂林
《高校思想政治理论课程建设研究》	顾海良
《网络思想政治教育研究》	张再兴
《高校招生考试制度改革研究》	刘海峰
《基础教育改革与中国教育学理论重建研究》	叶　澜
《公共财政框架下公共教育财政制度研究》	王善迈
《中国青少年心理健康素质调查研究》	沈德立
《处境不利儿童的心理发展现状与教育对策研究》	申继亮
《WTO 主要成员贸易政策体系与对策研究》	张汉林
《中国和平发展的国际环境分析》	叶自成
*《面向公共服务的电子政务管理体系研究》	孙宝文

书　名	首席专家
*《西方文论中国化与中国文论建设》	王一川
*《中国抗战在世界反法西斯战争中的历史地位》	胡德坤
*《近代中国的知识与制度转型》	桑　兵
*《中国水资源的经济学思考》	伍新林
*《转型时期消费需求升级与产业发展研究》	臧旭恒
*《京津冀都市圈的崛起与中国经济发展》	周立群
*《中国金融国际化中的风险防范与金融安全研究》	刘锡良
*《中部崛起过程中的新型工业化研究》	陈晓红
*《中国政治文明与宪法建设》	谢庆奎
*《地方政府改革与深化行政管理体制改革研究》	沈荣华
*《知识产权制度的变革与发展研究》	吴汉东
*《中国能源安全若干法律与政府问题研究》	黄　进
*《农村土地问题立法研究》	陈小君
*《中国转型期的社会风险及公共危机管理研究》	丁烈云
*《我国资源、环境、人口与经济承载能力研究》	邱　东
*《产权理论比较与中国产权制度变革》	黄少安
*《西部开发中的人口流动与族际交往研究》	马　戎
*《中国独生子女问题研究》	风笑天
*《当代大学生诚信制度建设及加加强大学生思想政治工作研究》	黄蓉生
*《农民工子女问题研究》	袁振国
*《边疆多民族地区构建社会主义和谐社会研究》	张先亮
*《数字信息资源规划、管理与利用研究》	马费成
*《非传统安全合作与中俄关系》	冯绍雷
*《中国的中亚区域经济与能源合作战略研究》	安尼瓦尔·阿木提
*《冷战时期美国重大外交政策研究》	沈志华
……	

*为即将出版图书